DUDEN

Das Sekretariatshandbuch

DUDEN

Das Sekretariatshandbuch

Ratgeber für Büro, Sekretariat
und Verwaltung

2., völlig überarbeitete und aktualisierte Auflage
Herausgegeben von der Dudenredaktion
in Zusammenarbeit mit
Siegfried A. Huth

Mit Informationen zur
neuen deutschen Rechtschreibung
von Peter Gallmann und
Horst Sitta

DUDENVERLAG
Mannheim · Leipzig · Wien · Zürich

Bearbeiter der 2. Auflage:
Christian Behrends, Christa Bruhn-Jade,
Volker Brümmer, Peter L. Freiss,
Walter H. Goretzki, Horst Hennemann,
Hans-Joachim Kempe, Hans-Peter Krämer,
Norbert Schäfer, Gerhard Scheuber,
Werner Vorderwülbecke, Annemarie Weighardt,
Dieter A. Wortmann

in Zusammenarbeit mit
Christine Beil und Birgit Eickhoff

Die Deutsche Bibliothek – CIP-Einheitsaufnahme
Duden, Das Sekretariatshandbuch:
Ratgeber für Büro, Sekretariat und Verwaltung;
mit Informationen zur neuen deutschen Rechtschreibung/
hrsg. von der Dudenredaktion in Zusammenarbeit mit Siegfried A. Huth.
[Bearb.: Christian Behrends ...]. –
2., völlig überarb. und aktualisierte Aufl. –
Mannheim; Leipzig; Wien; Zürich: Dudenverl., 1997
ISBN 3-411-05322-4

Für die in diesem Buch gegebenen Ratschläge
und Muster für die Ausarbeitung und Gestaltung von Reden
u. a. kann, sofern sie juristische Fragen betreffen,
keine Haftung übernommen werden.

Das Werk wurde in neuer Rechtschreibung verfasst.

Satz: Bibliographisches Institut & F. A. Brockhaus AG (DIACOS Siemens)
Druck u. Bindearbeit: Druckerei Parzeller, Fulda
Printed in Germany
ISBN 3-411-05322-4

Vorwort

Die Leistungsfähigkeit unserer modernen Industrie- und Dienstleistungsgesellschaft wird in einem hohen Maße sichergestellt durch das sachkundige Wirken unzähliger Sekretärinnen, Assistentinnen und Sachbearbeiterinnen. Ihre berufliche Erfahrung, ihre Fähigkeit zur Anpassung an die ständig wachsenden Anforderungen in ihrem Arbeitsumfeld und ihre Bereitschaft, zunehmend Verantwortung zu übernehmen, sind eine wichtige Voraussetzung für den wirtschaftlichen Erfolg von Industrie, Handel und Gewerbe, aber auch für das Funktionieren von Dienstleistung und Verwaltung. Sekretärinnen sind heute nicht mehr nur ›Schreibkräfte‹ im engeren Sinne, die mit der Aufnahme und korrekten Niederschrift von Briefen u. Ä. befasst sind. Sie sind qualifizierte Fachkräfte mit vielseitigen Aufgaben. Dem entspricht dieses Handbuch, das ein Nachschlagewerk zur Wissensvertiefung und zur Lösung konkreter Probleme am Arbeitsplatz sein will. In acht Großkapiteln mit zahlreichen Unterkapiteln, deren Inhalt sich an den Lernzielkatalogen für die Sekretärinnenausbildung orientiert, vermittelt es praktisches und Hintergrundwissen.

Unter der Überschrift ›Berufsbildung, Ausbildung, Weiterbildung, Karriere‹ wird u. a. dargelegt, welche Ausbildungswege es gibt, wie man sich erfolgreich bewirbt und welche beruflichen Perspektiven Frauen generell haben. Das Kapitel ›Arbeitstechniken und Arbeitsplatzgestaltung‹ behandelt sodann das ›Arbeiten mit System‹, den Umgang mit ›Schrift und Sprache‹, richtiges ›Telefonieren‹, die effiziente ›Informationsverwaltung‹ sowie Fragen der ›Arbeitsplatzgestaltung‹, auch im Hinblick auf den Einsatz modernster Technologien und die ›ökologische Verantwortung der Sekretärin‹. Organisatorisches, z. B. ›Reiseplanung‹, ›Reisekostenabrechnung‹ und das ›Empfangen und Betreuen von Gästen‹, nimmt einen breiten Raum ein. Da jedes Sekretariat heute auch mehr und mehr eine ›Kommunikationszentrale‹ ist, werden auch Fragen der ›Umgangsformen‹, des ›Auftretens‹ und ›psychologischer Verhaltensmuster‹ behandelt.

Neu aufgenommen in diesen Band sind ›Informationen zur neuen deutschen Rechtschreibung‹, die nicht nur in die wichtigsten neuen Regeln einführen und diese erläutern, sondern auch mit einem Verzeichnis wichtiger Neuschreibungen ergänzt sind. So kann sich jede Sekretärin über dieses für den Schreiballtag wichtige Thema leicht und grundlegend informieren und die in allen Texten des vorliegenden Buches bereits durchgeführte Umstellung auf die neuen Schreibweisen nachvollziehen.

Neu ist ebenfalls das Kapitel ›Rechnungswesen‹, das in die Grundbegriffe des betriebswirtschaftlichen Rechnens einführt.

Die beiden Kapitel ›Marketing und Wirtschaftskunde‹ und ›Rechtskunde‹ runden den Band ab, zusammen mit einem Verzeichnis der wichtigsten ›Verbände und Institutionen‹ und ihrer Anschriften. Über ein umfangreiches ›Sachwortregister‹ kann die Benutzerin im konkreten Fall gezielt auf den Inhalt zugreifen.

Dieses Handbuch ist in erster Linie für Frauen geschrieben, denn es ist eine Tatsache, dass es nur sehr wenige Sekretäre gibt. Aber auch für diese enthält es viel Wissenswertes. Wo vom ›Chef‹ oder ›Vorgesetzten‹ die Rede ist, sind natürlich stets auch weibliche ›Chefs‹ oder ›Vorgesetzte‹ gemeint. Um die Lesbarkeit des Textes zu erhalten, wurde auf das umständliche Nebeneinander weiblicher und männlicher Personen- und Berufsbezeichnungen verzichtet.

Dieser Ratgeber ist aus der Zusammenarbeit zahlreicher Fachleute und Fachautoren hervorgegangen. Sie alle werden im Autorenverzeichnis vorgestellt. Allen, die an diesem Handbuch mitgearbeitet haben, sagen wir an dieser Stelle unseren besonderen Dank.

Mannheim, im September 1997 Die Dudenredaktion

Inhalt

BERUFSBILD

AUSBILDUNG

WEITERBILDUNG

KARRIERE

Die Sekretärin: Berufsbild und Anforderungsprofil

Unter wahren Experten werden Unternehmen auf Anhieb nach den Sekretärinnen beurteilt. Mit diesem einen Satz drückt der berühmte amerikanische Wirtschaftspublizist C. N. Parkinson aus, welche Bedeutung dem Berufsstand der Sekretärin in der Wirtschaft beigemessen wird und welche Anerkennung er verdient. Tatsächlich sind Sekretärinnen unentbehrlich in Wirtschaft und Verwaltung. Ihr Einsatzfeld reicht von der Vertriebsabteilung eines mittelständischen Unternehmens bis zur Vorstandsetage eines multinationalen Konzerns, vom Büro eines Chefarztes bis zum Vorzimmer eines Bürgermeisters, von der Kanzlei eines Rechtsanwalts bis zur Intendanz eines Opernhauses. Die Liste ließe sich natürlich beliebig verlängern. In keinem Industriebetrieb, in keiner Verwaltung, in keiner öffentlichen Einrichtung wird sich heute leicht jemand finden, der behauptet, er könne auf die Arbeit seiner Sekretärin(nen) verzichten. Das Heer der Sekretärinnen, Assistentinnen und Sachbearbeiterinnen ist groß. Alle tragen sie Wesentliches zum Gedeihen unserer Wirtschaft bei.

Sekretärinnen – und die ihnen verwandten Assistentinnen etc. – im heutigen Sinne kennt man erst seit den Dreißigerjahren dieses Jahrhunderts. Zwar gibt es Maschinenschreiberinnen seit etwa 1880 und Stenotypistinnen seit der Jahrhundertwende. Aber noch in einer statistischen Erfassung der Büroberufe, die man Ende der Zwanzigerjahre unternahm, fehlt die Berufsgruppe ›Sekretärin‹. Die Chefs der großen Firmen hatten zu dieser Zeit männliche Sekretäre. Die ersten ›Vorzimmerdamen‹, meistens so genannte ›Privatsekretärinnen‹ – das Diplom des englischen Sekretärinnenverbandes lautet heute noch immer so –, finden sich in den Dreißigerjahren; endgültig eroberte sich die Sekretärin ihren Platz nach dem Zweiten Weltkrieg.

Wenn man knapp und nüchtern ausdrücken will, was eine Sekretärin ist, könnte man sagen: Die Sekretärin ist eine qualifizierte kaufmännische Mitarbeiterin, die einer Führungskraft oder einer Abteilung zugeordnet ist. Damit ist freilich noch nicht viel über ihr Aufgabengebiet gesagt. Doch bei der Fülle von unterschiedlichen Positionen, denen Sekretärinnen zugeordnet sind, lässt sich dies auch schwerlich auf einen Nenner bringen. Denn je nach Branche und Größe des Unternehmens und der Funktion des Vorgesetzten unterscheiden sich auch die Aufgaben der Sekretärinnen sehr. Was aber ihre Tätigkeiten miteinander verbindet, lässt sich aus dem fachlichen Grundwissen und dem Können ablesen, das jede Sekretärin braucht. Es umfasst:

- schreibtechnische Fähigkeiten (Kurzschrift, Maschinenschreiben) und den versierten Umgang mit der elektronischen Bürokommunikation
- sichere Beherrschung der deutschen Rechtschreibung und Grammatik
- normgerechte Briefgestaltung, modernen Briefstil
- Protokollführung
- Sekretariatskunde
- Rechts-, Wirtschafts- und Sozialkunde

Diese Anforderungen wurden im Einzelnen 1975 in einer Rechtsverordnung über die »Prüfung zum anerkannten Abschluss ›Geprüfte Sekretärin/Geprüfter Sekretär‹ « festgelegt und 1978 durch einen Lernzielkatalog für die Fortbildung genauer bestimmt.

Dabei hatte man die folgenden, geradezu klassischen Aufgabenbereiche der Sekretärin im Auge:

- Posteingang und -ausgang: Sortieren, Weiterleiten der Post, Aufbereiten von Informationen, Zusammenstellen von Unterlagen, Fertigmachen zum Versand
- Korrespondenz nach Diktat, nach Stichworten und in eigener Verantwortung ohne Vorlage
- Ablage und Informationsverwaltung
- Annehmen und Vermitteln von Telefongesprächen, Beantworten von telefonischen Anfragen, fernmündliches Einholen von Informationen
- Terminplanung und -überwachung
- Protokollführung
- Planung, Organisation und Nachbereitung von Sitzungen, Tagungen, Konferenzen und Geschäftsreisen
- Empfangen und Betreuen von Gästen
- Beschaffung von Arbeitsmitteln und Büromaterial, Bewirtungsvorräten für Besucher und von Werbegeschenken

Viele Sekretärinnen werden auch mit Sachbearbeitungsaufgaben betraut. Für Chefsekretärinnen in kleineren oder mittleren Betrieben beispielsweise war und ist es nichts Neues, einen großen Wirkungskreis und weit reichende Entscheidungsbefugnisse zu haben. Dazu kann es gehören, Übersetzungen anzufertigen, Werbeaktionen zu organisieren, Aufgaben im Personalwesen auszuführen, an der Verbandsarbeit der Betriebsleitung mitzuwirken, die Führungskraft bei Repräsentationsaufgaben zu unterstützen, Statistiken zu erstellen bzw. auszuwerten und vieles andere mehr.

Ebenso wichtig wie das fachliche Grundwissen sind die persönlichen Eigenschaften, die eine Sekretärin mitbringen muss, damit sie der ihr übertragenen Vertrauensposition gerecht werden kann. Schon die Herkunft ihrer Berufsbezeichnung deutet darauf hin, bedeutete das Wort doch früher ›Geheimschreiber‹. Der Sekretär war der Vertraute von Fürsten und Staatsmännern, später auch von wichtigen Handelsherren. Die Berufsbezeichnung signalisiert also Verschwiegenheit, Vertrauen, Nähe zu bedeutenden Verantwortungsträgern. Heute prägt die Sekretärin nicht nur das Bild mit, das man sich von einer Firma macht, sie übt auch eine Mittlerfunktion zwischen ihrem Vorgesetzten und den Mitarbeitern aus. Deshalb sollte sie sich auszeichnen durch

- Zuverlässigkeit und Verantwortungsbewusstsein
- Verschwiegenheit und diplomatisches Geschick
- Loyalität und Autorität
- Flexibilität und Aufgeschlossenheit
- Teamgeist und persönliche Ausstrahlung
- Einsatzbereitschaft und Durchsetzungsvermögen
- Organisationstalent und Kreativität
- ein sympathisches Erscheinungsbild
- gute Umgangsformen

Im unmittelbaren Umfeld von Positionen zu arbeiten, wo Weichen gestellt und wichtige Entscheidungen getroffen werden, macht einen wesentlichen Reiz des Sekretärinnenberufs aus. Nicht zuletzt nämlich sind die Leistungen des Sekretariats ein wichtiger Faktor, der die Funktionsfähigkeit des modernen Managements beeinflusst. Die großen Herausforderungen unserer Zeit, denen sich das Management stellen muss, und die wachsenden Anforderungen, die sich daraus ergeben, gehen deswegen aber auch nicht spurlos am Sekretariat vorüber. Selbstständigkeit, Entscheidungsfreudigkeit, Belastbarkeit und die Fähigkeit, die Zusammenarbeit positiv zu gestalten, werden mehr denn je von der heutigen Sekretärin erwartet. Im Kontext dieser vielfältigen, sich wandelnden Aufgaben gibt ihr ein breites Fortbildungsangebot die Möglichkeit, sich fachlich und persönlich zu qualifizieren und sich auf weiterführende Aufgaben vorzubereiten.

Ein erweitertes kaufmännisches Wissen kann in diesem Zusammenhang ebenso nützlich und sinnvoll sein wie zusätzliche fundierte Kenntnisse in bestimmten Sachgebieten (z. B. Werbung, Personalwirtschaft). Unabdingbar ist es für die Sekretärinnen, mit der rasanten Entwicklung der Bürotechnik Schritt zu halten. Ganz wesentlich aber ist die Kommunikationsfähigkeit der Sekretärin gefragt. Ihre Fähigkeit, mit Menschen umzugehen, mit Menschenkenntnis Konflikte zu verhindern oder zu entschärfen, ihre Fähigkeit, Standpunkte und Meinungen sprachlich präzise und ›ansprechend‹ zu formulieren, kann das Arbeitsklima entscheidend verbessern und die allgemeine Produktivität steigern helfen. Im Hinblick auf die internationale Verflechtung des Wirtschaftslebens werden auch Fremdsprachenkenntnisse für Sekretärinnen immer wichtiger. Englisch und ein gewisses Verständnis für internationale Zusammenhänge – wirtschaftliche wie gesellschaftliche – sollten daher selbstverständlich sein.

Die Ausbildung: Viele Wege führen zum Sekretariat

Den Beruf Sekretärin/Sekretär gibt es im strengen Sinn nicht, weder als anerkannten Ausbildungsberuf noch als schulisch vermittelten Abschluss. Es handelt sich vielmehr um eine Funktion oder betriebliche Stellung, die ähnlich wie die des Direktors oder eines Abteilungsleiters nicht als ›Beruf‹ erlernbar ist. Viele Wege führen daher zum Sekretariat und den vielfältigen Assistenzfunktionen.

Lange Zeit konnten die notwendigen Kenntnisse und Fertigkeiten für eine qualifizierte Sekretariatsarbeit lediglich in einzelnen Kursen und Lehrgängen der Wirtschaftsorganisationen, Volkshochschulen oder bei den Sekretärinnenverbänden erworben werden. Die erfolgreichen Teilnehmer an diesen Lehrgängen oder Seminaren erhielten ein Zertifikat oder für die schreibtechnischen Prüfungen auch ein Zeugnis der Industrie- und Handelskammern. Eine anerkannte Prüfung als Nachweis einer umfassenden Qualifikation für das Sekretariat gab es aber nicht.

Das änderte sich 1975 mit der Verordnung über die Prüfung zum anerkannten Abschluss ›Geprüfte Sekretärin/Geprüfter Sekretär‹. Damit wurde erstmals eine der Bedeutung der Sekretariats- und Assistenzfunktion angemessene Fortbildungsregelung geschaffen. Es war die erste Rechtsverordnung für Fortbildungsprüfungen, die nach dem Berufsbildungsgesetz (BBiG) von 1969 erlassen wurde. Die Prüfung dient dem Nachweis von ›Kenntnissen, Fertigkeiten und Erfahrungen, die durch berufliche Fortbildung erworben worden sind‹ (§ 46 Abs. 1 BBiG). Es handelt sich demnach nicht um eine Berufsausbildung (›Erstausbildung‹) im strengen Sinn, sondern um eine Weiterbildung. Bereits erworbene Kenntnisse, Fertigkeiten und vor allem Berufserfahrung werden vorausgesetzt. Vielfach war es die Ausbildung zur Bürogehilfin oder ein sonstiger anerkannter kaufmännischer Ausbildungsberuf, der die ersten Grundlagen zur Weiterqualifikation legte. Aber auch ›Quereinsteiger‹ mit entsprechender hoher schulischer Vorbildung oder Absolventen von wirtschaftsbezogenen Fachschulen konnten zur Prüfung zugelassen werden, sofern sie eine entsprechende lange Praxiszeit nachweisen konnten. Diese betrug – je nach schulischer Vorbildung – zwei, drei, vier oder sechs Jahre. So gesehen nahm die Sekretärinnenprüfung eine Zwitterstellung zwischen Aus- und Weiterbildung ein.

Dennoch setzte sich dieser Qualifikationsnachweis sehr schnell durch und erwarb hohes Ansehen in Wirtschaft und Verwaltung. Bis Ende 1996 hatten sich knapp 50 000 Teilnehmerinnen (die Männerquote lag stets unter einem Prozent) der Prüfung vor der Industrie- und Handelskammer gestellt. Hinzu kamen noch ca. 20 000 Teilnehmerinnen an Kursen, deren Prüfung von der IHK gleichgestellt wurde. Viele schafften es allerdings erst im zweiten oder dritten Anlauf: Die Bestehensquote lag bei durchschnittlich 50 Prozent. Hauptursache für das Nichtbestehen waren vor allem die hohen Anforderungen in den schreibtechnischen Prüfungen: mindestens 280 Anschläge pro Minute im Fach Maschinen- und Schnellschreiben und in Stenografie mindestens 150 Silben pro Minute. Für die Maschinen- und Schnellschreibprüfung galt, dass ›Schreibmaschinen mit eingebauter Korrekturtaste (Korrektureinrichtung) nur verwendet werden durften, wenn für die Zeit der Prüfung diese Einrichtung abgestellt und nicht in Betrieb gesetzt werden konnte‹. Spätestens diese Vorschrift der Prüfungsordnung für Sekretärinnen macht deutlich, wie sehr der technologische Wandel und insbesondere der Einzug der elektronischen Datenverarbeitung in fast alle Bereiche des Wirtschaftslebens auch die Anforderungen in den Sekretariaten nachhaltig verändert haben. Wo gibt es noch ›Schreibmaschinen mit Korrekturtaste‹?

Diesen Veränderungen entsprechend, gingen die für die berufliche Bildung Verantwortlichen – Wirtschaftsorganisationen, Gewerkschaften, Bund und Länder – daran, die Büroberufe neu zu ordnen. Der Ausbildungsberuf Bürogehilfin wurde aufgehoben und an seine Stelle traten zwei neue Berufsbilder: der Bürokaufmann und der Kaufmann für Bürokommunikation. Die Verordnungen über diese Berufsausbildungen wurden am 13. Februar 1991 erlassen und traten am 1. August 1991 in Kraft.

Seit diesem für den Sekretariatsbereich ›historisch‹ zu nennenden Datum gibt es nun endlich einen anerkannten Ausbildungsberuf für Sekretärinnen. Denn die Ausbildung zum Kaufmann/zur Kauffrau für Bürokommunikation vermittelt nicht nur – worauf die Bezeichnung schon hinweist – Kenntnisse und Fertigkeiten im Umgang mit modernen Kommunikationsmitteln. In der Berufsbeschreibung ›Kaufmann/Kauffrau für Bürokommunikation‹ werden vielmehr als Aufgabenschwerpunkte ausdrücklich Assistenzfunktion und abteilungsbezogene Sekretariatsaufgaben genannt (vgl. die Abb. auf S. 24). Dass die Ausbildung die künftige Sekretariatspraxis im Blick hat, wird auch deutlich im ›Ausbildungsberufsbild‹. Als Assistenz- und Sekretariatsaufgaben werden dort Kommunikation und Kooperation im Büro, Bürokoordination und bereichsbezogene Organisationsaufgaben aufgeführt. Die Kenntnisse, die die bzw. der Auszubildende erwerben soll, weisen jedoch auch über den Kernbereich der Sekretariatsaufgaben hinaus und umfassen Aspekte des Rechnungswesens genauso wie solche der Personalverwaltung, der Statistik, der Bürowirtschaft, der Arbeitssicherheit und des Umweltschutzes (vgl. Abb. auf S. 25).

Mit der Neuordnung der Büroberufe – insbesondere durch die Schaffung des neuen Berufsprofils ›Kaufmann/Kauffrau für Bürokommunikation‹ – hat sich die traditionsreiche Weiterbildung zur ›Geprüften Sekretärin‹ überholt. Nicht nur die Beherrschung der Techniken moderner Bürokommunikation hebt die neue Ausbildung über die ins Alter gekommene Sekretärinnenprüfung hinaus. Insgesamt werden jetzt bereits in dieser Ausbildung die Grundlagen für eine qualifizierte Tätigkeit im Büro gelegt und die Befähigung zur Übernahme von Sekretariatsfunktionen vermittelt. Sie wird künftig der ›Kö-

	Berufsbeschreibung Kaufmann/Kauffrau für Bürokommunikation
Aufgabenschwerpunkte	– Assistenzfunktion – abteilungsbezogene Sekretariatsaufgaben – kaufmännisch-verwaltende Funktionen
Typische Aufgabengebiete	– Kommunikation und Kooperation im Büro und Bürokoordination – Textformulierung und -gestaltung – Textverarbeitung (schreibtechnische Qualifikation) – bereichsbezogenes Personal- und Rechnungswesen – Fachaufgaben einzelner Arbeitsgebiete
Spezifische Anforderungen	– schreibtechnische Qualifikationen – moderne Bürokommunikationstechniken, insbesondere automatisierte Textverarbeitung – sprachliche Kompetenz, Ausdrucksvermögen – Kommunikations- und Kooperationsfähigkeit – Genauigkeit und Verantwortungsbewusstsein – mitarbeiter- und kundenorientiertes Verhalten

Quelle: Sekretariat der Kultusministerkonferenz

nigsweg‹ sein, der direkt in die Sekretariate führt. Dabei wird sich vermutlich etwas Wesentliches verändern: Es werden künftig mehr Männer als ›Sekretärin‹ tätig sein. War die ›Geprüfte Sekretärin‹ eine fast ausschließliche Frauendomäne (s. oben), so bewerben sich heute zunehmend männliche Jugendliche auf eine Lehrstelle zum Kaufmann für Bürokommunikation. Wenn in gleichem Umfang Frauen künftig leitende Positionen in Unternehmen einnehmen, wird es nicht mehr nur gekrönten Häuptern und Schauspielerinnen vorbehalten sein, ihren Privatsekretär zu haben. Die Aufforderung ›Fräulein, bitte zum Diktat‹ gehört ohnehin der Vergangenheit an.

Neben dem ›normalen‹ Zugang zur Sekretariatstätigkeit über die neuen Büroberufe wird es aber auch künftig noch vielfältige Möglichkeiten für Quereinsteiger geben. Da in den Sekretariaten über die alltägliche Büroorganisation hinaus zunehmend auch Sachbearbeitung geleistet wird, kann nahezu jede kaufmännische und – besonders in Industriebetrieben – auch manche gewerblich-technische Berufsausbildung eine Grundlage für die Sekretariatstätigkeit bilden. Das Know-how in Sachen Bürokommunikation und -organisation muss man sich dann ggf. in Seminaren oder Kursen und vor allem auch über das ›Learning by Doing‹ aneignen. Gleiches gilt für Bewerber ohne abgeschlossene Berufsausbildung, Studienabbrecher oder auch Frauen, die nach der Familienpause wieder in das Berufsleben eintreten wollen.

Die veraltete Weiterbildung zur ›Geprüften Sekretärin‹ ist aber nicht ersatzlos gestrichen. Für nahezu alle Ausbildungsberufe gibt es weiterführende

Ausbildungsberufsbild
Kaufmann/Kauffrau für Bürokommunikation

Ausbildungsbetrieb	1. Stellung des Ausbildungsbetriebs in der Gesamtwirtschaft 2. Berufsbildung 3. Arbeitssicherheit, Umweltschutz und rationelle Energieverwendung
Organisation und Leistungen	1. Leistungserstellung und Leistungsverwertung 2. Betriebliche Organisation und Funktionszusammenhänge
Bürowirtschaft und Statistik	1. Organisation des Arbeitsplatzes 2. Arbeits- und Organisationsmittel 3. Bürowirtschaftliche Abläufe 4. Statistik
Informationsverarbeitung	1. Textverarbeitung 2. Schreibtechnische Qualifikationen, Textformulierung und -gestaltung 3. Bürokommunikationstechniken 4. Automatisierte Textverarbeitung
Bereichsbezogenes Rechnungswesen	1. Kaufmännische Steuerung und Kontrolle 2. Aufgaben des bereichsbezogenen Rechnungswesens
Bereichsbezogene Personalverwaltung	1. Grundlagen des betrieblichen Personalwesens 2. Aufgaben der bereichsbezogenen Personalverwaltung
Assistenz- und Sekretariatsaufgaben	1. Kommunikation und Kooperation im Büro und Bürokoordination 2. Bereichsbezogene Organisationsaufgaben
Fachaufgaben einzelner Sachgebiete	

Quelle: Verordnung über die Berufsausbildung zum Kaufmann/zur Kauffrau für Bürokommunikation vom 13.02. 1991

Fortbildungsprüfungen mit anerkanntem Abschluss. Im kaufmännischen Bereich gibt es die Ebene der Fachkaufleute bzw. Fachwirte. Das sind – wenn man so will – die kaufmännischen Meisterberufe. Wie sich der Bäckergeselle zum Bäckermeister, der Industriemechaniker zum Industriemeister qualifizieren kann, sind die Fachkaufleute oder Fachwirte die ›Meister‹ ihres kaufmännischen Faches. Sie sind wie die genannten Meister zur Übernahme von Führungsaufgaben befähigt, da sie in ihrem Fach über ein erweitertes und vertieftes Können verfügen und aufgrund ihrer mehrjährigen Berufserfahrung wissen, ›wo es im Betrieb lang geht‹. Fachwirte wie z. B. Bank- oder Versicherungsfachwirte, Industrie- oder Handelsfachwirte u. a. sind Generalisten, die über umfassende Fachkenntnisse und Erfahrungen in ihrem Wirtschaftszweig verfügen.

Fachkaufleute dagegen sind z. B. als Bilanzbuchhalter, Personalfachkaufmann, Fachkaufmann für Marketing u. a. Spezialisten, die – wirtschaftszweigübergreifend – in einer speziellen betrieblichen Funktion Könner ihres Faches sind und in fast jedem Betrieb gebraucht werden. Auf dieser Ebene gibt es – quasi als Ersatz für die ›Geprüfte Sekretärin‹, aber doch darüber hinausgehend – den Sekretariatsfachkaufmann.

Am 11. Dezember 1996 trat die Verordnung über die Prüfung zum anerkannten Abschluss ›Geprüfter Sekretariatsfachkaufmann/Geprüfte Sekretariatsfachkauffrau‹ vom 3. Dezember 1996 in Kraft. Ziel der Prüfung ist es festzustellen, ob der Prüfungsteilnehmer die notwendigen Qualifikationen erworben hat, um gehobene Assistenz- und Sachbearbeitertätigkeiten sowie Koordinationsfunktionen in größeren Sekretariaten, Büros und Verwaltungsdiensten ausüben zu können. Mit der erhöhten Sachkompetenz sowie seiner Berufserfahrung ist er auch in der Lage, Führungs- und Steuerungsaufgaben einschließlich Aufgaben der bereichsbezogenen Aus- und Weiterbildung sowie der Personalentwicklung in seinem speziellen Funktionsbereich wahrzunehmen. Die Zulassungsvoraussetzungen gehen – wie bei anderen Fortbildungsprüfungen auch – von anerkannten Ausbildungsberufen aus (insbesondere natürlich vom Kaufmann oder Fachangestellten für Bürokommunikation) und von einer entsprechenden Berufspraxis von zwei bis zu sechs Jahren (Letzteres, wenn keine Berufsausbildung erfolgt ist). In den Präambeln zu den einzelnen Prüfungsfächern wird das hohe Niveau dieser anspruchsvollen Weiterbildung beschrieben.

In dem Prüfungsfach ›Volks- und Betriebswirtschaft‹ soll der Prüfungsteilnehmer nachweisen, dass er einzel- und gesamtwirtschaftliche Zusammenhänge versteht und ihre Auswirkungen auf die betrieblichen Belange einschätzen kann. Ebenso soll er nachweisen, dass er die Entwicklungen des Europäischen Marktes sowie der Weltwirtschaft kennt. Er hat weiterhin nachzuweisen, dass er grundlegende Vorschriften des Vertragsrechts, insbesondere des Bürgerlichen Gesetzbuchs und Handelsgesetzbuchs, sachgerecht anwenden kann.

Im Prüfungsfach ›Personalwirtschaft und Arbeitsrecht‹ soll der Prüfungsteilnehmer nachweisen, dass er personalpolitische, -verwaltende und -betreuende Ziele und Maßnahmen versteht und bei der bereichsinternen Personalverwaltung und -betreuung mitwirken kann.

Im Prüfungsfach ›Informations- und Büromanagement‹ soll der Prüfungsteilnehmer nachweisen, dass er in der Lage ist, Informationsflüsse und Informationsorganisation zu handhaben und zu gestalten. Weiterhin soll er nachweisen, dass er Kommunikations- und Organisationsprozesse mitgestalten kann.

Im Prüfungsfach ›Bürokommunikationstechnik‹ soll der Prüfungsteilnehmer nachweisen, dass er moderne Bürokommunikationssysteme bei der Erfüllung unterschiedlicher Fachaufgaben sachgerecht nutzen kann. Weiterhin soll er nachweisen, dass er die DV-Anwendung und Datenpflege unter Berücksichtigung der Anforderungen des Datenschutzes im Büro versteht und bei der Verbesserung der Arbeitsgestaltung sowie bei der bereichsbezogenen DV-Organisation mitwirken kann.

Im Prüfungsfach ›Protokollführung‹ soll der Prüfungsteilnehmer nachweisen, dass er in der Lage ist, einen Text sprachlich einwandfrei zu formulieren und ein unterschriftsreifes Protokoll anzufertigen.

Im Prüfungsfach ›Kurzschrift und maschinelle Texterstellung‹ soll der Prüfungsteilnehmer nachweisen, dass er gehobene Kenntnisse und Fertigkeiten in Kurzschrift und der maschinellen Textverarbeitung besitzt, die ihn befähigen, diese Fertigkeiten den Anforderungen entsprechend einzusetzen.

Lediglich in den schreibtechnischen Prüfungsanforderungen liegt der Sekretariatsfachkaufmann unter denen der ›alten‹ Sekretärinnenprüfung. Es werden nur noch 230 Anschläge pro Minute in der ›Maschinellen Textverarbeitung‹ verlangt und es muss in der Kurzschriftprüfung ein Geschäftsbrief mit 120 Silben pro Minute aufgenommen und in 15 Minuten unterschriftsreif übertragen werden. Hier sind Tradition und Fortschritt eine Symbiose eingegangen. Die Erstellung und Bearbeitung von Schriftstücken am Bildschirm mit der schnellen Korrekturmöglichkeit erlauben eine Absenkung der geforderten Schreibgeschwindigkeit. Auch die Kurzschrift hat an Bedeutung verloren. Sie ist aber für Telefon- und Gesprächsnotizen nach wie vor unverzichtbares Handwerkszeug im Sekretariat, allerdings ebenfalls mit niedrigeren Anforderungen. Besonderes Gewicht in der Prüfung zum Sekretariatsfachkaufmann hat das ›Situationsbezogene Fachgespräch‹. Dazu heißt es in der Verordnung:

> »Im Prüfungsfach ›Situationsbezogenes Fachgespräch‹ soll der Prüfungsteilnehmer nachweisen, dass er in der Lage ist, sein Berufswissen in betriebstypischen Situationen anzuwenden und sachgerechte Lösungen vorzuschlagen. Insbesondere soll er nachweisen, dass er angemessen mit Gesprächspartnern innerhalb und außerhalb des Unternehmens sprachlich kommunizieren kann und dabei argumentations- und präsentationstechnische Instrumente sach- und personenorientiert einzusetzen versteht. Dabei ist von einer praxisbezogenen betrieblichen Situationsaufgabe mit Schwerpunkt in den Bereichen Informations- und Büromanagement sowie Personalwesen auszugehen.«

Zur Vorbereitung auf diese Prüfung führen die IHK-Bildungszentren und andere Bildungseinrichtungen Lehrgänge durch, für die der Deutsche Industrie- und Handelstag einen Rahmenstoffplan herausgegeben hat. Experten aus den Unternehmen haben daran ebenso mitgearbeitet wie Gewerkschaftsvertreter und Dozenten. Der Lehrgang umfasst rund 600 Unterrichtsstunden. Die Prüfung führt – im Gegensatz zur (alten) Sekretärinnenprüfung, die auch von den Schulen abgenommen werden konnte – ausschließlich die jeweilige Industrie- und Handelskammer durch. Es werden überregionale Prüfungsaufgaben erstellt, sodass ein einheitliches Niveau der Prüfung gewährleistet ist. Das ist nicht zuletzt auch deshalb wichtig, weil eine bestandene Prüfung zu einer anerkannten Fortbildung auf der ›Meisterebene‹ (und dazu zählt der Fachkaufmann) in den meisten Bundesländern (inzwischen oder in Zukunft) zum fachrichtungsgebundenen (Fach)hochschulzugang berechtigt.

Ein (Fach)hochschulstudium ist aber keineswegs notwendig, um – auch als Sekretärin/Sekretär – noch weiter ›Karriere mit Lehre‹ zu machen.

Wer als ›Geprüfter Sekretariatsfachkaufmann/Geprüfte Sekretariatsfachkauffrau‹ ein Jahr ›seinen Mann/seine Frau gestanden‹ hat, erfüllt die Voraussetzung, sich zum Betriebswirt IHK weiterzuqualifizieren. Über das Fachwissen in der Büroorganisation und die Erfahrung im Sekretariat hinaus vermittelt diese Qualifikation Schwerpunkte angewandter Betriebswirtschaftslehre sowie Management- und Führungs-Know-how, das den Betriebswirt IHK befähigt, selbstständig Führungsaufgaben zu übernehmen. Sie ist die konsequente Fortsetzung der Aus- und Weiterbildung im dualen System mit den Lernorten Betrieb/Unternehmen und Schule/Bildungszentrum. Die Kombination von betrieblicher praktischer Erfahrung (›Lernen am Arbeitsplatz‹) und Weiterbildung in organisierten Lernprozessen ergeben das praxisorientierte, anwendungsbezogene Fortbildungsprofil der IHK-Abschlüsse.

Nicht jeden, der im Sekretariat eine unterstützende, ›dienende‹ Funktion innehat, drängt es danach, selber ›Chef‹ zu sein. Aber die Option dafür steht offen für alle, die es wollen und dementsprechend leistungsfähig und leistungswillig sind.

Von der Sekretärin zur Assistentin

Was unterscheidet die Assistentin von der Sekretärin?

Die starke Belastung des Managements und damit der Bedarf an wirksamer, zuverlässiger Entlastung, die Technisierung der Büroarbeit mit all ihren Möglichkeiten, aber insbesondere auch der höhere Aus- und Weiterbildungsgrad der Sekretärinnen, ihr berufliches Selbstbewusstsein und ihr Anspruch auf Aufgaben, die ihrem Leistungsvermögen und -willen entsprechen, führen dazu, dass sich aus dem Berufsstand der Sekretärin neue Berufsbilder entwickeln. Der Trend führt weg vom allgemeinen Sekretariat und hin zur Direktions- und Managementassistenz.

Dabei ist es nicht untypisch, dass viele gute Sekretärinnen, insbesondere diejenigen mit langjähriger Berufserfahrung, sich gar nicht bewusst machen, dass sie im Laufe der Jahre in eine Qualifikationsstufe hineingewachsen sind, die ihnen die Berechtigung gäbe, sich ›Assistentin‹ zu nennen. Für sie gehört die Art und Weise, wie sie mit- und vorausdenken, ihren Chef entlasten und sich für das Unternehmen mitverantwortlich fühlen, zur selbstverständlichen Berufsethik.

Unter den jüngeren Jahrgängen dagegen wächst die Zahl derer, die eine Weiterentwicklung ihrer Tätigkeit bewusst anstreben und dabei das Ziel verfolgen, eine Position mit größerer Selbstständigkeit, höherer Verantwortung und breiterem Aufgabenspektrum zu bekleiden. Aufbauend auf einer Weiterbildung zur ›Geprüften Sekretärin‹ bzw. zur ›Geprüften Sekretariatsfachkauffrau‹ oder auf mehrjähriger Berufspraxis, besuchen sie weiterführende Lehrgänge und erwerben ein Zertifikat als Chef-, Management- oder Direktionsassistentin. Damit können und wollen sie auch die neue Berufsbezeichnung beanspruchen.

Doch tun sich beide Seiten – der Arbeitgeber und die Mitarbeiterin – dabei oft noch schwer. Tatsächlich ist es gar nicht einfach, die Funktionen einer Assistentin von denen einer Sekretärin abzugrenzen. Beide Tätigkeiten sind eng miteinander verwandt, sehr häufig auch noch miteinander verbunden. Die meisten Assistentinnen kommen aus dem Sekretärinnenberuf, ihr Arbeitsumfeld ist üblicherweise das Sekretariat, und viele üben, auch wenn sie Assistenzaufgaben übernommen haben, auch noch Sekretärinnentätigkeiten aus. Diese Unschärfe hinsichtlich der Aufgabenstellung und hinsichtlich der Bezeichnung wird deutlich, wenn man sich ansieht, wie der amerikanische Sekretärinnenverband (Professional Secretaries International PSI) den Begriff ›Sekretärin‹ definiert: ›Eine Sekretärin ist die Assistentin einer Führungskraft, die in hohem Maße technische Fertigkeiten ihres Berufes besitzt, die die Fähigkeit beweist, auch ohne direkte Anweisung Verantwortung zu übernehmen, die Initiative und Urteilsvermögen besitzt und innerhalb des ihr übertragenen Zuständigkeitsbereichs selbstständig Entscheidungen trifft.‹

Ist es schon aufgrund der Vielfalt von Tätigkeiten problematisch genug, verbindlich festzulegen, was denn eine ›richtige‹ Sekretärin ist, sind die Unsicherheiten bezüglich der Berufsbezeichnung ›Assistentin‹ nur allzu verständlich. Denn immerhin gibt es mit der Ausbildungsordnung für Kaufleute für Bürokommunikation und mit dem dazu gehörenden Lehrplan einen Maßstab für das Anforderungsprofil dieses Berufs. Etwas Vergleichbares existiert für die Assistentin nicht, obschon zumindest Standards zur Verfügung stehen: Der Bundesverband Sekretariat und Büromanagement e. V. sowie einige Aus- und Weiterbildungsinstitute, bei denen man die entsprechenden Zertifikate erwerben kann, haben Lehr- und Prüfungspläne aufgestellt, die bei der Erarbeitung einer vergleichbaren Grundlage, die die ›Assistentinnenprüfung‹ regelt, herangezogen werden können. Auch die Fortbildung zum Sekretariatsfachkaufmann qualifiziert für Assistenzaufgaben.

Es hängt oft auch von individuellen Kriterien ab, ob eine Tätigkeit als Sekretariats- oder Assistenzaufgabe bewertet wird. So ist u. a. die Messlatte entscheidend, die an die Funktion einer Sekretärin angelegt wird. Je nachdem, wie hoch oder niedrig sie liegt, bestimmt sie die Schnittstelle, ab der man von Assistenz sprechen will. Zudem zeigen noch viele Firmen eine gewisse Zurückhaltung, Sekretariatsmitarbeiterinnen den Status einer Assistentin zuzuerkennen, was teilweise damit zusammenhängt, dass man sie mit den ›Vorstandsassistenten‹ verwechseln könnte. Diese sind meist junge Akademiker, die einige Jahre im Vorstand oder in der Direktion eines Unternehmens Erfahrungen sammeln, um dann selbst eine Aufgabe in maßgebender Funktion zu übernehmen. Ihnen gegenüber hat die Assistentin aus Unternehmenssicht übrigens gewisse Pluspunkte: Sie tritt normalerweise nicht an, um so bald wie möglich selbst ins Management zu wechseln, obwohl dies nicht von vornherein ausgeschlossen werden kann. Sie kommt zudem aus der Praxis und kennt sich meist in der Firma schon aus. Im Übrigen bedeutet ›Assistenz‹ nichts anderes als ›Beistand‹. Der Assistent, die Assistentin ist also nichts anderes als ein Gehilfe, ein ›Mit-Arbeiter‹ – und genau diesen Beistand bei der Bewältigung seiner komplexen Aufgaben will die Assistentin – wie natürlich auch die Sekretärin – dem Manager leisten. Für beide gilt, dass die Berufsbezeichnung nicht aus Prestigegründen gewählt oder vergeben wird, sondern den Mitarbeiterinnen vorbehalten bleiben sollte, deren Aufgabenbereich und/oder Ausbildung dies rechtfertigt.

Eine Sekretärin, die sich zur Assistentin qualifizieren will, muss in dreifacher Weise kompetent sein: Sie braucht fachliche Kompetenz, persönliche Kompetenz und Führungskompetenz. Zur fachlichen Kompetenz gehören:

- genaue Kenntnis des Aufgaben- und Verantwortungsbereichs ihres Vorgesetzten bzw. der Abteilung
- gründliche Kenntnis des Unternehmens
- betriebswirtschaftliches Wissen
- Organisationsfähigkeit

- Verhandlungsgeschick
- Fremdsprachenkenntnisse
- Fähigkeit zur Leitung eines Sekretariats

Persönliche Kompetenz meint Selbstständigkeit, Initiative und Verantwortungsbewusstsein, zeigt sich in einer aufgeschlossenen, integren Persönlichkeit, die nicht nur analytisch zu denken versteht, sondern auch auf Herausforderungen flexibel reagiert, ihre Aufgaben entscheidungsfreudig und kreativ angeht, belastbar ist und Wert auf ein gepflegtes Äußeres legt. Davon sind die Charakteristika der Führungskompetenz kaum zu trennen. Denn auch die Fähigkeit, andere zu motivieren und zu führen, setzt eine Persönlichkeit voraus, die im zwischenmenschlichen Umgang glaubwürdig, gerecht und objektiv ist, und einen Menschen, der sich durchzusetzen vermag, aber auch Einfühlungsvermögen nicht vermissen lässt und selbst etwaigen Zumutungen mit Gelassenheit begegnet.

Gerade diese Eigenschaften sind wichtig. Je mehr nämlich die Assistentin in den Aufgabenbereich ihres Vorgesetzten eindringt, was ja notwendig und erwünscht ist, desto mehr werden auch Führungseigenschaften und -fähigkeiten von ihr erwartet. Eine Sekretärin tritt zwar oft als Mittlerin zwischen ihrem Chef und Dritten auf und gibt Aufträge und Anweisungen, doch stets und eindeutig im Auftrag. Als Assistentin jedoch handelt sie in ihrem Delegationsbereich eigenverantwortlich und wird deshalb an ihrem persönlichen Verhalten und ihrer Vorgehensweise gemessen. Eine Mitarbeiterin, die diese Eigenschaften – oder einen großen Teil davon – besitzt, wird nicht nur die Chance haben, in ihrem Unternehmen zu anspruchsvollen Aufgaben herangezogen zu werden. Sie wird auch ein gewisses Maß an Initiative und Selbstbewusstsein entwickeln, um diese Chance zu suchen – im Unternehmen oder durch einen Wechsel des Arbeitsplatzes.

Da die möglichen Aufgabengebiete einer Assistentin mit der Vielzahl von Voraussetzungen in den jeweiligen Unternehmen variieren, lässt sich unmöglich eine vollständige Aufzählung solcher Tätigkeiten erstellen. Immerhin sollen hier einige Aufgaben genannt werden, die zumindest zeigen, wie verantwortungsvoll und vielseitig die Arbeit der Assistentin sein kann:

- Beratung des Vorgesetzten
- Vertretung des Vorgesetzten
- Erstellen und Auswerten von Protokollen
- Unterstützung des Vorgesetzten
  bei seinen Informations- und Kontrollaufgaben
- Auswerten von Geschäftsreisen
- selbstständiges Verhandeln mit Geschäftspartnern
- Betreuung ausländischer Gäste, ggf. Dolmetschen
- Auswahl und Einführung neuer Hard- und Software im Bürobereich; Schulung von Mitarbeitern

- Öffentlichkeitsarbeit
- Entwerfen von Reden und Referaten
- Erstellen von Berichten
- Projektmanagement
- Planungsaufgaben
- Aufstellen von Budgets und Finanzplänen

Die Vorbereitung auf die Assistenzfunktion

Wann aber wird nun aus einer Sekretärin eine Assistentin und wie? Die Übergänge sind, wie gesagt, fließend: Sie werden bestimmt von der Persönlichkeit und Funktion des Vorgesetzten, von der Dauer der Zusammenarbeit sowie von den Fähigkeiten und der Persönlichkeit der Sekretärin. Fast immer aber erfordert der Wechsel von der Sekretariats- in eine Assistenzfunktion die Initiative der Sekretärin. In den meisten Fällen wird eine Sekretärin, die den Willen hat, sich zur Assistentin weiterzuentwickeln, Schritt für Schritt in diese Funktion hineinwachsen. Das setzt voraus, dass sie ihrem Vorgesetzten (oder anderen Verantwortlichen im Unternehmen) ihre Bereitschaft signalisiert, weitere und anspruchsvollere Aufgaben zu übernehmen.

Es ist dann erst einmal ihre Sache, den Arbeitsbereich ihres Chefs immer wieder daraufhin zu analysieren, welche Aufgaben er selbst erledigen muss und welche sie von ihm ganz oder teilweise übernehmen könnte. Denn das Ziel der Assistenz ist es, den Aufgabenbereich der Sekretärin zu erweitern und dadurch die Aufgaben ihres Chefs um diejenigen zu reduzieren, die delegierbar sind. Durch regelmäßige Beweise ihres Mitdenkens, ihrer Kompetenz und ihrer Zuverlässigkeit muss sie ihn davon überzeugen, dass er kein Risiko eingeht, wenn er Aufgaben an sie abtritt, sondern dass er davon profitiert, denn er wird entlastet und gewinnt Zeit für die Ausführung seiner nichtdelegierbaren Arbeiten.

Der Anteil delegierbarer Chefaufgaben hängt freilich vom Fachgebiet und von der Position des Vorgesetzten ab. Man stelle sich nur den Grad der Mitwirkungsmöglichkeiten vor, die eine Assistentin bei einem Leiter des Personalwesens auf der einen und dem Leiter eines Chemielabors auf der anderen Seite oder bei einem Abteilungsleiter und einem Vorstandsmitglied haben könnte. Dass die Mitarbeit der Assistentin sich jeweils anders gestalten wird, leuchtet unmittelbar ein. Dass natürlich auch die Sekretärin ihren Chef entlastet, indem sie Aufgaben ausführt, die in seinem Verantwortungsbereich anfallen, will niemand leugnen. Der gravierende Unterschied liegt jedoch in dem Anteil der Arbeiten, den die Assistentin übernehmen kann, in der Vollständigkeit und Qualität, mit der sie diese Arbeiten erledigt, und in der Kreativität und Eigeninitiative, mit der sie neue Ideen, Maßnahmen und Verbesserungen entwickelt, vorschlägt und umsetzt.

Angesichts der bedeutungsvollen Aufgaben, die einer Assistentin zuwachsen, ist klar, dass regelmäßige, offene Gespräche zwischen dem Vorgesetzten und ihr unerlässlich sind. Die Hierarchie, die die Zusammenarbeit von Chef und Sekretärin immer noch weitgehend prägt, bleibt zwar auch für die Assistentin im Wesentlichen bestehen; doch sollte in der täglichen Praxis eher ein partnerschaftliches Miteinander vorherrschen – zu beiderseitigem Nutzen. Denn bei dieser Form der Zusammenarbeit beruht die Effizienz nicht allein auf den Fähigkeiten der Mitarbeiterin, sondern auch darauf, dass der Vorgesetzte einen Teil seiner Aufgaben wirklich delegieren will, und sie beruht nicht zuletzt auf seinem Vertrauen und seiner Bereitschaft, der Assistentin – insbesondere in der Anfangszeit – Fehler zuzugestehen und ihr Rückendeckung zu geben. Um den Weg von der Sekretärin zur Assistentin erfolgreich beschreiten zu können, müssen deshalb folgende Voraussetzungen gegeben sein:

Vonseiten der Sekretärin	Vonseiten des Vorgesetzten
Fachwissen	Delegationsbereitschaft
persönliche Kompetenz	Vertrauen
Führungskompetenz	Rat und Geduld
Beharrlichkeit	Unterstützung
Selbstbewusstsein	Ermutigung und Lob
Stehvermögen	
Verantwortungsbereitschaft	
Lernbereitschaft	

Eine praktische, organisatorische Überlegung darf dabei nicht vergessen werden: Nicht in allen Sekretariaten ist eine Besetzung mit zwei Mitarbeiterinnen vorgesehen. Deshalb bleibt die Assistentin sehr oft trotz ihres erweiterten Verantwortungsbereichs immer noch zuständig für die allgemeinen Sekretariatsaufgaben. Dann braucht sie ggf. die Unterstützung einer Hilfskraft, oder es muss zumindest sichergestellt werden, dass sie bestimmte Arbeiten an andere Stellen des Hauses abgeben kann. Die Folge der Assistenz darf nicht ein entlasteter Chef, aber eine überlastete Mitarbeiterin sein – das würde für beide den Erfolg wieder infrage stellen.

Generell sollte die aufstiegsbewusste Sekretärin ihren weiteren Weg nicht dem Zufall überlassen, sondern ihn sorgfältig planen und sich frühzeitig mit folgenden Fragen beschäftigen:

- Habe ich bei meinem jetzigen Vorgesetzten die Möglichkeit, als Assistentin entsprechende Aufgaben zu übernehmen?
- Wird er mich unterstützen? Kann ich bei anderen Führungskräften oder Kollegen mit Unterstützung rechnen?
- Welche Förderung kann ich im Unternehmen erwarten (Freistellung und Übernahme der Weiterbildungskosten, firmeninterne Schulungen usw.)?

- Wie und wo kann ich mich weiterbilden?
- Wer kann mich im Sekretariat entlasten, wenn ich mich neuen Aufgaben widme?
- Wo liegen meine Stärken, wo meine Schwächen?
- Traue ich mir überhaupt zu, nach entsprechender Vorbereitung Assistenzaufgaben zu übernehmen?
- Werde ich den Belastungen (z. B. durch möglicherweise längere Arbeitszeiten, Rückschläge, Kritik oder Neid) gewachsen sein?
- Bin ich bereit, Konsequenzen zu ziehen, wenn ich in meiner jetzigen Firma keine Chancen habe, in Assistenzfunktionen aufzusteigen?

Wie schon angedeutet, wird eine Sekretärin allmählich in die Funktionen einer Assistentin hineinwachsen und kann sich dadurch fachlich zum Teil in der täglichen Praxis und in der Zusammenarbeit mit ihrem Chef darauf vorbereiten, Assistenzaufgaben zu übernehmen. Es ist indessen von entscheidendem Vorteil, wenn sie sich darüber hinaus das theoretische Rüstzeug – z. B. Fachwissen aus den Bereichen Personal, Marketing, Finanzwesen – in Lehrgängen, Seminaren und durch Fachlektüre aneignet.

Von den vielen Möglichkeiten der Weiterbildung dürften die Lehrgänge der Bildungsinstitute, die dem Bundesverband Sekretariat und Büromanagement e. V. oder der Sekretärinnen-Akademie e. V., Lübeck, angeschlossen sind, am ehesten auf die Voraussetzungen und die Bedürfnisse der Sekretärinnen zugeschnitten sein (die Anschriften finden sich am Ende dieses Buches). Die Weiterbildung zur Assistentin umfasst je nach Lehrgang 150 bis 600 Stunden, die im Abend-, Wochenend- oder Fernunterricht absolviert werden. Zu den Fächern, die in diesen Seminaren behandelt werden, gehören u. a. Betriebswirtschaft, Marketing, Managementtechniken, Kommunikation, EDV und Persönlichkeitstraining. Ein besonderer Pluspunkt dieser Lehrgänge ist, dass man nach erfolgreicher Teilnahme entsprechende Zertifikate eines anerkannten Bildungsträgers vorweisen kann. Diese helfen in vielen Fällen nicht nur dabei, anerkannt und akzeptiert zu werden; sie machen sich auch gut in einer Bewerbungsmappe.

Selbstverständlich gibt es außer den genannten Lehrgängen ein nahezu unbegrenztes Angebot an Seminaren zu Einzelthemen, die für die Assistentin je nach ihrem Aufgabengebiet wichtig sein können, und eine schier unerschöpfliche Vielfalt an Hand- und Fachbüchern, mit deren Hilfe sie ihre Kenntnisse vertiefen oder sich neue Wissensgebiete erschließen kann. Hier müssen Assistentinnen oder angehende Assistentinnen sehr genau prüfen, wo ihre Defizite liegen, welche Erwartungen sie an das Seminar, welche Fragen sie an das Fachbuch haben, und abwägen, ob das entsprechende Angebot tatsächlich ihren Wünschen und Bedürfnissen entspricht. Auf jeden Fall aber ist die Mitgliedschaft in Berufs- und Fachverbänden nützlich. Die Erfahrungen und Informationen, die der Assistentin dadurch zufließen, erweitern ihren

Gesichtskreis, fördern ihr Urteilsvermögen und unterstützen sie dabei, ihre Aufgaben innovativ anzugehen.

Sind alle Voraussetzungen erfüllt und ist aus der zielbewussten Sekretärin die engagierte Assistentin geworden, heißt es für sie nun, mit der nötigen Selbstsicherheit und einer gewissen Selbstverständlichkeit die neue Position auszufüllen. Die Erwartungshaltungen an sie werden hoch sein und der Einsatz, den sie bringen muss, auch. Aber dem gegenüber stehen die Freude an den neuen Aufgaben und die Bestätigung der eigenen Leistungsfähigkeit, und dies ist zweifellos ein Gewinn, der allerdings nicht nur immateriell zu Buche schlagen sollte.

Die neue Funktion sollte vertraglich abgesichert und nach außen bekannt gemacht werden. Das kann sich u. a. niederschlagen

- in einem Anstellungsvertrag als Assistentin
- in einer entsprechenden Stellenbeschreibung
- in einer firmeninternen Bekanntmachung
- in der Aufnahme der Stelle ins Organigramm des Unternehmens
- in Firmenvisitenkarten
- eventuell in einer Handlungsvollmacht oder Prokura
- nicht zuletzt in einem angemessenen Gehalt

In Zukunft, so lässt sich feststellen, wird das Management der Unternehmen und Verwaltungen verstärkt selbstständige, qualifizierte Mitarbeiterinnen benötigen. Denn die Aufgaben, die gelöst werden müssen, werden zunehmend komplexer, der nationale und internationale Wettbewerb wird immer härter. Neue Organisationsformen werden sich durchsetzen, und die Bedeutung der Frauen im Wirtschaftsleben wird weiter wachsen. Für Sekretärinnen und Assistentinnen erhöhen sich dadurch die Chancen, ihre Position auszubauen oder sich neue Tätigkeitsfelder zu erschließen. Wenn sie sich konsequent auf diese Chancen vorbereiten, sie erkennen und nutzen, wird ihnen der Erfolg sicher sein.

Bewerbung und Karriere

80 bis 95 Prozent aller Zuschriften, die auf eine Stellenausschreibung eingehen, sind von vornherein chancenlos, weil man sich entweder auf die falsche Stelle oder auf die richtige Stelle falsch beworben hat. Diese statistisch nachgewiesene und von Personalfachleuten oft beklagte Tatsache lässt darauf schließen, dass bei einer so wichtigen Angelegenheit wie der Abfassung und Gestaltung einer Bewerbung häufig viel zu wenig nachgedacht wird. Die Enttäuschung ist dann groß, wenn es in vielen Fällen nicht einmal zu einem Vorstellungsgespräch kommt. Man darf wohl sagen, bei keiner Gelegenheit ist die Chance für eine erfolgreiche Weichenstellung in der Arbeitswelt so groß wie bei der Suche nach einer neuen beruflichen Herausforderung. Bei wenigen Gelegenheiten aber wird sie so unbekümmert vertan wie bei der Kontaktaufnahme mit einem potenziellen neuen Arbeitgeber.

Ein Blick in die Stellenmärkte der großen Tageszeitungen zeigt zwar, dass die Nachfrage nach qualifizierten Sekretärinnen, Sachbearbeiterinnen und Chefassistentinnen noch immer beachtlich ist. Was dort aber nicht geschrieben steht, ist, dass sich auf eine reizvolle Stellenausschreibung für diese Berufsgruppe heutzutage oft 40 bis 80, nicht selten sogar über 100 Interessentinnen melden. Es liegt auf der Hand, dass unter diesen Umständen bereits bei der Vorauswahl strengere Maßstäbe angelegt werden: Kandidatinnen, deren Bewerbung weder an den spezifischen Vorstellungen des Stellenanbieters Maß nimmt noch ein aussagestarkes, in sich stimmiges Bild der eigenen Person und des beruflichen Werdeganges liefert, kommen schon in diesem Stadium nicht mehr in Betracht – von der nachteiligen Wirkung einer optisch wenig eindrucksvollen Zuschrift gar nicht zu reden.

Nicht nur, wie man solche Sünden vermeidet, sondern auch, was man selbst zum Erfolg seiner Bewerbung bis hin zum Vorstellungsgespräch beitragen kann, soll im Folgenden behandelt werden. Dabei ist nicht nur an Berufsanfängerinnen gedacht. Denn auch für Sekretärinnen, die eine attraktive und sichere Stellung haben, kann sich die Notwendigkeit zu einem Stellenwechsel mitunter sehr plötzlich ergeben.

Umgekehrt dürften übrigens auch jene Leserinnen, die ihrem Chef in Personalfragen assistieren, aus einigen der folgenden Kapitel Nutzen ziehen, z. B. bei der Entwicklung von Kriterien für die Selektion von Bewerberzuschriften oder für die Gesprächsführung bei den ersten persönlichen Kontakten mit Bewerberinnen und Bewerbern der engeren Wahl.

Gründliche Vorarbeit ist schon der halbe Erfolg

Die Inventur in eigener Sache

Bewerbung ohne gründliche Vorbereitung kann die Karrierechancen beeinträchtigen und Umwege im beruflichen Werdegang bedeuten. Dies gilt weniger für Berufsanfängerinnen, deren gutes Recht es ist, sich in den ersten ›Lehr- und Wanderjahren‹ in diversen Stellen, Branchen und Abteilungen ein möglichst breit gefächertes berufspraktisches Know-how zu erwerben. Gestandene, erfahrene Sekretärinnen indessen sind besser beraten, sich zunächst einmal zu überlegen, welche Ziele sie anstreben. Denn die Angebote des Marktes für diesen Berufsstand sind heute so differenziert, dass sich ein mehr oder weniger planloses Springen von Stelle zu Stelle ab einem bestimmten Alter kaum noch auszahlt, in der Regel auch von den Arbeitgebern nicht mehr positiv bewertet wird. Eine gewisse Branchen- und Ressorttreue und die damit verbundene einschlägige Berufserfahrung sind aus deren Sicht, zumindest bei der Besetzung gehobenerer Positionen, allemal wünschenswerter.

Sekretärinnen, Direktionsassistentinnen ebenso wie qualifizierte Sachbearbeiterinnen sollten sich also bereits vor der eigentlichen Stellensuche über ihr ›Soll und Haben‹ Klarheit verschaffen und sich fragen: ›Wer bin ich, was will ich, was kann ich?‹ Diese Bestandsaufnahme vor jedem Veränderungsvorhaben, die mit verschwommenen Wunschvorstellungen von der Art ›toller Job, toller Chef und attraktives Gehalt‹ kaum hinreichend abgedeckt sein dürfte, ist zweifellos die beste Voraussetzung für eine erfolgreiche Bewerbung.

Dies gilt nicht nur für den gängigsten Typ der Stellensuche, nämlich für die Bewerbung auf Stellenausschreibungen in der Tages- und Fachpresse. Es gilt für jede Form der Kontaktanbahnung, sei es über das Arbeitsamt, das besser ist als sein Ruf, sei es über persönliche Verbindungen, oder sei es durch ein eigenes Stellengesuch, Telefonmarketing in eigener Sache oder Blindbewerbungen, d. h. Bewerbungen ›auf gut Glück‹. Und es gilt auch für die Umschau im gegenwärtigen Betrieb, wo durchaus immer wieder einmal interessante Möglichkeiten für einen Wechsel auszumachen sind. All diese Alternativen zum üblichen Vorgehen sollten jedenfalls hinsichtlich der Erfolgsquote nicht unterschätzt werden. Denn sie bieten den Vorteil, ohne den Konkurrenzdruck einer mehr oder weniger großen Zahl von Mitbewerberinnen bei einer Firma vorstellig zu werden.

Doch welcher dieser Möglichkeiten die Sekretärin auch immer den Vorzug gibt, stets wird sie jenen Kolleginnen um eine Nasenlänge voraus sein, die sich im Vorfeld einer Suchkampagne nicht der Mühe einer ›Inventur in eigener Sache‹ unterzogen haben. Abgesehen davon steht ein so planvolles, zielorientiertes Vorgehen in einem engen Zusammenhang mit der Karriere, das heißt mit dem Vorwärtskommen im Beruf. Denn nur, wer seine Laufbahn kontinuierlich auf den bisher gewonnenen Kenntnissen und Erfahrungen aufbaut,

	Inventur in eigener Sache 1	2	3	4	5	6
Kommunikatives Geschick	☐	☐	☐	☐	☐	☐
Teamgeist/Kollegialität	☐	☐	☐	☐	☐	☐
Anpassungsfähigkeit	☐	☐	☐	☐	☐	☐
Durchsetzungsvermögen	☐	☐	☐	☐	☐	☐
Energie/Ausdauer für Ziele	☐	☐	☐	☐	☐	☐
Eigeninitiative	☐	☐	☐	☐	☐	☐
Selbstmotivation	☐	☐	☐	☐	☐	☐
Ehrgeiz	☐	☐	☐	☐	☐	☐
Flexibilität	☐	☐	☐	☐	☐	☐
Gewandtheit in Wort und Schrift	☐	☐	☐	☐	☐	☐
Logisches Denken	☐	☐	☐	☐	☐	☐
Zahlenverständnis	☐	☐	☐	☐	☐	☐
Kaufmännische Fähigkeiten	☐	☐	☐	☐	☐	☐
Organisationstalent/-freude	☐	☐	☐	☐	☐	☐
Planerische Fähigkeiten	☐	☐	☐	☐	☐	☐
Spaß an ›kniffligen‹ Aufgaben	☐	☐	☐	☐	☐	☐
Fremdsprachenkenntnisse	☐	☐	☐	☐	☐	☐
Sprachbegabung	☐	☐	☐	☐	☐	☐
Sinn für fremde Kulturen	☐	☐	☐	☐	☐	☐
Betreuung anderer	☐	☐	☐	☐	☐	☐
Menschen-/Mitarbeiterführung	☐	☐	☐	☐	☐	☐
…	☐	☐	☐	☐	☐	☐

1 = optimal
2 = gut, aber nicht immer optimal
3 = weder gut noch schlecht, aber im Allgemeinen ausreichend
4 = kann erheblich verbessert werden
5 = mangelhaft
6 = nicht vorhanden

wer zugleich einen Arbeitsplatz ansteuert, der es gestattet, die individuellen Stärken, Neigungs- und Fähigkeitsschwerpunkte optimal umzusetzen, kann wirklich eine effiziente Leistung erbringen und letztlich auch erfolgreich sein. Die Frage ist nur: Wie macht man das? Wie kommt man bei der Planung einer neuen beruflichen Aufgabe dem eigenen Standort, den eigenen Wünschen und Vorstellungen am besten auf die Spur? Folgende Schritte bieten sich an:

- Befassen Sie sich im Vorfeld eines beabsichtigten Arbeitsplatzwechsels mehrere Wochen mit dem Studium der Stellenmärkte in der Tagespresse. Auf diese Weise erhalten Sie Denkanstöße für mögliche eigene Einsatzfelder im Spiegel von Angebot und Nachfrage
- Entwerfen Sie ein fiktives eigenes Stellengesuch, in das Sie, weil es nichts kostet, ganz konkret das alles hineinpacken können, was Ihnen zu den Fragen ›Wer bin ich, was kann ich, was will ich?‹ einfällt. Auch dies hilft,

die eigenen Ziele festzulegen und bei der Suche nach individuell maßgeschneiderten Alternativen fündig zu werden
- Geben Sie sich selbst in einer Bestandsaufnahme schriftlich Rechenschaft über das Pro und Kontra aller bisherigen Stellen. Formulieren Sie also, was Ihnen Freude gemacht hat beziehungsweise wo es Defizite, vielleicht sogar leidvolle Erfahrungen gab. Dabei sollten u. a. folgende Punkte berücksichtigt werden: das Aufgabengebiet, das Betriebsklima, die Persönlichkeit des oder der Vorgesetzten, die Branche, die Betriebsgröße und der Fachbereich
- Versuchen Sie, Ihre sachlich-fachlichen Kenntnisse und Fähigkeiten nach derzeitigem Stand aufzulisten, Ihre Stärken und Schwächen berufsbezogen einzuschätzen und zu bewerten. Dabei können Sie beispielsweise das Raster auf Seite 38 zugrunde legen
- Ziehen Sie nun aus der Summe der Ergebnisse dieser Selbsterforschung die Bilanz. Bringen Sie das Resultat möglichst in ein angemessenes Verhältnis zu Ihrer persönlichen Lebensplanung. Setzen Sie also auch in diesem Zusammenhang entsprechende Prioritäten. Denn nicht alle Karrierepläne lassen sich ohne weiteres mit den Wünschen und Anforderungen vereinbaren, die Familie und Partnerschaft mit sich bringen

Die Analyse der Stellenanzeigen

Eine der häufigsten, gleichwohl unnötigsten Ursachen für den Misserfolg einer Bewerbung liegt in dem Umstand begründet, dass die Stellenausschreibungen zu oberflächlich betrachtet werden. Zur gründlichen Analyse einer auf den ersten Blick für interessant befundenen Anzeige gehört es,

- das, was geboten wird, mit den eigenen Vorstellungen zu vergleichen
- das, was gefordert wird, mit den eigenen Qualifikationen zu vergleichen
- Abweichungen schriftlich festzuhalten
- ferner herauszufinden, worauf es dem Inserenten besonders ankommt
- zwischen den Zeilen zu lesen, um aus Widersprüchen oder anderen Auffälligkeiten entsprechende Schlüsse ziehen zu können

So ist beispielsweise Skepsis geboten, wenn das inserierende Unternehmen bei seiner Selbstdarstellung in Superlativen geradezu schwelgt, sich gleichzeitig aber hinter einer Chiffreanzeige im Kleinformat verbirgt. So sollte es zu denken geben, wenn in einer groß aufgemachten Anzeige zwar viel von der Attraktivität dieser ›außerordentlichen beruflichen Herausforderung‹, wenig jedoch vom Aufgabengebiet selbst die Rede ist oder wenn die gesuchte Mitarbeiterin einerseits ›höchsten Ansprüchen‹ genügen soll, andererseits, sozusagen im Kleingedruckten, für die Besetzung dieser Position ›auch einer fähigen Berufsanfängerin eine Chance gegeben wird‹. So wäre schließlich, um ein letztes Beispiel zu nennen, der Verdacht nicht von der Hand zu weisen, dass in einem ›ausgesprochen unbürokratisch geführten Betrieb‹, dessen ›sehr dynamischer Chef‹ eine ›einsatzfreudige, im Bedarfsfalle auch nach Feierabend zur Verfügung stehende Mitarbeiterin‹ sucht, das reine Chaos herrscht.

Wachsamkeit erscheint in solchen und ähnlichen Fällen eines nicht unbedingt überzeugenden Angebotes empfehlenswert. Demgegenüber ist festzuhalten, dass sich eine gute Stellenausschreibung vor allem durch Glaubwürdigkeit, das heißt durch klare, in sich stimmige Angaben und Informationen zu folgenden Fragen auszeichnet:

Wer sind wir?	Kurzbeschreibung des Unternehmens
Wen suchen wir?	Angabe der Position
Welche Aufgaben sind zu übernehmen?	Konkrete Auflistung, Kompetenzen, Unterstellungsverhältnis, Umfeld usw.
Was wird verlangt?	Ausbildung, berufliche Erfahrungen, Profil der Persönlichkeit
Was bieten wir?	Rahmenangaben zu materiellen und immateriellen Leistungen

Tricks und überzogene Lockangebote können zwar, in der Regel durchaus absichtsgemäß, besonders qualifizierte Bewerberinnen und Bewerber auf den Plan rufen. Aber die Stunde der Wahrheit kommt bestimmt, zumeist schon beim Vorstellungsgespräch, wenn sich herausstellt, dass die reale Situation nicht hält, was die Anzeige versprach. Sekretärinnen, die im Rahmen ihres Aufgabengebietes selbst Stellenanzeigen zu entwerfen haben, sollten also die einschlägige Literatur zurate ziehen.[1]

Die Bewerbungsmappe

Wer sich mit System bewirbt, sollte schon vor dem Start seiner Suchkampagne eine Bewerbungsmappe mindestens in zehnfacher Ausfertigung zusammengestellt haben. Auch dies gehört noch zur Vorarbeit und zahlt sich später aus, weil man nicht immer wieder von neuem seine Unterlagen zusammensuchen muss. Dabei ist es üblich und empfehlenswert, einen Klemmhefter oder etwas Ähnliches mit durchsichtigem Deckel zu verwenden und die einzelnen Schriftstücke durch Klarsichthüllen zu schützen. Wer jedoch ein umfangreiches Unterlagenpaket vorzulegen hat, sollte besser auf die Klarsichthüllen verzichten, damit die Mappe nicht zu voluminös wird.

Ferner gilt: Bewerbungsformblätter, in Schreibwarengeschäften zu erstehen, sehen zwar gut aus. Doch pressen sie die Bewerberin bzw. den Bewerber in ein Schema, das vielleicht nicht der optimalen Darstellung der individuellen Vorgaben und Aussagen entspricht.

Die Bewerbungsmappe muss folgende Unterlagen in dieser Reihenfolge enthalten:

[1] Vgl. u. a. Ernst Maudrich: Stellenanzeigen mit Profil. Freiburg, 2. Auflage 1991.

- Deckblatt, auf dem ggf. die einzelnen Abteilungen der Bewerbungsmappe vermerkt sind
- Lebenslauf mit Foto (oben rechts), wobei ein Lichtbild größeren Formats auch in die Mitte eines folgenden DIN-A4-Blattes geklebt werden kann
- Handschriftenprobe (falls gefordert)
- Zeugnisse: erst die Berufszeugnisse in der Reihenfolge der Stellen entsprechend dem Lebenslauf, dann die Zeugnisse über Aus- und Fortbildung in chronologischer Reihenfolge (Schulabgangszeugnis nicht vergessen). Von Teilnahmebescheinigungen an Kursseminaren ist zumindest dann abzuraten, wenn die Fortbildungszertifikate insgesamt womöglich ein Mehrfaches der Berufszeugnisse ausmachen. Auf jeden Fall sollten dann die verschiedenen Arten von Unterlagen durch rechtsseitig herausstehende, markierte Trennblätter abgeteilt und die einzelnen Abteilungen mit ihrer Markierung auf dem Deckblatt verzeichnet werden
- Das Anschreiben ist schließlich lose zuoberst in die Bewerbungsmappe einzulegen

Das Anschreiben: Aufmacher der (Be)werbung

Das Erfolgsgeheimnis jeder guten Bewerbung ist mit vier Worten erklärt. Sie stammen aus dem Marketing, und ihre Anfangsbuchstaben stimmen mit dem Titel einer bekannten Verdi-Oper überein:

A = attention (Aufmerksamkeit erregen)
I = interest (Interesse wecken)
D = desire (Wünsche wecken)
A = action (Handlung auslösen)

Wem es nicht gelingt, auf Anhieb Aufmerksamkeit zu erregen, der wird auch kaum Interesse, geschweige denn Wünsche wecken oder gar ein Tätigwerden des Verhandlungspartners bewirken. Diese Erkenntnis sollte sich wie ein roter Faden durch alle Bewerbungs- und Vorstellungsstrategien ziehen. Sie bedeutet, dass alles, was dem Bewerbungsempfänger zuerst ins Blickfeld gerät, von größerer Bedeutung ist als das, was danach kommt.

So gesehen ist das Begleitschreiben, das in der Regel als erstes gelesen wird, die beste Chance einer Bewerberin, das ausschreibende Unternehmen gleich zu Anfang davon zu überzeugen, dass sie die richtige Frau auf dem richtigen Platz wäre. Darum ist auch die Einleitung von großer Wichtigkeit, und hier ist die Signalwirkung des ersten Satzes höher einzuschätzen als die des zweiten.

Vergessen sollte man also bei der ›Ouvertüre‹ zu seinem Anschreiben alle ebenso üblichen wie belanglosen Floskeln, wie ›Hiermit bewerbe ich mich ...‹ oder ›Ihre Anzeige interessiert mich sehr, deshalb möchte ich mich um diese

Position bewerben‹. Das eine wie das andere setzt der Empfänger der Zuschrift sowieso voraus, ersieht es außerdem aus dem Betreff. Man sollte lieber gleich zur Sache kommen. Und ›Sache‹ ist in diesem Fall das, worauf es dem Inserenten in erster Linie ankommt; es hat sich bereits bei der Anzeigenanalyse ergeben.

Ein Beispiel: Falls der Anzeigentext erkennen lässt, dass es dem Geschäftsführer eines im Aufbau befindlichen Unternehmens vor allem um eine wirksame Entlastung in dieser schwierigen Anfangsphase geht, so könnte man das Anschreiben mit der Feststellung einleiten, dass es einen besonders reizen würde, seinem Chef ›als Mitarbeiterin der ersten Stunde tatkräftig zur Seite zu stehen‹.

Ein weiteres Beispiel: In der Titelzeile heißt es provokativ: ›Können Sie hexen? Geholfen wäre uns auch schon, wenn Sie Sekretärin und Fremdsprachenkorrespondentin sind und sofort einsteigen wollen. Wir ersticken nämlich in Arbeit.‹ Auf diese ›Aufforderung zum Tanz‹ sollte man schon in seinem ersten Satz eingehen: ›Hexen kann ich leider nicht. Falls Ihnen aber mit einer engagierten, berufserfahrenen Fremdsprachenkraft gedient sein sollte, für die Hektik nichts Ungewöhnliches ist, dann wäre ich sehr daran interessiert, ...‹ Ergibt sich ein solcher inhaltlicher Bezugspunkt nicht, so kann man einfach eine derjenigen Fragen aufgreifen, die in dieser oder jener Form fast immer den Abschluss einer Stellenanzeige bilden. Bei einem ›Neugierig?‹ oder ›Fühlen Sie sich angesprochen?‹ bietet sich für die Einleitung beispielsweise als Antwort an: ›Von Ihrer Anzeige fühle ich mich tatsächlich sehr angesprochen. Denn die ausgeschriebene Position wäre eine neue und interessante berufliche Herausforderung für mich. Sie entspricht auch weitgehend meinen Kenntnissen, Fähigkeiten und beruflichen Erfahrungen.‹

Dass die eigenen Fähigkeiten mit den Anforderungen des Inserenten übereinstimmen, muss nun natürlich begründet werden, sei es mit zwei, drei hieb- und stichfesten Sätzen, sei es mit einer übersichtlich gegliederten Auflistung dieser Fähigkeiten. Entscheidend ist dabei, sich ausschließlich auf die Wünsche des Stellenanbieters zu konzentrieren. Eine stereotype Aufzählung alles dessen, was man bisher gemacht hat, ist ermüdend und interessiert an dieser Stelle nicht. Dazu sind der Lebenslauf und die Zeugnisse da.

Denn dies ist die zweite Konsequenz, die aus der AIDA-Formel zu ziehen ist: Aufmerksamkeit und Interesse findet man nur mit Argumenten, die am Nutzen des ›Kunden‹ orientiert sind. Eine der wichtigsten Maximen lautet: Stellen Sie sich ganz auf die spezifischen Anforderungen dieser einen Stellenausschreibung ein, auf die Sie gerade antworten. Wenn also beispielsweise verlangt wird, dass Sie die spanische Sprache in Wort und Schrift beherrschen, so warten Sie in Ihrem Anschreiben nicht mit der Tatsache auf, dass Sie auch im Englischen oder Französischen zu Hause sind. Dieser Hinweis bleibt wiederum Ihrem Lebenslauf vorbehalten, es sei denn, der Inserent ließ durchblicken, dass auch andere Fremdsprachen ›von Vorteil, jedoch nicht Bedingung‹ seien. Beherrschen Sie indessen im hier angenommenen Fall das Spanische nicht oder nur unvollkommen, müssten Sie dies selbstverständlich angeben, da es sich um eine zentrale Bedingung für die Besetzung dieser Stelle handelt.

Die Orientierung am Nutzen des Inserenten betrifft also auch jene Kriterien, die zwar in der Anzeige gefordert wurden, von der Bewerberin oder vom Bewerber aber nicht erfüllt werden können. Falls man den Eindruck hat, dass man nur wenige Defizite anzumelden hat, alle anderen Voraussetzungen aber hervorragend erfüllt sind, so kann man dies ruhig in seinem Anschreiben zur Sprache bringen. Ansonsten sollte man lieber gleich auf diese Kontaktanbahnung verzichten oder sich zunächst telefonisch erkundigen, ob die Bewerbung überhaupt einen Sinn hätte. Das erspart einem Mühe und verhindert eine entsprechende Enttäuschung.

Ein klärendes telefonisches Vorgespräch ist übrigens auch angebracht, wenn sich zwar Anforderungen und Fähigkeiten decken, aber jenseits der fachlichen Ebene Wünsche oder Bedingungen des potenziellen neuen Arbeitgebers erkennbar sind, die man nicht erfüllen kann oder will, so z. B. häufige Überstunden, die wegen des schulpflichtigen Kindes nicht infrage kommen, oder eine Teilzeitarbeit, von der man seinen Lebensunterhalt nicht bestreiten könnte, usw. Soweit es sich aber nicht um gravierende, schon im Vorfeld der Bewerbung klärungsbedürftige Punkte handelt, sollten die eigenen Wünsche und Erwartungen im Anschreiben grundsätzlich zurückgestellt werden bis zu einem persönlichen Gespräch, um dessen Zustandekommen es ja in erster Linie geht.

Ähnliche Vorsorge wäre übrigens auch schon im Anschreiben oder später im Lebenslauf zu treffen, falls es um Kriterien geht, über die der Empfänger der Zuschrift auch dann stolpern könnte, wenn davon im Inserat nicht ausdrücklich bzw. nicht eindeutig die Rede war. Denn auch hier könnte man sonst gegenüber den Mitbewerberinnen das Nachsehen haben. Beispielsweise, wenn man ›zu alt‹ oder ›zu jung‹ ist; dann muss man eben dem kritischen Betrachter den Wind aus den Segeln nehmen, indem man im ersteren Falle an geeigneter Stelle beispielsweise Belastbarkeit und Dynamik herausstellt, im anderen etwa auf die ›sehr komplexen Erfahrungen‹ in der bisherigen Berufslaufbahn hinweist. Beim Umstieg von einer Behörde in die freie Wirtschaft könnte man anmerken, dass man sich schon des Längeren wünscht, seinen Horizont auf einer gänzlich anderen beruflichen Ebene zu erweitern. – Wenn man nach der Familienpause in den Beruf zurückkehren will, sollte der Hinweis auf Aushilfen, Weiterbildung o. Ä. nicht fehlen, damit erkennbar wird, dass die Bewerberin beruflich am Ball geblieben ist. In diesen und anderen Fällen gilt der Rat: Beugen Sie vor, schwächen Sie derartige Bedenken ab, steuern Sie geschickt dagegen.

Nicht zuletzt zeichnet sich eine Erfolg versprechende Bewerbungsmappe immer durch die überzeugende Gliederung und Gestaltung des Anschreibens aus. Es empfiehlt sich deshalb in jedem Falle, die folgenden *7 Regeln* zu beachten:

1. In der Kürze liegt die Würze! Der Textblock des Anschreibens sollte maximal drei Viertel der Seite, einzeilig geschrieben, einnehmen.

2. Gliedern Sie übersichtlich! Seien Sie nicht zu sparsam mit Absätzen, und heben Sie die Fähigkeiten, die in der Anzeige gefordert werden und die Sie haben, optisch hervor. Dabei sollten Sie sich aber möglichst nicht der gleichen Worte wie der Inserent bedienen, sondern nach Synonymen suchen. Wenn also ›teamorientiertes Denken und Handeln‹ verlangt wird, so sollten Sie Ihre ›Fähigkeit zu partnerschaftlicher Zusammenarbeit‹ betonen.

3. Formulieren Sie locker, freundlich und natürlich! Auf diese Weise kann man ein Sympathiefeld zum Leser aufbauen, und das ist ja nicht ganz unwichtig, denn Sympathie ist auch ein wichtiger Faktor, wenn es zu einem Vorstellungsgespräch kommen sollte. Hier kann eine wichtige Vorarbeit geleistet werden. Vermeiden Sie Fremdwörter ebenso wie Abkürzungen (wie ›dgl.‹, ›o. Ä.‹). Das eine wirkt leicht gestelzt, das andere hölzern oder kleinkariert. Standardbriefe, womöglich noch fotokopierte oder hektographierte Anschreiben sind für eine Bewerbung strikt verboten.

4. Sprechen Sie keine Dinge an, die nicht gefragt wurden! Derjenige, der die Stelle ausgeschrieben hat, will zunächst nur wissen, ob Sie für diese Stelle die nötigen Voraussetzungen mitbringen. Argumentieren Sie also von seinem Nutzen her. Wenn Sie allerdings Fähigkeiten besitzen, die für die betreffende Position nützlich sein könnten und damit Pluspunkte für Sie bedeuten, können, ja sollten Sie sie ansprechen, auch wenn nicht danach gefragt wurde.

5. Lassen Sie sich nicht unnötig in die Karten schauen! Überdenken Sie Ihre Formulierungen, prüfen Sie, ob man zwischen den Zeilen etwas Nachteiliges herauslesen könnte, und üben Sie Zurückhaltung in beispielsweise folgenden Fällen:

- *Gehaltswunsch:* Halten Sie sich hier möglichst auch dann bedeckt, wenn in der Anzeige danach gefragt wurde. Bitten Sie in diesem Fall darum, die Frage bei einem persönlichen Gespräch erörtern zu dürfen. Der Grund für diese Zurückhaltung ist klar: Liegen Sie zu niedrig mit Ihrer Gehaltsforderung, so verkaufen Sie sich möglicherweise unter dem für diese Position veranschlagten Wert. Liegen Sie zu hoch, so besteht die Gefahr, dass Ihre Zuschrift von vornherein aussortiert wird. Sie bringen sich also um die Chance, im Falle eines eindrucksvollen persönlichen Auftritts beim Inserenten diese Bezüge vielleicht doch durchsetzen zu können
- *Gründe für den beabsichtigten Arbeitsplatzwechsel:* Vorsicht ist in jedem Fall angezeigt, wenn die Ursachen in Unstimmigkeiten im jetzigen Betrieb liegen sollten. Ganz generell ist zu diesem Punkt zu sagen: Es genügt die Angabe, dass Sie die betreffende Stelle aus diesen oder jenen Gründen reizt. Der Hinweis beispielsweise auf mangelnde Aufstiegsmöglichkeiten in Ihrer jetzigen Firma wäre zwar gerade noch vertretbar, könnte aber bereits die Frage nach dem Warum aufkommen lassen

– *Dienstantritt:* Vorsicht auch hier mit dem Wort ›sofort‹, falls es auf gegenwärtige Arbeitslosigkeit schließen lassen könnte

6. Schließen Sie mit einer Aufforderung! Als Schlussfloskeln sind üblich: ›Ich würde mich freuen, wenn Sie mir Gelegenheit zu einem persönlichen Gespräch gäben‹ oder ›Wann darf ich mich bei Ihnen vorstellen?‹ Elegante Varianten sind freilich nicht verboten. Der eigenen Kreativität sind hier kaum Grenzen gesetzt.

7. Geben Sie eine eindrucksvolle Visitenkarte ab! Das Erscheinungsbild des Anschreibens ist gleichsam eine Visitenkarte. Es prägt das Bild, das man sich von Ihnen macht, noch bevor man Sie gesehen hat:

– Verwenden Sie deshalb eine gute Schreibmaschine mit modernen Schrifttypen, besser noch einen PC. Benutzen Sie Schreibpapier mit Wasserzeichen, möglichst auch mit gedrucktem Briefkopf – das verrät Stil und ist gegen Rechnungsvorlage beim Finanzamt absetzbar, wie übrigens alles, was mit einer Bewerbung in Zusammenhang steht, von den Büroklammern bis zum Aktenkoffer
– Rechtschreibung und Zeichensetzung müssen – für Sekretärinnen eigentlich eine Selbstverständlichkeit – makellos sein. Tippfehler darf es nicht geben. Korrekturflüssigkeiten oder -streifen sind tabu. Im gegebenen Falle ist es unumgänglich, einen Brief eben auch mehrfach zu schreiben
– Der Adressat, falls nicht ein bestimmter Empfänger in der Anzeige angegeben wurde, ist die Personalabteilung. Entsprechend lautet die Anrede: ›Sehr geehrte Damen und Herren‹, da der Personalchef auch eine Frau sein könnte
– Ein Anlagevermerk darf nicht fehlen. ›Bewerbungsunterlagen‹ genügt, eine detaillierte Aufschlüsselung ist nicht zwingend erforderlich
– Die Bedeutung der Unterschrift sollte man nicht unterschätzen, denn sie ist neben dem Lichtbild das einzige persönliche Signal im Anschreiben und dann auch im Lebenslauf. Darum unterschreiben Sie mit vollem Namen, lesbar und entsprechend dem normalen Schriftbild, also nicht in der Art eines Kürzels

Einen eindrucksvollen Beweis, wie wirkungsvoll der Begleitbrief zu einer Bewerbung als PR-Medium in eigener Sache genutzt werden kann, liefern die folgenden Muster: Nr. 1 ist verfasst von einer jungen Phonotypistin, deren Unterlagen bzw. berufliche Erfahrungen für die Bewerbung um eine Stelle als Nachwuchskraft in einem Direktionssekretariat praktisch noch nicht viel hergeben, die aber gleichwohl zu den schönsten Hoffnungen berechtigt; Nr. 2 stammt von einer Kandidatin, die sich als ›rechte Hand‹ des Feuilletonchefs einer großen Tageszeitung bewirbt; Nr. 3 stammt von einer Sekretärin, die viele Jahre in einem Schuldirektorat tätig war und nach Abschluss ihrer Ausbildung zur Tagungskauffrau nun per Blindbewerbung den Umstieg in eine neue berufliche Laufbahn versucht. Die Positionen, um die es hier geht, sind so verschieden wie die Bewerberinnen. Daher unterscheiden sich die Anschreiben stilistisch und inhaltlich stark voneinander, und doch stimmt hier schlechterdings alles, nämlich:

- die einleitenden Sätze, mit denen alle Damen sofort auf das Wesentliche zusteuern; die lockeren, gewinnenden Formulierungen (in Nr. 2 und 3), mit denen sie den Leser sofort für sich einnehmen dürften
- die Tatsache, dass in allen Fällen klare Aussagen zur Person sowie zu den eigenen Kenntnissen und Fähigkeiten gemacht werden, und dies mit bemerkenswertem Einfühlungsvermögen für die Situation, die spezifischen Anforderungen und Erwartungen des betreffenden Unternehmens bzw. des eventuellen künftigen Vorgesetzten
- die geschickt, gleichwohl sparsam gezogenen Verbindungslinien zwischen dem Erfahrungsfundus und der vakanten Position
- die plausiblen, direkt oder indirekt angesprochenen Gründe für einen Stellenwechsel
- schließlich die von allen Bewerberinnen glänzend bewältigte Gratwanderung, bei der das Bewusstsein des eigenen Wertes unaufdringlich, aber durchaus überzeugend zum Ausdruck gebracht wird

Dass all diese Schreiben nicht ›aus dem Ärmel geschüttelt‹, sondern oft überdacht, überschlafen, geändert und abermals zugeschliffen wurden, darf mit Sicherheit vorausgesetzt werden. Denn nur so kommen im Regelfall solche Produkte zustande, denen man die Mühe der Abfassung nicht ansieht.

Eine Bewerbung muss nicht in jedem Fall ein ausgetüfteltes Anschreiben und eine umfassende Zeugnismappe enthalten. Insbesondere wer auf ein eigenes Inserat hin angeschrieben wird, kann es bei einer Kurzbewerbung bewenden lassen, die alle zur Vorbereitung eines Vorstellungsgesprächs nötigen Informationen zusammenfasst. Wie eine solche Kurzbewerbung aussehen könnte, zeigt das Anschreibenmuster Nr. 4. Das zugrunde liegende Schema AIDA (= attention, interest, desire, action) ist mit Großbuchstaben kenntlich gemacht.

Anschreibenmuster Nr. 1

Martina Bergmann
Im Rosenbusch 12
72488 Sigmaringen
Tel. (0 75 71) 40 22

Metallwerke Hoffmann AG
Personalabteilung
Am Stadtpark 1–10

72488 Sigmaringen

Sigmaringen, 1997–11–12

Ihre Anzeige im Konstanzer Tagblatt vom 10. November 1997
›Phonotypistin/Zweitkraft für Chefsekretariat‹

Sehr geehrte Damen und Herren,

Sie suchen eine leistungsfähige Phonotypistin zur gleichzeitigen Entlastung Ihrer Chefsekretärin. Ich glaube, dass ich Ihre Anforderungen erfüllen kann.

Was habe ich zu bieten?

- Nach meiner Ausbildung zur Bürogehilfin: dreijährige Tätigkeit in einem zentralen Schreibdienst (Schreiben nach Phonodiktat)
- sichere Rechtschreib- und Zeichensetzungskenntnisse (Teilnahme an RKW-Seminaren)
- Umgang mit Textautomaten verschiedenen Typs (Textbearbeitung, Textbausteinverarbeitung)
- im letzten Jahr Einsatz als ›Springerin‹ in den Sekretariaten der leitenden Herren unserer Firma

Einzelheiten über meine Person, meinen Berufsweg und meine Leistungen ersehen Sie aus den beigefügten Unterlagen.
Meine bisherige Stelle habe ich aufgegeben, weil ich aus familiären Gründen von Köln nach Sigmaringen umgezogen bin. Ich könnte also sofort bei Ihnen anfangen.
Wann darf ich mich bei Ihnen vorstellen?

Mit freundlichen Grüßen

Anlagen:
Lebenslauf
Zeugnisse
Fortbildungsnachweise

Anschreibenmuster Nr. 2

Annette Müller-Weiß
Arkadenweg 453
12621 Berlin
T. (0 30) 2 44 42 53

Süddeutscher Kurier
Personalabteilung
Abelstraße 333

86152 Augsburg

1997–03–24

Bewerbung als Redaktionssekretärin
Ihre Anzeige im Tagesspiegel vom 20./21. März 1997

Sehr geehrte Damen und Herren,

Sie suchen für Ihren Feuilletonchef eine tüchtige Sekretärin.

In einer Redaktion, nehme ich an, sollte dies eine Mitarbeiterin sein, die Ihr Sekretariat auf Vordermann hält, intelligent zu recherchieren weiß, keine Angst vor dem PC hat und bei Turbulenzen einen klaren Kopf bewahrt, eine Mitarbeiterin zudem, die den Vornamen von Bertolt Brecht richtig schreibt, die Wolfgang Borchert nicht mit Rudolf Borchardt verwechselt und die sich schließlich darüber im Klaren ist, dass man in einem Zeitungsbetrieb nicht immer Punkt 17 Uhr die Schreibmaschine zudecken kann.

Ich erfülle diese Voraussetzungen. Das zeigen die hier beigefügten Zeugnisse ebenso wie meine Schul- und Fortbildungsabschlüsse.

Zu Ihrer Frage nach den Gehaltsvorstellungen der von Ihnen gesuchten Kraft: Gegenwärtig beziehe ich als Sekretärin des Cheflektors eines namhaften Fachverlages 13 Monatsgehälter in Höhe von DM 5 100 brutto zuzüglich der üblichen sozialen Vergünstigungen. Natürlich möchte ich mich auch mit Blick auf mein Einkommen gerne verbessern, würde das Nähere aber lieber in einem persönlichen Gespräch erörtern.

Ich befinde mich in ungekündigter Stellung. Um bei Ihnen zum 1. Juli eintreten zu können, müsste ich mich spätestens Ende des nächsten Monats entscheiden, denn ich würde gern meinem jetzigen langjährigen Chef noch bei der Suche nach einer Nachfolgerin und bei ihrer Einarbeitung behilflich sein.

Darf ich mit Ihrer Einladung zur Vorstellung rechnen?

Mit freundlichen Grüßen

Anlage
Bewerbungsmappe

Anschreibenmuster Nr. 3

Andrea Bosch – Seestraße 777 – 53879 Euskirchen – T. (0 22 51) 3 35 51

Herrn
Dr. Michael Groß
Marketingdirektor
Hotel SHERATON

53520 Nürburg/Eifel

1997–12–15

Bewerbung als Assistentin im Veranstaltungsmanagement

Sehr geehrter Herr Dr. Groß,

als ›Kind der Eifel‹ weiß ich, dass man nicht in die Ferne schweifen muss, wenn das Gute so nah liegt. Dies ist auch einer der Gründe dafür, warum es mich reizen würde, in Ihrem Hause tätig zu sein.

Zu meiner Person und meinem Qualifikationsprofil:

Ich schließe im Januar nächsten Jahres den Weiterbildungsstudiengang zur IHK-geprüften Tagungskauffrau ab. Und ich möchte nun natürlich das hinzugewonnene Potenzial alsbald in die Praxis umsetzen.

Mir ist bekannt, dass das SHERATON am Nürburgring als renommiertes Tagungszentrum seine Aktivitäten auf dem Veranstaltungssektor erweitern will, also vor neuen Aufgaben steht, bei deren Bewältigung ich Sie, sehr geehrter Herr Dr. Groß, gerne tatkräftig unterstützen würde.

Zu meiner gegenwärtigen Tätigkeit: Seit 1989 arbeite ich als Sekretärin im Direktorat der Höheren Handelsschule in Bonn-Bad Godesberg, in einer Position also, die viel Flexibilität, organisatorische Fähigkeiten und Geschick im Umgang mit Menschen erfordert.
Ich verfüge über gute englische und französische Sprachkenntnisse, ein fundiertes Know-how in der anwendungsorientierten EDV und habe vor zwei Jahren die Ausbildereignungsprüfung abgelegt.

Ich bin unabhängig, 28 Jahre alt und möchte mich nun mit großem Engagement der von mir angesteuerten neuen beruflichen Herausforderung zuwenden.

Bitte geben Sie mir Gelegenheit zu einer persönlichen Vorstellung. Gern sende ich Ihnen im Vorfeld dieses Gespräches auf Wunsch meine Bewerbungsunterlagen zu.

Mit freundlichen Grüßen

Anschreibenmuster Nr. 4

Herrn
Hendrik Wentzin
Agentur für Werbung, Verkaufsförderung
und Mitarbeitermotivation
Hasenöhrlgasse 2

70437 Stuttgart

1997–03–20

Mein Inserat im Handelsblatt: Qualifizierte, berufserfahrene Assistentin
Ihr Schreiben we/pe/7748A vom 6. März 1997

Guten Tag, Herr Wentzin,

gerne nehme ich die Herausforderung an!

Attention:
Die Idealfrau – nein!
Die Frau mit Potenzialen – ja!

Interest:
Wer ich bin: 32 Jahre jung, mit Sinn für Humor, Esprit, Engagement und Flexibilität, kontakt- und kommunikationsfreudig

Desire:
Was ich zu bieten habe:

- ▷ ein abgeschlossenes Studium als Dipl.-Übersetzerin mit den Sprachen Russisch und Französisch, Sachfach Betriebswirtschaftslehre; gute Englischkenntnisse
- ▷ fünfjährige Berufspraxis im Sekretariats- und Assistenzbereich in einem weltweit tätigen Dienstleistungsunternehmen
- ▷ PC-Kenntnisse der Standardsoftware MS-DOS, MS-Word, dBase III +, Lotus 1-2-3
- ▷ abgeschlossene 1½-jährige berufsbegleitende Weiterbildung zur Direktionsassistentin, besonderes Interesse für Kommunikation und Kommunikationspolitik
- ▷ Lernfähigkeit und -bereitschaft; Organisationstalent, Kreativität und das notwendige Selbstvertrauen, das, was Sie brauchen, entweder zu können, wie
  - – die perfekte Innenkoordination
  - – der konsequente Auftritt bei Veranstaltungen
  - – die Vorbereitung von Projekten, Beratung von Kunden
  - – die Briefings an Text- und Printproduktion

  oder zu lernen, wie z. B. die branchenbezogene Entwicklung von Konzepten und Strategien

Action: ...

Mit freundlichen Grüßen

Der Lebenslauf: Herzstück jeder Bewerbung

Der Lebenslauf ist das Herzstück jeder Bewerbung und im Idealfall Ergänzung und Untermauerung des Anschreibens. Leider ist dieser Idealfall relativ selten, und auch vom ›Herzschlag‹ der Bewerberin oder des Bewerbers ist nicht immer allzu viel zu spüren. In der Regel stellt sich der Lebenslauf als bloße Auflistung von Daten und Fakten dar, deren korrekte, wahrheitsgemäße Zusammenstellung zwar unverzichtbar ist, jedoch wenig aussagt über den Menschen, der dahinter steht. Darum aber geht es dem Bewerbungsempfänger hauptsächlich.

Während der Stellenanbieter aus dem Begleitschreiben ersehen will, warum sich die oder der Betreffende um die ausgeschriebene Stelle bewirbt und wieweit sie oder er deren Anforderungsprofil entspricht, geht es ihm beim Lebenslauf eher um eine ganzheitliche Sicht, um vertiefte Erkenntnisse zur bisherigen Entwicklung, zu Ausbildung, Leistungen und Erfahrungen der Kandidaten. Vor allem aber möchte sich der Arbeitgeber ein erstes Bild von deren Persönlichkeit und Hintergrund machen, der geraden Linie oder den Brüchen im beruflichen Werdegang, den Motiven und Zwängen, die ihr bisheriges Handeln bestimmten.

Deshalb unterscheidet sich der qualifizierte vom einfachen Lebenslauf genauso wie das qualifizierte Anschreiben vom schlichten Begleitbrief. Jedoch erfordert die Gestaltung eines aussagestarken Lebenslaufs entschieden die meiste Denkarbeit. Beim Anschreiben kann man sich immerhin an die Vorgaben des Inserenten halten, weshalb auch Blindbewerbungen, denen es an solchen Leitlinien fehlt, schwieriger sind als die Bewerbung auf eine Stellenausschreibung. Demgegenüber muss der Bewerber bei der Abfassung eines qualifizierten Lebenslaufs stets selbst herausfinden, worauf es ankommt. Gelingt ihm das nicht, so handelt er sich unter Umständen Minuspunkte ein. Lebensläufe, die nur sehr bedingt Rückschlüsse auf die eigene Person zulassen sowie Zusammenhänge und erklärungsbedürftige Tatbestände nicht transparent machen, sind für den Leser ermüdend und zeugen nicht gerade von der Fähigkeit oder der Bereitschaft des Bewerbers, sich in die Sichtweise und die Bedürfnisse anderer Menschen hineinzudenken sowie Fakten differenziert darzustellen und ggf. zu begründen. Oft muten Bewerber dem Adressaten eine Art Puzzlespiel zu und lassen dabei außer Acht, dass dieser sich im Regelfall der Lektüre vieler Lebensläufe zu unterziehen hat. Vor allem aber sollte man bedenken, dass sich bei ›Schmalspurskizzen‹ des eigenen Werdegangs dem kritischen Leser manche Fragen stellen dürften, die zu zweifelhaften oder gar falschen Schlussfolgerungen führen können.

Bei der Abfassung eines Lebenslaufs sollte man also zuallererst die Prinzipien der klaren Gliederung und der Konzentration auf das Wesentliche beachten. In der Kürze liegt die Würze. Zwei Seiten Text sind genug, weil eine dritte oder vierte Seite nur noch selten gelesen wird. Deshalb sollte der Lebenslauf

Der Lebenslauf: Aufbau und Inhalt

Persönliche Daten	Eltern und Konfession sind heute nicht mehr von Belang. Überschriften wie ›Familienstand‹, ›Geburtsdatum und -ort‹ sind überflüssig. Man schreibt kurz und knapp: *verh., 2 Kinder; geb. 10. 10. 68 in Abcdorf.*
Schul- und Berufsausbildung	Nur die Abschlüsse zählen; wer Abitur hat, braucht nicht bei der Grundschule anzufangen, es sei denn, das Abitur wurde auf dem zweiten Bildungsweg erworben. Bezeichnung und Sitz der Schule bzw. des Ausbildungsträgers dürfen nicht fehlen.
Berufstätigkeit	Dies ist das Kernstück. Ein lückenloser Nachweis einschließlich der Unterbrechungen, die ggf. begründet werden sollten, ist unabdingbar.
Fortbildung	Man sollte vermeiden, jedes noch so kurze Seminar aufzuführen, und die verschiedenen Fachbereiche eventuell eher stichwortartig zusammenfassen. Vollzeitlehrgänge sollten von berufsbegleitenden Aktivitäten unterschieden werden. Umschulungen, Fernstudien oder profunde Weiterbildungsmaßnahmen mit einem neuen, qualifizierenden Abschluss (z. B. Direktionsassistentin/DSV, Fachbetriebswirtin) gehören in die Rubrik ›Berufsaus- und -fortbildung‹.
Qualifikationsprofil	Sonstige Kenntnis- und Fähigkeitsschwerpunkte anzugeben ist empfehlenswert, aber nicht obligatorisch. Ggf. sollte man die Angaben aufschlüsseln nach den Kategorien ›fachlich-sachlich‹ (z. B. Fremdsprachen, EDV) und ›persönlich‹ (z. B. Belastbarkeit, Einsatzfreude, Organisationstalent). Hier soll jedoch nicht wiederholt werden, was schon angesprochen wurde, sondern lediglich vertieft und ergänzt werden, was an Fähigkeiten und Qualifikationen in den vorangegangenen Textblöcken angeführt wurde.
Hobbys	Angaben dazu sind entbehrlich. Wenn man dennoch Hobbys nennen möchte, dann sollte man mit Bedacht auswählen: Eine Hobbyköchin z. B. wäre wenig aussagekräftig in Bezug auf die Stelle; Leistungssport oder andere regelmäßige Aktivitäten, die den Rang von Nebenbeschäftigungen einnehmen, könnten Bedenken auslösen.

grundsätzlich in tabellarischer Form und im Telegrammstil abgefasst werden. Die drei Bereiche ›Ausbildung‹, ›Beruf‹ und ›Privates‹, nach denen man den Lebenslauf gliedern kann, wären mit obigem Schema abgedeckt.

Die Angaben zum Thema Berufstätigkeit beanspruchen stets den meisten Raum, je nach beruflicher Vergangenheit etwa 50 bis 70 % des Lebenslaufs. Dabei wird der letzten Stelle mehr Bedeutung beigemessen als der vorletzten usw. Deshalb sollten bei den zuletzt bekleideten Positionen nähere Angaben über die jeweiligen Aufgabenschwerpunkte gemacht werden, wenn möglich in Verbindung mit besonderen Leistungs- und Erfolgsnachweisen.

Bei der äußeren Gestaltung, dem ›Lay-out‹, sind der Fantasie keine Grenzen gesetzt, sofern gewährleistet ist, dass der Lebenslauf übersichtlich und aussagekräftig bleibt. So muss beispielsweise der tabellarische Lebenslauf nicht zwingend die beruflichen Stationen in der chronologischen Reihenfolge auflisten, in der man die Stellen innehatte. Man kann auch mit der letzten Station beginnen und den Lebenslauf in umgekehrter Reihenfolge darstellen, sodass dann folgerichtig auch die Angaben zur Ausbildung und zur Person im letzten Drittel des Lebenslaufes untergebracht werden. Der Vorteil dieses umgekehrt chronologischen Lebenslaufs besteht darin, dass dem Leser zuerst die interessanten, nämlich die letzten Tätigkeiten ins Blickfeld geraten und dann erst die zumeist bescheideneren beruflichen Anfänge erwähnt werden. Überdies springen dem Leser bei dieser Anordnung etwaige ›Schönheitsfehler‹ – z. B. der nicht ganz passende Geburtsjahrgang, ein abgebrochenes Studium, eine weniger imponierende Schul- oder Berufsausbildung – nicht sofort ins Auge und erscheinen durch eine ansehnliche berufliche Karriere von vornherein in einem milderen Licht.

Ein Funktions- bzw. Tätigkeitslebenslauf empfiehlt sich weniger für Sekretärinnen als für leitende Angestellte, deren Berufsweg häufig weniger geradlinig verläuft, für Frauen und Männer also, die recht unterschiedliche Positionen in verschiedenen Ressorts bekleidet haben. Sie fassen in Teil I des Lebenslaufs sinnvollerweise ihre in den verschiedenen Funktionen erworbenen Berufserfahrungen unter den entsprechenden Kategorien wie Verkauf, Verwaltung, Finanzen usw. zusammen, um dann in Teil II eine chronologische Übersicht zu liefern.

Zur Knappheit und Übersichtlichkeit gehört auch die Verwendung von Monats- und Jahreszahlen (z. B. 06/96 statt Juni 1996). Im Übrigen gibt es noch eine Reihe von Fragen, die immer wieder beantwortet sein wollen:

Was tun, wenn in einem Betrieb mehrere Stellen bekleidet wurden? Bei Übernahme ins Angestelltenverhältnis (nach der Lehre), Versetzung, Beförderung usw. empfiehlt es sich, die gesamte Betriebszugehörigkeit in der linken Datenspalte aufzuführen und den Beginn und das Ende der jeweiligen Stellung innerhalb des Unternehmens in den Textblock einzufügen.

Zuerst die Firma, dann die Position – oder auch umgekehrt? Es kommt darauf an, ob die Namen der Firmen, bei denen man gearbeitet hat, für sich sprechen oder ob die jeweilige Position möglicherweise bedeutender war als der Bekanntheitsgrad des Betriebs. Ist der Firmenname relativ unbekannt, wäre es günstiger, die Bezeichnung der Position voranzustellen oder durch Fettdruck hervorzuheben. Dann aber muss man diese Darstellungsweise bei allen weiteren Tätigkeiten beibehalten. In jedem Falle aber sollte die Bewerberin versuchen, das Unternehmen, bei dem sie bisher gearbeitet hat, in wenigen Stichworten zu charakterisieren. Bei mittleren und kleineren Betrieben sollten die interessantesten Merkmale herausgearbeitet werden, z. B. Zahl der Mitarbeiter, Umsatz, Zulieferer für namhafte Konzerne, internationale Geschäftsverbindungen. Bei Großbetrieben oder Konzernen sollte ein Hinweis auf die Niederlassung oder die Tochtergesellschaft, bei der man gearbeitet hat, ebenso wenig fehlen wie eine Bemerkung zur Stellung des Vorgesetzten.

Wie kann man mit ›Stolpersteinen‹ umgehen? ›Stolpersteine‹, d. h. Punkte, die dem Personal- oder Firmenchef bei der Durchsicht des Lebenslaufs zu denken geben könnten, soll man mutig angehen und, falls noch nicht im Anschreiben geschehen, ausdrücklich ansprechen. Denn manches lässt sich durch eine geschickte Erläuterung in wenigen Stichworten (im Anschluss an den entsprechenden Punkt im Lebenslauf oder auch in einer Fußnote) ›entschärfen‹. So kann man beispielsweise das Ausscheiden aus einer Firma mit den kleinen Zusätzen ›infolge Chefwechsels‹ oder ›aufgrund der Betriebsverlagerung nach ...‹ oder ›wegen der Geburt meiner Tochter Clara Sophie‹ etc. begründen. ›Stolpersteine‹ können in diesem Zusammenhang – neben vielem anderem – ein häufiger Stellenwechsel oder auch eine extrem lange Verweildauer in einer Firma, ein deutlicher Karriereknick oder das Umsteigen von einem anderen Beruf in den jetzigen, der Abbruch eines Studiums, das Wiedereinsteigen nach einer familienbedingten Pause oder ein Kleinkind sein.

Wie nimmt man auf das gegenwärtige Beschäftigungsverhältnis Bezug, wenn man noch nicht gekündigt hat? Wer sich in einem noch ungekündigten Arbeitsverhältnis befindet, sollte die Firma, in der er arbeitet, lieber umschreiben. Denn die Welt ist klein, und die Menschen sind mitteilsam. Zudem sollte die Darstellung der gegenwärtigen Tätigkeitsschwerpunkte etwas ausführlicher ausfallen, da man ja darüber noch kein Zeugnis, meist auch kein Zwischenzeugnis vorweisen kann.

Ein Standardlebenslauf für alle Gelegenheiten? Lebensläufe haben zwar gegenüber dem Anschreiben den Vorzug, dass man ihr Grundgerüst nur einmal entwerfen muss. Aber sie müssen selbstverständlich von Zeit zu Zeit aktualisiert und – das ist fast noch wichtiger – von Fall zu Fall modifiziert werden. Denn entsprechend den Anforderungen des jeweiligen Stellenanbieters sollten bestimmte Kriterien einmal stärker herausgehoben, ein anderes Mal vielleicht ausgespart werden. Das gilt für die Auflistung von Aufgabenschwerpunkten und mehr noch für die Angaben zum Qualifikationsprofil. Hier kommt es auf Fingerspitzengefühl an.

Abschließend noch einige Hinweise zur formalen Seite des Lebenslaufs:

- Fotokopien sind zulässig, wenn sie von bester Qualität sind
- Tippfehler und Mängel in Grammatik, Rechtschreibung und Zeichensetzung gehören zu den Todsünden
- Ort, Datum und Unterschrift können, müssen aber nicht unter den Lebenslauf gesetzt werden. Es macht aber einen guten Eindruck, wenn sie vorhanden sind. Ort und Datum müssen aktuell sein
- Ein Briefkopf – und zwar auf jeder Seite – ist auch im Lebenslauf günstig
- Das Lichtbild ist überaus wichtig. Sparsamkeit ist daher fehl am Platz. Am besten lässt man sich in einem Fotostudio mehrere Aufnahmen zur Aus-

wahl herstellen. Das Format sollte nicht zu klein gewählt werden. Schwarzweißfotos sind günstiger als Farbfotos, weil sie weniger süßlich wirken. Die Kleidung sollte büromäßig sein und einen gewissen Schick zeigen

Möglichkeiten der Gestaltung von Lebensläufen zeigen die folgenden Muster:

Lebenslaufmuster Nr. 1

Tabellarischer Lebenslauf

Name	Andrea Krauße
Geburtsdatum/-ort	22. 02. 1960, Heidelberg
Familienstand	ledig
Schulbildung/-abschluss	mittlere Reife Theodor-Heuss-Realschule, Heidelberg
Berufsausbildung	kaufmännische Lehre Abschlussprüfung 1982: sehr gut
Besondere Kenntnisse	gute Englischkenntnisse (Wirtschaftsenglisch) Steno: 180 Silben Maschinenschreiben: 400 Anschläge pro Minute Textverarbeitung (Winword 6.0) Computer-›Führerschein‹
Jetzige Position	Direktionssekretärin

Datum von bis	Praktische Tätigkeiten	Fortbildung
09/77 – 12/82	kaufmännische Lehre Walter Hoffmann, Heidelberg Verpackungsmaschinen	Abendlehrgang Abschluss: ›Gepr. Sekretärin‹
01/83 – 08/88	Abteilungssekretärin Feldmeier AG, Stuttgart Papierwarenfabrik	2-jähr. Abendlehrgang Berlitz-School Abschluss: IHK-gepr. Englischkorrespondentin
09/88 – 10/90	Vorstandszweitsekretärin Siemens AG, München Vertrieb	
11/90 –	Direktionssekretärin Eberhard Zimmer GmbH Textildruckmaschinen	6-monatiger Computerabendkurs ConTrol data: BASIC-Programmierkurs

Lebenslaufmuster Nr. 2

Eva-Maria Renoirte – Nadistr. 888 – 80809 München – T. 3 51 73 20

Persönliche Daten

geb. 15. Februar 1949 in München
geschieden, eine 14-jährige Tochter (Internat)

Schul- und Berufsausbildung

1968	Abitur (Sophie-Scholl-Gymnasium, München)
09/68 – 03/70	Kombinierter Sekretärinnen- und Fremdsprachensekretärinnen-Lehrgang (Euro-Sprachschule, München) Abschlussdiplom

Berufstätigkeit

05/70 – 12/71	Funktechnische Werke AG, München Sekretärin des Bereichsleiters Export
1972 – 1975	(Unterbrechung der Berufstätigkeit nach Heirat)
01/76 – 10/79	BGA-Verlagsgesellschaft, München (führender europäischer Schulbuchverlag) Direktionssekretärin u. Personalsachbearbeiterin
12/79 – 06/80	Intensivstudium Spanisch (Berlitz-School, Madrid)
07/80 – 03/86	Maschinenfabrik Peter Hoffmann KG, Hamburg (700 Mitarbeiter): bis 8/82 Sekretärin/Assistentin des Vertriebsdirektors bis 3/86 verantwortlich für das Personalreferat

Besondere Tätigkeitsmerkmale:

- teilweise selbstständige Korrespondenz in Englisch und Spanisch
- Assistenz bei Marketingplanung und verkaufsfördernden Maßnahmen
- Personalwesen: außer Lohn- und Gehaltsabrechnung alle anfallenden Aufgaben von der Stellenausschreibung bis zur Personaleinstellung und Mitarbeiterbetreuung (Fluktuations- u. Personalkostenminimierung um 25 bzw. 12 %)

05/86 –	Aus persönlichen Gründen Rückkehr nach München Direktionsassistentin in einem weltweit operierenden mittleren Betrieb der Computerbranche

Besondere Tätigkeitsmerkmale:

- Entscheidungsvorbereitungen für den Chef
- Koordinierung der Außendienstmitarbeiter
- Steuerung/Betreuung der kaufm. Lehrlinge

Gründe für Veränderungsvorhaben: geschäftspolitischer Art

Folgeblatt Lebenslaufmuster Nr. 2

Fortbildungsmaßnahmen

IHK-Prüfung Personalfachwirtin
3 Kurzseminare in Rhetorik, EDV, Marketing

München, im Oktober 1990

Lebenslaufmuster Nr. 3

WALTRAUD KIENZLE	**geboren am 15.07.1958** **in Berlin-Steglitz** **verheiratet, kinderlos** **deutsche Staatsangehörigkeit**

Ich habe gelernt

1964 – 1977	Volksschule und Ernst-Reuter-Gymnasium in Berlin-Steglitz Abschluss: Abitur
1978 – 1980	Käthe-Kollwitz-Handelsschule Berlin-Friedenau IHK-Abschluss: ›Gepr. Sekr.‹
	Berlitz-School Berlin Fremdsprachenkorrespondentin/IHK Französisch

gearbeitet

1980–1986	Robert Bosch AG, Berlin bis 1978: Sekretärin im Export bis 1982: Sekretärin des Exportleiters
1986 –	BMW AG, München Sekretärin/Assistentin des kaufmännischen Leiters

mich weitergebildet

1983 – 1984	zur IHK-geprüften ›Fremdsprachlichen Korrespondentin‹ in Englisch bei der Euro-Sprachschule, München
1987 – 1989	zur Wirtschaftsassistentin/IHK Fernstudium bei der Hochschule für Berufstätige, Stuttgart

und über den Zaun geschaut

1985	Bereich EDV Textverarbeitung ›Word‹/›Multiplan‹ beim Control-Data-Institut, München
1991 u. 1992	2-stufiges Rhetorikseminar Kompaktseminar Sekretariatskompetenz/ Führungsassistenz beim IHK-Bildungszentrum, Westerham, sowie bei der Ges. für Ethik, Bildung und Management mbH, Goslar

Die Lebenslaufmuster zeigen, welche unterschiedlichen Wege man beschreiten kann von den ›klassischeren‹ Gestaltungsformen (Nr. 1 und 2) bis zu freieren (Nr. 3). Aber auch eine Verbindung aus Anschreiben und Skizze des Werdegangs ist möglich (vgl. Anschreibenmuster Nr. 4, S. 48). Dabei können wir hier aus Platzgründen weder alle unsere Tipps und Ratschläge illustrieren, noch alle Möglichkeiten präsentieren, die sich für die eindrucksvolle Gestaltung eines Lebenslaufs anbieten. Deutlich geworden sein dürfte aber, dass allein schon die Art, wie man seinen Lebenslauf gestaltet, etwas über die Bewerberin oder den Bewerber aussagt und dass sich darüber hinaus nicht jede Art der Gestaltung für jedes Unternehmen, bei dem man sich bewirbt, eignet. In einer Werbeagentur beispielsweise wird unter Umständen eher die ›kreativere‹ Lösung, in einem Kreditinstitut die ›seriösere‹ Fassung den Erwartungen entsprechen und den besseren Eindruck machen. Bei der Vielzahl von Möglichkeiten, seinen Werdegang darzustellen, sollte man also immer bedenken: Nicht nur das Anschreiben, sondern auch der Lebenslauf soll beim Empfänger Neugier und Interesse an der Person und den Fähigkeiten der Bewerberin bzw. des Bewerbers wecken.[1] Was man erreichen will, ist eine Einladung zum Vorstellungsgespräch, und was man darüber hinaus erreichen kann, sind positive Vorzeichen für das Gespräch. Der Lebenslauf stellt also in mehrerlei Hinsicht eine unschätzbare Vorarbeit für das Vorstellungsgespräch dar. Deshalb kann man gar nicht genug Mühe auf Inhalt, Gliederung und Gestaltung des Lebenslaufs verwenden.

Das Vorstellungsgespräch

Die Vorbereitung

Die letzte Runde bei einem Langstreckenlauf ist oft die spannendste. Das Feld der Mitbewerberinnen und -bewerber hat sich geteilt in diejenigen, die unter ›ferner liefen‹ weit abgeschlagen sind und keine Chance mehr haben, als Erste durchs Ziel zu gehen, und die Spitzengruppe, die in die Zielgerade des Vorstellungsgesprächs einbiegt und zum Endspurt noch einmal alle Kräfte mobilisiert. Denn jetzt strebt jeder danach, die Konkurrenten hinter sich zu lassen – und sei es nur um Nasenlänge. Die Vorbereitung auf ein Vorstellungsgespräch ist also auf gar keinen Fall weniger wichtig als die Vorarbeit für die schriftliche Bewerbung. Die folgenden fünf Schritte leiten einen Erfolg versprechenden Endspurt ein:

[1] Aus der großen Menge weiterführender Literatur zum Thema Bewerbung seien hier zwei Titel genannt: Heinz Knebel: Wie bewerbe ich mich richtig? Landsberg/L., 16. Auflage 1995; Marlen Theiß, Winfried Volz: Bewerber-Training. Crash-Programm für Stellensuchende. Wiesbaden, 12. Auflage 1994.

1. Schritt: Informieren Sie sich so umfassend wie möglich über die Firma, bei der Sie sich vorstellen! Auskünfte kann man bei der Industrie- und Handelskammer, bei Archiven von Wirtschaftszeitungen und -instituten oder beim Arbeitgeberverband erhalten. Ferner geben Imagebroschüren und Geschäftsberichte, die Sie ggf. auch beim Unternehmen direkt und durchaus unter Angabe des Grundes anfordern können, einen guten Einblick. Darüber hinaus gibt es eine Reihe von entsprechenden Nachschlagewerken, auch könnten Bekannte Näheres über die Firma wissen, bei der Sie sich beworben haben.

2. Schritt: Informieren Sie sich über die günstigsten Anfahrtswege zum Betrieb! Damit Sie nicht abgehetzt oder gar unpünktlich zum Vorstellungsgespräch erscheinen, sollten Sie sich über Zugverbindungen, Parkmöglichkeiten, etwaige Fahrzeiten usw. erkundigen.

3. Schritt: Legen Sie besonderen Wert auf Ihr Erscheinungsbild! Ihr ›Outfit‹ sollte nicht übertrieben modisch, aber elegant, nicht zu salopp, aber doch so sein, dass Sie sich wohl fühlen. Gefragt ist weder die ›graue Maus‹ noch das ›Model‹. Kurzum: Halten Sie sich auch in diesem Zusammenhang vor Augen, dass es keine zweite Gelegenheit gibt, einen (guten) ersten Eindruck zu machen.

4. Schritt: Die innere Einstellung muss stimmen! Lampenfieber vor jeder Entscheidungssituation ist die natürlichste Sache der Welt. Ein Quäntchen Spannung kann hier nicht einmal schaden. Doch ist es wichtig, dass Ängste und Unsicherheiten nicht Ihre Ausstrahlungskraft beeinträchtigen, dass es Ihnen also gelingt, sich von Anfang an unbefangen, locker und entspannt zu geben. Die folgenden Gedanken helfen Ihnen, sich richtig einzustimmen:

- Bedenken Sie stets, dass auch Sie etwas zu bieten haben, nämlich ihre Leistung, Ihr Engagement und Ihr berufliches Know-how
- Sehen Sie die Dinge also nüchtern, denn im Grunde handelt es sich bei einer Anstellung um ein Geschäft, aber um ein Geschäft auf Gegenseitigkeit, das von großer Tragweite für *beide* Seiten ist
- Seien Sie ruhig ein bisschen neugierig auf das, was Sie erwartet. Betrachten Sie das Vorstellungsgespräch als eine interessante, neue Erfahrung. Rechnen Sie auch mit einem Assessment-Center (engl. assessment = Beurteilung) und einem entsprechenden Testverfahren, das heute auch bei der Einstellung qualifizierter Sekretärinnen nicht mehr unüblich ist; dabei handelt es sich um gezielte, praxisbezogene Planspiele unter Beteiligung aller Bewerberinnen, die in die engere Wahl gezogen wurden
- Bewerten Sie es als einen nicht zu unterschätzenden Pluspunkt, dass Sie überhaupt eingeladen wurden. Und wenn Sie wissen, was Sie wert sind, so können Sie auch einer Absage gelassen entgegensehen. Denn nur eine Kandidatin kann das Rennen machen. Es muss nicht gegen Ihre Qualifikation sprechen, kann vielmehr an unwägbaren Kleinigkeiten hängen, wenn nicht Sie den Zuschlag erhalten

5. Schritt: Bereiten Sie sich mit einem ›Spickzettel‹ darauf vor, betriebliches Neuland zu erkunden! Arbeiten Sie schon im Vorfeld einer Suchaktion eine Liste all jener Kriterien aus, auf die es Ihnen am (neuen) Arbeitsplatz ankommt. Ergänzen Sie sie vor jedem Vorstellungsgespräch um jene Punkte, die Sie ggf. zusätzlich zur Sprache bringen möchten. Den ersten Teil dieser Überlegungen, d. h. die konkreten sachlich-fachlichen Belange, wie Einzelheiten zum Aufgabengebiet, Kompetenzen, Unterstellungsverhältnisse, Rechte, Pflichten, Stellenbeschreibung, Gehaltsrahmen, Weiterbildungsmöglichkeiten, Arbeitsplatz usw., können Sie auf einem Spickzettel notieren und diesen ohne weiteres, spätestens gegen Ende des Gesprächs, aus der Handtasche ziehen. Den zweiten Teil, nämlich die atmosphärischen Vorstellungen von der neuen Firma, also z. B. Persönlichkeit des Vorgesetzten, Betriebsklima, Führungsstil des Hauses, Aufgabendelegation usw., müssen Sie dagegen im Hinterkopf behalten; ein Merkblatt mit einem Fragenkatalog wäre für das Vorstellungsgespräch unbrauchbar, weil allzu direkte Fragen im Allgemeinen eher skeptisch betrachtet und in den seltensten Fällen mit klaren Antworten bedacht werden.

Folglich müssen Sie – das sei hier schon einmal vorweggenommen – bei einem Vorstellungsgespräch von Anfang an Ihre ›Antennen weit ausfahren‹. Das heißt beispielsweise:

- Stellen Sie sich schon beim Betreten des Hauses die Frage: ›Kann ich mich hier wohl fühlen?‹
- Registrieren Sie aufschlussreiche Details schon beim Empfang an der Pförtnerloge, vor allem aber bei der Begrüßung im Vorzimmer des Gesprächspartners!
- Stellen Sie Ihre Intuition bei der ersten Begegnung mit Ihrem denkbaren zukünftigen Chef auf feinste Schwingungen ein. Er sollte Ihnen möglichst auf Anhieb sympathisch sein. Denn dies ist allemal die sicherste Gewähr für ein gutes, tragfähiges Zusammenwirken!
- Beobachten Sie auch im weiteren Verlauf des Gesprächs aufmerksam jede Kleinigkeit, zum Beispiel den Umgang Ihres Gesprächspartners mit den Mitarbeitern, namentlich mit Ihrer noch amtierenden Amtsvorgängerin. Achten Sie auf ›Zwischentöne‹!
- Klopfen Sie bei passender Gelegenheit geschickt auf den Busch, um herauszufinden, wie delegationsfreudig Ihr eventueller künftiger Vorgesetzter ist, vorausgesetzt, dass diese Frage für Sie von Bedeutung ist. Erkunden Sie beispielsweise, ob und inwieweit er sich für bestimmte selbstständigere Aktivitäten erwärmen könnte, mit denen Sie bereits in früheren Firmen erfolgreich befasst waren (Betreuung bestimmter Projektaufgaben, Einführung von Sekretärinnenzirkeln, Gestaltung einer kleinen Hauszeitschrift usw.). Achten Sie genau auf seine Reaktion!

Bedenken Sie in diesem Zusammenhang stets: Wer beim Vorstellungsgespräch nicht genau aufpasst, riskiert eine Enttäuschung.

Zur Dramaturgie des Gesprächsverlaufs vorweg einige allgemeine Verhaltenstipps:

- Überlassen Sie die Eröffnung und die Führung des Gesprächs grundsätzlich Ihrem Verhandlungspartner. Dies bedeutet, dass Sie den Ausführungen Ihres Gegenübers mit wacher Aufmerksamkeit folgen und sich nach seinen Vorgaben aktiv am Gespräch beteiligen. Spätestens jetzt dürfte es Ihnen zugute kommen, dass Sie sich vorher hinreichend über das Unternehmen, seine Produkte, seine Organisation, das betriebliche Image usw. informiert haben. Ihr Eingehen auf den Verhandlungspartner schließt aber nicht aus, dass Sie den Verlauf der Besprechung gelegentlich durch gezielte Fragen auf Ihre eigenen Interessenschwerpunkte hinlenken
- Verlieren Sie sich bei Ihren Antworten nicht in Nebensächlichkeiten. Behalten Sie den roten Faden im Blick, auch wenn Sie sich hier und da ruhig einen kleinen gedanklichen Abstecher leisten dürfen
- Vergessen Sie das Lächeln nicht, und zeigen Sie im passenden Moment auch ein wenig Humor. Auch Personal- und Firmenchefs sind ›nur‹ Menschen, normalerweise also für eine schlagfertige Antwort oder ein kleines Kompliment durchaus empfänglich
- Lassen Sie sich andererseits durch betonte Freundlichkeit, durch ›väterliches Verständnis‹ für Ihre ›kleinen Schwächen‹ oder (vermuteten) Probleme nicht dazu verleiten, Ihr Herz sozusagen auf der Zunge zu tragen. Selbstkontrolle und Augenmaß sind auch bei einem Vorstellungsgespräch immer geboten
- Waschen Sie nie ›schmutzige Wäsche‹, wenn es um Ihren derzeitigen Chef oder die vormalige Firma geht. Stellen Sie lieber Ihre positiven Erfahrungen mit Chef und Betrieb sachlich und neutral heraus. Wenn ein negatives Urteil gar nicht zu umgehen ist, so wählen Sie mit Blick auf Ihren jetzigen Vorgesetzten doppelbödige Umschreibungen. *Außerordentlich kreativ* kann dann bedeuten *ändert ständig seine Entscheidungen.* Oder Sie umschreiben mit der Wendung *hat das Steuer in allen Großwetterlagen fest in der Hand,* dass Ihr Vorgesetzter *ein Patriarch vom Scheitel bis zur Sohle* ist. Ihr Gesprächspartner macht sich dann schon seinen eigenen Reim auf solche Belobigungen. Aber auch bei dieser Form der Kritik bleibt Zurückhaltung eine Tugend
- Stellen Sie Fragen, die Sie persönlich bewegen, an den Schluss des Interviews, soweit sie nicht schon während des Gesprächs geklärt werden konnten (siehe ›Spickzettel‹). Betrachten Sie es als ein Warnsignal, wenn Ihr Gegenüber ungeduldig darauf reagiert

Das Repertoire der Fragen, mit denen bei einem Vorstellungsgespräch gerechnet werden muss, ist nahezu unerschöpflich. Dementsprechend ist es nicht unproblematisch, sich mithilfe von Fachbüchern vorzubereiten. Zum einen setzt man sich, wenn man alle denkbaren Fragen nebst den passenden Antworten wie einen Prüfungsstoff auswendig lernt, der Gefahr aus, von einem unvorhergesehenen Gesprächsverlauf überrascht zu werden und ins Stocken zu geraten; zum anderen merken geschulte Personalfachleute sehr schnell, ob sie es mit dem Originalton der Bewerberin oder des Bewerbers zu tun haben oder mit Antworten, die man sich nach den Empfehlungen in der Fachliteratur zurechtgelegt hat. Die Firmenvertreter sind überdies ihrerseits darauf angewiesen, sich aus den Informationen, die sie bekommen, ein möglichst deutliches Bild vom Bewerber zu machen, um schließlich zu einem Urteil zu gelangen. Mit vorgeprägten Antworten ist unter diesen Umständen also beiden Seiten nicht gedient.

Die beste Voraussetzung für das Frage-und-Antwort-Spiel, auf das letztlich alles ankommt, ist es, sich seiner selbst sicher zu sein und sich in seiner eigenen Biographie genau auszukennen. Dies betrifft vor allem gewisse Klippen und kritische Passagen im Werdegang, die oben schon erwähnten ›Stolpersteine‹ also, die vom Interviewpartner mit großer Wahrscheinlichkeit zur Sprache gebracht werden. Übrigens kommt man auch und gerade bei der Begründung etwas heikler Punkte mit der Wahrheit immer noch am weitesten, obschon sie durchaus ein wenig ›geschönt‹ sein darf. Wichtig ist nur, überzeugend darzustellen, was man aus etwaigen Fehlentscheidungen gelernt hat. Noch wichtiger ist es, in allen Gesprächsphasen die Motivation zum beruflichen Engagement, insbesondere mit Blick auf die ausgeschriebene Stelle, glaubhaft zum Ausdruck zu bringen. Denn dieser Punkt steht fast immer im Mittelpunkt des Interesses auf der Arbeitgeberseite, was unmittelbar einsichtig sein sollte.

Ansonsten sollten sich Bewerberinnen im Allgemeinen, Chefsekretärinnen im Besonderen auf einige Themen, Fragen und Fragemethoden einstellen:

Erzählen Sie etwas über sich selbst. Mit dieser relativ üblichen Eröffnungsformel nach der sogenannten Warming-up-Phase bezweckt der Gesprächspartner oder die Gesprächspartnerin im Grunde nichts anderes als eine Überprüfung des bei der Begrüßung gewonnenen ersten Eindrucks. Außerdem soll getestet werden, ob und inwieweit die Kandidatin in der Lage ist, kurz und präzise wesentliche Aussagen zur eigenen Person zu machen. Halten Sie Ihre Redezeit deshalb in Grenzen (max. 5 Minuten). Einige Streiflichter auf Jugend, Ausbildung, Handlungsmotive und Ihre weiteren beruflichen Zielvorstellungen genügen. Widerstehen Sie jedenfalls der Versuchung, Ihren gesamten Lebenslauf herunterzubeten, denn den kennt Ihr Interviewpartner bereits. Heben Sie vielmehr Schlüsselerlebnisse heraus, streifen Sie Unwichtigeres nur mit wenigen Worten. Erfahrene Personalchefs steuern ohnehin gleich zu Anfang auf jene Punkte zu, die sie besonders interessieren.

Wo liegen Ihre Stärken und Schwächen? Auf diese Frage müssen Sie immer vorbereitet sein. Sie bringt unerfahrene Bewerberinnen verständlicherweise oft in Verlegenheit. Zählen Sie zwei bis drei berufsbezogene Stärken auf, und versuchen Sie, auch Ihren ›Schwachpunkten‹ noch einen positiven Aspekt abzugewinnen, d. h. sie zu relativieren. So könnten Sie beispielsweise einräumen, dass Sie zur Perfektion neigen (ein versteckter Hinweis auf gelegentliche Langsamkeit), aber andererseits anmerken, dass Sie auf diese Weise sich selbst und andere, besonders aber Ihren Chef, gelegentlich vor peinlichen Pannen bewahren konnten. Wenn es sich anbietet, untermauern Sie Ihre Angaben mit einer kleinen Geschichte oder einer Anekdote, die illustriert, wie sich die vermeintliche Schwäche als Stärke erwiesen hat.

Fragen mit Hintergedanken. Ziemlich häufig und meist nicht ohne Hintergedanken werden einige andere, teilweise etwas delikate Fragen gestellt, zu denen Sie sich Ihre persönliche Antwort vorher überlegt haben sollten. Sie betreffen im Wesentlichen folgende Themen:

- Einstellung zu Überstunden
- Grund des Interesses an der ausgeschriebenen Position
- mittel- und längerfristige berufliche Ziele
- private Lebensplanung (Partnerschaft, Ehe, Kinder)
- beabsichtigte Verweildauer in der künftigen Firma
- ›Frauenfragen‹ (Quotenregelung, persönliche Betreuung des Chefs, Kaffeekochen usw.)

Schließlich sollten Sie auch für den Fall des Falles einige Referenzen parat haben und Lieblingsschriftsteller ›aus dem Ärmel schütteln‹ können, diese dann aber natürlich nicht nur vom Hörensagen kennen, sondern auch gelesen haben. Auf einen entsprechenden Glaubwürdigkeitstest müssen Sie zumindest dann gefasst sein, wenn Sie in Ihrem Lebenslauf Lesen als Hobby angegeben haben.

Welche Fragen im Übrigen von Arbeitgeberseite zulässig sind und welche nicht, ersehen Sie aus der einschlägigen Literatur.[1] Ob Sie bei nicht oder nur bedingt statthaften Fragen (Gesundheit, Schwangerschaft, Gewerkschaftszugehörigkeit, Konfession, Strafregister usw.) die Auskunft verweigern oder geschickt umgehen, müssen Sie im Falle eines Falles selbst entscheiden. Es kommt dabei immer darauf an, wie viel Ihnen an der ausgeschriebenen Stelle liegt.

Fragen zu Gehaltsvorstellungen. Dies ist ein ganz heikler Punkt! Taktieren Sie hier diplomatisch, lassen Sie die Katze nicht gleich aus dem Sack, obwohl Sie für sich selbst natürlich die unterste Gehaltsgrenze längst festgelegt haben. Kalkulieren Sie dabei auch Ihre vor Ort gewonnenen Erkenntnisse ein (Ent-

[1] Aus der Literatur, die sich mit der Vorbereitung, den Strategien und eben auch mit den Fragen eines Vorstellungsgesprächs beschäftigt, sei hier eine Auswahl genannt: Renate Ibelgaufts: Das überzeugende Vorstellungsgespräch – Erfolgreiche Strategien für den ersten Eindruck. Niedernhausen/Taunus, 15. Auflage 1997; Heinz Knebel: Das Vorstellungsgespräch – Die erfolgreichste Art, Mitarbeiter auszuwählen. Freiburg, 15. Auflage 1995; Claus Coelius: Fit fürs Assessment-Center. Hamburg 1993.

wicklungsmöglichkeiten, Ausbaufähigkeit der Position, Weiterbildung usw.). Versuchen Sie auf jeden Fall, zunächst Ihren Gesprächspartner aus der Reserve zu locken, indem Sie beispielsweise sagen:

– Ich vermute, dass sich das Gehalt für diese Stelle in der Größenordnung zwischen ... und ... Mark bewegen sollte. Sehen Sie das ähnlich?
– Vielleicht können wir ein angemessenes Verhältnis zu den Bezügen Ihrer jetzigen Mitarbeiterin herstellen?
– Ich verdiene gegenwärtig ... DM. Natürlich würde ich mich nun gerne verbessern. (Üblich ist eine Erhöhung von 10 bis maximal 15 Prozent.)

Stressinterview und andere ›angeschnittene Bälle‹. Lassen Sie sich durch gelegentliche Fangfragen oder durch eine zeitweilig schärfere Gangart Ihres Gesprächspartners nicht aus der Ruhe bringen. Beim ›Pingpong‹ des Frage-und-Antwort-Spiels gibt es eben auch schon einmal angeschnittene Bälle. Als gut vorbereitete Bewerberin dürften Sie problemlos damit zurechtkommen. Etwas gefährlicher ist da schon ein Stressinterview. Ähnlich wie bei einem Kreuzverhör wird hier versucht, die Kandidaten mit teils unangenehmen und verletzenden, teils völlig abwegigen Fragen zu verunsichern und ihre Belastbarkeit, ihr Stehvermögen und ihr Selbstbewusstsein zu prüfen oder zu erschüttern. Doch dieser in Fachkreisen durchaus umstrittenen ›Rosskur‹ werden eher männliche Fach- und Führungskräfte unterworfen. Sollten Sie selbst bei einem Vorstellungsgespräch mit solchen oft bis in die Intimsphäre reichenden Vernehmungsmethoden konfrontiert werden, so stellt sich die Frage, ob Sie Ihre Stressresistenz nicht einfach stehenden Fußes durch eine ebenso höfliche wie kühle Verabschiedung unter Beweis stellen könnten.

Grundsätzlich sollten sie allerdings um einen positiven Ausklang des Gespräches bemüht sein. Denn der letzte Eindruck, den man bei einer wichtigen Begegnung hinterlässt, ist kaum weniger wichtig als der erste. Ein gewinnendes Dankeschön für das interessante Gespräch und die freundliche Aufnahme ist deshalb immer angebracht. Selbst dann, wenn der Gesamteindruck aus der Sicht der Bewerberin nicht gerade zu Begeisterung Anlass gibt, kann ein ›geordneter Rückzug‹ in Verbindung mit einem liebenswürdigen Lächeln nicht schaden. Im Übrigen empfiehlt es sich, mit dem Schlussakt noch eine kurze Zusammenfassung des Gesprächs zu verbinden. Dies spricht nicht nur für die wache Aufmerksamkeit der Kandidatin, sondern auch für ihre Fähigkeit, alle wesentlichen Besprechungsinhalte präzise auf den Punkt zu bringen. Außerdem ergibt sich so eine letzte Möglichkeit, etwaige Missverständnisse zu erkennen und auszuräumen und die Arbeitgeberseite dazu zu veranlassen, vage Informationen zu präzisieren.

Die Nachbereitung

Eigentlich sollte es selbstverständlich sein, dass man nicht bloß dem Ehepartner oder seinen Freunden erzählt, ›wie die Sache gelaufen ist‹, sondern ein Bewerbungsgespräch auch systematisch nachbereitet. Aus Erfahrung wird man bekanntlich klug – aber eben nur dann, wenn man seine Erfahrungen auch bewusst verarbeitet. Im Falle einer Vorstellung ist dies um so wichtiger, als man ja nicht nur für künftige Gelegenheiten lernen kann, was verbesserungsbedürftig ist, sondern vor allem erst einmal seine Eindrücke daraufhin überprüfen muss, ob man die Stelle auch wirklich haben möchte, wenn man einen positiven Bescheid bekommt. Aber noch ist das Rennen nicht gelaufen, auch wenn die Ziellinie zum Greifen nah ist. – Folgende drei Schritte sind zur Nachbereitung eines Vorstellungsgesprächs unerlässlich:

1. Schritt: Resümieren und bewerten Sie Ihre Eindrücke! Schon in der Vorbereitungsphase einer größeren Bewerbungskampagne sollten Sie eine Liste mit den Kriterien aufstellen, die Ihnen wichtig sind (z. B. Einkommen, Person des Chefs, Aufgabengebiet, Handlungsspielräume, Anfahrtsweg zum Betrieb, Wohnungssituation am Ort usw.). Dann sollten Sie einmal grundsätzlich festlegen, bei welchen Kriterien Ihnen ein positiver Eindruck aus dem Vorstellungsgespräch ›ganz besonders wichtig‹ ist, bei welchen ›weniger wichtig, aber immer noch entscheidend‹ und bei welchen Punkten ›nicht entscheidend, aber doch wünschenswert‹. Nach jedem Vorstellungsgespräch verteilen Sie dann Noten, und auf dieser Basis haben Sie eine gute Möglichkeit, Ihre Eindrücke, wie sie sich bei den jeweiligen Interviews ergeben haben, miteinander zu vergleichen, zu bewerten und festzustellen, wo Sie am liebsten ihre neue Stelle antreten möchten.

2. Schritt: Fassen Sie während der Wartezeit nach! Wenn Sie aufgrund Ihrer Eindrücke, Überlegungen, Bewertungen und nachdem Sie die Dinge nochmals ›überschlafen‹ haben, zu dem Schluss gelangt sind, dass Sie die Stelle gerne haben möchten, fassen Sie nach zwei oder drei Tagen mit einem kurzen, gut formulierten Brief an die Firma bzw. Ihren Verhandlungspartner nach: Bedanken Sie sich noch einmal für das gute Gespräch, und bringen Sie Ihr Interesse an der Position noch einmal prägnant und überzeugend zum Ausdruck. Nach zwei oder drei Wochen erkundigen Sie sich dann telefonisch nach dem Stand der Dinge. Sie sollten dabei nicht auf einen Bescheid drängen, es sei denn, Sie stünden wegen eines anderen Angebots, das für Sie ebenfalls sehr interessant ist und bereits recht konkrete Formen angenommen hat, unter Zugzwang. Dies können Sie dann auch ruhig zur Sprache bringen.

3. Schritt: Überdenken Sie Erfolg und Misserfolg selbstkritisch! Grundsätzlich gilt, dass nichts so gut ist, dass man es nicht noch verbessern könnte. Ganz gleich, ob Sie die Ziellinie als Erste durchlaufen oder nicht, sollten Sie deshalb selbstkritisch aus Ihrer Bewerbungsaktion Bilanz zu ziehen versuchen. Bei einer Absage stellt sich die Frage nach dem Warum ohnehin oft genug ganz von selbst. Sollten Sie einen abschlägigen Bescheid erhalten, obwohl Sie der Meinung sind, dass das Vorstellungsgespräch ausgesprochen positiv verlaufen ist, können Sie durchaus versuchen, telefonisch den wirklichen Grund für die Absage herauszufinden. Wenn Sie Ihrerseits Verständnis für die Entscheidung der Firma zeigen, gleichzeitig aber freundlich um Verständnis dafür bitten, dass es für Sie sehr nützlich wäre, die Ursache für die Absage zu erfahren, könnten Sie damit Erfolg haben.

Eine wirklich genaue Fehleranalyse sollte man auf jeden Fall in Angriff nehmen, wenn weniger als ungefähr zwei Drittel der schriftlichen Bewerbungen mit einer Einladung zum Vorstellungsgespräch beantwortet werden und wenn man nach zehn bis zwölf Vorstellungsgesprächen nicht wenigstens ein definitives Stellenangebot erhält. Bisweilen kommt man aber mit einer Fehleranalyse allein nicht sehr viel weiter. Dann sollte man überlegen, ob man nicht eine professionelle Karriere- bzw. Bewerbungsberatung in Anspruch nimmt.

Chancen und Gefahren beim Arbeitsplatzwechsel

Ein Arbeitsplatzwechsel birgt immer auch die Gefahren einer Umbruchphase in sich, die bei allen Beteiligten zu Empfindlichkeiten und zu negativen Urteilen führen kann. Unüberlegte Schritte können sich leicht nachteilig für den Arbeitnehmer auswirken, insbesondere für Sekretärinnen, die gewissermaßen im betrieblichen Rampenlicht stehen. Denn jeder Fauxpas wird registriert, sowohl in der Firma, aus der man ausscheidet, als auch in der Firma, in die man eintritt, und Fettnäpfchen gibt es überall. Außer dem Ratschlag, in der Zeit des Wechsels seinen Weg mit sehr viel Einfühlungsvermögen zu gehen, gibt es eine Reihe von konkreten Tips, die man beherzigen sollte.

1. Suchen Sie einen neuen Arbeitsplatz möglichst nie unter Zeitdruck! Kalkulieren Sie für Ihre Bemühungen um eine neue Position, die ja nach Möglichkeit für Sie und Ihre Vorstellungen maßgeschneidert sein soll, drei bis vier Monate oder besser noch ein halbes Jahr ein.

2. Beginnen Sie mit der Suche nach neuen Lösungen möglichst, bevor der Höhepunkt in Ihrer derzeitigen Position überschritten ist! Auf überraschende Situationen, die dazu führen, dass es in Ihrem menschlichen oder betrieblichen Umfeld beträchtlich kriselt, können Sie nicht immer Einfluss nehmen. Dann sollten Sie aber nicht abwarten, bis die Situation völlig verfahren ist. Testen Sie rechtzeitig Ihren ›Marktwert‹, Ihre Chancen auf dem Arbeitsmarkt, und fassen Sie dann entsprechende Entschlüsse.

3. Lassen Sie es vor einem Arbeitsplatzwechsel möglichst nicht zur Einschaltung des Betriebsrates oder zu einem Prozess vor dem Arbeitsgericht kommen! Das Problem stellt sich selbstverständlich nur, wenn eine Trennung in gutem Einvernehmen mehr als fraglich geworden ist. Wie die Lage auch immer sein mag, man sollte auf jeden Fall abwägen, ob sich der Einsatz rechtlicher Mittel lohnt oder ob der Preis für einen Sieg vor Gericht nicht letztlich doch zu hoch ist. Denn gerade einer Chefsekretärin kann eine solche Auseinandersetzung als Illoyalität gegenüber ihrem Arbeitgeber ausgelegt werden, und dieser vermeintliche Makel ist gerichtlich nicht aus der Welt zu schaffen, sondern haftet dann möglicherweise ihr ganzes weiteres Berufsleben an ihr.

4. Werfen Sie das Handtuch nicht zu schnell und nicht aus geringfügigem Anlass! Das gilt vor allem dann, wenn Ihr Lebenslauf bereits mehrere kurzfristige Arbeitsverhältnisse aufweist. In diesem Falle empfiehlt es sich, erst einmal die Gründe bei sich selbst zu suchen. Sonst kann die Neigung, schnell aufzugeben, leicht dazu führen, dass beim nächsten Arbeitgeber dasselbe geschieht und man abermals seinen Job nach kurzer Zeit kündigt.

5. Ehe sie den ›letzten Schritt‹ tun: Überlegen Sie, was sich an Ihrem gegenwärtigen Arbeitsplatz zu Ihren Gunsten verändern ließe! Viele Unstimmigkeiten lassen sich oft ohne großen Aufwand beseitigen, wenn man einmal erkannt hat, worin genau die Schwierigkeiten bestehen, und wenn man die Dinge auf den Punkt bringt. Oft finden sich im Gespräch mit den Beteiligten praktikable Lösungen des Problems. Mancher Chef ist nämlich mitunter für konstruktive Vorschläge aufgeschlossener, als es sich selbst langjährige Mitarbeiterinnen träumen lassen.

6. Arbeiten Sie darauf hin, in guter Erinnerung zu bleiben! Wenn Sie sich unwiderruflich entschieden haben, den Arbeitsplatz zu wechseln, sollten Sie nicht den Fehler begehen, die Dinge schleifen zu lassen. Scheiden Sie vor allem, wenn irgend möglich, nicht im Zorn. Wirken Sie vielmehr darauf hin, dass man Ihr Ausscheiden mit Bedauern zur Kenntnis nehmen wird, und tun Sie das Ihre, damit Ihr Abschied ein glänzendes Ereignis werden kann. Ein solches Finale wird für Sie noch lange von Wert sein, nicht nur im Hinblick auf Referenzen, eine eventuelle Rückkehr usw. Die Vorbereitungen für Ihr Ausscheiden sind selbstverständlich wirkungsvoller, wenn sich Ihre Absicht, aus der Firma auszuscheiden, noch nicht herumgesprochen hat.

7. Kündigen Sie nicht erst in letzter Minute! Bieten Sie Ihrem Chef an, ihn bei der Suche nach einer gleichermaßen qualifizierten Nachfolgerin zu unterstützen. Zeigen Sie nach Möglichkeit Verständnis dafür, dass Ihr Arbeitgeber an einem reibungslosen Übergang interessiert ist.

8. Zwischen Ausscheiden und Dienstantritt lassen Sie sich, wenn möglich, etwas Zeit für einen entspannten Wechsel! Auf diese Weise können Sie ohne allzu großen zeitlichen Druck helfen, Ihre Nachfolgerin einzuarbeiten, und sich selbst einen kleinen Urlaub gönnen, um ausgeruht und mit Energie Ihre neue Stelle anzutreten. In der Regel wird einer qualifizierten neuen Mitarbeiterin zugestanden, den Antrittstermin ggf. zu verschieben, wenn man sich erst einmal für sie entschieden hat.

9. Bemühen Sie sich um eine umfassende Betriebsinformation, noch bevor Sie Ihre Stellung antreten! Machen Sie Ihrem künftigen Vorgesetzten klar, von welch großem Wert es gerade für eine Chefsekretärin ist, das Unternehmen, seine Organisation und die künftigen Mitarbeiter zu kennen, bevor sie ihre eigentliche Tätigkeit aufnimmt. Diese Initiative macht nicht nur einen guten Eindruck bei Ihrem künftigen Arbeitgeber, sondern erleichtert Ihnen die Einarbeitung. Sie sollten darüber hinaus einen Bericht über Ihre Erfahrungen und Beobachtungen während dieser Orientierungsphase anfertigen und ihn auch Ihrem Chef zur Durchsicht vorlegen.

10. Denken Sie daran, dass Sie in den ersten Wochen nach Arbeitsantritt kritisch beobachtet werden! Sie sitzen – besonders als Sekretärin – anfangs auf dem Präsentierteller. Jede Geste, jedes Wort wird genau vermerkt, unter die Lupe genommen und auf die Goldwaage gelegt. Seien Sie also freundlich und verbindlich, halten Sie sich grundsätzlich mit Kritik und definitiven Stellungnahmen im Kreise von Mitarbeitern, Kollegen und Vorgesetzten zurück. Vielleicht besteht auch die Möglichkeit, den neuen Chef um einige Hinweise zu den Mitarbeitern seiner engeren Umgebung zu bitten. Doch hier ist ganz besonderes Fingerspitzengefühl vonnöten, und die Auskünfte, wenn sie denn überhaupt gegeben werden, sollten nicht das eigene Urteil ersetzen.

11. Seien Sie zurückhaltend mit Freundschaften im Betrieb! Freundlichkeit und Umgänglichkeit gehören zu den wichtigsten Qualitäten einer Sekretärin. Freundschaftlicher Umgang mit Kollegen jedoch kann Schwierigkeiten mit sich bringen. Wägen Sie deshalb nicht nur in der Anfangsphase sehr genau ab, mit wem Sie in engeren Kontakt treten wollen.

12. Bedenken Sie stets, dass Sie die engste Mitarbeiterin Ihres Chefs sind! Das bedeutet nicht nur, dass von Ihnen ein recht hohes Maß an Loyalität verlangt wird, sondern auch, dass Sie in die schon bestehenden Beziehungen zwischen Ihrem Chef und seinen Mitarbeitern hineingestellt sind. Positive oder negative Verhaltensweisen Ihnen gegenüber müssen keineswegs persönlich auf Sie bezogen sein, sondern spiegeln oftmals das Verhältnis wider, das der betreffende Mitarbeiter zu Ihrem Chef hat. Darüber hinaus werden Sie oft genug danach beurteilt, ob Sie den Interessen der anderen nützlich und förderlich sind. Das ist normal. Aber speziell zu Beginn einer neuen Tätigkeit sollte man diesen Dingen seine besondere Aufmerksamkeit widmen.

13. Gehen Sie bei Verbesserungsvorschlägen behutsam vor! Neue Besen kehren zwar gut, wie das Sprichwort weiß. Aber es trägt nicht immer zur Beliebtheit einer neuen Mitarbeiterin bei, wenn sie schon bei erster Gelegenheit das Unterste zuoberst kehrt. Führen Sie also zuallererst eine umfassende Bestandsaufnahme durch. Erst wenn Sie die Unternehmensorganisation gut genug kennen, Akten, Kundenkartei usw. gründlich studiert haben und mit den Arbeitsabläufen wirklich vertraut sind, sollten Sie überlegen, was Sie verändern möchten. Das bewahrt Sie vor übereilten Vor- und Fehlschlägen und wappnet Sie für womöglich langwierige Diskussionen, die bei Neuerungen in aller Regel nicht ausbleiben.

Hochschule für Sekretärinnen?

Hochschulstudium

Hochschulstudium und Sekretärinnenberuf stehen in einem gespannten Verhältnis, das auf die Alternative zwischen Berufswechsel und Überqualifikation hinausläuft. Eine Sekretärin, die ein Studium absolviert und sich dann erneut um eine Sekretärinnenstelle bewirbt, sieht sich in der Regel mit dem Argument konfrontiert, sie sei ›überqualifiziert‹. Selbst wenn sie dennoch auf eine solche Stelle, die ggf. aufgewertet wird, zurückkehrt, wird sie nach den jeweiligen Tätigkeitsmerkmalen, nicht aber nach den üblichen Sätzen für den Berufseinstieg von Hochschulabsolventen bezahlt werden. Erst für einen späteren beruflichen Aufstieg wäre das Hochschuldiplom, wenn es fachlich ›passt‹, zweifellos nützlich und ein Sprungbrett zu ›höherer Verantwortung‹. So wie die Dinge heute liegen, bedeutet der Erwerb eines Hochschuldiploms regelmäßig den Ausstieg aus dem Sekretärinnenberuf. Dies gilt für ein Universitätsstudium ebenso wie für ein Fachhochschulstudium.

Ursache dafür ist, dass die Tätigkeitsmerkmale einer Sekretärin und die Lernziele der Studiengänge an den Hochschulen bislang wenig oder gar nicht miteinander übereinstimmen. Es gibt heute noch keine speziellen Hochschulabschlüsse für Sekretärinnen und Sekretäre. Auch konkrete Planungen in dieser Richtung sind nicht in Sicht. Andererseits bewegt sich die Zahl der Studienberechtigten in der Bundesrepublik auf einen Jahrgangsanteil von 40 Prozent hin. Das Anforderungsprofil in den Dienstleistungsberufen wächst und wird nach allen Prognosen weiter wachsen. Diese Entwicklung kann bei den Qualifikationen für den Sekretärinnenberuf nicht Halt machen. Die wachsende Internationalisierung der Wirtschaft ebenso wie die moderne Informationstechnik und der Anspruch an fachkompetente Kommunikation und Beratung werden auch in den Büroberufen die Tätigkeitsmerkmale verändern.

Es ist daher zumindest nicht ausgeschlossen, dass die weitere Entwicklung vielleicht noch in diesem Jahrzehnt zu einer berufsbezogenen Fachhochschulausbildung für Sekretärinnen und Sekretäre führt, die ähnlich wie die jüngst in der Bundesrepublik eingerichteten Hochschulstudiengänge für Krankenpflege bestimmte herausgehobene Tätigkeitsmerkmale als Schwerpunkt hat. Der gemeinsame europäische Wirtschaftsraum kann derartige Entwicklungen beschleunigen, da bereits ein einziger EU-Mitgliedstaat aufgrund der gegenseitigen Anerkennungsregelungen einen solchen Stein ins Rollen bringen kann.

Wer in der Bundesrepublik studieren will, hat die Wahl zwischen Universitäten, Fachhochschulen, Musikhochschulen, Kunstakademien und neuerdings den Berufsakademien. Das Ausbildungsziel der Universitäten ist trotz des beschränkten Stellenangebots in der Forschung nach wie vor der Wissenschaftler. Berufsbezogenheit spielt bei der Universitätsausbildung meist eine untergeordnete Rolle; viele ihrer Absolventen erleiden beim Eintritt in das Berufsleben einen ›Praxisschock‹. Die Fachhochschulen dagegen bilden bewusst berufs- und praxisbezogen aus, und zwar in erheblich kürzerer Zeit als die Universitäten, was gerade für Bewerber wichtig ist, die erst im fortgeschrittenen Alter mit dem Studium beginnen. Das Studium ist weitgehend ›verschult‹ und lässt nicht allzu viel Freiheit für Umwege, Sonderinteressen oder Experimente. Die Fachhochschulen bieten nicht alle Fächer an, sondern vorwiegend Ingenieurwesen, Betriebswirtschaft, Design, Sozialwesen und Verwaltungslehre. Die Musikhochschulen und Kunstakademien setzen für die Aufnahme den Nachweis einer besonderen künstlerischen Eignung voraus.

Wegen ihrer extrem kurzen Studienzeit von drei Jahren sind auch die Berufsakademien interessant; Zugangsvoraussetzung ist das Abitur. Die Studierenden haben dort ein dichtes Vollzeitlehrprogramm zu absolvieren. Im Dreimonatsrhythmus wechseln theoretischer Unterricht an der Studienakademie und betriebliche Praxis. Die Zulassung zur Berufsakademie setzt einen Ausbildungsvertrag mit einem Unternehmen, einem Sozialleistungsträger oder einer Behörde voraus. Ein nicht geringer Vorteil ist, dass während der gesamten Studienzeit eine Ausbildungsvergütung von monatlich über 1000,– DM gezahlt wird.

Wissenschaftliche Weiterbildung und Kontaktstudien

Obwohl sich heute an den deutschen Hochschulen im Durchschnitt zwei Studierende einen Studienplatz teilen, sind in den letzten Jahren viele Hochschulen zusätzlich im Bereich der wissenschaftlichen Weiterbildung für Berufstätige aktiv geworden. Die wissenschaftliche Weiterbildung und die Kontaktstudien – das sind fachbezogene Weiterbildungspakete – stehen an den Hochschulen allen Berufstätigen offen; Abitur oder Hochschulabschluss ist nicht Bedingung. Allerdings bauen die berufsbezogenen Weiterbildungskurse der Universitäten auf einem sehr hohen und oft auch sehr speziellen Leistungsstand und auf Qualifikationen auf, die üblicherweise durch ein Hochschulstudium erworben werden. Die für die wissenschaftliche Weiterbildung an Hochschulen notwendigen Vorkenntnisse können jedoch z. B. durch Aufstieg und Qualifikation im oder neben dem Beruf erworben worden sein. Jedenfalls gibt es keine Zulassungsschranken oder -prüfungen. Unmittelbar berufsbezogene Weiterbildungsangebote für Sekretärinnen fehlen an den Hochschulen, und zwar aus dem einfachen Grund, weil – wie oben erwähnt – noch keine speziellen Studiengänge für Sekretärinnen und Sekretäre an Hochschulen existieren. Die Hochschulen bieten jedoch vor allem in allgemein bildenden Veranstaltungen wertvolle Ansätze zur Weiterbildung, etwa in Psychologie, Literatur, Politik, Ethik, Ökologie, Wirtschaft, Theologie oder Technikfolgenabschätzung. Veranstaltungsreihen zu einzelnen Themen und Wissensgebieten erstrecken sich nicht selten im Wochenrhythmus über ein Studienhalbjahr. Oft findet man derartige Angebote unter dem Dach des sogenannten ›Studium generale‹ (auf Deutsch: allgemein bildendes Studium). Auch dazu hat jeder kostenlos Zutritt.

Die Hochschulen sind daran interessiert, Schwellenängste bei der Weiterbildung abzubauen, und geben regelmäßig Informationsmaterial über Weiterbildungsveranstaltungen und über das ›Studium generale‹ heraus. Ferner erteilen sie Auskunft über das jeweilige Semesterprogramm, und vor allem enthalten die Vorlesungsverzeichnisse, die meist im Februar und im Juli erscheinen, nützliche Informationen über Weiterbildungsmöglichkeiten.

Ein traditioneller ›Königsweg‹ zur wissenschaftlichen Weiterbildung an Hochschulen ist die Gasthörererlaubnis. Sie ermöglicht gegen eine geringe Immatrikulationsgebühr die Teilnahme an regulären Lehrveranstaltungen der Universität, z.B. in der Betriebs- und Volkswirtschaft, in Sprachen und anderen an der Hochschule gelehrten Wissensgebieten. Vor der Auswahl der Lehrveranstaltungen sollte sich der jeweilige Gasthörer jedoch bei der Studienberatungsstelle der Hochschule oder bei der jeweiligen Fakultät bzw. dem jeweiligen Fachbereich erkundigen, ob der Zuschnitt einer bestimmten Lehrveranstaltung für seine Zwecke geeignet ist. Ein Hindernis für berufstätige Gasthörer ist, dass die Veranstaltungstermine der Seminare, Vorlesungen oder Übungen über den ganzen Tag verteilt sind.

Jede Weiterbildungsaktivität bringt zusätzliche Erschwernisse und zusätzlichen Zeitaufwand mit sich. Doch ist ihr allgemeiner Nutzen groß, auch dann, wenn ein direkter beruflicher Vorteil von den allgemein bildenden Kursen nicht direkt zu erwarten ist. Wer seine Allgemeinbildung ausweitet und seine Lernfähigkeit pflegt, wird ganz allgemein seine beruflichen Leistungen und damit seine Aufstiegschancen verbessern. Wissenschaftliche Weiterbildung ist also keine brotlose Kunst, auch wenn dabei kein Diplom, sondern höchstens ein Teilnahmezertifikat zu erlangen ist.

Fernstudium

Viele Nachteile einer Weiterbildung an den Hochschulen entfallen bei einem Fernstudium. Die Fernuniversität Hagen bietet spezielle Weiterbildungspakete für Gasthörer an, insbesondere in den Bereichen Sozial- und Geisteswissenschaften, Informatik, Rechts- und Wirtschaftswissenschaft, Mathematik und Erziehungswissenschaften. Als Beispiel sei ein Weiterbildungspaket ›Rechnungswesen‹ des Fachbereichs Wirtschaftswissenschaft erwähnt. Es umfasst in drei Halbjahren ›Buchhaltung und Kostenrechnung‹, ›Handelsbilanzen‹ und ›Einführung in die EDV‹. Der Fachbereich Sozialwissenschaften bietet u.a. ein Weiterbildungspaket zur Arbeitswelt, zur Einführung in die Soziologie der Arbeit, zur Mitbestimmung und zur Humanisierung der Arbeit an. In den genannten Fächern können auch einzelne Kurse und Lehrveranstaltungen belegt werden, die sich jeder Gasthörer individuell aus dem gesamten Angebot der

Fernuniversität zusammenstellen kann. Das Abitur oder eine andere Hochschulzugangsberechtigung sind für diese Art des Fernstudiums nicht erforderlich. Studierende der Fernuniversität können auch ein Universitätsdiplom oder den Magister als Universitätsabschluss erwerben. Voraussetzung für ein solches vollwertiges Hochschulstudium ist indes die allgemeine Hochschulreife (z. B. Abitur), eine fachgebundene Hochschulreife oder die Fachhochschulreife.

Die Fernuniversität hat den unbestreitbaren Vorteil, dass Studium und Weiterbildung neben dem Beruf, also berufsbegleitend, absolviert werden können. Studiert wird überwiegend zu Hause anhand von Medien (Studienbriefe, Ton- und Videokassetten). Hinzu kommen an einzelnen Wochenenden Kursveranstaltungen in regionalen Studienzentren, die – mit Ausnahme von Bayern und Baden-Württemberg – in den alten Bundesländern regional so verteilt sind, dass in der Regel eine akzeptable Entfernung zum Wohnort besteht.

Als Weiterbildungsinstitut ist auch zu erwähnen das Deutsche Institut für Fernstudien an der Universität Tübingen (DIFF), das Weiterbildungsangebote zu ausgewählten Themen konzipiert, z. B. ›Computerintegrierte Fertigung‹, ›Stadtökologie‹, ›Dorfentwicklung‹, oder auch Funkkollegs zu Themen wie ›Sozialer Wandel‹, ›Beratung in der Erziehung‹, ›Mensch und Umwelt‹, ›Psychobiologie‹ und ›Jahrhundertwende‹. Der Schwerpunkt des DIFF bei der Stoffvermittlung liegt auf den Methoden des Medienverbunds mit PC, Bildplatte und Video.

Neben diesen öffentlichen Fernstudienhochschulen gibt es auch eine private, staatlich anerkannte Fern-Fachhochschule der AKAD-Studiengesellschaft, und zwar an den Standorten Flensburg, Lahr/Schwarzwald und Leipzig, allerdings nur für betriebswirtschaftliche Fächer mit den Abschlüssen ›Diplom-Betriebswirt/-in (FH)‹ oder ›Diplom-Wirtschaftsinformatiker/-in (FH)‹. Ein Vorteil dieser Einrichtung ist, dass dort auch die Fachhochschulreife oder die allgemeine Hochschulreife erworben werden kann. Letzteres ist bei allen anderen Ferninstituten ebenfalls möglich; deren Adressen können bei den amtlichen Informationsstellen erfragt werden.

Das Fernstudium findet insgesamt in der Wirtschaft eine starke Anerkennung, weil erfahrungsgemäß Arbeitnehmerinnen und Arbeitnehmer, die berufsbegleitend ein Fernstudium oder eine wissenschaftliche Weiterbildung absolvieren, aufgrund ihrer hohen Motivation zu den wertvollen und entwicklungsfähigen Mitarbeitern gehören. Auch die EU-Kommission hat in ihrem Memorandum vom 13. November 1991 die Bedeutung des Fernstudiums für eine Auffrischung und Anhebung der Qualifikationen von Berufstätigen durch Weiterbildung hervorgehoben. Durch ein vernetztes europaweites Programm soll die Qualität und das Angebot im Fernstudium in allen Mitgliedstaaten weiter verbessert und die Errichtung einer europäischen offenen Universität ermöglicht werden.

Hochschulstudium ohne Abitur

Die Zahl derer, die ihren Beruf im Laufe des Arbeitslebens einmal oder mehrfach wechseln, ist in den vergangenen Jahrzehnten stark gestiegen. Mancher wird irgendwann ›im Job mürbe‹ und hat das Gefühl, ›auf der Stelle zu treten‹. Mobilität und Flexibilität verbessern die Chancen des beruflichen Aufstiegs. Das überkommene ›Berechtigungswesen‹ wirkt dabei allerdings oft bremsend. Dies zeigt sich beispielsweise am Abitur: Bis Anfang der 70er-Jahre war ein Hochschulzugang ohne Abitur noch eine große Ausnahme. Dann erst wurden Fachhochschulen gegründet, der zweite Bildungsweg aufgebaut, es gab die fachgebundene Hochschulreife sowie Eignungs- und Begabtenprüfungen für ein Hochschulstudium. Heute gelangt bereits mehr als ein Drittel der Studierenden mit einer anderen Zugangsberechtigung als dem Abitur an die Hochschule.

Wer über keine Hochschulzugangsberechtigung verfügt, kann über den zweiten Bildungsweg oder – und das ist eine neue, in den einzelnen Bundesländern im Gang befindliche Entwicklung – über den dritten Bildungsweg ein Hochschulstudium aufnehmen. Der zweite Bildungsweg ist eine harte, zeitraubende und kostspielige Angelegenheit und besonders dann eine Belastung, wenn er berufsbegleitend absolviert wird, z. B. in Abendkursen. Er ist zudem mit seinen stofflichen Anforderungen am Abitur oder an der Fachhochschulreife orientiert, verkürzt ausgedrückt: Er ist ein unter veränderten Bedingungen nachgeholter erster Bildungsweg mit Fremdsprachen, Deutsch, Mathematik und anderen allgemein bildenden Fächern. Abitur und Fachhochschulreife können in Volkshochschulen und bei anderen Weiterbildungsträgern, aber auch im Fernunterricht nachträglich erworben werden. Allerdings ist es empfehlenswert, sich vor der Auswahl eines Instituts über dessen Qualitäten zu informieren.

Neu ist der dritte Bildungsweg: Er ermöglicht ein Hochschulstudium auch ohne die Hochschulzugangsberechtigung des ersten oder des zweiten Bildungswegs. Diesen Hochschulzugang für qualifizierte Berufstätige befürworten neben dem Deutschen Gewerkschaftsbund auch die Spitzenverbände der deutschen Wirtschaft, die Hochschulrektorenkonferenz, das Handwerk, die Industrie- und Handelskammern sowie viele andere Verbände. Ein großer Vorteil des dritten Bildungswegs ist, dass er den direkten Übergang aus dem Beruf in die Hochschule ermöglicht, ohne dass für den Erwerb eines ›Ersatzabiturs‹ Zeit verloren geht. Der dritte Bildungsweg eröffnet Berufstätigen den Hochschulzugang allein aufgrund einer mehrjährigen beruflichen Praxis und ihrer speziellen Berufsausbildung. Damit werden allgemein bildendes, zum Abitur führendes Schulwesen und berufliche Bildung gleichgestellt. Wer sich in jungen Jahren für eine berufliche Ausbildung und gegen das Gymnasium entschieden hat, dem ist später der Zugang zur Hochschule dennoch nicht verschlossen. Auf die Dauer der Berufstätigkeit, nicht aber auf die qualifizierte

Berufsausbildung, werden sogar Kindererziehungszeiten in gewissem Umfang angerechnet.

Der dritte Bildungsweg bedeutet keineswegs eine Erleichterung des Studiums. Die Absolventen des ersten und zweiten Bildungswegs haben neben ihrem Allgemeinwissen meist auch einen deutlichen ›Trainingsvorsprung‹ beim Lernen, der erst einmal aufgeholt werden muss. Ein Studienbewerber des dritten Bildungswegs sollte daher rechtzeitig Weiterbildungskurse absolvieren, möglichst auch im Hinblick auf das angestrebte Studienfach, um sich für das Hochschulstudium fit zu machen. Es wäre wünschenswert, wenn Hochschulen, die Studierende des dritten Bildungswegs aufnehmen, mehr Brücken- und Stützkurse in den ersten vier Studienhalbjahren einrichteten, um diesen Studierenden so den Übergang aus dem Beruf auf die Universität zu erleichtern.

Insgesamt ist für Studienbewerber ohne Abitur Kleinmut völlig überflüssig, haben doch erste Erfahrungen ergeben, dass die Studierenden des dritten Bildungswegs, falls sie ihr Studium abschließen, weniger Zeit dafür benötigen und durchschnittlich bessere Noten erreichen als andere. Besondere Vorteile ergeben sich vor allem dann, wenn ein gewisser Zusammenhang zwischen beruflicher Praxis und Studienfach besteht. Die Berufserfahrung ist ein Trumpf, denn sie veranlasst zur Konzentration auf das Wesentliche. So liegt denn auch bei ihren Kommilitonen mit Hochschulzugangsberechtigung der Anteil der Studienabbrecher einschließlich der Studienfachwechsler erheblich höher.

Für den dritten Bildungsweg gibt es wegen der föderalen Struktur in der Bundesrepublik Deutschland keine einheitliche Struktur, sondern unterschiedliche Modelle in den einzelnen Bundesländern. Es würde zu weit führen, die Vielzahl der unterschiedlichen Zugangsregelungen zum Studium an Hochschulen für Bewerber ohne schulische Hochschulzugangsberechtigung (i. d. R. Abitur) aufzuführen. Alle Bundesländer (außer Bayern) haben eigene Zugangsregelungen geschaffen, die erheblich voneinander abweichen. Das für die Hochschulen zuständige Ministerium in den Bundesländern oder das Sekretariat der Kultusministerkonferenz (Massestr. 8, 53113 Bonn) geben darüber Auskunft.

Wenn ein Berufstätiger sich zu einem Hochschulstudium entschließt, sollte er vorher sorgfältig die Finanzierungsmöglichkeiten für die gesamte voraussichtliche Dauer des Studiums prüfen. Nach einer mehrjährigen, durch berufliche Tätigkeit erlangten Unabhängigkeit vom Elternhaus besteht Anspruch auf eine ›elternunabhängige Studienförderung‹ nach dem Bundesausbildungsförderungsgesetz (BAFöG). Das Einkommen der Eltern wird dann bei der Bemessung der Förderung nicht berücksichtigt. Eine abgeschlossene duale berufliche Ausbildung steht der Förderung des Studiums nach dem BAFöG ebenso wenig entgegen wie die abgeschlossene Ausbildung an einer Berufsfachschule. Andere abgeschlossene schulische oder hochschulische Ausbildungen gefährden allerdings den Förderungsanspruch nach dem BAFöG, weil nach diesem Gesetz kein Anspruch auf Förderung einer zweiten qualifizierten Berufsausbildung besteht. Ob der Bundesgesetzgeber für Bewerber des dritten Bildungswegs eine günstigere Regelung schaffen wird, bleibt abzuwarten.

Bei einer Eigenfinanzierung des Studiums ist zu beachten, dass die Hochschulen als Voraussetzung für eine Einschreibung (Immatrikulation) verlangen, dass der Bewerber mindestens die Hälfte seiner Zeit dem Studium widmen kann. Wer also voll berufstätig ist oder bleiben will, muss daher mit einer Ablehnung seitens der Universität rechnen. In jedem Fall muss er eine erheblich längere Studiendauer einplanen, was aber auch schon bei einer Halbtagsstelle gilt. Da die Belastbarkeit individuell verschieden ist, können allgemeine Rezepte insoweit nicht aufgestellt werden. Wer also eine zusätzliche berufsqualifizierende Hochschulausbildung anstrebt, prüfe also genau, ob er die Voraussetzungen und das nötige Stehvermögen aufbringen kann und will. Meistens lohnt sich jedoch die Mühe.

Berufliche Perspektiven für Frauen

Arbeitsmarkt und Chancengleichheit

Die Chancen der Frauen im Arbeitsleben haben sich in den letzten Jahren zunehmend verbessert. Diese Tendenz wird sich durch die Bevölkerungsentwicklung in den nächsten Jahrzehnten noch dramatisch verstärken. In der Bundesrepublik werden derzeit nur etwa 60% der Kinder geboren, die eine gleich bleibende Bevölkerungszahl sichern könnten. Selbst wenn man der Prognose eine mäßige Zuwanderungsrate zugrunde legt, wird die Bundesrepublik im Jahre 2030 bedeutend weniger Einwohner zählen als jetzt. Mit der Bevölkerungsabnahme wird eine deutliche Veränderung der Altersstruktur verbunden sein. Denn die geringe Geburtenrate bewirkt, dass die Zahl der alten Menschen weiter steigt und die der jungen weiter sinkt. Für das Jahr 2030 rechnet man damit, dass nur noch ein Zehntel der Bevölkerung unter 15 (1987 waren es 14,6%), dagegen ein Viertel der Bevölkerung über 65 Jahre alt sein wird (1987: 15,3%). Daraus folgt einerseits, dass das Durchschnittsalter der Erwerbstätigen steigen wird, und andererseits heißt das: Nicht nur die Gesamtzahl der Bevölkerung schrumpft, sondern auch noch der prozentuale Anteil derer, die dem Arbeitsmarkt zur Verfügung stehen können, also zwischen 15 und 64 Jahre alt sind.

Diese Entwicklung hat weit reichende Konsequenzen. Die Unternehmen werden zunehmend um Arbeits-, vor allem aber um Fachkräfte miteinander konkurrieren. Sie werden sich darum bemühen müssen, neue Potenziale an Arbeitskräften zu erschließen, und sie werden deshalb nicht umhinkönnen, Frauen den Weg ins Berufsleben weiter zu ebnen und ihre Aufstiegschancen deutlich zu verbessern. Abgesehen von Fragen der betrieblichen Ausbildung,

Stellenbesetzung und Personalentwicklung, werden die Unternehmen dann auch mehr auf den Wunsch junger Frauen eingehen müssen, Familie und Beruf miteinander verbinden zu können. Frauen werden also in jeder Hinsicht von der Entwicklung am Arbeitsmarkt profitieren. Chancengleichheit wird zu einem Muss für die Wirtschaft, wenn sie leistungsfähig bleiben will.

Aber die Unternehmen können die Probleme, die die Verwirklichung der Chancengleichheit mit sich bringt, nicht allein lösen. Eine Firma kann einiges für die Gleichstellung von Frauen und Männern tun; dass sie einander bei der Arbeit als gleichwertige Partner anerkennen, lässt sich jedoch nicht verordnen. Hier ist die Bereitschaft der Mitarbeiter (aber auch der Mitarbeiterinnen) gefragt, Vorurteile abzubauen und eine positive Einstellung zu gewinnen.

Es gehört zu den verbreiteten Verhaltensmustern, dass Frauen eher als Männer zugunsten des Partners auf ihre Karriere, ja sogar ihre Berufstätigkeit verzichten. Über die Gründe dafür gibt es viele Untersuchungen, Meinungen und Mutmaßungen. Welcher Sichtweise man sich auch anschließen mag, sicher ist, dass die Arbeitgeber nur Angebote machen können, die es erlauben, dieses Verhalten zu ändern. Hier müssen einerseits die Ehe- oder Lebenspartner selbst ihre Entscheidungen treffen; andererseits ist aber auch unsere Gesellschaft insgesamt aufgefordert, sich mit der Frage auseinander zu setzen, wie sie es künftig mit den traditionellen Rollenbildern halten will. Solange z. B. ›Hausmänner‹ im Allgemeinen als eine Kuriosität teils bewundert, teils belächelt, meist bestaunt werden, solange ist damit zu rechnen, dass das oben beschriebene Rollenverhalten nicht durchbrochen werden kann.

In puncto Chancengleichheit und Karriere muss auch die Eigeninitiative der Frauen angemahnt werden. Es bedarf kaum einer Erwähnung, dass der Bewusstseinswandel bei den Personalentscheidern vielerorts noch nicht in wünschenswertem Maße eingesetzt hat und dass der Stand der Dinge noch weit davon entfernt ist, ideal zu sein. Doch sollten die Frauen im Allgemeinen und die Sekretärinnen im Besonderen ihrerseits der Entwicklung nachhelfen, indem sie mit Engagement ihre Fähigkeiten ausbauen, mit Selbstbewusstsein auf sich aufmerksam machen und mit Beharrlichkeit ihre Ziele verfolgen.

Familie und Beruf

Alle Förderung von Weiterbildung und Qualifizierung nützt wenig, wenn Frauen an einem Punkt ihres Lebens vor die Wahl zwischen Familie und Beruf gestellt werden. Wenn das weitere Absinken der Geburtenrate (vgl. oben) gestoppt werden soll, muss es ein Ziel betrieblicher Personalpolitik sein, Frauen, aber auch Männern, eine familienbedingte Unterbrechung ihrer Tätigkeit zu ermöglichen und den Wiedereinstieg in das Erwerbsleben danach zu erleichtern. Denn nur so lassen sich Familie und Beruf miteinander verbinden, nur so lässt sich sicherstellen, dass Frauen nicht endgültig aus dem Betrieb ausscheiden müssen, wenn sie Kinder haben und großziehen möchten. Eine familienfreundliche Einstellungs- und Beschäftigungspolitik nützt, langfristig gesehen, auch der Wirtschaft selbst.

Dass die Rückkehr in den Beruf auch im Interesse des Unternehmens liegt, hat bereits eine ganze Reihe führender Konzerne erkannt; sie sehen in Form von so genannten Wiedereinstellungszusagen entsprechende Regelungen vor. Darüber hinaus finden sich in den Manteltarifverträgen mehrerer, wenn auch nicht aller Wirtschaftszweige Regelungen zum Elternurlaub. Der Elternurlaub ist eine Freistellung für die Kindererziehung im Anschluss an den gesetzlichen Erziehungsurlaub. Die Zeiträume reichen dabei je nach Branche und Tarifvertrag von maximal 2,5 bis maximal 5 Jahre. Leider sind Mütter und Väter bei diesen Regelungen nicht gleichgestellt.

In diesem Zusammenhang gibt es eine Reihe praktischer Schritte, die eine Rückkehr in den Betrieb und an den Arbeitsplatz erleichtern und Reibungsverluste verringern helfen. So können Arbeitnehmerinnen bzw. Arbeitnehmer mit dem Unternehmen Vereinbarungen treffen über

- Urlaubsvertretungen
- Sonderaufgaben, die zu Hause erledigt werden können
- Teilzeitarbeit, beispielsweise vier Stunden am Abend oder am Samstag, wenn der Partner sich um das Kind bzw. die Kinder kümmern kann

Darüber hinaus sollte die Möglichkeit bestehen, dass ehemalige Mitarbeiterinnen und Mitarbeiter, die durch Urlaubsvertretungen, Aushilfen usw. mit dem Betrieb oder gar mit ihrer früheren Abteilung Kontakt halten, Fachliteratur oder Lernpakete bekommen. Generell sollten Weiterbildungsangebote firmenseits während der Unterbrechung gemacht und arbeitnehmerseits auch genutzt werden. Wenn dann erneut ein Dauerarbeitsverhältnis aufgenommen wird, ist schon viel dafür getan, dass die Einarbeitung rasch und problemlos vonstatten geht, obschon gerade an diesem Punkt gezielte Schulungen noch einmal sehr sinnvoll sein können.

Was die Vereinbarkeit von Familie und Beruf angeht, ist zwar einiges vorangekommen, doch lässt das, was erreicht wurde, noch viel Raum für Verbesserungen. Allerdings kann die Arbeitswelt nicht familienorientierter sein als die Gesamtgesellschaft mit ihrer allgemeinen Einstellung zu Kindern, zu Familie und Partnerschaft. Die Wirtschaft kann allenfalls bestimmte Entwicklungen begünstigen. Wenn also weitere Fortschritte erreicht werden sollen, werden nun vor allem von den Vätern Signale erwartet, die erkennen lassen, dass sie ihrerseits verstärkt Familienaufgaben übernehmen wollen. Die Frauen sollten hier künftig ihren Einfluss stärker geltend machen, und die Angebote der Unternehmen sollten die Männer dazu ermutigen.

Weiterbildung und Karriere

Qualifikation und Leistungsbereitschaft der Arbeitnehmerinnen und Arbeitnehmer entscheiden mit über die Wettbewerbsfähigkeit eines Unternehmens. Darum haben diejenigen gute Aufstiegschancen, die sich durch ihre Qualifikation und ihre Leistung hervortun. Für die Sekretärin bedeutet dies, dass sie während ihrer Ausbildung nicht nur das unabdingbare Handwerkszeug mit auf den Weg bekommen, sondern darüber hinaus ein breites, fächerübergreifendes Wissen erworben haben sollte. Es wird zunehmend darauf ankommen, dass sie sich schnell mit neuen Arbeitsgebieten und -techniken vertraut machen kann, und es ist einfacher, vorhandenes Wissen zu vertiefen, schon einmal Gelerntes aufzufrischen, an Bekanntes anzuknüpfen, als etwas ganz neu erlernen zu müssen. Tatsächlich sind Lernbereitschaft und Lernfähigkeit in der modernen Arbeitswelt von entscheidender Bedeutung, wenn man mit den rasanten Entwicklungen in seinem Beruf Schritt halten will, und ganz besonders auch dann, wenn man interessantere und verantwortungsvollere Positionen anstrebt.

Selbstverständlich soll hier nicht verschwiegen werden, dass die Weiterbildungsangebote der Berufs-, Fach- und Hochschulen und ebenso die betrieblichen wie überbetrieblichen Schulungen und Seminare viel stärker ausgebaut werden müssen. Auch kommt es leider immer wieder vor, dass vorhandene Fachkenntnisse der Sekretärinnen brachliegen und Begabungspotenziale der Frauen in den Betrieben nicht genutzt werden. Doch gerade vor dem Hintergrund der allgemeinen Entwicklung auf dem Arbeitsmarkt und angesichts der steigenden Anforderungen an diejenigen, die Führungspositionen bekleiden, kann dies nicht im Interesse der Unternehmen sein. Im Interesse der Beschäftigten ist es sowieso nicht, fördert doch eine permanente Unterforderung nicht gerade die Motivation.

Von daher ist eine betriebliche Aus- und Weiterbildungsarbeit sowie Personalpolitik im Hinblick auf bestimmte Zielgruppen, wie z. B. Führungskräfte oder Auszubildende, schon lange als notwendig anerkannt. In jüngster Zeit wendet sie sich verstärkt an Frauen. Abgesehen von den schon genannten unternehmerischen Gründen liegt dies auch daran, dass die Gleichstellung der Frau ein Teil jener Demokratisierung und Humanisierung ist, die sich in unserer Gesellschaft seit den Sechzigerjahren und zeitverzögert auch im Arbeitsleben mit wachsender Dynamik durchsetzt. So war es lange Zeit weit verbreitet, dass Frauen im mittleren und oberen Führungskreis mehr Fach- als Führungsfunktionen wahrnahmen. Das lag u. a. daran, dass sie auch außerhalb der Betriebe nur selten Gelegenheit bekamen, Führungsfunktionen zu übernehmen. Dadurch fehlten Frauen wie Männern Erfahrungen mit einer veränderten Rollenverteilung. Hier hat sich in den letzten Jahren ein deutlicher Wandel vollzogen, der nun auch in den Sekretariaten in immer stärkerem Maße spürbar werden wird.

Eine neue Rollen- und Aufgabenverteilung im Sekretariat setzt jedoch voraus, dass Sekretärinnen

- ihr Interesse an fachlichen, führungsorientierten oder gesellschaftspolitischen Bildungsmaßnahmen bekunden
- bereit sind, an entsprechenden Kursen und Seminaren teilzunehmen, und sich an einer gezielten Planung solcher Weiterbildungsmaßnahmen beteiligen
- bereit sind, an internen und externen Veranstaltungen der Betriebe teilzunehmen und ggf. auch als Referentinnen zur Verfügung zu stehen

Gerade die Teilnahme an internen und externen Veranstaltungen und vor allem die aktive Teilnahme als Referentin soll einer Sekretärin nicht nur dazu dienen, praktische Erfahrungen auf diesem Gebiet zu sammeln, sondern darüber hinaus auch Dritten die eigene Qualifikation bewusst machen.

Im Hinblick auf die Chefentlastung spielt die Kommunikationsfähigkeit der Sekretärin eine wichtige Rolle. Eine Führungskraft, die sich auf ihre Sekretärin stützen will, muss davon überzeugt sein, dass bei ihr die Fähigkeit zur Gesprächsführung vorhanden ist, dass sie also in jeweils angemessener Weise die wichtige Aufgabe der Kommunikation mit allen Stellen, mit denen ihr Chef in Berührung kommt, wahrnehmen kann. Hinzu kommt die Assistenzfähigkeit, die ebenfalls stetig über eine geeignete Weiterbildung ausgebaut werden sollte. Mit den Anforderungen an das Management selbst wird auch die Fähigkeit und die Bereitschaft der Sekretärin wachsen müssen, Verantwortung zu übernehmen, im Rahmen ihrer Kompetenzen selbstständig Entscheidungen zu treffen, zu planen, Informationen zu selektieren und aufzubereiten, Zusammenhänge zu erfassen, Vorgänge richtig einzuordnen usw.

Bei der Erreichung der Chancengleichheit hat zusätzlich zur fachlichen Weiterbildung die führungsorientierte Schulung besonderes Gewicht. Entsprechendes Wissen kann man durchaus in Seminaren erwerben. Wichtig ist aber, mit diesem Wissen in der Praxis Erfahrungen zu sammeln. Deshalb sollten Sekretärinnen einerseits durch Jobrotation verschiedenste Arbeitsgebiete möglichst genau kennen lernen und andererseits frühzeitig schon Führungsaufgaben übernehmen, um an den Aufgaben und mit den Aufgaben wachsen zu können.

Eine weitere Herausforderung an die Sekretärin sind die Sprachkenntnisse. Wir schicken uns an, ein europäisches Volk von über 320 Millionen Menschen, sprich Verbrauchern, Produzenten, Geschäftspartnern und Kollegen, zu werden. Dabei erweist sich als ein schwerwiegendes Hindernis, dass in der EU neun verschiedene (Amts)sprachen gesprochen werden. Sprache ist zudem mehr als ein Mittel, mit dem man Informationen austauscht, und Sprachkenntnisse bedeuten deshalb auch Sensibilität für andere Kulturen, Sicherheit und Unverkrampftheit im Umgang mit den europäischen Partnern. Folglich wird es für Sekretärinnen künftig zu den Schlüsselqualifikationen gehören, mindestens eine oder noch besser zwei Fremdsprachen mündlich und schriftlich sicher zu beherrschen. Hier gibt es noch ein weites Feld zu beackern. Aber der Lohn der Arbeit werden unentbehrliche Fähigkeiten sein, die angesichts des europäischen Binnenmarktes auch den Marktwert der Sekretärin erhöhen werden.

Qualifikation und Gehalt

Sekretärinnen sind heute – unabhängig von allen Klischeevorstellungen, in denen sie als ›graue Mäuse‹, ›graue Eminenzen‹ oder dergleichen auftreten – hoch qualifizierte, engagierte, loyale Fachkräfte. Als solche werden sie anerkannt und bezahlt. Das Anfangsgehalt einer qualifizierten Sekretärin/Assistentin liegt heute bei 45000,– DM p. a. Für die weiteren Gehaltsstufen sind nicht nur Aufgabengebiet, Alter und Erfahrung ausschlaggebend. Vielmehr machen sich auch Weiterbildung und zusätzliche Qualifikationen buchstäblich bezahlt. Nicht selten nähern sich Sekretärinnen- oder Assistentinnengehälter heute einer sechsstelligen Summe pro Jahr und werden bisweilen auch durch Sachzuwendungen ›aufgerundet‹. Wie sich Sekretärinnengehälter im Allgemeinen entwickeln, zeigt die Übersicht am Ende dieser Seite.

Damit ist bei den Monatsgehältern wie bei den Jahreseinkommen ein relativ hoher Stand erreicht, was man daran ablesen kann, dass die effektiv gezahlten Gehälter in den Ballungsgebieten oft 20 bis 50% über den Tarifgehältern liegen, und auch im Vergleich mit dem, was man in anderen Frauenberufen mit vergleichbar langer Ausbildungszeit, z. B. als Kauffrau oder Erzieherin, verdienen kann, schneiden die Sekretärinnen sehr gut ab. Seit Jahren sind die Sekretärinnengehälter davon bestimmt, dass es für die große Nachfrage der Unternehmen vor allem in den Ballungsgebieten und Großstädten zu wenig Frauen gibt, die für die steigenden Anforderungen in den modernen Sekretariaten ausreichend qualifiziert sind. Allerdings muss hier vor falschen Erwartungen gewarnt werden; das Einkommen ist nämlich stark vom Arbeitsort abhängig. So werden in Köln, Düsseldorf, Frankfurt, Stuttgart, Hamburg, München, Berlin und Leipzig im Durchschnitt deutlich höhere Gehälter gezahlt als in anderen Städten.

	Durchschnittliche Monatsgrundgehälter in DM[1]		
Position	Alter 21	26–30	über 30 Jahre
Sekretärin	3 500	3 800	4 300
Fremdsprachensekretärin	–	3 000	3 800
Chefsekretärin	–	4 000	5 200 und mehr

[1] Stand: 1997

Gehaltsspannen der Altersklasse 26–29 Jahre

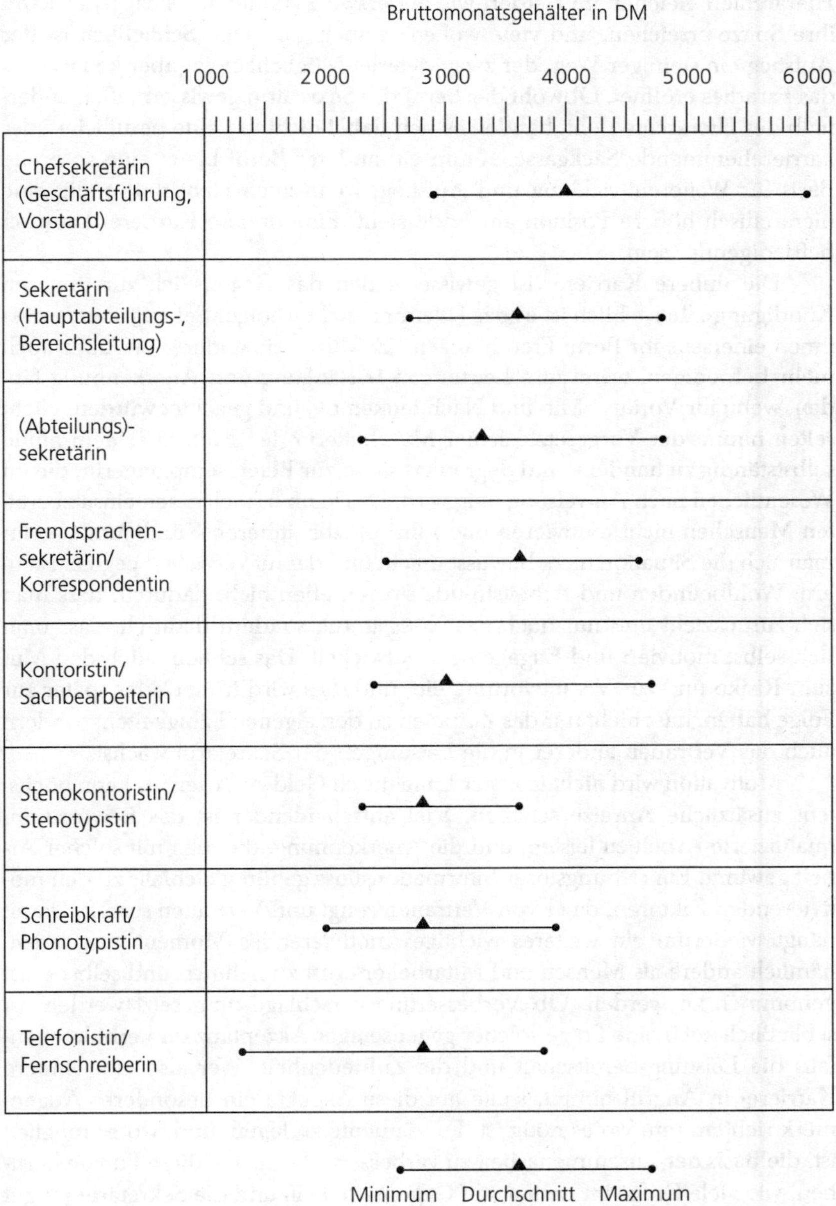

Innere Karriere

Hierarchien gleichen im Betrieb wie anderswo Pyramiden. Nicht jeder kann ihre Spitze erreichen, und viele wollen es auch gar nicht. Schließlich ist der Aufstieg ein steiniger Weg, der zwar vielerlei Möglichkeiten, aber keineswegs das Paradies eröffnet. Obwohl der Beruf der Sekretärin gewissermaßen außerhalb der Hierarchie steht, handelt es sich dabei nicht um eine berufliche oder karrierehemmende Sackgasse. Kaum ein anderer Beruf bietet eine so breite Basis für Weiterentwicklung und Aufstieg, wenn auch nicht notwendig eine hierarchisch höhere Position am Ende steht. Eine ›innere Karriere‹ kann oft befriedigender sein.

Die ›innere Karriere‹ ist gewissermaßen das Gegenstück zur ›inneren Kündigung‹. Tatsächlich ist es das Dilemma nicht weniger Sekretärinnen, dass ihnen einerseits ihr Beruf Freude macht. Er würde sie andererseits aber noch mehr befriedigen, wenn ihre Leistungen Bestätigung und Anerkennung fänden, wenn ihr Voraus-, Mit- und Nachdenken be- und geachtet würden. Nicht selten nimmt der Vorgesetzte seiner Mitarbeiterin den Mut, in seinem Sinne selbstständig zu handeln, und degradiert sie so zur Befehlsempfängerin, die im Wesentlichen nach Anweisung tätig wird. Das kann freilich einen einsatzbereiten Menschen nicht motivieren und führt oft zur ›inneren Kündigung‹, wenn man sich die Situation nicht bewusst macht und darauf verzichtet gegenzusteuern. Wohlbefinden und Arbeitsfreude steigen eben nicht dadurch, dass man sich zurückzieht und nur noch das Nötigste tut, sondern dadurch, dass man sich selbst motiviert und Engagement entwickelt. Das schließt auch den Mut zum Risiko und zur Verantwortung ein, und dies wird früher oder später zur Folge haben, dass nicht nur das Zutrauen zu den eigenen Fähigkeiten, sondern auch das Vertrauen anderer in die Leistungen der Sekretärin wächst.

Motivation wird nicht in erster Linie durch Geld gefördert; es kann höchstens zusätzliche Anreize schaffen. Viel entscheidender ist das Bewusstsein, qualifizierte Arbeit zu leisten, und die Anerkennung, die man mit solcher Arbeit gewinnt. Ein reibungsloser Informationsfluss gehört gleichfalls zu den motivierenden Faktoren, da er von Vertrauen zeugt und Vertrauen schafft. Damit hängt wiederum ein weiteres wichtiges motivierendes Moment zusammen, nämlich andere als Mensch und Mitarbeiter ernst zu nehmen und selbst ernst genommen zu werden. Ob Verbesserungsvorschläge umgesetzt werden, ist schließlich auch eine Frage solcher gegenseitiger Akzeptanz und erhöht ebenfalls die Leistungsbereitschaft und die Zufriedenheit. Wer also eine ›innere Karriere‹ in Angriff nimmt, sollte auf diese Aspekte ein besonderes Augenmerk richten, um, wo es nötig ist, Fundamente zu legen, und, wo es möglich ist, die Basis der Zusammenarbeit zu verbessern. Denn alle diese Punkte beruhen, wie viele Dinge im Leben, auf Gegenseitigkeit, und die Sekretärin tut gut daran, nicht in Passivität zu verharren und darauf zu warten, dass ihr Chef die Initiative ergreift, sondern selbst aktiv zu werden.

Eine erfolgreiche ›innere Karriere‹ setzt freilich voraus, dass man stetig an sich selbst arbeitet, d. h. sich selbst beobachtet, Selbstkritik übt und sich selbst erzieht. Überdies müssen Fähigkeiten entwickelt werden, durch die ein Vorgesetzter noch stärker als bisher entlastet wird. Spezielle Wissensgebiete zu erarbeiten, zusätzliche Kenntnisse zu erwerben und größere Einsatzbereitschaft zu zeigen ist deshalb unabdingbar. Ohne dass man die Stelle wechseln müsste, lassen sich auf dieser Grundlage neue, interessante Arbeitsgebiete erschließen, von denen hier nur einige Beispiele genannt seien:

- selbstständig, nach kurzen Angaben Schriftsätze formulieren
- Diskussionsleitung in kleineren Gesprächskreisen übernehmen
- Informationen aufbereiten, strukturieren, dokumentieren
- Zahlenmaterial verarbeiten und interpretieren
- Probleme analysieren, Ursachen aufdecken, Lösungsvorschläge entwickeln
- Alternativen für Entscheidungen vorbereiten
- beratende Funktion auf besonderen Sachgebieten wahrnehmen (z. B. Marketing, Umweltschutz)

Ein guter Vorgesetzter wird das geistige Potenzial seiner Sekretärin nutzen, ohne sie auszunutzen. Ein weniger guter Vorgesetzter muss oft erst zu solchem Verhalten ermutigt und angeregt werden. Für das Selbstbewusstsein der Sekretärin ist es genauso wichtig wie für das Selbstverständnis des Vorgesetzten zu erkennen, dass sich der Rohstoff Intelligenz unabhängig von der Hierarchiestufe einsetzen lässt. Dies ist der Schlüssel zur ›inneren Karriere‹, die den Aufstieg nicht braucht, zu einer Karriere ohne Laufbahn.

Mit vierzig nicht mehr gefragt?

Wer Stellenangebote studiert oder die Verfahrensweisen bei Bewerbungen kennt, bekommt leicht den Eindruck, dass eine Sekretärin über vierzig im Arbeitsleben nicht mehr gefragt ist. Welche Gründe bewegen einen Arbeitgeber, Bewerberinnen, deren Geburt vierzig oder mehr Jahre zurückliegt, nicht einmal zu einem Gespräch einzuladen? Diese Frauen seien, so heißt es, nicht mehr wendig genug, launisch, zu anspruchsvoll, oft überqualifiziert und zu teuer. Die ersten zwei Gründe, wenn sie diesen Namen überhaupt verdienen, sind nichts als pauschale Vorurteile, mit denen man sich nicht weiter zu beschäftigen braucht. Wie aber steht es mit dem Argument ›zu anspruchsvoll‹? Eine Sekretärin, die Ansprüche an ihre Arbeit stellt, die gewohnt ist, selbstständig und eigenverantwortlich zu arbeiten, kann für ihren Chef nur von Vorteil sein, auch wenn damit gewisse Ansprüche an sein Verhalten verbunden sind. Etwaige Probleme lassen sich mit etwas Fingerspitzengefühl, Offenheit und Unvoreingenommenheit auf beiden Seiten leicht bereinigen.

Ist dann vielleicht das letzte Argument stichhaltig, die ältere Sekretärin sei überqualifiziert und zu teuer? Wenn ›überqualifiziert‹ heißen soll, dass sie in einigen Bereichen womöglich qualifizierter ist als der Vorgesetzte, dann ist es einzig eine Frage des Selbstbewusstseins und des Umgangs miteinander, ob eine fruchtbare Zusammenarbeit zustande kommt. Man muss nur anerkennen, dass sich die jeweiligen Qualifikationen gegenseitig ergänzen. Man müsste allerdings auch fragen: Kann eine Sekretärin eigentlich überqualifiziert sein? Können, Wissen, Umsicht und Weitblick dienen der Chefentlastung auf beste Weise und werden meist erst im Laufe des Berufslebens erworben. Das hat selbstverständlich seinen Preis. Und gerade hier macht sich Sparsamkeit für ein Unternehmen nicht bezahlt.

Frauen über vierzig bieten ihrer Firma darüber hinaus in der Regel Beständigkeit. Sie haben selten den Wunsch, sich noch einmal beruflich zu verändern. Auch Schwangerschaften sind in diesem Alter eher die Ausnahme. Sie verfügen über einen umfangreichen Erfahrungsschatz, auf dem sie bei der Einarbeitung in neue Arbeitsfelder aufbauen können und der oft unerlässlich ist, um auf Unvorhergesehenes angemessen, kompetent und präzise reagieren zu können. Ihr Verantwortungsgefühl ist zudem oft besonders ausgeprägt, weil sie sich stärker mit dem Betrieb identifizieren.

Selbstverständlich muss auch die ältere Sekretärin bereit sein, an Fortbildungsmaßnahmen teilzunehmen. Vor allem wird von ihr Aufgeschlossenheit für neue Technologien erwartet. Doch kann sie aufgrund ihrer Erfahrung dann auch den praktischen Wert und die tatsächlichen Einsatzmöglichkeiten dieser Neuerungen besser beurteilen. Die aufgefrischten und erweiterten Kenntnisse werden also dem Betrieb uneingeschränkt zugute kommen.

Die Altersstruktur der Bevölkerung verändert sich, wie gesagt, und die Alterspyramide wird bald auf dem Kopf stehen. Auch der Anteil der älteren Arbeitnehmerinnen und Arbeitnehmer in den Unternehmen wird steigen, wobei eine Fünfzigjährige heute geistig und körperlich augenscheinlich ›jünger‹ ist als eine Fünfzigjährige in früheren Zeiten. Dem muss im Berufsleben Rechnung getragen werden. Jüngere mögen vielleicht flexibler, ehrgeiziger, unvoreingenommener und lernbereiter sein. Dies sollte jedoch das Miteinander in keiner Weise beeinträchtigen, sondern ein Ansporn sein. Die Generationen können sich ergänzen und voneinander lernen, wenn sie sich gegenseitig ernst nehmen, ihre Qualitäten und Qualifikationen anerkennen und ein hinreichendes Maß an Toleranz aufbringen. Das aber gilt nicht nur für Frauen, sondern auch für Männer.

Zukunftsperspektiven für die Arbeit im Sekretariat

Die Dinge sind, wie mehrfach betont, im Fluss, und aus den Grundsatzpositionen der Tarifpartner, den Richtlinien zur Frauenförderung in Betrieben und Behörden, vor allem auch aus dem 3. Aktionsprogramm der EU-Kommission lässt sich der Wille ablesen, 1. den rechtlichen Rahmen für die Chancengleichheit von Frauen und Männern weiterzuentwickeln und in die Praxis umzusetzen, 2. Frauen besser und konsequenter in den Arbeitsmarkt zu integrieren und 3. die Stellung der Frau in der Gesellschaft zu verbessern.

Dies alles wird nun nicht zu einem Frauenzeitalter führen, aber doch spürbare Veränderungen mit sich bringen. So befanden sich beispielsweise 1980 in den USA rund 2,5 Millionen Firmen im Besitz von Frauen, 1986 waren es schon 4,1 Millionen. Da der militärische Managementstil ohnehin keine Zukunft mehr hat, sondern Teamgeist und Motivationskunst gefragt sind, haben Frauen auch hierzulande beste Chancen, erfolgreich mit den Männern um Führungspositionen zu konkurrieren, und die Wandlung der Industrie- zur Informations- und Dienstleistungsgesellschaft wird die Chancen noch weiter erhöhen. Eine solche Entwicklung wird nicht ohne Einfluss auf den Arbeitsalltag in den Sekretariaten bleiben.

Derzeit ergeben Umfragen jedoch, dass nur ungefähr ein Drittel aller Sekretärinnen auch für eine Frau arbeiten würden. Das ist ein erstaunlicher Befund. Denn dafür, dass eine weibliche Führungskraft in irgendeiner Weise weniger kompetent wäre als eine männliche, gibt es keinerlei stichhaltige Anhaltspunkte. Fachlich stellen Frauen in Führungspositionen täglich ihre Leistungsfähigkeit unter Beweis, und ihre soziale Kompetenz ist nicht selten stärker ausgeprägt als die der Männer, allein schon, weil sie in der Regel sachlichen Argumenten gegenüber zugänglicher und aufgeschlossener sind als diese, die sich immer noch auf angebliche patriarchalische Rechte berufen. Es steht also viel eher zu befürchten, dass bei der Mehrzahl der Sekretärinnen noch alte Leitbilder, ein gewisses Konkurrenzdenken unter Frauen oder auch ein verunsichertes Rollenverständnis vorherrschen.

Es erhebt sich freilich immer wieder die Frage, ob eine Chefin nicht besser mit einem Sekretär zusammenarbeitet als mit einer Sekretärin. Aber darüber kann man beim gegenwärtigen Stand der Dinge nur Mutmaßungen anstellen. Denn weniger als 0,1 % derjenigen, die den anerkannten Abschluss als ›Geprüfte Sekretärin/Geprüfter Sekretär‹ machen, sind Männer. Die Frage, ob ein weibliches Team schlechtere Leistungen erbringt als eine Chefin und ihr Sekretär, ist rein akademisch. Auch dafür, dass ein weibliches Team weniger gut abschneidet als ein Team, das aus Chef und Sekretärin besteht, gibt es keine Beweise. Manchmal ist man sogar geneigt, das Gegenteil anzunehmen.

Frauen in Führungspositionen sind einsatz- und leistungsbereit, sonst hätten sie die Chefsessel nicht eingenommen. Nicht nur die männlichen Mitarbeiter, sondern auch die Sekretärinnen sollten sich also darauf einstellen, dass sie in Zukunft zunehmend mit Frauen in leitenden Funktionen zusammenarbeiten werden. Konsequenterweise sollten sich Sekretärinnen auch mit dem Gedanken vertraut machen, dass sie ihrerseits einmal Vorgesetzte werden könnten, sei es in einem Sekretariat mit mehreren Mitarbeitern, sei es, dass sie aufgrund ihrer Fähigkeiten einen Abteilungsleiterposten erhalten oder sich selbstständig machen. Das, was vor ein paar Jahren noch eine Ausnahme war, wird immer mehr zur Selbstverständlichkeit: Die Leistung entscheidet, nicht das Geschlecht. Das gilt sowohl für das Chef- als auch für das Vorzimmer.

In jedem Falle wird die Entwicklung in den Sekretariaten darauf hinauslaufen, ja darauf hinauslaufen müssen, dass die Sekretärin zur Partnerin im Management wird. Als Leitgedanke kann hierfür dienen, was Hildegard Hamm-Brücher 1986 auf einer Tagung vor Managerinnen zur Partnerschaft im Beruf ganz allgemein formuliert hat: ›Die Partner dürfen nicht übereinander herrschen, nicht einander bevormunden wollen. Ihr Zusammenwirken wird umso fruchtbarer und konkreter, je deutlicher sie ihre eigene Identität zu erkennen geben, ohne dies hierarchisch zu ordnen und zu werten.‹ Dies ist ein hohes Ziel. Doch die Voraussetzungen dafür, ihm näher zu kommen, sind günstig.

ARBEITSTECHNIKEN
ARBEITSPLATZGESTALTUNG

Arbeiten mit System

Eine Sekretärin bestimmt mit ihrer Arbeitstechnik nicht nur die Qualität der eigenen Arbeit, sie beeinflusst damit auch die Arbeitsweise ihres Vorgesetzten und damit die Effizienz *seiner* Arbeit. Infolgedessen steht sie immer vor der Frage, wie sie ihre eigene Arbeit so rationell wie möglich organisieren und die ihres Chefs sinnvoll und systematisch unterstützen kann.

Das entscheidende Stichwort zur Beantwortung dieser Frage ist bereits gefallen: Systematik. Systematisch zu arbeiten heißt, die Grundregeln erfolgsorientierter Arbeitstechnik zu beherrschen und anzuwenden. Diese dient nicht nur dazu, die Effizienz und Zuverlässigkeit der eigenen wie der Teamarbeit zu erhöhen, sondern auch dazu, den allgegenwärtigen Faktor Stress zu vermindern, der überwiegend aus Zeitdruck, mangelhafter Planung, fehlender Übersicht oder schlichter Unordnung resultiert.

Arbeitsplatzanalyse und Arbeitsplanung

Nur wer seinen Arbeitsplatz kennt, kann rationell arbeiten und seine Arbeit zeitlich optimal organisieren. Die wichtigsten Vorgaben für die Ziele und Aufgaben, die mit einer Stelle verbunden sind, finden sich in der jeweiligen Stellenbeschreibung. Wichtiger jedoch ist es, sich anhand der Praxis über den Umfang der anfallenden Arbeit klar zu werden und durch eine sorgfältige Strukturierung der wiederkehrenden Aufgaben Überlastungen und Stress abzubauen oder Freiräume und Gestaltungsmöglichkeiten für besondere Tätigkeiten und neue Arbeitsfelder zu schaffen. Bei einer solchen Analyse kann man sich am folgenden Fragenkatalog orientieren.

- ▷ Welche Ziele wurden bzw. werden mit der Einrichtung meines Arbeitsplatzes verfolgt?
- ▷ Welche Aufgaben sind meinem Arbeitsplatz zugeordnet?
- ▷ Welcher Art sind die einzelnen Arbeitsvorgänge?

▷ Welche Menge von Aufgaben fällt innerhalb eines Monats als einem repräsentativen Zeitraum an?
▷ Wie viel Zeit beanspruchen die Aufnahme, die Bearbeitung und gegebenenfalls die Weiterleitung oder die Wiedervorlage bzw. Ablage eines jeden Arbeitsvorgangs?
▷ Handelt es sich an meinem Arbeitsplatz oft oder überwiegend um einmalige Tätigkeiten, um Arbeitsvorgänge, die individuell bearbeitet werden müssen, oder gar um Sonderaufträge?
▷ Wie hoch ist der Anteil wiederkehrender Arbeiten und um welche handelt es sich (z. B. monatliche Statistiken, Reisekostenabrechnungen, Protokolle über Mitarbeiterbesprechungen)?

- Art der Aufgabe
- Zeitintervall, in dem die Aufgabe wiederkehrt
- Zeitaufwand für die jeweilige Bearbeitung
- Termin für die Fertigstellung
- Abhängigkeiten bei der Bearbeitung von den Vorarbeiten anderer
- Hilfsmittel für die Bearbeitung (z. B. Vordrucke, Checklisten, Muster, Textverarbeitung)

▷ Lassen sich einzelne Aufgaben bei der Erledigung zusammenfassen, d. h. verdichten?

- Leitfrage: Kann Gleiches zur gleichen Zeit erledigt werden? (Doppelarbeit soll man vermeiden und damit vor allem Rüstzeiten reduzieren, also z. B. nicht vor- und nachmittags je eine Reisekostenabrechnung ausfertigen, sondern möglichst beide zusammen zur gleichen Zeit.)

▷ Lassen sich Leerlauf und ggf. sogar das Abbrechen einer Arbeit vermeiden, wenn vorher besser geprüft wird, ob alle erforderlichen Daten und Unterlagen sowie Entscheidungen vorliegen?
▷ Lassen sich bestimmte wiederkehrende Arbeiten zweckmäßiger erledigen durch Fixierung von programmierten Abläufen in Arbeitsanweisungen, Ablaufdiagrammen usw.?
▷ Lassen sich derartige Arbeiten zweckmäßiger erledigen durch teilweise oder vollständige Normierung durch

- Formulare, Karteien
- Formularbriefe, Musterverträge
- EDV-Serienbriefe bzw. Textbausteine
- Pläne, Übersichten
- Listen, Statistiken
- Sammlungen (Unterschriften; Postein- und -ausgang)
- Wiedervorlagen

▷ Welche Termine müssen eingehalten werden, und wie ist dies ablauftechnisch besser zu erreichen?
▷ Welche Arbeiten sind nur in Abhängigkeit von anderen fertig zu stellen, und wie könnte dies effizienter geschehen?

▷ Wie hoch ist der Anteil von Telefongesprächen, Besprechungen, Unterbrechungen durch Besucher?
▷ Lassen sich Besprechungen und Besuchertermine besser steuern?
▷ Lassen sich einigermaßen störungsfreie Zeiten organisieren, um dadurch Blockzeiten für bestimmte Aufgaben zu schaffen?

Die Arbeitsplanung steht in dem Ruf, ein Ding der Unmöglichkeit zu sein. Trotzdem beantwortet jeder die Frage, ob denn so ein Plan grundsätzlich sinnvoll sei, mit einem Ja. Gleichwohl, wendet man ein, sei situative Kreativität nötig, denn kaum ein Arbeitsplatz lasse sich so bürokratisieren und perfektionieren, dass alles nur noch planmäßig abläuft. In der Tat wäre diese Situation ganz und gar nicht erstrebenswert. Der goldene Mittelweg liegt zwischen kreativem Chaos und planvoller Arbeitsgestaltung. Man könnte sogar sagen, dass planvolles Arbeiten überhaupt erst die Freiräume für Spontaneität und Kreativität schafft. Denn der Nutzen der Arbeitsorganisation entfaltet sich gerade dann ganz besonders, wenn der Plan immer wieder durchbrochen werden muss. Eine planvolle Arbeitsgestaltung erlaubt es, an dem Punkt wieder anzusetzen, an dem man eine Tätigkeit unterbrechen musste. Sie hilft ferner, den Überblick darüber zu behalten, welche Arbeiten noch nicht erledigt sind, und ermöglicht, den Grad an Systematik und Verlässlichkeit zu erreichen, der für die enge Kooperation zwischen der Sekretärin und ihrem Vorgesetzten unabdingbar ist. Im Folgenden wird beschrieben, wie eine planvolle Arbeitsgestaltung erreicht werden könnte.

▷ Richten Sie sich bei der Bearbeitung Ihrer Aufgaben nach einem Zeitplan, und arbeiten Sie nicht nach dem Motto ›Was auf den Tisch kommt, wird erledigt‹!
▷ Passen Sie Ihre Sekretariatsaufgaben in folgendes Raster ein:
- Tagesplan durchsehen
- Wiedervorlagen
- ausstehende Telefonrückrufe vom Vortag erledigen
- Korrespondenz bearbeiten
- zur Unterschrift vorlegen
- Posteingang bearbeiten, mit Vorgängen und Unterlagen ergänzen, nach festgelegten Kriterien sortiert vorlegen
- vom Chef durchgesehenen Posteingang nach Muster, Vorgang, Stichwort, Hinweis, Diktat abarbeiten
- Akten führen, Vorgänge ablegen, Statistiken ergänzen
- Vorlagen des nächsten Tages aufbereiten
- Tagesplan für Folgetag aufstellen (dazwischen kommen natürlich Rücksprachen, Telefongespräche, Besucher, Besprechungen usw.)

▷ Stellen Sie neben dem Tagesplan auch einen Wochen- und Monatsplan mit dem Chef im Sinne einer Zielvereinbarung für Sekretariatsaufgaben auf!

▷ Führen Sie dementsprechend Wiedervorlagen, fordern Sie notwendige Unterlagen und Daten zeitgerecht von Dritten an, und sorgen Sie für die erforderlichen Entscheidungen! (Es ist wichtig, vor Arbeitsbeginn alle Unklarheiten bereinigt und die notwendigen Hilfsmittel zur Hand zu haben. Denn wie viele Arbeitsvorgänge müssen tagtäglich abgebrochen werden, weil Notwendiges fehlt?!)

▷ Setzen Sie Zeitökonomie und Arbeitsrationalisierung stets praktisch um: Setzen Sie die richtigen Prioritäten!

▷ Folgende Arbeitsschritte sind rationell und konsequent:

- Sachverhalt aufnehmen
- Sollzustand und Zeitrahmen überlegen
- feststellen, was zur Bearbeitung fehlt
- Fehlendes anfordern bzw. seine Bearbeitung veranlassen
- Unterlage in Wiedervorlage nehmen
- prüfen, ob alle Hilfsmittel zur Verfügung stehen
- Angelegenheit bearbeiten
- Schlussinspektion vornehmen

▷ Schließlich sollte man sich auch einmal überlegen, ob der Arbeitsplatz generell richtig organisiert ist:

- Welche technischen Hilfsmittel sind erforderlich?
- Was muss ich im ›Greifbereich‹ zur Hand haben?
- Was sollte im ›Streckbereich‹ griffbereit sein?
- Was gehört in den ›Nahsichtbereich‹? (Plantafeln, Zeitablaufübersichten usw. gehören nicht auf entfernte Wände, sodass man ständig aufstehen muss, wenn man einen Termin ablesen möchte.)
- Was kann im ›Holbereich‹ sein? (Vgl. Arbeitsfeld Informationsverwaltung, S. 225 ff.)

Gut sichtbare Beschriftungen der Akten und farblich unterschiedliche Rückenschilder können hilfreich sein.

Checklisten

Überlegt und mit System zu arbeiten, ist, wie gesagt, nie verkehrt, und Checklisten sind dabei ein ausgezeichnetes Hilfsmittel. Insbesondere bei Routineaufgaben ist eine solche systematische Vorgehensweise wichtig. Der Teufel steckt bekanntlich im Detail und hat umso leichteres Spiel, je routinierter eine Tätigkeit ausgeführt wird. Leicht vergisst man eine Kleinigkeit oder ist sich plötzlich nicht mehr sicher, ob man sie erledigt hat, weil man viele Dinge fast automatisch tut. Wer hat noch nie sein Haus verlassen, die Haustür verschlossen, sich ins Auto gesetzt, den Motor angelassen und dann überlegt, ob das Bügeleisen tatsächlich abgeschaltet ist?

Die Checkliste erfüllt zwei Aufgaben: Sie ist Gedächtnisstütze und Kontrollinstrument. Sie listet auf, was alles in einem bestimmten Zusammenhang bedacht und getan werden muss, und sie hilft zu überprüfen, ob auch wirklich an alles gedacht und alles erledigt worden ist. Checklisten sind also vor allem immer dann nützlich, wenn eine Aufgabe aus vielen Einzelschritten besteht und mit vielen Einzelheiten, die es zu bedenken gilt, verbunden ist, wenn sie also den Umfang eines kleineren oder größeren Projekts annimmt. Der Begriff stammt übrigens aus der Pilotensprache (englisch ›to check‹ heißt ›prüfen‹): Bevor ein Flugzeug startet, muss jedes technische Detail gecheckt werden, und dabei geht man nach einer Checkliste vor, die Punkt für Punkt abgearbeitet und abgehakt wird.

Checklisten entlasten also das Gedächtnis. Außerdem sind sie ein wichtiger Informationsträger und ein vorzügliches Delegationsinstrument, denn sie erleichtern einer Vertretung oder einer neuen Mitarbeiterin bzw. einem neuen Mitarbeiter die Arbeit, indem sie zum Beispiel Auskunft darüber geben, welche Tätigkeiten bei Dienstbeginn bzw. -ende (eventuell auch in welcher Reihenfolge) erledigt werden müssen. Das gilt in etwas anderer Form auch für Aufgaben, die zwar sonst vom Sekretariat organisiert, ausnahmsweise aber an andere Stellen delegiert wurden. Es hilft allen, wenn man auf diese einfache Weise andere von den eigenen Erfahrungen profitieren lässt.

Checklisten lassen sich im Arbeitsbereich der Sekretärin auf vielen Feldern einsetzen, wobei es gleichgültig ist, ob die betreffende Arbeit nur einmal, öfter oder routinemäßig anfällt. Beispiele für Checklisten finden sich in diesem Buch u. a. an den folgenden Stellen:

Bewerbung und Karriere, S. 36 ff.
Die ökologische Verantwortung der Sekretärin, S. 251
Reiseplanung, S. 304 ff.

Wie entsteht nun eine Checkliste? Zunächst einmal notiert man ungeordnet alles, was einem – allein oder zusammen mit anderen – zu dem betreffenden Projekt einfällt. Dabei sollte man sich nicht dem Druck aussetzen, mit aller Gewalt beim ersten Mal alle irgendwie relevanten Punkte finden zu müssen. Was einem zunächst nicht einfällt oder was sich erst im Laufe der Zeit zusätzlich ergibt, kann schließlich immer in der Liste ergänzt werden. Deshalb sollte man stets Kärtchen (A 7) oder Zettel zur Hand haben, um sich ggf. Einfälle notieren zu können. Dabei gilt: Es gibt nichts Unwichtiges, jede Einzelheit zählt. Es geht ja gerade um die Details, und am vermeintlich Nebensächlichen entscheidet sich später oft der Erfolg einer Sache.

Als Beispiel diene die Vorbereitung eines Seminars: Das Stichwort ›Tageslichtprojektor‹ ist notiert, und nach und nach ergibt sich, was ergänzt werden muss:

– Leinwand oder weiße Wand
– Ersatzbirne

- Folienrolle
- Einzelfolien
- Folienstifte permanent
- Folienstifte wasserlöslich
- Lappen
- (Laser)pointer
- Verlängerungskabel
- Steckdosenleiste

So kommt ein beträchtlicher Stapel von Karten und Notizen oder, wenn man die Dinge in einer ungeordneten Folge aufgeschrieben hat, eine recht lange Liste zusammen. Diese bildet den Grundstock für das weitere Vorgehen. Nun werden nämlich die Punkte nach ihrer Zusammengehörigkeit und möglichst auch chronologisch, d. h. danach, in welcher Reihenfolge die Dinge erledigt werden sollen, zu einer Checkliste geordnet. Eine solche kann als Kopiervorlage immer wieder benutzt werden. Man sollte sie also gut aufbewahren.

Bei routinemäßigen Aufgaben, die man selbst erledigt, reicht es oft, nach der Spalte mit den Einzelposten mehrere Spalten zum Abhaken einzurichten, über die man das jeweils aktuelle Datum schreibt.

	05–24	05–25	05–26	05–27
Datensicherung vorgenommen	☐	☐	☐	☐
PC ausgeschaltet	☐	☐	☐	☐
Drucker ausgeschaltet	☐	☐	☐	☐
Disketten im Tresor verwahrt	☐	☐	☐	☐

Bei umfangreicheren Projekten, an denen mehrere Personen beteiligt sind, empfiehlt es sich indessen, die Checkliste so aufzubauen, dass man daraus für den jeweiligen Einzelfall eine Tätigkeits- bzw. Arbeitsliste entwickeln kann. Dabei steht hinter jedem Posten, wer dafür zuständig und verantwortlich ist und bis wann die Arbeit erledigt sein muss. In der letzten Spalte sollte dann vermerkt werden können, ob und wann die Erledigung der betreffenden Aufgabe kontrolliert worden ist.

Was?	Wer?	Bis wann?	Kontrolle am?
Raumreservierung	Hausmeister	07–09	07–09
Hinweisschilder	Frau Weber	08–28	08–25

Zwei Punkte sind schließlich noch zu erwähnen: 1. Checklisten leben: Sie müssen immer wieder ergänzt und aktualisiert werden, denn es gehen nicht nur sorgfältige Vorüberlegungen in sie ein, sie sind gleichsam auch Vorratskammern von Erfahrungen – von guten wie von schlechten. Was sich bewährt hat, wird beibehalten; was gefehlt hat, muss hinzugefügt werden; was sich als überflüssig erwiesen hat, kann gestrichen werden. – 2. Keiner hat alleine so viele Ideen wie alle zusammen. Deshalb sollten sich, vor allem wenn die Aufgaben oder Projekte umfangreicher sind, möglichst mehrere Mitarbeiter an der Erstellung der Checklisten beteiligen. Oft ist es günstig, dass jeder erst einmal seine eigene entwirft. Die verschiedenen Vorlagen kann man dann abgleichen, ergänzen und optimieren. So entwickelt sich nach und nach aus der Checkliste ein hervorragendes Organisationsinstrument. Am besten speichert man die komplette Checkliste im PC und druckt sich für die jeweilige Aufgabe die entsprechende Vorlage aus.

Wie man Prioritäten setzt

Verbesserung der Arbeitstechnik ist die konsequente Anwendung des ›ökonomischen Prinzips‹. Das bedeutet konkret, den Zeitaufwand für ein bestimmtes angestrebtes Arbeitsergebnis (Arbeitsziel) möglichst gering zu halten oder in einer bestimmten vorgegebenen Zeit ein möglichst hohes und/oder gutes Arbeitsergebnis zu erreichen. Es sind also immer der geplante Zeitaufwand und das angestrebte Arbeitsergebnis gegeneinander abzuwägen. Dabei steht beides zur Disposition. Die Fragen, die in diesem Zusammenhang zu stellen sind, lauten:

- Welche Zeit wird für die Erreichung eines Arbeitszieles voraussichtlich benötigt?
- Rechtfertigt dieses Arbeitsziel den erforderlichen Zeitaufwand?
- Soll das Arbeitsziel fallen gelassen oder verändert werden?
- Wie lässt sich der Zeitaufwand für das festgelegte Arbeitsziel minimieren?

Die folgende Übersicht zeigt die grundsätzliche Vorgehensweise zur Verbesserung der eigenen Arbeitstechnik. Der Weg zur Arbeitsentlastung und Leistungssteigerung führt dabei über die Analyse der Aufgaben und Tätigkeiten zu drei möglichen Abhilfemaßnahmen, dem Eliminieren, Delegieren, Rationalisieren.

Neben der Wichtigkeit einer Aufgabe spielt auch noch deren Dringlichkeit eine Rolle, d. h., das Ausmaß der Notwendigkeit, sie sofort zu erledigen. Diese beiden Eigenschaften lassen sich wie folgt zueinander in Beziehung setzen:

	Wichtig	Weniger wichtig
Dringlich	1	2
Weniger dringlich	3	4

Höchste Priorität erhalten danach die wichtigen und dringlichen Aufgaben (Feld 1). Ihnen muss sofort ausreichend Zeit gewidmet werden. Die dringlichen, aber weniger wichtigen Aufgaben (Feld 2) müssen auch sofort erledigt

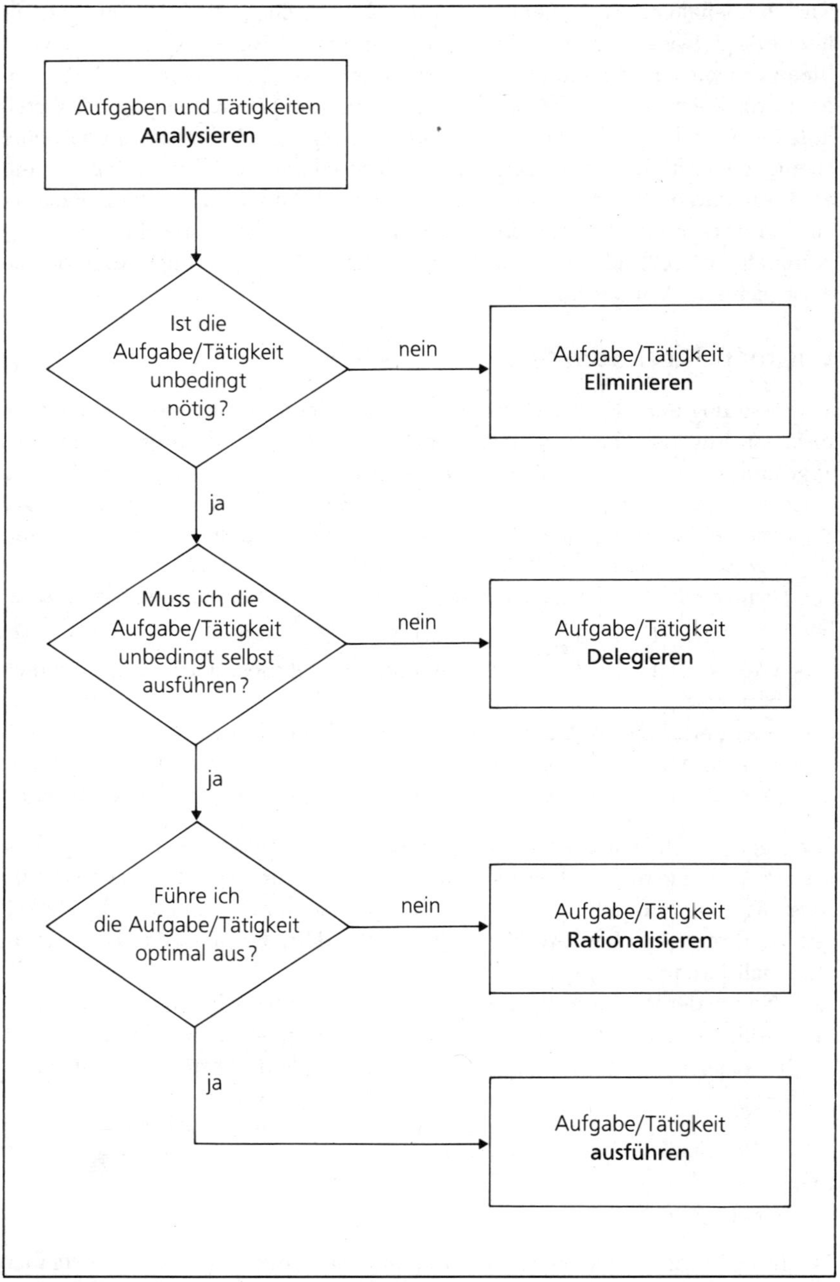

Quelle: Steinherr, Ludwig: Selbstentlastung durch effektive Planungs-, Organisations- und Arbeitstechnik. Kissing 1979, S. 21.

werden. Oft lässt sich aber der Zeitaufwand dafür stark reduzieren. Es handelt sich vielfach um Routinetätigkeiten wie das Unterschreiben der Ausgangspost. Für die wichtigen, aber weniger dringlichen Aufgaben (Feld 3) muss für einen späteren Termin ausreichend Zeit eingeplant werden. Unter diese Art von Aufgaben fallen häufig planerische und dispositive Tätigkeiten, die, obwohl sie wichtig sind, oft unter dem Druck des Alltagsgeschäfts vernachlässigt werden. Für ihre Erledigung sollten Zeiten vorgesehen werden, in denen erfahrungsgemäß der Arbeits- und Zeitdruck nicht so stark ist. Unter den weniger wichtigen und weniger dringlichen Aufgaben (Feld 4) findet man in der Regel viele, die man eliminieren (Papierkorb!) könnte. Man muss es nur tun.

Das Setzen von Prioritäten ist das A und O jeder Arbeitsorganisation. In dieser Hinsicht kann und soll die Sekretärin nicht nur ihre eigene Arbeitsweise verbessern, sondern sie kann auch und gerade hier ihren Chef wirksam unterstützen. Ausgangspunkt ist in jedem Fall die Analyse der jeweils anstehenden Aufgaben und Tätigkeiten. In der Regel ist die Sekretärin in dieser Hinsicht ihrem Chef zeitlich ein Stück voraus, weil sie viele Informationen über bevorstehende Aufgaben als Erste erhält: Sie öffnet und sichtet die Eingangspost, sie nimmt Telefongespräche entgegen, sie trifft Terminvereinbarungen usw. Andererseits kennt sie aus unmittelbarer täglicher Erfahrung die Kriterien, nach denen ihr Vorgesetzter Prioritäten setzt, seine Arbeitsweise und Eigenheiten, ja seine Stärken und Schwächen ebenso wie die derjenigen Personen, mit denen er regelmäßig in Verbindung tritt. Vor diesem Hintergrund kann sie beispielsweise seine Termine so legen und miteinander abstimmen, dass er normalerweise nicht unter Zeitdruck gerät, weil sie deren Bedeutung und voraussichtliche Dauer realistisch einschätzen kann. Wenn der Chef sich selbst bei der Termingestaltung manchmal etwas ›übernimmt‹, kann sie ihn taktvoll auf Probleme hinweisen, die sich etwa daraus ergeben können, dass Termine sich versehentlich überschneiden, zu rasch aufeinander folgen oder dass der Gesprächspartner bzw. das Thema schwierig sind. Je umsichtiger sie sich auf diesem Feld bewegt, umso eher und lieber wird ihr der Chef die Termingestaltung als weitgehend selbstständige Aufgabe übertragen.

Aber auch bei der Behandlung der Eingangspost kann sie ihren Chef wirksam unterstützen. Erfahrene Chefs erwarten von einer qualifizierten Sekretärin, dass sie die Eingangspost sortiert, d. h. nach Prioritäten geordnet, vorlegt. Dabei bietet es sich an, die Vorgänge nach den oben erwähnten Kriterien

- wichtig und dringlich
- wichtig, aber weniger dringlich
- dringlich, aber weniger wichtig
- weniger wichtig und weniger dringlich

zu unterscheiden. Je nachdem wie eingespielt die Zusammenarbeit und wie ausgeprägt das Vertrauen ist, kann auf die Vorlage wirklich unwichtiger Papiere von vornherein verzichtet werden.

Wie man Entscheidungen systematisch trifft

Jeder Mensch muss täglich irgendwelche Entscheidungen treffen. Die meisten werden mehr oder minder automatisch getroffen. Umso schwieriger wird die Entscheidungsfindung, wenn ein Fehler gravierendere Folgen nach sich ziehen könnte. Manche Menschen sind zwar in der glücklichen Lage, sich auf ihre Intuition verlassen zu können. Der sicherere Weg ist aber die planvolle Entscheidung nach klaren Kriterien.

Die Sekretärin trifft nicht nur täglich Entscheidungen in ihrem Arbeitsbereich und z. B. bei der Termingestaltung für ihren Chef, sie wirkt auch an Entscheidungen ihres Vorgesetzten mit, indem sie sie mehr oder weniger gut vorbereiten hilft. Die unaufgeforderte Vorlage früherer oder vergleichbarer Vorgänge zusammen mit einem zu entscheidenden Fall kann die Entscheidungsfindung erheblich erleichtern. Entscheidungen sind immer dann erforderlich, wenn ein Problem vorliegt. Ein Problem kann als eine Soll-Ist-Abweichung aufgefasst werden. Ein Beispiel: Der Posteingang *soll* nach Prioritäten geordnet sein, er *ist* aber unsortiert nach dem Zufallsprinzip zusammengewürfelt.

Logisch erfolgt jede Entscheidung nach folgenden Teilschritten:
- Beschreibung und Definition des Problems
- Ermittlung der Ursachen des Problems
- Festlegung der möglichen Maßnahmen zur Problembeseitigung (Lösungsalternativen)
- Überpüfung der möglichen Maßnahmen auf ihre Auswirkungen
- Fällen der Entscheidung

Die geeignete Maßnahme ist diejenige, die
- die vorliegende Soll-Ist-Abweichung möglichst vollständig und termingerecht beseitigt
- möglichst keine negativen, aber die größtmöglichen positiven Nebenwirkungen hat
- mit der größten Wahrscheinlichkeit zum Erfolg führt

Ein geeignetes Mittel dazu, anstehende Entscheidungen weitgehend transparent zu machen, ist eine sogenannte ›Entscheidungsmatrix‹. Dabei handelt es sich um eine tabellarische Übersicht, in der alle für eine Entscheidung wichtigen Informationen zusammengefasst sind. Darin werden beispielsweise in der ersten Spalte die Anforderungen an den ›Soll-Zustand‹ möglichst genau beschrieben und in den folgenden Spalten die verschiedenen Entscheidungsalternativen im Hinblick auf die einzelnen Anforderungen bewertet. Wenn man dann noch die einzelnen Anforderungen etwa nach den Merkmalen ›unverzichtbar‹, ›wünschenswert‹ und ›weniger wichtig‹ gliedert, bietet eine solche Matrix eine gute Basis für sachgerechte Entscheidungen. Die Entscheidungsmatrix für die Beschaffung eines Diktiergerätes könnte wie folgt aussehen:

Anforderung	Gewichtung	Modell A	Modell B	Modell C
Aufnahmekapazität mind. 30 Minuten	a	ja	ja	nein
gute Tonqualität	a	ja	ja	ja
schneller Vor- und Rücklauf	a	ja	nein	ja
regelbare Lautstärke	a	ja	ja	ja
Ein-Hand-Bedienung	b	ja	ja	ja
Netzanschluss	b	nein	ja	nein
handliche Größe	b	ja	nein	ja
Indexmarkierung/Bandpositionierung	c	ja	nein	nein
Preis	c	hoch	mittel	hoch

a: unverzichtbar b: wünschenswert c: weniger wichtig

Faktor Zeit: Terminplanung und -überwachung

Bei der Bewältigung der alltäglichen Arbeit ist der Faktor Zeit eine entscheidende Größe. Zeit hat, subjektiv gesehen, die unangenehme Eigenschaft, immer knapp zu sein. Deshalb steht ein effektives Zeitmanagement vielerorts im Zentrum aller Bemühungen um ein systematisches Arbeiten. Die Hauptschwierigkeit besteht im Alltag darin, dass nicht eine Arbeit beendet ist, bevor man die nächste beginnt, sondern dass stets mehrere Aufgaben, Projekte und Tätigkeiten nebeneinander herlaufen und man sich dennoch immer nur einer Sache intensiv widmen kann. Ständig überschneiden sich kurz-, mittel- und längerfristige Terminierungen. Für die Sekretärin kommt hinzu, dass sie dabei nicht nur ihren eigenen Arbeitsbereich, sondern auch den ihres Vorgesetzten im Auge behalten muss. Gleichwohl wollen alle Aufgaben termingerecht und effizient, d. h. bestmöglich bei geringstmöglichem Aufwand, erledigt sein. Dabei gerät sie leicht in die unbehagliche Lage, nur noch reagieren, nicht aber den gesamten Arbeitsablauf aktiv und kreativ lenken zu können, weil die Übersicht über die vielfältigen Tätigkeiten nicht mehr im erforderlichen Maße gegeben ist. Und darunter leidet nicht zuletzt auch die Motivation.

Auf diese Problemlage hin wurden Zeitplansysteme konzipiert, die ein vorzügliches Arbeitsmittel für Sekretärinnen, insbesondere wenn sie auch Assistenzfunktionen ausüben, darstellen. Neben einem Kalender bieten sie Hilfen zur Terminierung, Terminüberwachung, Projekt- und Aufgabenplanung sowie zur Protokollierung und Erfolgskontrolle. Sie sind auf ein ziel- bzw. ergebnisorientiertes Arbeiten angelegt. Mit ihrer Hilfe soll es den Benutzern erleichtert werden, ihre Zeit zu strukturieren, Zettelwirtschaft aufgrund einer ordnenden Systematik abzubauen und Übersicht über die vielfältigsten Aktivitäten zu behalten. Damit entlasten sie nicht nur das Gedächtnis, sondern machen auch Zeitbedarf, Prioritätensetzungen und Zusammenhänge zwischen den Aufgabengebieten transparent. Zugleich können sie ein Tagebuch oder

Arbeitsjournal ersetzen, und sie lassen sich auch als Instrument zur persönlichen Weiterbildung nutzen. Denn mit einigem Abstand zu den Dingen lassen sich anhand der Aufzeichnungen längerfristige Entwicklungen einschätzen sowie Erfolge und Misserfolge auf ihre Ursachen hin untersuchen.

Einen entscheidenden Nachteil haben solche Zeitplansysteme allerdings: Sie sind Instrumente *persönlicher* Zeit- und Arbeitsplanung und darum nur bedingt zur Terminplanung für das Team Sekretärin/Chef geeignet. Hierfür leistet der herkömmliche Terminkalender nach wie vor bessere Dienste. Seine übersichtliche und nützliche Gestaltung lässt sich mithilfe farblicher Markierungen erreichen. So kann man z. B. ständig wiederkehrende Termine rot, interne blau, externe schwarz und Privattermine grün eintragen (vgl. die Abbildung unten). Freilich kann man den Farben auch andere Kategorien zuordnen. Entscheidend ist, dass nur eine begrenzte Zahl von Farben benutzt, das System konsequent eingehalten und allen, die mit der Terminverwaltung zu tun haben, bekannt gemacht wird. Diese Vorgehensweise hat den Vorteil, dass auch eine Vertretung mit einem Blick erfassen kann, um welche Art von Termin es sich handelt, und entsprechend disponieren kann (z. B. bei der Berücksichtigung von Anfahrtzeiten bei externen Terminen).

Ferner sollte ein Terminkalender die Möglichkeit bieten, in einem gesonderten Bereich (im Beispiel in der oberen Hälfte) die Aufgaben zu notieren, die in unmittelbarem Zusammenhang mit den Terminen stehen. Dafür sollte dieselbe Farbe genommen werden wie für den dazugehörigen Termin. Auf

Farben erhöhen den Durchblick: der klassische Terminkalender

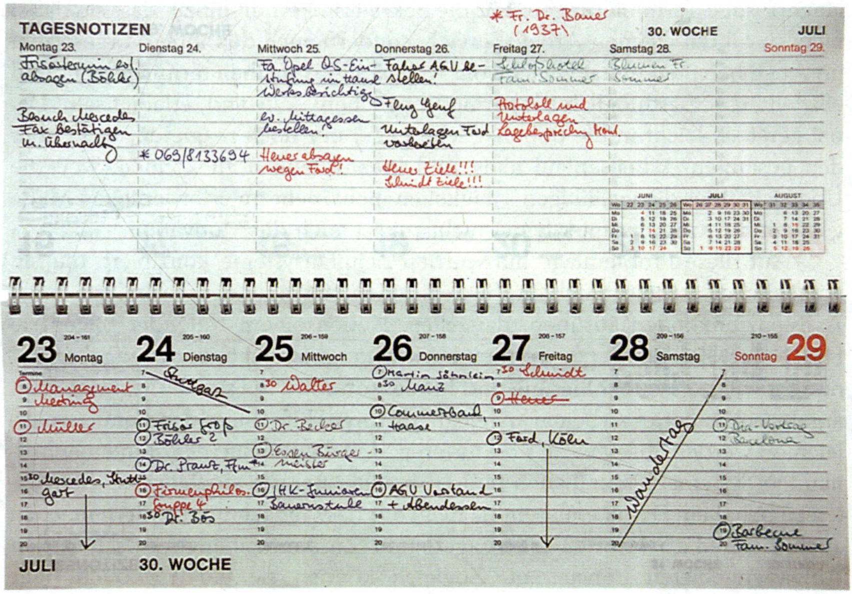

diese Weise lassen sich die entsprechenden Tätigkeiten der Sekretärin ebenfalls terminieren, sodass ein für das Team koordinierter Kalender entsteht, der als Grundlage für das tägliche Arbeiten benutzt werden kann. Was erledigt ist, sollte, um auch in dieser Beziehung die Übersicht zu behalten, abgehakt oder durchgestrichen werden.

Diese Form der Terminplanung ist ebenso einfach wie anpassungs- bzw. ausbaufähig und kann unter Umständen wie ein individuell gestaltetes Zeitplansystem für die Zusammenarbeit zwischen Führungskraft und Sekretärin funktionieren. Wesentlich ist jedoch auch im Bereich der Terminverwaltung vor allem eine funktionierende Absprache zwischen den Beteiligten. Denn nur ein ausreichender Informationsstand ermöglicht es der Sekretärin, die Übersicht über die anstehenden Aufgaben zu behalten und über die zur Verfügung stehende Zeit souverän zu disponieren. Vielfach wird heute das Terminmanagement über den PC gesteuert. Damit werden alle Termine transparenter und es kann keine Doppelbelegung geben.

Information und Kommunikation

Die beste Arbeitstechnik ist nutzlos, und Entscheidungen werden zum Glücksspiel, wenn die Kommunikationswege verstopft sind und Informationen nicht im notwendigen Umfang verteilt werden oder verfügbar sind. Informationen aber braucht man aus sachlichen, aus sozialen und aus emotionalen Gründen:

- Der Mitarbeiter braucht Informationen, um seine Aufgaben erfüllen zu können
- Man möchte informiert sein, um sich sicherer zu fühlen, weil man nicht plötzlich durch Neues überrascht werden kann
- Informationen sind nötig, um persönliche Beziehungen mit anderen aufzunehmen und aufrechtzuerhalten
- Informationen sucht man aus dem Wunsch nach Neuem, nach Abwechslung, nach Anregung (Neugierde ist ein elementarer Wesenszug des Menschen und keine schlechte Charaktereigenschaft)
- Informiert zu sein bedeutet eine Bestätigung der eigenen Person (Wer informiert ist, ist wichtig)

Den Austausch von Informationen im weitesten Sinne bezeichnet man als Kommunikation. Sie eröffnet erst die Möglichkeit, einen allgemeinen sozialen Bezugsrahmen herzustellen und Regeln für das Miteinander zu setzen. Kommunikation ist notwendig im allgemeinen menschlichen Bereich, weil der Mensch

- im Kontakt mit anderen Menschen lebt und arbeitet
- auf andere Menschen angewiesen ist

- nur im Kommunizieren mündig wird, erfährt, wer er ist, wie er ist und wie er von anderen gesehen wird
- im Umgang mit anderen Menschen Sicherheit bekommt, emotionale und sachliche Konflikte bereinigen kann
- Anerkennung der Person und Leistung erfährt

im beruflichen Bereich, weil der Mensch dadurch

- seine Aufgaben besser lösen
- rationaler handeln
- sachgemäßer entscheiden kann

Die im Betrieb geregelten Informationswege

- von oben nach unten (Dienstweg)
- von unten nach oben (Feedback)
- auf gleicher Ebene (Querinformation)

nennt man ›formelle‹ Kommunikation. Insbesondere bei unzureichender formeller Kommunikation entsteht ›informelle‹. Sie kann die formelle ergänzen, darf sie aber nicht ersetzen. Reichert sie die formelle Kommunikation an, kann die informelle Nutzen bringen, sie kann als Plauderform wertneutral sein, sie kann aber auch als Gerücht oder Behauptung außerordentlich störend, ja schädlich sein.

Von gezielter, sachlich richtiger und korrekt formulierter Information hängt es weitgehend ab, ob ein Betrieb ›funktioniert‹. Die Sekretärin nimmt eine ganz wesentliche Position im Kommunikationsfeld ein. Daher ist es für sie unumgänglich, tagtäglich vielfältige Informationen aufzunehmen, zu beurteilen und zu bearbeiten. Da Zweck, Anlass, Zielrichtung und Inhalt nicht immer eindeutig sind, muss sie den Gehalt der Informationen analysieren und ihren Hintergrund bewerten. Dazu dient ein gezieltes Hinterfragen:

Analyse des Informationsgehaltes
- Ist die Information klar?
- Ist die Information präzise?
- Ist die Information vollständig?
- Ist die Information glaubwürdig?
- Enthält die Information Widersprüche?
- Ist die Information aktuell?
- Ist die Information wichtig?
- Ist die Information eilig?
- Muss die Information aufbereitet, bearbeitet, vervollständigt werden?
- Ist die Information empfängerorientiert verwertbar?

Bewertung des Informationshintergrundes
- Ist mir der Inhalt der Information klar?
- Weiß ich, was die Information bezweckt?
- Kann das Informationsziel erreicht werden?
- Muss die Information ergänzt, geändert, bearbeitet werden?
- Ist es möglich und nötig, die Informationswirkung zu verstärken oder abzuschwächen?
- Steht der Adressat der Information fest?
- Versteht der Empfänger die Information?
- Wie soll die Information weitergegeben werden?
- Wer soll die Information weitergeben?
- Wann soll die Information weitergegeben werden?

Ergebnisorientiertes Führen und Ausführen

Wer einen Arbeitsauftrag erteilt, sollte sich vorher die Frage nach dem *Wie* stellen. Der Erfolg kann davon abhängen. Zehn Fragen können helfen, einen Auftrag so zu formulieren, dass ›Erfolgsbremsen‹ schon im Vorfeld aus dem Weg geräumt werden:

- Was konkret ist zu tun?
- Wer soll es übernehmen?
- Besitzt der Beauftragte die Fähigkeit, den Auftrag auszuführen?
- Warum muss der Auftrag erledigt werden?
- Wie soll er erledigt werden?
- Wie viel ist zu tun?
- Wann ist er zu bearbeiten?
- Bis wann muss er fertig sein?
- Wo ist er auszuführen?
- Für wen muss er erledigt werden?

Der Beauftragte wiederum sollte überlegen, wie er seinerseits vorgehen wird, und nach folgendem Schema entscheiden:

- Habe ich den Auftrag klar verstanden?
- Sind Rückfragen zu stellen?
- Habe ich alle Informationen gesammelt und bewertet?
- Muss ich Lösungsalternativen aufstellen oder berücksichtigen?
- Ist Unbekanntes abzuschätzen?
- Welche optimale Lösung ergibt sich in der gegebenen Situation?
- Welche Auswirkungen sind denkbar?
- Wie will ich vorgehen?
- Entspricht das Ergebnis dem Auftrag?
- Wen muss ich informieren?

Der konkrete Arbeitsauftrag wird auch in Zukunft aus dem Arbeitsleben nicht wegzudenken sein. Gleichwohl hat sich – obschon teilweise nur erst in der Theorie – die Erkenntnis durchgesetzt, dass eine größere Selbstständigkeit der Mitarbeiter in einem eigenen Verantwortungsbereich allen Beteiligten Vorteile bringt. Das Führen mit Zielen (›management by objectives‹) gehört heute wesentlich zu den Methoden moderner Mitarbeiterführung. Zum einen sollte auch eine Sekretärin im Rahmen von Zielvereinbarungen, die sie mit ihrem Vorgesetzten trifft, selbstständig arbeiten. Zum anderen sollte sie ihren Chef bei der zielorientierten Führung der anderen Mitarbeiter unterstützen: Sie muss Zielvereinbarungsgespräche terminieren, muss schriftliche Zielvereinbarungen mit anderen Mitarbeitern vormerken und wieder vorlegen, muss ihren Chef an Termine erinnern usw. Konkret ist für einen solchen kooperativen Führungsstil kennzeichnend:

- Der Mitarbeiter ist am Führungsprozess beteiligt
- Der Mitarbeiter ist Unternehmer im eigenen Bereich
- Der Mitarbeiter wird zur Selbstkontrolle erzogen
- Entscheidungen trifft nicht nur die Führungskraft, sie delegiert diese an kompetente Mitarbeiter, behält sich aber ein Mitspracherecht vor
- Die Führungskraft verhält sich partnerschaftlich und überträgt dem Mitarbeiter Verantwortung

Dieser Führungsstil, bei dem vor allem Kreativität, Innovationsfreude und Begeisterungsfähigkeit gefragt sind, bietet einerseits die größten Entfaltungsmöglichkeiten, stellt jedoch andererseits höchste Anforderungen an die Sekretärin. Er verlangt neben Flexibilität auch ein weitaus höheres Maß an Einsatzbereitschaft, Engagement und Verantwortungsbewusstsein als z. B. der patriarchalische Führungsstil, bei dem jede Tätigkeit fremdbestimmt ist. Auch die Sekretärin hat einen eigenen Delegationsbereich, und zwar das Führen ihres Sekretariats.

Es ist deshalb unabdingbar, dass eine gute Sekretärin für verschiedene Sekretariatsaufgaben spezielle Arbeitstechniken, die sie erfolgreich und nutzbringend bei ihrer täglichen Arbeit einsetzen kann, entwickelt bzw. weiter ausbaut. Ein gutes Beispiel dafür ist das selbstständige Führen der Korrespondenz. Es gibt viele Gelegenheiten, bei denen ein Brief auch ohne Anweisung schon formuliert und der Führungskraft vorgelegt werden kann, z. B. Geburtstage, Jubiläen und ähnliche Anlässe. Ebenfalls kann die Sekretärin bei ihr vertrauten Vorgängen Antwortschreiben selbstständig entwerfen. Dabei empfiehlt es sich, das Schreiben mit der Überschrift ›Entwurf‹ zu versehen. Ein aufgeschlossener, moderner Chef wird es nicht übel nehmen, wenn ihm Arbeit abgenommen wird, und durch den Vermerk ›Entwurf‹ bleibt es ihm unbenommen, noch Korrekturen oder Änderungen anzubringen. Ein solcher Arbeitsstil steht für eine gut funktionierende, partnerschaftliche Chef-Sekretärin-Beziehung. Ein Vorgesetzter wird zudem dankbar sein, wenn ihm die gedankliche Arbeit wenigstens zum Teil abgenommen wird, d. h., wenn er nicht an die Beantwortung jeglicher Korrespondenz selbst denken muss. Die Sekretärin ist übrigens dabei auch mehr gefordert, als wenn sie lediglich nach Diktat schreibt. Neben orthographischen Kenntnissen werden ihr Know-how in Stil und im Formulieren abverlangt. Außerdem muss sie in der Lage sein, sich gedanklich und in der Ausdrucksweise in die Führungskraft und in den Empfänger des Schreibens hineinzuversetzen (vgl. S. 111 f.). Deshalb gilt es, das reichhaltige Angebot an Seminaren zu diesem Thema zu nutzen, und zwar nicht nur für diejenigen, denen das Formulieren etwas schwerer fällt, sondern auch für die Sekretärinnen, denen eine zeitgemäße Ausdrucksweise mühelos von der Feder geht, denn ›wer aufhört, besser werden zu wollen, hat aufgehört, gut zu sein‹.

Das Führen mit Zielen zeitigt überdies nur dann die gewünschten Erfolge, wenn der Mitarbeiter sich mit den Zielen auch identifiziert. Daher ist es falsch, Ziele mehr oder weniger kommentarlos vorzugeben. Richtig ist es dagegen, sie mit dem Mitarbeiter zu vereinbaren. Dabei geht es nicht darum, es mehr oder weniger in dessen Belieben zu stellen, was er tun oder lassen will. Vielmehr soll er die Möglichkeit haben, im Rahmen vorgegebener unternehmenspolitischer Richtlinien seinen Beitrag zum Unternehmenserfolg mitzubestimmen. Jeder Mensch setzt sich nun einmal für Ziele, die er selbst (mit)bestimmt, intensiver ein als für solche, die ihm ›vorgesetzt‹ worden sind.

Die folgenden Hinweise können hilfreich sein, wenn das Führen mit Zielen erfolgreich umgesetzt werden soll:

- Der Mitarbeiter muss die übergeordneten unternehmenspolitischen Ziele und die daraus abgeleiteten Ziele der eigenen organisatorischen Einheit kennen. Sie sollten mit ihm erörtert worden sein. (Aufgabe der Sekretärin ist es dabei, ihrem Chef die entsprechenden Unterlagen zur Gesprächsvorbereitung vorzulegen.)
- Auf dieser Basis sollte er Vorschläge für seine persönlichen Arbeitsziele machen können. (Aufgabe der Sekretärin ist es dabei, den Mitarbeiter über diese Möglichkeit zu informieren.)
- Der Vorgesetzte muss eigene Vorstellungen über die mit dem Mitarbeiter zu vereinbarenden Ziele haben und mögliche Meinungsunterschiede einkalkulieren. (Aufgabe der Assistentin ist es dabei, dem Chef Checklisten zur Gesprächsvorbereitung vorzulegen oder einen entsprechenden Hinweis zu geben.)
- Weichen die Vorstellungen des Vorgesetzten von denen des Mitarbeiters nach oben ab, muss der Vorgesetzte dem Mitarbeiter Wege aufzeigen, wie das höhere Ziel dennoch zu erreichen ist.
- Ausgangspunkt für eine neue Zielvereinbarung sollte immer eine Erörterung der bisherigen Ziele und ihrer Verwirklichung im abgelaufenen Zeitraum sein. Dabei ist vor allem der Gesichtspunkt wichtig, was man künftig besser machen kann.

- Es sollte immer nur eine begrenzte Zahl von Zielen (5 bis 10) im Sinne einer Schwerpunktsetzung vereinbart werden.
- Ziele sollten eindeutig und konkret formuliert sowie kontrollierbar sein. (Aufgabe der Sekretärin ist es dabei, Rückfragen bei Unklarheiten zur Wiedervorlage vorzusehen.)
- Alle Ziele müssen schriftlich vereinbart werden. (Aufgabe der Sekretärin ist es dabei, evtl. entsprechende Formblätter vorzulegen bzw. die Vereinbarung abzuschreiben.)

Diese Hinweise geben eine Reihe von Anhaltspunkten, bei denen die Sekretärin ihren Chef in seiner Aufgabe ›Führen mit Zielen‹ wirksam unterstützen kann.

Sekretärinnenzirkel

Eine Sekretärin braucht, vor allem wenn sie ihre Arbeitsfelder selbstständig und eigenverantwortlich gestaltet, den Gedanken- und Informationsaustausch und sucht nach Problemlösungen, die in einer Gruppe oft leichter zu finden sind. Als ein gutes Instrument zur Vernetzung von Mitarbeiterinnen und Mitarbeitern, die in einem Unternehmen vergleichbare Tätigkeiten und Funktionen ausfüllen, haben sich ›quality circles‹ (zu deutsch: Qualitätszirkel) erwiesen und durchgesetzt. Zu diesen ›quality circles‹ gehören auch die Sekretärinnenzirkel. Sekretärinnenzirkel sind sowohl für die Sekretärin selbst als auch für das Unternehmen insgesamt von Nutzen. Im organisatorischen Bereich lassen sich Verbesserungen für den Betrieb praxisnah erarbeiten, psychologisch werden der Teamgeist und das Wirgefühl gestärkt, und Schulungen in diesem Rahmen bieten den Vorteil, dass man nicht nur in der Gruppe lernt, sondern dass diese Gruppe auch nach der Schulung zusammenbleibt und so viel eher praktische Konsequenzen aus dem Gelernten ziehen kann.

Welche Themen lassen sich in einem Sekretärinnenzirkel erörtern? Viele Fragen werden sich jeweils aus der betrieblichen Praxis ergeben, aus Problemen vor Ort und den speziellen Bedürfnissen der Teilnehmerinnen. Da eine vollständige Auflistung denkbarer Themen unmöglich ist, sollen wenigstens ein paar Anregungen hier aufgezählt werden.

Themen aus dem organisatorischen Bereich:
- Wie lässt sich das innerbetriebliche Informationswesen verbessern?
- Wo muss kostenbewusster gearbeitet werden?
- Welche Formulare kann man sinnvoller und benutzerfreundlicher gestalten?
- Wie erreicht man einen stärker kundenorientierten Briefstil?
- Welche Checklisten können erstellt oder ergänzt werden?
- Welche Telefonierregeln sollten alle Mitarbeiter beachten?

- Was kann man im Büro für den Umweltschutz tun (Ökologie im Büro)?
- Welche Sicherheitsvorschriften sind im Büro erstrebenswert und anwendbar?
- Was lässt sich für die Einarbeitung neuer Mitarbeiter tun?
- Wie können die Auszubildenden besser integriert werden?

Hier lässt sich viel besprechen, was den Arbeitsalltag erleichtert, Arbeitsabläufe beschleunigt und Arbeitsergebnisse verbessert.

Themen aus dem psychologischen Bereich:
- Wie verhält man sich in Konfliktsituationen?
- Wie kann man sich selbst motivieren?
- Wie geht man mit schwierigen Mitarbeitern, Vorgesetzten, Kunden um?
- Wie lassen sich Spannungen untereinander (z. B. zwischen den Generationen) vermeiden oder abbauen?

Hier lässt sich einiges dafür tun, dass zwischenmenschliche Reibungsflächen und damit Reibungsverluste in der Zusammenarbeit oder Motivationshemmnisse gar nicht erst auftreten. Liegen jedoch akute Spannungen oder Konflikte vor, ist Vorsicht geboten. Dann nämlich muss man sich auf das Feingefühl, den Takt und ein hohes Maß an Vertraulichkeit bei allen Teilnehmerinnen verlassen können. Bei schwierigen personenbezogenen Themen empfiehlt es sich, eine psychologisch geschulte Vertrauensperson hinzuzuziehen.

Themen für Schulungen:
- rhetorische Übungen (freies Reden vor einer Gruppe, Gesprächsführung, Wortschatzerweiterung usw.)
- Kreativitätstechniken und ihre Anwendung bei der täglichen Arbeit
- Informationen über Produkte und Entwicklungen des Unternehmens
- allgemeines Hintergrundwissen (Personalwirtschaft, Wirtschaftskunde, Branchenkenntnisse, Marketing usw.)

Hier lässt sich viel für die Weiterbildung tun, ob sie nun die Persönlichkeit der Sekretärin, ihre Arbeit oder ihr Allgemeinwissen betrifft. Hausinterne Kräfte vom Personalchef bis zum Produktmanager, vom Computerfachmann bis zum Betriebsrat werden die Gelegenheit gerne nutzen, den Sekretärinnen ihr Fachgebiet vorzustellen und ggf. mit ihnen gemeinsame Arbeitsbereiche zu optimieren.

Wie könnte man vorgehen um einen Sekretärinnenzirkel ins Leben zu rufen? Zunächst sollte man sich einen Kreis Gleichgesinnter suchen und weitere Kolleginnen dazu einladen. Eine solche Einladung sollte positiv und konstruktiv formuliert sein, damit die anderen Geschmack an der Teilnahme finden, zugleich aber betonen, dass die Teilnahme freiwillig ist. Der Aufhänger für ein erstes Treffen könnte beispielsweise der Bericht über ein Seminar sein, an den sich die Frage anschließt, welche Anregungen in die Praxis umgesetzt werden könnten.

Die Organisation des Sekretärinnenzirkels und die Gesprächsleitung übernimmt zunächst am besten eine gewandte, ›gestandene‹ Sekretärin. Diese Funktionen können später wechseln. Wichtig ist, dass die Diskussion straff geführt wird und der Zirkel weder zur ›Gerüchteküche‹ noch zum ›Kaffeeklatsch‹ wird.

Themen für künftige Treffen könnte man dann dadurch ermitteln, dass man die Teilnehmerinnen bittet, ihre Wünsche und Vorschläge auf Kärtchen zu schreiben. So wird eine gewisse Anonymität gewahrt, und niemand muss sich mit seinen Wünschen ›dumm‹ vorkommen. Die Kärtchen heftet man sodann an eine Pinnwand oder einen Flipchart und erstellt daraus die Tagesordnung für die nächste Zusammenkunft. Die Treffen selbst sollten, damit sich der Zirkel etablieren kann und eine kontinuierliche Arbeit möglich ist, regelmäßig – am besten einmal im Monat – stattfinden.

Da der Zirkel in der betrieblichen Organisation verankert sein soll, muss man den Plan auch mit den zuständigen Stellen des Unternehmens besprechen. Dazu sollte man sich freilich einen Vorgesetzten suchen, der dem Gedanken positiv gegenübersteht, und nicht vergessen auch den Betriebsrat zu informieren. Man muss damit rechnen, dass sich die Geschäftsleitung zunächst nicht für dieses Anliegen erwärmen kann. In diesem Fall empfiehlt es sich die ersten Treffen in der Freizeit zu veranstalten. Chefs, die anfänglich Bedenken gegen derartige Zirkel haben, lassen sich meist durch Erfolge überzeugen und werden Erfolge anerkennen – manchmal durch ermunternde Worte, manchmal auch nur dadurch, dass sie die Treffen dulden.

Freilich ist der Erfolg eines Sekretärinnenzirkels nicht vorprogrammiert. Doch liegen die Gründe für Misserfolge weniger in der Institution an sich als bei den Teilnehmerinnen, denen die Ausdauer fehlt, die dem gemeinsamen Anliegen gegenüber gleichgültig werden oder sich von anderen Pflichten getrieben fühlen. Wenn jedoch die Verantwortung gleichmäßig verteilt wird, wenn also alle Teilnehmerinnen in die Vorbereitung und Durchführung, vor allem auch in die thematische Arbeit eingebunden sind, dann gibt es selten Schwierigkeiten. In einigen Betrieben existieren sogar mehrere Sekretärinnenzirkel, die in der beschriebenen Weise arbeiten. Solche Arbeitskreise, Workshops oder Meetings, wie Sekretärinnenzirkel auch genannt werden, ergänzen das systematische Arbeiten der einzelnen Sekretärin, indem sie den Erfahrungsaustausch fördern, die Kooperation und Kommunikation innerhalb des Betriebs verbessern und jeder Sekretärin die Möglichkeit eröffnen, ihre Art, mit System zu arbeiten, praxisnah und kontinuierlich im Erfahrungsaustausch zu verbessern.

Arbeitsfeld Schrift und Sprache

Die Bedeutung der schriftlichen Kommunikation

Schreibe nur, wie du reden würdest,
so wirst du einen guten Brief schreiben.

Diesen Rat soll der 17-jährige Goethe seiner Schwester gegeben haben. Gemeint hat er damit augenscheinlich, dass sich ein guter Brief durch einen natürlichen, ungekünstelten Schreibstil auszeichnet. Das gilt auch heute noch. Den Anforderungen der modernen Geschäftskorrespondenz wird dieser Ratschlag allerdings nicht mehr ganz gerecht. Im beruflichen Umfeld ist die Sache ein wenig schwieriger. Das ist schon ein Mengenproblem. Ob sich Goethe hätte vorstellen können, in welchem Umfang im ausgehenden 20. Jahrhundert Briefe, private und geschäftliche, in aller Welt verschickt werden? 55 Millionen Briefe befördert allein die Deutsche Post AG täglich! Zu dieser imponierenden Zahl tragen Sekretärinnen Wesentliches bei: Sie schreiben, adressieren und kuvertieren Tag für Tag Millionen von Mitteilungen, die eine unverzichtbare Komponente unseres Wirtschaftslebens sind. Viele Sekretärinnen formulieren auch selbst oder redigieren fremde Texte und beeinflussen damit in nicht zu unterschätzender Weise die Wirkung, die diese Mitteilungen auf die Empfänger haben.

Wenn man davon ausgeht, dass im Durchschnitt 25–30% der Arbeitszeit einer Sekretärin mit Schreiben ausgefüllt sind, kann man sich vorstellen, in welchem Maße sie in die schriftliche Präsentation eines Unternehmens einbezogen ist. Nur ungeschulte Kräfte oder flüchtige Beobachter glauben, dass sich ihre Leistung im fehlerfreien Schreiben erschöpft. Alle anderen wissen, wie viel Sekretärinnen dazu beitragen können, dass Briefe auch inhaltlich und sprachlich die Anforderungen erfüllen, die heute an die moderne Geschäftskorrespondenz gestellt werden. Alle Schriftstücke, die in einem Unternehmen angefertigt werden, haben den Zweck, geschäftliche oder persönliche Beziehungen zu knüpfen oder zu erhalten und damit zum Erfolg des Unternehmens beizutragen. Überzeugender Inhalt, guter Stil, fehlerfreie Niederschrift und normgerechter Aufbau sind die Voraussetzungen hierfür.

Es bedarf keiner Begründung, dass für den Inhalt der geschäftlichen Korrespondenz in erster Linie der zuständige Sachbearbeiter oder Vorgesetzte verantwortlich ist. Sekretärinnen können aber viel zu deren Entlastung und häufig auch viel zur Verbesserung der Firmenkultur beitragen, die sich auch in Stil und Form der geschäftlichen Korrespondenz ausdrückt. Denn Sekretärinnen haben oft ein ausgeprägtes Gefühl für Sprache. Ihre Erfahrung fördert das Vermögen, sich bei der Konzipierung eines Briefes auf die Erwartungen des Empfängers einzustellen. Und sie sind natürlich die ›Expertinnen‹ für normgerechtes Schreiben, für Orthographie und Interpunktion. Sekretärinnen, die die mangelnde Delegationsbereitschaft ihres Chefs und eingeschränkte Selbstständigkeit beklagen, können hier ein Feld entdecken, das ihnen bei entsprechender Befähigung sicher gern überlassen wird und auf dem sie ihre Qualifikation beweisen können. Dies gilt verstärkt für Schreiben zu besonderen Anlässen mit persönlichem oder gesellschaftlichem Inhalt wie Gratulationen, Einladungen, Danksagungen, Kondolenzbriefe. Auch diktatsichere und fachlich versierte Chefs bekennen nicht selten, dass ihnen derartige Texte nicht liegen und sie gern den Vorschlägen ihrer Sekretärin folgen.

Für die moderne Geschäftskorrespondenz gilt heute der Satz: *Jeder Brief, der unser Haus verlässt, muss ein Werbebrief sein* (Erfolgsdevise eines großen amerikanischen Versandhauses). Was kann eine Sekretärin dazu beitragen, dass an ihrem Arbeitsplatz nur vorbildliche Schriftstücke, nur für das Unternehmen ›werbende‹ Briefe entstehen? Sie braucht

- die Kenntnis der Firmenzusammenhänge und -ziele
- einen sehr guten Einblick in das Aufgabengebiet ihres Vorgesetzten
- ein Gespür für das Anliegen des Korrespondenzpartners
- die Befähigung in modernem, gutem Stil zu schreiben
- die sichere Beherrschung von Orthographie und Interpunktion
- die Beherrschung der Regeln für das Maschinenschreiben (DIN 5008)
- einen möglichst guten Handapparat mit den wichtigsten Wörterbüchern und Nachschlagewerken
- die Anschriften und Telefonnummern der verschiedenen Sprachberatungsstellen

Art und Form der geschäftlichen Korrespondenz

Zur geschäftlichen Korrespondenz zählen folgende Textsorten:

Geschäftsbrief:

- Anfragen, Angebote, Aufträge, Bestätigungen, Vorschläge, Beschwerden, Mahnungen, Klärungen, Besuchsankündigungen, Absagen etc.
- Personalschriftwechsel
- Aktennotizen
- Telefonnotizen
- Besuchsberichte

Schreiben zu besonderen Anlässen:

- Gratulationen (Geburtstag, Jubiläum, Hochzeit, Geburt eines Kindes, Beförderung, Verleihung einer Auszeichnung, Examen/Promotion u. a.)
- Gruß- und Glückwunschadressen (Genesung, Firmengründung, Einweihung eines neuen Werkes, Wahl in ein politisches Amt etc.)
- Einladungen
- Danksagungen
- Kondolenzen

Viele Mitteilungen, die unter den ›Geschäftsbrief‹ fallen, sind standardisiert und werden als Formular verschickt, z. B. Angebote, Auftragsbestätigungen, Mahnungen. Für textliche Mitarbeit bleibt hier wenig Spielraum. Die Verantwortlichkeit der Sekretärin bezieht sich in diesen Fällen auf die Sorgfalt beim Ausfüllen des Formulars und auf das Überprüfen von Fakten.

Obwohl sich die Flut der Tagespost meist nur noch durch Bausteintexte bewältigen lässt, hat das Arbeiten mit textlichen Versatzstücken (Textbausteinen) auch seine Nachteile. Briefe, die nach dem Baukastenprinzip zusammengesetzt oder vollständig vorgefertigt sind, werden leicht als solche erkannt und von manchem Empfänger als unpersönliche Abfertigung empfunden. Deshalb sollten schematisierte Mitteilungen so angelegt und ausgefeilt sein, dass möglichst viele der potenziellen Adressaten sich von einer solchen Mitteilung persönlich angesprochen fühlen können. Andererseits wirkt – auch das sollte man bedenken – ein Text, der allzu sehr auf die persönliche Ansprache abgestellt ist und dennoch relativ leicht als Standardtext erkannt werden kann, ebenfalls deplatziert, denn das Persönliche wird dann allzu leicht als reine Masche entlarvt.

Unzulängliche Mustertexte aus dem Computer pflegen den Leser zu verärgern oder zu erheitern und bedeuten in beiden Fällen eine Imageeinbuße, denn auffällige Briefe werden gerne – missbilligend oder anerkennend – herumgereicht. Darum sollte man auch den Aufwand nicht scheuen, Mustertexte und Textbausteine regelmäßig auf Verbesserungsmöglichkeiten hin durchzusehen. Zudem verleiht eine kurze, speziell auf den jeweiligen Adressaten des Briefs gemünzte Bemerkung auch einem standardisierten Text eine persönliche Note.

Der *Schriftwechsel im Personalbereich* unterliegt ebenfalls zum großen Teil Begrenzungen, die sich durch die rechtlichen oder tariflichen Bestimmungen ergeben, z. B. bei Einstellungsverträgen, Abmahnungen und Kündigungsschreiben. Dennoch gibt es im schriftlichen Umgang mit den Angestellten oder auch mit künftigen Mitarbeitern viele Möglichkeiten, Schreiben zu formulieren, die über die Fakten hinaus die Firmenkultur erkennen lassen und eine positive Beziehung zwischen (potenziellen) Mitarbeitern und Unternehmen festigen. Das gilt für den freundlichen Zwischenbescheid auf eine Bewerbung ebenso wie für die aufmunternde Einladung zum Vorstellungsgespräch oder für ein den rechtlichen Vorschriften entsprechendes, aber wohlwollend und klischeefrei formuliertes Zeugnis.

Aktennotizen, Telefonnotizen und *Besuchsberichte* sind dem Protokoll verwandt. Bei ihrer Formulierung steht die knappe, aber umfassende Schilderung eines Sachverhalts im Vordergrund. Die Angaben müssen vollständig sein und dürfen keinen Spielraum für unterschiedliche Interpretationen lassen. In den meisten Fällen kann die Sekretärin mit den ›6 W-Fragen‹ die Vollständigkeit der zu übermittelnden Informationen überprüfen, indem sie z. B. folgendermaßen fragt:

Wer:	Wer hat angerufen? Wer hat das Gespräch geführt?
Wann:	Wann fand der Anruf, das Gespräch oder der Besuch statt?
Wo:	In welchem Werk, in welcher Stadt ereignete es/er sich?
Mit wem:	Wer hat (noch) teilgenommen? Wer wurde einbezogen oder informiert?
Weshalb:	Weshalb fand das Gespräch statt (Anlass des Anrufs etc.)?
Wofür:	Was soll geschehen? Was wurde eventuell schon veranlasst?

Die *Schreiben zu besonderen Anlässen,* auch *Höflichkeitsschreiben* genannt, bieten Sekretärinnen mit Sprachgefühl vielfältige Möglichkeiten, das auszudrücken, was der Absender übermitteln möchte und was den Empfänger erfreuen soll. Wer sich dabei etwas unsicher ist, kann sich auch in zahlreichen Briefstellern mit Musterbriefen Anregungen holen[1]. Vor dem bloßen Abschreiben allerdings sei gewarnt. Eine Beziehung zum konkreten Fall und zur tatsächlich angesprochenen Person muss immer selbst hergestellt und ausformuliert werden.

Schreiben als Teamarbeit

Beim Verfassen geschäftlicher Schriftstücke stützen sich Sekretärinnen gewöhnlich auf

- handschriftliche Vorlagen
- Briefentwürfe, die mit PC-Unterstützung erzeugt worden sind
- Diktate
  in das Stenogramm
  in die Maschine
  in das Diktiergerät
- Stichworte

oder sie verfassen Schriftstücke selbstständig und in eigener Verantwortung im Rahmen vorgegebener Richtlinien.

Wenn eine Sekretärin nach vollständiger Vorlage oder wörtlichem Diktat schreiben muss, besteht dafür normalerweise eine sachliche Notwendigkeit. Ihr Wunsch und die Fähigkeit eigenständig zu formulieren haben da ihre Grenzen, wo die Korrespondenz so viel Fachwissen voraussetzt, dass nur der für den Sachverhalt Zuständige die Verantwortung für den Inhalt übernehmen kann. Allerdings verzichten viele Vorgesetzte auch ohne einleuchtenden Grund darauf, sich durch die aktive Mitarbeit ihrer Sekretärin entlasten zu lassen, obwohl der Inhalt und der Anlass eines Schreibens und die Sachkenntnis der Sekretärin dies erlauben würden. Hier sind die Sekretärinnen selbst aufgefordert, ihre Bereitschaft zu größerer Selbstständigkeit bei der Erledigung der Geschäftskorrespondenz deutlich zu machen.

[1] So z. B. in Duden – Briefe gut und richtig schreiben. Ratgeber für richtiges und modernes Schreiben. Bearbeitet von der Dudenredaktion. 2. Auflage. Mannheim usw. 1997.

Sachlich richtige, stilistisch gute und formal einwandfreie Schriftstücke entstehen am ehesten in sich ergänzender Zusammenarbeit zwischen Chef und Sekretärin. Die Sekretärin stellt mit Recht Anforderungen an das Diktat, während der Vorgesetzte von ihr Mitdenken und Sorgfalt erwarten kann. Problematisch kann diese Zusammenarbeit werden, wenn die Sekretärin im Hinblick auf Inhalt, Sprache oder Stil Bedenken gegen den Brief hat, den sie schreiben soll. Sie braucht dann sehr viel fachliche Sicherheit und persönliches Selbstbewusstsein, um ihre Einwände erfolgreich vorbringen zu können. Ein typischer Fall ist der Vorschlag der Sekretärin, ihrer Ansicht nach zu scharfe oder unsachliche Formulierungen, die im Ärger diktiert wurden, abzuschwächen oder zu ersetzen. Es ist ein Beweis für ein gutes Arbeitsklima und die gegenseitige Wertschätzung, wenn Gespräche über solche Auffassungsunterschiede möglich sind.

Wenn die Sekretärin im Recht ist (nicht nur zu sein glaubt; da muss sie ganz sicher sein!), müsste es ihr möglich sein, ihren Chef von ihrem Standpunkt zu überzeugen. Ihm sollte deutlich werden, dass sie mit ihrer konstruktiv-kritischen Einstellung ihm und dem Unternehmen nützen will. Die Sekretärin wiederum sollte sich vor Augen halten, dass der Vorgesetzte den Brief verantwortet und unterschreibt und deshalb letztlich entscheiden muss, in welcher Form er das Haus verlässt. Sie kann auch nicht erwarten, dass er seinen persönlichen Stil, der stark von seiner Ausbildung oder beruflichen Tätigkeit beeinflusst sein kann, ohne weiteres ihrem Sprachgefühl anpasst.

Bei Briefen, die die Sekretärin nach Stichworten selbstständig formuliert, kann sie dagegen ihren eigenen Stil umsetzen. Auch dabei ist sie allerdings gehalten, ggf. einem firmenintern festgelegten Sprach- oder Schreibgebrauch zu folgen. Solche ›Firmensprachen‹ haben durchaus ihre Berechtigung. Es leuchtet schon ein, dass eine Privatbank ihre Kunden in einem anderen Stil anzuschreiben pflegt als eine Werbeagentur.

Sekretärinnen mit sprachlicher und fachlicher Kompetenz werden grammatikalische oder stilistische Korrekturen an diktierten Schreiben ohne Rückfrage vornehmen. Sachliche Veränderungen sollten jedoch nur in Abstimmung mit dem Verfasser erfolgen. Ist die Sekretärin einerseits gefordert, einen einwandfreien Schriftwechsel mit zu garantieren, so lädt sie sich andererseits eine große Verantwortung auf, wenn sie eigenmächtig vorgegebene Texte ändert. Die Abstimmung mit einem viel beschäftigten Chef über notwendige Änderungen stößt oft auf zeitliche oder psychologische Hemmnisse. Diese lassen sich z. B. auf folgende Weise überwinden:

- Bei Korrekturen in kleinerem Umfang wird an das fertige Schreiben bei den betreffenden Stellen ein Haftzettelchen mit einem Hinweis angebracht. Stimmt der Verfasser den angeführten Korrekturen zu, entfernt er nur diese Hinweise und unterschreibt den Brief
- Bei einer stark veränderten Fassung werden zwei Briefe – der diktierte

und der modifizierte – mit einem entsprechenden Hinweis in die Unterschriftsmappe gelegt. Der Vorgesetzte kann so vergleichen und entscheiden, welche Version als endgültige Fassung abgeschickt oder ob eine Kombination aus beiden hergestellt werden soll

Ein Blick in das Duden-Rechtschreibwörterbuch (Duden – Die deutsche Rechtschreibung. 21. Auflage. Mannheim usw. 1996), die Schreib- und Gestaltungsregeln für die Textverarbeitung (DIN 5008) oder auch die Auskunft einer Sprachberatungsstelle können sehr nützlich sein, wenn es gilt herauszufinden, wer im Zweifel Recht hat: Chef oder Sekretärin!

Die Formen des Schreibauftrags

Schreiben nach Vorlage: Von allen möglichen Formen des Schreibauftrags ist das Schreiben nach handschriftlicher Vorlage die bei weitem zeit- und kostenaufwendigste. Techniker und Juristen z. B. halten dennoch häufig an diesem Verfahren fest und begründen ihre Vorliebe dafür damit, dass sie während des Schreibvorgangs mit der Hand komplizierte Sachverhalte besser geistig entwickeln können als beim Diktat. Das wird man akzeptieren müssen. Der Sekretärin wäre zu wünschen, dass die Vorlage leserlich ist und insbesondere Ergänzungen und Verbesserungen eindeutig erkennbar sind. Sie sollte sich im gegebenen Falle nicht scheuen, auch einmal vorsichtig darauf hinzuweisen, wenn eine Handschrift immer wieder Schwierigkeiten beim Entziffern bereitet.

Weiterverarbeitung von mit PC geschriebenen Briefentwürfen: Die moderne Variante der Vorlage und für zahlreiche Chefs auch schon der Ersatz des mündlichen Diktats ist der von ihnen selbst am Bildschirm geschriebene Briefentwurf. Dieses Verfahren vereinigt mehrere Vorteile: die zeitliche Unabhängigkeit des Verfassers von der Anwesenheit der Schreibkraft, die generelle Lesbarkeit der Schrift und die Reduzierung der eigentlichen Schreibarbeit aufseiten der Sekretärin. Bedenkt man, dass viele Manager den PC auf ihrem Schreibtisch täglich benutzen, die nachrückende Generation mit Hard- und Software schon aufgewachsen ist, so liegt der Einsatz des Geräts bei der Erledigung der Korrespondenz u. Ä. im Dialog mit der Sekretärin nahe. Der Vorgesetzte kann seinen Text im ›Rohzustand‹ in den Computer eingeben und es der mit seiner Diktion vertrauten Sekretärin überlassen, ihn sprachlich, stilistisch und hinsichtlich des Lay-outs zu redigieren.

Diktat ins Stenogramm: Das Diktat ins Stenogramm hat auch heute noch seine Anhänger, obwohl es, wirtschaftlich gesehen, nicht empfehlenswert ist: Chef und Sekretärin sind zeitgleich gebunden; Unterbrechungen durch Telefonate und Besucher verursachen zusätzlichen Zeitverlust und lenken ab; die Sekretärin hat mit dem Wiederlesen des Stenogramms und seiner Übertragung eine doppelte Leistung zu erbringen. Aber das Stenodiktat bietet auch Vorteile: Viele Diktierende geben zu, dass sie durch die ›Gegenwart eines lebenden Wesens‹ inspiriert werden. Die mit den Vorgängen vertraute Sekretärin kann schon während des Diktats mitdenken, Fragen stellen oder z. B. auf Irrtümer hinweisen. Ergänzungen oder Veränderungen des Diktats sind im Stenogramm sehr viel einfacher einzufügen als etwa beim Banddiktat. Die Sekretärin sollte aber für ihre Anmerkungen immer eine Denkpause oder den Schluss des Diktats abwarten, um den Diktanten nicht von seiner vielleicht gerade aufgebauten Gedankenkette abzubringen!

Um Diktate flüssig und sicher aufnehmen zu können, muss die Sekretärin (mindestens) 150 Silben pro Minute (Anforderung bei der Sekretärinnenprüfung) stenografieren können. Andere Diktierformen drängen zwar die Kurzschrift zurück, aber wer sie beherrscht, wird auf ihre Vorteile nicht verzichten wollen. Stenografieren ist an jedem Ort, zu jeder Zeit und ohne Gerät möglich. Die Kurzschrift ist nützlich auch als Notizschrift am Telefon, bei Vorträgen oder für eigene Entwürfe. Mit Sicherheit haben Sekretärinnen, die die Kurzschrift beherrschen, im beruflichen Wettbewerb einen Vorsprung. Erfahrene Sekretärinnen beschreiben ihren Stenogrammblock immer nur halbseitig und lassen die zweite Spalte für Ergänzungen und Korrekturen frei. Termine oder vorrangig zu erledigende Punkte markieren sie mit Farbstift. Natürlich wird das Datum des Diktats vermerkt. Nicht nur im Interesse der zügigen Bearbeitung, sondern auch zur eigenen Sicherheit wird das Diktat so bald wie möglich mit der Maschine in die Reinschrift übertragen, solange nämlich etwaige Lücken oder Unklarheiten noch aus dem Gedächtnis ergänzt werden können.

Diktat in die Maschine: Die ›Maschine‹ kann eine Schreibmaschine sein (sie ist ja noch nicht ganz ausgemustert) oder ein Bildschirmgerät. Das Direktdiktat erfordert hohe Konzentration vom Diktierenden und von der Schreiberin. Wird der Text sofort auf das Papier niedergeschrieben, bedeutet jeder Versprecher oder eine Betonung, die ein Satzzeichen an der falschen Stelle zur Folge hat, eine lästige Korrektur oder ein Neuschreiben des Briefes. In Sekretariaten werden in der Regel nur PCs zum Schreiben eingesetzt. Hierbei können Diktat- oder Schreibfehler leicht im Arbeitsspeicher korrigiert werden. Das bedeutet entspanntes Diktieren und Schreiben. Zudem können natürlich Aufbau und Form des Textes nachträglich beliebig oft geändert werden, ehe der Ausdruck erfolgt.

Eine Sekretärin sollte sich darüber im Klaren sein, dass jeder Anschlagfehler durch seine Korrektur grundsätzlich einen Zeitverlust bedeutet, der sich im Laufe eines Arbeitstages nicht unwesentlich summieren kann. Deshalb ist nach wie vor auch für die Arbeit am PC die gründliche Erlernung des Tastenfeldes unerlässlich und eine sichere Mindestgeschwindigkeit von 280 Anschlägen in der Minute (Anforderung bei der Sekretärinnenprüfung) zu empfehlen.

Das Phonodiktat: Es heißt, dass in deutschen Büroschränken Tausende von Diktiergeräten schlummern. Sie wurden aus der rationalen Erwägung ihrer Wirtschaftlichkeit angeschafft, haben sich aber gegen den emotionalen Widerstand und die Gewohnheiten der Diktanten nicht durchsetzen können. Die handlichen Taschendiktiergeräte jedoch gehören für viele Manager zu den selbstverständlichen Reiseutensilien. Sie diktieren unterwegs und schicken die Minikassetten mit der Post ins Büro; bei ihrer Rückkehr finden sie die fertigen Schriftstücke schon unterschriftsreif auf ihrem Schreibtisch.

Das Phonodiktat macht Chef und Sekretärin zeitlich und räumlich voneinander unabhängig. Die Sekretärin gewinnt Zeit, weil sie während des Diktats andere Aufgaben erledigen kann. Ihr wird die Zusatzbelastung der Stenogrammübertragung abgenommen, denn sie kann sofort das gesprochene Wort in Reinschrift übertragen. Die Wirtschaftlichkeit dieses Diktierverfahrens hängt in besonderem Maße davon ab, wie gut und diszipliniert diktiert wird. Schlechte Diktiergewohnheiten sind sicher eine der Ursachen dafür, dass in so vielen Büros auf diese rationelle Arbeitsweise verzichtet wird. Individuelle und wechselnde Anweisungen, allzu häufiges Unterbrechen, undeutliches oder zu schnelles Sprechen und starke Nebengeräusche, z. B. aus dem Auto oder Flugzeug, führen dazu, dass die Schreiberin viel Zeit für wiederholtes Abhören benötigt, wegen Unklarheiten das Schriftstück nicht fertig stellen kann und die Tätigkeit als anstrengend empfindet. Es ist viel zu wenig bekannt, dass es auch für das Phonodiktat eine DIN-Norm gibt (DIN 5009 – Regeln für das Phonodiktat). Die strikte Anwendung dieser Norm sichert das Verstehen zwischen jedem Diktierenden und jeder Schreiberin, unabhängig davon, ob das Team eingespielt ist oder nicht. Bei problematischen Schreibungen (z. B. von Eigennamen) ist es gelegentlich notwendig Wörter zu buchstabieren. Dem Diktierenden und dem Schreibenden hilft dabei das Buchstabieralphabet. Man unterscheidet zwischen einem deutschen Buchstabieralphabet:

A	Anton	G	Gustav	O	Otto	T	Theodor
Ä	Ärger	H	Heinrich	Ö	Ökonom	U	Ulrich
B	Berta	I	Ida	P	Paula	Ü	Übermut
C	Cäsar	J	Julius	Q	Quelle	V	Viktor
Ch	Charlotte	K	Kaufmann	R	Richard	W	Wilhelm
D	Dora	L	Ludwig	S	Samuel	X	Xanthippe
E	Emil	M	Martha	ß	Eszet	Y	Ypsilon
F	Friedrich	N	Nordpol	Sch	Schule	Z	Zacharias

und einem internationalen Buchstabieralphabet:

A	Amsterdam	H	Havanna	O	Oslo	V	Valencia
B	Baltimore	I	Italia	P	Paris	W	Washington
C	Casablanca	J	Jerusalem	Q	Quebec	X	Xanthippe
D	Dänemark	K	Kilogramm	R	Roma	Y	Yokohama
E	Edison	L	Liverpool	S	Santiago	Z	Zürich
F	Florida	M	Madagaskar	T	Tripolis		
G	Gallipoli	N	New York	U	Uppsala		

Ein Kostenvergleich lässt die Wirtschaftlichkeit der einzelnen Diktierverfahren erkennen. So hat der Bundesrechnungshof bei einer großen Behörde folgende Zeiten, bezogen auf die Fertigstellung einer A4-Seite, ermittelt:

Nach handschriftlicher Vorlage
  für die Schreibkraft 18 Minuten
  für den Auftraggeber 25 Minuten
mit Stenogramm
  für die Schreibkraft 27 Minuten
  für den Diktierenden 11 Minuten
mit Diktiergerät
  für die Schreibkraft 14 Minuten
  für den Diktierenden 7 Minuten

Direkt in Beträgen drückt es das amerikanische ›Dartnell Institute of Business Research‹ aus, das 1990 die durchschnittlichen Kosten eines Geschäftsbriefes mit $ 10,26 ermittelte, die sich bei Verwendung eines Diktiergeräts auf $ 7,97 verringerten.

Schreiben nach vorgegebenen Stichworten: Wenn Chef und Sekretärin schon längere Zeit zusammenarbeiten und aufeinander eingestellt sind, wird er ihr häufig nur Stichworte als Grundlage für einen zu schreibenden Brief geben. Im Idealfall findet täglich eine Postbesprechung statt, bei der gemeinsam die eingegangene Post und andere Vorgänge besprochen werden. Dabei wird sortiert, was Chefsache ist, was an andere Stellen des Hauses zu leiten ist und was die Sekretärin selbstständig erledigen kann. Da die Post vorher schon über den Schreibtisch der Sekretärin gegangen ist, wird sie eventuell dazugehörige Vorgänge, z. B. aus der Wiedervorlage, angeheftet haben. Scheint ihr die fällige Antwort klar zu sein, so kann sie sie bereits entwerfen und in die Postbesprechung mitnehmen. Ein typisches Beispiel dafür wäre die Absage auf eine Einladung an den Vorgesetzten, die er wegen eines wichtigen anderen Termins nicht wahrnehmen kann. Die Terminüberschneidung wird die umsichtige Mitarbeiterin zuvor im Terminkalender festgestellt haben.

Wenn die Sekretärin den Auftrag erhält, einen Brief nach Stichworten zu schreiben, hat sie fast schon die Stufe einer Korrespondentin erklommen! Jetzt liegt – von den sachlichen Fakten abgesehen – aber auch schon beinahe die vollständige Verantwortung für einen fehlerfreien Brief bei ihr.

Wer eine Aufgabe, die eigentlich in die eigene Zuständigkeit gehört, so vertrauensvoll an seine Sekretärin weitergibt, muss sich darauf verlassen können, dass dieses Vertrauen durch besondere Zuverlässigkeit bestätigt wird. Ob die Anekdote stimmt, dass einmal ein Manager seine eigene Entlassung unterschrieben hat, die seine Sekretärin zum Spaß in die Unterschriftenmappe gelegt hatte, ist nicht verbürgt. Sie beweist aber, dass gute Chefs guter Sekretärinnen oft ›blind‹ unterschreiben, was ihnen vorgelegt wird. Und so blind sollten sie sich auch auf ihre Sekretärin verlassen können!

Selbstständiges Schreiben: Nun ist es geschafft! Es bedarf nur noch einer Rücksprache mit dem Vorgesetzten – das andere erledigt die Sekretärin, die hier gewiss schon Assistentinnenqualitäten hat, selbstständig. Sie unterstützt ihren Chef damit in spürbarer Weise. Für die Sekretärin selbst bedeutet das Erreichen dieses Status Bestätigung und Anerkennung. Und sie wird sehr schnell merken, dass der Anreiz, souverän und dennoch spielerisch mit der Sprache umzugehen, mit dieser Anerkennung noch stärker wird. Sprachgewandtheit, mündliche und schriftliche, kann zu einem Vergnügen werden. Ein regelrechtes Sprachbewusstsein stellt sich dann beinahe von selbst ein. Spätestens jetzt muss sich die Sekretärin fragen:

– Was zeichnet den vorbildlichen Geschäftsbrief aus?
– Wann erfüllt ein Höflichkeitsschreiben die in es gesetzten Erwartungen?
– Wo und wie kann ich meine mündliche und insbesondere schriftliche Sprachkompetenz erweitern?
– Wo finde ich Hilfe, wenn ich unsicher bin?

Der vorbildliche Geschäftsbrief

Die Kennzeichen eines vorbildlichen Geschäftsbriefes sind ein normgerechtes, dem Brieftyp angepasstes Lay-out, ein guter Schreibstil und eine fehlerfreie Niederschrift. Für die äußere Form von Geschäftsbriefen sind die ›Schreib- und Gestaltungsregeln für die Textverarbeitung‹ (DIN 5008, Beuth Verlag GmbH, Köln/Berlin) maßgebend (vgl. auch ›Hinweise für das Maschinenschreiben‹ in Duden – Die deutsche Rechtschreibung [Duden 1]. 21. Auflage. Mannheim usw. 1996, S. 75 ff.). Ihnen liegen Praxiserfahrung und Rationalisierungsbemühungen zugrunde. Die Norm bestimmt nicht, was zu schreiben ist, sondern wie ein Brief gestaltet werden soll. Im Text heißt es dazu: ›Diese Norm legt fest, wie durch einheitliches Anwenden von Schriftzeichen bei Schreibmaschinen und Textverarbeitungssystemen mit alphanumerischen Tastaturen für Schreibmaschinen und die Daten- und Textverarbeitung eine leichte und eindeutige Lesbarkeit der Schrift gesichert werden kann und wie durch entsprechende Gestaltungsvorschriften die Schriftstücke zweckmäßig und übersichtlich gestaltet werden können. Zeichen aus dem Sonderzeichenvorrat von Textverarbeitungsprogrammen können verwendet werden.‹ (Absatz I ›Anwendung und Zweck‹ der DIN 5008)[1].

Ein Geschäftsbrief zeichnet sich stilistisch und inhaltlich aus durch einen folgerichtigen Aufbau, einen übersichtlichen Satzbau, eine klare und moderne, positive und höfliche Sprache und die sparsame Verwendung von Fremd- und Fachwörtern wie auch von Abkürzungen. Natürlich sind auch alle Fakten vollständig und korrekt.

[1] In Österreich gilt die ÖNORM A1080 (Richtlinien für Maschinenschreiben) des Österreichischen Normeninstituts, Wien.

Wie man einen Geschäftsbrief formal aufbaut

Es wird grundsätzlich einzeilig geschrieben. Schriftstücke besonderer Art (Berichte, Konzepte, Druckvorlagen, Höflichkeitsschreiben u. Ä.) dürfen mit größerem Zeilenabstand geschrieben werden.

Die aktuelle Norm berücksichtigt die Schriftgestaltung der Textverarbeitungssoftware. So werden die Angaben für Zeilenanfang und -ende jetzt in Millimeter angegeben. Für den Geschäftsbrief empfiehlt sich heute die Schrift Times oder Arial in 11 pt oder 12 pt Größe, wobei die Schrift linksbündig oder als Blocksatz ausgerichtet werden kann. Bei allen Schriftarten beginnt der linke Rand 24,1 mm von der linken Blattkante entfernt (entspricht Pica 10er-Grad 10). Das Zeilenende sollte im fortlaufenden Text wenigstens 163,8 mm von der linken Blattkante (Grad 64 Pica) liegen. Das maximale Zeilenende wurde auf 201,9 mm von der linken Blattkante bzw. 8,1 mm von der rechten festgelegt (Grad 79 Pica 10er, Grad 94 Elite 12er).

Die *Nummerierung der Seiten* ist obligatorisch bei allen mehrseitigen Schriftstücken. Sie beginnt mit der zweiten Seite. Die erste Seite wird nicht nummeriert, zählt aber ebenso mit wie Anlagen, Anhänge u. Ä. Soweit die Folgeseiten eines Briefes nicht schon eine vorgedruckte Position für die Seitenzahl aufweisen, steht sie zwischen Mittestrichen in der 5. Zeile, beginnend bei 100,3 mm vom linken Blattrand bzw. auf Grad 40 (bei Pica; Beispiel: –2–). Zwischen Seitenzahl und Text steht immer eine Leerzeile. Bei Textverarbeitungssystemen ist es zulässig, die Seiten mit ›Seite . . . von . . .‹ zu kennzeichnen, beginnend bei Seite 1, und diese Kennzeichnung bevorzugt am rechten Rand enden zu lassen. Am unteren Seitenrand wird dann nicht auf die jeweils folgende Seite verwiesen!

Absätze gliedern einen Text nach inhaltlichen Kriterien. Sie fassen Zusammengehöriges auch optisch zusammen. Absätze erleichtern die Lesbarkeit eines Textes. Deshalb sollte auf sie nicht verzichtet werden. Zwischen den einzelnen Absätzen eines Textes steht grundsätzlich eine Leerzeile. Gelegentlich werden Absätze auch zusätzlich durch Einrückungen markiert.

Hervorhebungen im Text dienen ebenfalls der optischen Aufbereitung. Sie können entweder durch Unterstreichung, Fett- oder Kursivdruck oder Sperrung vorgenommen werden. Wird ein Wort gesperrt, dann stehen vor und hinter dem gesperrten Wort drei Zwischenräume (Dies ist ein   B e i s p i e l   für eine Sperrung). Folgt auf die Sperrung ein Satzzeichen, dann wird dieses wie ein Buchstabe behandelt (E i l t !). Wenn ein Textausschnitt durch Unterstreichung, Fett- oder Kursivdruck oder Sperrung besonders hervorgehoben wird, dann ist es nicht nötig, diese Hervorhebung noch zusätzlich durch einfache oder doppelte Anführungszeichen zu markieren.

Die deutsche *Anschrift* umfasst normalerweise 5 Zeilen. Sie gliedert sich wie folgt:

1. Anrede/Firma
2. Name des Adressaten

3. Straße oder Postfach
4. (Leerzeile)
5. Postleitzahl und Bestimmungsort

Bei der Schreibung der Postleitzahlen ist zu beachten, dass sie postamtlich nicht gegliedert werden; Postleitzahl und Bestimmungsort müssen immer in einer Zeile stehen (Beispiel: 68167 Mannheim). Es darf im deutschen Postverkehr kein ›D‹ davor gesetzt werden.

Muss die Art der Postsendung vermerkt werden, dann steht der Vermerk über der eigentlichen Anschrift. Daraus ergibt sich folgende Gliederung:

1. Einschreiben
2. Leerzeile
3. Name des Adressaten
4. Straße oder Postfach
5. Leerzeile
6. Postleitzahl und Bestimmungsort

Hinzugekommen ist der doppelte Schrägstrich bei Hausnummern, z. B.: Parkstraße 16//W 15 heißt: Wohnung Nr. 15 im Hause Nr. 16.

Auslandsanschriften müssen in lateinischer Schrift und in arabischen Ziffern geschrieben werden, Bestimmungsort und Bestimmungsland in Großbuchstaben. Der Bestimmungsort ist nach Möglichkeit in der Sprache des Bestimmungslandes anzugeben (FIRENZE statt FLORENZ). Bei Auslandsanschriften hat sich die Deutsche Post AG in ihren Schreibweisen dem Vorschlag der Norm ISO/DIS 11180 angepasst. Danach werden im Anschriftfeld keine Leerzeilen geschrieben.

Die Anschrift steht heute gewöhnlich im Akkusativ. Der Dativ gilt als unüblich, er kommt noch im diplomatischen Schriftverkehr vor und hat sich bei bestimmten Ehrentiteln erhalten *(Seiner Hochwürden Monsignore ...).* Bei Anschriften, die einer einzelnen Person oder einer Familie gelten, wird heute auf ›An, An den/die/das‹ verzichtet, in der Regel auch bei Anschriften in Schreiben an Firmen. Titel und Berufsbezeichnungen sind in Anschriften nur zu beugen, wenn sie *vor* dem Namen stehen. Bis auf *Dr.* und die üblichen Abkürzungen der Diplomgrade (*Dipl.-Ing., Dipl.-Kfm.* u. Ä.) sollte man Abkürzungen vermeiden:

Herrn Prokuristen Werner Müller	Herrn Werner Müller Prokurist
Frau Studienrätin Dr. Vera Scholz	Frau Abgeordnete Eva Meier-Schulze

Technischer Überwachungsverein Kfz-Prüfungsstelle	Finanzamt Mitte Kassenabteilung
Firma Werner Müller	Öffentliches Versorgungsamt Hessen

Richtet sich ein Schreiben an mehrere Personen, dann folgt die Anschrift den folgenden Mustern:

Herrn und Frau Hans und Eva Richter	Familie Hans [und Eva] Richter
Frau [Dr.] Eva Richter Herrn Hans Richter	Herrn Hans Richter und Frau
Herrn Karl Meier und Partnerin	Frau Inge Schulz und Partner
Herren Rechtsanwälte Dres. H. Meier und M. Schulze	Herrn Dr. H. Meier Herrn Dr. M. Schulze Rechtsanwälte

Wenn das Schreiben an eine Firma adressiert werden soll, dann muss wie folgt verfahren werden:

Firma Dr. Anna Meier	Vereinigte Steinwerke GmbH Berlin
Herrn Bankdirektor Dipl.-Kfm. Wolfgang Berger Regionalbank AG	Ortmann & Philipp KG Frau Dr. Erika Müller

Wenn aus dem Firmennamen bereits die juristische Person hervorgeht, entfällt das Wort ›Firma‹. Wenn der Personenname nach der Firmenadresse steht, darf das betreffende Schreiben auch von einem anderen als dem genannten Firmenangehörigen geöffnet werden. Durch die Voranstellung des Personennamens wird das verhindert.

Die *Datumsangabe* kann folgende Formen haben:

Berlin, 97 – 02 – 13
Berlin, 5. Sept. 1997
Berlin, im Juni 1997

Zwischen Orts- und Zeitangabe steht ein Komma; ein Schlusspunkt wird nicht gesetzt. Da wir bald das Jahr 2000 schreiben, sollte bei allen Daten heute schon die vierstellige Jahreszahl (1997) angegeben werden.
Zwischen *Bezugszeichenzeile* und Anschrift stehen zwei Leerzeilen. Das Bezugszeichen erleichtert die Beantwortung von Schreiben und ggf. auch ihre Ablage. Sind Leitwörter vorgedruckt, stehen die Bezugszeichen eine Zeile unter diesen Leitwörtern. Der linke Zeilenrand ist identisch.

Neu aufgenommen wurde der ›Informationsblock‹ und die ›Kommunikationszeile‹. Der Informationsblock steht in Höhe der ersten Zeile des Anschriftfeldes auf Grad 50, Elite 60 bzw. 125,7 mm:

Ihr Zeichen:
Ihre Nachricht vom:
Unser Zeichen:
Unsere Nachricht vom:

Name:
Telefon:
Telefax:
E-Mail:

Datum:

Zur Bezugszeichenzeile kann die Kommunikationszeile kommen. Sie steht rechts neben der letzten Zeile des Anschriftfeldes und beginnt auf Grad 50 bzw. 125,7 mm von der linken Blattkante. Hier können Telefax-, Telex-, T-Online-, E-Mail- oder Internet-Adresse angegeben werden.

Der *Betreff* folgt zwei Leerzeilen auf die Bezugszeichen und ist eine stichwortartige Inhaltsangabe, die in Geschäftsbriefen u. A. über der Anrede steht. Das Leitwort ›Betreff‹ wird weggelassen. Das erste Wort der Betreffzeile wird großgeschrieben, ihr Text steht im Nominativ (Beispiel: *Unser Werbetext Autolacke*). Bei dem früher üblichen ›Betrifft‹ stand es im Akkusativ (Beispiel: *Betrifft: Unseren Werbetext Autolacke*). Ein Schlusspunkt wird nach dem Betreff nicht gesetzt.

Behandlungsvermerke wie ›Eilt!‹ oder ›Vertraulich!‹ sind in der 1996er Norm gestrichen worden. Will man aber doch nicht darauf verzichten, so schreibt man sie entweder auf Grad 50 neben dem Anschriftenfeld oder am Ende der Betreffzeile:

Bitte um Klärung folgenden orthographischen Problems – Eilt!

Bei vertraulichen oder persönlichen Schreiben hat dies allerdings zur Folge, dass der Vermerk oft erst nach dem Öffnen des Briefumschlags zur Kenntnis genommen werden kann. Es ist deshalb nicht auszuschließen, dass Unbefugte den Inhalt eines solchen Schreibens lesen können. Aus diesem Grund sollte der Vermerk besser außen auf dem Umschlag (evtl. durch Aufkleber) angebracht werden.

Die *Anrede* steht linksbündig. Sie schließt mit einem Komma. Das erste Wort des eigentlichen Briefes muss kleingeschrieben werden, wenn es kein Substantiv oder Anredepronomen ist:

Sehr geehrte Damen und Herren,
hiermit bestätige ich ...

Liebe Frau Dr. Müller,
heute erhielt ich ...

Im Geschäftsleben werden Frauen nur mit ›geehrte Frau ...‹ angesprochen. Gebraucht man den Titel des Adressaten, so wird der Name meist weggelassen (Beispiel: *Sehr geehrter Herr Professor/Sehr geehrte Frau Staatssekretärin!*). Der Titel darf nicht abgekürzt werden, nur der Doktorgrad wird gewöhnlich abgekürzt vor den Familiennamen gesetzt (Beispiel: *Sehr geehrte Frau Dr. Schmidt*). Ein Adjektiv in der Anrede darf nicht auf mehrere Namen o. Ä. bezogen werden, wenn es grammatisch nur zu einem passt:

Nicht:	*Sondern:*
Sehr geehrte Frau und Herr Müller,	Sehr geehrte Frau Müller, sehr geehrter Herr Müller,
Liebe Erika und Peter,	Liebe Erika, lieber Peter,
Liebe Tante und Cousinen,	Liebe Tante, liebe Cousinen,
Liebe[r] Klaus und Peter,	Lieber Klaus, lieber Peter,
Meine lieben Inge und Hildegard,	Meine liebe Inge, meine liebe Hildegard,

Welche Möglichkeiten der Anrede gibt es?

Firmen o. Ä. mit ausschließlich weiblichem bzw. männlichem und mit gemischtem Personal:

Sehr geehrte Damen,
Sehr geehrte Herren,
Sehr geehrte Damen und Herren,

[Ehe]paar:

Sehr geehrte Frau Dr. Schulze,
sehr geehrter Herr Lehmann,

Einzelpersonen:

Sehr geehrte Frau Meier,
Sehr geehrter Herr Meier,
Sehr geehrte Frau Präsidentin,
Sehr geehrte Frau Dr. Schmidt,
Sehr verehrter Herr Professor,

Der *Briefschluss* wird vom vorausgehenden Textblock durch eine Leerzeile abgehoben.

Mit bester Empfehlung
Mit freundlichen Grüßen

Mit den besten Grüßen
Freundliche Grüße

Die Grußformel beginnt normalerweise mit einem großen Anfangsbuchstaben und steht ohne Punkt oder Ausrufezeichen. Wird sie jedoch in den Briefschluss einbezogen, gilt die reguläre Zeichensetzung und Groß- und Kleinschreibung:

Ich hoffe, meine Ausführungen helfen Ihnen weiter, und grüße Sie recht herzlich

Bilden Schlusssatz und Unterschrift[en] eine grammatische Einheit, ist auf die Kongruenz zwischen Subjekt und Prädikat zu achten:

Ein gutes neues Jahr *wünscht* Ihnen
Fritz Müller *mit* Frau und Tochter

Ein gutes neues Jahr *wünschen* Ihnen
Eva Müller *und* Familie

Bei Geschäftsbriefen kann der Briefschluss folgende Form haben (der Ranghöhere unterschreibt gewöhnlich links):

Mit verbindlichen Grüßen
PRINTA
Druckerei und Verlagshaus KG

i. A.
Schulze

Anlage

Mit freundlichen Grüßen
Karl Meier GmbH

ppa. i. V.
Walter Schneider

6 Anlagen

Oft ist unklar, wie auf denjenigen im Text Bezug genommen werden kann, der den Brief unterschreibt. Dazu ist Folgendes anzumerken: Das scheinbar passivische Wort ›Unterzeichneter‹ hat aktivischen Sinn, denn es gehört zu dem alten reflexiven Verb *sich unterzeichnen* ›unterschreiben‹ (vgl. *der Verliebte* zu *sich verlieben*). Somit ist *der Unterzeichnete* derjenige, der sich unterzeichnet hat.

Da ein Brief weder während des Schreibens noch während des Lesens unterzeichnet wird, kann man das 1. Partizip *der Unterzeichnende* nicht verwenden. Wohl aber kann man, um alle Schwierigkeiten zu vermeiden, das Substantiv ›der Unterzeichner‹ wählen. In Verbindung mit ›rechts‹ oder ›links‹ sind sowohl der ›rechts/links Unterzeichnete‹ (nicht: Unterzeichner) als auch der ›Rechts-/Linksunterzeichnete‹ korrekt.

Der *Anlagenvermerk* steht linksbündig und in einem Abstand von einer Zeile von der vorausgehenden maschinenschriftlichen Angabe des Unterzeichners. Das Wort ›Anlage‹ bzw. ›Anlagen‹ kann in Fettdruck stehen:

Anlage	oder	Anlagen
Jahresvorschau 1998		Jahresvorschau 1998 Bestellformular

Zwischen *Verteilervermerk* und dem ggf. vorausgehenden Anlagenvermerk steht eine Leerzeile, die aber bei Platzmangel auch wegfallen kann. Der Verteilervermerk kann wie folgt gestaltet sein:

Verteiler	oder	Verteiler
Vorstand Abteilungsleiter Herstellung Abteilungsleiter Vertrieb		Sch Me Wke

Was man beim Schreiben beachten muss

Die amtlichen Regeln der deutschen Rechtschreibung und Zeichensetzung sind eingegangen in Duden – Die deutsche Rechtschreibung (Duden 1; vgl. oben). Sie können und sollen hier nicht ausführlich behandelt werden. Ggf. kann man sie dort nachlesen. Hier sollen nur einige der wichtigsten Besonderheiten des (Maschinen)schreibens aufgelistet werden, ohne dass Vollständigkeit angestrebt ist.

Auf *Abkürzungen,* die mit einem Punkt geschrieben werden, folgt auch dann ein Leerschritt, wenn mehrere derartige Abkürzungen aufeinander folgen.

Beispiele:
z. B.; u. A. w. g.; desgl. ein Prüfexemplar

Doppelte und einfache *Anführungszeichen* setzt man ohne Leerschritt vor und nach den eingeschlossenen Wörtern, Textabschnitten u. Ä.

Beispiele:
Diese Transaktion war ›ein Schuss in den Ofen‹.
Er schrieb: »Ihre Verzögerungstaktik nenne ich ›befremdlich‹.«

Auslassungspunkte kennzeichnen Auslassungen im Text. Vor und nach den Auslassungspunkten steht je ein Leerschritt, wenn sie für ein selbstständiges

Wort oder mehrere Wörter stehen. Bei Auslassung eines Wortteils werden sie unmittelbar an den Rest des Wortes angeschlossen.

Beispiele:
Keiner der genannten Paragraphen ... ist anzuwenden.
Das gesuchte Wort beginnt mit ›Para...‹.

Stehen Auslassungspunkte am Satzende, wird kein zusätzlicher Schlusspunkt gesetzt.

Beispiel:
Bitte wiederholen Sie den Abschnitt ›Wir möchten uns erlauben ...‹

Folgen auf diese Auslassungspunkte Satzzeichen, die nicht Schlusspunkt sind, steht zwischen ihnen kein Leerschritt.

Als *Ergänzungsbindestrich* steht der Mittestrich unmittelbar vor oder nach dem zu ergänzenden Wortteil.

Beispiele:
Büro- und Reiseschreibmaschinen
Eisengewinnung und -verarbeitung

Bei der Kopplung oder Aneinanderreihung gibt es zwischen den verbundenen Wörtern oder Schriftzeichen und dem Mittestrich ebenfalls keine Leerschritte.

Beispiele:
Hals-Nasen-Ohren-Arzt
St.-Martins-Kirche
Berlin-Schöneberg
UKW-Sender

Der *Gedankenstrich* steht immer zwischen Leerschritten.

Beispiel:
Die Abschlüsse – das sei nebenbei bemerkt – waren insgesamt sehr zufriedenstellend.

Folgt auf einen Gedankenstrich ein Satzzeichen, steht kein Leerschritt.

Beispiel:
Wir wissen – und zwar schon lange –, wo unsere Stärken liegen.

Hochgestellte Zahlen werden stets ohne Leerschritt angeschlossen.

Beispiel:
ein Gewicht von 10^3 Gramm

Klammern schreibt man ohne Leerschritt vor und nach den Textabschnitten, Wörtern, Wortteilen oder Zeichen, die von ihnen eingeschlossen werden.

Beispiele:
Das neue Serum (es wurde erst vor kurzem entwickelt) hat sich sehr gut bewährt.
Der Grundbetrag (12 DM) wird angerechnet.
Lehrer(in) für Deutsch gesucht.

Nummern werden wie folgt gegliedert:

– Telefonnummern, Telefaxnummern und Postfachnummern werden, von der letzten Ziffer ausgehend, in Zweiergruppen gegliedert.

  Beispiele:
  14 28, 1 14 23, 17 09 14

– In der Schweiz werden bei siebenstelligen Telefonnummern die ersten drei Ziffern zusammengefasst.

  Beispiel:
  922 71 31

– Die Ortsnetzkennzahl wird für sich ebenso gegliedert und in runde Klammern gesetzt.

  Beispiele:
  (0 62 81) 4 91; 0 62 81/4 91

– In der Schweiz wird sie nicht gegliedert.

  Beispiele:
  (064) 24 79 39; 064/24 79 39

Im internationalen Telefonverkehr kann der Länderkennzahl das Zeichen ›+‹ vorangestellt werden. Die Vorwahl wird hier nicht in Klammern gesetzt. Für Telefaxnummern gelten die gleichen Regeln. T-Online-Nummern werden von rechts beginnend zweistellig gegliedert, nicht jedoch die Ortskennzahl. Vor die Landeskennzahl kann das ›+‹ gesetzt werden; Beispiel: +49 6221 53 46 95-4 65

– Fernschreibnummern (Telexnummern) bestehen aus voranstehender Kennzahl und Rufnummer. Die Kennzahl wird ohne Null geschrieben und von der Rufnummer abgesetzt. Die Rufnummer wird von der Endziffer aus jeweils in Dreiergruppen gegliedert.

  Beispiele:
  8 582 404 (8 = Kennzahl von Düsseldorf)
  4 62 527 (4 = Kennzahl von Mannheim)

Häufig erfolgt keine Gliederung durch Zwischenraum.

Beispiele:
8582404; 462527

- Bei der Kontonummer der Postbank werden die beiden letzten Ziffern vor dem Divis (Bindestrich) durch Zwischenraum abgetrennt.

  Beispiele:
  3 49-603; 640 74-208; 1749 28-802

  In der Schweiz erfolgt keine Gliederung durch Zwischenraum.

  Beispiel:
  50-16154-3

- Bankleitzahlen bestehen aus acht Ziffern. Sie werden, von der letzten Ziffer ausgehend, in eine Zweiergruppe und in zwei Dreiergruppen gegliedert.

  Beispiel:
  670 409 20

- Die ISBN (Internationale Standardbuchnummer) besteht aus Landes-, Verlags-, Artikelnummer und Reihenschlüssel. Diese vier Angaben werden durch Divis (Bindestrich) oder Zwischenraum voneinander getrennt.

  Beispiele:
  ISBN 3-411-00911-X; ISBN 3-7610-9301-2; ISBN 3 406 06780 8

- Jahreszahlen und Postleitzahlen werden nicht gegliedert.

  Beispiele:
  1997; 68167 Mannheim

Das *Paragraphenzeichen* wird nur in Verbindung mit darauf folgenden Zahlen gebraucht. Es ist durch einen Leerschritt von der zugehörigen Zahl getrennt.

Beispiele:
Wegen eines Verstoßes gegen § 21 StVO werden Sie ...
Wir verweisen auf § 7 Abs. 1 Satz 4 ...
Wir verweisen auf § 7 (1) 4 ...
Beachten Sie besonders die §§ 112 bis 114 ...

Das *Prozentzeichen* ist durch einen Leerschritt von der zugehörigen Zahl zu trennen.

Beispiele:
Bei Barzahlung 3½ % Rabatt.
Der Verlust beträgt 8 %.

Der Leerschritt entfällt bei Ableitungen oder Zusammensetzungen.

Beispiele:
eine 10%ige Erhöhung
eine 5%-Anleihe

Satzzeichen wie Punkt, Komma, Semikolon, Doppelpunkt, Fragezeichen und Ausrufezeichen werden ohne Leerschritt an das vorangehende Wort oder Schriftzeichen angehängt. Das nächste Wort folgt nach einem Leerschritt.

Beispiele:
Wir haben noch Zeit.
Gestern, heute und morgen.
Es muss heißen: Hippologie.
Wie muss es heißen?
Hör doch zu!
Am Mittwoch reise ich ab; mein Vertreter kommt nicht vor Freitag.

Der *Schrägstrich* steht im Allgemeinen ohne Leerschritte. Er kann als Bruchstrich verwendet werden und steht außerdem bei Diktat- und Aktenzeichen sowie bei zusammengefassten Jahreszahlen.

Beispiele:
2/3, 3 1/4% Zinsen
Aktenzeichen c/XII/14
Ihr Zeichen: Dr/Ls; 1996/97

Zur *Worttrennung* wird der Mittestrich ohne Leerschritt angehängt.

Beispiel:
Vorstands-büro.

Unterführungszeichen stehen jeweils unter dem ersten Buchstaben des zu unterführenden Wortes.

Beispiel:

Duden,	Band	2,	Stilwörterbuch
”	”	5,	Fremdwörterbuch
”	”	7,	Herkunftswörterbuch
”	”	10,	Bedeutungswörterbuch

Zahlen dürfen nicht unterführt werden.

Beispiel:

1	Hängeschrank	mit	Befestigung
1	Regalteil	”	”
1	”	ohne	Rückwand
1	”	”	Zwischenboden

Ein übergeordnetes Stichwort, das in Aufstellungen wiederholt wird, kann durch den *Mittestrich* ersetzt werden. Er steht unter dem ersten Buchstaben des Stichwortes.

Beispiel:
Nachschlagewerke; deutsche und fremdsprachige Wörterbücher
-; naturwissenschaftliche und technische Fachbücher
-; allgemeine Enzyklopädien
-; Atlanten

Die *Zahlen* vor Zeichen und Abkürzungen von Maßen, Gewichten, Geldsorten usw. sind in Ziffern zu setzen.

Beispiele:
21,5 kg; 6 DM; 14½ cm

Schreibt man solche Bezeichnungen aus, dann kann die Zahl in Ziffern oder in Buchstaben gesetzt werden.

Beispiel:
2 Mark oder: zwei Mark [nicht: zwei DM]

Bei *Ableitungen* mit Zahlen in Ziffern wird in alter und neuer Rechtschreibung kein Zwischenraum hinter die Zahl gesetzt. Bei *Zusammensetzungen* mit Zahlen in Ziffern muss jedoch nach den neuen Rechtschreibregeln ein Bindestrich gesetzt werden.

5%ig, 10^6fach, *aber* ½-, ¼- und ⅛-zöllig, 20-stündig

In diesem Zusammenhang ist zu beachten, dass die DIN-Regeln die neue Rechtschreibung bisher nicht berücksichtigen und deshalb bei den zuletzt genannten Beispielen andere Angaben machen.

Zeichen, die auf der Schreibmaschinentastatur fehlen, können in einigen Fällen durch Kombinationen anderer Zeichen ersetzt werden. Die Umlaute ä, ö, ü kann man als ae, oe, ue schreiben. Das Zeichen ß kann durch ss wiedergegeben werden.

Beispiele:
südlich – suedlich; SÜDLICH – SUEDLICH; mäßig – maessig;
Fußsohle – Fusssohle

Wie man einen Geschäftsbrief inhaltlich aufbaut

Bevor man einen Brief inhaltlich strukturiert, müssen einige Fragen geklärt werden. Dabei geht es nicht allein um Sachfragen, sondern auch um die Klärung des Verhältnisses, das zum Adressaten besteht. Diese Beziehung soll nicht gestört, sondern positiv beeinflusst werden.

- Wie ist die Ausgangssituation für das Schreiben? In welchem Sachzusammenhang muss der Brief geschrieben werden?
- Was soll ausgesagt bzw. beim Leser erreicht werden? Welche Absicht wird mit dem Schreiben verfolgt?
- Wer ist der Empfänger? Wie ist das Beziehungsverhältnis zu ihm? Wie könnte er auf das Schreiben reagieren?

Sind diese Fragen geklärt, kann die Strukturierung des Inhalts beginnen. Fakten werden zusammengetragen, auf ihre Vollständigkeit hin überprüft und nach ihrer Wichtigkeit sortiert. Werden Argumentationsketten gebildet, sollte unbedingt darauf geachtet werden, dass die einzelnen Argumente dieser Kette eine logische Folge bilden. Aus überzeugungstaktischen Gründen kann es dabei ratsam sein, stärkere Argumente an den Anfang eines Schreibens zu stellen. Die schwächeren Argumente stehen in der Mitte, während den Schlusspunkt noch einmal ein starkes, wenn nicht überhaupt das stärkste Argument bildet. Es soll besonders auf den Adressaten wirken und in seiner Erinnerung verankert bleiben. Wichtig ist auch, dass der Schlusssatz die Kette von Gedanken, Argumenten, Fakten nicht nur noch einmal zusammenfasst, sondern auch auf die nächsten Aktivitäten verweist, die unternommen werden müssen oder sollten.

Der besseren Übersicht halber sollte ein Brief inhaltlich Zusammengehörendes auch optisch zusammenfassen und von anderem abheben. Deshalb empfiehlt es sich, gerade längere Texte durch Absätze logisch zu gliedern. Die Lesbarkeit eines Textes wird dadurch erleichtert, und der Empfänger wird es danken.

Wer einen Brief wirkungsvoll aufbauen will, kann sich an die aus den USA übernommene sogenannte AIDA-Formel halten (vgl. Bewerbung und Karriere, S. 36 ff.), die verdeutlichen hilft, was ein Brief bewirken soll:

A =	attention	Aufmerksamkeit wecken
I =	interest	Interesse wecken
D =	desire	Wünsche (zu handeln) wecken
A =	action	Handlungen (Aktionen, Entschlüsse etc.) bewirken

Bei der Konzeption eines Briefes gilt nach wie vor, dass zu den gedanklichen Vorarbeiten evtl. auch schriftliche Vorarbeiten kommen müssen. So empfiehlt es sich bei komplexeren Zusammenhängen oder heikleren Themen, den Aufbau des Schreibens erst einmal schriftlich zu skizzieren und kritisch zu überdenken.

Eine erste ausformulierte Fassung muss gründlich gelesen und ggf. redigiert werden. Dieses Lesen sollte sich nicht nur auf die Bereinigung formaler Fehler (Lay-out, Rechtschreibung, Zeichensetzung u. Ä.) beschränken, sondern insbesondere dazu dienen, den Text auf seine Wirkung hin (AIDA-Formel) zu überprüfen. Auch auf die Vollständigkeit der Fakten muss hier noch einmal geachtet werden. Hierunter fallen selbstverständlich auch die vollständige aktuelle Anschrift des Adressaten, die richtige Schreibung von Firmen- und Personennamen, das Ausfüllen der Bezugszeichenzeile, die Überprüfung von Daten und Terminen in den Unterlagen, der Hinweis auf Anlagen und Verteilerangaben. Danach erfolgt die Reinschrift.

Satzbau und Wortwahl: Die zehn Gebote des guten Schreibstils

1. Gebot: In der Kürze liegt die Würze! Briefe mit kurzen und klar strukturierten Sätzen sind gut lesbar, verständlich und wirken damit überzeugend. Schachtelsätze dagegen sind im Allgemeinen schwerfällig und unklar. Ausnahmen bestätigen leider meist nur die Regel. Aber trotzdem ist Vorsicht geboten: Bei zu knappen Formulierungen bleibt die Höflichkeit leicht auf der Strecke.

Die Forderung ›Schreibe kurze Sätze‹ meint natürlich ›Schreibe verständliche Sätze‹. Lange Sätze müssen nicht generell unverständlich sein, und kürzere Sätze können ihrerseits Verständnisschwierigkeiten bereiten, wenn komplizierte Konstruktionen verwendet werden. Doch die langen Satzgefüge bergen am ehesten die Gefahr, dass ihr Aufbau grammatische Probleme bereitet, die dann zu einer Verzerrung des Inhalts führen können. Schachtelsätze haben hier einen besonders schlechten Ruf. Sie entstehen dadurch, dass in einen Nebensatz weitere Nebensätze eingebettet werden. Ein Beispiel soll dies verdeutlichen:

> Die Besprechung, deren Termin ja, als wir neulich telefonierten, noch nicht feststand, findet nun am kommenden Freitag um 15:00 Uhr im großen Sitzungssaal statt.

Eine Entflechtung dieser Satzkonstruktion kann dem Schreiber wie dem Leser das Leben erleichtern:

> Als wir neulich telefonierten, stand der Termin für unsere Besprechung ja noch nicht fest. Sie findet nun am kommenden Freitag um 15:00 Uhr im großen Sitzungssaal statt.

An diesem Beispiel wird erkennbar, dass Verschachtelungen oftmals nur dadurch zustande kommen, dass zu viel Überflüssiges in einen Satz gepackt wird. So ist die Aussage, dass man neulich telefoniert hat und zu diesem Zeitpunkt der Besprechungstermin noch nicht feststand, verzichtbar. Dieser Sachverhalt ist Schreiber und Empfänger gleichermaßen bekannt und bedarf eigentlich keiner Erwähnung mehr.

2. Gebot: Achtung beim Nominalstil! Der Nominalstil zeichnet sich durch eine Häufung von Substantiven (Hauptwörtern, Nomen) und Substantivierungen aus. Ein Beispiel:

> Durch die in den Richtlinien festgelegten Arbeitsschritte wird die Entscheidungsfreiheit der an dem Vorgang Beteiligten eingeschränkt.

Auf die zahlreichen Substantive ist es zurückzuführen, dass Häufungen von Präpositionen (Verhältniswörtern) und Artikeln (Geschlechtswörtern) entstanden sind *(durch die in den),* über die der Leser mühsam ›hinwegklettern‹ muss.

Nominale Fügungen sind in der Regel nicht nur unschön. Sie wirken oft auch unverständlich und können inhaltliche Fragen aufwerfen, da die Rolle des/der Handelnden verschleiert wird. In dem Beispiel *Der Beschluss sieht Einschränkungen vor* bleibt völlig offen, *wer* diesen Beschluss gefasst hat, *wen* man für eventuelle Folgen verantwortlich machen oder an *wen* man sich bei Klärungsbedarf wenden kann.

Andererseits – und das ist der Grund, warum viele im Nominalstil schreiben – beeindrucken Substantivhäufungen manche, weil sie vermeintlich streng neutral reine Fakten wiedergeben. Das ist jedoch ein Trugschluss. Gerne wird auch darauf verwiesen, dass der Nominalstil schließlich im Behördendeutsch und sogar in wissenschaftlichen Arbeiten vorkomme. Aber sogar dort ist er meist höchst überflüssig und trägt nicht gerade zur besseren Verständlichkeit bei. In der geschäftlichen Korrespondenz erschweren Wortmonster wie *Nichtbefolgung, Hintanstellung, Außerachtlassung* nicht nur das Verständnis, sie sind auch viel weniger anschaulich, lebendig, übersichtlich, informativ als entsprechende Nebensatzkonstruktionen. Zwei Beispiele:

> Nicht: Durch Außerachtlassung der Sicherheitsvorschriften seitens des Betriebspersonals kam es zu einem schweren Betriebsunfall.
> Dafür besser: Weil das Betriebspersonal die Sicherheitsvorschriften nicht beachtete, kam es zu einem schweren Betriebsunfall.

> Nicht: In Beantwortung Ihrer Frage teilen wir Ihnen mit, ...
> Dafür besser: Gerne beantworten wir Ihre Frage nach ... und teilen Ihnen mit, dass ...
> Oder einfach: Gerne teilen wir Ihnen mit, dass ...

Zu den Erscheinungen des Nominalstils gehören auch die Funktionsverbgefüge (Streckformen). Beispiele hierfür sind etwa *in Erfahrung bringen* statt *erfahren, unter Beweis stellen* statt *beweisen, zum Abschluss bringen* statt *abschließen* (‚beenden'). An die Stelle eines einfachen Verbs (Zeitworts) treten bei den Funktionsverbgefügen Verbalsubstantive (zu Verben gebildete Substantive) als Träger der eigentlichen Information. Dafür steht im Prädikat (in der Satzaussage) nur noch ein sinnentleertes Verb (z. B. *bringen*), das allein grammatische Funktion hat (Angabe der Person, Zahl, Zeit u. a.). Diese Verben (*bringen, kommen, gelangen, stellen, ziehen, nehmen* u. a.) werden deshalb Funktionsverben genannt.

Nominale Fügungen sind jedoch nicht grundsätzlich zu verdammen. Sie können in manchen Fällen durchaus bewusst eingesetzt werden, weil sie mehr als das entsprechende einfache Verb ausdrücken. Sie bereichern in gewisser Weise die Ausdrucksmöglichkeiten unserer Sprache. So verleiht zum Beispiel

Nicht:	Dafür besser:
Wir möchten Sie bitten, uns das ausgefüllte Formular wieder zuzusenden.	Bitte senden Sie uns das ausgefüllte Formular wieder zu.
Wir möchten uns für Ihr Interesse bedanken.	Vielen Dank für Ihr Interesse.
Unser Vertreter wird Ihnen einen Besuch abstatten.	Unser Vertreter wird Sie besuchen.
Sie können diesen Betrag in Abzug bringen.	Diesen Betrag können Sie abziehen.
Treffen Sie Vorsorge.	Sorgen Sie vor.
Wenn Sie inzwischen die Zahlung vorgenommen haben sollten, bitten wir, diese Mahnung ...	Sollten Sie inzwischen gezahlt haben, hat sich diese Mahnung erledigt.
Dieser Passus soll in Wegfall kommen.	Dieser Passus soll wegfallen.
Wir bieten eine Beratung an.	Wir möchten Sie beraten.
Die Überweisung des vereinbarten Honorars wird vorgenommen.	Wir überweisen das vereinbarte Honorar.
Sie sollten bald eine Entscheidung treffen.	Entscheiden Sie sich bald.
Eine Einigung muss noch erzielt werden.	Wir müssen uns noch einigen.
Die Prüfung wird vorgenommen.	Wir prüfen es.
Wir werden uns mit dem Hersteller ins Benehmen setzen.	Wir erkundigen uns beim Hersteller.
Beiliegend übersenden wir Ihnen die Antragsformulare und bitten Sie ...	Wir bitten Sie, die beigefügten Antragsformulare ...

die Fügung zum Abschluss bringen der Aussage größeren Nachdruck als das Verb *abschließen.* Sie können den Ablauf eines Geschehens stärker betonen (vgl. *in Erwägung ziehen* im Gegensatz zu *erwägen, in Verwahrung nehmen* statt *verwahren*) oder sie helfen, passivische Sehweisen auszudrücken (vgl. *zur Verteilung/Ausführung gelangen* im Sinne von ‚verteilt/ausgeführt werden'). Funktionsverbgefüge haben also dort ihre Berechtigung, wo sie zur besonderen Gestaltung einer Aussage beitragen. Man sollte sie aber immer dann vermeiden, wenn es sich lediglich um substantivische Aufschwellungen handelt. Wie man sie umgehen kann, zeigen die obigen Beispiele.

3. Gebot: Vermeide Aufschwellungen! Bei Aufschwellungen handelt es sich meistens um sprachlichen Ballast, der die Informationsvermittlung unnötig behindert. Aufschwellungen begegnen nicht nur auf der Ebene des Satzbaus, sondern insbesondere auch im Bereich der Wortbildung. Meist handelt es sich um Vor- oder Nachsilben, die überflüssig sind, weil sie zum Wortsinn nichts beitragen und einer prägnanten Ausdrucksweise entgegenstehen. Bildungen wie *anempfehlen* statt *empfehlen, einbezahlen* statt *einzahlen, verbescheiden* statt *bescheiden* oder auch *Eiligkeit* statt *Eile* zeugen nicht von gutem Stil.

Oftmals sind die Grenzen zwischen Aufschwellung und sprachlicher Verstärkung nicht leicht zu bestimmen (vgl. z. B. *auserlesen, auserkoren, auserwählt*). So kann der Rückgriff auf die kürzere Wortform durchaus der Straffung des

Ausdrucks dienen und so zum bewusst eingesetzten stilistischen Mittel werden (vgl. z. B. *Helle* für *Helligkeit, Feuchte* für *Feuchtigkeit, Starre* für *Starrheit* u. a.). Dabei ist aber zu beachten, dass einige dieser Bildungen eigenständige Bedeutungen angenommen haben (vgl. z. B. *Zähheit* [des Fleisches] im Gegensatz zu *Zähigkeit* [des Willens]).

Als unnötige Aufschwellung kann im Allgemeinen der Ersatz eines einfachen Adverbs durch eine Wortgruppe gelten. Fügungen wie *zu wiederholten Malen/des Öfteren* für *oft* oder *in Bälde/in Kürze* für *bald* u. ä. sollten deshalb im Geschäftsbrief nicht vorkommen.

4. Gebot: Keine Angst vorm Passiv! In manchen Stillehren wird darauf hingewiesen, dass man das Passiv (die Leideform) vermeiden und stattdessen im Aktiv (in der Tat- oder Tätigkeitsform) schreiben solle. Das gilt aber nicht generell. Der Wechsel zwischen aktivischen und passivischen Sätzen kann durchaus stilistisch begründet sein, da er zur Auflockerung eines Textes beiträgt. Dabei ist eines zu beachten: Mit dem Passiv drückt der Schreiber eine bestimmte Sehweise aus, unter deren Blickwinkel er ein Geschehen oder Sein sprachlich zum Ausdruck bringt. Während das Aktiv den eigentlichen Träger des Geschehens ins Zentrum der Aussage rückt, wird dieser im Passiv zugunsten des Geschehens selbst verdrängt (vgl. *Frau Steiger erledigt die Abrechnung prompt* [Aktiv] im Gegensatz zu *Die Abrechnung wird von Frau Steiger prompt erledigt*). Häufig wird der ›Täter‹ in passivischen Sätzen gar nicht mehr genannt. Man spricht dann von einem ›täterabgewandten Geschehen‹ (Beispiel: *Die Abrechnung wird erledigt*). Gerade in diesem Fall reißt das Passiv, wie auch Hauptwortfügungen mit passivischer Bedeutung, gelegentlich Informationslücken, weil der/die ›Täter‹ ungenannt bleiben. Es bietet sich deshalb immer an, dort im Aktiv zu formulieren, wo klar und nachvollziehbar sein und bleiben muss, wer etwas veranlasst, ausführt, äußert, wünscht etc.

›Bürokratisch‹ wirkt die Häufung von Passivsätzen. Und so verwundert es nicht, dass sie gerade in amtlichen Schreiben Hochkonjunktur haben. Auch in Geschäftsbriefen sind sie Legion. Gerade für sie sollte jedoch gelten: Weil heute im Allgemeinen ein eher personenbezogener Schreibstil gepflegt wird, weil darauf Wert gelegt wird, den Adressaten direkt anzusprechen, weil man auch als Absender aus der Anonymität heraustreten und sich als Individuum zu erkennen geben will, sollten sie im Allgemeinen im Aktiv geschrieben werden. Das Passiv soll als stilistische Variante insbesondere dort eingesetzt werden, wo handelnde Personen oder Institutionen nicht zwingend hervorgehoben werden müssen, weil nur der beschriebene Sachverhalt selbst relevant ist (Beispiel: *Die Postfächer werden regelmäßig um 09:00 und um 15:00 Uhr geleert*). Es bietet sich auch an als stilistisches Mittel, Negatives so darzustellen, dass sich niemand persönlich angegriffen fühlen muss (statt: *Sie haben unsere Rechnung vom ... noch nicht bezahlt* besser: *Leider wurde unsere Rechnung vom ... noch nicht beglichen*).

5. Gebot: Achtung bei der Wortwahl! Gute Geschäftskorrespondenz zeichnet sich selbstverständlich auch durch standardsprachliche Wortwahl aus. Umgangssprachliches, saloppes oder gar derbes Wortgut haben in einem Geschäftsbrief nichts verloren, es sei denn im Rahmen einer eher scherzhaften Ausdrucksweise, die man ggf. allerdings durch Anführungszeichen kenntlich machen sollte. Auch regionales oder typisch dialektales Wortgut ist fehl am Platze, da stets damit gerechnet werden muss, dass der Adressat auf Verständnisschwierigkeiten stößt, die er erst umständlich und womöglich unter Zuhilfenahme eines Wörterbuchs überwinden muss. Unangebrachte Wortwahl kann den Adressaten darüber hinaus verstimmen und so dem ›werbenden‹ Charakter des Briefes zuwiderlaufen. Ist sich die Sekretärin über den stilistischen Rang eines Wortes nicht sicher, hilft der Griff zum Wörterbuch. Gute Wörterbücher markieren diejenigen Wörter, die nicht zum standardsprachlichen Wortschatz gehören. Im Rechtschreibduden kann man z. B. folgende Markierungen finden:

Stichwort	Markierung u. Bedeutung	Konsequenz
Traktandenliste	*schweiz.* für Tagesordnung	Wer das Wort *Traktandenliste* gebraucht, kann sicher sein, dass er in Deutschland nicht verstanden wird. (Andererseits ist an diesem Wortgebrauch abzulesen, dass ein Schreiber aus der Schweiz stammt.)
dato	*Kaufmannsspr. veraltet* heute	Die Markierung zeigt, dass das kaufmannssprachliche *dato* veraltet ist. Es sollte dementsprechend durch *heute* ersetzt werden.
hinüber sein	*ugs.*	Wer in einem Geschäftsbrief schreibt *Wir bedauern, dass die gelieferte Ware hinüber war,* bestätigt durch den umgangssprachlichen Ton evtl. nur die schlechte Meinung des Belieferten über den Lieferanten.

Andere Beispiele ließen sich in großer Zahl finden. Damit man ein Wörterbuch auch optimal nützen kann, empfiehlt es sich, die wenigen Seiten der Einleitung intensiv zu lesen. Hier wird im Allgemeinen genau beschrieben, wie ein bestimmtes Wörterbuch aufgebaut ist, welche Fragen es beantworten kann und wie die einzelnen Wörterbucheinträge interpretiert werden müssen. Die Mühe lohnt sich. Wer gelernt hat, mit seinem ›Handwerkszeug‹ umzugehen, erleichtert sich die Arbeit.

Dass auch die Wortwahl Fragen des Nominalstils oder der Aufschwellung berührt, bedarf kaum der Erwähnung. Was hierzu oben gesagt worden ist, muss an dieser Stelle nicht wiederholt werden. Ähnlich wie Funktionsverbgefüge sind Floskeln zu behandeln. Floskeln haftet ein negativer Ruch an. Floskeln sind meist leeres Gerede. Obwohl dies jeder weiß, neigen doch viele zu einem eher floskelhaften Schreibstil – aus Unsicherheit und in dem Glauben, gerade so in einem Geschäftsbrief die Fakten möglichst genau und unmissverständlich formulieren zu können. Dabei wird oft übersehen, dass Floskeln gewöhnlich genau da eingesetzt werden, wo Informationen überflüssigerweise wiederholt werden. Ein Beispiel: Wenn in der Bezugszeichenzeile bereits steht, worauf der Text rekurriert, sind folgende Einleitungsfloskeln durchaus verzichtbar:

> Mit Bezug auf Ihr Schreiben vom ...
> Was Ihr Schreiben vom ... betrifft, ...

Viele Floskeln sind wohl nur deshalb in Gebrauch, weil die Schreibenden glauben, sich besonders höflich auszudrücken – gerade wenn es um Unangenehmes geht. Auch hierfür zwei Beispiele:

> Wir bedauern Ihnen mitteilen zu müssen, dass ...
> Wir kommen nicht umhin, Ihnen mitteilen zu müssen, dass ...

Weil solche Wendungen auf den ersten Blick als Floskeln entlarvt werden, verfehlen sie die angestrebte Wirkung natürlich völlig. Das Negative der Mitteilung wird besonders betont; das ausgedrückte Bedauern kann kaum noch ernst genommen werden.

Zahlreiche Schlusssätze haben floskelhaften Charakter. Das trifft sicherlich auch auf das folgende Beispiel zu:

> In Erwartung Ihrer geschätzten Antwort verbleiben wir
> mit freundlichen Grüßen

Wie kann man Floskeln vermeiden? Floskeln lassen sich am ehesten dadurch umgehen, dass man Überflüssiges und Selbstverständliches aus dem Text streicht, die Schreibsprache an der gesprochenen Sprache ausrichtet (ohne in die Umgangs- oder Regionalsprache oder den Jargon zu verfallen), und insbesondere dadurch, dass man einen Brief auch aus der Sicht des Adressaten liest. Hierbei gelten folgende Leitfragen: Wie würde ich diese oder jene Formulierung lesen/interpretieren? Wie würde sie auf mich wirken?

Eine alte Schulregel besagt, dass Wortwiederholungen vermieden werden sollten. Das gilt nicht in jedem Fall. Sinnvoll sind Wiederholungen z. B. da, wo es um fachsprachliches Wortgut geht, das nicht ohne Informationsverlust ersetzt werden kann. Sinnvoll können Wiederholungen als stilistisches Mittel auch da sein, wo durch Parallelität im Wortgebrauch (ggf. auch im Satzbau) einer Aussage besonderer Nachdruck verliehen werden soll (vgl. die Satzanfänge der beiden letzten Sätze). Wenn jedoch keine inhaltlichen oder stilistischen Gründe dafür sprechen, sollten Wiederholungen vermieden werden. Dies kann dadurch geschehen, dass man auf sinn- und sachverwandte Wörter ([partielle] Synonyme) ausweicht. Doch dabei muss man aufpassen: Nicht immer sind vermeintliche Synonyme völlig deckungsgleich. Im Zweifelsfalle empfiehlt es sich, in einem Synonymenwörterbuch nachzuschlagen.

Wortwiederholungen lassen sich oft auch durch einen Umbau der Satzkonstruktion vermeiden. Hierzu ein Beispiel:

Nicht: Er war mit einem einem anderen Teilnehmer gehörenden Wagen unterwegs.
Dafür besser: Er war mit einem Wagen unterwegs, der einem anderen Teilnehmer gehörte.

Noch ein Tipp: Es gibt eine Reihe von Präpositionen (Verhältniswörtern), die typisch für das so genannte Papierdeutsch sind. Dazu gehören *mittels, betreffs* und ähnliche. Auf sie sollte eine sprachgewandte Sekretärin verzichten können.

6. Gebot: Sei höflich! Es ist ganz selbstverständlich, dass Geschäftsbriefe stets höflich sein müssen, wenn sie dem Ansehen der Firma nicht schaden sollen. Auch wenn es darum geht, Unangenehmes zu schreiben, sollten die Brücken der gegenseitigen Verständigung nicht abgebrochen werden. Man weiß schließlich nie, ob man nicht doch noch einmal miteinander zu tun bekommt.

Der Wegfall vieler gesellschaftlicher Höflichkeitsregeln und der stärker werdende Einfluss der Umgangssprache auf die Hochsprache wirken sich auch auf die schriftliche Form der Höflichkeit aus. Superlative *(verbindlichst, höflichst, freundlichst Ihr ...)*, respektvolle bis ehrerbietige Anreden *(Hochverehrte/-r)* und Grußformeln *(Es grüßt Sie Ihr ergebener ...)* galten lange als Ausdruck besonderer Höflichkeit auch im geschäftlichen Umgang miteinander. Heute wirken sie gestelzt und veraltet. Im modernen Sprachgebrauch wird das Thema Höflichkeit eher nüchtern behandelt. So ersetzt zum Beispiel *Sehr geehrte/-r* die Anrede *Verehrte/-r* bzw. *Werte/-r* vollständig. Dafür werden Frauen, die heute ihren festen Platz in der Geschäftswelt haben, generell in die Anrede mit einbezogen. Wer also nicht sicher sein kann, dass nicht auch Frauen dem Adressatenkreis eines Schreibens angehören, der schreibe stets *Sehr geehrte Damen und Herren.* Ist nicht klar, ob der Adressat eine Frau oder ein Mann ist, schreibt man *Sehr geehrte Frau X oder sehr geehrter Herr X.*

Die gebräuchlichste Grußformel lautet *Mit freundlichen Grüßen.* Sie ist eine Verkürzung der früher üblichen Floskel *Mit freundlichen Grüßen verbleibe ich als Ihr sehr ergebener ...* Auch *Freundliche Grüße* ist als Grußformel heute akzeptiert, wenn sie auch ein wenig militärisch-knapp wirkt. *Hochachtungsvoll* wird – ein Widerspruch in sich – vielfach nur noch dann verwendet, wenn man dem Adressaten die Grüße und damit ja eigentlich auch die Wertschätzung oder Hochachtung verweigern will. Nach den Grußformeln steht übrigens weder ein Ausrufezeichen noch ein Punkt.

So wie es heute ein Gebot der Höflichkeit ist, bei Firmen mit weiblichem und männlichem Personal ggf. Frauen und Männer im Brief gleichermaßen anzureden (s. o.), wird auch zunehmend erwartet, Frauen mit den weiblichen Berufsbezeichnungen anzusprechen. Solche haben sich für bestimmte Titel und Berufe jedoch noch nicht allgemein durchgesetzt. So heißt es in der Anrede noch meist *Sehr geehrte Frau Professor/Doktor* u. Ä., wohingegen in anderen Fällen schon häufig die weibliche Form gewünscht wird: *Sehr geehrte Frau Staatssekretärin/Staatsanwältin/Oberschulrätin* u. a. Wird aber von Frauen, die solche Bezeichnungen führen, in der 3. Person gesprochen, dann gebraucht man vielfach schon die weibliche Form: *Sie ist Professorin an der Musikhochschule/Staatssekretärin im Familienministerium; die Präsidentin des deutschen Bundestages, Frau Professor (!) Rita Süßmuth, eröffnete die Ausstellung; sie ist Referentin des Oberbürgermeisters, Redakteurin, Prokuristin* u. Ä. Es ist heute nicht mehr üblich, eine Frau mit dem Titel oder der Berufsbezeichnung ihres Mannes anzusprechen. Man schreibt also nicht *Frau Doktor/Professor,* wenn ihr der Titel nicht selbst zugehört oder sie nicht selbst den entsprechenden Beruf ausübt.

Wie lässt sich das Nebeneinander weiblicher und männlicher Berufsbezeichnungen in einem Brief nun umsetzen? Hierfür gibt es mehrere Möglichkeiten. Wer sich ein wenig bemüht, wird dabei auch noch ansprechend formulieren können. Dazu gehört sicherlich, dass man nicht immer die etwas umständlichen Doppelformen verwendet. Sie bieten sich bei kürzeren Bezeichnungen zwar durchaus an, strapazieren den Leser bei häufiger Wiederholung jedoch sehr. Besser ist es, zu variieren (*alle Redakteurinnen und Redakteure, alle Redaktionsangehörigen, alle Mitglieder der Redaktion* u. Ä.).

Zu den Variationsmöglichkeiten gehören auch Personen- und Berufsbezeichnungen, die substantivierte Partizipien sind. Statt immer von *Studentinnen und Studenten* zu sprechen, sind viele Universitäten dazu übergegangen, im offiziellen Sprachgebrauch nur noch das neutrale *Studierende* zu verwenden. Vorbilder hierfür sind z. B. *Angestellte, Versicherte, Abgeordnete* u. a. Schließlich kann man gelegentlich auch auf neutrale Begriffe wie *Fachkräfte* statt *Fachmänner, das Ministerium* statt *der Minister* u. Ä. ausweichen. Der Rückgriff auf solche Bezeichnungen lässt Briefe jedoch in vielen Fällen eher unpersönlich werden.

Abgekürzte Formen wie *Mitarbeiter(innen)* oder *Mitarbeiter/-innen* (mit Bindestrich!) sind zwar nach den geltenden Regeln der deutschen Rechtschreibung korrekt, wirken aber bei gehäuftem Auftreten eher unschön. Außerdem müssen sie als Doppelformen ausgesprochen werden. Das gilt auch für Fälle wie *KollegInnen.* Abgesehen davon, dass auch diese Schreibweise geschriebene und gesprochene Sprache nicht in Einklang bringt, widerspricht sie der geltenden amtlichen Rechtschreibung, die Großbuchstaben im Wortinnern nicht zulässt (Schreibungen wie *InterCity* sind bewusste Abweichungen und haben grafisch-gestalterische Gründe). Zudem funktionieren die abgekürzten Formen auch im Plural nicht generell (*Sekretär/-innen* kann nicht als Kombinationsform von *Sekretärinnen* und *Sekretäre* verwendet werden). Im Singular stellt sich das Problem, dass die Zuordnung des Artikels (*ein* oder *eine/der* oder *die Mitarbeiter/-in*) und grammatische Anschlüsse nicht mehr klar sind (*MitarbeiterIn, der* oder *die/dessen* oder *deren*), wie auch die Beugung von zugehörigen Adjektiven (*langjährige* oder *langjähriger Mitarbeiter/-in*) und der richtige Anschluss von Nebensätzen (*Mitarbeiter/-in, mit dem* oder *der*) ungelöst sind. Wenn man angesichts dieses Sachverhaltes an die notwendige Häufung paariger Artikel, Pronomen, Adjektivformen u. Ä. denkt, wird man für diese Fälle die abgekürzten Formen kaum als ökonomisch betrachten können (Beispiel: *Ein/Eine Mitarbeiter/-in* [wenn formale Parallelität gewahrt bleiben soll, dann kann man hier nicht anders, als die männlichen Formen immer zuerst zu nennen], *mit dem/der wir gestern gesprochen haben, hat heute seine/ihre Kündigung eingereicht*). Zu dieser Problematik vgl. unter dem Stichwort ›Gleichstellung von Frauen und Männern in der Sprache‹ in Duden – Richtiges und gutes Deutsch. 4. Auflage. Mannheim usw. 1997 (Duden, Band 9).

7. Gebot: Verwende positive Formulierungen! Das Bemühen um positive Formulierungen gerade auch in Schriftstücken mit eher unangenehmem Inhalt wird vom Empfänger sicherlich als höflich empfunden. Positives Formulieren dient aber in erster Linie dem Verfasser eines Schreibens, der damit den Empfänger für sein Anliegen günstig einstimmen kann. Es ist damit auch eine Art Werbung in eigener Sache.

Positives Formulieren heißt vor allem, negative Wendungen zu vermeiden. Negativ wirken besonders Briefeinleitungen wie *wir bedauern, wir müssen Ihnen [leider] mitteilen, leider können wir nicht umhin,* ... u. Ä. Solches lässt sich auch positiv formulieren. Hierzu einige Beispiele:

Gerne hätten wir Ihnen Ihren Wunsch erfüllt, ...
Wir haben uns sehr bemüht, für Sie ...
Es wäre auch in unserem Sinne gewesen, wenn ...

Was für die Einleitung gilt, gilt auch für den Briefschluss. Der Schlusssatz eines Schreibens soll dem Empfänger besonders im Gedächtnis bleiben. Je positiver oder motivierender er formuliert ist, desto eher wird dies erreicht werden.

8. Gebot: Schreibe verständlich! Allzu oft vergessen Schreiber, dass ihre Adressaten möglicherweise nicht dieselbe ›Sprache‹ sprechen wie sie selbst. Sie scheuen sich dann nicht, zahlreiche Fachwörter zu verwenden – oft handelt es sich bei den viel gerügten Fremdwörtern eigentlich um Fachwörter, die in der Sprache eines bestimmten Fachbereichs fest verankert, in der Allgemeinsprache allerdings weitgehend unbekannt sind. Die Schreiber übersehen dabei, dass sie damit beim Empfänger Verständnisschwierigkeiten verursachen können, was gerade in der geschäftlichen Korrespondenz vermieden werden soll.

Fremdwörter sind nicht generell zu verurteilen. Auch ist es keine Besonderheit der Gegenwartssprache, dass sie sehr viel Fremdwortgut aus benachbarten Sprachen übernimmt. Schon immer haben Sprachen aus anderen Wörter entlehnt. Diese Entlehnungen sind Beleg für den kulturellen Austausch im Zusammenleben der Völker und Nationen. Als Sprache der Technik *(File, Modem),* der Wirtschaft *(Manager, Floating, Corporate Identity, Mailing),* des Verkehrs *(Ticket, Stewardess),* der Touristik *(Voucher)* und des Sports *(Tiebreak,*

Bobsleigh) hat heute das Englische einen besonders spürbaren Einfluss. Viele (meist ältere) Wortentlehnungen, die sich an das deutsche Sprachsystem angepasst haben, werden als solche gar nicht mehr erkannt *(Fenster, Ziegel,* aber auch *Film, Sport)* und sind als so genannte Lehnwörter jedermann geläufig.

Gegen den Gebrauch von Fremdwörtern ist immer dann nichts einzuwenden, wenn sie dazu beitragen, dass ein Sachverhalt kürzer und deutlicher ausgedrückt werden kann, d. h., wenn er mit deutschen Wörtern eher langatmig und umständlich zu umschreiben ist. Ein Beispiel:

> Statt: Wir bitten darum, dass alle schriftlichen Vorgänge zusammengestellt, geordnet und nutzbar gemacht werden.
> Einfacher: Wir bitten um eine Dokumentation aller schriftlichen Vorgänge.

Er ist auch dann gerechtfertigt, wenn er hilft, graduelle Unterschiede auszudrücken (*deklamieren* statt *vortragen*), eine Aussage stilistisch zu variieren (*ventilieren* statt *überlegen*) oder den Satzbau zu straffen (*Er zitiert bei solchen Gelegenheiten gewöhnlich den Bundespräsidenten* statt *Er führt bei solchen Gelegenheiten gewöhnlich einen Ausspruch des Bundespräsidenten an*).

Fremdwörter sollten immer dann vermieden werden, wenn damit gerechnet werden muss, dass sie der Adressat nicht oder nur unvollkommen versteht, wenn die Verständigung also gefährdet ist. Ganz abzulehnen ist ihr Gebrauch da, wo sie keine inhaltliche, stilistische oder syntaktische (Straffung des Satzbaus) Funktion haben, wo sie nur intellektueller Schmuck sind, wo sie nur zur Erhöhung des eigenen sozialen bzw. intellektuellen Ansehens oder sogar zur Manipulation anderer dienen.

Zum Genus (Geschlecht), zur Deklination (Beugung) und zur Rechtschreibung von Fremdwörtern vgl. unter dem Stichwort ›Fremdwort‹ in Duden – Richtiges und gutes Deutsch. 4. Auflage. Mannheim usw. 1997.

9. Gebot: Sei sparsam mit Abkürzungen! Abkürzungen können eine Aussage, einen Text entlasten. Sie dienen der knapperen und schnelleren Information (statt: *Arbeitsgemeinschaft der öffentlich-rechtlichen Rundfunkanstalten der Bundesrepublik Deutschland* kürzer *ARD*, statt *Zweites Deutsches Fernsehen* kürzer *ZDF*, statt *Industrie- und Handelskammer* kürzer *IHK*). Abkürzungen sind deshalb nicht generell abzulehnen.

Ähnlich wie Fremdwörter sollten Abkürzungen immer dann vermieden werden, wenn sie die Verständigung erschweren oder Missverständnisse verursachen können. Man sollte also den Gebrauch von Abkürzungen, die nicht allgemein bekannt und verständlich sind, umgehen und besonders innerbetriebliche Abkürzungen Außenstehenden nicht zumuten, wenn diese in einem Schreiben nicht ausdrücklich eingeführt werden. Hierfür ein Beispiel: *Das Bibliographische Institut und F. A. Brockhaus AG, im Folgenden kurz BIFAB genannt, ...* Texte, die mit Abkürzungen überfrachtet sind, wirken stilistisch unschön und bürokratisch. Auch so häufig abgekürzte Wörter wie *Seite, Band, Nummer,*

Anmerkung sollten, wenn sie mit dem Artikel oder einer vorangestellten Zahl gebraucht werden, ausgeschrieben werden: *die Seite 16, im 8. Band, vgl. die Nummer 14 und die 3. Anmerkung von unten.*

Zur Schreibung von Abkürzungen mit und ohne Punkt, zur Groß- und Kleinschreibung, zum Genus (Geschlecht), zur Deklination (Beugung), zur Betonung, zur Abkürzung als beigefügte nähere Bestimmung (Apposition) und zur Zeichensetzung bei Abkürzungen vgl. unter dem Stichwort ›Abkürzung‹ in Duden – Richtiges und gutes Deutsch. 4. Auflage. Mannheim usw. 1997 (Duden, Band 9).

10. Gebot: Schreibe fehlerfrei! Eigentlich sollte es sich von selbst verstehen, dass nur fehlerfreie Geschäftsbriefe versandt werden. Da der Mensch aber unvollkommen ist, rutschen Fehler immer wieder einmal durch. Das ist im Einzelfall nicht schlimm, kann aber bei entsprechender Häufung dem Ansehen des Unternehmens oder zumindest des Schreibers durchaus schaden. Eine korrekte Schreibung gilt nach wie vor als eine Art Visitenkarte für den Schreiber.

Für das Deutsche gibt es seit dem Jahre 1902 eine amtlich festgelegte Rechtschreibung. Sie wurde auf der 2. staatlichen Rechtschreibkonferenz in Berlin im Jahre 1901 verabschiedet. An dieser Konferenz nahm auch Konrad Duden teil, der mit seinem *Vollständigen Orthographischen Wörterbuch der deutschen Sprache* (›Urduden‹), das erstmals 1880 veröffentlicht wurde, eine einheitliche Rechtschreibung im deutschsprachigen Raum schon weitgehend herbeigeführt hatte. Die amtlichen Regeln von 1901 wurden im Jahre 1955 von der Ständigen Konferenz der Kultusminister der Länder bestätigt. Im Laufe der folgenden Jahre wurde der Ruf nach einer Vereinfachung unserer Rechtschreibung immer lauter. Es gab viele Diskussionen über Klein- und Großschreibung sowie über eine Vielzahl von Änderungsvorschlägen. Aber es dauerte Jahre, bis es endlich zu einer Neuregelung kam.

Am 1. Juli 1996 haben in Wien die politischen Vertreter der deutschsprachigen Staaten und weiterer interessierter Länder eine ›gemeinsame Erklärung zur Neuregelung der deutschen Rechtschreibung‹ unterzeichnet. Damit wurde der jahrelangen Diskussion um Erleichterungen beim Erlernen und bei der Handhabung der deutschen Orthographie Rechnung getragen. Mit der Unterzeichnung der gemeinsamen Erklärung und mit der offiziellen Veröffentlichung des amtlichen Regelwerkes in Deutschland, Österreich und der Schweiz folgte man der schon 1901 erhobenen Forderung Konrad Dudens nach einer behutsamen Weiterentwicklung der deutschen Orthographie im Sinne der Vereinfachung und leichteren Handhabbarkeit.

Die neue Regelung ersetzt die Regelung von 1902 und alle nachfolgenden Ergänzungsverordnungen. Wie das Regelwerk von 1901/1902 ist auch die neue amtliche Rechtschreibung verbindlich für diejenigen Institutionen, für die der Staat in dieser Hinsicht Regelungskompetenz besitzt. Das sind einerseits die Schulen und andererseits die Behörden. Darüber hinaus hat sie Vorbildcharakter für alle anderen Bereiche, in denen sich die Sprachteilhaber an einer möglichst allgemein gültigen Rechtschreibung orientieren möchten. Das gilt speziell für Druckereien, Verlage und Redaktionen, aber auch für Privatpersonen. Über die neue deutsche Rechtschreibung informiert ausführlich das Kapitel Die Neuregelung der Rechtschreibung, S. 427 ff.

Warum brauchen wir eine einheitliche Rechtschreibung? Wozu dienen orthographische Normen? In einer Zeit der sich explosionsartig vermehrenden schriftlichen Kommunikation – mit Fax, Telex und E-Mail ist die schriftliche Mitteilung neben dem altbekannten Brief gegenüber der mündlichen Mitteilung per Telefon wieder auf dem Vormarsch – ist es unabdingbarer denn je, dass die Verständlichkeit geschriebener Texte ohne Irritationen und zeitliche Verzögerungen gewährleistet ist. In unserer modernen, hoch technisierten Kommunikations- und Informationsgesellschaft bedeutet der reibungslose Austausch von Informationen auch mit ausländischen Partnern immer einen Gewinn und Vorsprung. So wie der normgerechte Aufbau eines Schreibens, so bewirkt auch eine normierte Schreibung Zeit- und Arbeitsersparnis beim Adressaten. Er wird dies zu schätzen wissen.

Orthographische Normen sind nicht fest. Auch sie unterliegen Wandlungsprozessen. Diese Wandlungen vollziehen sich von der Gemeinschaft der Schreibenden aus. In Zeiten wachsender Möglichkeiten der maschinellen Sprachverarbeitung (maschinelles Übersetzen, maschinelles Textverstehen u. Ä.) kommt orthographischen Normen eine gesteigerte Bedeutung zu. Bemühungen um eine normierte Rechtschreibung zielen darauf ab, die Schreibung systematisch zu vereinheitlichen und zu erleichtern. Dabei setzen das gewohnte Schriftbild und der tradierte Schreibgebrauch allerdings Grenzen. Das neue amtliche Regelwerk ist eingearbeitet in die *Richtlinien zur Rechtschreibung, Zeichensetzung und Formenlehre,* die zusammen mit den *Hinweisen für das Maschinenschreiben* und anderen nützlichen Ergänzungen wie z. B. den *Richtlinien für den Schriftsatz* und den *Korrekturvorschriften* dem Wörterverzeichnis des Rechtschreibdudens (s. o.) vorangestellt sind.

Die letzten Schritte vor der Unterschrift

Jedes Schreiben muss vor der Vorlage zur Unterschrift oder dem Kuvertieren gründlich Korrektur gelesen werden. Dabei sollten folgende Punkte noch einmal geprüft werden:

- Ist der Name des Adressaten korrekt geschrieben?
- Stimmt die Adresse und ist sie vollständig?
- Trägt das Schreiben ein Datum?
- Ist die Bezugszeichenzeile vollständig und korrekt ausgefüllt?
- Stimmt die Anrede?
- Ist der Text inhaltlich schlüssig aufgebaut?
- Wurde in einem angemessenen Stil geschrieben?

- Stimmen alle Daten und Termine?
- Ist der Text orthographisch korrekt (Rechtschreibung und Zeichensetzung)?
- Fehlt ggf. der Anlagevermerk?
- Sind die Anlagen vollständig?
- Stimmt ggf. der Verteiler?

Wenn Zweifelsfälle der Rechtschreibung und Zeichensetzung nicht mithilfe des Rechtschreibwörterbuchs gelöst werden können, bleibt die Möglichkeit, sich bei einer der Sprachberatungseinrichtungen Rat und Hilfe zu holen. Fragen zur Rechtschreibung, Zeichensetzung, Grammatik, zum Stil aber auch zu allen anderen Bereichen der Sprache beantworten u. a.

Sprachberatungsstelle der Dudenredaktion
Bibliographisches Institut & F. A. Brockhaus AG, Dudenstr. 6, 68167 Mannheim (Postfach 10 03 11, 68003 Mannheim), Telefon (06 21) 3 90 14 26.

Anfragen können sowohl telefonisch als auch schriftlich eingereicht werden. Die telefonische Sprachberatung ist erreichbar montags bis freitags von 9 bis 12 Uhr. Alle Auskünfte sind kostenlos.

Technische Hochschule Aachen
Forschungszentrum für Kommunikation und Schriftkultur, Eilfschornsteinstr. 15, 52062 Aachen, Telefon (02 41) 80 60 74.

Die telefonischen und schriftlichen Auskünfte sind kostenlos. Das Forschungszentrum ist montags bis freitags von 10 bis 12 Uhr und 14 bis 16 Uhr erreichbar.

Gesellschaft für deutsche Sprache (GfdS)
Spiegelgasse 11, 65183 Wiesbaden, Telefon (06 11) 999 55-55.

Die telefonische Auskunft ist kostenlos, die schriftliche nur für Mitglieder – Nichtmitglieder müssen, je nach Art und Umfang der Auskunft, ggf. ein Entgelt entrichten. Für Anfragen zu Vor- und Familiennamen werden in jedem Fall die Selbstkosten erhoben. Bei der GfdS kann man während der normalen Geschäftszeiten anrufen.

Sprachberatungsdienst der Martin-Luther-Universität Halle
Sprachdienst des Germanistischen Instituts der Martin-Luther-Universität Halle-Wittenberg, 06108 Halle, Luisenstr. 2, Telefon (03 45) 5 52 36 05.

Die Mitarbeiterinnen und Mitarbeiter geben telefonisch und schriftlich Auskunft, und zwar an folgenden Tagen: montags und donnerstags von 10 bis 12 Uhr, dienstags und donnerstags von 14 bis 16 Uhr, freitags von 9 bis 11 Uhr.

Institut für deutsche Sprache
R5, 6–13, 68161 Mannheim, Telefon (06 21) 15 81-0

Deutscher Germanistenverband
Oelschlägerstr. 22, 70619 Stuttgart, Telefon (07 11) 47 86 23

Grammatisches Telefon für Brandenburg
Universität Potsdam, Institut für Germanistik, Postfach 60 15 53, 14415 Potsdam, Telefon (03 31) 9 77 24 24, täglich 10 bis 12 Uhr.

Schweizerischer Verein für die deutsche Sprache (SVDS)
Universität Basel, Petersgraben 35, 4003 Basel, Telefon 1 57 35 70, montags bis freitags von 8:30 bis 12 Uhr. Die Auskünfte sind gebührenpflichtig.

Briefe, die beeindrucken

Nachdem die formalen, stilistischen und inhaltlichen Gesichtspunkte der geschäftlichen Korrespondenz behandelt worden sind, erhebt sich nunmehr die Frage nach der Praxis. Diese ist nicht leicht zu beantworten, denn die Gestaltung eines Briefes hängt bekanntlich von vielen Faktoren ab. Darum können hier auch nur Beispiele und Anregungen gegeben werden, wie lebendige, persönlich ansprechende und zugleich konkret und präzis formulierte Briefe aussehen könnten.

Die individuelle Briefgestaltung beginnt schon damit, dass Anrede und Grußformeln, Einleitungs- und Schlusssätze variiert werden, um der je besonderen Beziehung zum jeweiligen Geschäftspartner Ausdruck zu verleihen. Auch dafür werden im Folgenden Anregungen gegeben.

Anreden
- Sehr geehrte Frau ...
- Sehr geehrter Herr ...
- Sehr geehrte Damen und Herren
- Liebe Frau ... (bei Vertrautheit)
- Lieber Herr ... (bei Vertrautheit)
- Guten Tag, Frau ...
- Guten Tag, Herr ...
- Sehr geehrter Herr Dr. Schulz
- Sehr verehrte Frau Professor

Anfangssätze
- Vielen Dank für die frohe Botschaft ... (bei Vertrautheit)
- Ihre Anfrage interessiert uns sehr ...
- Wir freuen uns über Ihre Anfrage ...
- Für die freundliche Aufnahme in Ihrem Hause und die angenehme Verhandlungsatmosphäre auch noch schriftlich herzlichen Dank ...
- Vielen Dank für die angenehme Vorbesprechung. Nachstehend unser spezifiziertes Angebot ...
- Ihr Brief hat uns aktiviert, deshalb haben wir gleich mit Ihnen telefoniert. Vielen Dank für das klärende Gespräch ...
- Vielen Dank für Ihr Fax, wir haben es Ihnen sofort bestätigt. Hiermit erhalten Sie das ausführliche Angebot mit allen gewünschten Prospekten ...

- Vielen Dank für Ihre Anfrage. Wir haben Ihr Problem verstanden. Um bei der Lösung wirksam helfen zu können, bitten wir noch um die Beantwortung folgender Fragen: ...
- Wir haben uns überlegt, ob wir auf Ihren Ton eingehen sollen, wir ziehen es jedoch vor, höflich und sachlich zu bleiben ...
- Wir verstehen Ihren Ärger, Sie haben ihn aber an der falschen Stelle abgeladen ...

Schlusssätze

- Wir freuen uns auf eine gute Zusammenarbeit.
- Sie werden mit unserer Lieferung zufrieden sein.
- Saubere Arbeit und pünktliche Fertigstellung sind unser Prinzip.
- Da wir uns über Lob freuen, leisten wir immer besonders gute Arbeit.
- Alle Weichen stehen auf Erfolg.
- Jetzt haben wir alles in der richtigen Rille.
- Sie werden von uns pünktlich und bestens beliefert.
- Wir sind neugierig (gespannt), wie Sie unsere Vorschläge beurteilen.
- Wir glauben, dass wir einander in vielerlei Hinsicht nützlich sein können.
- Obwohl unser Schriftwechsel nicht immer erfreulich war, wünschen wir Ihnen das Beste.

Grußformeln

- Herzliche Grüße
- Mit besten Grüßen
- Mit besten Empfehlungen
- Mit freundlichen Grüßen
- Mit freundlichem Gruß
- Hochachtungsvoll
- Mit besten Grüßen aus ...
- Mit besten Grüßen nach ...
- Mit freundlichen Grüßen von Haus zu Haus

Die folgenden Musterbriefe stehen für einige wenige typische Fälle wie Hotelbuchungen, Bestellungen, Reklamationen u. A. Zahlreiche weitere Beispiele sind in Duden – Briefe gut und richtig schreiben, 2. Auflage. Mannheim usw. 1997, aufgeführt. Dort sind auch Muster für Angebote, Kaufverträge, Zwischenbescheide, Versandanzeigen, Mahnungen, Einladungen und Absagen u. v. a. m. vertreten. Für Werbebriefe, Pressemeldungen und Pressemitteilungen gilt dasselbe. Über den geschäftlichen Bereich hinaus befasst sich dieser Band mit den Formen des privaten Briefes (Glückwunschkarten, Gratulationsschreiben, Kondolenzbriefe, Hochzeitsanzeigen, Todesanzeigen usw.) und der Korrespondenz mit öffentlichen Einrichtungen wie Bahn und Post, Finanzamt, Polizei u. a.

Rundbrief des Vorstandes an Führungskräfte des Unternehmens nach einer Strategiekonferenz

Sehr geehrte Damen und Herren,

vieles befindet sich im Auf- und Umbruch, in der Welt und bei uns. Entscheidungen, die allen Vorstellungen entsprechen und sämtlichen Erwartungen gerecht werden, wird es nicht geben.

Strategiestreitigkeiten sind nicht typisch für unser Haus; die gibt es überall. Es ist legitim, kritischer Bedenkenträger oder begeisterter Befürworter zu sein, vielfältige Meinungen sind besser als einfältige Entscheidungen.

Wir haben das Für und Wider aller Vorschläge gründlich diskutiert. Zwangsläufig spielten übergeordnete Gesichtspunkte dabei eine wichtige Rolle. Jetzt sind die als Anlage beigefügten protokollierten Beschlüsse für alle verbindlich und werden konsequent praktiziert.

Der Vorstand dankt Ihnen für zustimmende und abweichende Hinweise. Sie waren für alle Entscheidungen wichtige Hilfen.

Wenn Sie Ihre Verantwortung loyal wahrnehmen und die zugewiesenen Aufgaben engagiert erfüllen, werden wir die Probleme meistern und unsere Ziele erreichen.

Mit freundlichen Grüßen

Unterschrift Unterschrift

Anlage

Protokoll

Aufgabe einer detaillierten Bestellung/Hotelbuchung

Hotel Sonnenlust
Direktion
Waldweg 15

00000 Felsenberg

29. Juli 1997
.../...

Sehr geehrte Damen und Herren,

wir suchen für eine Gruppe von zwölf Personen ein ruhig und schön gelegenes Seminarhotel, in dem keine störenden Baumaßnahmen stattfinden.

Unsere Wünsche:

Zimmer	vom 6. bis 9. Oktober 1997 12 Einzelzimmer (Dusche, WC, Telefon, Radio, TV, möglichst auch Zimmerbar)
Seminarraum	mit Tischen in U- oder L-Aufstellung und äußerer Sitzreihe für 11 Personen. Der Raum soll Fenster haben und groß genug für Videoaufzeichnungen von Rollenspielen sein. Wir gehen davon aus, dass für Gruppenarbeiten weitere Räumlichkeiten zur Verfügung stehen. Der Schulungsraum soll am Abend des 6. Oktobers entsprechend hergerichtet werden. Benötigt wird ein Flipchart.
1997–10–06	Anreise abends bis 19:00 Uhr Abendessen 20:00 Uhr – wahlweise ein warmes oder ein kaltes Menü
1997–10–07	Frühstücksbuffet Seminargetränke: Wasser, Cola, Säfte, Kaffee/Tee, dazu vor- und nachmittags Gebäck. Mittagessen, zwei Menüs zur Auswahl Abendessen, ein warmes und ein kaltes Menü zur Auswahl
1997–10–08	wie 10–07
1997–10–09	wie 10–07 (außer Abendessen) 16:00 Uhr Abreise

Blatt 2 – Aufgabe einer detaillierten Bestellung/Hotelbuchung

Die Teilnehmer/-innen bezahlen Extras (Telefon, Zimmerbar) selbst,
pro Mahlzeit geht je ein Getränk auf unsere Rechnung.

Nennen Sie uns bitte den Pauschalpreis, und legen Sie Ihrem Angebot einen Prospekt bei.

Vielen Dank für Ihre Mühe. Wir entscheiden uns schnell.

Mit freundlichen Grüßen

Geschäftsbrief mit persönlicher Note

Abc GmbH
Frau Dipl.-Oec. Sabine Runimer
Postfach 1 23 45

00000 Klingenwalde

1997–03–12
ju/nb

Ihr Brief von 1997–03–09

Guten Tag, Frau Runimer,

vielen Dank für Ihren Brief mit der frohen Botschaft, dass unsere Muster gefallen, und für die beigefügte Bestellung zur Lieferung von

12 ...
06 ...

bis spätestens 1997–04–30.

Meine telefonische Bestätigung dieses Termins hat Frau Lopa bereits erhalten.
Sie werden es inzwischen erfahren haben. Es war nicht ganz einfach, vom Hersteller verbindliche Zusagen zu bekommen, weil es bei diesen exklusiven Spezialanfertigungen wegen der großen Nachfrage Engpässe gibt. Planen Sie bei Ihren künftigen Dispositionen deshalb bitte eine Lieferzeit von sechs Wochen ein.

Ich werde versuchen, Sie in den nächsten Tagen telefonisch zu erreichen, um Ihnen noch einige Vorschläge zur Kostensenkung und Bevorratung zu machen. Die Möglichkeiten hierzu lassen sich besser ›besprechen‹ als ›beschreiben‹, außerdem können wir bei der Gelegenheit gemeinsame Aktivitäten in der Sache XY abstimmen.

Die gewünschte Auflistung des AZ-Sortiments faxe ich gleich Herrn Zaudig zu, die Originale und die umfangreichen Beschreibungen bringt der Postbote durch Eilzustellung.

Zum Schluss habe ich noch ein ›Sahnehäubchen‹ für Ihre nächsten Bestellungen:
Unsere Konditionen bleiben bis 1997–09–30 unverändert.

Ich wünsche Ihnen noch eine erfolgreiche Restwoche und gute Erholung
von der strapaziösen Tagung in Berlin.

Mit freundlichen Grüßen

Ihre

Anlagen

Lieferschein
Vorankündigung und Informationen
zu unserer Hausmesse

Bestellung und Bitte um Einhaltung des Liefertermins

Innovations-GmbH

1997–02–01
b/sh

ABC AG
Abt. 23
Konzernstraße 11–14

00000 Gartenstadt

Sehr geehrte Damen und Herren,

wir haben soeben mit Herrn Schmidt telefonisch über die verspätete Lieferung der am 4. Dezember 1996 georderten Aggregate und über die vorhergehenden Terminüberschreitungen gesprochen.

Er hat uns versichert, dass künftig innerhalb drei Wochen nach Eingang der Bestellung die Sendungen bei uns eintreffen.

Im Vertrauen darauf bestellen wir zu den bisherigen Konditionen

4 Aggregate Wampi 4/88
4 Aggregate Wampi 4/24

Wir haben unseren Kunden eine Auslieferung bis zum 2. März 1997 fest zusagen müssen und möchten alles vermeiden, mit ihnen erneuten Ärger zu bekommen.

Wir danken Ihnen im Voraus für die pünktliche Bedienung.

Mit freundlichen Grüßen

Reklamation

Innovations-GmbH

1997–03–24
b/sh

ABC AG
Konzernstraße 11–14

00000 Gartenstadt

Unsere Bestellung Wampi vom 1. Februar 1997
Lieferschein Nr. 38/II

Sehr geehrte Damen und Herren,

Sie geben uns leider erneut Anlass, mit Ihrer Lieferung unzufrieden zu sein, und zwar aus folgenden Gründen:

1. Trotz ausdrücklicher Zusage Ihres Versandleiters, Herrn Schmidts, vereinbarte Lieferzeiten einzuhalten, trafen die von uns zur Lieferung am 1. Februar d. J. bestellten Aggregate erst am 23. März 1997 hier ein. Aus den Versandpapieren ersehen wir, dass die zwei Kisten erst am 14. März per Bahn abgeschickt wurden.
2. In jeder Kiste waren bei einer von vier Einheiten die Verschlussdeckel eingedrückt und die Halteklammern beschädigt, weil die Zwischenpolsterung fehlte. Da haben Ihre Verpackungsspezialisten ganz offensichtlich nicht aufgepasst.

Die Nachteile für uns sind:

1. Unsere Abnehmer sind wütend und wollen nicht mehr bei uns kaufen. Damit geht uns ein Umsatz von jährlich ca. 150 000 DM verloren.
2. Die verärgerten Vertreter dieser Betriebe sind negative Multiplikatoren geworden. Das bedeutet, durch Imageverlust in der Branche entsteht zusätzlich ideeller Schaden.

Wir überlegen, ob eine weitere Zusammenarbeit mit Ihnen noch sinnvoll ist, denn die Risiken Ihrer Unzulänglichkeiten sind mittlerweile größer als die Vorteile Ihrer Wampi-Systeme.

Sehr geehrte Damen und Herren, falls Sie uns als Kunden behalten wollen, müssen Sie klären,

- wie Sie Ihre Schwachstellen beseitigen und uns künftig in jeder Weise einwandfreie Lieferungen garantieren können,
- was Sie im jetzigen Fall zur finanziellen und ideellen Schadensbegrenzung beitragen werden.

Machen Sie uns bitte bis spätestens 5. April d. J. definitive Vorschläge; unser weiteres Vorgehen hängt von Ihren Reaktionen und Entschlüssen ab.

Mit freundlichen Grüßen

Reaktion auf eine Reklamation

ABC AG

29. März 1997
bm/lk

Fax ....

Innovations-GmbH
Torbrückener Straße 18

00000 Putenhofen

Ihre Reklamation vom 24. März 1997 (b/sh)

Sehr geehrte Damen und Herren,

Ihr Brief, der heute eintraf, zeigt bei uns Wirkung, Sie sehen es an der sofortigen Reaktion per Fax.

Die verantwortlichen Sachbearbeiter/-innen werden am 30. d. M. die uns geschilderte Situation besprechen und Lösungen erarbeiten. Hier im Hause wurde bereits beschlossen, dass der für Ihr Gebiet zuständige Verkaufsleiter, Herr Schnellmann, nach telefonischer Absprache mit Ihnen bis spätestens 5. April d. J. nach Putenhofen kommen wird, um Details Ihrer Forderungen zu klären.

Wir bitten Sie um Entschuldigung und Nachsicht für alle Pannen. Die sensationellen Vorteile unserer neuen Systeme haben eine Flut von Bestellungen ausgelöst; dadurch kam es zu Engpässen. Leider gab es auch Verzögerungen bei der Ausstattung einer weiteren Produktionshalle, weil unsere Lieferanten die Termine nicht einhalten konnten. Solche Imponderabilien sind Ursachen unangenehmer Kettenreaktionen, deren Auswirkungen Sie zu unserem Bedauern auch spüren mussten.

Wir sind zuversichtlich, dass in den nächsten Wochen alle Voraussetzungen für normale Abläufe geschaffen sind.

Geben Sie bitte bis dahin Bestellungen so früh wie möglich auf.

Die Präzision unserer Wampi-Systeme ist ausgezeichnet, die unserer Lieferungen wird in Kürze wieder ebenso sein.

Mit freundlichen Grüßen

Reaktion auf ein Stellengesuch

Kompakt KG

17. September 1997
pa/ju

AZ-Zeitung
Chiffre FT 484
Goethestraße 7

00000 Wenzelsstadt

Ihre Anzeige in der AZ-Zeitung vom 15. September 1997

Sehr geehrte Inserentin,

wir hoffen, Sie bald namentlich ansprechen zu können, denn die Art Ihrer Anzeige hat uns gefallen. Unsere Chefsekretärin verlässt uns, weil ihr Mann nach Süddeutschland versetzt wird. Deshalb brauchen wir für diese anspruchsvolle Position eine neue Mitarbeiterin. Ihre Berufserfahrung, Ihre Sprachkenntnisse, aber auch Ihre Selbstdarstellung lassen uns vermuten, dass wir Ihnen bieten können, was Sie suchen, und Sie das haben, was wir uns wünschen: Engagement, Selbstständigkeit, Freude an der Arbeit und ein angenehmes Wesen.

Wir stellen Kunststoffartikel her, haben moderne Produktions- und Verwaltungsgebäude, in denen 240 Frauen und 85 Männer arbeiten.

Wir bieten leistungsgerechte Bezahlung und attraktive Sozialleistungen, haben eine niveauvolle Firmenphilosophie und ein gutes Betriebsklima. Rufen Sie uns bitte an (Chefsekretariat, Frau Müller), dann vereinbaren wir einen Termin, damit Sie von unserem Unternehmen und den Menschen, die hier arbeiten, einen Eindruck bekommen.

Wenn die „Chemie" und die sachlichen Voraussetzungen stimmen, unterhalten wir uns über Details und stellen die Weichen für die Zusammenarbeit.

Mit freundlichen Grüßen

Das Höflichkeitsschreiben

Höflichkeitsschreiben dienen der Vertiefung persönlicher Beziehungen zu Geschäftspartnern und der Festigung der Kontakte; sie fördern das Betriebsklima, wenn sie an Mitarbeiter gerichtet werden, und sie sind Teil der PR-Arbeit eines Unternehmens.

Stehen beim Geschäftsbrief der sachliche Inhalt und sein Informationsgehalt im Vordergrund, so hat das Höflichkeitsschreiben zumeist den Zweck, Anteilnahme bei freudigen oder bedauerlichen Anlässen auszudrücken. Bei Höflichkeitsschreiben handelt es sich in der Regel um Gratulationen oder Kondolenzen, Glückwünsche oder auch formelle Einladungen. Der Ton des Höflichkeitsschreibens ist deshalb persönlicher, individueller, wärmer als der einer geschäftlichen Mitteilung; die Wirkung auf den Empfänger ist das Wesentliche. Die Worte sind deshalb noch sorgfältiger zu wählen, denn Ungeschicklichkeiten in der Formulierung fallen in derartigen Briefen besonders auf. Dennoch ist auch die Sprache dieser Briefe heute modern und klar, frei von überholten Schnörkeln, Phrasen und Floskeln. Herzlichkeit und Empfindungen werden in ehrlichen Worten ausgedrückt.

Manchmal müssen solche Briefe im Auftrag des Chefs plötzlich geschrieben werden, und der Sekretärin wollen gerade in diesem Moment nicht die richtigen Formulierungen einfallen! Es ist deshalb empfehlenswert, von allen Höflichkeitsschreiben eine Kopie in einem Extraordner oder einer Datei im Computer abzulegen, damit man sich dort ggf. schnell Anregungen holen kann. Auch eingegangene Briefe, die besonders gut gefallen haben, sollten in diesem Speicher Aufnahme finden. Standardbriefe sollten daraus allerdings nicht entstehen!

Schreiben zu besonderen Anlässen können unabhängig von der DIN-Norm ansprechend gestaltet werden. Für sie wird meistens auch ein spezielles Briefpapier verwendet. Abweichungen von der DIN-Norm sind z. B. die folgenden:

- Es wird keine Innenanschrift eingesetzt (die Adresse wird auf der Briefkopie vermerkt) und kein Diktatzeichen angegeben
- Es kann anderthalbzeilig statt einzeilig geschrieben werden
- Es wird ein breiterer Rand gewählt oder im Blocksatz geschrieben
- Die Grußformel und die Unterschrift können mittig unter den Brief gesetzt werden

Für die Anrede und die Grußformeln gibt es bei diesen Briefen natürlich viele Varianten, abhängig vom Grad der persönlichen Beziehung zwischen Absender und Empfänger. Den wird die Sekretärin kennen oder durch Rückfrage in Erfahrung bringen um den richtigen Ton zu treffen.

Im Privatleben gilt es als selbstverständliche Höflichkeitsregel, dass zumindest Kondolenzbriefe mit der Hand geschrieben werden. Im Geschäftsleben ist das nicht durchführbar. Jedes Höflichkeitsschreiben gewinnt aber an persönlicher Wirkung, wenn der Absender die Anrede und außer seiner Unterschrift auch die Grußformel handschriftlich einsetzt. Für Kondolenzbriefe sollte möglichst ein schlichter Briefbogen in Weiß oder Grau gewählt werden. Briefpapier oder Karten mit schwarzem Rand bleiben dem Trauerhaus vorbehalten. Kondolenzbriefe, aber möglichst auch die anderen Briefe, die zur Kategorie des Höflichkeitsschreibens gehören, sollten nicht durch den Firmenfreistempler (Werbeaufdruck!) laufen, sondern mit einer Briefmarke freigemacht werden.

Für Glückwunsch- und Kondolenzschreiben werden im Folgenden drei Beispiele gegeben.

Glückwunsch zur Beförderung

HAUPTFELD GMBH

17. August 1997
b/je

Herrn Prokurist
Georg Wandora
Hola AG
Gartenstraße 7–9

00000 Wendenfels

Sehr geehrter Herr Wandora,

wir freuen uns mit Ihnen über die Beförderung zum Abteilungsleiter und die Erteilung der Prokura. Herzlichen Glückwunsch!

Wir haben bereits viele Jahre in angenehmer Zusammenarbeit die Effizienz Ihrer Aktivitäten erlebt. Schon als Sachbearbeiter haben Sie viel bewegt und bewirkt. Die schwierige Umstellung der Datenerfassung ging auf Ihre Initiative zurück und brachte aufgrund Ihrer Ideen vielfache Vorteile.

In der neuen Position können Sie das große Potenzial Ihrer Fähigkeiten noch besser entfalten. Bei der jetzigen Wirtschaftslage brauchen Unternehmen mehr denn je Könner wie Sie.

Was wir als zuverlässige Lieferanten zum Erfolg Ihrer Abteilung und Ihres Hauses beitragen können, wird auch in Zukunft geschehen. Dabei werden ›harte‹ Gespräche nicht ausbleiben, doch bisher haben offene Worte immer zur Lösung schwieriger Probleme und zur Realisierung anspruchsvoller Ziele beigetragen. Und nichts ist so verbindend wie gemeinsame Erfolge.

In diesem Sinne verbleiben wir mit allen guten Wünschen und

herzlichen Grüßen

Ihre
HAUPTFELD GMBH

Glückwunsch zum Ruhestand

Hüttenwerke AG 28. Mai 1997

Sehr geehrter Herr Lehmann,

herzlichen Glückwunsch zum 65. Geburtstag!

Der 28. Mai 1997 ist ein feiernswerter Tag, denn Sie haben die Plateauphase Ihres Lebens erreicht und weisen eine imponierende Leistungsbilanz im Berufs- und Gesellschaftsleben auf.

Ihre Arbeit, Ihre Bedeutung und Ihre Erfolge werden noch vielfach gewürdigt werden. Man wird weiterhin um Ihren Rat bitten und Ihre Erfahrungen nutzen wollen. Da machen auch wir uns Hoffnungen. Wir wissen, dass ein völliger Ruhestand gar nicht Ihrer Mentalität entspricht.

Lieber Herr Lehmann, genießen Sie aber vor allem die ›Jugend des Alters‹ im Kreise Ihrer Lieben in Gesundheit und Harmonie.

Wir grüßen Sie in Dankbarkeit und Hochachtung

Ihre

Kondolenzbrief

Waldbau-Werke 17. Oktober 1997

Sehr geehrte Frau Meyer,

das plötzliche Ableben Ihres Mannes hat uns sehr betroffen gemacht. Er hat zwölf Jahre die Interessen seines Hauses bei uns vertreten – verantwortungsbewusst und fair. So bleibt er uns in guter Erinnerung. Wir werden ihn bei unseren Tagungen vermissen.

Wir wünschen Ihnen in Ihrem großen Schmerz Kraft aus dem Glauben und Trost in der Erinnerung.

In stiller Anteilnahme

Weiterbildung und sprachliches Training

Aus dem Deutschunterricht sind manchem vielleicht noch Übungen des folgenden Typs in Erinnerung: *Suche fünf andere Wörter für* ›interessant‹, *mindestens zehn für* ›sagen‹ *und nochmals zehn für* ›unglücklich‹. Solche Aufgaben kann man sich auch selbst stellen. Sie gehören in der beruflichen Praxis zu den besten Übungen, den eigenen Wortschatz zu erweitern und ein Gefühl für die Bedeutungsnuancen von Wörtern zu entwickeln. Schließlich kommen erhebliche Unterschiede zum Ausdruck, wenn die Sekretärin über ihren Chef schreibt, er sei

> ungehalten – verärgert – verstimmt – empört – erbost – beleidigt – gekränkt – betroffen – unangenehm berührt ...

oder wenn sie einen Bewerber nicht nur als ›nett‹ beschreibt, sondern als

> sympathisch – aufgeschlossen – gepflegt – macht einen guten Eindruck – wirkte interessiert – freundlich – positiv – vertrauenswürdig ...

Sie sollte sich auch die Mühe machen, nichts sagende Allgemeinbegriffe wie ›Ding‹, ›Sache‹, ›Angelegenheit‹ zu vermeiden und ›die Dinge beim Namen zu nennen‹, wie es schon die bekannte Redewendung empfiehlt.

Auch in Sachen Sprachgefühl und -gebrauch gehört ›learning on the job‹, Lernen am Arbeitsplatz, zu den erfolgreichsten Methoden. Das heißt, eine Sekretärin kann von einem gebildeten und rhetorisch geschulten Chef sehr viel ›abkupfern‹ und dadurch lernen. Die Gelegenheit, mit ihm über Fragen der sprachlichen Form von Schriftstücken zu sprechen, sollte sie deshalb stets ›beim Schopf packen‹. Es wird übrigens behauptet, dass man am Schreibstil von Sekretärinnen, die schon viele Jahre für einen Chef arbeiten, dessen Beruf erkennen könne, wenn für diesen Beruf eine bestimmte Ausdrucksweise typisch ist (wie z. B. für Juristen, Ingenieure, Kaufleute)!

Fast mühelos fördert und festigt man sein Sprachgefühl durch das Lesen von Büchern, die zur anerkannten Literatur zählen, und das Studium einer wirklich guten Tages- oder Wochenzeitung. Dabei ist ›aktives Lesen‹ wichtig: Jedes unbekannte Wort wird sofort im bereitliegenden Wörterbuch oder Lexikon nachgeschlagen und in den persönlichen Wortschatz aufgenommen.

Viele Bildungseinrichtungen befassen sich mit der Pflege der Sprache. So kann die interessierte Sekretärin sich einem Literaturzirkel bei einer Volkshochschule anschließen oder als Gasthörerin an Vorlesungen einer Hochschule teilnehmen. Auch Theaterbesuche können das Ohr für Sprachrhythmus und -schönheit schulen.

Es soll nicht vergessen werden, dass ständige Übung den Meister oder ›die Meisterin‹ macht: Das eigene Sprechen und Argumentieren in kleinen Gruppen oder gelegentliche Reden vor größerem Kreis zwingen zur bewussten Anwendung der Sprache. Dadurch entsteht eine Übung, die auch der schriftlichen Kommunikation förderlich ist.

Zur verbalen Kompetenz gehören ein guter Wortschatz, überzeugende Logik sowie grammatische, stilistische und situative Sicherheit und – wichtig für die Gefühlsebene – eine sympathische, wandlungsfähige Stimme, mit der das Gesagte wirkungsvoll moduliert wird. Wie viele Wörter und Wortkombinationen es in der deutschen Sprache gibt, weiß niemand genau. Der Wortschöpfungsprozess hört nie auf. Für die anspruchsvolle Hochsprache stehen rund 200000 Wörter zur Verfügung, wer davon etwa 20000 im Kopf gespeichert hat, ist überdurchschnittlich ›wortstark‹. Sekretärinnen, die ihr Unternehmen repräsentieren, sollten ein entsprechend umfangreiches Vokabular haben oder anstreben, denn damit sind die Voraussetzungen für treffsichere Formulierungen gegeben, die übrigens auch im privaten Bereich beeindrucken. Es lohnt sich also besonders, Zeit und Geld auch in die rhetorische Fortbildung zu investieren; neben Seminaren bietet der Band Duden – Reden gut und richtig halten, Mannheim usw. 1994, direkte und vor allem ständig verfügbare Hilfe an. In diesem Nachschlagewerk steht, was man wissen, lernen und beachten sollte, um mit dem Wort zu überzeugen. Und was oben über Satzbau und Wortwahl gesagt wurde, gilt – natürlich mit Einschränkungen – im Grunde ebenfalls für die gesprochene Sprache.

Und überhaupt – zu einem vollständigen Sekretariatsarbeitsplatz gehören Bücher, die bei den typischen Schwierigkeiten der Textgestaltung weiterhelfen: ein Handapparat, der neben Adress-, Postleitzahlen- und Telefonbuch auch sprachliche Nachschlagewerke umfasst. Die folgenden Nachschlagewerke sollte eine Sekretärin in jedem Fall zur Hand haben.

- *Rechtschreibwörterbuch.* Es sollte die geltenden Regeln der deutschen Rechtschreibung und Zeichensetzung enthalten und eine umfassende Wortliste, anhand deren man Einzelfallprobleme schnell nachschlagen kann. Der Rechtschreibduden (Duden – Die deutsche Rechtschreibung, 21. Auflage, Mannheim usw. 1996) enthält darüber hinaus *Hinweise für das Maschinenschreiben, Richtlinien für den Schriftsatz, Korrekturvorschriften, Transkriptions- und Transliterationssysteme* und das *griechische Alphabet.* Einzelbereiche der Orthographie und Zeichensetzung werden in zahlreichen kleineren und größeren Publikationen behandelt, die hier nicht annähernd erfasst werden können. Hierüber kann man sich im Buchhandel informieren. Bei der Auswahl sollte in jedem Falle darauf geachtet werden, dass das amtliche Regelwerk zugrunde liegt.
- *Fremdwörterbuch.* Ein solches ist in Zeiten, in denen insbesondere der Fachwortschatz immer stärker anwächst und in die Allgemeinsprache eindringt, unverzichtbar. Gerade beim Fremdwortschatz kommt es auf Aktualität an. Kleinere Fremdwörterbücher oder ältere Auflagen sind schnell von der Wortschatzentwicklung überholt und dann nicht selten unbrauchbar.

- *Synonymenwörterbuch.* Bei der sprachlichen Gestaltung von Schriftstücken ist es oft erforderlich, im Ausdruck zu variieren. Deshalb bietet es sich an, in den Handapparat auch ein Wörterbuch der sinn- und sachverwandten Wörter aufzunehmen. Es sollte in seinen Synonymenlisten nicht mit Auszeichnungen zum Sprachgebrauch (Stilschicht- und Bereichsangaben) geizen. Man läuft in die Falle, wenn beispielsweise der Eindruck erweckt wird, ›Geschäft‹ und ›Deal‹ seien beliebig austauschbar. Wer dann nicht von sich aus weiß, dass Deal ein Jargonwort ist, das der Drogenszene entstammt, kann sich schnell im Stil vergreifen und die Wirkung seines Schreibens beeinträchtigen.
- *Bedeutungswörterbuch.* Ein größeres Bedeutungswörterbuch, in dem auch entsprechendes Beispielmaterial die Einbindung der Wörter im Satzzusammenhang veranschaulicht, sollte ebenfalls griffbereit sein. Man kann schließlich nicht alles wissen.
- *Wörterbuch der sprachlichen Zweifelsfälle.* Ein solches ist zum Beispiel der Dudenband 9, Richtiges und gutes Deutsch, 4. Auflage. Mannheim usw. 1997, der auf der Grundlage zahlloser Sprachberatungsanfragen die häufigsten Zweifels- und Problemfälle in alphabetischer Anordnung behandelt. Ein Blick in dieses Werk erspart in vielen Fällen den Anruf bei einer Sprachberatungseinrichtung.
- *Grammatik.* Auch eine Grammatik sollte im Handapparat nicht fehlen.
- Ein *Anredenbuch,* ein *Briefsteller* mit Musterbriefen und ggf. auch ein *Rhetorikhandbuch* mit Musterreden können von Nutzen sein.

Unabdingbar sind natürlich auch DIN 5008 und DIN 5009 (Regeln für das Phonodiktat). Weitere Normblätter, z.B. für spezielle Vordrucke, sind im Handel erhältlich.

Nützlich sind auch Loseblattwerke, da sie ständig ergänzt und aktualisiert werden. In Frage kommen für das Sekretariat z.B.: ›Handbuch für Sekretariat und Büromanagement‹ (WEKA-Verlag), ›Der Textberater‹, ›PLG Praxislexikon Die besten Geschäftsbriefe‹ (beide Haufe-Verlag), ›Die besten Vordrucke, Formulare & Musterbriefe von A–Z‹ (Verlag Praktisches Wissen). In Bezug auf Aktualisierungsmöglichkeiten gewinnen PC-Programme an Interesse; so gibt es mittlerweile viele Nachschlagewerke (auch von Duden) auf Diskette.

Nur zur Erinnerung: Man sollte sich Zeit dafür nehmen, den Umgang mit Nachschlagewerken zu lernen. Viele Anfragen bei den Beratungsstellen kommen nur zustande, weil die Anrufenden nicht wissen, wo sie in ihren Büchern die Antwort auf eine Frage finden können! Zu Sprachgebrauch, Stil, Korrespondenzgestaltung hier einige Buchtipps:

- Dudentaschenbücher: Wie schreibt man gutes Deutsch? (DT 7); Wie gebraucht man Fremdwörter richtig? (DT 9); Fehlerfreies Deutsch (DT 14) u.A.

- Wolfgang Manekeller: Moderne Geschäftskorrespondenz (Econ-Verlag); Persönliche Briefe im Geschäftsleben (verlag moderne industrie); Bürokorrespondenz – professionell und überzeugend (Humboldt Verlag; Neuauflage von Wie formuliert man im Büro?) u. a.
- Gabi Neumayer/Ulrike Rudolph: Musterbriefe von A–Z (WRS-Verlag)
- Edith Hallwass: Deutsch: locker, frisch, präzise (Hans Holzmann Verlag). Abgesehen von ›richtigen‹ Fachbüchern können auch Sprachglossen wie die von Dieter E. Zimmer oder Rudolf Walter Leonhardt den Sinn für sprachliche Feinheiten schärfen

Für die Sekretärin sind darüber hinaus einige *Zeitschriften* und *Newsletter* zu nennen:

- *Assistenz* erscheint alle zwei Monate
- *Sekretariat* erscheint monatlich
  Beide Hefte kommen aus dem Betriebswirtschaftlichen Verlag Dr. Th. Gabler GmbH, Postfach 1546, 65005 Wiesbaden, Telefon (0611) 7878246, Fax 7878-441. Sie werden den Mitgliedern des Bundesverbandes Sekretariat und Büromanagement als Verbandszeitschrift zugeschickt, wobei der Mitgliedsbeitrag je nach Zeitschrift gestaffelt ist.
- *Sekretärinnen-Service* – Beratungsbrief für moderne Chefentlastung – ist ein zweiwöchentlicher Newsletter und kommt vom GWI Institut für Wirtschaftsdokumentation GmbH, Postfach 200952, 80008 München, Telefon (089) 2311 03-0, Fax 23110350.

Der ›Bundesverband Sekretariat und Büromanagement‹ (bSb) gibt in allen Fachfragen gerne Auskunft, auch Informationen zu Seminaren. Gute Seminare zu sprachlichen Themen (Korrespondenz, Rhetorik, Rechtschreibung etc.) können zur Verbesserung der eigenen Fähigkeiten sehr viel beitragen. Die Adresse des bSb ist im letzten Kapitel dieses Buches auf Seite 663 ff. aufgeführt.

Zu guter Letzt: Sekretärinnen regieren nicht die Welt. Aber sie haben eine wichtige Aufgabe in der Welt der Unternehmen, Dienstleister und Behörden zu erfüllen und tragen – nicht zuletzt durch geschriebene Sprache – dazu bei, dass sie funktioniert. Deshalb hat auch für Sekretärinnen Gültigkeit, was Konfuzius, chinesischer Philosoph und Staatsmann, schon vor mehr als 2000 Jahren gesagt hat. Konfuzius wurde einmal gefragt, was er als Erstes tun würde, wenn er ein Land zu regieren hätte. ›Ich würde vor allem die Sprache verbessern, erwiderte er. Seine Zuhörer waren verwundert. Weshalb?, fragten sie. Die Antwort des Meisters: Wenn die Sprache nicht einwandfrei ist, sagt man nicht, was man meint. Wenn das Gesagte aber nicht das ist, was man meint, bleibt ungetan, was getan werden soll. Wenn es ungetan bleibt, verfallen Sitten und Künste, und das Recht geht in die Irre. Wenn das Recht in die Irre geht, ist das Volk hilflos und unsicher. Deshalb darf in dem, was gesagt wird, nichts Willkürliches sein. Es gibt nichts Wichtigeres (cep).‹

Korrespondenz mit ausländischen Geschäftspartnern

Der englische Geschäftsbrief

In englischsprachigen Ländern gibt es keine Normen, wie ein Brief zu gestalten ist. So akzeptieren Prüfungsämter bzw. Handelskammern gleich mehrere Formen. Jede Firma hat ihren eigenen ›house style‹. Eine gewisse allgemeine Verbreitung können jedoch die beiden folgenden Muster für sich beanspruchen:

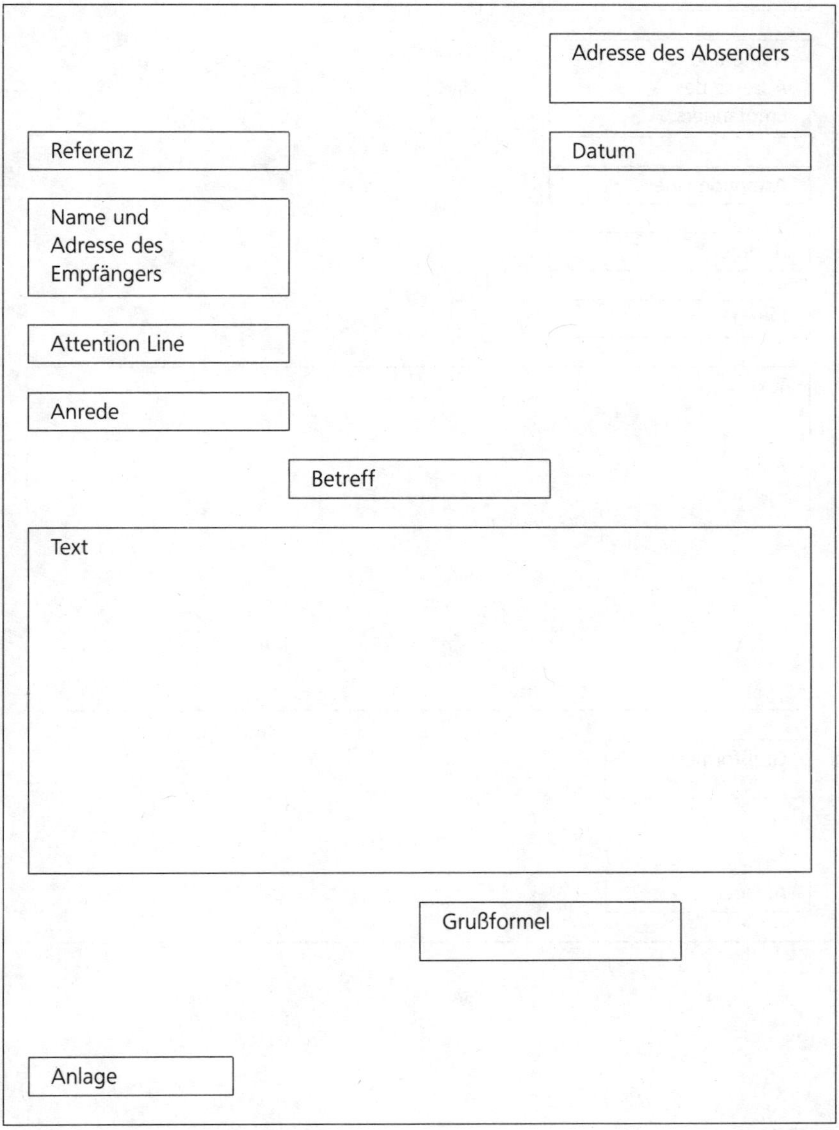

Adresse des Absenders

Datum

Referenz

Name und
Adresse des
Empfängers

Attention Line

Anrede

Betreff

Text

Grußformel

Anlage

Die wesentlichen Teile des englischen Geschäftsbriefes sind:

- der Briefkopf
- Referenz und Datum
- die Anschrift des Empfängers
- die Anrede
- das Absatz-Lay-out
- die Grußformel

Der Briefkopf (Anschrift des Absenders): Der Briefkopf beinhaltet den Namen der Firma, ihr Logo und ihre Anschrift sowie andere Informationen. Ist die Firma eine ›Limited Company‹, müssen auch Details wie die Namen der Direktoren, Anschrift des ›Registered Office‹ und die ›Registered Number‹ erscheinen. Solch ein Briefkopf wird in der Regel gedruckt. Wenn dies nicht der Fall ist, fängt man in der fünften Zeile an. Die Londoner Handelskammer ist der Meinung, dass die Anschrift des Absenders rechts oder in der Mitte der Seite erscheinen soll. Doch das British Standards Institute mit seinen Empfehlungen für Schreibtechnikkräfte schlägt vor, die Arbeit der Sekretärin dadurch zu vereinfachen, dass alles linksbündig geschrieben wird. Zu viele Auswahlmöglichkeiten sind verwirrend. Generell gilt: Wer sich für ein bestimmtes Lay-out entschieden hat, der bleibe dabei.

Referenz und Datum: Die Referenz besteht aus mindestens zwei Teilen und sieht normalerweise so aus: *KAJ/ab, MTM/acr.* Die erste Gruppe von Initialen, die großgeschrieben werden, bezieht sich auf denjenigen, in dessen Namen der Brief geschrieben wird; die zweite, kleingeschriebene Gruppe auf denjenigen, der den Brief schreibt. Es werden häufig auch andere Zeichen verwendet, die die Abteilung oder die Anzahl der Briefe innerhalb des Briefwechsels angeben.

Das Datum wird niemals abgekürzt. Im Vereinigten Königreich ist es üblich, das Datum in der Reihenfolge Tag/Monat/Jahr anzugeben: *31 March 1997* oder *31st March 1997.* Falsch wäre: *the 31st of March,* obwohl das Datum so ausgesprochen wird. Die Amerikaner schreiben jedoch: Monat/Tag/Jahr, also *March 31, 1997.* Im Gegensatz zu deutschen Briefen werden Ort und Datum nicht (!) nebeneinander geschrieben.

Die Anschrift des Empfängers (Inside Address): Wenn der Empfänger eine natürliche Person ist, dann steht vor dem Namen *Mr, Ms, Miss* oder *Mrs. Ms* wird heutzutage für Frauen viel häufiger benutzt. Anstatt *Mr* kann auch *Esq* (Esquire) hinter dem Namen erscheinen *(Mr James Wellington* oder *James Wellington Esq).* Heutzutage ist dies allerdings weniger gebräuchlich. *Mr* und *Esq* dürfen nie gleichzeitig benutzt werden.

Die Mehrzahlformen *Messrs* (Messieurs) und *Mmes* (Mesdames) werden verwendet, wenn an mehrere Personen oder an eine Firma, die den Namen einer Person trägt, geschrieben wird. Auch im englischen Geschäftsbrief werden Titel selbstverständlich nicht unterschlagen.

Beispiele:

Dr. John Martyn	Professor C. Highton	Colonel
oder:	oder:	J. W. Whitehead
John Martyn, Ph. D.	Prof. C. Highton	
Sir James Holland	Mr. P. Parry	Ms. Cynthia Pagent
aber nie:	Managing Director	Chief Administrative
Officer		
Sir J. Holland		

Außerdem sind bei der Anschrift zwei weitere Punkte zu beachten: die Interpunktion und die Postleitzahl. Für die Interpunktion bestehen drei Möglichkeiten:

- ›open punctuation‹: Es werden überhaupt keine Satzzeichen benutzt. Diese Form wird am häufigsten angewandt, um die Arbeit der Sekretärin zu vereinfachen
- ›closed punctuation‹: Punkte und Kommata werden für die Anschrift benutzt
- ›mixed punctuation‹: Punkte werden nur für Abkürzungen angewandt

Smith & Jones Ltd	A. H. White & Co. Ltd.	Messrs
24 Crown Street	6, Lord Street,	W. Brown & Co.
LEEDS LE3 8TB	PRESTON,	120 The Strand
	LANCASHIRE PR2 7SB	LONDON
		UNITED KINGDOM
		W1S 9UN
open punctuation	closed punctuation	mixed punctuation

Bei größeren Städten in Großbritannien wird die Grafschaft (County) nicht erwähnt. Die Postleitzahl kommt in diesen Fällen auf die nächste Zeile. Wird jedoch die Grafschaft erwähnt, dann erscheint die Postleitzahl auf der gleichen Zeile, wobei drei Leerstellen zwischen Grafschaft und Postleitzahl gelassen werden.

Amerikanische Anschriften sind vergleichsweise einfacher zu gestalten; in der Regel wird ›mixed punctuation‹ verwendet. Beispiele:

The Roylance Corporation	Thrift Trust and Savings Company
1212 Horley Drive	297 First Avenue
LAUREL, MD. 20719	NEW HAVEN, CONNECTICUT 06921
U.S.A.	

Zu beachten ist, dass Stadt, Bundesstaat und Postleitzahl in derselben Zeile stehen. Außerdem werden die Namen der Bundesstaaten oft abgekürzt.

Die Anrede: In Briefen an Personen oder an eine anonyme Position wie *Sales Manager* oder *Purchasing Manager* werden folgende Anreden benutzt: *Dear Sir, Dear Madam, Dear Sir/Madam, Dear Mr Smith, Dear Ms Jones.*

Richtet sich der Brief an mehrere Männer oder an ein Unternehmen, so wird *Dear Sirs* verwendet. (In den Vereinigten Staaten wird auch *Gentlemen* benutzt.) Die Mehrzahlform *Mesdames* kann verwendet werden, wenn man an Frauen schreibt oder an eine Firma, in der nur Frauen angestellt sind. Es gibt im Englischen keine Floskeln, die unserem *Sehr geehrte Damen und Herren* entsprechen. Versuche, eine gleichberechtigte Form zu finden, sind nicht auf fruchtbaren Boden gefallen, und die Englisch Sprechenden sind bei *Dear Sirs* geblieben. Langjährige Geschäftspartner können sich auch mit Vornamen anreden, wie z. B. *Dear Paul, Dear John.*

Das Absatz-Lay-out: Ob Absätze eingerückt werden oder nicht, hängt vom gewählten Brief-Lay-out ab. In der Regel wird der gesamte Text linksbündig geschrieben.

Die Grußformel: Die Art der Grußformel richtet sich nach der Anrede. Bei *Dear Sir* oder *Dear Madam* muss der Brief mit *Yours faithfully* enden. Wenn jedoch der Empfänger bekannt ist, endet der Brief mit *Yours sincerely.* Eine andere Möglichkeit kennen die Briten nicht. Die Amerikaner haben allerdings andere Ideen. Grußformeln wie *Yours truly, Yours very truly* oder *Sincerely yours, Truly yours* werden am häufigsten benutzt. Schlusssätze, die die Grußformel verbinden *(I am, ... We are, ... We remain, ...)* werden allgemein vermieden. Der zweite Teil der Grußformel besteht aus dem Namen der Firma, dem Namen des Schreibers und seiner Position innerhalb der Firma. Hierzu drei Beispiele:

Yours sincerely Smith, Jones & Co Ltd	Yours faithfully Black, White & Partners	Yours sincerely Dennett Electronic
Janet Simpson Sales Manager	Martin Rossall Managing Director	PAH Young Director

Ob ein Komma nach *Yours sincerely* steht, ist auch von der Anrede abhängig. Steht ein Komma nach *Dear Sir,* dann muss auch ein Komma nach *Yours faithfully* stehen.

Attention Line (zu Händen von ...): Da Briefe im Allgemeinen einen direkten Adressaten haben, wird der Zusatz *Attention Line* nicht so oft verwendet. Diese Zeile steht zwischen der Absenderanschrift und der Anrede.

Harris' Wholefood Products
15 Fairview Terrace
Ambleside
CUMBRIA LA32 7QP

For the attention of Mrs A. Mangan

Dear Mrs Mangan

Die Attention Line darf auch abgekürzt werden:
Attention: Mrs A. Mangan
Attn: Mrs A. Mangan

Betreff: Der Betreff folgt auf die Anrede und kann mit *Subject* oder *Re:* eingeleitet werden. Die Zeile muss jedoch entweder in Großbuchstaben geschrieben oder unterstrichen werden.

Dear Sirs	Dear Mrs Jones
Frankfurt Book Fair	INVOICE NO. 7320/4AY

Anlagen (Enclosures): Werden Anlagen mit dem Brief geschickt, so ist ein Vermerk in die untere linke Ecke zu setzen, der wie folgt aussehen kann: *Enclosure(s), Enc(s), Encl.* Die entsprechenden Unterlagen können dann dort aufgelistet werden.

Der Umschlag: Der Umschlag trägt zwei Adressen, die des Absenders in der oberen linken Ecke und die des Empfängers in der Mitte des Umschlags. Ggf. können noch postalische Ergänzungen hinzugefügt werden:

(By) Air Mail	– (mit) Luftpost
Registered Mail	– Einschreiben
Express Mail/ Special Delivery (Am.)	– Eilbrief
Poste Restante	– Postlagernd
Printed Matter	– Infopost
If undelivered, return to	– Falls unzustellbar, bitte zurück an
Personal	– Persönlich
Confidential	– Vertraulich

Ein Geschäftsbrief kann so aussehen:

Englischer Geschäftsbrief

King & Johnson Ltd
24 Castle Street
LIVERPOOL L1 5TD

Our Ref: CEW/ma

20 August 1997

Mr E W Harris
Marketing Manager
Northern Trends Ltd
1 Exchange Street
MANCHESTER M3 6GN

Dear Mr Harris

Marketing Research Project

We refer to your letter of 14 August and to the results of your market research.

We are most pleased with the depth of your work and with the clear way in which the material has been presented. Several of the conclusions drawn, however, not only surprise us, but also give us a certain degree of concern for the future development of our company's marketing strategy. In order to examine these particular points and items you feel worthy of further discussion, I should be pleased if you would attend a round-table discussion in my office on Tuesday, 31 August at 2.00 p. m. Details of the agenda and of those attending the meeting will be sent to you in due course.

Please contact my secretary, Ms Farmer, to confirm your attendance. I look forward to seeing you then.

Yours sincerely
King & Johnson Ltd

Charles E Waterhouse
Director

Der französische Geschäftsbrief

Der französische Geschäftsbrief wird generell in einer überaus höflichen Form abgefasst. Es gehört im Französischen durchaus zum guten Ton, eine etwas ausschweifendere Sprache und allgemeine Floskeln zu verwenden. Die Aussage muss trotz allem klar und präzise sein und darf zu keinerlei Zweifel Anlass geben.

Der Briefumschlag: Die Anschrift des Empfängers muss folgende Angaben enthalten:

- Vor- und Nachname des Empfängers
  oder Name der Firma
- Hausnummer, Name der Straße
- Postleitzahl und Stadt

Beispiele:

Monsieur Jean-Pierre Dupont 1, rue Georges Bizet 47000 Tours	Madame Martine Durant 3, place de la Victoire 33000 Bordeaux
Messieurs Dubois 54, avenue Careyre 33600 Mérignac	Etablissements Armand 15, cours Victor Hugo 75001 Paris
Société Vérolux A l'attention de M. Blain 25, rue de Pessac 45000 Angers	Maître Henin Avocat à la Cour 25, rue de la Paix 17500 Saint-Palais

Ist der Empfänger ein Mann, dessen Funktion beispielsweise in einem Betrieb nicht bekannt ist, wird *Monsieur* vor seinen Namen geschrieben. Ist seine Funktion bzw. sein Titel bekannt, ist es üblich, sie zu erwähnen: z. B. *Monsieur le Directeur, Monsieur le Président* etc. Wird der Brief an ein Unternehmen ohne Ansprechperson geschickt, so steht immer: *Messieurs, Ets* bzw. *Etablissements. Madame* wird verwendet, wenn der Brief sich an eine Frau richtet, bei mehreren Frauen ist *Mesdames* üblich.

Die Hausnummer steht am Anfang der Zeile, danach kommen ein Komma und der Straßenname. Die Wörter: *rue, boulevard, avenue, allée* etc. werden immer kleingeschrieben.

Zusätzlich zur Anschrift des Empfängers stehen ggf. postalische Ergänzungen wie

Par avion	Luftpost
Recommandé	Einschreiben
Poste restante	Postlagernd

A remettre en main propre	Eigenhändig
Exprès	Eilzustellung
Franc de taxes et de droits	Frei von Entgelt und Abgaben
Envois à taxe réduite	Sendungen zu ermäßigtem Entgelt
Remboursement	Nachnahme

Der Brief: Als Hilfe für die Aufteilung des Briefbogens dient die ›Normolettre‹, die auf Seite 174 abgebildet ist.

Zwei Formen der Briefgestaltung sind in Frankreich üblich:
- die klassische französische Briefgestaltung, wobei jeder neue Absatz in Höhe der Anrede eingerückt wird (s. Briefbeispiel II)
- die moderne Briefgestaltung, wie sie in Deutschland üblich ist

Der Empfänger: Name und Anschrift des Empfängers stehen in Frankreich rechts, und zwar über bzw. unter dem Datum ab Zeile 10. Es gelten dieselben Regeln wie für den Briefumschlag.

Das Datum: Das Datum steht rechts in Zeile 20–22 und hat folgende Form: Name der Ortschaft, Komma, *le* + Datum, wobei der Monatsname immer klein- und ausgeschrieben wird. Diese Zeile endet ohne Punkt: *Bordeaux, le 14 mars 1994*

Der Betreff heißt in Frankreich *objet,* in der Schweiz *concerne* und steht in Zeile 21.

Die Anrede: Sie entspricht den Angaben auf dem Briefumschlag. Der Name des Empfängers wird in der Anrede nie genannt. Nach der Anrede ist ein Komma zu setzen, und der Brief fängt mit einem Großbuchstaben an, z. B.:

Monsieur,
Nous vous remercions ...

Schreibt man an ein Unternehmen, so fängt der Brief mit *Messieurs* an.

Die Grußformel: Mit der Grußformel wird die Anrede wieder aufgenommen. Am geläufigsten sind in Geschäftsbriefen die folgenden Floskeln:

Veuillez agréer, Messieurs, mes/nos sincères salutations.
Agréez, Monsieur, l'expression de mes/nos sentiments distingués.
Je vous prie d'agréer/Nous vous prions d'agréer, Madame, mes/nos salutations distinguées.

Als respektvollere Redewendungen sind in Gebrauch:

Recevez, Monsieur le Directeur, l'assurance de ma/notre plus respectueuse considération.
Recevez, Madame, l'assurance de ma/notre haute considération.
Veuillez croire, Monsieur le Ministre, à l'assurance de ma haute considération.

Die französische ›Normolettre‹

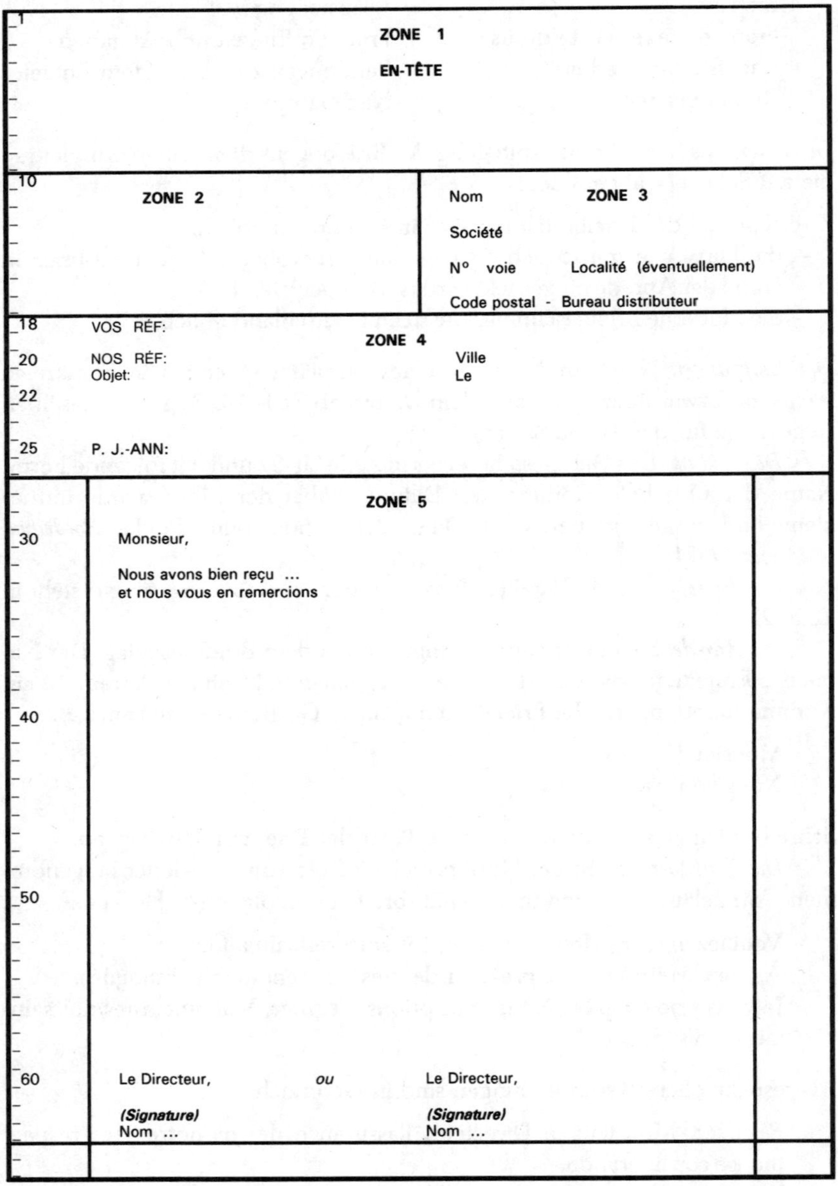

Französischer Geschäftsbrief

Ets Durand & Fils
4, rue Robert Laurent
33600 Mérignac

Messieurs Darchan & Prince
31, rue de France

F-75010 PARIS

Vos Réf: MP 413
Nos Réf: AS/Pr

Mérignac, le 15 octobre 1997

Objet: Avis d'expédition

Messieurs,

Nous avons le plaisir de vous faire savoir que nous avons remis ce jour au transporteur Meunier les articles faisant l'objet de votre commande numéro 437 et dont nous vous rappelons ci-après les détails:

30 flacons ,,Exclusive''
12 flacons ,,Adieu''

Ci-joint, vous trouverez notre facture s'élevant à 3.450,– F, TVA comprise. Comme vous l'avez demandé, nous avons tiré sur vous une traite à 90 jours de vue. Nous joignons cette traite à la présente et vous prions de bien vouloir la retourner à notre adresse après acceptation.

Espérant que les articles vous parviendront en bon état, nous vous prions d'agréer, Messieurs, l'assurance de nos meilleurs sentiments.

R. Durand

P. J.:
– facture
– traite

Annexe:
catalogue

Die Unterschrift: Derjenige, der für den Brief verantwortlich ist, unterschreibt immer rechts. Unter der Unterschrift werden sein Name sowie seine Funktion im Betrieb mit eventuellen Zusätzen (z. B. *p. p. [par procuration]* = per Prokura, *p. o. [par ordre]* = im Auftrag) maschinenschriftlich wiederholt.

Beispiele:

(Unterschrift)	(Unterschrift)
D. Douet Sous-directeur	P. Martin Le Président-Directeur Général

Die Anlage: Werden dem Brief Unterlagen beigelegt, so werden sie immer in der Anlage unter *P. J. (Pièces jointes)* bzw. *Annexe(s)* unten links aufgeführt:

P. J.: facture
copie du bon de commande

Annexe: catalogue

Der spanische Geschäftsbrief

Der spanische Geschäftsbrief wird generell in einer überaus höflichen Form abgefasst, die bei wörtlicher Übersetzung für deutsche Ohren zuweilen übertrieben klingen mag. Während man im Deutschen das jeweilige Thema unmittelbar anspricht, gehört es im Spanischen durchaus zum guten Ton, eine etwas ausschweifendere Sprache und allgemeine Floskeln zu verwenden. Diese stilistische Eleganz sollte jedoch nicht mit einem literarischen ›Erguss‹ verwechselt werden. Die Aussage muss trotz allem klar und präzise sein und darf zu keinerlei Zweifel Anlass geben. Erst in den letzten Jahren hat sich langsam eine eher nüchterne und sachliche Schreibweise durchgesetzt.

Der Briefumschlag: Die Anschrift des Empfängers muss folgende Angaben enthalten:

- Vor- und Nachname des Empfängers oder Name der Firma
- Name der Straße, Hausnummer, Stockwerk
- Postleitzahl und Stadt
- Provinz
- Land

Wenn der Empfänger eine natürliche Person ist, z. B. ein einzelner Geschäftsmann oder Händler, dann steht vor dem Namen *Sr. D. (señor don)* oder *Sra. Dª (señora doña). Don* und *Doña* werden jedoch nur dann verwendet, wenn der Vorname des Empfängers benutzt wird, nicht beim Nachnamen *(Sr. D. Felipe Pérez, Sra. Dª Carmen Moreno).*

Wenn der Empfänger eine juristische Person ist und die Firma den Namen des Inhabers oder der Gesellschafter trägt, dann wird dem Namen *Sres.*

(señores) vorangestellt. Ist dies nicht der Fall, entfällt *Sres. (Sres. González e Hijos, Señores Rodríguez y Sánchez, S. R. L., Euroagro, S. A., Hotel Miramar).*

Zwischen Straße und Hausnummer steht im Spanischen ein Komma, ebenso zwischen Hausnummer und Stockwerk, jedoch nicht vor der Postfachnummer: *Calle de Cervantes, 14, 3º* oder: *Apartado Postal 1436.*

Der Name der Stadt wird in Großbuchstaben geschrieben. Ist die Stadt nicht Provinzhauptstadt, so steht der Name der Provinz in Klammern: *28019 MADRID* oder *28923 ALCORCON (Madrid).*

Hier einige weitere Beispiele:

Sr. D. Francisco Pacheco
Paseo de la Esperanza, 14, 1º
E-48015 BILBAO

Señores
Godoy y Núñez, S. A.
Nicarao, 54
E-11205 ALGECIRAS (Cádiz)

Almacenes Graciosos, S. A.
Plaza Tamames, 36
E-08030 BARCELONA

Die Anschrift muss ggf. noch durch postalische Ergänzungen erweitert werden. Hierzu gehören z. B.

A la atención de	– Zu Händen
Por avión	– Luftpost
Vía aérea	– Luftpost
Certificada	– Einschreiben
En lista de correos	– Postlagernd
Urgente	– Eilzustellung

Der Brief: Es gibt im Spanischen keinen Normbrief, der vorschreibt, wie ein Geschäftsbrief auszusehen hat. Es gibt jedoch allgemeine Regeln, nach denen man sich richten kann. Das am meisten benutzte Format ist dasjenige, das Datum und Unterschrift am rechten Rand erscheinen lässt (vgl. das Briefschema auf Seite 178) und jeden einzelnen Absatz ca. 3–5 Zeichen einrückt. Was die Zeichensetzung betrifft, so steht hinter der Anrede ein Doppelpunkt und hinter der Grußformel ein Komma.

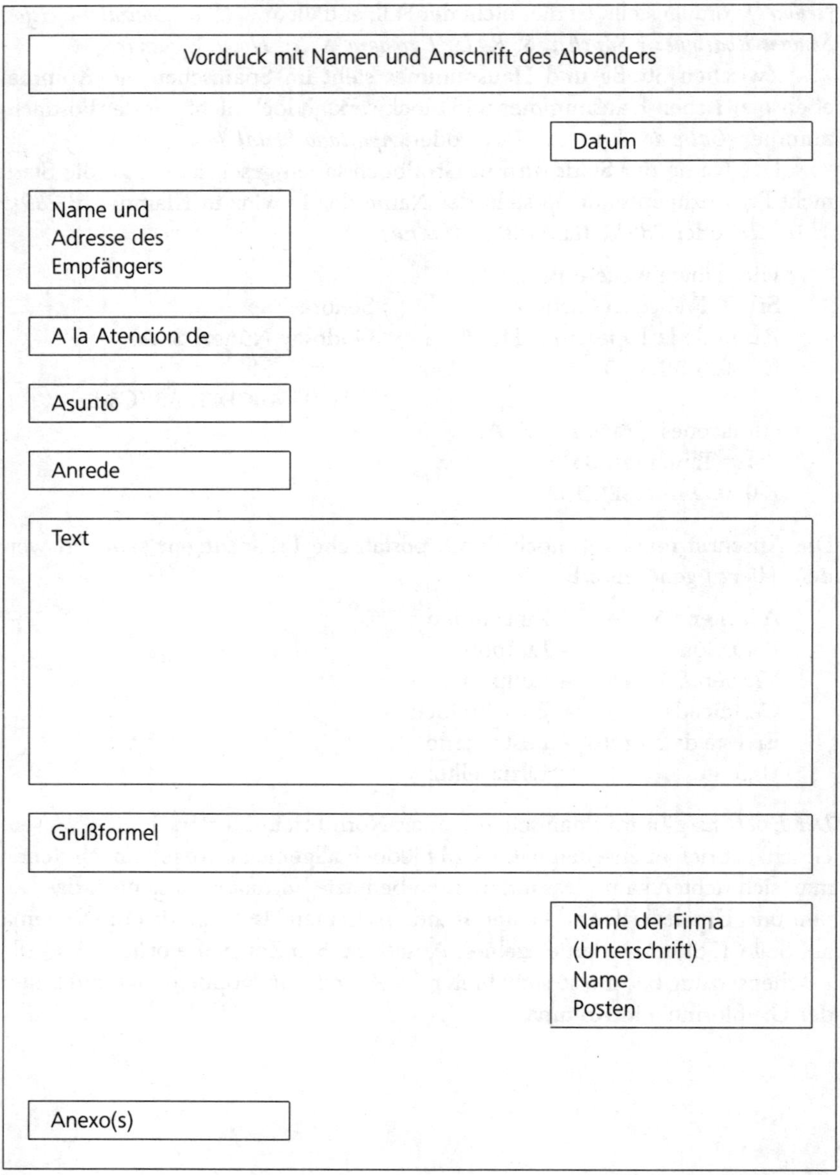

Der spanische Geschäftsbrief

Das Datum: Es steht rechts oben, über der Anschrift des Empfängers. Die Angabe des Tages erfolgt durch die Grund- und nicht durch die Ordnungszahlen. Der Monatsname wird immer ausgeschrieben. Zwischen Tag und Monat und zwischen Monat und Jahr steht jeweils *de.* Der Name des Ortes muss erwähnt werden, wenn nicht ein Vordruck benutzt wird, der Namen und Anschrift des Absenders enthält. In diesem Fall wird in Spanien das Datum mit einem Komma getrennt; in lateinamerikanischen Ländern steht zwischen der Ortsbezeichnung und dem Datum *a: 28 de febrero de 1997; Barcelona, 1 de octubre de 1997; Bogotá a 10 de martes de 1997.*

Der Empfänger: Name und Anschrift des Empfängers stehen linksbündig. Es gelten dieselben Regeln wie für den Umschlag. Wenn der Brief an eine bestimmte Person gerichtet ist, so steht die *Línea de atención* (*A la atención de* = zu Händen) jedoch unterhalb der Anschrift des Empfängers.

Der Betreff: Im Spanischen wird die entsprechende Ankündigung *Asunto:* noch ausgeschrieben. Nach dem Doppelpunkt wird kurz auf den Inhalt des Schreibens eingegangen, also beispielsweise in *Asunto: Nuestro pedido del 10 de enero de 1997.*

Die Anrede: Der Name des Empfängers wird in der Anrede nie (!) genannt, selbst dann nicht, wenn der Brief an eine bestimmte Person gerichtet ist. Nach der Anrede steht ein Doppelpunkt, und der Brief wird mit einem Großbuchstaben angefangen. Die heutzutage gebräuchlichen Anreden sind für eine Einzelperson *Señor:* bzw. *Señora:* und für eine Firma *Señores:* Wenn bereits eine Geschäftsbeziehung oder -freundschaft besteht, kann man bei Einzelpersonen auch schreiben *Estimado Sr.:* bzw. *Estimada Sra.:* Respektvoll oder ehrerbietig lautet die Anrede *Distinguido Sr.:* bzw. *Distinguida Sra.:* Die früher hauptsächlich benutzten Anreden müssen streng nach Absender und Empfänger unterschieden werden:

Einzelperson an Einzelperson	– Muy señor(a) mío/-a:
Einzelperson an Firma	– Muy señores míos:
Firma an Einzelperson	– Muy señor(a) nuestro/-a:
Firma an Firma	– Muy señores nuestros:

Die Einleitung: Im Einleitungssatz eines spanischen Geschäftsbriefes wird generell auf das vorausgegangene Schreiben oder auf das Motiv hingewiesen, das zu dem Brief Anlass gibt:

Acusamos recibo de su atenta carta del 10 del corriente ...
En contestación a su carta del 12 del mes anterior ...
Con la presente les confirmamos ...
Acaba de llegar a nuestro poder el envío ...
Les agradecemos la información que nos han enviado ...
El objeto de la presente es poner en conocimiento de ustedes ...

Die Grußformel: Der Schluss eines Briefes besteht im Grunde genommen aus zwei Elementen. Vor der eigentlichen Grußformel sollte in einem Satz oder Absatz kurz der Inhalt des Briefes zusammengefasst werden, dann folgt:

Atentamente,
Con atentos saludos,
(Muy) atentamente,

Sehr häufig wird die Grußformel mit dem Schlusssatz verbunden:

Esperamos haberles complacido y les saludamos atentamente,
Quedo a la espera de sus noticias y les saludo atentamente,
Agradeciéndoles de antemano su amabilidad, les saludamos atentamente,
Lamentamos estas circunstancias y a la espera de sus decisiones al respecto, les saludamos atentamente,
Les pedimos disculpas por estas molestias y les enviamos atentos saludos,

Die Unterschrift: Die Unterschrift desjenigen, der für den Brief verantwortlich ist, steht immer rechts; darüber muss jedoch noch einmal der Name der Firma erscheinen. Unter der Unterschrift wird der Name des Unterschreibenden wiederholt mit eventuellen Zusätzen wie z. B.: *p. p. (por poder)* für ›per Prokura‹ oder *p. o. (por orden)* oder *p. a. (por autorización)* oder *p. d. (por delegación)* für ›im Auftrag‹. Unter dem Namen steht häufig der Posten, den der Unterschreiber in der Firma bekleidet.

Beispiele:

INDUSTRIAS ROMERO, S. A.	COMERCIAL ROBLES	MISURATASA
(Unterschrift)	(Unterschrift)	(Unterschrift)
Javier Delgado	p. p. Carlos Zamora	Pedro Pérez
Apoderado		Jefe de Ventas

Die Anlage: In der Anlage, auf Spanisch *Anexo(s),* wird immer aufgeführt, welche Unterlagen dem Schreiben beiliegen.

Anexo: Factura nº 1685
Anexos: Catálogo
Lista de precios

Postversand

Über die Deutsche Post AG können Briefe und Pakete in das In- und Ausland verschickt werden. Im Inland erreichen Briefe ihre Empfänger in der Regel am nächsten Tag, Pakete werden nach ein bis zwei Tagen zugestellt. Im Ausland sind die Laufzeiten in erster Linie abhängig von Entfernung und gewählter Versandart. Einen Kurierservice mit garantierter Auslieferung der Sendung am nächsten Tag oder ›noch heute‹ bietet die Post über ihre Tochter EMS Kurierpost GmbH an. Die folgenden Darstellungen geben nur einen Überblick über das Leistungsangebot der Post und der EMS Kurierpost. Eine vollständige Leistungsübersicht bieten die jeweiligen Allgemeinen Geschäftsbedingungen. Für Anfragen zum Leistungsangebot ist die Deutsche Post AG über die Service-Telefonnummer (0 18 02) 33 33, die EMS Kurierpost über (01 30) 82 38 23 zu erreichen.

Briefsendungen ins In- und Ausland

Die Deutsche Post AG unterscheidet bei der Briefpost vier Basisformate: den Standardbrief, den Kompaktbrief, den Großbrief und den Maxibrief.

Seit 1. September 1997: Von Standard bis Maxi –
Das neue Briefporto

unverändert 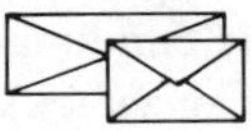	bis: 20 g	**Standardbrief** Größe: bis 23,5 × 12,5 cm (B6/DL) Dicke: bis 0,5 cm	**1,10 DM**
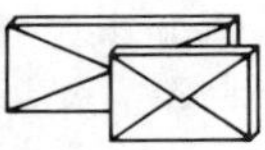	bis: 50 g	**Kompaktbrief** Größe: bis 23,5 × 12,5 cm (B6/DL) Dicke: bis 1 cm	**2,20 DM**
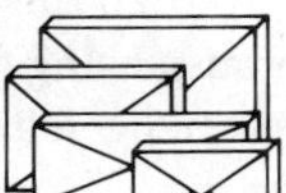	bis: 500 g	**Großbrief** Größe: bis 35,5 × 25 cm (B4) Dicke: bis 2 cm	**3,– DM**
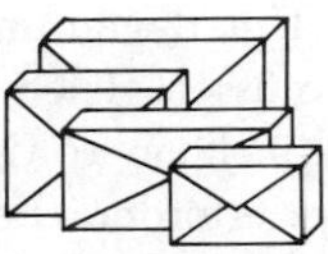	bis: 1 000 g	**Maxibrief** Größe: bis 35,3 × 25 cm (B4) Dicke: bis 5 cm	**4,40 DM**

Das neue Briefporto

Die Angebote der Post im inländischen Briefdienst sind: Brief, Postkarte, Infopost, Infobrief, Postwurfsendung, Warensendung, Büchersendung, Blindensendung und Telebrief.
Brief: Die Abbildung zeigt die Höchstmaße und -gewichte für die einzelnen Basisangebote. Wird jeweils eines dieser Maße oder das Gewicht überschritten, so muss das nächsthöhere Angebot gewählt werden. Innerhalb der Basisangebote jedoch sind alle Maße zulässig. Ein Umschlag in C5-Format bis 2 cm Dicke beispielsweise fällt in die Kategorie Großbrief. Ein anderes Beispiel: Es werden Bewerbungsunterlagen versandt, die nicht geknickt werden sollen. Ihr Gewicht beträgt 20 g, das Format ist DIN-A4, die Dicke 5 mm. Standard- und Kompaktbrief kommen hier nicht in Betracht, weil ihr Höchstmaß von 23,5 × 12,5 cm nur den Versand von zweimal geknickten DIN-A4-Seiten zulässt. Die richtige Versandart für die Unterlagen ist in diesem Fall der Großbrief.

Postkarten sind Standardbriefsendungen (siehe auch Abschnitt ›Gestaltung der Aufschrift bei Briefen‹. Sie dürfen nicht größer sein als 23,5 × 12,5 cm (C6) und nicht kleiner als 14 × 9 cm. Überschreiten Karten die Postkartenmaße, so gilt die jeweilige Briefgebühr (Großbrief).

Infopost ist das Medium für den adressierten Werbebrief. Mit Infopost lässt sich zielgruppenspezifisch werben. Die Direkt-Marketing-Center der Post bieten hierzu kostenlose Beratung und Vermittlung von Dienstleistungen an (Info unter Telefon 0 1802/33 33). Als Infopost versandt werden können schriftliche Mitteilungen oder Unterlagen und Datenträger, denen beispielsweise Muster, Proben oder Werbeartikel beigelegt werden können. Die Sendungen müssen grundsätzlich gleichen Inhalt haben, können aber durch einzelne Abweichungen, wie persönliche Anreden der Empfänger, individuell gestaltet werden. Infopost kann in verschlossenem Umschlag eingeliefert werden, die Sendungsart ›Infopost‹ braucht nicht auf dem Umschlag angegeben werden. Die Sendungen bekommen auf diese Weise den Charakter von persönlich adressierten Briefen. Infopost kann werbewirksam freigemacht werden durch Absenderfreistempelung mit Verwendung des Firmenlogos. Voraussetzung für den Versand von Infopost ist die Einlieferung bestimmter Mindestmengen und die Übernahme bestimmter Vorleistungen durch den Absender.

Der *Infobrief* ist eine Mischform zwischen der Infopost und dem Brief. Wie bei der Infopost können schriftliche Mitteilungen oder Unterlagen und Datenträger als Infobrief versandt werden. Die Sendungen müssen gleichen Inhalt haben. Interessant ist der Infobrief als Werbemedium für kleinere Gewerbetreibende, die mit ihren Aussendungen die für Infopost erforderlichen Mindestmengen nicht erreichen. Für den Versand von Infobriefen reicht bereits eine Stückzahl von 50 Sendungen aus. Die Preise für Infobriefe liegen unter den Tarifen für normale Briefe.

Postwurfsendungen werden zumeist zu Werbezwecken eingesetzt. Sie tragen im Unterschied zur adressierten Werbung (Infopost) keine Aufschrift, sie sind als nicht namentlich an spezielle Empfänger gerichtet. Die Deutsche Post hat drei Angebote für die Verteilung von Postwurfsendungen:

a) nur an die Haushalte, die am Zustelltag Tagespost erhalten
b) an alle Haushalte
c) an alle Abholer von Briefsendungen (alle Postfachinhaber)

Die Sendungen müssen alle den gleichen Inhalt bzw. die gleiche Beschaffenheit haben. Die Größe des Verteilgebietes kann vom Postkunden relativ frei bestimmt werden. Die Verteilung kann bundesweit erfolgen, aber auch auf Stadt oder Ortsgebiete oder sogar auf einzelne Straßenzüge beschränkt sein. Neu im Angebot der Post ist mit ›Postwurf Spezial‹ eine Mischform zwischen adressierter und unadressierter Werbung. ›Postwurf Spezial‹ richtet sich nicht namentlich an bestimmte Empfänger, sondern an die Bewohner ausgewählter Häuser, z. B. an alle Haushalte in einer Stadt, die ein Haus mit Garten besitzen.

Die *Warensendung* ermöglicht einen verbilligten Versand von Proben, Mustern oder kleinen Gegenständen. Briefliche Mitteilungen dürfen in Warensendungen nicht enthalten sein. Angaben, die den Inhalt der Warensendung kennzeichnen, können jedoch auf den Gegenständen, deren Verpackung oder auf lose beigelegten Zetteln erscheinen. Außerdem können eine Rechnung und ein entsprechender Zahlungsverkehrsvordruck beigelegt werden. Warensendungen müssen grundsätzlich mit einer offenen Umhüllung versehen werden, damit der Inhalt von der Post geprüft werden kann. Die Aufschrift muss die Bezeichnung ›Warensendung‹ tragen.

Büchersendung: Bücher, Broschüren, Notenblätter und Landkarten, deren Inhalt nicht unmittelbar oder mittelbar geschäftlichen Zwecken dient, können bei der Post zu einem ermäßigten Entgelt versandt werden. Werden die Bücher usw. von einem Unternehmen herausgegeben, dessen Hauptzweck nicht die Verlegertätigkeit ist, so ist der Versand als Büchersendung nicht möglich. Bedingung für den Versand als Büchersendung ist, dass die versandte Ware mittels Zwischenträger (Druckform, Schablone; Negativ) hergestellt ist. Von Hand erstellte Vervielfältigungen, Schreibmaschinenseiten oder Durchschläge können nicht als Büchersendung versandt werden. Bücher und Broschüren müssen einen Einband oder Umschlag aufweisen. Die Blätter müssen an der Seite fest zusammengehalten sein. Einer Büchersendung beigelegt werden darf eine Rechnung mit inhaltsgleichen Durchschriften, ein Zahlscheinvordruck, eine Umhüllung mit der Anschrift des Absenders für die Rücksendung sowie eine Leihkarte und eine Buchlaufkarte je Buch. Die Sendungen müssen grundsätzlich mit einer offenen Umhüllung versehen sein, damit die Post den Inhalt prüfen kann. Die Aufschrift muss die Bezeichnung ›Büchersendung‹ tragen.

Blindensendungen werden von der Post kostenlos befördert. Das gilt auch für Sendungen der Kategorie ›Blindensendung – Schwer‹, die aber nicht mehr als 7 kg wiegen dürfen. Blindensendungen müssen zwecks Prüfung offen eingeliefert werden. Versandt werden können:

a) Schriftstücke in Blindenschrift
b) für Blinde bestimmte Tonaufzeichnungen oder sonstige Magnetdatenträger, deren Absender oder Empfänger eine amtlich anerkannte Blindenanstalt ist
c) Papiere für die Aufnahme von Blindenschrift, wenn sie von einer amtlich anerkannten Blindenanstalt an Blinde versandt werden

Der *Telebrief* schließt eine Lücke zwischen Brief und Telefax. Soll eine Nachricht, eine Zeichnung o. Ä. möglichst am gleichen Tag innerhalb der Bundesrepublik ihren Empfänger erreichen, so ist dies bei größeren Postfilialen per Telebrief möglich. Die Vorlage wird dabei an die Empfangspostfiliale gefaxt, die Kopie dort ausgedruckt und auf Wunsch auf dem schnellsten Weg zugestellt. Der Brief kann auch von einem eigenen Faxgerät direkt zur Empfangspostfiliale gefaxt werden oder von einer Postfiliale aus an ein fremdes Faxgerät. Informationen – auch über Telebriefe ins Ausland – erteilt jede Postfiliale mit Telebriefannahme.

Das Angebot der deutschen Post bei *Auslandsbriefen* umfasst die Sendungsarten Brief, Infopost, Infobrief, Sendung zu ermäßigtem Entgelt, Pressesendung International, Blindensendung und Telebrief. Für Kunden, die Auslandssendungen in größeren Mengen einliefern, ist ein einfacher, kostengünstiger Versand zu Kilotarifen (vgl. Seite 185) möglich.

Die Sendungsart *Brief* umfasst im internationalen Dienst der Post die Basisangebote *Postkarte, Standard-, Kompakt-* und *Maxibrief International,* sowie das *Aerogramm* (Luftpostleichtbrief). Die Höchstmaße und Höchstgewichte dieser Sendungsarten weichen von denen des Inlandsdienstes aufgrund internationaler Vereinbarungen ab. Grundsätzlich kann bei jeder Sendungsart zwischen zwei Beförderungsleistungen gewählt werden:

1. Vorrangbeförderung ›Luftpost‹, wenn es besonders schnell gehen soll
2. Landbeförderung ›Land–Economique‹, wenn der Versand besonders preisgünstig sein soll

Die Bestimmungsländer für Briefsendungen werden in die Ländergruppen ›Europa‹ und ›Welt‹ geteilt. Briefe in das europäische Ausland (Europabriefe) und Luftpostbriefe in außereuropäische Länder (Welt Luft) werden immer mit Vorrang befördert.

Wie wird ein Auslandsbrief verschickt? Zunächst prüft man die Abmessungen und das Gewicht des Briefes. Daraus ergibt sich, ob die Sendung als Standard- oder Kompaktbrief befördert werden kann oder einer der acht Gewichtsstufen des *Maxibriefs International* zugeordnet werden muss. Danach wird geprüft, ob das Ziel zur Ländergruppe ›Europa‹ oder ›Welt‹ gehört. Bei Briefen in außereuropäische Länder kann man zusätzlich zwischen dem schnellsten Beförderungsweg ›Welt Luft‹ und dem günstigsten Versand ›Welt

Land‹ entscheiden. (Soll es besonders schnell gehen, kann man den Kurierservice der Post, EMS Kurierpost, beauftragen.) Der Brief muss dann noch mit den entsprechenden Aufklebern (in den Postfilialen erhältlich) versehen werden.

Bücher, Broschüren, Notenblätter und Landkarten können *zu ermäßigtem Entgelt* in das Ausland versandt werden, weil es sich dabei um förderwürdiges Kulturgut handelt. Für geschäftliche Sendungen gelten diese Vergünstigungen nicht. Aus diesem Grund dürfen den ermäßigten Sendungen auch keine Preislisten oder Prospekte beiliegen. Dagegen kommt die vergünstigte Beförderung von Zeitungen und Zeitschriften infrage, wenn der Absender mit der Post einen ›Vertrag Pressepost‹ abgeschlossen hat.

Infopost International wird durch den europäischen Binnenmarkt im Bereich der Direktwerbung auch international zunehmende Bedeutung erlangen. Schriftliche Mitteilungen oder Unterlagen eines bestimmten Absenders, jedoch keine Verkaufswaren, können als Infopost International versandt werden, wenn der Versender bestimmte Mindestmengen einliefert (z. B. mindestens 50 Sendungen pro Bestimmungsland) und bestimmte Vorleistungen erbringt (z. B. Vorsortierung, Fertigen einer Einlieferungsliste). Die Sendungen müssen grundsätzlich gleichen Inhalt haben. Der Infopost International können unentgeltliche Proben, Muster und Werbeartikel beigelegt werden.

Um die Einlieferung und den Versand von internationaler Briefpost zu vereinfachen, bietet die Deutsche Post bei größeren Mengen den Versand zu Kilotarifen an. *Kilotarife* gibt es für Briefe, Infopost und Sendungen zu ermäßigtem Entgelt. Bei Briefen ist Voraussetzung, dass der Kunde mindestens 500 Sendungen monatlich (6000 im Jahr) einliefert. Bei jeder einzelnen Einlieferung muss ein Mindestumsatz von 25 DM erzielt werden. Bei Ausnutzung des Kilotarifes erspart sich der Absender das Wiegen und Frankieren der einzelnen Sendungen. Der Preis für die Sendungen errechnet sich aus Stückzahl und Gesamtgewicht; er liegt deutlich unter dem Preis für normale internationale Briefpost. Für den Versand zu Kilotarifen ist eine Vereinbarung mit der Post notwendig.

Päckchen und Pakete ins In- und Ausland

Das Format *Päckchen* ermöglicht den preisgünstigen Versand von Gegenständen bis zu einem Höchstgewicht von 2 kg. Das *Postpaket* dient zum Versand von Gegenständen bis zum Höchstgewicht von 20 kg (für Versender von selbst gebuchten Postpaketen bis 31,5 kg). Päckchen und Postpakete erreichen ihre Empfänger im Bundesgebiet bei Entfernungen bis 550 km in der Regel nach einem Tag, bei weiteren Entfernungen nach zwei Tagen. Die Post liefert auch samstags aus und holt bei größeren Versendern ab. Pakete können unfrei versandt werden. Auf dem Paket muss in diesem Fall der Vermerk ›unfrei‹ angebracht werden.

Versender, die mindestens 500 Postpakete im Jahr einliefern, können diese Sendungen in vertraglich festgelegtem Umfang versandfertig machen (u. a.

Aufbringen postalischer Klebezettel und des Identcodes, Ermitteln des Gewichts, Berechnen des Entgelts, Buchen der Sendungen). Die Post gewährt für dieses ›Selbstbuchen‹ von Postpaketen ermäßigte Preise. Weitere Preisermäßigungen sind für Versender von selbst gebuchten Postpaketen möglich, wenn sie einen Kooperationsvertrag mit der Post abschließen. Der Versender übernimmt dann bestimmte Kodier-, Sortier- und Beladeleistungen.

Der Frachtdienst Ausland umfasst die Angebote *Premium-Paket, Economy-Paket, See-Paket* sowie *Premium-Päckchen* und *Economy-Päckchen. Premium-Pakete* werden in der Bundesrepublik und im Bestimmungsland mit den jeweils schnellsten Beförderungsmitteln (Luft- oder Landweg) transportiert. Die Beförderung in das Bestimmungsland erfolgt per Lufttransport. *Economy-Pakete* in europäische Länder werden grundsätzlich auf dem Landweg transportiert. Nach außereuropäischen Zielen werden sie in der Bundesrepublik und im Bestimmungsland auf dem Landweg, von Land zu Land per Lufttransport befördert. *See-Pakete* sind die günstigste Form des Paketversandes in das Ausland. 46 Überseeländer sind per See-Paket erreichbar. See-Pakete werden grundsätzlich auf dem Land- und/oder Seeweg befördert. Da der Transport nach Übersee per Schiff bei großen Entfernungen einige Wochen in Anspruch nehmen kann, sollten eilige Güter per Premium-Paket oder per EMS International verschickt werden. Das *Premium-Päckchen* ist sehr schnell, weil es per Luftpost befördert wird. Das *Economy-Päckchen* nimmt den preiswerteren und langsameren Land-/Seeweg. Grundsätzlich gilt: Als Leichtgewicht mit maximal 2 kg wird das Päckchen weltweit wie eine Briefsendung behandelt und ist entsprechend schnell. Für Selbstbucher, die größere Sendungsmengen innerhalb eines Jahres mit der Post ins Ausland schicken, gelten für zahlreiche Bestimmungsländer besonders günstige Tarife.

Formulare und *Zollinhaltserklärungen* für Auslandspakete sind bei allen Postfilialen erhältlich, die Auslandspakete annehmen. Beim Warenversand in einige Länder können weitere Begleitpapiere erforderlich werden. Auskünfte über den internationalen Postversand erteilt der Internationale Kundenservice der Deutschen Post AG unter der Servicetelefonnummer (01 30) 80 41 41.

Besondere Leistungen der Deutschen Post AG

Briefe, Postkarten und Blindensendungen werden auf Wunsch des Absenders als *Einschreibsendung* bearbeitet. Das bedeutet: Die Einlieferung der Sendung wird von der Postfiliale bescheinigt, die Auslieferung erfolgt gegen Unterschrift. Die Aufschrift der Sendung muss den Vermerk ›Einschreiben‹ tragen. Es empfiehlt sich, bei der Einlieferung von Einschreibsendungen am Schalter die notwendigen Einlieferungsscheine, die bei der Postfiliale ausliegen, vorher auszufüllen. Die Auslieferung einer Einschreibsendung an den Empfänger erfolgt gegen Empfangsbescheinigung, d. h., die Person, der die Sendung ausgehändigt wird, muss quittieren. Der Absender kann eine Rückmeldung über die Auslieferung bekommen, wenn er einen Rückschein beifügt. Einschreiben werden nicht, wie oft zu Unrecht angenommen, schneller oder sicherer befördert als gewöhnliche Briefe.

Briefe und Postpakete werden auf Wunsch des Absenders mit *Wertangabe* befördert. Die Wertangabe ist im Inland auf 100000 DM begrenzt. Bei Briefen muss die Aufschrift den Vermerk ›Wert‹ und die Angabe des Wertbetrages in DM tragen. Bei der Verpackung von Wertsendungen sind besondere Erfordernisse zu beachten. So müssen Briefe mit einer Wertangabe von über 1 000 DM einen Siegelabdruck tragen. Sie müssen so sicher verpackt und mit Siegelabdrücken so sicher verschlossen sein, dass niemand ohne sichtbare Beschädigung der Umhüllung oder der Siegel an den Inhalt gelangen kann. Postpakete mit Wertangabe dagegen müssen so verpackt sein, dass der besondere Wert der Sendung nicht erkennbar ist. Bei Wertbriefen, Einschreibsendungen und Postpaketen wird dem Absender auf Wunsch die Auslieferung mit einem vorbereiteten *Rückschein* bestätigt. Die Aufschrift muss den Vermerk ›Rückschein‹ tragen. Jeder Sendung muss ein ausgefüllter Rückschein (bei allen Postfilialen erhältlich) beigefügt werden.

Wertbriefe und Einschreibsendungen sowie Postpakete werden auf Wunsch des Absenders *eigenhändig* ausgeliefert, d.h., sie werden tatsächlich nur an den Empfänger und nicht an den Ehegatten, Postbevollmächtigten oder einen Ersatzempfänger ausgehändigt.

Briefe, Postkarten und Postpakete werden auf Wunsch des Absenders erst nach Einziehung eines Nachnahmebetrages bis zu 3000 DM an den Empfänger ausgeliefert. Die Post übernimmt also das Inkasso. Die Sendung muss den Vermerk ›Nachnahme‹, die Angabe des Nachnahmebetrages und das Nachnahmezeichen der Post (bei Postfilialen erhältlich) tragen. Unter der Angabe des Nachnahmebetrages muss das Postgiro- oder Bankkonto bezeichnet sein, auf das der Betrag zu überweisen ist. Zur Überweisung muss jeder Nachnahmesendung ein ausgefüllter Überweisungsbeleg beigefügt sein, der haltbar an der Sendung befestigt ist. Zusätzliche Entgelte fallen zum einen für die Nachnahme, zum anderen für die Geldübermittlung an.

Briefe, Postkarten und Blindensendungen können mit Eilboten zugestellt werden. Die Sendung muss dann den Vermerk ›Eilzustellung‹ tragen. Besonders schnellen und sicheren Transport mit garantierter Auslieferung der Sendungen am nächsten Tag oder wahlweise ›noch heute‹ bietet die Post über ihre Tochterfirma EMS Kurierpost GmbH an.

Als *Werbeantwort* können gewöhnliche Briefe und Postkarten versandt werden, die nicht freigemacht sind. Werbeantworten liegen zumeist Werbesendungen bei. Der Beworbene hat mit der Werbeantwort die Möglichkeit, kostenlos auf eine Werbung zu reagieren. Die Werbeantwort ist zu erkennen an Vermerken wie ›Werbeantwort, Antwort, Rückantwort‹ in der Aufschrift. In der rechten oberen Ecke der Aufschriftseite stehen zumeist Vermerke wie ›Entgelt zahlt der Empfänger‹; ›Bitte freimachen, falls Briefmarke zur Hand‹ o. Ä.

Bei der Werbeantwort verpflichtet sich der Empfänger gegenüber der Post, die anfallenden Entgelte zu bezahlen.

Mit der *Anschriftenprüfung* kann man die Richtigkeit von Anschriften von der Post überprüfen lassen. Der Antrag muss mit einer freigemachten Karte (Karten im Fachhandel erhältlich) an den Zustellstützpunkt am Bestimmungsort geschickt werden. Sammelanschriftenprüfungen sind möglich.

Mit *Vorausverfügungen* kann der Absender vorausbestimmen, wie die Post bei geänderten Anschriften des Empfängers oder bei unzustellbaren Sendungen verfahren soll. Häufige Vorausverfügungen sind ›Wenn Empfänger verzogen, nicht nachsenden‹ oder ›Nicht nachsenden. Bei Umzug bitte mit neuer Anschrift zurück‹.

Preisermäßigungen räumt die Deutsche Post in der Regel dann ein, wenn der Absender größere Mengen an Postsendungen einliefert und bestimmte Vorleistungen erbringt. So sind Preisermäßigungen für Nutzer von Freistempelmaschinen möglich. Nutzer von Datenverarbeitungsfreistempelanlagen können weitere Preisermäßigungen für Vorsortierungen und Maschinenlesbarkeit erhalten. Bei Infopost gibt es Preisermäßigung für Freistempelung, bestimmte Vorsortierungen und Fertigung von bestimmten Bunden, Behältern und Paletten.

Express-EMS Kurierpost GmbH

EMS Kurierpost ist die schnellste Post. Der Versand ist teurer als der herkömmliche Postversand, dafür garantiert EMS die Auslieferung der Sendung wahlweise bis zum nächsten Morgen oder ›noch heute‹.

EMS befördert Briefe und Pakete in der Regel bis 31,5 kg. Die Sendungen werden nach Anruf abgeholt. Außerdem können EMS-Sendungen bei 2000 Postfilialen im Bundesgebiet aufgegeben werden. EMS ist erreichbar über die bundesweite kostenlose Servicetelefonnummer (01 30) 82 38 23.

EMS International befördert Kuriersendungen binnen kürzester Zeit in 180 Länder der Erde. Sendungen in die wichtigen Geschäftszentren werden in der Regel innerhalb von 1 bis 2 Tagen ausgeliefert. Dies funktioniert über GD Express Worldwide, einem der größten Kurierdienste der Welt mit eigener, weltweiter Flugzeug- und Lkw-Flotte. Hinsichtlich Abholung und Einlieferung bei Postfilialen gilt der gleiche Service wie bei EMS Kurierpost national. Auskünfte erhält man über die bundesweite Servicetelefonnummer (01 30) 82 38 23.

Verpackung und Aufschriften bei Briefen und Postpaketen

Die Umhüllung muss den gesamten Inhalt umschließen und soll verschlossen sein. Eine Ausnahme bilden Waren-, Bücher- oder Blindensendungen, die offen eingeliefert werden müssen, damit die Post den Inhalt prüfen kann. Für Briefe sollten die handelsüblichen Briefumschläge mit oder ohne Fenster verwendet werden. Bei Postpaketen richtet sich die Art der Verpackung nach der Empfindlichkeit des Versandgutes. Die Verpackung muss so beschaffen sein, dass das Versandgut nicht herausfallen, keine anderen Sendungen beschädigen und nicht selbst beschädigt werden kann. Bei zerbrechlichen Gütern müssen eine ausreichende Innenverpackung und ggf. Füllstoffe verwendet werden. Faltschachteln in unterschiedlichen Größen, so genannte Pack-Sets, die speziell für den Postversand entwickelt wurden, sind bei den Postfilialen erhältlich.

Zur Aufschrift eines Briefes gehört die Anschrift und ggf. die Bezeichnung der Sendungsart (nur bei Bücher-, Waren- und Blindensendungen sowie Postwurfsendungen) und Angaben über zusätzliche Leistungen (z. B. ›Eilzustellung‹, ›Einschreiben‹ usw.). Sendungsart und zusätzliche Leistungen müssen oberhalb der Anschrift angegeben werden.

Die Anschrift muss linksbündig in folgender Reihenfolge geschrieben werden:

a) Name des Empfängers, der Firma usw.
Wird eine spezielle Person in größeren Firmen angeschrieben, empfiehlt es sich, unter dem Namen des Empfängers dessen Abteilung anzugeben.
b) Zustell- oder Abholangaben
Straße und Hausnummer bei allen Postsendungen, die zugestellt werden sollen, z. B. bei allen Postpaketen
Postfach und Postfachnummer bei allen Briefsendungen an Briefabholer (ausgenommen Eilsendungen)
Angabe ›Postlagernd‹ bei postlagernden Sendungen
c) Leerzeile
d) Fünfstellige Postleitzahl und Bestimmungsort
Achtung: Inhaber von Postfächern haben eine spezielle Postleitzahl für ihre Postfachanschrift. Diese kann in der Regel aus der Absenderangabe auf der Sendung des Korrespondenzpartners entnommen werden. Auch große Firmen oder Behörden können eigene Postleitzahlen haben.

Bei Briefen ins Ausland können für die Bestandteile der Anschrift abweichende Regeln gelten (vgl. Korrespondenz mit ausländischen Geschäftspartnern, S. 165 ff.). Liegt ein Brief des Korrespondenzpartners vor, kann die Anschriftengestaltung der Absenderangabe als Muster dienen. Der Bestimmungsort sollte nach Möglichkeit in der Sprache des Bestimmungslandes geschrieben werden (z. B. MILANO statt Mailand). In der letzten Zeile der Anschrift steht, durch eine Leerzeile abgesetzt, das Bestimmungsland. Bei folgenden Ländern kann die Angabe des Bestimmungslandes in der Anschrift entfallen, wenn vor die Postleitzahl das Länderkürzel geschrieben wird:

Land	Länderkennzeichen	Beispiel
Belgien	B	B-5000 NAMUR
Dänemark	DK	DK-6700 ESBJERG
Färöerinseln	FR	FR-100 TORSHAVN
Finnland	FIN	FIN-20100 TURKU 10
Frankreich	F	F-54300 LUNÉVILLE
Griechenland	GR	GR-201 00 KORINTHOS
Island	IS	IS-233 HAFNIR
Italien	I	I-72100 BRINDISI
San Marino	I	I-47031 SAN MARINO
Vatikanstadt	I	I-00120 CITTÀ DEL VATICANO
Jugoslawien (Serbien und Montenegro)	YU	YU-11001 BEOGRAD
Liechtenstein	FL	FL-9490 VADUZ
Luxemburg	L	L-4750 PETANGE
Monaco	MC	MC-98000 MONACO
Norwegen	N	N-8500 NARVIK
Österreich	A	A-5640 BAD GASTEIN
Portugal	P	P-4600 AMARANTE
Rumänien	RO	RO-3581 CHISTAG, BIHOR
Schweden	S	S-602 20 NORRKÖPING
Schweiz	CH	CH-8050 ZÜRICH
Slowenien	SI	SI-61000 LJUBLJANA
Spanien mit Kanarischen Inseln	E	E-28009 MADRID
Tschechische Republik	CZ	CZ-22000 PRAHA 1
Türkei	TR	TR-06101 ANKARA
Ungarn	H	H-3347 BALATON

Quelle: Bruhn-Jada, Christa: Handbuch für Sekretariat und Büromanagement. WEKA-Verlag 1997, S. 315).

Bei Standardbriefen gilt es noch einige Besonderheiten zu beachten. Standardbriefe sind Briefsendungen bis 20 g, die nicht größer als 23,5 × 12,5 cm und nicht dicker als 0,5 cm sein dürfen. Sie kosten 1,10 DM Porto und sind bedeutend günstiger als größere Briefe mit gleichem Gewicht, weil sie von der Post sehr effizient maschinell bearbeitet werden können. Damit die maschinelle Bearbeitung gewährleistet ist, müssen folgende Bedingungen erfüllt sein:

- Die zugelassenen Maße müssen eingehalten werden.
- Die Sendung muss durchgehend flach sein; an der Außenseite dürfen beispielsweise keine auftragenden Gegenstände angebracht sein.
- Die Sendung muss für den Transport innerhalb der Briefsortieranlagen der Post ausreichend biegsam sein.
- Für die Umhüllung muss weißes oder einfarbig helles Papier verwendet werden.
- Das Papier oder der Karton muss ausreichend saugfähig sein, denn die Briefsortieranlagen der Post bringen am unteren Rand des Briefes einen Strichkode auf.
- Kunststoffumhüllungen sind nicht zulässig.
- Außer einem Anschriftenfenster dürfen auf der Vorderseite keine Fenster angebracht sein.

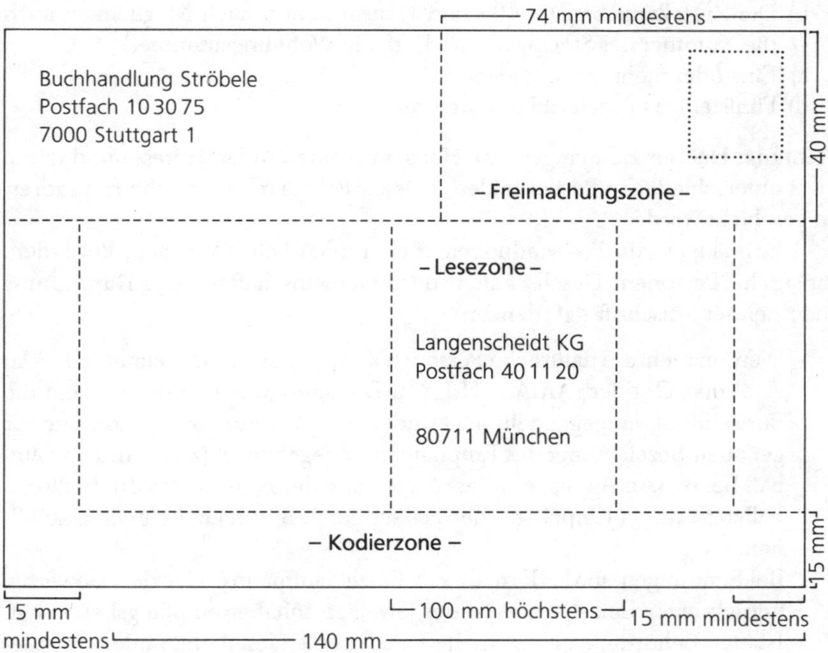

Aufschriftseite einer Standardbriefsendung

- Die Anschrift muss linksbündig geschrieben sein und sich in der Lesezone befinden, die 4 cm unter dem oberen Rand des Briefumschlags beginnt und 1,5 cm über dem unteren Rand endet; sie darf höchstens 14 cm links vom rechten Rand des Umschlages beginnen. (Bei Fensterbriefumschlägen darf das Fenster auch links sein.)

- Am unteren Rand des Umschlags befindet sich eine Kodierzone. In diesem Bereich spritzen die Sortiermaschinen der Post eine Strichkodierung auf. Die Kodierzone ist 1,5 cm breit und 14 cm lang.
- Der Platz rechts und unterhalb der Anschrift sowie die Kodierzone dürfen nicht beschriftet werden, weil die Anschrift maschinenlesbar bleiben muss.

Zur Aufschrift eines Postpaketes gehört die Anschrift sowie ggf. die Bezeichnung der Sendungsart und die Angabe zusätzlicher Leistungen (wie ›Nachnahme‹ oder ›Eigenhändig‹). Außerdem enthält die Aufschrift den Vermerk ›Unfrei‹, wenn der Empfänger den Versand bezahlen soll. In jede Sendung sollte ein Doppel der Aufschrift eingelegt werden.
Die Anschrift muss in folgender Reihenfolge geschrieben werden:

a) Name des Empfängers
b) Die Zustellangaben (Straße und Hausnummer, nach Möglichkeit auch die Nummer des Stockwerks und ggf. die Wohnungsnummer)
c) Eine oder mehrere Leerzeilen
d) Fünfstellige Postleitzahl und Bestimmungsort

Achtung: Hat der Empfänger eine Haus- und eine Postfachadresse und damit zwei unterschiedliche Postleitzahlen, müssen Pakete immer an die Hausadresse geschickt werden.

Empfänger von Postsendungen können natürliche Personen, Behörden, juristische Personen, Gesellschaften oder Gemeinschaften sein. Daran muss man bei der Anschrift ggf. denken:

- Werden mehrere natürliche Personen als Empfänger bezeichnet (z. B. ›An A, B und C‹ oder ›An A z. Hd. von B‹), kann jede von ihnen allein die Postsendung entgegennehmen. Anders ist es, wenn eine Person nur zur genauen Bezeichnung des Empfängers angegeben ist (z. B. ›An A, wohnhaft bei B‹, ›An A i. Fa. B‹ oder ›An A unter der Adresse des B‹). In diesen Fällen ist nur A Empfänger der Postsendung, B ist nicht befugt, sie zu öffnen.
- Bei Sendungen an die Firma eines Einzelkaufmanns oder den Gewerbebetrieb einer Einzelperson ist der jeweilige Inhaber empfangsberechtigt. Ist eine Behörde, eine juristische Person, eine Gesellschaft oder eine Gemeinschaft als Empfänger bezeichnet, werden die Sendungen von der Post deren Postbevollmächtigten übergeben.
- In Gemeinschaftsunterkünften gibt es so genannte Postempfangsbeauftragte (z. B. den Hausmeister). Diesem werden grundsätzlich alle Sendungen für die in der Unterkunft wohnenden Personen ausgehändigt. Soll dies vermieden und die Sendung dem Empfänger direkt ausgehändigt werden, so muss die zusätzliche Leistung ›Eigenhändig‹ vermerkt werden.

Der Empfänger einer Postsendung kann im Übrigen grundsätzlich die Annahme der Sendung verweigern (Ausnahme Postzustellungsauftrag, Werbeantwort).

Freimachung von Briefen und Postpaketen

Briefe, Postkarten, Büchersendungen und Warensendungen können durch Briefmarken freigemacht werden. Außerdem kann mit der Post vereinbart werden, dass der Absender seine Briefsendungen freistempelt, also keine Briefmarken verwendet. Hierzu sind unterschiedliche Freistempelmaschinen auf dem Markt, von kleinen Handmaschinen bis zu großen DV-Freistempelanlagen. Gegen Entgelt kann die Freistempelung auch von der Post übernommen werden. Bei Infopost oder Telebriefen ist Barzahlung, Scheck oder Überweisung möglich. Postwurfsendungen müssen stets auf diese Weise bezahlt werden.

Werden Pakete am Schalter eingeliefert, müssen sie bar bezahlt werden (Ausnahme: unfreie Pakete). Päckchen können durch Briefmarken freigemacht werden. Für die Absenderfreistempelung von Päckchen ist eine Vereinbarung mit der Post erforderlich.

Haftung der Post bei Verlust oder Beschädigung

Kommt eine gewöhnliche Briefsendung nicht beim Empfänger an (dieser Fall ist äußerst selten; von einer Million Briefen gehen nur etwa 8 verloren), haftet die Post grundsätzlich nicht. Eine Haftung ist aufgrund des Massenverkehrs mit rund 65 Millionen Briefen pro Tag nicht möglich. Bei Verlust eines Einschreibens haftet die Post pauschal mit 50 DM. Bei Verlust oder Beschädigung einer Sendung mit Wertangabe wird in Höhe des unmittelbaren Schadens bis zum Betrag der Wertangabe gehaftet. Ähnlich ist die Haftung bei gewöhnlichen Postpaketen: Hier haftet die Post in Höhe des unmittelbaren Schadens bis zum Höchstbetrag von 1 000 DM bei Verlust oder Beschädigung. Für eine nicht ordnungsgemäße Behandlung von Päckchen haftet die Post grundsätzlich nicht.

Im Auslandsdienst haftet die Post im Regelfall für Premium-Pakete bis 1 000 DM, für Economy-Pakete und See-Pakete grundsätzlich bis 400 DM, ohne dass eine besondere Versicherung abgeschlossen werden muss. Gehaftet wird in der Regel gegenüber dem Absender. Ist eine Postsendung nicht beim Empfänger angekommen, sollte der Absender einen Nachforschungsantrag stellen. Formulare gibt es in jeder Postfiliale.

Protokoll

Die Protokollarten und was sie leisten

Dass wir dem Ausdruck ›Protokoll‹ auch bei Staatsbesuchen und dergleichen diplomatischen Angelegenheiten begegnen, braucht hier nicht zu interessieren. In unserem Zusammenhang ist damit ausschließlich die schriftliche Wiedergabe oder Zusammenfassung der Äußerungen und Ergebnisse einer Sitzung oder Besprechung gemeint. Je nach Inhalt und Aussagekraft unterscheidet man mehrere Protokollarten:

Wörtliches Protokoll: Es gibt die Äußerungen der Redner Wort für Wort wieder, wobei in der Abschrift sprachlich-formale Unebenheiten, die von den Eigenheiten der freien Rede herrühren, leicht geglättet werden. Wörtliche Protokolle sind heute selten und werden fast nur noch im Parlament angefertigt. Die Anfertigung eines wörtlichen Protokolls erfordert eine Schreibgeschwindigkeit von 360–400 Silben, eine hohe Konzentrationsleistung und evtl. mehrere Protokollanten.

Verlaufs- bzw. Verhandlungsprotokoll: Hier handelt es sich um ein ausführliches Protokoll, aus dem deutlich hervorgehen muss, wie es zu den (ebenfalls protokollierten) Beschlüssen gekommen ist. Der Verlauf der Diskussionen, der Weg der Meinungsbildung werden eingehend aufgezeichnet. Wer was gesagt hat, wird dabei nicht im exakten Wortlaut wiedergegeben, sondern sinngemäß zusammengefasst. In der Regel kommt es auch nicht darauf an, alle Verästelungen der Diskussion zu notieren, sondern die wesentlichen Positionen und Argumente in konzentrierter Form aufzuführen.

Kurzprotokoll: In Protokollen dieser Form werden die Beschlüsse meist wörtlich, der Weg zu den Beschlüssen aber in äußerst knapper Weise festgehalten.

Beschluss- bzw. Ergebnisprotokoll: Es enthält nur die Ergebnisse und Beschlüsse, nicht den Weg, der dorthin geführt hat. Übrigens ist kein Ergebnis auch ein Ergebnis, das vermerkt werden muss.

Vernehmungsprotokoll: Es handelt sich hier um eine Sonderform, die nur bei Vernehmungen durch die Polizei oder vor Gericht eine Rolle spielt. Es interessiert im hier gegebenen Zusammenhang nicht.

Gedächtnisprotokoll: Es wird nach einer Sitzung meist aufgrund von Notizen verfasst, ist insofern als Gedächtnisstütze hilfreich, aber im Zweifelsfalle wenig beweiskräftig.

Die Aktennotiz: Die Aktennotiz ist ein Vermerk, der meist einem Kurz- oder auch Beschlussprotokoll sehr nahe kommt. Auch sie soll oft nur eine Gedächtnisstütze sein. Sie ist formal nicht so festgelegt wie ein Protokoll, kennt also keinen Protokollrahmen und keine Tagesordnung, sollte aber dennoch gut gegliedert und übersichtlich sein und auf die üblichen ›W-Fragen‹ (Wo? Wann? Wer? Was? Wie?) antworten.

Prinzipiell werden an jedes Protokoll dieselben Anforderungen gestellt. Sie sind im Wesentlichen von der Protokollart unabhängig. Allenfalls kommt diesem oder jenem Erfordernis bei der einen oder anderen Protokollart größeres Gewicht zu. Grundsätzlich sollte keiner der folgenden Punkte unbeachtet bleiben:

- Ein Protokoll muss wahrheitsgetreu sein und darf keine falschen oder irreführenden Angaben enthalten
- Es muss von einem neutralen Beobachter verfasst sein, der sich deshalb möglichst nicht am Gespräch zur Sache beteiligen sollte
- Ein Protokoll darf keine Gefühle, Stimmungen oder Meinungen der Verfasserin bzw. des Verfassers wiedergeben
- Es muss leicht verständlich sein und sich auf das Notwendige beschränken
- Es muss allgemein anerkannt werden und als Beweis gelten können – auch über den Teilnehmerkreis hinaus. Deshalb steht auch der Punkt ›Protokollgenehmigung‹ am Beginn einer jeden Tagesordnung

Von daher lässt sich leicht erkennen, dass die Protokollführung eine überaus verantwortungsvolle Tätigkeit ist. Dass der Protokollant bzw. die Protokollantin zur Objektivität und Neutralität verpflichtet ist, gehört ebenso zu den unabdingbaren Voraussetzungen wie die genaue Kenntnis der Geschäftsordnung und der jeweiligen Tagesordnung. Wer das Protokoll führt, muss jedoch noch eine Reihe weiterer Kenntnisse, Fähigkeiten und Fertigkeiten mitbringen. Er oder sie muss gut zuhören können und ein gewisses Einfühlungsvermögen besitzen, nicht nur, um alles mitzubekommen, sondern vor allem auch, um das Wesentliche vom Unwesentlichen unterscheiden zu können. Schließlich sind gute stenografische Fertigkeiten (160–180 Silben) für die Aufnahme eines Protokolls nützlich und gute Deutschkenntnisse, ein sicherer Stil und ein reicher Wortschatz für das Ausformulieren erforderlich. Sicherheit in Rechtschreibung, Zeichensetzung und Grammatik ist dabei vorauszusetzen.

Effektives Protokollieren leicht gemacht

Die Aufnahme eines Protokolls erfordert ein hohes Maß an Konzentration, Auffassungsgabe und Geistesgegenwart. Um sich die Arbeit ein wenig zu erleichtern, sollte sich der Protokollant auf seine Aufgabe jedes Mal gut vorbereiten. Die Vorbereitung beginnt mit dem Studium der Teilnehmerliste. Es ist vorteilhaft, sich die Namen der Gesprächsteilnehmer einzuprägen. Für ähnlich klingende Namen empfiehlt es sich, Kürzel festzulegen, die man sich aber ebenfalls genau merken muss. Eine andere Möglichkeit, mit dem Namensproblem fertig zu werden, besteht darin, für gut leserliche Namensschilder zu sorgen oder einen Sitzplan aufzustellen, bei dem man die Plätze nummeriert. Im letzteren Falle braucht man während der Sitzung nur zu notieren: ›Nr. 3

sagt …‹ und ›Nr. 8 antwortet …‹. Bei der Niederschrift ersetzt man dann ›Nr. 3‹ beispielsweise durch ›Dr. Horstmer‹ und ›Nr. 8‹ durch ›Frau Weber‹.

Ganz wichtig ist es, die Tagesordnung und die Geschäftsordnung zu kennen. Im günstigsten Falle ist man bereits mit den Materien, die verhandelt werden sollen, vertraut oder kann sich vorab wenigstens über sie informieren. Denn je weniger man über die Dinge weiß, die besprochen werden, desto schwieriger ist es, der Besprechung zu folgen und sie zu protokollieren. Für Fach- und Fremdwörter kann man möglicherweise vorher ebenfalls eigene Kürzel festlegen und sich einprägen. Zur Vorbereitung gehört es auch, vorliegende Anträge bereitzuhalten, Schriftsätze, Dokumentationen oder Vorlagen zu einzelnen Tagesordnungspunkten zur Hand zu haben und an den Terminkalender zu denken, damit das Datum der nächsten Sitzung verabredet werden kann.

Beim Mitschreiben gilt es dann, größtmögliche Übersichtlichkeit zu wahren. Es hat sich bewährt, für jeden Tagesordnungspunkt ein neues Blatt zu beschreiben und die Blätter durchzunummerieren. Sinnvollerweise teilt man den Stenoblock in zwei oder drei Spalten ein, beschreibt aber nur die linke Seite. Dadurch hat man auf der rechten Seite Raum für Notizen, Vermerke oder Hinweiszeichen. Der Leserlichkeit wegen sollte man auch nur jede zweite Zeile beschreiben. Günstig ist es zudem, jeden neuen Redner durch eine Leerzeile vom Vorredner abzuheben und Beschlüsse durch einen Doppelstrich an der Seite zu markieren. Wenn man nun noch den Rat beherzigt, erst und stets zuzuhören und nicht sofort drauflloszuschreiben, dann sind die besten Voraussetzungen für eine unproblematische Ausarbeitung des Protokolls geschaffen.

Die Ausarbeitung des Protokolls

Zunächst einmal hat jedes Protokoll einen formalen Rahmen. Der Protokollrahmen umfasst den Kopf und den Schluss des Protokolls und ist im Wesentlichen für alle Protokollarten gleich. Er gibt Auskunft darüber,

- *was* behandelt wurde (Thema und Tagesordnung [TO])
- *wann* verhandelt wurde (Datum und Uhrzeit der Sitzung)
- *wo* verhandelt wurde (Ort der Zusammenkunft)
- *wer* verhandelt hat (Teilnehmer, evtl. auch Bezeichnung des Gremiums, z. B. Fachausschuss, Aufsichtsrat)

Hier ein Beispiel für den Kopf eines Protokollrahmens:

Wöchentliche Abteilungsleiterkonferenz

am 28. März 1997 um 10:30 Uhr
im Konferenzraum II, Zi. 218

Vorsitzender:	Dr. Mäßig
Teilnehmer:	Bobrowski
	Duschek
	Dr. Müller
	Rabe

Tagesordnung:

1. ....
2. ....

Die Namen der Teilnehmer werden zwar in der Regel im Kopf aufgeführt, doch ist es auch möglich, dem Protokoll eine Teilnehmerliste beizufügen. Dann empfiehlt sich allerdings ein entsprechender Vermerk im Kopf des Protokolls. Um erst gar kein ›Positionsgerangel‹ aufkommen zu lassen, setzt man am besten den Vorsitzenden an die erste Stelle und nennt die weiteren Teilnehmer in alphabetischer Reihenfolge. Gibt es für das Gremium eine Geschäftsordnung, die zwischen mehreren Gruppen von Mitgliedern unterscheidet, kann man die Namen auch diesen Gruppen zuordnen. Das ist insbesondere dann von Vorteil, wenn die Gruppen unterschiedliche Befugnisse (z. B. Stimmrechte) haben.

Wenn ein Teilnehmer erst ab einem bestimmten Tagesordnungspunkt (TOP) anwesend ist oder die Sitzung nach einem bestimmten TOP verlässt, so ist das eigens zu vermerken. Das gilt auch für den Fall, dass der eine oder andere, der zu der betreffenden Sitzung eingeladen wurde, entschuldigt oder unentschuldigt fehlt. Sind Gäste zu einem bestimmten TOP eingeladen worden, um z. B. der Konferenz Bericht zu erstatten, sollte auch dies aus der Teilnehmerliste ersichtlich sein.

...

Teilnehmer:	Dr. Horstmer	ab Punkt 4 der TO
	Dr. May	bis einschl. Punkt 2 der TO
	Weber	entschuldigt
	Wolter	unentschuldigt
	Zaminski	zu Punkt 3 der TO
	Zuther	für Dr. Groll

Der Schluss des Protokolls umfasst folgende Angaben:

- Ende der Sitzung (Uhrzeit)
- Nächste Sitzung am ... um ...
- Datum der Protokollerstellung
- Unterschriften des Vorsitzenden (links) und des Protokollführers (rechts)
- Verteiler (Teilnehmer, Fehlende, Ausschnitte aus dem Protokoll an diejenigen, denen Aufgaben übertragen wurden oder die Informationen erhalten sollen)

Innerhalb dieses Rahmens befindet sich nun der eigentliche Protokolltext. Er wird einzeilig geschrieben. Beschlüsse und Anträge werden eingerückt (um etwa 5–8 Grad), sofern es sich nicht um ein reines Ergebnisprotokoll handelt. Der Verlauf der Konferenz wird (meist) in der Gegenwartsform (Präsens) beschrieben. Was gesagt wurde, wird in der indirekten Rede wiedergegeben. Das bringt zwei Schwierigkeiten mit sich: Erstens muss das, was gesagt wurde, korrekt im Konjunktiv formuliert werden. Zweitens müssen jeweils treffende Einführungswörter gefunden werden, damit es nicht in einem fort ›A sagt‹, ›B antwortet‹, ›C fragt‹ heißt.

Die folgende Liste zeigt, welche Möglichkeiten der Variation es gibt.

Aussagekräftige Einführungswörter:

andeuten	beklagen	fragen	verdeutlichen
anerkennen	bekräftigen	hinweisen	vorschlagen
antworten	beschreiben	hoffen	vortragen
appellieren	bestätigen	informieren	widersprechen
auffordern	bezweifeln	klarstellen	wissen wollen
äußern	entgegnen	meinen	wünschen
befürchten	erfahren wollen	schildern	zusammenfassen
begründen	ergänzen	sich erkundigen	zustimmen
behaupten	erklären	unterrichten	
beipflichten	erwarten	unterstreichen	

Diese Einführungswörter leiten eine Information, eine Stellungnahme, Meinungsäußerung oder einen Appell ein. Das Verb muss der Aussageabsicht des Redners entsprechen und darf nicht die subjektive Meinung des Protokollanten widerspiegeln. Unschön und überflüssig ist es, zwei Einführungswörter für eine Äußerung zu verwenden. Es sollte also nicht heißen: *Herr Max erklärt, er glaube nicht, dass die geplante Kampagne von Erfolg gekrönt sein werde,* sondern besser: *Herr Max glaubt nicht an den Erfolg der geplanten Kampagne.*

Wie schon gesagt, soll ein Protokoll leicht verständlich sein und sich auf das Notwendige beschränken. Zugleich soll es nüchtern festhalten, was besprochen wurde. Dies wirkt sich auch auf den Stil aus. So verbieten sich Schachtelsätze, Füllwörter und überflüssige Floskeln, Redensarten und rednerische Schnörkel. Ein Protokoll ist gewiss kein literarisches Kunstwerk, aber es ist eine Kunst ein gutes Protokoll zu schreiben.

Auf das Schreiben des Protokolls folgen seine Auswertung und die Nachbereitung der Sitzung: Das fertig gestellte Protokoll oder Auszüge daraus müssen verteilt, vereinbarte Termine und Fristen der Arbeitsaufträge notiert und der entsprechende Rücklauf kontrolliert werden (vgl. Konferenzmanagement, S. 291 ff.).

Tipps für die richtige Foliengestaltung

Reden, Vorträge, Präsentationen, Schulungen, Informationen aller Art leben zwar vom Wort und durch das Wort. Doch zeigt es sich, dass die Zuhörer das Gesagte schneller begreifen und besser behalten, wenn es durch Bilder unterstützt oder veranschaulicht, wenn es, wie der modische Ausdruck lautet, ›visualisiert‹ wird, wenn also Hören und Sehen auf dieselbe Sache konzentriert sind. Und genau zu diesem Zweck werden Folien für den Overhead- oder Tageslichtprojektor, aber auch Dias, Computerbilder oder Videoprojektionen eingesetzt. Sie dienen allesamt der optischen Darstellung von ›Charts‹ (Schaubildern; vgl. auch Wie viel Software braucht der Mensch?, S. 262 ff.). Um ihren Zweck zu erfüllen, müssen diese allerdings nicht immer aus Bildern, Grafiken oder Symbolen bestehen. Auch die zentralen Aussagen oder prägnante Stichwörter eines Vortrags tun ihre Wirkung.

Von den vielfältigen Medien, die bei Vorträgen, Präsentationen usw. eingesetzt werden können, ist der Overheadprojektor (OHP) nach wie vor am weitesten verbreitet. Seine Anschaffungskosten sind relativ gering, und Folien lassen sich auch mit verhältnismäßig einfachen Mitteln ansprechend und anspruchsvoll gestalten. Zwar bieten Diaprojektionen und die Arbeit mit der Videotechnik überaus raffinierte Möglichkeiten, aber ihr Einsatz ist recht aufwendig und kommt deshalb für das Sekretariat kaum infrage. Wir können uns hier also auf die Foliengestaltung beschränken (zumal für die Gestaltung von Charts auf dem Personalcomputer [PC] und für eine Projektion über ein so genanntes PC-LCD-Display, mit dem man PC-Daten direkt auf eine [Lein]wand projizieren kann, im Wesentlichen dieselben Grundsätze gelten).

Bevor mit dem Entwurf von Folien begonnen werden kann, müssen sich selbstverständlich erst einmal der Referent und seine Sekretärin abstimmen. Es muss für die Gestaltung klar sein, welches Ziel der Vortrag verfolgt, vor welchem Publikum und aus welchem Anlass er gehalten wird. Eine Produktschulung hat einen anderen Charakter als die Präsentation einer Jahresbilanz, und dem muss auch bei der Ausarbeitung der Folien entsprochen werden. Gestaltungsmöglichkeiten, die sich bei der einen Gelegenheit verbieten, können bei anderen Anlässen sehr zum Erfolg eines Vortrags beitragen.

Gibt es bereits ein Manuskript für den Vortrag, kann man anhand des

Textes die Punkte herausarbeiten, die auf Folien erscheinen sollen. Dabei ist natürlich in erster Linie der Referent gefragt, präzise Angaben zu machen, weil er selbst am besten wissen muss, welche Aussagen ihm so wichtig sind, dass sie auch mit einer Folie untermauert werden sollen, oder welche seiner Ausführungen durch eine Grafik, Tabelle oder Zeichnung anschaulicher und verständlicher werden. Doch sieht jemand, der mit der Materie nicht so vertraut ist wie der Referent, vielleicht noch ganz andere, sogar effektvollere Möglichkeiten, den Text durch Folien zu unterstützen. Die Sekretärin, die die Folien erstellen soll, ist ja sozusagen das erste Publikum, und ein selbstbewusster Redner wird die Hinweise seines Testpublikums zu schätzen wissen.

Generell gilt für die Foliengestaltung die Regel: ›Weniger ist oft mehr!‹ Diese Maxime betrifft insbesondere die Anzahl der Folien. Zu viele in zu kurzer Zeit überfordern die Zuhörer und verwirren mehr, als dass sie die Konzentration auf die Inhalte fördern. Je nach Thema, Dichte der Information und Gesamtinhalt des Vortrags hat sich eine durchschnittliche Auflagezeit von etwa vier bis zehn Minuten pro Folie als sinnvoll erwiesen. Stehen also für den Vortrag 30 Minuten zur Verfügung, sollte man nicht mehr als sieben Folien – eher weniger – einplanen.

›Weniger ist oft mehr‹, diese Maxime gilt auch für die Gestaltung jeder einzelnen Folie. Zu viele Aussagen, die obendrein zu dicht angeordnet sind, ermüden den Betrachter und verhindern, dass er die Inhalte erfasst. Entscheidend ist die Beschränkung auf das Wesentliche. Enthält eine Folie ausschließlich Text, sollten nicht mehr als sechs oder sieben Zeilen mit maximal sechs oder sieben Wörtern die Seite füllen. Schließlich soll das Publikum in erster Linie zuhören, nicht lesen. Auch soll ein Text noch auf größere Entfernung gut lesbar sein. Die Zuhörer sehen die projizierte Folie oft aus mehreren Metern Abstand und haben in der Regel relativ wenig Zeit, den Text zu erfassen. Daran muss man bei der Wahl der Schriftart und -größe denken. Die Schrifttype sollte klar und die Größe nicht kleiner als 18 Punkt sein (›Punkt‹ – meist mit ›p‹ abgekürzt – ist die Maßeinheit des europäischen typographischen Maßsystems. Ein Punkt entspricht 0,376 mm). Die Strichstärken und die Wort- und Zeilenabstände müssen der Schriftgröße angepasst sein. Wer mit einem Textverarbeitungsprogramm arbeitet, braucht normalerweise nur die entsprechende Schriftgröße einzustellen. Den Rest besorgt die Software. Wer Folien von Hand beschriftet, sollte jedoch darauf achten, dass die Großbuchstaben nicht kleiner als 5–7 mm sind und dass die Stifte, die man verwendet, desto dicker sein sollten, je größer man schreibt.

Wichtige Wörter oder Sätze können durch Fettdruck, Unterstreichung, Einrahmung oder besondere Farbgebung hervorgehoben werden. Auch der Wechsel in eine andere Schriftart ist möglich, sollte aber behutsam verwendet werden, damit das Schriftbild nicht zu unruhig wird. Auf keinen Fall dürfen ausschließlich Großbuchstaben (Versalien) verwendet werden. GROSSBUCHSTABEN VERHINDERN NÄMLICH, DASS EIN TEXT SCHNELL ERFASST WER-

DEN KANN, UND BEWIRKEN GENAU DAS GEGENTEIL VON DEM, WAS EIGENTLICH BEABSICHTIGT WAR. Wichtig ist bei den Hervorhebungen, dass man mit System vorgeht. Wenn man sich einmal dafür entschieden hat, zentrale Aussagen farblich hervorzuheben, sollte man dieses Prinzip auf allen Folien durchhalten. Von solchen Gestaltungsmitteln geht eine gewisse Signalwirkung aus, die dem Betrachter die Orientierung zusätzlich erleichtert. Er wird hingegen verwirrt, wenn die Gestaltungsmittel unsystematisch eingesetzt werden. Dies gilt übrigens auch für die anderweitige Gestaltung von Folien. Erscheint z. B. das Firmensignet links oben, dann sollte es immer dort erscheinen.

Eine gut gestaltete Folie unterstützt den Referenten bei der Akzentuierung seines Vortrags und hilft ihm, wichtige Sachverhalte zu verdeutlichen – nicht mehr und nicht weniger. Besser als Text erfüllen Bilder, Grafiken und Diagramme diese Aufgabe – je einfacher und übersichtlicher sie sind, desto besser. Auch Zahlen sind in aller Regel wenig anschaulich. Wenn man sie überhaupt auf die Folie bringt, dann möglichst gerundet, da mehrere Stellen hinter dem Komma immer etwas kleinkariert wirken. ›Zahlenwüsten‹ – etwa in Form von Tabellen – sollte man überhaupt nach Möglichkeit vermeiden. Schließlich stehen für die Darstellung von Zahlenmaterial vielfältige Grafikformen zur Verfügung. Ob Balken-, Kuchen- oder Kurvendiagramme zum Einsatz kommen, hängt von der Komplexität des Zahlenmaterials ab. Auch hier ist Übersichtlichkeit Trumpf und jeder Effekthascherei vorzuziehen. So wirkt eine dreidimensionale Darstellung, auf die Leinwand projiziert, meist schlecht, weil zu viele Linien und Schatteneffekte ein unruhiges, unklares Bild abgeben.

Bei der Gestaltung von Folien wird heute häufig der Computer eingesetzt. Dazu ist an Hardware außer dem PC ein Laser- oder Tintenstrahldrucker erforderlich. Vieles lässt sich dann schon mit einem guten Textverarbeitungsprogramm realisieren, während ausgefeilte Grafikprogramme mit ihren Möglichkeiten, Fotos, Zeichnungen, Diagramme usw. mit Text zu kombinieren oder Grafiken frei oder nach Vorlagen zu gestalten, einen weiten Spielraum für hochwertige, effektvolle und originelle Folien eröffnen. So kann man beispielsweise auf ein großes Angebot von so genannten Clip-Arts zurückgreifen. Das sind Grafiken, die auf Datenträgern gespeichert sind und von den gängigsten Text- und Grafikprogrammen gelesen und weiterverarbeitet werden können. Zu fast jedem Thema gibt es vorgefertigte Zeichnungen, Bilder und Fotos, mit denen man eine bessere Veranschaulichung oder Visualisierung der vorgetragenen Sachverhalte erreichen kann.

Die einmal erstellten und gespeicherten Vorlagen lassen sich immer wieder ändern, ergänzen und neuen Gegebenheiten anpassen. Die EDV-gestützte Erstellung von Folien zeichnet sich also vor allem durch große Flexibilität und – bei einiger Übung und einem gewissen Grundstock an Vorlagen – durch Schnelligkeit aus. Allerdings muss der Verführung widerstanden werden, alle Softwaremöglichkeiten auch auszuspielen. Überfrachtete Folien nützen nie-

In einer Größe von 10 Punkt lässt sich die Schrift auf einem Blatt Papier noch gut lesen.

Bei 18 Punkt erscheint die Schrift auf dem Papier überdimensioniert; für Folien aber ist die Größe gut geeignet.

Für Überschriften und wenn genug Platz auf der Folie vorhanden ist kann die Schrift auch größer sein (z.B. 24 p, wie hier).

mandem, und der grafische Aufwand, den man treibt, muss in einem sinnvollen Verhältnis zum Zweck stehen.

Manches von dem, was aufwendige Grafikprogramme anbieten, lässt sich ohne weiteres auch mit Papier, Schere, Klebstoff und einem Fotokopiergerät realisieren. Denn was bereits in gedruckter Form vorliegt, lässt sich auf Folien kopieren, ob es sich nun um Texte, Diagramme, Logos oder Cartoons handelt. Beim Durchstöbern von Fachzeitschriften kann einem manches in die Hände fallen, was sich ggf. bei der Foliengestaltung nutzen lässt. Eine Grafik kann man z. B. ausschneiden, dann zunächst auf Normalpapier kopieren, um das Ergebnis zu kontrollieren. Ist es gut, kann man nun auf die hitzebeständige Folie kopieren; ist die Vorlage nicht groß genug, muss sie vorher vergrößert werden. Auf diese Weise lassen sich auch eine vorliegende Grafik und ein selbst erstellter Text miteinander kombinieren – oder umgekehrt. Wie das Ergebnis aussehen könnte, zeigen die Abbildungen auf Seite 203 u. 204 oben.

Selbstverständlich kann man die Folien auch von Hand beschriften. Dabei leistet ein Bogen liniertes oder kariertes Papier, das man unter die Folie legt, gute Dienste. So lassen sich die Schriftgrößen besser kontrollieren, die Ausrichtung des Textes genauer vornehmen und die Einteilung der Folie besser überblicken. Weil das Folienmaterial im Gegensatz zum Papier die Farb-

Die Folie als ›didaktisches Instrument‹. Gestaltung mit Fantasie und Kreativität spricht den Zuhörer mehr an als langweilige (und ›gestaltlose‹) Texte ...

Auch als ›technisches‹ Ordnungs- und Mitteilungsmedium lässt sich die Folie nutzen ...

flüssigkeit nicht aufsaugt, benötigt man zur Beschriftung spezielle Folienstifte, die mit einer schnell trocknenden Flüssigkeit gefüllt sind. Leider trocknen diese Stifte deshalb auch leicht aus, weswegen man auf eine sachgemäße Lagerung und vor allem darauf achten sollte, dass sie gut verschlossen sind, solange man sie nicht benutzt. Diese Folienstifte gibt es in zwei Ausführungen: wasserlöslich und nichtwasserlöslich (oder ›permanent‹). In der Praxis haben sich die nichtwasserlöslichen Stifte am besten bewährt. Nur wenn Geschriebenes oder Gemaltes wieder entfernt werden soll, bieten sich wasserlösliche Folienschreiber an. Die ›permanenten‹ Beschriftungen lassen sich übrigens auch mit speziellen Chemikalien oder Folienradierern nicht vollständig entfernen.

Folienstifte gibt es in verschiedenen Stärken und Farben. Die Strichstärken reichen von 0,4 mm (Symbol: ›S‹ für ›superfein‹) bis zu 4,5 oder 5 mm (›EB‹ für ›extrabreit‹). Freilich kommt man normalerweise mit zwei oder drei verschiedenen Stärken aus. Doch ist es in jedem Falle sinnvoll, die Wirkung der einzelnen Strichstärken vor dem Einsatz einmal auszuprobieren, indem man eine Testfolie mit allen Gestaltungsmitteln, die man einsetzen möchte, herstellt, sie auf einen Overheadprojektor legt und aus einiger Distanz betrachtet. Auch bei der Farbauswahl sollte man sich auf drei Grundfarben beschränken, die dann, wie oben schon gesagt, nach einer sorgfältig überlegten Syste-

Die Teilnehmenden sollten das Motto der Veranstaltung kennen. Die entsprechende Folie kann zur Erinnerung und Motivation immer wieder aufgelegt werden.

matik konsequent eingesetzt werden. Gut lesbar sind Farbstifte allerdings nur in den mittleren Strichstärken.

Welche von den über zwanzig handelsüblichen Sorten von Einzelfolien zum Einsatz kommen sollte, hängt im Wesentlichen von der Beschriftungstechnik ab. Das Folienmaterial für die Beschriftung mit einem Stift fühlt sich weicher und elastischer an als dasjenige, das auch für den Fotokopierer oder Laserdrucker geeignet ist. Folien, die nur für die Beschriftung mit Folienschreibern geeignet sind, dürfen niemals in einen Kopierer oder Drucker eingelegt werden. Sie sind nicht hitzebeständig und können sich in den Belichtungs- und Fixiereinheiten der Geräte buchstäblich auflösen.

Folienrollen haben gegenüber den Einzelfolien den Nachteil, dass sie sich nur bedingt vorbereiten lassen und den Referenten durch die unabänderliche Reihenfolge der Darstellungen vollkommen auf eine bestimmte Abfolge seines Vortrags festlegen. Für Protokollierungen, Gruppenarbeiten, die Darstellung von Arbeitsergebnissen usw. sind sie jedoch gut zu gebrauchen. Allerdings kommen Folienrollen im Gegensatz zu Einzelfolien für gewöhnlich nur einmal zum Einsatz, was unter Umweltschutzgesichtspunkten ihren Wert wieder mindert.

Das Interesse bleibt erhalten, wenn während eines Vortrags eine Folie nach und nach ›enthüllt‹ wird. Dabei werden passend zurechtgeschnittene Abdeckstreifen (z. B. aus Pappe oder lichtundurchlässigem Papier), die zuvor an der Folie befestigt wurden, nacheinander entfernt, sodass die einzelnen Gedankenschritte auch optisch nachvollzogen werden können. Komplexe Abläufe und Zusammenhänge lassen sich dagegen besser mit Mehrfachfolien erklären. Bei dieser Technik werden mehrere, einander ergänzende Folien schrittweise aufeinander gelegt, sodass im Endeffekt ein Gesamtbild entsteht. Beide Methoden setzen jedoch eine wohl durchdachte Planung und akkurate Ausführung der Folien voraus und können letztlich nur in enger Kooperation zwischen dem Referenten und seiner Sekretärin bzw. Assistentin realisiert werden.

Wenn die Folien fertig sind, sollten sie zum Schutz in Präsentationshüllen oder in OHP-Hüllen (›Flipframe‹) aufbewahrt werden. Die einfachen Prospekthüllen reichen nicht aus. Denn zum einen sind sie meist nicht genügend lichtdurchlässig, und zum anderen kommt es bisweilen zwischen der Folie und der Prospekthülle zu chemischen Reaktionen, die die Beschriftung oder den Aufdruck ablösen. Die OHP-Hüllen sind deshalb besonders interessant, weil sie rechts und links mit ›Klappen‹ versehen sind, die den nicht benötigten und deshalb störenden Belichtungsbereich des Projektors abdecken und sich obendrein dazu eignen, Informationen für den Referenten darauf anzubringen.

Folien sollten ferner in zweifacher Hinsicht in ein Redemanuskript integriert werden. Erstens sollten sie im Text angekündigt werden, denn das weckt die Neugier und Aufmerksamkeit der Zuhörer – also etwa durch eine Formulierung wie ›Sie sehen jetzt die Zahlen aus dem vergangenen Geschäftsjahr, und sogleich können Sie erkennen, dass ...‹. Zweitens sollte jede Folie auch als separater Papierausdruck oder als Kopie dem Manuskript beiliegen. Dann kann der Redner sie im Ablauf richtig platzieren und hat außerdem die Möglichkeit, den Folieninhalt wiederzugeben, ohne auf die Leinwand zu schauen. Er verliert so nicht den Kontakt zu seinem Publikum dadurch, dass er ihm den Rücken zukehren muss.

In das Manuskript sollte auf jeden Fall ein kleiner ›Folienfahrplan‹ eingebaut werden. Die Nummer der entsprechenden Folie, die der Referent am Folienrand wieder findet, wird deutlich im Manuskript aufgeführt. Darüber hinaus helfen Spickzettel an den Folien oder an der Folienhülle, die wichtigsten Fakten dazu parat zu haben, auch und gerade wenn man die Folie einmal in einem freien Vortrag verwendet. Folien, die öfter gebraucht werden, sollten unbedingt das Datum ihrer Erstellung tragen, damit man sofort erkennen kann, auf welchem Informationsstand sie beruhen. Zuletzt sollte man nicht darauf verzichten, die Wirkung der Folien zu testen. Sie in der Hand zu halten und zu betrachten reicht dabei nicht aus. Man muss sie schon auf eine Leinwand projiziert sehen. Für den Referenten ist es am günstigsten, wenn er die Wirkung der Folien an einem kleinen Testpublikum erproben und beispielsweise feststellen kann, wie lange die Betrachter benötigen, um den Inhalt zu erfassen.

Wie man mit Raffinesse und Fantasie, mit Überlegung und einem gewissen Sinn für Ästhetik das Medium Overheadfolie interessant gestalten kann und was dabei zu beachten ist, zeigen die folgenden Beispiele.

Umsatzverteilung auf die Geschäftsmonate (in %)

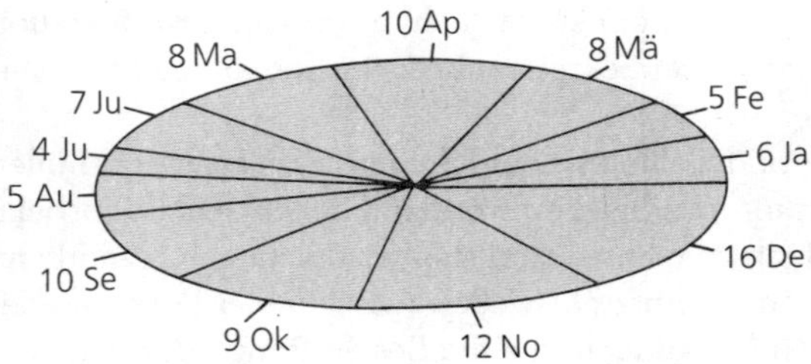

Grafiken helfen, auch trockene Zahlen übersichtlich und aussagekräftig zu gestalten. Hier wird ein und derselbe Sachverhalt mit drei verschiedenen Diagrammformen dargestellt.

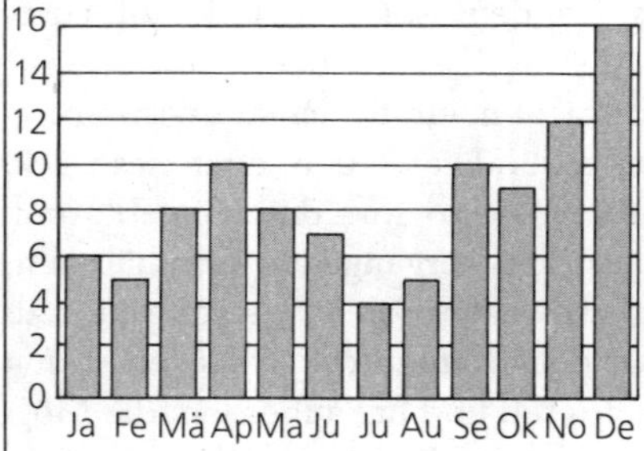

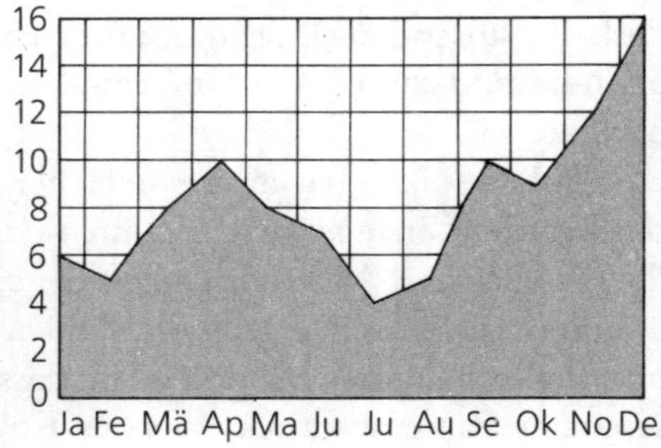

A. Müller GmbH

Erfolgreiches Telefonmarketing

Deutliche und große Überschriften

Grafiken, Bilder, Zeichnungen usw. erhöhen nicht nur die Aufmerksamkeit, sondern vertiefen auch die Aussagen, wenn die gleichen Bilder auf den Arbeitsunterlagen wiederholt werden.

Welche Faktoren bestimmen den Verkaufserfolg am Telefon?

›Blickfangpunkte‹ helfen dem Zuschauer, die Folie zu überblicken und den Inhalt zu erfassen.

(1) Fleiß

(2) Ausdauer, ›Biss‹

(3) Durchdachtes Konzept

(4) Überzeugungskraft

Wenn die Folie beim Vortrag nach und nach aufgedeckt wird, ist es wichtig, genügend große Abstände zwischen den abzudeckenden Teilen zu berücksichtigen.

Bei der Projektion können an den Rändern Unschärfen auftreten. Um die Lesbarkeit zu sichern, sollte zwischen Folienrand und Textbeginn ein Abstand von 2 bis 3 cm liegen.

Auf jede Folie gehört das Firmenlogo oder -signet. Es sieht professionell aus und hat eine nicht zu unterschätzende Werbewirkung.

Siegfried A. Huth

Die Grundregeln der Typographie sollten auch bei der Folienerstellung beachtet werden.

*

Wählen Sie sich eine ›Hausschrift‹, die durchgehend ***für alle Unterlagen*** **und Folien** verwendet wird.

*

Ein Mischmasch aus verschiedenen Schriften wirkt unruhig und *unprofessionell.*

Wichtig ist für Sie das ›richtige‹ Folienmaterial. Längere Texte, grafische Elemente und Abbildungen wirken auf farbigen Folien meist nicht optimal. Die gefärbte Folie ›schluckt‹ etwas von der Deutlichkeit.

Für kurze (wichtige) Mitteilungen (z. B. Themenüberschriften einzelner Seminarabschnitte o. Ä.) können farbige Folien aber durchaus interessant sein.

Die Schrift auf einer Overheadfolie darf nicht kleiner als 18 Punkt sein.

Die Lesbarkeit muss auch gewährleistet sein, wenn die Entfernung zwischen Projektion und Zuschauer einige Meter beträgt.

Arbeitsfeld Telefon

Fernmündliche Kommunikation gehört zu den zentralen Aufgaben eines Sekretariats. Ob es darum geht, Verbindungen herzustellen oder Verhandlungen zu führen, Auskünfte zu erteilen oder Informationen einzuholen, ob es darum geht, Kunden zu kontaktieren, ja Telefonmarketing zu betreiben oder Aufträge an Mitarbeiter weiterzuleiten, immer wieder wird zum Hörer gegriffen. Per Telefon lassen sich viele Dinge oft schneller und unkomplizierter erledigen als etwa brieflich oder auch per Fax.

Wer Freude daran hat, mit anderen Menschen umzugehen, ihnen gegenüber prinzipiell positiv eingestellt ist, flexibel, schnell und selbstsicher auf andere zu reagieren weiß, wer ein gutes Einfühlungsvermögen und eine sympathische Ausstrahlung hat, bringt zweifellos die besten Voraussetzungen dafür mit, Gesprächspartner für sich und seine Sache einzunehmen. Die Sekretärin, die sich mit ihrem Unternehmen und der Angelegenheit, die sie am Telefon zu vertreten hat, identifizieren kann und zudem über weit gespannte Kenntnisse (die Produkte, den Markt, innerbetriebliche Zusammenhänge usw. betreffend) verfügt, wird in aller Regel Kunden oder Mitarbeiter überzeugen können.

Doch sichern diese Eigenschaften noch nicht den erfolgreichen Verlauf eines Telefongesprächs. Die Schwierigkeit besteht beim Telefonieren darin, dass das Gespräch nur rein mündlich ablaufen kann. Man kann aber z. B. keinen Blickkontakt herstellen, kann weder Gestik noch Mimik des Gegenübers wahrnehmen, und der zeitliche Rahmen eines Telefonats ist, so hat es wenigstens oft den Anschein, strenger begrenzt als der eines persönlichen Gesprächs. Das Telefonieren erfordert daher ein hohes Maß an Konzentration und Umsicht. Es empfiehlt sich also, auch ein Telefonat stets im nötigen Maße vorzubereiten. Die Telefonstimme und eine klare Aussprache beeinflussen die Atmosphäre des Gesprächs entscheidend. Beides kann man schulen. Ebenso trainieren lassen sich eine Reihe von Techniken, die zwar vor allem beim Telefonmarketing eine zentrale Rolle spielen, aber auch im Alltag der Sekretärin stets nützlich sind. Davon soll im Folgenden die Rede sein.

Die Einstellung auf den Gesprächspartner

Wer zum Telefonhörer greift, um jemanden anzurufen, erwartet von seinem Gesprächspartner Freundlichkeit und Höflichkeit, erwartet, dass er als Person und in der Funktion, in der er anruft, respektiert wird. Er erwartet korrekte Informationen, sachliche Reaktionen und eine gewisse Aufgeschlossenheit. Nun weiß jeder, dass es aus dem Wald sprichwörtlich so herausschallt, wie man hineinruft. Zudem lehrt die Erfahrung, dass die Erfüllung der eigenen Erwartungen meist davon abhängt, ob und inwieweit man den Erwartungen des Ge-

Erwartungshaltungen beim Telefongespräch

Erwartungen des Gesprächspartners	eigene Erwartungen
– freundliche Begrüßung	– Freundlichkeit
– mit Namen angesprochen zu werden	– Höflichkeit
– fachliche Kompetenz	– Respektieren von Person und Job
– sachliche Information	– sachliche Information und Reaktion
– zufrieden stellende Antworten auf Fragen	– keine falschen Behauptungen
– Eingehen auf individuelle Anliegen	– Aufgeschlossenheit
– Verständnis	
– schnelles Erledigen der Wünsche	
– Einhalten von Absprachen	
– deutliches, nicht zu schnelles Sprechen	
– keine vorgeführte ›Gesprächskonserve‹	
– kein übertriebener Dialekt	

Werden die Erwartungen des Gesprächspartners erfüllt, dann werden auch die eigenen erfüllt.

sprächspartners gerecht wird. Darum ist es sinnvoll, sich dessen grundsätzliche Erwartungen vor Augen zu führen, wie es überhaupt sinnvoll ist, sich im Vorfeld und im Gespräch in die Lage des anderen hineinzuversetzen. Welchen Erwartungshaltungen man prinzipiell beim professionellen Telefonieren begegnen kann, zeigt die obige Aufstellung.

Eine positive Gesprächsatmosphäre ist die Plattform für ein positives Gesprächsergebnis. Es gibt ein paar Leitsätze, die man sich z. B. im Kundenverkehr ins Bewusstsein rufen sollte, bevor man zum Hörer greift:

- Unser Kunde ist Freund und Partner!
- Wir telefonieren gerne mit ihm!
- Wir freuen uns, wenn wir ihn mit unseren Leistungen zufrieden stellen können!
- Deshalb sind wir höflich, sorgfältig, hilfsbereit, immer positiv und freundlich, auch wenn der Kunde gespannt und nervös, aggressiv oder unentschlossen ist!
- Bei jedem Telefonat versuchen wir, einen positiven Eindruck zu hinterlassen – unabhängig vom Ergebnis!

Richtiges Verhalten am Telefon

Telefon und Anrufbeantworter sind aus unserer modernen Kommunikationsgesellschaft nicht mehr wegzudenken. Ihre Vorteile entfalten sie allerdings nur, wenn man richtig mit ihnen umgeht. Darum empfiehlt es sich, die folgenden Regeln zu beachten und zu beherzigen:

- Die gewissenhafte Vorbereitung auf ein Telefongespräch, wo erforderlich und möglich, gibt Sicherheit
- Eine aufrechte Sitzhaltung erhöht die Konzentration und die Reaktionsgeschwindigkeit
- Der Gesprächspartner bzw. die Gesprächspartnerin ist Hauptperson. Ihm oder ihr gilt alle Konzentration. Deshalb sollten Bürogespräche, Essen oder Trinken beendet, mögliche Störungen unterbunden werden, bevor man spricht
- Lächeln am Telefon erzeugt immer eine angenehme Gesprächsatmosphäre. Es wird vom Gesprächspartner ›wahrgenommen‹, auch wenn er es nicht sieht
- Jeder Dialog wird persönlicher, wenn der Gesprächspartner mit dem Namen angesprochen wird
- Die Stimme offenbart die Stimmung. Eine lebendige Stimmmelodie belebt das Gespräch
- Natürlichkeit macht sympathisch
- Deutliches und langsames Sprechen fördert das Verstehen
- Zuhören und Ausredenlassen führen zum Dialog
- Monologe mindern die Aufnahmebereitschaft des Gesprächspartners. Mit vier bis fünf zusammenhängenden Sätzen hat man jedoch noch nicht zu viel gesprochen
- Anschaulichkeit erleichtert das Verstehen und erhöht die Bereitschaft zuzuhören
- Logisch gegliederte Formulierungen fördern das Begreifen. Vollständige Informationen, klärende Fragen und problemlösende Antworten ersparen lange Umwege und Missverständnisse und sparen so auch Zeit und Kosten
- Bei komplizierten Anliegen ist es hilfreich, wenn Anrufe angekündigt (avisiert) werden. Man vereinbart ja auch Besuchstermine
- Die Wiederholung wichtiger Fakten und Übereinkünfte beugt Hörfehlern vor und verringert die Gefahr von Missverständnissen
- In festgefahrenen Situationen ist die Vereinbarung eines neuen Gesprächs angebracht. Dadurch werden voreilige Entscheidungen und hitzige Auseinandersetzungen vermieden
- Eine Telefonnotiz macht den Gesprächsverlauf nachvollziehbar und das Gesprächsergebnis kontrollierbar. Bei wichtigen Absprachen kann es nützlich sein, die Ergebnisse brieflich zu bestätigen

- Es ist sinnvoll, vorher zu überlegen, was man sagen und worum man bitten will, falls der gewünschte Gesprächspartner nicht zur Verfügung steht
- Rückrufversprechen einzuhalten ist ein Gebot der Höflichkeit und signalisiert Zuverlässigkeit. Kontrolllisten helfen, die Übersicht zu behalten
- Müssen Anrufende weiterverbunden werden, sollte man sagen, warum und mit wem weiterverbunden wird, und sich dann auch um das Zustandekommen der Verbindung kümmern
- Wer das (weiterverbundene) Gespräch übernimmt, ist für informierende Hinweise dankbar
- Anrufende oder Besucher wissen aufgeschlossene Hilfsbereitschaft, wie die Vermittlung von Auskünften oder die Hinterlegung von Notizen, zu schätzen. Dazu eignet sich das Muster auf Seite 213

Ein Problem bleibt beim Telefonieren immer: Man kann zwar sicherstellen, dass man während des Gesprächs selbst ungestört bleibt, aber man weiß nicht, ob der Gesprächspartner Zeit und Ruhe hat, entspannt ein womöglich längeres Telefonat zu führen oder ob er ›wie auf Kohlen sitzt‹, weil gerade Hochbetrieb herrscht. Immerhin gibt es erfahrungsgemäß Telefonzeiten, die je nachdem, mit wem man sprechen möchte, günstiger sind als andere:

Ärzte:	08:30–09:30
	13:00–15:00
	19:00–20:00
Einzelhandel:	08:30–10:00
	14:30–15:30
Großhandel:	08:00–11:00
	14:00–15:30
Handelsvertretungen:	08:00–09:30
	17:30–20:00
Handwerker:	07:00–09:00
	16:00–18:00
Industrie:	08:30–11:00
	14:30–16:00
Rechtsanwälte:	08:00–09:00
	14:00–16:30

Wer einen Gesprächspartner privat erreichen will, sollte sich unbedingt an die Regeln der Höflichkeit halten, d. h. nie oder nur in äußerst dringenden Fällen zwischen 13:00 und 15:00 oder nach 20:00 Uhr, keinesfalls vor 8:00, besser aber noch nach 9:00 Uhr anrufen.

Wer auf einen Anrufbeantworter spricht, sollte folgende Punkte bedenken:
- Anrufende, die nichts sagen, schaffen Unsicherheit
- Bevor man sich verheddert, legt man besser auf und ordnet seine Gedanken neu. Im zweiten Anlauf sollte man in seiner Nachricht auf den ersten Anruf hinweisen. Das macht menschlich sympathisch

TELEFONNOTIZEN

Es hat sich gemeldet

Name: Anschrift: Telefon:

Telefax:

persönlich ☐ Datum: Uhrzeit:

telefonisch ☐

Wollte sprechen:

Anliegen:

Hat hinterlassen:

Von mir wurde

erledigt:

veranlasst:

weitergegeben:

Ich habe Rückruf versprochen am: ________ gegen ________ Uhr

Ich habe Besuchstermin vergeben für: ________ um ________ Uhr

Sonstige Hinweise:

Datum: ________ ________

Unterschrift

- Ein Rückruf ist nicht möglich, wenn vor dem Signalton gesprochen wird, weil dann der Name und oft auch die Telefonnummer auf dem Band fehlen
- Langsames und deutliches Sprechen ist wichtig, besonders bei der Nennung von Namen und Telefonnummer. Am besten macht man hinter jeder Ziffer der Telefonnummer eine Pause
- Am Schluss sollte man vorsichtshalber seinen Namen wiederholen
- Auch wenn der Anrufer sicher ist, dass der Angerufene dessen Telefonnummer hat, sollte er sie immer noch einmal ansagen. Bei Fernabfragen helfen nämlich auch vertraute Namen nicht, wenn deren Telefonnummern nicht greifbar sind

Wer einen Anrufbeantworter einrichtet, sollte beim Besprechen des Bandes an Folgendes denken:

- Der potenzielle Anrufer erwartet normalerweise einen Gesprächspartner. Ein allzu unpersönlicher Text vom Anrufbeantworter wirkt daher schroff und abweisend. ›Hier spricht der Automat‹ ist genauso unpassend wie betont witzige oder allzu originelle Aussagen
- Eine verbindlich formulierte, freundlich gesprochene Ansage baut Brücken. Kürze und Prägnanz ersparen dem Anrufenden bei Ferngesprächen Kosten und vor allem eine Geduldsprobe
- Der Anrufer muss aus der Ansage erkennen, dass er richtig verbunden ist
- Der Anrufer sollte die Chance erhalten, eine Nachricht zu hinterlassen. Prompter Rückruf ist dann obligatorisch

Positives Formulieren und das Gleichgewicht im Dialog

Ob man sagt ›Das Glas ist halb voll‹ oder ›Das Glas ist halb leer‹, macht rein sachlich keinen Unterschied. Der Pegelstand ist in beiden Fällen derselbe. Doch ergibt jeder dieser beiden Sätze einen völlig anderen Eindruck: Im ersten schwingt eine positive, im zweiten eine negative Einstellung mit. Nach diesem Muster kommen positive oder negative Einschätzungen zustande. Da aber positive Aussagen Verbindlichkeit ausstrahlen, negative dagegen leicht etwas Zurückweisendes an sich haben, sollte man nach Möglichkeit den verbindlicheren Tonfall wählen und seine Sätze positiv formulieren (vgl. sinngemäß auch Satzbau und Wortwahl: Die zehn Gebote des guten Schreibstils, S. 134 ff.). Denn der Erfolg eines Gesprächs hängt ja nicht unwesentlich davon ab, dass der Gesprächsfaden nicht dünner wird oder gar abreißt. Deshalb müssen ablehnende Aussagen, wie z. B. ›So etwas geht grundsätzlich nicht‹ oder ›Das ist unmöglich‹, unbedingt vermieden werden. Aber auch eine ganze Reihe anderer Ausdrucksweisen können den weiteren Dialog blockieren. Wie man sich sprachlich korrekt verhält, zeigen die folgenden Beispiele:

Nicht so:	Dafür besser so:
Um was geht es?	Was kann ich für Sie tun?
Das weiß ich nicht.	Ich werde mich für Sie erkundigen.
Das ist momentan nicht lieferbar.	Wir können erst ab dem 12. April liefern. Ist das in Ordnung?
Da müssen Sie Frau XY fragen.	Ich gebe Ihr Anliegen an Frau XY weiter.
Das geht so nicht.	Wir können es folgendermaßen machen: ... Ist Ihnen das recht?
Das kann schon sein.	Ich erkundige mich für Sie, was wir tun können.

Das vielleicht wichtigste Merkmal der Verbesserungsvorschläge ist, dass sie grundsätzlich am Gesprächspartner orientiert sind. Eine direkte Ansprache des Anrufenden (›für Sie‹) und die Nennung von Namen (›Frau XY‹) stellen ein hohes Maß an positiver, persönlich gefärbter Atmosphäre her, selbst wenn den Wünschen des Kunden nicht entsprochen werden kann. Besser als ein schroffes Nein ist es, wie man ebenfalls sehen kann, Alternativvorschläge zu präsentieren. Damit hat man zwar indirekt auch Nein gesagt, aber zugleich das Gespräch einen erheblichen Schritt weitergeführt, die positive Atmosphäre erhalten und obendrein Kooperationsbereitschaft signalisiert.

Dies steht in enger Beziehung zu einem anderen Prinzip: Im Dialog sind die Gesprächspartner grundsätzlich gleichberechtigt. Selbstbewusstsein sollte nicht den Respekt für den anderen beeinträchtigen, und der Respekt nicht das Selbstbewusstsein. Denn Über- oder Unterlegenheit einer Seite schaden dem Gesprächsergebnis, weil sie es erschweren, einen Konsens zu finden (vgl. dazu auch Psychologische Verhaltensmuster, S. 407 ff.). Allerdings kann es notwendig sein, dass die Sekretärin erst einmal das Gleichgewicht herstellt,

- indem sie einem aggressiven Anrufer gegenüber Ruhe bewahrt, freundlich bleibt, Verständnis zeigt, mit Liebenswürdigkeit das Gespräch in ein ruhigeres Fahrwasser bringt und Einwände besonders vorsichtig formuliert
- indem sie den Redseligen durch nüchterne, zielgerichtete Fragen lenkt und durch knappe Bemerkungen bremst
- indem sie dem Unentschlossenen unaufdringlich Entscheidungshilfen anbietet und ihn zu klaren, deutlichen Aussagen ermutigt

Die Regel des Gleichgewichts gilt übrigens auch für das Gesprächsniveau. Ein Werkstattmeister spricht anders als ein Werbefachmann. Darum ist es sehr wichtig, sich auf das Sprachniveau des Gesprächspartners einzustellen. Verständigung funktioniert besser, wenn alle ›die gleiche Sprache‹ sprechen.

Die Steuerung des Gesprächs und sein Abschluss

Jedes (professionelle) Telefongespräch ist auf ein Ergebnis hin ausgerichtet. Dass man jeweils weiß, welches Ziel man anstrebt, ist unabdingbare Voraussetzung für seine Erreichung, aber leider nicht immer eine Selbstverständlichkeit. Wer sein Ziel kennt, kann sich auf den direkten Weg dorthin machen. Nur Spaziergänger ziehen aufs Geratewohl von dannen.

Es gibt eine Reihe von Möglichkeiten, sein Ziel im Gespräch regelrecht anzusteuern. Ausführlich informiert darüber das Kapitel ›Rhetorik und Gesprächsführung‹ in Duden – Reden gut und richtig halten. Ratgeber für wirkungsvolles und modernes Reden ..., Mannheim usw. 1994. Hier soll nur auf die wichtigste Form, ein Gespräch zu steuern, nämlich das Fragen, eingegangen werden. Grundsätzlich gibt es zwei Arten von Fragen: die offenen und die geschlossenen. Sie erfüllen, wie man aus der Übersicht auf Seite 217 entnehmen kann, recht unterschiedliche Funktionen und haben jeweils ihre eigenen Vorteile und Risiken. Es lässt sich leicht erkennen, dass es im Dialog auf einen ausgewogenen Einsatz beider Fragearten ankommt, wenn man das Gesprächsziel erreichen will.

Fragen allein sichern noch nicht den erfolgreichen Verlauf eines Gesprächs. Wer z. B. ein Angebot unterbreitet oder einen Vorschlag macht, muss auch Argumente ins Feld führen können. Am überzeugendsten ist es da, die Vorteile oder den Nutzen ins Gespräch zu bringen, die oder den der Gesprächspartner von diesem Angebot oder jenem Vorschlag hat. Auch auf geschäftlicher Ebene ist es manchmal nötig, einen Gesprächspartner ›mit der Nase‹ auf seine Vorteile zu stoßen.

Wer sich nicht schon in die Person des Gesprächspartners und seine Bedürfnisse hineinversetzen kann, sollte seine (Vorteil-Nutzen-)Argumentation an folgenden Aspekten ausrichten:

- Gewinn
- Image
- Sicherheit
- Zweckmäßigkeit
- Zeitersparnis
- Kostenersparnis
- Wirtschaftlichkeit/Effizienz
- Bequemlichkeit
- Exklusivität
- Prestige
- Umsatz
- Freiheit

Diese Liste ist natürlich nicht erschöpfend und nur als eine Orientierungshilfe gedacht.

Fragen

offene Fragen (Informationsfrage)	geschlossene Fragen (Antwort JA oder NEIN)
Form	
– beginnen mit den Fragewörtern wer?, was?, wie?, wann?, wo?, warum?, wie viele?, welche? (W-Frage)	– beginnen immer mit einem Verb oder Hilfsverb: Sind Sie ...?, Werden Sie ...?, Haben Sie ...?, Wollen Sie ...?
Beispiele	
– Welche Erfahrungen haben Sie mit XY gemacht? – Auf welche Dinge legen Sie Wert? – Wann benötigen Sie die Lieferung? – Wer entscheidet das in Ihrem Unternehmen?	– Stimmen Sie dem Vorschlag zu? – Legen Sie Wert auf ein gutes Preis-Leistungs-Verhältnis? – Dürfen wir die Ware ausliefern? – Haben Sie schon eine Entscheidung getroffen?
Gebrauch	
– wenn der Gesprächspartner ins Gespräch einbezogen werden soll (Dialog) – wenn der Gesprächspartner zur Mitteilung von Informationen angeregt werden soll	– wenn kurz und straff verhandelt werden soll – wenn klare Entscheidungen herbeigeführt werden sollen – wenn Vereinbartes noch einmal kontrolliert oder verstärkt werden soll
Vorteile	
– geben dem Gesprächspartner Freiraum zu eigenen Ausführungen – tragen zu einer positiven Gesprächsatmosphäre bei und bauen Vertrauen auf – blockieren und verunsichern nicht	– die Antworten sind kalkulierbar – der Zeitaufwand für ein Gespräch wird begrenzt
Risiken	
– Antworten lassen sich nicht vorprogrammieren und erfordern Sicherheit und Flexibilität – langatmige Monologe	– können verunsichern und blockieren – gefährden das Gleichgewicht im Dialog – lassen dem Gesprächspartner keinen Spielraum – machen ein Gespräch zum ›Verhör‹

Wer argumentiert, muss sich darauf gefasst machen, dass ihm Einwände entgegengebracht werden, die entkräftet werden müssen. Hier ist aktives Zuhören besonders wichtig. Nur so ist es möglich, den Hintergrund der Einwände zu erkennen. So kann es z.B. sein, dass der Gesprächspartner nicht ausreichend informiert ist, dass man sich selbst unklar ausgedrückt hat oder dass sonst ein Missverständnis vorliegt. Oder der Gesprächspartner hat in einem ähnlichen Fall mit anderen schlechte Erfahrungen gemacht. Dann ist wenig gewonnen, wenn man sich mit dem geäußerten Einwand ausführlich auseinander setzt, weil ja das tiefer liegende Problem bestehen bleibt. Nur wenn die Motive eines Einwands richtig erkannt sind, wird eine wirkungsvolle Entgegnung möglich.

Gleichwohl ist es hilfreich, sich für wiederkehrende Gesprächsthemen eine so genannte Argumentationsmatrix anzulegen, in der man auf der linken Seite die Einwände der Gesprächspartner notiert und auf der rechten Seite die bestmögliche Entgegnung entwickelt und einträgt. Dieses Arbeitspapier muss ständig anhand der Erfahrungen, die man macht, optimiert und aktualisiert werden. Ein solches Verfahren schult einerseits die Fähigkeit, Argumente zu finden, hilft andererseits, in aller Ruhe seine Argumente auf ihre Stichhaltigkeit hin zu überprüfen und den Erfolg der eigenen Argumente zu kontrollieren, und drittens muss man seine Entgegnungen auf vorhersehbare Einwände nicht immer wieder von neuem entwickeln.

Floskeln und Standardphrasen sind als Antwort auf Einwände jedoch tabu. Sätze wie *Sie haben Recht, aber ..., Das scheint nur so, aber ...* oder *Das dient dazu, dass ...* wirken platt und wenig ernsthaft. Vermieden werden sollten auch Formulierungen mit *vielleicht ..., eventuell ..., das wäre doch ...* oder *könnten wir ...* Sie vermitteln nur Unsicherheit, fehlende Identifikation mit der eigenen Leistung und übertriebene Vorsicht. Auf diese Weise kann ein Einwand niemals entkräftet werden, sondern wird im Gegenteil eher noch verstärkt. Verstärkt wird ein Einwand immer auch dadurch, dass er bei der Antwort wiederholt wird. Meist geschieht das zwar nur, um etwas Zeit zu gewinnen, in der man sich eine passende Antwort zurechtlegen kann. Der dadurch entstandene Eindruck ist aber oft negativ. Eine vorbereitete Argumentationsmatrix hilft bei der Vermeidung solcher lästigen ›Denkpausen‹.

Einen Einwand neutralisiert man am besten dadurch, dass man ihn anerkennend kommentiert oder die Kompetenz des Gesprächspartners besonders würdigt. Dies kann wie folgt geschehen:

Sie lassen sich kein X für ein U vormachen. Andererseits ...
Sie sind gut informiert. Haben Sie bedacht, dass ...
Ein ganz entscheidender Punkt, den Sie ansprechen. Dazu Folgendes: ...

Taktisch klug ist es, die eigene Argumentationskette mit einer offenen Frage abzuschließen. Damit zwingt man den Gesprächspartner zu einer Auseinandersetzung mit den gewünschten Aspekten.

Wann der Punkt gekommen ist, an dem ein Telefongespräch erfolgreich abgeschlossen werden kann, ist oftmals eine Frage des Gefühls. Im Verlauf des Gesprächs ›sendet‹ der Gesprächspartner aber auch so genannte Abschlusssignale. Das sind meist Fragen wie die folgenden:

Wer wird den Termin wahrnehmen?
Wie lange sind die Lieferzeiten?
Wie viel muss ich bestellen?

Diese Signale dürfen nicht überhört werden und erfordern eine sofortige Reaktion. Diese könnte wie folgt aussehen:

Sie können wählen: Es besucht Sie Herr X oder Herr Y.
Wir können eine Eildispo machen. Oder reicht es Ihnen, wenn die Ware in zehn Tagen bei Ihnen ist?
Ich empfehle Ihnen Menge A. Dabei sparen Sie DM X. Sie können aber auch Menge B disponieren.

Am einfachsten funktioniert der Abschluss mit dem Angebot von zwei Alternativen. Es geht dann nicht mehr um ein Ja oder Nein, sondern um ein Ent-weder-oder. Die Antwort ist dann in jedem Falle positiv.

Das professionelle Ziel des Telefongesprächs ist damit zwar erreicht, aber das Gespräch selbst noch nicht zu Ende. Der Ausklang des Telefonats wird nicht selten vernachlässigt. Der Fehler besteht darin, dass Gespräche, wenn das Ergebnis erreicht ist, im Eiltempo beendet werden. Das kann jedoch zu Missstimmungen führen und letztlich das Ergebnis gefährden oder die weitere Zusammenarbeit beeinträchtigen. Überdies entwertet ein abruptes Ende die freundliche Atmosphäre, in der das Gespräch geführt wurde. Deshalb sollte man zum Ausklang bewusst langsam sprechen, das Ergebnis bestätigen, sich bedanken und sich schließlich freundlich verabschieden.

Der Gesprächsleitfaden

Der Gesprächsleitfaden oder das Telefonskript ist ein Hilfsmittel, mit dem man sich sorgfältig auf ein professionelles, zielorientiertes Telefongespräch vorbereiten kann. Es lässt sich mit Logik und Systematik leicht selbst entwickeln. Seine Komponenten sind die Objektanalyse, das Kundenprofil, eine Aufstellung über Fragen und Einwände sowie eine Argumentationsmatrix.

Objektanalyse (OA):
- Bei der Objektanalyse werden alle wichtigen Details aufgelistet, die im Gespräch übermittelt werden sollen (Frage: Worüber möchte ich sprechen? Was zeichnet das Angebot, das Produkt usw. aus?)

Kundenprofil (KP):
- Das Kundenprofil ist eine Analyse des Gesprächspartners und seiner Interessenlage (Frage: Welchen Standpunkt wird der Gesprächspartner einnehmen? Wie ist seine Situation? Welche Vorlieben hat er?)

Fragen + Einwände (F + E):

- Es gilt bei der Gesprächsvorbereitung herauszufinden, welche Fragen und Einwände der Gesprächspartner haben könnte (Frage: Wenn man unser Angebot und die Interessenlage des Gesprächspartners übereinander legt, wo decken sie sich nicht? Wo sind Ecken und Kanten? Auf was muss ich mich einstellen?)

Argumentationsmatrix (AM):

- Eine Argumentationsmatrix enthält vorbereitete Reaktionen auf Einwände, die der Gesprächspartner haben könnte (Frage: Wie begegne ich den Einwänden des Gesprächspartners?)

Nach diesem ersten Schritt kommt es darauf an, den Gesprächsverlauf vorausschauend zu strukturieren. Das funktioniert wie beim Schachspiel. Man fragt sich z. B.: ›Welche Reaktionsalternativen werden auf meine Aktion folgen? Wie erreiche ich, durch Inhalt und Form meiner Formulierung, dass der Gesprächspartner die für mich günstigste Alternative wählt?‹ Aus der Beantwortung dieser Fragen ergibt sich eine ›Gesprächstaktik‹. Wird die Gesprächstaktik nun so formuliert und dargestellt, dass man sie während des Telefonats zur Hand nehmen kann, ist ein ›Skript‹ bzw. ein ›Gesprächsleitfaden‹ erarbeitet. In einer schematischen Übersicht sehen die Arbeitsschritte folgendermaßen aus:

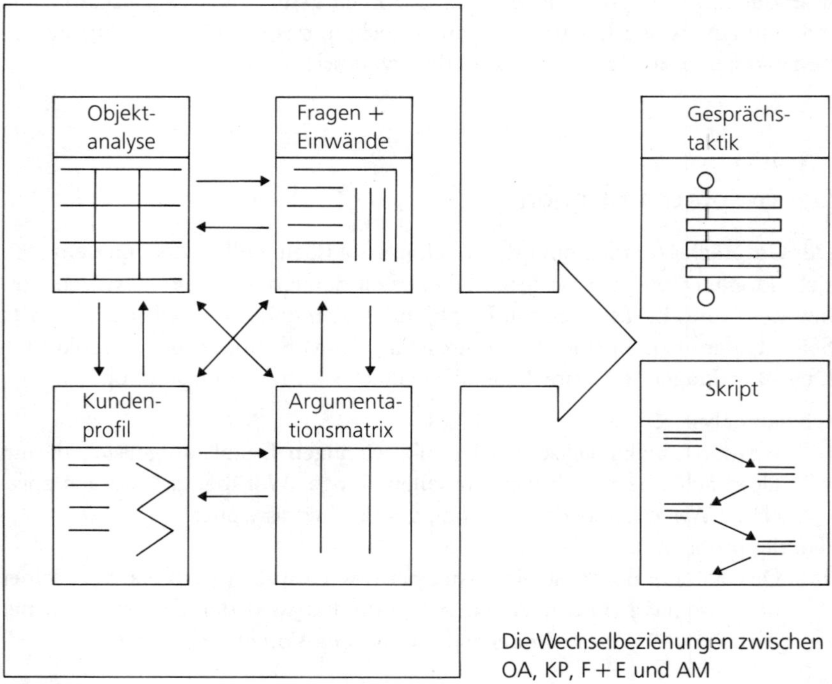

Die Wechselbeziehungen zwischen OA, KP, F + E und AM

Wer die genannten Schritte der Gesprächsvorbereitung selbst erledigt, wird den Gesprächsleitfaden am Telefon gar nicht mehr vor Augen haben müssen. Das ist auch gut so. Denn so entgeht man der Gefahr, einen vorgefertigten Dialog abwickeln zu wollen. Überdies wird oft der Fehler begangen, vollständige Sätze aufzuschreiben und diese Sätze dann im Gespräch auch genau in dieser Form vorzulesen. Das aber klingt am anderen Ende der Leitung wie eine Tonkonserve und verhindert ein lebendiges Gespräch. Wenn man sich während des Telefonierens an seinem Skript orientieren möchte, sollte man vorher nur Stichworte als Gedankenstütze notieren. So bleibt freies Sprechen gewährleistet.

Das Telefonmarketing

Bislang wurde das Telefonieren im Allgemeinen behandelt, und nur gelegentlich waren schon ein paar Besonderheiten des Telefonmarketings angesprochen. Die nachfolgende Übersicht soll darüber Auskunft geben, was man unter dem Begriff ›Telefonmarketing‹ versteht. ›Aktiv‹ bedeutet hierbei ›Ich rufe an‹, und ›passiv‹ heißt ›Ich werde angerufen‹.

Einige Aufgaben des Telefonmarketings fallen nicht selten in den Arbeitsbereich der Sekretärin. Beherrscht sie die Techniken des Telefonierens, wie sie in diesem Kapitel dargestellt wurden, ist sie bestens dafür gerüstet. Indessen unterliegt das Telefonmarketing auch einigen rechtlichen Bestimmungen, die man kennen sollte.

Das mit ›Telefonmarketing‹ oder ›Telefonverkauf‹ umschriebene Verhalten ist rechtlich gesehen eine Form der Werbung. ›Werbung‹ ist die Anpreisung einer Ware oder Leistung, die dem etwaigen Verkaufs- oder einem sonstigen rechtsgeschäftlichen Abschluss vorausgeht. Dementsprechend unterliegt das Telefonmarketing wie jede Werbung dem Gesetz gegen den unlauteren Wettbewerb (UWG) und den allgemeinen Rechtsnormen, soweit diese berührt werden. Keine dieser Normen besagt, dass das Telefonmarketing grundsätzlich unzulässig sei. Ob es jedoch zulässig ist, hängt vom einzelnen Anwendungsfall, insbesondere von der angerufenen Zielgruppe, dem Inhalt und der Form des Telefonats, ab.

Telefonwerbung im privaten Bereich ist dann zulässig, wenn der Anrufer voraussetzen kann, dass sein Gesprächspartner damit einverstanden ist, zu Werbezwecken angerufen zu werden. Dazu muss demjenigen, der Telefonwerbung betreibt, eine Einverständnisbekundung vorliegen. Das kann eine Antwortkarte sein, die den ausdrücklichen Wunsch zum telefonischen Kontakt enthält, oder eine Informationsanforderung, aus der geschlossen werden kann, dass derjenige, der die Informationen anfordert, auch mit einer telefonischen Unterrichtung einverstanden ist. In diesen Fällen handelt es sich also um erbetene Anrufe. Unerbetene Telefonwerbung im privaten Bereich ist eine

Telefonmarketing

Telefonverkauf		**Telefonische Informationsübermittlung**	
aktiv	passiv	aktiv	passiv
Terminvereinbarung	Bestellannahme	Bedarfsermittlung	Gewinnspielannahme
Nachfassen bei Angeboten	Teleshopping	Zielgruppenselektion	Servicenummer
Aktivieren von Kunden			Infonummer
Produktverkauf			
Kundenbetreuung			

unerlaubte Handlung gegenüber dem Angerufenen (§ 823 Abs. 1 BGB) und wettbewerbsrechtlich unzulässig, weil sie als Belästigung im Sinne des § 1 UWG gegen die guten Sitten verstößt.

Telefonwerbung im geschäftlichen Bereich ist rechtlich weniger problematisch. Dort, wo ein Fernsprechanschluss überwiegend oder ausschließlich dem geschäftlichen Nachrichtenverkehr dient, bleibt das Privatleben unberührt, und dem Schutz der Individualsphäre kommt eine geringere Bedeutung zu. Doch auch hier gibt es Grenzen der Zulässigkeit. Maßgeblich dafür ist, ob die Werbung im Hinblick auf den angesprochenen Gewerbebetrieb sach- oder betriebsbezogen ist. Je deutlicher der Betriebsbezug der Werbung ist, desto sicherer darf ein Interesse des Angesprochenen vorausgesetzt werden, und desto geringer ist der Grad der Belästigung.

Tipps zum Umgang mit der mobilen Telekommunikation

Die Zeit wird umso knapper, je schneller man auf Entwicklungen reagieren, Entscheidungen treffen, Informationen verarbeiten muss. Abgesehen von den sinkenden Preisen und Gebühren für Mobiltelefone, liegt hierin sicherlich ein Grund dafür, dass die Zahl derer, die im Bereich des Managements mobile Telekommunikation nutzen, sprunghaft ansteigt.

Im Gegensatz zum ›normalen‹ Telefonnetz der Telekom herrscht auf dem Mobilfunkmarkt rege Konkurrenz privater Firmen. Obwohl alle Netze ähnliche Funktionen bieten und die Kommunikation zwischen allen Netzen problemlos möglich ist, sind die verschiedenen Mobilfunknetze in ihrer Technik teilweise sehr unterschiedlich. Die ältesten Funknetze (A- und B-Netz der Telekom) wurden zwischenzeitlich eingestellt. Das noch in Betrieb befindliche C-Netz der Telekom basiert auf analoger Technik und wird nicht mehr weiterentwickelt. Es wird voraussichtlich in einigen Jahren eingestellt werden, da es technisch einen nationalen Alleingang darstellt, an seine Kapazitätsgrößen stößt und bei der Telekom hausintern durch das D1-Netz Konkurrenz bekommt. Die digitalen Netze D1, D2, E-Plus und E2 basieren auf dem internationalen ›GSM-Standard‹ (nach den Funkfrequenzen 900 MHz bzw. 1800 MHz: ›GSM‹ für D1 und D2, ›DCS 1800‹ für E-Plus [= E1] und das E2-Netz). Diese Standards werden international verwendet, was bedeutet, dass man mit seinem Handy auch im Ausland telefonieren kann, sofern dort bereits ein passendes Mobilfunknetz existiert und zusätzlich ein sog. ›Roaming‹-Abkommen gilt.

Mobiltelefone bieten heutzutage wesentlich mehr Dienste als nur die Möglichkeit, von unterwegs zu telefonieren. Sinnvoll genutzt, erleichtern sie die Kommunikation zwischen Chef und Sekretärin erheblich. Exemplarisch seien hier einige Dienste vorgestellt.

Der *Kurznachrichtendienst* erlaubt es, über das Handy kurze persönliche Mitteilungen zu versenden und zu empfangen. Bis zu 160 Zeichen lassen sich pro Kurznachricht übermitteln. Sogar dann, wenn der Empfänger gerade telefoniert, erscheint ein Hinweis auf eine solche Kurznachricht in seinem Display, versehen mit Datum und Uhrzeit der Sendung. Sollte der Empfänger sein Handy einmal ausgeschaltet haben, wird die Nachricht zwischengespeichert und sofort nach dem Einschalten wiedergegeben.

Die persönliche *Mailbox* eines Mobilfunkteilnehmers ist ein intelligenter Anrufbeantworter, der Gespräche entgegennimmt, wenn der Teilnehmer sein Gerät abgeschaltet hat oder keinen Empfang wünscht. Sobald ein Anruf aufgezeichnet wurde, wird der Teilnehmer über eine Kurznachricht auf dem Display des Handys informiert – auch dann, wenn er gerade telefoniert. Darüber hinaus besteht die Möglichkeit, ankommende Anrufe zu jeder beliebigen Rufnummer (Festnetz, andere Mobilfunknetze) umzuleiten.

Die *Konferenzschaltung* erlaubt das gleichzeitige Gespräch zwischen maximal 6 Teilnehmern, wobei jeder jeden hören kann. Dabei übernimmt ein Teilnehmer die Rolle des Konferenzleiters. Er baut die Konferenz auf, indem er über die ›Anklopfen/Parken‹-Funktion die zusätzlichen Gesprächsteilnehmer anruft (bzw. anklopfende Anrufe entgegennimmt) und an der Konferenz teilnehmen lässt. Dabei spielt es keine Rolle, aus welchem Telefonnetz die Teilnehmer angebunden werden. Außerdem kann der Konferenzleiter während des Gruppengesprächs mit einem einzelnen Teilnehmer privat sprechen, während die Verbindung zwischen den übrigen Konferenzteilnehmern bestehen bleibt.

Über den *Daten- und Faxdienst* erhält man Zugriff auf alle Anschlüsse der Mobilfunknetze und Festnetze, die Datendienste unterstützen. So kommt man überall schnell und direkt an Textdateien und Datenbanken. Außerdem besteht von fast überall Zugriff auf wichtige Online-Dienste und auf das Internet. Ebenso können Faxe gesendet und empfangen werden.

Die Option *Hotel-Reservierungsservice* hilft bei der Suche nach einem Hotelzimmer und ermöglicht die direkte Buchung des gewünschten Zimmers.

Der *Verkehrsinformationsdienst* versorgt mit Informationen zur aktuellen Verkehrslage und nennt günstige Ausweichstrecken, beim *Verkehrslotsendienst* geleitet ein freundlicher Operator ›online‹ zum gewünschten Zielort.

Die *Fluginfo* ist besonders praktisch für Geschäftsreisende und Vielflieger. Sie gibt Auskunft über aktuelle Ankunfts- und Abflugzeiten, über Buchung und Preise aller Flüge der Lufthansa sowie der Lufthansa-Kooperationspartner auf allen deutschen Flughäfen. Außerdem informiert sie über eventuelle Verspätungen. Lufthansa-Tickets können über diesen Dienst bis zu 60 Minuten vor dem Abflug umgebucht werden, sollte z. B. eine Konferenz oder ein Stau einmal länger als erwartet sein.

Mit der großen Verbreitung mobiler Telefone wächst auch die Zahl der Sekretärinnen, die sich mit den Besonderheiten dieses Kommunikationssystems vertraut machen müssen. Wirklich sinnvoll und effizient wird dieses Instrument nur dann genutzt, wenn man es als ein Instrument für das Team, also für Chef und Sekretärin, betrachtet.

Auch beim Umgang mit Mobiltelefonen gilt der Grundsatz: Sicherheit geht vor! Mobiltelefone werden auch im Auto benutzt. Ein Anruf während der Fahrt schränkt die Konzentration auf das Verkehrsgeschehen ein und ist deshalb riskant. Außerdem entfällt bei vielen Versicherungen der Versicherungsschutz, wenn während der Fahrt telefoniert wird und es zu einem Unfall kommt. Es ist ebenfalls in der Diskussion, Telefonate während der Fahrt gesetzlich entweder ganz zu verbieten oder zumindest eine Freisprecheinrichtung zwingend vorzuschreiben. Wenn Sie also Ihren Chef im Auto anrufen, dann bitten Sie ihn, einen kurzen Stopp einzulegen und zurückzurufen.

Die Verkehrssicherheit wird durch eine so genannte Freisprecheinrichtung deutlich erhöht. Hierbei ist es nicht mehr notwendig, das Mobiltelefon in die Hand zu nehmen. Beide Hände können während der Fahrt am Lenkrad bleiben. Die aufmerksame Sekretärin sollte darauf dringen, dass ihr Chef eine solche Einrichtung benutzt, falls er nicht selbst so einsichtig ist. Moderne Systeme bieten inzwischen eine Sprachsteuerung. Damit kann ein Gespräch auf Zuruf entgegengenommen oder initiiert werden. Es reicht, dem Mobiltelefon den Namen des gewünschten Gesprächsteilnehmers zu sagen, und es wählt selbstständig die zuvor gespeicherte Rufnummer. Wer eine Freisprecheinrichtung für das Auto besitzt, muss trotzdem eine gewisse Vorsicht walten lassen. Denn über den Lautsprecher einer solchen Anlage können natürlich auch eventuelle Mitfahrer jedes Gespräch verfolgen. Um Peinlichkeiten auszuschließen, sollte man sich auf eine Sprachregelung verständigen, die sowohl verhindert, dass jemand mithört, als auch dass der Angerufene zum Hörer greifen muss (Verkehrssicherheit) bzw. die Mitfahrer sich brüskiert fühlen. Leiten Sie ein Gespräch beispielsweise mit dem Satz ein: ›Ich habe eine Information für Sie. Können Sie mich bitte zurückrufen?‹ Ihr Gesprächspartner wird dann je nach Situation antworten: ›Sprechen Sie!, was bedeutet, dass niemand mithört, oder ›Ich rufe zurück!‹, was heißen soll, dass er nicht allein im Auto sitzt.

Arbeitsfeld Informationsverwaltung

Informationsverwaltung als Managementaufgabe der Sekretärin

Erfolgreich sein setzt voraus, dass auf allen Ebenen stets die richtigen Entscheidungen getroffen werden und entsprechende Handlungen folgen. Der gesamte Arbeitsprozess ist dadurch gekennzeichnet. Ob die Unternehmensführung Entscheidungen über Unternehmensziele und -strategien trifft oder die Sekretärin über die Prioritäten bei der Erledigung ihrer anstehenden Aufgaben entscheidet, all diese Entscheidungen tragen mehr oder weniger zum Gesamterfolg des Unternehmens und natürlich des einzelnen Mitarbeiters bei.

Entscheiden kann nur, wer über Information verfügt. Optimal wäre es, wenn Entscheidungen immer auf der Grundlage vollständiger Information getroffen werden könnten, eine Forderung, die in der Praxis allerdings fast unerfüllbar ist. Dennoch resultiert hieraus eine der wesentlichsten Aufgaben der Sekretärin. Sie muss dafür sorgen, dass in ihrem Kompetenzbereich die richtige Information gezielt und schnell zur Verfügung steht, und zwar so vollständig und aktuell wie möglich. Sekretariate sind Schaltstellen für den Informationsaustausch. In Form von Sprache, Text, Daten, Grafik oder Bild werden sie hier empfangen, erstellt, be- und verarbeitet sowie verwaltet und weitergegeben. Dabei ist unter dem Begriff Informationsverwaltung zu verstehen:

- die Strukturierung und Ordnung
- die Zuordnung oder Eingabe
- die Ablage oder Speicherung
- die Suche und Zusammenstellung
- die Entnahme oder Ausgabe
- die Verteilung oder der Transport
- die Vernichtung

von Informationen, die in schriftlicher Form vorliegen. Schriftlich heißt, dass die Informationen entweder analog auf Papier oder Mikrofilm gespeichert sind oder sich in digitaler Form auf Magnetspeichern, wie z. B. auf Festplatten oder Disketten oder auch optoelektronischen Speichern (Opticaldisc) befinden.

In der Zusammenarbeit mit dem Vorgesetzten, den Mitarbeitern des Unternehmens sowie externen Partnern wird die Aufgabe ›Informationsverwaltung‹ nicht nur für Sekretärinnen immer komplexer, anspruchsvoller und schwieriger. Moderne Büro- und Kommunikationstechnologie erlaubt es, immer mehr Informationen in immer kürzerer Zeit zu erstellen und zu verteilen. Während sich die Menge geschriebener Informationen in den letzten zwanzig Jahren verhundertfacht hat, gehen Experten davon aus, dass sie sich heutzutage alle drei bis fünf Jahre verdoppelt. Hieraus ergeben sich gerade im Sekretariat Problemstellungen, die mit traditionellem Ablage-Know-how allein nicht mehr zu bewältigen sind. Im Wesentlichen sind dies zwei Problempunkte: das Zeitproblem und das Platzproblem.

Das *Platzproblem* entsteht vor allem dadurch, dass die überwiegende Menge aller Informationen nach wie vor in Papierform vorliegt. Das Schlagwort vom papierlosen Büro oder Sekretariat hat sich längst als Illusion entpuppt. Zwar nimmt der relative Anteil des Papiers an den Speichermedien insgesamt langsam ab, auf den Platzbedarf bezogen bleibt dies in den Büros jedoch meist ohne Wirkung, da die absolute Papiermenge aufgrund der exponentiellen Informationszunahme immer noch anwächst. Jede Sekretärin kann dies nachvollziehen, wenn sie den Aktenbestand in ihrem Büro und den ihres Chefs am Jahresanfang mit dem vom Jahresende vergleicht. Verschiedene Untersuchungen von Organisationsmittelherstellern weisen darauf hin, dass in Deutschland pro Büroarbeitsplatz und Jahr der Papierbestand durchschnittlich um rund einen Meter zunimmt.

Dieses *Mengenproblem* führt direkt zum *Zeitproblem:* Je mehr Informationen verwaltet werden müssen, desto höher ist der hierfür benötigte Zeitaufwand. Schon die Selektion der richtigen Informationen aus dem vorhandenen Akten- und Datenbestand erfordert mehr Zeit, genauso wie die Ordnung und Zuordnung, die Suche und Bereitstellung, die Verteilung sowie die Vernichtung. Dass sowohl aus dem Mengen- als auch aus dem Zeitproblem viele Konsequenzen, vor allem für die Qualität der Entscheidungen und Arbeitsergebnisse, resultieren, liegt ebenso auf der Hand wie die Tatsache, dass Mengen und Zeit, in Geld bewertet, Kosten verursachen. Da die Kosten der Informationsverwaltung genau wie alle anderen Kosten letztlich in das Unternehmensprodukt hineinwirken, ergibt sich hieraus auch ein direkter Zusammenhang zwischen dem Qualitätsstandard der Informationsverwaltung und der Wettbewerbs- und damit Überlebensfähigkeit des Unternehmens am Markt (höhere Betriebskosten bewirken höhere Produktkosten).

Für Sekretärinnen ist diese Entwicklung besonders problematisch, weil die Informationsverwaltung eindeutig zu ihren Aufgaben gehört. Wenn nun der Zeitaufwand für eine optimale Bewältigung dieser Aufgabe aufgrund der allgemeinen Entwicklung immer höher wird, dann bleiben ihr nur folgende Möglichkeiten:

- Sie kann die Aufgabe ›Informationsverwaltung‹ weniger gut erfüllen
- Sie kann diese Aufgabe optimal erfüllen, dann bleibt ihr jedoch für andere Aufgaben immer weniger Zeit
- Sie kann versuchen, die Aufgabe ›Informationsverwaltung‹ bei gleich bleibendem Zeitaufwand optimal zu erfüllen, und zwar durch bessere Organisation

Nur die dritte Möglichkeit bietet der Sekretärin die Chance, auf Dauer für ihren gesamten Verantwortungsbereich kompetent zu bleiben. Allerdings muss sie lernen, die Informationsverwaltung aus einem neuen Blickwinkel heraus zu betrachten. Bei der heutigen Komplexität der Informationsverwaltung und ihrer Bedeutung für den gesamten Unternehmenserfolg dreht es sich nicht mehr nur um die klassische Ausführungsaufgabe ›Ablage‹. Vielmehr wird aus der Organisation der Informationsverwaltung heutzutage eine Managementaufgabe der Sekretärin, die sie auch unter Nutzung von Managementtechniken bewältigen sollte. Diese Techniken lassen sich wie folgt zusammenfassen:

- Problem erkennen und formulieren
- Ursachen für das Problem feststellen
- realistische Ziele entwerfen und in Form eines gewünschten Sollzustandes formulieren
- alternative Wege und Mittel zur Zielerreichung kreativ entwickeln, bewerten und die beste Alternative auswählen
- die geplanten Maßnahmen realisieren
- die Zielerreichung kontrollieren

Dass die Sekretärin bei den in diesem Managementprozess erforderlichen Entscheidungen auch die Unterstützung ihres Chefs sowie die der übrigen Mitarbeiter der Abteilung oder gar des Unternehmens braucht, sollte eigentlich selbstverständlich sein.

Wenn die stetige Zunahme der Informationsmenge an sich als Problem erkannt ist, müssen mögliche Problemlösungen zuerst bei der *Reduzierung* der zu verwaltenden Informationsmenge ansetzen. Erst danach lohnt es sich, für die verbleibende, mit Sicherheit immer noch sehr umfangreiche Akten- und Datenmenge die Verwaltung neu zu organisieren. Eine mögliche Reduzierung beginnt bei

- der Selbsterstellung von Informationen
- der Behandlung eingegangener Informationen
- der Verteilung von Informationen
- der Speicherung von Informationen
- der Sichtung des bereits vorhandenen Informationsbestandes

Reorganisatorische Maßnahmen für die dann noch vorhandenen Informationen sollen sowohl den Platzaufwand als auch den Zeitaufwand weiter reduzieren und müssen sich daher beziehen auf die

- optimale Gestaltung der Ablage
- optimale Gestaltung eines Ordnungssystems

Informationsaufkommen und Informationsfluss

Wie kann man unternehmensintern die Schriftgutmenge schon während ihrer Entstehung begrenzen, ohne dabei den Verlust wichtiger Informationen zu riskieren? Die im Folgenden beschriebenen Möglichkeiten kann die Sekretärin zwar kaum im Alleingang durchsetzen. Hat sie jedoch erkannt, dass in ihrem Funktionsbereich zu viel Schriftgut in Papierform produziert, verteilt und abgelegt wird, kann sie sich Vorschläge zur Reduzierung überlegen und diese mit ihrem Chef besprechen.

So können z. B. oft Informationen in *persönlichen Besprechungen* oder *telefonisch* ausgetauscht und damit aufwendige Aktennotizen oder interne Mitteilungen vermieden werden. Gemeint sind damit nicht Informationen, die aus gesetzlichen oder anderen Notwendigkeiten heraus unbedingt einer schriftlichen Fixierung bedürfen. Vielmehr ist darunter der Verzicht auf persönliche Absicherungsmechanismen zu verstehen (›Persilschein-Mentalität‹), der natürlich nur in einem entsprechenden Unternehmensklima von den Mitarbeitern erwartet werden kann. Eine weitere Möglichkeit besteht darin, mehr *Kurzbriefe* oder *Pendelbriefe* zu verwenden, bei denen der Empfänger die Antwort gleich auf die schriftliche Anfrage notiert und diese zurücksendet. Weiter sollte der *elektronische Briefkasten,* sofern schon vorhanden, verstärkt genutzt und immer, wenn es möglich ist, auf den Ausdruck und die Ablage der Mitteilungen verzichtet werden. Schriftliche Texte können schließlich oft kürzer formuliert werden. Die Vorgabe einer unternehmensinternen Richtlinie nach dem Motto ›pro Memo maximal eine Seite‹ kann dazu erziehen, das Wesentliche kurz und prägnant auszudrücken.

Auch bei der *Verteilung* von Informationen bestehen Möglichkeiten zur Mengenreduzierung, indem etwa die Verteiler, besonders die Standardverteiler für routinemäßig verteilte Informationen, regelmäßig kritisch überprüft und ggf. gekürzt werden. *Umläufe* können viele Kopien ersetzen. Dabei gibt ein Mitarbeiter nach Kenntnisnahme die Information entsprechend einem vorgegebenen Schema an den nächsten weiter. Solche Umläufe sind allerdings nur wirksam, wenn sie nicht zu viele Adressaten anpeilen, da der Informationsfluss sonst zu langsam und die Kontrolle zu schwierig wird. In diesen Fällen müssen parallel zwei oder mehrere Umläufe organisiert werden. Kopien, die zur reinen Kenntnisnahme verteilt werden, sollten einen *Vermerk* erhalten, wonach sie vom Empfänger nach Kenntnisnahme vernichtet werden können, da der Ersteller, wenn nötig, die Aufbewahrung übernimmt.

Ein weiterer Schwerpunkt der Eindämmung der Informationsflut liegt in der *richtigen Selektion* der Eingangspost. Wird diese konsequent nach Nutzenüberlegungen behandelt, wie dies in der folgenden Abbildung dargestellt ist, erreicht man damit nicht nur eine Verringerung der zu verwaltenden Schriftgutmenge, sondern auch eine insgesamt bessere Arbeitstechnik – das Wichtigste wird tatsächlich zuerst erledigt, der Schreibtisch bleibt frei für die gerade

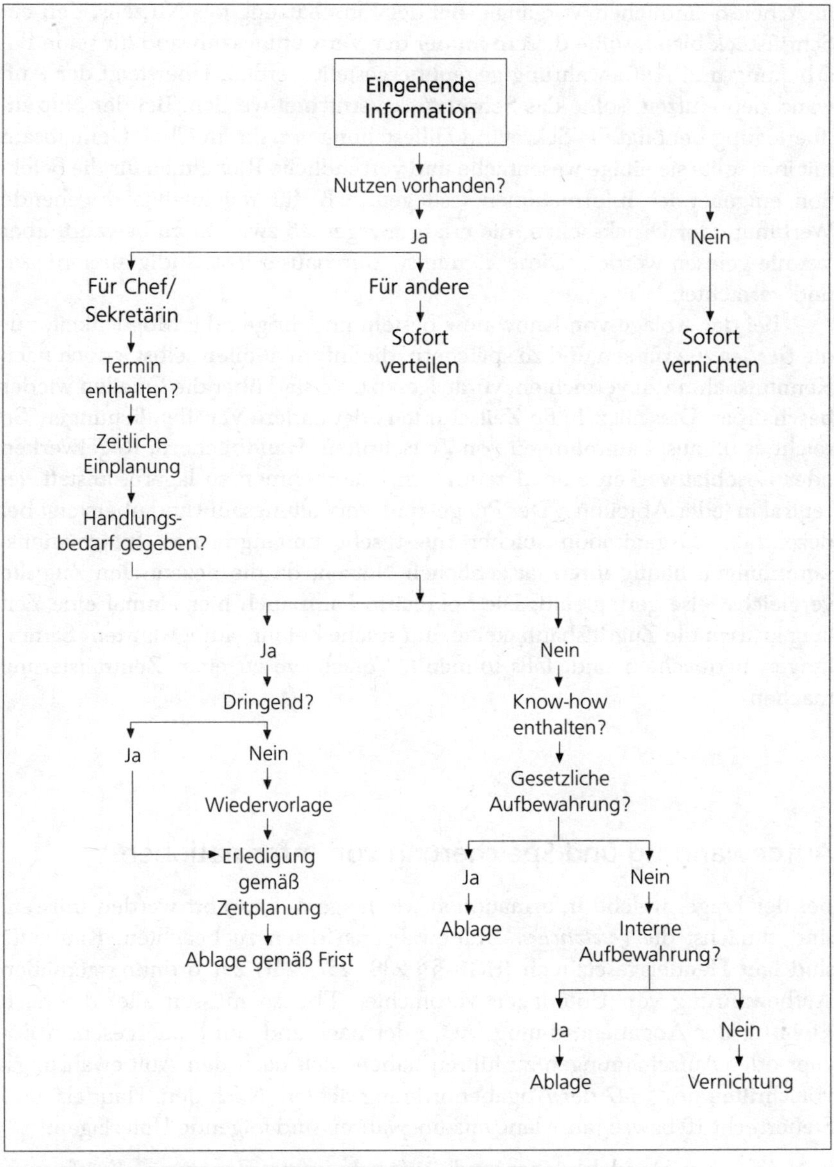

Die richtige Behandlung eingehender Informationen

in Arbeit befindlichen Vorgänge. Bei der Einschätzung des Nutzens, den ein Schriftstück bietet, sollte diesem immer der Verwaltungsaufwand für seine Bearbeitung und Aufbewahrung gegenübergestellt werden. Übersteigt der Aufwand den Nutzen, sollte das Schriftstück vernichtet werden. Bei der Nutzenüberlegung benötigt die Sekretärin Hilfestellung von ihrem Chef. Gemeinsam mit ihm sollte sie einige wesentliche und verbindliche Richtlinien für die Selektion eingehender Informationen festlegen, z. B. für regelmäßig eingehende Werbung oder Drucksachen, die erfahrungsgemäß zwar oft aufbewahrt, aber fast nie gelesen werden. Diese könnte sie durchaus selbstständig aussortieren und vernichten.

Bei der Ablage von Know-how besteht im Übrigen die Möglichkeit, nur die *Quellen* zu erfassen und zu speichern, die Informationen selbst jedoch nach Kenntnisnahme zu vernichten, vorausgesetzt, sie sind über die Quellen wieder beschaffbar. Dies gilt z. B. für Zeitschriften oder andere Veröffentlichungen. So reicht es oft aus, Sammlungen von Zeitschriften, Handbüchern, Regelwerken oder Loseblattwerken einmal zentral im Unternehmen zu lagern, anstatt dezentral in jeder Abteilung. Der Pflege- und Verwaltungsaufwand übersteigt bei dezentraler Organisation solcher meist sehr umfangreichen Informationssammlungen häufig ihren tatsächlichen Nutzen, da die dezentralen Zugriffe vergleichsweise gering sind. Die Sekretärin kann auch hier einmal eine Zeit lang kritisch die Zugriffshäufigkeiten auf solche bei ihr ›aufbewahrten‹ Sammlungen beobachten und, falls lohnend, Vorschläge zu einer Zentralisierung machen.

Aufbewahrung und Speicherung von Informationen

Bei der Frage, welche Informationen wie lange aufbewahrt werden müssen, sind zunächst die *gesetzlichen* Aufbewahrungsfristen zu beachten. Kaufleute sind laut Handelsgesetzbuch (HGB §§ 238, 257, 261) zur ordnungsgemäßen Aufbewahrung von Unterlagen verpflichtet. Ebenso müssen alle, die nach §§ 140 ff. der Abgabenordnung (AO) oder nach anderen Steuergesetzen Bücher oder Aufzeichnungen zu führen haben, sich nach den Aufbewahrungsvorschriften des § 147 der Abgabenordnung richten. Nach dem Handels- und Steuerrecht 10 bzw. 6 Jahre lang aufzubewahren sind folgende Unterlagen:

- *10 Jahre:* Handelsbücher und Aufzeichnungen, Inventare, Eröffnungsbilanzen, Jahresabschlüsse, Lageberichte, Konzernabschlüsse, Konzernlageberichte sowie die zu ihrem Verständnis erforderlichen Arbeitsanweisungen und sonstigen Organisationsunterlagen und Buchungsbelege, deren geordnete Ablage die Führung von Büchern und Aufzeichnungen ersetzt

– *6 Jahre:* Empfangene Handels- und Geschäftsbriefe, Wiedergaben der abgesandten Handels- und Geschäftsbriefe, Buchungsbelege, sonstige Unterlagen, soweit sie für die Besteuerung von Bedeutung sind

Sind in anderen Steuergesetzen kürzere Aufbewahrungsfristen vorgegeben, gelten diese (z.B. 5 Jahre gem. § 15 WStDV = Wechselsteuer-Durchführungsverordnung). Für die im Interesse der Besteuerung zu führenden Bücher und Aufzeichnungen (§ 140 AO) sind die Aufbewahrungsfristen der Abgabenordnung maßgebend.

Nach Handelsgesetz und Abgabenordnung beginnt die Aufbewahrungspflicht mit dem Schluss des Kalenderjahres, in dem die Information erstellt wurde. Soweit Unterlagen jedoch für Steuern bedeutsam sind, deren Festsetzungsfrist noch nicht abgelaufen ist (§ 147 Abs. 3 Satz 2 AO), müssen sie auch über diese Frist hinaus aufbewahrt werden.

Die gesetzlichen Vorschriften über die Aufbewahrungsdauer decken nur die Unterlagen ab, die Buchführungs-, Jahresabschluss- oder steuerlichen Zwecken dienen. Diese machen jedoch lediglich einen Teil des gesamten, in einem Unternehmen vorkommenden Schriftgutes aus. Für den anderen Teil, der oft die größere Menge darstellt, fehlen solche Richtlinien. Aus Unsicherheit, was davon wie lange aufzuheben ist, werden deshalb Unterlagen meistens viel länger aufbewahrt und verwaltet, als dies sinnvoll und notwendig ist. Hinzu kommt, dass selbst nach Ablauf der gesetzlichen Fristen die entsprechenden Unterlagen oft erst dann vernichtet werden, wenn sämtliche Archive und Büros ›überlaufen‹.

Um aber das Mengen- und das damit zusammenhängende Zeitproblem besser in den Griff zu bekommen, ist es notwendig, zunächst einen gesteuerten Informationsfluss von der Texterstellung bzw. vom Texteingang bis zur Textvernichtung einzuführen. Dazu müssen zunächst für alle Unterlagen, die nicht unter die gesetzlichen Vorschriften fallen, unternehmens- oder abteilungsinterne Aufbewahrungsfristen festgelegt werden. Für ihren Kompetenzbereich kann die Sekretärin zuerst einmal alle *Unterlagenarten,* am besten alphabetisch, auflisten. Danach sollte sie, gemeinsam mit ihrem Chef oder den anderen Mitarbeitern, für die sie zuständig ist, für jede Unterlagenart festlegen:

– wie lange diese, entsprechend dem Bearbeitungsverlauf, einem ständigen Zugriff unterliegen muss
– wie lange sie zwar keinem hohen Zugriff mehr unterliegt, aber im Bedarfsfall noch schnell griffbereit sein muss
– wie lange sie darüber hinaus aus gesetzlichen oder firmeninternen Gründen noch aufbewahrt werden muss

Diese Angaben sollten in einem so genannten *Aktenflussschema* zusammengefasst werden, wie es beispielhaft in der folgenden Abbildung dargestellt ist. In ein solches kann auch der der jeweiligen Zugriffshäufigkeit entsprechende

Zugriffshäufigkeit / Standort / Art der Unterlage	hoch Büro	mittel Zwischen-registratur	niedrig Altablage/ Archiv
z. B. Projektakten	bis Projektabschluss	2 Jahre	6 Jahre für kfm. Teil Rest 5 Jahre
Protokolle Vorstand	1 Jahr	1 Jahr	8 Jahre

Beispiel eines Aktenflussschemas

Standort aufgenommen werden. Ein Aktenflussschema dient, aktive Benutzung vorausgesetzt, dazu, zunächst den vorhandenen Bestand an Schriftgut systematisch zu sichten und zu reduzieren und eine regelmäßige, gesteuerte Verlagerung beziehungsweise Vernichtung von Unterlagen zu gewährleisten, sodass es zu keiner erneuten, unkontrollierbaren Papierflut kommen kann.

Sichtung des Schriftgutbestandes und Einrichtung von Registraturstufen

Ist ein Aktenflussschema erarbeitet, kann der vorhandene Schriftgutbestand – sowohl im Sekretariat als auch in den Räumen von Chef und Mitarbeitern sowie in etwa vorhandenen Archiven – systematisch gesichtet und verringert werden. Die einfachste Vorgehensweise dabei ist es, zunächst den verschiedenen Aktualitätsstufen des Schriftgutes im Aktenflussschema Farben zuzuordnen, z. B. die Farbe

- Grün für Unterlagen, die sich im ständigen Zugriff befinden
- Blau für Unterlagen, die bei Bedarf zwar sofort zur Verfügung stehen müssen, jedoch nicht ständig gebraucht werden
- Rot für Unterlagen, die aus gesetzlichen oder firmeninternen Gründen aufbewahrt, jedoch nicht mehr häufig benötigt werden,
- Schwarz für Unterlagen, die vernichtet werden können

Sodann empfiehlt es sich, die vorhandenen Unterlagen durchzusehen und für jeden Schriftgutbehälter – das kann zum Beispiel ein Aktenordner sein oder eine Hängemappe – festzustellen, in welche Zugriffsstufe das jüngste darin enthaltene Schriftstück fällt. Diese Zugriffsstufe entscheidet über die Klassifizierung des gesamten Behälters, der einen entsprechenden Farbpunkt erhält. Ist der gesamte Bestand auf diese Weise durchgesehen, kann, z. B. durch Zählen oder Ausmessen der Behälter, festgestellt werden, wie viel Platz für die Archivierung der Schriftgutmenge in den einzelnen Stufen benötigt wird.

Danach können *Registraturstufen* definiert werden, z. B.

- die *aktuelle Registratur* am Arbeitsplatz oder im Arbeitsraum, in der alle Unterlagen, die sich im ständigen Zugriff befinden, zusammengefasst werden
- eine *Zwischenregistratur,* in der die Unterlagen aufbewahrt werden, die im Bedarfsfall schnell griffbereit sein müssen; für diese Registraturstufe bieten sich z. B. Flurschränke oder Dunkelräume auf dem gleichen Stockwerk an oder auch die etwas ungünstigeren Griffbereiche in den Schränken des Arbeitsraumes
- ein *Archiv* für aufbewahrungspflichtige Unterlagen, die jedoch nicht mehr aktuell sind

Es empfiehlt sich, den Platz für Unterlagen der aktuellen Registraturstufe ›freiwillig‹ zu beschränken. Daraus ergibt sich der Effekt des zwangsweise gesteuerten Aktenflusses: Sind die Schränke der aktuellen Registratur voll, müssen jene Unterlagen in die Zwischenregistratur oder das Archiv ausgelagert werden, welche gemäß ihrem Bearbeitungsstand und den Angaben im Aktenflussschema keinem hohen Zugriff mehr unterliegen.

Wird das Schriftgut nach dieser Methode systematisch gesichtet und strukturiert, so führt das erfahrungsgemäß zu einer durchschnittlichen Reduzierung des Schriftgutvolumens in den Büros von 30 bis 50 Prozent. Bei konsequenter Einhaltung des Aktenflusses – also kontinuierlicher Verlagerung und Vernichtung von Schriftgut – und gleich bleibenden Funktionen kann man außerdem von einer dauerhaften Reduzierung ausgehen. Wichtig ist allerdings, dass Zwischenregistratur und Archiv so organisiert sind, dass bei erforderlichem Rückgriff Informationen dort ohne Verzögerung wieder gefunden werden können. Befinden sich diese Registraturstufen in separaten Räumen, empfiehlt sich folgende Organisation:

- Vor der Auslagerung aus dem Arbeitsraum werden die Behälterkennzeichnung (z. B. Stichwörter) und die Aufbewahrungsfrist für den entsprechenden Vorgang auf einer Karteikarte erfasst
- Die Schriftgutbehälter werden in Zwischenregistratur oder Archiv nach laufenden Nummern, also nicht nach Inhalten, abgestellt
- Die laufende Nummer des Behälters wird auch auf der Karteikarte vermerkt
- Die Karteikarten werden alphabetisch nach Suchbegriffen geordnet

Wenn ein Rückgriff erforderlich ist, wird die laufende Standortnummer schnell über den entsprechenden Suchbegriff in der Kartei gefunden. Diese Organisation hat mehrere Vorteile: Das Archiv – oder die Zwischenregistratur – wird kontinuierlich aufgefüllt; jederzeit besteht ein Überblick über die vorhandene Platzreserve; bei der Vernichtung von Unterlagen können die entstehenden Lücken einfach neu belegt werden, sodass ständiges Umräumen entfällt – und dies auch dann, wenn mehrere Mitarbeiter oder Abteilungen ihr Schriftgut dort unterbringen.

Die Aufbewahrungsfristen können per Stecksymbol auf den Karteikarten signalisiert werden, sodass jeweils am Jahresende die Karten der nunmehr zu vernichtenden Unterlagen gezielt gezogen und die Unterlagen danach ebenso gezielt herausgesucht werden können. Selbstverständlich lässt sich diese Organisation noch eleganter und zeitsparender mit einem Datenbankprogramm per EDV durchführen.

Die Wahl der richtigen Ablagetechnik

Unter Ablagetechnik – oder auch Registraturart – wird die Unterbringungsform von Informationsträgern verstanden. Sie hängt zunächst einmal vom jeweiligen Speichermedium ab. Man unterscheidet deshalb:

Ablagetechniken für Papier
- stehende Ablage
- hängende Ablage
- liegende Ablage

Ablagetechniken für Mikroformen
- Rollfilme
- Jackets
- Mikrofiches
- Filmlochkarten

Ablagetechniken für digitalisierte Informationen
- Magnetbänder
- Magnetplatten
- Disketten
- optische Speicherplatten, -karten und -bänder

In Sekretariaten bezieht sich die Informationsverwaltung nach wie vor überwiegend auf das Speichermedium Papier. Insofern bilden die papiergebundenen Ablagetechniken in diesem Kapitel den Schwerpunkt. Auf die Verwaltung von digitalisierten Informationen, wie z. B. Dateien in der Textverarbeitung, wird weiter unten kurz eingegangen.

Die folgende Abbildung gibt eine Übersicht über die wichtigsten Ablagehilfen. Bei der Wahl der Ablagetechnik für Papier muss überlegt werden, ob damit in erster Linie Platz gewonnen oder Zeit gespart werden soll.

Da bei der stehenden, liegenden und lateral hängenden Ablage die jeweiligen Behälter in bis zu sieben Regalböden übereinander untergebracht werden können, sind diese Formen, was den Platzaufwand betrifft, der vertikalen Hängeregistratur überlegen. Diese kann nur in maximal vier Hängezügen übereinander aufbewahrt werden, da sonst der obere Zug nicht mehr einsehbar ist. So kommt es, dass z. B. auf einer Grundfläche von zwanzig Quadratmetern bei Verwendung von Stehordnern, Stehsammlern oder Pendelheftern rund eine Million Blatt Papier untergebracht werden können. Bei Verwendung einer vertikalen Hängeregistratur sind es bei derselben Grundfläche nur rund 500 000 Blatt. Man kann also sagen, die vertikale Hängeregistratur ist ungefähr doppelt so platzintensiv wie die anderen genannten Ablagetechniken. Auf der anderen Seite ist die vertikale Hängeregistratur mit Loseblattablage die schnellste Ablagetechnik. So benötigt eine Registraturkraft für die einzelne Ablage von 350 Blatt zum Beispiel

	gestapelt (übereinander)		lateral (nebeneinander)		vertikal (hintereinander)	
	geheftet	Loseblätter	geheftet	Loseblätter	geheftet	Loseblätter
liegend 	Schnellhefter	Mappen Aktendeckel				
stehend 			Briefordner Stehsammler Einstellhefter	Stehsammler Einstellmappen		Karteien
hängend 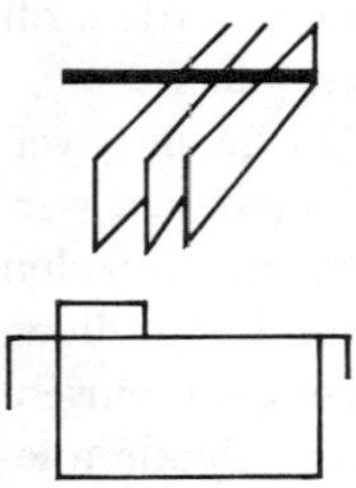			Pendelordner Pendelhefter	Pendelsammler Pendelmappen	Hängeordner Hängehefter Einstellhefter	Hängesammler Hängemappen Einstellmappen

Übersicht über die möglichen Ablagetechniken

- in Heftern 9,5 Stunden
- in Briefordnern 7,78 Stunden
- in Stehsammlern mit Loseblattablage 6,36 Stunden
- in vertikaler Hängeregistratur mit Loseblattablage 5 Stunden

Wenn man berücksichtigt, dass von den Gesamtkosten der papiergebundenen Informationsverwaltung rund neunzig Prozent Personal-, also zeitgebundene Kosten sind, während Raum- und Materialkosten nur rund zehn Prozent ausmachen, ist die vertikale Hängeregistratur mit Loseblattablage zumindest aus Kostensicht allen anderen Formen überlegen.

Allerdings ist nicht jede Art von papiergebundener Information hierfür geeignet. So sind z. B. große Mengen gleichartiger Unterlagen, die unbedingt chronologisch abgelegt sein müssen und einem hohen Zugriff durch mehrere Mitarbeiter unterliegen, ungeeignet für eine Hängeregistratur. Im Sekretariat sind dies etwa Handbücher, Sammlungen von Merkblättern und Rundschreiben, Buchungsbelege und -unterlagen, soweit diese in der Obhut der Sekretärin sind.

Geeignet für die vertikale Hängeregistratur sind dagegen im Sekretariat Unterlagen bzw. Vorgänge,

- wenn sie sich gut in kleine Einheiten untergliedern lassen (ein Vorteil, der sich auch günstig auf den Aktenfluss, also die schnellere Verlagerung in die nächste Registraturstufe, auswirkt)
- wenn im Zugriffsfall meist nur einzelne Blätter oder Teile davon benötigt werden
- wenn sie einem häufigen Zugriff unterliegen
- wenn genügend Platz vorhanden ist und sich entsprechende Spezialmöbel für eine Hängeregistratur unterbringen lassen (im Übrigen können normale Regalschränke mit Hängeauszugsrahmen umgerüstet werden)

Da diese Kriterien gerade in Sekretariaten auf einen großen Teil der Unterlagen zutreffen, ist die vertikale Loseblatt-Hängeregistratur eine sehr sinnvolle Alternative zu den bisher meist anzutreffenden Stehordnern.

Die ›optimale‹ Ablagetechnik wird also gerade in Sekretariaten aus einer Kombination verschiedener Behälterarten bestehen, die sowohl dem Schriftgut selbst und der Art des Zugriffs darauf als auch den gegebenen Räumlichkeiten angepasst sind.

Finden statt Suchen – mit einem funktionierenden Ordnungssystem

Ein Ordnungssystem für schriftliche Informationen muss mindestens die folgenden Anforderungen erfüllen:

- eine Zusammenführung aller für einen Zusammenhang relevanten Informationen
- eine eindeutige Kennzeichnung von Schriftgutbehältern als ›Themensammler‹
- eine eindeutige Kennzeichnung von Schriftstücken, sodass sie gezielt den richtigen Behältern zugeordnet werden können
- eine eindeutige Kodierung des Standortes einer Information
- eine Übersicht über alle vorhandenen Informationen und deren Standort
- eine direkte Suchmöglichkeit über Begriffe
- eine Flexibilität und Erweiterungsfähigkeit in Bezug auf neue Themen
- eine einfache Anwendung und die Möglichkeit der Delegation von Ablagetätigkeiten

Die einfachste Art der Ordnung papiergebundener Informationen besteht darin, Schriftgutbehälter je nach enthaltenen Themen mit Stichworten zu beschriften. Eine solche Ordnung funktioniert jedoch nur zufriedenstellend, wenn die Ablage insgesamt nicht sehr umfangreich ist. Stichworte legen nämlich weder die Reihenfolge der Behälter fest, noch besteht die Möglichkeit eines direkten und gezielten Zugriffs, da meist mehrere Behälterbeschriftungen gelesen werden müssen, bis man den richtigen Behälter gefunden hat. Zudem müssen die Stichworte eindeutig sein und dürfen keine Überschneidungen aufweisen.

Bei Stichwortablagen geringen Umfangs empfiehlt es sich, die Schriftgutbehälter in eine sinnvolle Reihenfolge zu stellen, sie dann durchzunummerieren und die Stichworte mit der Behälternummer in eine Übersicht zu schreiben, die alphabetisch nach Stichworten geordnet ist. So kann über diesen einfachen ›Aktenplan‹ der gewünschte Behälter von jedermann gefunden werden, auch wenn die Sekretärin einmal abwesend ist.

Nimmt der Umfang der papiergebundenen Ablage zu, wird die reine Stichwortbeschriftung schnell unübersichtlich. Dies liegt in erster Linie an der Sprache selbst – für ein und denselben Inhalt können verschiedene Bezeichnungen gewählt werden, zum Beispiel ›Kraftfahrzeug‹, ›PKW‹, ›Auto‹ usw. Hier ist es zunächst notwendig, einen bereinigten ›Ablagewortschatz‹ zu erarbeiten und aus diesem einen Aktenplan zu entwickeln. Dieser kann dann *dezimal* aufgebaut werden. Die folgende Abbildung zeigt einen solchen dezimal aufgebauten Aktenplan. Die Schriftgutbehälter werden dabei sowohl mit der Aktenplannummer als auch mit den entsprechenden Suchbegriffen gekennzeichnet. Während die Nummer gewissermaßen den ›Parkplatz‹ des Schriftgutbehälters

Beispiel eines dezimal aufgebauten Aktenplanes

1 Geschäftsführung
1.1 Gründung
1.2 Gesellschafter
1.3 Beteiligungen
1.4 Mitgliedschaften
1.5 Führung
1.6 Geschäftsberichte

2 Anlagen
2.1 Grundstücke
2.2 Gebäude
2.3 Anlagen
2.4 Fuhrpark
2.5 Installationen

3 Rechnungswesen und Finanzen
3.1 Buchhaltung
3.2 Jahresabschluss
3.3 Banken, Postscheck, Kasse
3.4 Steuern
3.5 Betriebswirtschaft
3.6 Finanzwesen

4 Personalwesen und Soziales
4.1 Arbeitsrecht
4.2 Tarife
4.3 Soziale Aufwendungen und Einrichtungen
4.4 Personalbeschaffung
4.5 Mitarbeiter
4.6 Lohn und Gehalt, Steuern
4.7 Personalentwicklung, Aus- und Weiterbildung
4.8 Betriebsrat

5 Einkauf
5.1 Lieferanten
5.2 Disposition
5.3 Wareneingang

6 Marketing, Vertrieb
6.1 Marktanalysen
6.2 Produkt- und Absatzpolitik
6.3 Werbung, Verkaufsförderung
6.4 Verkaufsorganisation
6.5 Kunden
6.6 Export

7 Verwaltung
7.1 Organigramm
7.2 Haus und Hof
7.3 Mieten, Pachten
7.4 Ablauforganisation
7.5 Versicherungen
7.6 Rechtswesen

8 frei

9 frei

festlegt, werden die Begriffe zum gezielten Suchen benutzt. Dazu ist es hilfreich, den Aktenplan auch in einer alphabetisch nach Stichworten geordneten Form zu erstellen.

Während solche dezimal aufgebauten Ordnungssysteme bei Ablagen mit relativ geringem Umfang und nicht zu großer Gliederungstiefe meist gut funktionieren, stoßen sie bei umfangreichen, differenziert zusammengesetzten Ablagen oft schnell an ihre Grenzen. Gerade Chefsekretariate haben meist eine Fülle verschiedenster Informationen zu verwalten, und es ist selten vorhersehbar und -planbar, welche Informationsarten und -inhalte entstehen.

Da dezimal aufgebaute Ordnungssysteme einerseits aufgrund der gewählten Nummernkreise nur begrenzte Reserven für neue Inhalte bieten und

Vereinfachte Darstellung eines modularen Ordnungssystems ›Ablagewortschatz‹

Suchbegriff \ Informationskategorie	Bezugsperson	Unterlagenart
Aufsichtsrat	A	
Gesellschafter	G	
Protokolle		1
Schriftverkehr		2

Strukturierung entweder:

Aktenplan

Aufsichtsrat	A	Schrank X
Protokolle	A. 1	Schrank X
Schriftverkehr	A. 2	Schrank X
Gesellschafter	G	Schrank X
Protokolle	G. 1	Schrank X
Schriftverkehr	G. 2	Schrank X

oder:

Aktenplan

Protokolle	1	Schrank X
Aufsichtsrat	A. 1	Schrank X
Gesellschafter	G. 1	Schrank X
Schriftverkehr	2	Schrank X
Aufsichtsrat	A. 2	Schrank X
Gesellschafter	G. 2	Schrank X

andererseits starr gegliedert sind, ist es oft sinnvoller, ein *modulares* Ordnungssystem zu entwickeln. Auch bei diesem System wird zunächst ein Ablagewortschatz entwickelt, wobei die darin enthaltenen Suchbegriffe gemäß ihrer inhaltlichen Aussage bestimmten *Informationskategorien* zugeordnet und dann mit einer Kodierung versehen werden. Informationskategorien können z. B. sein

- Bezugsperson (z. B. Kunden, Lieferanten)
- Sachgebiete (z. B. Einkauf, Rechnungswesen)
- Gegenstände (z. B. Produkte)
- Unterlagenarten (z. B. Berichte, Protokolle)

Aus diesem kodierten Grundwortschatz können dann – flexibel und nach der tatsächlichen Entwicklung des Informationsbestandes – *Aktenzeichen* für die Schriftstücke und Schriftgutbehälter zusammengesetzt werden. Genauso flexibel ist die mögliche Strukturierung der Ablage – man kann sie z. B. entweder zuerst nach Bezugspersonen gliedern, dann nach Sachgebieten und Unterlagenarten oder in einer anderen, beliebigen Reihenfolge. Dies ist besonders dann vorteilhaft, wenn mehrere Mitarbeiter, Abteilungen oder sogar ein gesamtes Unternehmen nach einem einheitlichen Ordnungssystem arbeiten sollen, die Gliederungsbedürfnisse pro Abteilung jedoch verschieden sind.

Die Abbildung auf Seite 240 zeigt vereinfacht, wie ein solches modulares Ordnungssystem funktioniert. Während die Anwendung selbst sehr leicht ist und damit auch tatsächlich alle eingangs erwähnten Anforderungen erfüllt werden, kann die Konzipierung eines modularen Systems – je nach Umfang der Informationen, die auf diese Weise erfasst werden sollen – recht schwierig sein. Für Sekretärinnen empfiehlt es sich, sich zunächst das hierzu notwendige Know-how anzueignen, z. B. durch das Studium weiterführender Literatur bzw. durch entsprechende Fortbildungsseminare, oder eventuell auch externe Berater einzuschalten.

Je größer das Informationsvolumen und je komplexer die Inhalte, desto mehr lohnt sich allerdings auch der Entwicklungsaufwand für ein solches System, insbesondere wenn daran gedacht wird, auch Informationen auf anderen Speichermedien damit zu verwalten. So können beispielsweise Dateien in der Textverarbeitung oder Informationen, die auf optischen Speichersystemen archiviert sind, mit dem gleichen Ordnungssystem verwaltet werden wie die papiergebundenen Informationen. Statt frei gewählter Stichwörter oder erfundener Abkürzungen erhalten die Dateien dann ebenfalls ein Aktenzeichen.

Elektronisch unterstützte Informationsverwaltung

Je umfangreicher und komplexer ein Informationsbestand wird, desto schwieriger wird die rein manuelle Verwaltung. Für Sekretariate, die mindestens mit einem Personalcomputer ausgestattet sind, kann daher die elektronisch gestützte Verwaltung von Informationen den Arbeitsaufwand vereinfachen. Auf dem Markt wird mittlerweile eine Fülle von Softwareprogrammen für die Informationsverwaltung angeboten. Vor der Entscheidung für ein solches Programm sollten zunächst die Anforderungen, die von einem solchen Programm erfüllt werden müssen, in einem Pflichtenheft zusammengestellt werden. In einem Informationsverwaltungsprogramm lassen sich z. B. erfassen:

- Suchbegriffe und Kodierungen des Ablagewortschatzes
- Aktenzeichen der Schriftgutbehälter
- Suchbegriffe und weitere Schlagwörter der Schriftgutbehälter
- Aktenzeichen und Suchbegriffe einzelner Schriftstücke
- Standorte von Schriftgutbehältern (Raumnummer, Schranknummer oder laufende Nummer im Archivbestand)
- Aufbewahrungsfristen von Schriftstücken oder für gesamte Schriftgutbehälter
- Entleihe, Entleihdatum und Rückgabedatum
- Wiedervorlagedatum
- Zugriffsberechtigungen
- Querverweise zur Vermeidung von Mehrfachablagen

Nach Erfassung dieser Verwaltungsdaten bieten sich folgende Anwendungsmöglichkeiten:

- Simulation verschiedener Strukturierungsmöglichkeiten, um die günstigste Variante herauszufinden, ohne mehrfach umräumen zu müssen
- Erstellen von Aktenplänen in beliebiger Sortierung
- Steuerung und Überwachung von Wiedervorlage- und Aufbewahrungsfristen
- gezieltes Suchen nach bestimmten Themen oder Schlagwörtern
- selektive Zusammenstellung von Informationen (Wer hat Unterlagen zu Thema X?)

Die elektronisch unterstützte Informationsverwaltung lässt sich sowohl als Einzelplatzversion, etwa für das Sekretariat, als auch in vernetzter Konfiguration für ganze Abteilungen oder Unternehmen einsetzen. Gespeichert werden dabei lediglich Verwaltungsdaten, nicht jedoch die Informationen selbst – diese können sich entweder nach wie vor auf Papier oder Mikroformen, in Magnet- oder optischen Speichern befinden.

Arbeitsplatzgestaltung und neue Technologien

Die Ausstattung moderner Büros

Das Büro als Arbeitsplatz und Lebensraum

Das Büro entwickelt sich laut Statistik zum Arbeitsplatz Nr. 1. Schon jetzt arbeiten etwa zwölf Millionen Menschen im Büro, und Experten schätzen, dass in der EU bald mehr als die Hälfte aller Beschäftigten Bürotätigkeiten ausüben werden. Dabei darf nicht übersehen werden, dass die meisten dieser Beschäftigten an Wochentagen oft genauso viel Zeit im Büro verbringen wie zu Hause. Damit kommt der Frage, wie und nach welchen Kriterien der Büroarbeitsplatz gestaltet sein soll, eine wachsende Bedeutung zu.

Zum einen ist das Erscheinungsbild des Büros immer augenfälliger Ausdruck der Unternehmenskultur. Zum anderen muss die Büroausstattung zweckmäßig auf die anfallenden Arbeitsabläufe zugeschnitten sein, um mit einem Höchstmaß an Funktionalität zu einem Höchstmaß an Effizienz beizutragen. Zum Dritten aber muss die Ausstattung des Büros auf die Menschen abgestimmt sein, die dort arbeiten sollen. Ihr Wohlbefinden, das ja nicht nur eine körperlich-gesundheitliche, sondern auch eine gefühlsmäßig-psychologische Seite hat, fördert ein angenehmes Betriebsklima und führt zu besseren Arbeitsleistungen. Ansprechende Büroräume haben einen positiven Einfluss auf Krankenstand, Personalfluktuation, Belastbarkeit, Kreativität und Arbeitstempo. Investitionen in die Bürokultur – sowohl in die primären Sachmittel, wie Telefon und Computer als auch in die sekundären, wie Möbel und Raumgestaltung – sind deshalb Investitionen in die Wirtschaftskraft eines Unternehmens, deren Kosten erheblich geringer sind, als gemeinhin angenommen wird. Sie liegen, auf zehn Jahre verteilt, in der Regel unter einem Prozent der Gesamtaufwendungen eines Unternehmens für Büro-, Betriebs- und Gehaltskosten. Der preisgünstigste Büroarbeitsplatz ist also letztlich derjenige, der nach sorgfältiger Planung und ggf. eingehender Beratung richtig und darüber hinaus so gestaltet wurde, dass er auch zukünftigen Anforderungen und Aufgaben gerecht werden kann, d. h. im Hinblick auf künftige Entwicklungen anpassungs- bzw. ausbaufähig ist.

Vorschriften und Normen für Büroarbeitsplätze

Die Gestaltung eines Büroarbeitsplatzes unterliegt nicht nur allgemeinen Zweckmäßigkeitserwägungen, sondern auch einer Reihe von *gesetzlichen Vorschriften.* Die *Gewerbeordnung* enthält – neben Bestimmungen über die Ausübung der Gewerbe, das Innungs- und Kammerwesen, zum Arbeitsrecht usw. – auch Regelungen zum Arbeitsschutz und steckt den Rahmen für alle weiteren Vorschriften und Richtlinien zur Arbeitsplatzgestaltung. Dieser Rahmen wird von der *Arbeitsstättenverordnung* und den *Arbeitsstättenrichtlinien* gesteckt. Hier sind die Standards hinsichtlich der Raumabmessungen, der Beleuchtung, der Belüftung, der Raumtemperatur usw. niedergelegt.

Ergänzt werden diese Verordnungen durch die *Unfallverhütungsvorschriften* für Büroarbeitsplätze, die der Hauptverband der gewerblichen Berufsgenossenschaften erlässt. Sie enthalten alle sicherheitstechnischen und ergonomischen Anforderungen, die bei der Gestaltung, Benutzung und Unterhaltung der Arbeitsplätze zu berücksichtigen sind. Die sicherheitstechnischen Bestimmungen sollen die Unfallgefahr vermindern und die Hersteller dazu verpflichten, bei ihren Produkten bestimmte technische Standards einzuhalten. So kann ein Hersteller für seine Möbel oder Geräte eine Prüfung nach dem Gerätesicherheitsgesetz durchführen lassen und, wenn sie den sicherheitstechnischen Anforderungen genügen, für das geprüfte Produkt das *GS-Zeichen* erhalten. Deshalb sollte man, wenn es um Anschaffungen geht, unbedingt Produkten mit dem GS-Zeichen den Vorzug geben. Die ergonomischen Anforderungen sollen darüber hinaus die für den Menschen bestmöglichen Arbeitsbedingungen gewährleisten. So sollen beispielsweise Bildschirme blendfrei aufgestellt werden und auf die Augenhöhe desjenigen eingestellt sein, der daran arbeitet.

Im Interesse größtmöglicher Sicherheit und größtmöglicher Funktionstüchtigkeit erarbeiten Produkthersteller, Verbraucher, Aufsichtsbehörden und Wissenschaftler gemeinsam *DIN-Vorschriften* (DIN steht für ›Deutsche Industrie-Norm‹). Für Büromöbel sind beispielsweise DIN 4545 und 4549 maßgeblich, in denen u. a. die Abmessungen und Materialien für Schreibtische und Bürostühle beschrieben sind. Die praktischen Vorteile solcher Normierungen lassen sich leicht an den nach DIN normierten Papierformaten erkennen, insbesondere wenn man sich vorzustellen versucht, was wäre, wenn die Hersteller die Größe der Papierbögen und Briefumschläge nach Gutdünken bestimmten. Mit dem europäischen Binnenmarkt gewinnen ferner EU-Richtlinien und CEN-Normen (CEN = Comité Européen de Coordination des Normes) gegenüber den nationalen Normierungen an Bedeutung. Ende 1996 trat die EU-Richtlinie über die Gestaltung der Bildschirmarbeitsplätze in Kraft. Sie wurde damit nationales Gesetz.

Die Büroeinrichtung

Bei der Auswahl der *Büroeinrichtung* gilt es also erstens, den ergonomischen und sicherheitstechnischen Vorschriften und Empfehlungen Rechnung zu tragen, um gesundheitlichen Beeinträchtigungen vorzubeugen. Zweitens gilt es, den funktionalen Anforderungen zu entsprechen. Das Büro ist durch die rasante Entwicklung im Bereich der Text- und Datenverarbeitung sowie der Telekommunikation zunehmend elektronisiert worden, ohne dass es seine Funktion als ›Papier verarbeitender Betrieb‹ eingebüßt hätte. Infolgedessen müssen die heutigen Systembüromöbel nicht mehr nur die herkömmlichen, papiergebundenen Arbeiten des Sekretariats unterstützen, sondern auch die

Bereitstellung elektronischer Arbeitsmittel leisten. Dazu gehören beispielsweise Stark- und Schwachstromzuführungen, Zuführungen für Telefonleitungen und Koaxialkabel. Darüber hinaus sollte die Büroeinrichtung mit dem zur Verfügung stehenden Raum ökonomisch umgehen, damit der Sekretärin noch genügend ›Bewegungsfreiheit‹ bleibt, und innerhalb des gewählten Systems ergänzbar sein, um neuen Erfordernissen oder Bedürfnissen mit einer wenig aufwendigen Lösung begegnen zu können. Drittens muss bei der Einrichtung eines Büros berücksichtigt sein, dass diejenigen, die darin arbeiten, täglich acht Stunden und mehr dort verbringen. Das Büro ist nicht nur Arbeits-, sondern in gewisser Weise auch Lebensraum. Seine Gestaltung sollte auch diesem Aspekt – z. B. bei der Wahl der Farben oder durch die Ausstattung mit Pflanzen – Rechnung tragen. Viertens schließlich muss gerade das Sekretariat seiner Rolle als Visitenkarte des Unternehmens gerecht werden. Abgesehen vom ästhetischen Aspekt, stellt der Publikumsverkehr ganz praktische Forderungen an die Möblierung: Sie sollte so gestaltet sein, dass alles, woran und womit gearbeitet wird, so unkompliziert wie möglich weggeräumt werden kann. Zugleich müssen aber die Arbeitsmaterialien in der Weise griffbereit sein, wie es eine effiziente Arbeit notwendig macht. Ferner sollten Aktenschränke, Registraturen und Datenbestände nicht jedermann zugänglich, mithin abschließbar sein. Das Empfangen und Bewirten von Gästen lässt außerdem daran denken, dass eine Garderobe ebenso zur Verfügung stehen sollte wie ein Küchenelement (zum Kaffeekochen) und eine angemessen gestaltete Warte- oder Besprechungszone.

Arbeitsmittel für das Sekretariat

Mit der Möblierung ist freilich das Büro noch nicht so eingerichtet, dass die Arbeit beginnen könnte. Dafür bedarf es der Arbeitsmittel, die auf, unter oder neben der Schreibtischplatte – dem Mittelpunkt des Büroarbeitsplatzes – eingesetzt werden und die man einteilt in

- Bearbeitungshilfen
- Speicherhilfen
- Ordnungs- und Strukturhilfen
- Kommunikationshilfen

Unter *Bearbeitungshilfen* versteht man alle diejenigen Produkte, die im Sekretariat dazu dienen, Texte zu erstellen, zu bearbeiten und zu verarbeiten, zusammenzustellen und zu präsentieren. Speicherhilfen haben die Aufgabe, Daten und Informationen jeder Art aufzunehmen und zu archivieren. Ordnungs- und Strukturhilfen dienen der Übermittlung von Daten und Informationen im weitesten Sinne.

Mit welchen Arbeitsmitteln ein Büroarbeitsplatz ausgestattet sein muss, ergibt sich selbstverständlich aus den Tätigkeitsmerkmalen des jeweiligen Arbeitsplatzes. Das Sekretariat zeichnet sich einerseits durch eine Vielzahl von

Tätigkeitsmerkmalen aus, gehört also zu den Arbeitsplätzen, die mit umfangreichen Arbeitsmitteln ausgestattet sein müssen; es ist aber andererseits in die Repräsentationsaufgaben der Führungskräfte eingebunden. Die Arbeitsmittel für das Sekretariat sollen also im Allgemeinen ein Höchstmaß an Funktionalität und Zweckmäßigkeit mit ästhetischen Gesichtspunkten verbinden.

Diejenigen Sekretärinnen, die große Textmengen – vom Rundbrief bis zur wissenschaftlichen Abhandlung – zu bewältigen haben und erst einmal ihre Schwellenängste gegenüber dem Computer abbauen konnten, möchten zumindest nach einer gewissen Einarbeitungszeit erfahrungsgemäß nicht mehr vom *Computer* zur Schreibmaschine zurückkehren – allein schon um der einfachen Korrektur- und Ergänzungsmöglichkeiten willen. Welche Hardware angeschafft werden soll, diese Frage stellt sich angesichts der stark gesunkenen Preise und der enorm gestiegenen Leistungsfähigkeit der PCs nicht mehr in derselben Dringlichkeit wie noch vor ein paar Jahren. Ihre Beantwortung hängt aber immer noch davon ab, welche Arbeiten auf dem PC erledigt werden sollen und welche Programme man dazu benötigt (vgl. Die Einführung neuer Technologien im Büro, S. 260 ff.).

Für die Sekretärin ist zunächst und vor allem wichtig, dass sie mit den Eigenheiten der Tastatur zurechtkommt, dass der Bildschirm flimmerfrei und strahlungsarm ist, damit die Augen nicht überbeansprucht werden, und schließlich, dass der Drucker das leistet, was von ihm verlangt wird. Unverzichtbar ist, dass der Drucker mit einem automatischen Einzelblatteinzug und möglichst mehreren Papierschächten ausgestattet ist, damit man das Gerät bei unterschiedlichen Papierformaten nicht immer wieder umrüsten muss.

Zu den Bearbeitungshilfen gehören ferner *Kopierer,* ob sie nun einer ganzen Abteilung oder einem einzelnen Büro allein zur Verfügung stehen. Von der Aufstellung eines zentralen Kopierers im nächstgelegenen Sekretariat sollte man übrigens nach Möglichkeit Abstand nehmen. Denn ein von vielen genutzter Kopierer verwandelt ein Sekretariat schnell in einen Taubenschlag. Andererseits darf man Kopiergeräte auch nicht in einer Art Abstellkammer unterbringen, da wegen der Hitzeentwicklung und in Anbetracht der chemischen Prozesse beim Kopiervorgang eine gute Belüftung des Kopierraumes ratsam ist.

Das Angebot an Kopiergeräten ist enorm groß. Es reicht vom kleinen Arbeitsplatzkopierer bis zum Hochleistungskopierer, der in seinen Leistungsmerkmalen schon einer Druckmaschine nahe kommt. Was ein Kopiergerät leisten soll, hängt von seinem Einsatz ab. Es gibt jedoch einige Mindestanforderungen, denen ein Kopierer für die Sekretariatspraxis entsprechen sollte: So empfiehlt es sich, auf die Kopiergeschwindigkeit zu achten – 30 bis 40 Kopien pro Minute müssen als Minimum angesetzt werden – und darauf, wie schnell das Gerät betriebsbereit ist. Die Kopierformate sollten von A4 bis A3 reichen; die Möglichkeit, in festen DIN-Schritten oder sogar stufenlos zu vergrößern und zu verkleinern, sollte ebenfalls gegeben sein. Zu den Mindestanforderungen gehört ferner eine automatische Belichtungsmessung, damit auch von ungünstigen, kontrastarmen, besonders hellen oder dunklen Vorlagen jeweils gute und scharfe Kopien erzeugt werden können. Ein automatischer Einzug der Vorlagen, wenn nötig auch mit der Möglichkeit der Stapelverarbeitung, sollte genauso zum Standard gehören wie die Verwendung unterschiedlicher Papierformate, auf die kopiert werden kann (A4, A4 quer, A3). Schließlich ist es vorteilhaft, wenn es das Gerät erlaubt, beidseitig, also auf Vorder- und Rückseite eines Blattes, zu kopieren und wenn es mit einer Sortiereinheit, mit Heftrandverschiebung, Hefteinrichtung und Einzelblatteinzug (z. B. für das Kopieren auf Spezialpapiere) ausgestattet ist.

Das breite Angebot an Vervielfältigungsgeräten wird noch erweitert durch das Spektrum von Farbkopierern, die es erlauben, mehrfarbige Kopien auf Papier oder Folie herzustellen. Inzwischen sind Farbkopierer auch als Arbeitsplatzkopierer mit EDV-Schnittstelle erhältlich, was ihren Anwendungs- und Einsatzbereich beträchtlich erweitert.

Auch wenn in den letzten Jahren viel darüber spekuliert worden ist: Das papierlose Büro gibt es nicht. *Papier* wird in den unterschiedlichsten Ausführungen, Stärken, Farben und Formaten für jeden Verwendungszweck angeboten. Einfaches Schreibmaschinenpapier ist meist holzfrei und hat eine matte, raue Oberfläche. Markenpapiere sind zudem mit einem Wasserzeichen versehen. Ein Papiergewicht von 70 g/m^2 war einmal Standard, es ist aber vielfach von den etwas stärkeren und festeren Papieren mit einem Gewicht von 80 g/m^2 verdrängt worden. Normales Kopierpapier entspricht heute diesem Gewicht. Durchschlagpapier hat dagegen ein wesentlich niedrigeres Papiergewicht, ist oberflächengeleimt und dadurch gut radierbar. Da es aber mit dem Fotokopierer oder dem Drucker einfacher geworden ist, Zweit- bzw. Durchschriften herzustellen, spielt die Arbeit mit Kohle- und Durchschlagpapier nur noch eine sehr nachgeordnete Rolle. Kopierpapier gibt es als Universalpapier für alle normalen Fotokopiergeräte. Einige Laserkopierer und Telefaxgeräte benötigen dagegen, je nach Modell, Spezialpapiere. Unter EDV-Papier versteht man so genanntes Endlospapier mit einem Lochrand an beiden Seiten, der bei manchen Sorten dank einer Perforation abgetrennt werden kann. Verfügt ein Drucker allerdings über einen Einzelblatteinzug, lässt sich ohne weiteres auch Schreibmaschinen- oder Kopierpapier verwenden, es sei denn, dass der Laserdrucker ein Spezialpapier benötigt.

Ferner gibt es ein vielfältiges Angebot an Geschäftsbüchern (z. B. Kassen- oder Warenbestandsbücher) und Formblättern (Bestell-, Auftrags- und Rechnungsformulare, Frachtbriefe, Paketkarten usw.) im Handel. Für Unternehmen und Betriebe, denen beispielsweise eigens gedruckte Rechnungsformulare zu teuer sind, steht also eine breite Produktpalette zur Verfügung.

Auf eine Reihe von Produkten mit chemikalischen Zusätzen wird man in der Regel nicht verzichten können. Dazu gehören Klebstoffe unterschiedlicher Art, Klebebänder, Farbbänder für Drucker, Schreib- und Rechenmaschinen,

Korrekturmittel und vieles andere mehr. (Zu Folien für den Overheadprojektor siehe Tipps für die richtige Foliengestaltung, S. 198 ff.) Da gerade im Bereich der Bearbeitungshilfen eine Vielzahl von kurzlebigen Produkten eingesetzt wird, die schnell verbraucht und dann weggeworfen werden, stellt sich hier die Frage nach dem Umweltschutz besonders dringlich (vgl. dazu Die ökologische Verantwortung der Sekretärin, S. 251 ff.).

Selbstverständlich gehören zum Büroarbeitsplatz auch Werkzeuge zum Lochen, Heften, Schneiden und Binden. Ob ein einfacher Locher für wenige Blätter oder ein Registraturlocher mit Anlegeschiene zur Verfügung stehen muss, welche Größen und Stärken von Büroklammern oder Heftklammern benötigt werden, ob eine einfache Papierschere oder eine Schneidemaschine vorhanden sein muss und welches Bindesystem (Spiralbindung, Klebebindung oder Sure- bzw. Thermobindung) zur Anwendung kommt, hängt ganz überwiegend von den Papiermengen ab, die es zu lochen, zu heften, zu schneiden oder zu binden gilt. Bei den Bindesystemen kommt noch hinzu, welche Ansprüche an die Präsentation des Schriftgutes gestellt werden. Oft reicht es freilich, wenn die verschiedenen Bindesysteme einmal in einer Firma vorhanden sind. Wer sie indes nur äußerst selten benutzt, kann solche Arbeiten extern erledigen lassen. Die meisten ›Copyshops‹ bieten hierfür ihre Dienste an.

Das Angebot an *Speicherhilfen* ist so vielseitig, dass man nicht umhinkommt, eine Grundsatzentscheidung für ein bestimmtes System zu fällen. Je einheitlicher dieses System in der gesamten Verwaltung gehandhabt wird, desto größer sind die organisatorischen Vorteile (vgl. dazu Arbeitsfeld Informationsverwaltung, S. 225 ff.). In diesem Zusammenhang muss auch das Gegenstück zur Speicherhilfe, der Aktenvernichter, erwähnt werden. Zumindest ein ›Reißwolf‹ sollte in jedem Unternehmen zur Verfügung stehen, da aus Datenschutzgründen nicht alle Aktenstücke in den Papierkorb geworfen werden dürfen.

Auch *Ordnungs- und Strukturhilfen,* die im Wesentlichen der sachlichinhaltlichen und zeitlich-terminlichen Strukturierung der laufenden Geschäftsvorgänge dienen, gibt es in Hülle und Fülle. Hierzu gehören als Sortiersysteme Brieffächer, Stapelkassetten und Schubladenschränke genauso wie Briefordner, Verteilermappen, Ringbücher, Aktenordner und Hängeregistraturen.

In Sekretariaten werden die Daten immer häufiger über den PC gespeichert und verwaltet. In kleinen Büros und einigen Ämtern werden weiterhin für bestimmte Aufgaben stehende, rotierende oder liegende Karteien eingesetzt. Die stehende Kartei ist in einem Karteikasten aus Holz, Stahl oder Kunststoff untergebracht. Rotierende Karteisysteme sind vor allem für große Mengen an Karteikarten o. Ä. gedacht, die auf möglichst kleinem Raum untergebracht werden sollen. Liegende oder Flachkarteien ordnen die Karteikarten in Taschen an, die schuppenförmig hintereinander liegen; sie können in Schränken mit Flachschubladen oder Sichtböden verwahrt werden.

Hilfsmittel zur Terminplanung und *-überwachung* bietet der Markt in Form von Kalendern, Terminsets, Wochen- und Jahresübersichten, Aufgabenplanern bis hin zu Wiedervorlagemappen an. Mit welchem Instrumentarium eine Sekretärin arbeitet, beruht auf den Gepflogenheiten, die sich zwischen ihr, ihrem Chef und den Mitarbeitern der Abteilung bzw. Firma eingespielt und als zweckmäßig erwiesen haben (vgl. dazu Faktor Zeit: Terminplanung und Terminüberwachung, S. 101 ff.). Für die Planung, Strukturierung und Übersicht im Bereich der Arbeitsvorbereitung und -organisation, im Bereich des Personal- oder Materialeinsatzes oder anderen, von der jeweiligen Abteilung abhängigen Aufgabenbereichen sind Informationstafeln oft unentbehrlich. Von der Magnettafel, die mit Spezialschreibern auch als Schreibtafel benutzt werden kann, über Steck-, Karten- und Taschentafeln bis zu Flipcharts steht für jeden denkbaren Zweck ein geeigneter Informationsträger bereit.

Damit sind wir bei den *Kommunikationshilfen* angelangt. Unverzichtbar für jedes Büro ist das *Telefon.* Es wird immer komfortabler und leistungsfähiger. Die vielen Sonderfunktionen, mit denen eine moderne Telefonanlage heute ausgestattet ist, bieten Arbeitserleichterung und bessere Kommunikationsmöglichkeit.

Eine wesentliche Ergänzung hat die moderne Bürokommunikation durch den Telefax-Kopierdienst erfahren. Das *Telefax* stellt gewissermaßen das Bindeglied zwischen Telefon und Briefpost dar. Die neuesten technischen Entwicklungen erlauben mittlerweile auch die Übertragung von hochwertigen Farbvorlagen (Colourfax) sowie die EDV-gestützte Übertragung von Vorlagen über die Datennetze der Telekom (vgl. Die Einführung neuer Technologien im Büro, S. 260 ff.; Wie viel Software braucht der Mensch?, S. 262 ff.). Telefaxgeräte arbeiten je nach Gerätetyp mit beschichtetem oder normalem Papier. Die rationellste Form des Faxversands erfolgt durch die direkte Weiterleitung aus dem PC.

In den Bereich der (internen) Bürokommunikation fallen schließlich die *Diktiergeräte,* die je nach Ausstattung größeren oder geringeren Komfort bieten. Keine Frage des Luxus, sondern der guten Arbeitsbedingungen ist es, wenn man sowohl beim Diktiergerät als auch beim Abhörgerät auf eine vorzügliche Klangqualität und eine unkomplizierte Bedienung achtet. Der wesentliche Vorteil der Diktiergeräte ist, dass durch ihren Einsatz das Diktieren und die schriftliche Umsetzung zeitlich voneinander unabhängig werden. Die Zeit, die eine Sekretärin sonst mit Stenoblock und Bleistift im Büro ihres Chefs verbrachte, kann sie nun anderweitigen Aufgaben widmen. Umgekehrt erlauben Taschendiktiergeräte ihrem Chef auch Diktate außerhalb der Bürozeit (vgl. Die Formen des Schreibauftrags, S. 116 ff.).

Die persönliche Note am Arbeitsplatz

Das dezent gerahmte Foto von Frau und Kindern ist auf den Schreibtischen der Manager gang und gäbe, nicht jedoch in den Vorzimmern der Chefbüros, obwohl ja auch dort nicht nur Singles tätig sind. Auch in anderen Sekretariaten sind persönliche Accessoires, die gleichsam eine Brücke zwischen privater und beruflicher Existenz schlagen, eher selten.

Früher – man könnte sagen, bis zur ›Computerzeitenwende‹ – war das anders. Vor allem in den Aufbaujahren nach dem Zweiten Weltkrieg versuchten viele Sekretärinnen, die Tristesse ihres zumeist bescheidenen, mehr oder weniger zusammengewürfelten Büromobiliars durch einige Stücke aus den Privatbeständen aufzuhellen. Derartige Verschönerungsbestrebungen wurden von den Chefs der ›Gründerjahre‹ in der Regel wohlwollend geduldet oder schlicht übersehen. In den Büros unserer Tage sind sie jedoch eigentlich kaum mehr vonnöten. Zwar findet man in den Großraumbüros, Schreibpools und Zentralsekretariaten immer noch vielfältige Anzeichen für den Versuch, am Arbeitsplatz kleine persönliche Akzente zu setzen, etwa mit den Urlaubskarten der Kolleginnen oder mit einem Talisman über dem Schreibmaschinentisch. In einem Arbeitsumfeld jedoch, in dem Publikumsverkehr keine große Rolle spielt, in dem also nicht zugleich auch repräsentiert werden und dessen Interieur nicht dem Status des Chefs angemessen sein muss, können und dürfen sich Büroangestellte zu ihren emotionalen Bedürfnissen und individuellen Vorlieben bekennen, ohne Gefahr zu laufen, deswegen belächelt zu werden.

In den ebenso geschmackvoll wie zweckmäßig eingerichteten Chefvorzimmern liegen die Dinge hingegen etwas anders. Nicht selten wird die Einrichtung hier von Innenarchitekten darauf abgestimmt, wie sich das Unternehmen nach innen und nach außen präsentieren möchte. Hydrokultur, lichte Farben, ein oder zwei sorgfältig ausgewählte Bilder, Büromöbel und -geräte in modernem Design bestimmen das Erscheinungsbild. Angesichts einer konsequent gestalteten, ästhetisch makellosen, von hoher Sachlichkeit geprägten Inneneinrichtung fällt es nicht leicht, persönliche Akzente zu setzen. Entsprechende Hemmungen sind nicht nur verständlich, sondern auch berechtigt. Doch ebenso verständlich und berechtigt ist es, wenn die [Chef]sekretärin ihrem beruflichen Umfeld eine persönliche Note zu geben versucht. Dabei kommt es jedoch darauf an, dass persönliche Dinge zur Gesamtausstattung passen. Hier ist ein hohes Maß an Einfühlungsvermögen und Geschmack vonnöten. Man kann es aber ruhig wagen, beispielsweise die Vergrößerung einer besonders gelungenen Fotografie oder künstlerisch gestaltete Gegenstände, die einen Bezug zur eigenen Person haben, in das Ensemble einzufügen. Bei größeren oder auffälligeren Veränderungen der Ausstattung sollte die Sekretärin allerdings zuvor mit ihrem Chef sprechen, um Unstimmigkeiten vorzubeugen.

Darüber hinaus gilt jedoch, dass die persönliche Note der Sekretärin ihren überzeugendsten Ausdruck in der unverwechselbaren Ausstrahlung ihrer Persönlichkeit findet. Allein schon dadurch bekommt ein Sekretariat ein individuelles Gepräge. Das zwischenmenschliche Miteinander ist sicher von größerer Bedeutung und nachhaltigerer Wirkung als die ästhetische Gestaltung des Raumes.

Die ökologische Verantwortung der Sekretärin

Die Einführung eines Umweltmanagements im Unternehmen

In einem Unternehmen bestehen viele Möglichkeiten, Beiträge zum Umweltschutz zu leisten. Dabei kann die Sekretärin einerseits ihre Vorgesetzten bei der Wahrnehmung deren ökologischer Verantwortung unterstützen. Andererseits kann sie im Rahmen ihrer Kompetenzen ihren Arbeitsplatz umweltfreundlich gestalten und ihre Kollegen in Umweltfragen beraten. Wie groß ihr Spielraum ist, hängt von ihrer Stellung sowie von den Verhältnissen im Unternehmen ab.

Wenn ein Unternehmen ein Umweltmanagement einführt, muss es die für seinen Tätigkeitsbereich relevanten Umweltschutzdaten erfassen und bewerten, also eine so genannte Istanalyse durchführen. Zu prüfen ist, ob Produkte und Produktionsverfahren den gesetzlichen Bestimmungen entsprechen. Bei der Istanalyse sollte nicht nur der gegenwärtige Stand, sondern, wenn möglich, auch die Entwicklung der Umweltschutzgesetzgebung berücksichtigt werden. Dazu ist es erforderlich, dass die Verantwortlichen die Entwicklungen und Tendenzen im Umweltschutz aufmerksam verfolgen.

Auf die Istanalyse folgt die Zielsetzung. Welche Ziele gesetzt werden, hängt natürlich ab von der Art des Unternehmens, den verfügbaren Mitteln, den Kunden und den Mitarbeitern. Unrealistische Ziele bringen meist nur Frustration darüber, dass man sie nicht erreicht. Aus dem Vergleich von Istanalyse und Zielsetzung ergibt sich dann ein Katalog konkreter Maßnahmen.

Bei der Istanalyse und der Festlegung der Zielsetzung könnte die Sekretärin folgende Aufgaben haben: Recherchieren in öffentlichem und firmeneigenem Material, Zusammenstellung von Daten und deren Auswertung sowie Gespräche mit Kollegen und Mitarbeitern über entsprechende Anregungen. Besteht im Betrieb ein Vorschlagswesen, können die Mitarbeiter und natürlich auch die Sekretärinnen Vorschläge zum Umweltschutz einreichen. Dies gilt selbstverständlich auch, wenn bereits ein Umweltmanagement besteht.

Umweltschutzmaßnahmen können jedem Unternehmen materiellen Gewinn bringen. Wenn beispielsweise der Energieverbrauch gesenkt wird, sinken auch die Betriebskosten. Getrennt gesammelte Abfallstoffe lassen sich teilweise wieder verwerten oder verkaufen, statt sie womöglich zu hohen Preisen entsorgen zu müssen. Und durch eine intensive Kontrolle der Betriebsabläufe ist es möglich, die Verschwendung von Roh- und Betriebsstoffen einzudämmen. Umweltschutz ist also ein betriebswirtschaftliches Instrument, das einem Unternehmen langfristig mehr Nutzen bringt, als es Kosten verursacht. Dazu können die Sekretärinnen an ihrem Arbeitsplatz konkret beitragen. Weiter unten werden hierzu Einzelheiten behandelt.

Die Einführung eines Umweltmanagements berührt zwar einerseits den Aufgabenbereich der Sekretärin bzw. Assistentin nicht, verlangt aber andererseits auch ihr Engagement und ihre Initiative. Folgende Grundsätze sollten beachtet werden:

- Unbequeme Maßnahmen werden leichter akzeptiert, wenn Erfolge schnell sichtbar sind. Deshalb sollte man am besten mit unproblematischen Neuerungen beginnen. Alle Maßnahmen, vor allem unbeliebte, müssen einleuchtend begründet werden. Wortgewandte Sekretärinnen werden ihre Vorgesetzten beim Verfassen entsprechender Texte unterstützen. Notwendig ist, dass sie sich auf jeden Fall selbst mit den Argumenten vertraut machen, um sie in etwaigen Diskussionen gegenüber ihren Kollegen vertreten zu können
- Viel bewirkt das Vorbild der Vorgesetzten. Wenn beispielsweise der Firmenleiter die Abfälle getrennt sammelt, ist diese Maßnahme auch bei den Mitarbeitern leichter durchzusetzen. Natürlich gilt dies auch für seine Assistentinnen und Sekretärinnen. Je höher die Position, desto größer ist die Signalwirkung
- Es wirkt motivierend, wenn die Mitarbeiter die Verantwortung für Umweltschutzmaßnahmen an ihrem Arbeitsplatz selber übernehmen. Dazu gehören auch Selbstkontrolle und ein regelmäßiger Vergleich zwischen der Zielsetzung und dem Erreichten. Die Sekretärinnen können ihre Kollegen mit Anregungen und Auskünften unterstützen
- Bei der Aufklärung der Mitarbeiter muss auch deutlich werden, dass Eigeninitiative und Umweltbewusstsein jedes Einzelnen dazu beitragen, die gesteckten Ziele zu erreichen. Als Medien bieten sich dazu an: Merkblätter, Informationen am Anschlagbrett, eine entsprechende Rubrik in der Betriebszeitung sowie Referate auf Versammlungen und Sitzungen. Empfehlenswert kann es sein, ein auf den Betrieb abgestimmtes Umweltschutzhandbuch für die Mitarbeiter zusammenzustellen. Dabei kann z. B. die Zusammenstellung von Informationen oder das Verfassen oder die Gestaltung von entsprechenden Texten und Dokumentationen Aufgabe der Sekretärin sein. Für das Erstellen größerer Umweltschutzdokumentationen, z. B. von Handbüchern, fehlt den fest angestellten Mitarbeitern jedoch meist die Zeit, sodass diese meistens bei Beratern oder freien Mitarbeitern in Auftrag gegeben werden
- Die Mitarbeiter werden im Rahmen eines konsequent eingeführten Umweltmanagements zu Vorschlägen motiviert. Gruppen von Mitarbeitern können Konzepte entwerfen und deren Befolgung selbstständig überprüfen. Hier ist die Beteiligung der Sekretärinnen besonders wichtig, weil diese eine intensive Kenntnis von der Tätigkeit ihrer Vorgesetzten haben und dadurch die Zusammenarbeit zwischen Mitarbeitern und Geschäftsleitung fördern können
- Das Thema Umweltschutz gehört ins Aus- und Weiterbildungsprogramm. Es gibt eine große Auswahl von Institutionen und Beratern, die Umweltkurse und Seminare anbieten. Es kann zur Aufgabe einer Sekretärin werden, sich zu informieren, wer was zu welchem Preis anbietet und welche

Mitarbeiter an bestimmten Ausbildungsmöglichkeiten interessiert sind, und entsprechende Vorschläge zu unterbreiten

Sogar für kleine Betriebe kann es sich lohnen, eine ständige Umweltanlaufstelle für Mitarbeiter einzurichten. Diese Aufgabe kann einer Sekretärin oder einem Mitarbeiterteam übertragen werden. Eine solche Anlaufstelle ist zuständig für Probleme und Fragen, die sich im Zusammenhang mit dem Umweltschutz ergeben, d. h. für Planung und Ausführung organisatorischer Maßnahmen, für Information und Motivation der Mitarbeiter, für Verhandlungen mit Lieferanten, Transport- und Verwertungsfirmen, für das Einholen von Informationen über neue Entwicklungen des Umweltschutzes sowie für die Planung und Organisation neuer oder notwendiger (Sofort)maßnahmen.

Das umweltfreundliche Büro

Die umweltfreundliche Einrichtung eines Büros beginnt bereits bei der Anschaffung von Möbeln und Maschinen. Bei Maschinen stellt sich die Frage, ob sie überhaupt gebraucht werden und ob sie menschengerecht und bedienungsfreundlich sind. Ferner sind Lebensdauer, Energiebedarf, Lärm- und Luftbelastung von ausschlaggebender Bedeutung. Heute besteht leider die Tendenz, Maschinen, sobald etwas Neues auf den Markt kommt, zu ersetzen, auch wenn sie noch funktionieren und eigentlich immer noch die an sie gestellten Erwartungen erfüllen. Dadurch entstehen Entsorgungsprobleme. Umweltfreundlicher ist es, auf Reparaturfähigkeit der Maschinen und Beschaffungsmöglichkeiten für Ersatzteile zu achten. Bei den Serviceleistungen der Lieferanten sollte bedacht werden, dass in Firmennähe ansässige Servicebeauftragte kürzere Anfahrtswege haben. Das hilft Kosten sparen und schont die Umwelt.

Selbstverständlich hat gerade im ökologischen Büro das Wohlbefinden der Menschen einen hohen Stellenwert. Das bedeutet, dass Dauerstress durch Lärm- und Geruchsbelästigungen, durch Hitze, Kälte, ungünstiges Licht, gesundheitsschädliche Stoffe usw. vermieden werden müssen.

Es gehört auch zu den grundlegenden Zielen einer ökologischen Büroplanung, den Verbrauch von Rohstoffen und Energie zu senken und Abfall und sonstige Belastungen für Luft, Wasser und Boden auf ein Minimum zu reduzieren. Kunststoffe sind hier in mehrerlei Hinsicht problematisch. Bei der Herstellung von Gegenständen aus Plastik werden sehr viel Energie und Erdöl benötigt und giftige Chemikalien verwendet. Für den Verbraucher lohnt es sich zudem oft nicht, Kunststoffprodukte reparieren zu lassen. Also wirft er sie weg, wenn sie beschädigt sind, und erhöht dadurch den Abfallberg.

Grundsätzlich gilt es also, beim Einkauf und bei der Gestaltung der Büroräumlichkeiten darauf zu achten, dass generell umweltfreundliche Produkte angeschafft werden, die wieder verwertet oder möglichst problemlos entsorgt werden können. In diesem Bereich kann eine Sekretärin mit den hier und

Maßnahme	Beispiele und Erläuterungen
Wenn möglich, Einkauf von Produkten aus unvermischten Materialien	Sehr viele Kunststoffgegenstände sind in Ausführungen aus Holz, Papier, Glas, Metall genauso nützlich und nicht selten schöner.
Beschaffung problematischer Produkte und Materialien nur im unbedingt nötigen Umfang; Bereitstellung von Dosierhilfen	Umweltschädliche Reinigungs- und Desinfektionsmittel oder Klebstoffe sollen nur dann benutzt werden, wenn es sich nicht umgehen lässt, und zwar sorgfältig dosiert. Artikel aus PVC, Polystyrol und Polyurethan sollte man möglichst selten verwenden.
Einkauf von Gütern, die ergänzt, modernisiert bzw. gut repariert werden können	Schreibutensilien mit Ersatzminen statt Wegwerfprodukte sparen auch Platz und Kosten. Beim Einkauf von Büromaschinen sollte man darauf achten, wie lange Ersatzteile noch nachlieferbar sein werden. Kartuschen für den Ink-Jet-Drucker können mehrmals nachgefüllt werden.
Ersetzung umweltschädlicher Produkte und Materialien durch umweltfreundliche	Anstelle von Folien aus PVC lassen sich problemlos Folien aus Polyethylen (PE) oder noch besser aus Polypropylen (PP) verwenden. Der Gebrauch von Lösungsmitteln muss möglichst vermieden werden; Leime, Lacke und Textmarker sind auch in lösungsmittelfreier Ausführung erhältlich.
Beschaffung von Gütern aus der Recyclingproduktion	Recyclingpapier, Gebrauchtwaren oder Ersatzteile aus umweltgerechter Entsorgung, Aktenordner aus Recyclingmaterial, Karteikästen aus Recyclingpappe (statt aus Kunststoff) gehören zu den gängigsten Möglichkeiten. Einseitig beschriebene, bedruckte, kopierte Blätter, die ihre Schuldigkeit getan haben, lassen sich als Konzeptpapier weiterverwenden. Ein Karton für solcherart Altpapier sollte neben allen Schreibmaschinen, Druckern, Kopierern stehen.

auf der folgenden Seite aufgelisteten Maßnahmen sehr viel zu einem erfolgreichen Umweltmanagement beitragen. Im Einzelnen sind folgende Punkte besonders zu beachten:

Kopierer: Der Kopierer belastet die Umwelt gleich in mehrfacher Hinsicht. Er gibt Ozon ab und verursacht Lärm, treibt den Papierverbrauch oft unnötig in die Höhe und bedingt umweltbelastenden Abfall. Der Kopierer sollte in einem gut gelüfteten Raum stehen und mit einem Ozonfilter und einem wieder verwendbaren Tonermodul versehen sein. Für Kopien kann man Recyclingpapier oder einseitig bedrucktes Abfallpapier verwenden. Natürlich sollte man nicht unnötig kopieren.

Maßnahme	Beispiele und Erläuterungen
Verwendung recycelbarer Produkte	Bei Verpackungen lassen sich Styropor als Füllmaterial durch Papier oder Holzwolle und Luftpolstertaschen durch ›Jiffy‹-Beutel mit einer Polsterung aus Recyclingpapierflocken ersetzen. Selbstklebeetiketten gibt es auch aus recycelbarem Material.
materialbezogene Einkaufsbuchhaltung	Materialtechnische Angaben zu den gekauften Produkten sollte man sammeln. Sie sollten auf der Verpackung ebenso angegeben sein wie entsprechende Hinweise darauf, welche Stoffe besonders problematisch oder von gesetzlichen Vorschriften betroffen sind und auf welche Art sie entsorgt werden können bzw. müssen.
Kennzeichnung der eingekauften Produkte nach dem Material, aus dem sie hergestellt sind, im Hinblick auf die spätere sortierte Abfallentsorgung	Produkte und Materialien werden mit derselben Ziffer versehen wie der Abfallbehälter, in den sie später entsorgt werden sollen (z. B. werden Produkte aus Kunststoffen mit einer 1 versehen, weil sie in den Abfallbehälter Nr. 1 entsorgt werden; für Aluminium wählt man 2, für Papier 3, für Glas 4 usw.).
Information von Kollegen und Vorgesetzten über den umweltgerechten Einkauf	Die Abgabe kritischer Materialien in übertrieben hohen Mengen kann man zwar verweigern; besser wäre es aber, wenn sie gar nicht erst angefordert würden. Der Papierverbrauch lässt sich beispielsweise verringern, indem Informationen im Computer gespeichert und abgerufen werden; statt des Kopierers ließe sich eventuell auch ein Scanner verwenden.

Fax: Das Faxgerät verschlingt viel Energie während der Wartezeiten. Deswegen stellt sich die Frage, ob das Fax rund um die Uhr eingeschaltet bleiben muss, oder ob man den Faxbetrieb auf die Bürozeiten beschränken kann.

Computer: Bei Computern ist vor allem auf den Energiebedarf zu achten. Zwar nimmt der Grundenergiebedarf von Computergeneration zu Computergeneration stetig ab. Doch bedeutet die größere Leistungsfähigkeit der modernen Rechner letztlich wieder einen insgesamt höheren Energieverbrauch. Laptops dagegen verbrauchen bei gleicher Leistungsfähigkeit erheblich weniger Energie als ein gewöhnlicher PC.

Drucker und *Schreibmaschinen:* Bei Druckern gibt es relativ große Unterschiede im Energieverbrauch. Dieser ist besonders hoch bei Laserdruckern und relativ gering bei Tintenstrahl- und Nadeldruckern. Wenn verschiedene Drucker vorhanden sind, sollte man also den Gebrauch des Laserdruckers auf das Notwendige beschränken. Auch für Drucker gibt es Nachfülltonerkassetten. Konzepte, interne Mitteilungen u. Ä. können im Schnelldruck erstellt werden, der weniger Tinte verbraucht. Werden Farbbänder benutzt, empfehlen sich die mehrfach beschreibbaren Gewebebänder.

Papier: Heute bietet der Handel bereits repräsentatives Umweltschutz- oder Recyclingpapier an. Doch hier ist Vorsicht geboten: Recyclingpapier muss nicht unbedingt umweltfreundlich sein. Es gibt Papierrecyclingmethoden, die die Umwelt ziemlich belasten. Besonders umweltfreundlich ist Recyclingpapier, dem weder die Druckfarbe entzogen noch besondere Leime hinzugefügt wurden und das in einem geschlossenen Wasserkreislauf hergestellt wurde. Wird helles Papier benötigt, kann man chlorfrei gebleichtes Papier verwenden. Verpackungsmaterial und Briefumschläge, Aktenordner und Hängemappen werden heute häufig aus Recyclingmaterial hergestellt. Außerdem ist es durchaus üblich, Kartons, die man zugeschickt bekommt, wieder zu verwenden.

Schreib- und *Korrekturgeräte:* Als besonders umweltfreundlich gilt der gute alte Druckbleistift. Heute gibt es auch nachfüllbare Filzstifte und Textmarker, die manchmal nach Gebrauch von den Fachgeschäften zurückgenommen werden. Auch für Korrekturen, soweit diese nicht im Textverarbeitungssystem vorgenommen werden, gibt es immer mehr umweltfreundliche Mittel, wie z. B. den praktischen Korrekturroller.

Beleuchtung: Bei der Beleuchtung ist auf die Wirtschaftlichkeit (Lichtleistung im Verhältnis zum Energieverbrauch) zu achten. Zu empfehlen sind Energiesparlampen oder ›Truelite‹. Letzteres ist eine dem Tageslicht entsprechende Beleuchtung, die die Augen schont und eine relativ lange Lebensdauer hat. Es gibt übrigens auch Recyclingmöglichkeiten für Fluoreszenzlampen (Neonröhren).

Einrichtung: Bei Einrichtungsgegenständen ist vor allem darauf zu achten, dass möglichst wenig giftige Kleber, Kunstharze, chemische Lösungsmittel oder formaldehydhaltige Spanplatten bei ihrer Herstellung verwendet wurden, denn durch diese gelangen oft gesundheitsschädliche Stoffe in die Luft. Empfohlen werden Möbel aus Massivholz, Bodenbeläge aus Naturmaterialien und Naturharzfarben. Malerarbeiten sollten grundsätzlich mit wasserlöslichen Farben ausgeführt werden.

Reinigung: Schädlich und in vielen Fällen überflüssig ist beim Reinigen von Einrichtungsstücken das Entschichten oder Entwachsen. Auch auf Raumdeodorants, WC-Beckensteine, Sprays, Desinfektions- und Spezialreinigungsmittel u. Ä. kann man oft verzichten. Umweltfreundlich sind Reinigungsarten wie Wischen, Kehren und Staubsaugen. Außerdem gibt es eine große Auswahl ökologischer Putzmittel.

Abfallentsorgung

Beim Abfall lautet die Devise: Vermeiden und, wenn irgend möglich, wieder verwerten. Allerdings bleiben trotzdem große Mengen an Abfall, die verbrannt, deponiert oder auf andere Art und Weise entsorgt werden müssen. Abfälle sind naturgemäß sehr unterschiedlicher Art, und dementsprechend unterschiedlich ist ihr Risikopotenzial. Aber nicht jeder Abfallstoff ist besonders gefährlich, giftig oder umweltschädlich. Bei der Entsorgung von Abfällen müssen die gesetzlichen Bestimmungen berücksichtigt werden. Es besteht grundsätzlich ein Verwertungsgebot, d. h., Abfallverwertung geht vor Abfallbeseitigung. In § 4 des Abfallgesetzes wird die Bundesregierung ermächtigt, allgemeine Verwaltungsvorschriften über die Anforderungen an die Entsorgung von Abfällen nach dem Stand der Technik zu erlassen sowie bundeseinheitliche Verfahren der Sammlung, Behandlung und Entsorgung von Abfällen festzulegen. Zu beachten sind die Regelungen des Bundesimmissionsschutzgesetzes über die Abfallvermeidung und Reststoffverwertung, der Abfallkatalog und die technische Anleitung Abfall (TA Abfall).

Übersicht über die Abfallentsorgung im Betrieb gewinnt man am besten mit einer Abfallbuchhaltung. Diese dient zur Erfassung der internen Materialmengen und Umlaufwege. Informationen hierzu erhält man in erster Linie von den Mitarbeitern der betreffenden Abteilungen. Diese kann man beauftragen, eine Zeit lang über die Abfälle, die anfallen, gelagert, entsorgt oder wieder verwertet werden, Buch zu führen. Auch die Transportunternehmer, die mit dem Abtransport von Abfällen beauftragt werden, können über die Mengen Auskunft geben. Zur Bestandsaufnahme lassen sich auch Rechnungsbelege und andere Aufzeichnungen heranziehen.

Die Ziele eines Abfallmanagements sind Vermeidung von Abfällen, Vermeidung von Transportfahrten bzw. Entsorgung und möglichst weitgehende Wiederverwertung von Materialien und Produkten im Betrieb. Diese Ziele lassen sich durch folgende Maßnahmen erreichen, aus denen der Sekretärin ähnliche Aufgaben erwachsen können, wie sie eingangs skizziert wurden:

- *Abfälle getrennt sammeln:* Damit muss jeder Mitarbeiter an seinem eigenen Arbeitsplatz beginnen. Gut gekennzeichnete Behälter müssen jedem an einem leicht zugänglichen Ort zur Verfügung gestellt werden. Volle Sammelbehälter müssen möglichst rasch weitertransportiert werden
- *Vom Entstehungsort bis zum Zwischenlager lückenlose Behälter- und Transportsysteme einführen:* Diese können je nach Abfallarten sehr verschieden sein. Vor allem müssen sie einfach zu benutzen sein
- *Zentrale Sammelstellen einführen:* In den einzelnen Gebäuden können zentrale Sammelstellen für unterschiedliche Abfallstoffe geschaffen werden. Je nach Art des Betriebs kann man auch eine zentrale Sammelstelle für das gesamte Unternehmen einrichten. Diese kann zugleich als Zwischenlager dienen. Die Organisation und Betreuung solcher Sammelstellen

kann man dem Hauswart oder darauf spezialisierten Mitarbeitern überlassen

- *Die Mitarbeiter motivieren:* Die Mitarbeiter müssen über das Sammelsystem informiert werden. Dabei sollte die Unternehmensleitung an die Eigeninitiative und das Umweltbewusstsein jedes Einzelnen appellieren
- *Rücknahmeangebote der Verkäufer in Anspruch nehmen:* Beispielsweise bieten Computerfirmen ihren Kunden in Deutschland und in der Schweiz die Rücknahme und Entsorgung von Altgeräten aus eigener Produktion zu Selbstkostenpreisen an. Damit soll die Entsorgung und Verwertung in einem überprüfbaren Verfahren gesichert und eine hohe Recyclingquote bei den einzelnen Materialien erreicht, umweltfreundliche Verfahren sichergestellt und geringere Deponiermengen erzielt werden. Dabei werden die zurückgegebenen Anlagen zerlegt in direkt wieder verwendbare Teile, edelmetallhaltige Teile, elektrotechnischen Schrott, ökologisch unbedenkliche und behandlungsbedürftige Reststoffe. Ähnliche Verfahren werden auch für andere Produkte entwickelt

Umweltschutz im Büro: Stichwort und Checkliste

Einführung eines Umweltprogramms

- Welche Informationen müssen verteilt werden?
- Welche Anordnungen sind nach und nach zu treffen?
- Gehen Vorgesetzte und Sekretariate mit gutem Beispiel voran?
- Gibt es eine zielgerichtete Beratung?
- Gibt es entsprechende Angebote zur Aus-, Fort- und Weiterbildung?
- Findet eine Erfolgskontrolle statt?

Büroeinrichtung

- Ist die Beleuchtung augenverträglich?
- Werden energiesparende Leuchtkörper eingesetzt?
- Werden langlebige Leuchten eingesetzt?
- Könnten aus Möbeln Schadstoffe austreten (Formaldehyd, Kleber, Lösungsmittel)?
- Können Einrichtungsgegenstände aus Naturmaterialien (Massivholz, Naturfasern u. a.) bereitgestellt werden?
- Ist für die bevorzugte Anschaffung von Produkten aus natürlichem Material wie Holz, Glas, Metall, Karton usw. gesorgt?

Büromaschinen

- Ist die Maschine menschengerecht und bedienungsfreundlich?
- Wird sie überhaupt benötigt?
- Ist sie bei Bedarf systematisch erweiterbar?
- Wie hoch ist ihre Lebensdauer?
- Kann sie repariert werden?
- Wie hoch ist ihr Energieverbrauch?
- Welche Lärm- und Luftbelastung verursacht sie?
- Wie stellt sich das Serviceangebot der Lieferfirma dar?
- Wurde der richtige Standort gewählt?

Büromaterial

- Sind schadstoffhaltige Arbeitsmittel überhaupt notwendig?
- Wenn ja, lassen sich Anwendungen beschränken und Mengen reduzieren?
- Ist Arbeitsmaterial mehrfach verwendbar bzw. nachfüllbar?
- Lässt sich der Verbrauch senken?
- Bestehen die Arbeitsmaterialien aus recycelbaren Stoffen?
- Können Produkte aus der Recyclingproduktion eingesetzt werden?

Abfall

- Sind Maßnahmen zur Vermeidung, Verminderung und Wiederverwertung von Abfällen getroffen?
- Werden Abfälle schon in den Büros sortiert?
- Werden Sonderabfälle separat gesammelt?
- Wird beim Einkauf darauf geachtet, dass Produkte und Verpackungen möglichst abfallneutral sind?

Die Einführung neuer Technologien im Büro

Der Einsatz der elektronischen Datenverarbeitung (EDV) im Sekretariat ist inzwischen schon fast zur Selbstverständlichkeit geworden. Für den Bereich der Hardware, also der Geräte selbst, wie für den Bereich der Software, also der Programme und Anwendungsmöglichkeiten, gilt im übertragenen Sinne das Motto: Der Appetit kommt beim Essen. Wer sich an bestimmte Anwendungen gewöhnt hat, wird es bald für wünschenswert halten, auch andere Aufgabenbereiche mithilfe der EDV bearbeiten zu können. Erweiterte Anwendungen machen dann nicht selten die Anschaffung leistungsstärkerer und schnellerer Hardware erforderlich, die wiederum die Benutzung umfangreicherer Software ermöglicht. Ein Prozess ständiger Erweiterungen bringt viel Unruhe mit sich und ist selten wünschenswert. Wer aber von vornherein eher eine umfassende Lösung anstrebt, gerät damit leicht in eine andere Gefahr: Technikbegeisterung macht oft blind gegenüber den eigentlichen und zentralen Anforderungen an die Software. Dagegen hilft nur die strikt eingehaltene Devise: Praxisnähe geht vor Technikverliebtheit.

Dieser Grundsatz bedeutet erstens, dass man zunächst einmal genau definieren muss, was die EDV leisten und was die Neuerung einbringen soll, und er bedeutet zweitens, dass diejenigen, die in Zukunft mit dem Computer arbeiten sollen, bereits in die Planung einbezogen werden. Anderenfalls kann man über der verwirrenden Vielfalt des Angebots das Ziel aus den Augen verlieren, und die Betroffenen sehen sich vor vollendete Tatsachen gestellt, was zu Verunsicherungen führt und die Akzeptanz neuer Technologien nicht gerade erhöht. Die Einführung neuer Technologien, die im weitesten Sinne Kommunikationstechnologien sind, in die Sekretariate lohnt sich nur dann, wenn sie die Büroarbeit tatsächlich erleichtern und die Sekretärinnen oder Assistentinnen entlasten.

Wo elektronische Datenverarbeitungssysteme zum Einsatz gebracht werden sollen, muss zunächst einmal eine umfassende Beschreibung aller arbeitsplatzspezifischen Aufgaben erfolgen (›Istanalyse‹). Sodann ist zu klären, welche dieser Aufgaben sinnvollerweise und effizienter als zuvor mithilfe der EDV erledigt werden können. Es empfiehlt sich dabei, sämtliche Arbeitsvorgänge nach Art, Umfang und Häufigkeit aufzulisten, zu notieren, welche Arbeitsergebnisse bei jedem Vorgang erreicht werden sollen und welche Arbeiten wiederum hiervon abhängen (vgl. Arbeiten mit System, S. 91 ff.).

Danach sollte man einen Anforderungskatalog zusammenstellen, an dem die zur Auswahl stehende Hard- und Software gemessen werden muss. Bei der Planung ist zu bedenken, dass Einzelplatzlösungen (›Insellösungen‹) mit isolierten Rechnern mittel- und längerfristig gegenüber vernetzten PCs durchaus nachteilig sein können. Eine kompetente Beratung ist also allemal zu empfehlen. Eine solche ist übrigens nicht nur von bekannten Hard- und Softwareanbietern zu erwarten. Kleinere und mittlere Softwarehäuser verfügen häufig über Lösungen, die stärker auf die Bedürfnisse bestimmter Branchen oder Aufgabenbereiche zugeschnitten sind als bei den Marktführern, oder sie sind eher in der Lage, eine Standardsoftware den Bedürfnissen des jeweiligen Kunden anzupassen. Das kann hier und da etwas teurer sein, zahlt sich aber auf lange Sicht aus, zumal man keine Kompromisse einzugehen braucht.

Bei den Verkaufsgesprächen und Präsentationen ist genau darauf zu achten, dass das Produkt auch wirklich dem Anforderungskatalog entspricht und der anvisierten Ideallösung so nahe wie möglich kommt. Hier muss sich die Praxisnähe des Produkts erweisen, nicht seine Leistungsstärke im Allgemeinen, mag sie auch noch so beeindruckend sein. Wo es sich ohne allzu große Schwierigkeiten machen lässt, vermittelt ein Testlauf ein gutes Gefühl für die Qualität einer bestimmten Lösung. Bei einem solchen Testlauf sollte man möglichst selbst, wenn auch unter Anleitung, einige Anwendungen erproben.

Wo ein Büro mit PCs ausgestattet wird, muss der Grundsatz gelten: Nicht die EDV darf die Sekretärin, sondern die Sekretärin muss die EDV beherrschen. Die teuerste Software nützt nichts, wenn sie nur unzureichend genutzt werden kann, und es ist ein Irrglaube, man könne den Umgang mit einem Programmpaket während und anhand der laufenden Arbeiten nach und nach erlernen. ›Learning by doing‹, Lernen durch Ausprobieren, funktioniert nur, wenn man viel Zeit hat und nicht unter Termindruck steht. Eine fundierte Schulung ist also notwendig. Deren Qualität hängt nicht unbedingt vom Preis ab. In einer Untersuchung der Stiftung Warentest wurden in allen Preisklassen zu kleine Räumlichkeiten, mangelnde Ausstattung und fehlende pädagogische Fähigkeiten der Dozenten kritisiert. Es ist daher empfehlenswert, vor Abschluss eines Schulungsvertrags Informationsmaterial der einzelnen Anbieter einzusehen und in jedem Fall auf einem Beratungsgespräch zu bestehen, bei dem man klären kann, ob der angebotene Kurs auch tatsächlich den eigenen Bedürfnissen entspricht.

In diesem Zusammenhang spielt auch der Trainingsort eine Rolle. Befindet er sich außerhalb der eigenen Firma, hat das den Vorteil, dass die Schulungsteilnehmer während der Unterrichtseinheiten ungestört sind und sich ganz auf die Schulung konzentrieren können. Findet die Schulung im Hause statt, hat das den Vorteil, dass sie unmittelbar auf die Betriebspraxis zugeschnitten werden kann. Als günstig hat sich im Übrigen eine Art Intervalltraining erwiesen: In einer ersten Schulungseinheit wird Basiswissen vermittelt, das dann ein bis zwei Wochen lang in der Praxis angewandt wird. (Das setzt natürlich voraus, dass die Hard- und Software schon am Arbeitsplatz installiert ist.) Daraufhin wird das bisherige Wissen in einer zweiten Einheit vertieft, werden Wissenslücken gefüllt und Fragen geklärt, die sich aus dem praktischen Umgang mit dem neuen System ergeben haben. Dem folgt in einigem Abstand eine dritte Lerneinheit, die noch einmal Fragen aus der Betriebspraxis klärt und in die Besonderheiten des Systems einführt.

An den Tagen unmittelbar nach der Schulung empfiehlt es sich, eine halbe Stunde früher ins Büro zu gehen und sich in dieser Zeit nochmals mit dem neuen Gerät bzw. der neuen Software vertraut zu machen. Vor allem aber muss man der Versuchung widerstehen, wieder auf die alten Arbeitstechniken und Hilfsmittel zurückzugreifen. Das mag zwar erst einmal die Erledigung der Arbeiten beschleunigen, aber auf diese Weise wird man die neue Technologie nie wirklich beherrschen lernen.

Die Erfahrung zeigt, dass trotz mehr oder weniger intensiver Schulung in der ersten Zeit nach der Einführung von EDV-Systemen Probleme auftreten, die sich nicht mithilfe des Handbuchs lösen lassen. Dann ›ist guter Rat teuer‹. Im Vorteil ist derjenige, dessen Anbieter über eine funktionierende ›Hotline‹ verfügt. Darunter versteht man die Möglichkeit, im Notfall telefonisch Rat zu erhalten. Wer dafür als Ansprechpartner zur Verfügung stehen sollte, ist umstritten. Die großen Softwarehersteller unterhalten zwar oft eine Hotline, die aber immer überlastet wird, sodass längere Wartezeiten anfallen oder wiederholtes Anrufen nötig ist. Andere versuchen, die Beratung auf die Fachhändler abzuwälzen, die aber angesichts der Vielfalt und Komplexität der Produkte mit Detailfragen meist überfordert sind. Eine recht zuverlässige Betreuung ist dagegen in der Regel bei den kleinen und mittleren Softwareanbietern gewährleistet, die Individuallösungen erstellen. Doch auch hier sollte man sich in jedem Falle vorab erkundigen, ob und in welchem Maße der zuständige Ansprechpartner zur Verfügung steht.

Wie viel Software braucht der Mensch?

Textverarbeitung

Die marktführenden Programme zur Textverarbeitung sind fast jedem Nutzer von Personalcomputern bekannt. Sie bieten so ziemlich alles, was man zur professionellen Textgestaltung überhaupt braucht. Mit jeder neuen Version wird ihr Funktionsumfang noch ein wenig größer und das Handbuch dicker. Angesichts dieser Entwicklung ist die Frage berechtigt, wer denn tatsächlich diese Programme in vollem Umfang nutzt und ob nicht auch preiswertere Programme für den eigenen Bedarf ausreichen. Schon deswegen sollte man jedes Angebot eingehend prüfen.

Informationen über die Vorzüge und Funktionen bestimmter Programme erhält man nicht nur von den Herstellern bzw. deren Handelspartnern. Zu allen gängigen Programmen gibt es Bücher und Besprechungen in der Fachpresse mit gelegentlich auch kritischen Anmerkungen. Einig sind sich Fachredakteure, erfahrene Anwender und Warentester darin, dass heute selbst preiswerte Programme über einen Funktionsumfang verfügen, der für die Mehrheit aller Anforderungen im Bereich der eigentlichen Textverarbeitung völlig ausreicht.

Unabhängig davon lässt sich anhand einiger Kriterien leicht herausfinden, ob ein Programm zur Anschaffung zu empfehlen ist. Folgende Fragen sind zu stellen:

- Gehört die Software zu den Standards, d. h., ist sie schon im praktischen Einsatz erprobt? (Wenn ja, erleichtert dies den Datenaustausch mit anderen Anwendern. Zudem sind diese Produkte schon praxiserprobt und haben keine ›Kinderkrankheiten‹ mehr.)
- Ist der Aufbau des Programms so gehalten, dass auch ein Einsteiger damit umgehen kann? (Das beginnt mit einer einfachen Installation, betrifft einen übersichtlichen Bildschirmaufbau und beinhaltet auch eine ausführliche und leicht verständliche Hilfefunktion.)
- Sind Software und Handbücher auf Deutsch verfasst? (Es ist eine Plage und Zumutung für den Benutzer, EDV-Begriffe und die entsprechenden Anweisungen erst übersetzen zu müssen. Auch sollten die Handbücher klar gegliedert sein und über ein gutes Stichwortverzeichnis verfügen.)
- Passt das Programm zur eventuell schon vorhandenen Hardware? (Umfangreiche Textverarbeitungsprogramme benötigen ggf. viel Speicherplatz, und die aufwendigeren Funktionen erfordern einen ausreichend großen Arbeitsspeicher. Zudem muss das Programm zum Betriebssystem [DOS, UNIX, Windows, OS/2, Apple Macintosh usw.] passen, wenn es voll funktionsfähig sein soll. Wenn zur Software kein Druckertreiber mitgeliefert wird, der Daten in die für den vorhandenen Drucker notwendige Form bringt, ist auch die Benutzung des leistungsfähigsten Druckers nur eingeschränkt möglich.)
- Ist das Programm nach späteren Erweiterungen noch einsetzbar, und passt es zur eventuell schon vorhandenen Software? (Wer nach Erwerb, Installation und Inbetriebnahme einer Datenbank zur Verwaltung der Rechnungen eine Textverarbeitung hinzukauft und feststellt, dass die Rechnungsdaten nicht übernommen werden können, verliert leicht den Glauben an den Nutzen der EDV. Es ist sinnvoll, auf die Produkte eines einzigen Herstellers zurückzugreifen oder zu ermitteln, ob das Programm auch Daten von Fremdprodukten verarbeiten kann [Kompatibilität].)
- Muss es wirklich Windows 95 oder Windows NT sein? (Windows 95 oder Windows NT ist bei EDV-Begeisterten zurzeit in aller Munde. Doch um die Vorteile dieser Betriebssystemerweiterung zu nutzen, sollten die Aufgaben komplexer sein als die reine Schriftguterstellung. Denn Textverarbeitung ist eigentlich weder eine rechen- noch speicherintensive Anwendung, sodass man dafür im Grunde mit einem relativ kleinen Computer auskommt. Wer sich aber für den Einsatz von Windows 95 oder Windows NT entschieden hat und nach passender Textsoftware sucht, muss sich möglicherweise auch einen neuen Rechner kaufen, denn erst ab einer bestimmten Leistungsfähigkeit und Speicherkapazität werden die

Wartezeiten bei den einzelnen Bearbeitungsschritten akzeptabel.) Als Alternative zu Windows 95 und Windows NT gibt es immer noch Windows 3.x. Es benötigt weniger Speicherplatz, ist stabiler als Windows 95 und reicht in den meisten Fällen aus.

Elektronische Post- und Sprachspeichersysteme

Elektronische Postsysteme werden sowohl zentral auf der Basis von Großrechnern (PROFS/OfficeVision von IBM, Desk von HP, All-In-One von DEC) als auch dezentral auf PCs und PC-Netzwerken eingesetzt. Electronic-Mail-Systeme (E-Mail) werden in zunehmendem Maße nicht nur den Versand von Texten, sondern auch von in den Text eingebundenden Grafiken und Echtbild- bzw. Videosequenzen ermöglichen.

Worin besteht der besondere Nutzen der E-Mail-Systeme?

- Nachrichten können weltweit zeitversetzt versandt und empfangen werden. Große räumliche Entfernungen und internationale Zeitdifferenzen, aber auch unterschiedliche Anwesenheitszeiten von Kollegen am selben Standort infolge flexibler Arbeitszeiten oder aufgrund von Außendiensteinsätzen lassen sich mithilfe von E-Mail überbrücken
- Telefonische und persönliche Kontakte können auf jene Situationen beschränkt bleiben, in denen ein echter Dialog notwendig ist. Arbeitsunterbrechungen und Störungen durch Telefonate, bei denen lediglich Informationen (zur Kenntnisnahme oder als Vollzugsmeldung) oder Anfragen ›abgeliefert‹ werden, können mittels E-Mail-Notizen reduziert werden
- Empfangene elektronische Mitteilungen können ohne Zeitverzug und nahezu ohne Aufwand (für Fotokopieren, Kuvertieren usw.) direkt beantwortet oder zur Bearbeitung an andere weitergeleitet werden
- Die versandten bzw. empfangenen E-Mail-Nachrichten werden in themenbezogenen elektronischen Aktenordnern gespeichert und jederzeit mittels elektronischer Stichwortrecherchen wieder bereitgestellt. Dazu kann man persönliche und abteilungsbezogene elektronische Archive nach verschiedensten Kriterien bilden, die auch Grafiken, Tabellen, Sprachanmerkungen und Bildinformationen enthalten können
- Elektronische Verteilerlisten erleichtern und beschleunigen den Versand von Rundschreiben. Spezielle Techniken ermöglichen den vollautomatischen Versand von E-Mail nicht nur an Kollegen und Kolleginnen, die am selben Rechnernetz arbeiten, sondern auch an fremde Rechnernetze
- Die Aufnahme informeller Kommunikation wird erleichtert, Hierarchieschranken werden durchlässiger

Zudem offeriert eine Vielzahl von Programmanbietern im Rahmen ihrer Textverarbeitungs- und Kommunikationssoftware die Möglichkeit, direkt vom PC aus Faxe zu versenden und zu empfangen. Dabei kann der Anwender unter verschiedenen grafisch gestalteten Deckblättern wählen. Serienfaxe lassen sich nachts oder am Wochenende zum Billigtarif verschicken. Eingehende Faxe werden, sofern es sich um einen PC im Netzwerk handelt, vom Faxverteiler an den Empfänger weitergeleitet. Dieser liest dann das Fax am Bildschirm oder kann es sich ausdrucken lassen.

Die Telefaxkommunikation mit den Betriebssystemen UNIX, SINIX, AIX, SCO UNIX-, AS/400- oder Novell-Netzwerk-Systemen automatisiert eine zentrale Nachrichtenverteilanlage. Damit steht der Benutzer rund um die Uhr mit der ganzen Welt in Kontakt. Eine Optimierung der etablierten Telefax-, Teletex- und Telexsysteme bietet die Einbindung der öffentlichen Telekommunikationsdienste in die firmeneigene EDV-Anlage. Dokumente beispielsweise werden mit einem vorhandenen Textverarbeitungsprogramm oder von einer anderen Anwendung aus (Auftragsabwicklung, Bestellwesen) erstellt. Über ein Zusatzmodul kann ein eigener Faxbriefkopf hinzugefügt werden. Die zentrale Nachrichtenverteilanlage übernimmt dann die Nachricht und erledigt selbstständig die Verwaltung des Dokuments und die Versendung ins Telefaxnetz zur gebührengünstigen Zeit. Der erfolgreiche Versand wird über eine automatische Rückmeldung bestätigt.

Sprachspeichersysteme (Sprachboxen) gehören im Grunde zur selben Kategorie wie E-Mail-Anwendungen. Deren Anwendungsnutzen gilt fast ohne Einschränkung auch für Sprachboxen. Anstelle schriftlicher Informationen werden von Sprachboxen allerdings nur gesprochene Informationen und Nachrichten entgegengenommen, gespeichert, verwaltet und weitergeleitet. Ihr besonderer Vorteil besteht darin, dass von jedem Telefonapparat der Welt aus die Funktionen des Sprachspeichersystems genutzt werden können, auch von mobilen Apparaten! Außerdem können die Empfänger der gesprochenen Nachrichten durch einen kurzen automatischen Telefonanruf oder über den regionalen Funkruf (z. B. Eurosignal) davon verständigt werden, dass Nachrichten in ihrer Sprachbox vorliegen. Sie rufen dann per Telefon ihre persönliche Sprachbox ab, lassen bei Bedarf automatisch eine Verbindung zum Absender der Nachricht aufbauen oder sprechen eine Antwort in Ihre Box und leiten sie an die Box des Partners weiter. Sprachboxen lassen sich von daher sowohl zur Außendienststeuerung als auch als Auftragsannahmesystem, zur Steuerung des ärztlichen Bereitschaftsdienstes, als Informationsabrufservice oder zur Entlastung einer Telefonzentrale nutzbringend einsetzen.

Terminmanagementsysteme

In engem Zusammenhang mit E-Mail-Systemen stehen die Systeme zur Terminverwaltung. Oft sind sie integraler Bestandteil der E-Mail-Anwendungen (wie z. B. bei PROFS und HP-Desk). Terminkalendersysteme erlauben es, die Terminkalender für die an einem Projekt beteiligten Mitarbeiter zu führen, aber auch die zur Projektabwicklung benötigten Sachmittel (Tagungsräume oder technische Hilfsmittel) zu disponieren. Dadurch, dass die Kalender aller Beteiligten offen gelegt werden, ist es möglich, den Computer übereinstimmende freie

Termine für die Durchführung von Arbeitssitzungen oder anderen Aktivitäten ermitteln zu lassen, die in einer Vorschlagsliste an alle Beteiligten (also auch an diejenigen, die die Sachmittel verwalten) verschickt werden. Die Empfänger können den Terminvorschlag akzeptieren und damit die betreffende Zeit im persönlichen Kalender blockieren. Überdies bieten solche Systeme z. B. Monatsübersichten an, in denen durch eine vereinbarte Kodierung die verfügbaren Zeiteinheiten als frei oder für eine bestimmte Aktivität belegt zu erkennen sind. Andere Systeme kennzeichnen die verplanten Zeiträume in Form von Balkendiagrammen mit farbig markierten Balken.

Datenbanken, elektronische Archive und Adressverwaltungen

Datenbanksysteme sind seit vielen Jahren im Einsatz, insbesondere im Rahmen von Dispositions- und Abrechnungssystemen (Bestellabwicklung, Auftragsverwaltung, Finanzbuchführung usw.). Es handelt sich dabei in der Regel um Systeme, die kodierte, strukturierte Daten (Zahlen und Texte) speichern und verarbeiten. Mittlerweile ist auch die Speicherung und Verwaltung von weitestgehend unstrukturierten und nicht kodierten Informationen möglich: Geschäftskorrespondenz, handschriftliche Notizen, Zeichnungen, Zeitungsausschnitte und jegliches Bildmaterial (Fotos, Dias, Röntgenaufnahmen usw.) können mittels Scanner eingelesen und gespeichert werden. Intelligente Verfahren, die die jeweiligen Dokumente mit einer Kennung versehen (Indizierung), sorgen für eine flexible Klassifizierung (Zuordnung zu Sachgebieten, Produktgruppen, Abteilungen o. Ä.) und Deskription (Inhaltsbeschreibung) der elektronischen Dokumente, damit die Anwender sie je nach vorliegender Aufgabenstellung schnell wieder finden und abrufen können.

Entscheidungsprozesse können durch schnellere Informationsrecherchen erheblich beschleunigt werden. Elektronisch gespeicherte Dokumente sind stärker gegen nachträgliche Manipulationen geschützt und haben in der Regel eine längere Lebensdauer als Papier, sodass ein höherer Datensicherheitsstandard gewährleistet ist. Vor allem aber erlauben elektronische Archive den gleichzeitigen Zugriff durch mehrere Anwender, auch über größere Entfernungen hinweg: Die Informationen stehen also ohne Kopier- oder sonstigen Duplizieraufwand und ohne Transportzeiten einem größeren Benutzerkreis jederzeit zur Verfügung. Dabei ist die Aktualität der Informationen an allen Recherchestationen in gleichem Maße gewährleistet.

Als Anwendungsbeispiel eines Datenbankprogramms soll hier eine netzwerkfähige Adressverwaltung unter Windows vorgestellt werden: In einem übersichtlichen Eingabeformular werden Daten wie persönliche Anrede, Adresse, Telefon- und Telefaxnummer sowie bis zu 32 000 Zeichen freier Text, beispielsweise die Kundenhistorie, eingegeben. Dabei können die Adressen mit Gruppenmerkmalen für Kunden, Lieferanten, Artikelgruppen, Vertreternummern usw. versehen werden. Ferner können zu jeder Adresse 32 Auswahlkennzeichen vergeben werden. Es stehen 50 selbst definierte Adressenfelder zur Verfügung, nach denen selektiert und sortiert werden kann. Die Adressendatei kann durch ein Kennwort geschützt und die Adressen können verschlüsselt abgespeichert werden. Mittels einer Steuerdatei lassen sich dann Texte mit den Adressen mischen. So sind Werbebriefe, Marketingaktionen oder auch Mahnschreiben schnell erledigt.

Für diejenigen Windowsanwender, denen komplexe (und teure) Datenbanksysteme zu groß bzw. zu aufwendig sind, gibt es eine flexible, universelle Dateiverwaltung für beliebige Daten unter Windows. Das Programm wird als Adressverwaltung mit allen dazugehörigen Formatvorlagen für Listendrucke, Serienbrieferstellung und Datenübertragung geliefert. Die Eingabefelder lassen sich frei definieren. Dies ermöglicht die Verwaltung beliebiger Daten, beispielsweise von Artikeln, Textbausteinen, Messeführern und dergleichen mehr.

Ein weiteres Beispiel: Während früher Briefe u. Ä. in der Regel in einem Kundenordner abgelegt wurden, kann ein Text heute am PC erfasst und unter einem Stichwort abgelegt werden. Das hat nicht selten den Nachteil, dass man nur mit dem richtigen Stichwort diesen Text wieder auffinden kann. Abhilfe verspricht hier ein Textverwaltungsprogramm, das im Gegensatz zu vergleichbaren Retrievalsystemen (Systeme zur Datenwiedergewinnung) nicht stichwort-, sondern kundenorientiert arbeitet. Die Kundenstammdaten werden in einer integrierten Adressendatei hinterlegt. Pro Kunde lassen sich bis zu 50 Textablagen (z. B. Telefaxe, allgemeine Korrespondenz oder Mahnungen) einrichten, in denen die Texte sortiert und gespeichert werden. Dabei ist die Anzahl der Kunden unbegrenzt. Das Programm kann branchenunabhängig eingesetzt werden und ist mit allen größeren Textverarbeitungen kompatibel.

Vernetzung verschiedener Programme

Wer eine große Bandbreite von Anwendungen nutzen will, ist oft in der Verlegenheit, zwischen der Textverarbeitung und einer Reihe anderer Programme hin- und herspringen zu müssen. Das ist bisweilen mühsam und umständlich. Ein für den deutschsprachigen Raum entwickeltes Bürokommunikationssystem dagegen integriert Text, Grafik, Daten, Kommunikation und Bürodienste. Es kann auf den Rechnern aller Hersteller, die die Betriebssysteme UNIX, XENIX oder MS-DOS unterstützen, sowie auf PC-Netzen eingesetzt werden. Als so genanntes offenes System gewährleistet dieses Programm auch die Integration von zahlreichen Standardsoftwareprodukten. Die Textverarbeitung lässt sich mit Software für Tabellenkalkulation, Grafik, Desktoppublishing und Datenbanksystemen verbinden. Eine leistungsstarke Textverarbeitung mit einer übersichtlichen, komfortablen Bedienung in deutscher Sprache bildet die Basis aller Ausbaustufen.

Aus der Textverarbeitung heraus können viele Funktionen direkt aufgerufen werden. Ein gegenseitiger Austausch von Texten mit den Textverarbeitungsprogrammen MS WORD und WORDSTAR ist möglich. Mit dem Programm erstellte Texte können von den Desktoppublishing-Programmen (DTP) PAGEMAKER oder VENTURA PUBLISHER übernommen und weiterverarbeitet werden. Mit MULTIPLAN, LOTUS 1–2–3 und dem Grafikprogramm LAYOUT kann interaktiv zusammengearbeitet werden. Von dBASE III, dBASE III+, dBASE IV und dBASE V für Windows einer Datenbanksoftware, können Datensätze bezogen werden. Für die vielen kleinen und großen Planungs- und Verwaltungsaufgaben hält das Programm einen ›Assistenten‹ bereit. Mit ihm werden unter anderem Termine überwacht, ein übersichtliches Notizbuch geführt und Konten auf dem aktuellen Stand gehalten. Mitteilungen, Texte und Daten brauchen nicht mehr ausgedruckt und per Bote oder Post verschickt zu werden. Mit dem integrierten E-Mail-Programm versendet der Anwender Nachrichten an Mitarbeiter im Haus und nach außerhalb.

Rechnergestütztes Training

Die Unternehmen stehen heute unter dem permanenten Druck, in immer kürzeren Zeitabständen neue Produkte, Dienstleistungen und Verfahren entwickeln und vorhandene weiterentwickeln zu müssen. Die Qualifikationsanforderungen an die Mitarbeiter nehmen zwangsläufig ebenfalls zu. Parallel zur täglichen Arbeit wird das Zusammenspiel von Arbeiten und Lernen immer intensiver. Arbeitsplatznahe, interaktive, selbst gesteuerte Aus- und Weiterbildungsangebote setzen hier in Form des computergestützten Unterrichts (Computer Based Training [CBT]) an.

Besondere Vorteile des CBT:
- Lernen ›just in time‹, nach dem eigenen Terminkalender
- Lernen im individuellen Lerntempo, ohne Druck
- Lernen mit persönlicher Schwerpunktsetzung (Stoffauswahl)
- Stoffwiederholungen, wann immer erforderlich oder gewünscht
- Lernen in gewünschter Umgebung (im Betrieb oder zu Hause)
- Einsparung von Reisekosten und Ausfallzeiten
- Verringerung der Ausbildungskosten je Teilnehmer
- Schulungsmöglichkeit für schwer abkömmliche Personen

Mehr-Autoren-Anwendungen

Mehr-Autoren- und Co-Autorensoftware (Collectivewriting- und Jointediting-Systeme) dienen der gemeinsamen elektronischen Bearbeitung eines Textes, einer Grafik oder eines Bildes über größere Entfernungen hinweg durch zwei oder mehr Personen. Die Bearbeitung kann sowohl zeitgleich als auch zeitlich versetzt erfolgen. Während bei gleichzeitiger Bearbeitung alle Personen die Arbeit am Bildschirm verfolgen können, wobei nur eine Person die Berechtigung hat, am Dokument Änderungen vorzunehmen, werden bei zeitversetzter Bearbeitung alle Versionen und Änderungen registriert und den übrigen Autoren unter Angabe des Namens des ändernden Autors mitgeteilt.

Neben den bereits besprochenen, in unterschiedlichsten Kommunikationssituationen einsetzbaren Electronic-Mail-, Sprachspeicher-, Terminmanagement-, Datenbank- und Archivierungs-, Mehrautoren- und CBT-Systemen bieten vor allem Computerkonferenzsysteme eine Hilfestellung bei der zeitversetzten und örtlich verteilten Zusammenarbeit an. Genau betrachtet, stellt die Computerkonferenz eine besonders straff organisierte und strukturierte Form einer Electronic-Mail-Anwendung dar. Alle Vorteile von E-Mail treffen somit auch auf die Computerkonferenzen zu. Die durch diesen Konferenztyp gegebene Unabhängigkeit von Raum und Zeit kann Vorteile bringen, birgt jedoch auch die Gefahr einer starken Unverbindlichkeit in sich, der nur durch eine hohe (Selbst)disziplin und die Anleitung durch einen Konferenzleiter begegnet werden kann. Computerkonferenzen werden häufig im Wissenschaftsbetrieb und an den Hochschulen, und hier vor allem auch im Fernunterricht, eingesetzt.

Multimediale Kommunikation

Kommunikation und Büroarbeit

Virtuelle Realität, Multimedia, Bildtelefonie, Tele- und Videokonferenz, Computer-aided-Conferencing, Workgroup- und Workflow-Computing – so oder ähnlich lauten nur einige der Schlagwörter auf den einschlägigen Fachkongressen, Messen und in der schier unübersehbaren Flut fach- und populärwissenschaftlicher Publikationen, die sich mit dem Einzug der neuesten Informations- und Kommunikationstechnologien in die Bürowelt befassen. Allen neuen Technologien gemeinsam ist das erklärte Ziel, die Effektivität der Arbeit in Büro und Verwaltung durch eine verbesserte Unterstützung vor allem der Kommunikationsprozesse zu steigern.

Bei der Büroarbeit handelt es sich im Wesentlichen um das Schreiben von Informationen, das rechnerische Verarbeiten von Zahlenmaterial, das Ablegen und Speichern der erstellten Informationen, das Kommunizieren, d. h. das Austauschen von Informationen. Dabei gilt es immer, einen bestimmten Zeitrahmen einzuhalten, sodass die Terminplanung und -verfolgung ebenfalls Bestandteile der Büroarbeit darstellen. Ziel der Bürorarbeit ist also, die richtigen Informationen zum richtigen Zeitpunkt am richtigen Ort in der benötigten Struktur zu möglichst niedrigen Kosten bereitzustellen.

Bei allen Aktivitäten und Techniken zur Unterstützung der Büroarbeit muss bedacht werden, dass Büroarbeit nie an einem Arbeitsplatz autonom abgewickelt wird, sondern dass in der Regel eine mehr oder weniger stark arbeitsteilige Aufgabenabwicklung entsprechende Anforderungen an Koordination und Kommunikation stellt. Daraus resultiert ein entscheidender Ansatzpunkt für organisatorische und informationstechnische Lösungen. Was soll nun mit dem Einsatz neuer Technologien erreicht werden? Folgende Ziele können genannt werden:

Reduzierung von Routinetätigkeiten: Durch den Einsatz moderner Technologien wird Arbeitszeit eingespart, die dann für anspruchsvollere Aufgaben zur Verfügung steht.

Beschleunigung von Vorgängen: Kommunikationstechnik verkürzt die Durchlaufzeiten und bewirkt dadurch eine bessere Reaktionsfähigkeit bei der Bearbeitung von Kundenanfragen (Bestellungen, Serviceaufträgen usw.), eine Beschleunigung des Informationsflusses (z. B. bei der Markteinführung neuer Produkte) und eine schnellere Entscheidungsfindung.

Mehrfachnutzung einmal gespeicherter Informationen: Datenbanksysteme und vernetzte Arbeitsplatzrechner vermindern Doppelarbeit bei der Informationserfassung, reduzieren Fehler und Verzögerungen bei der Informationsübertragung und erlauben einen schnellen Zugriff auf laufend aktualisierte Informationen.

Zeitliche und regionale Entkoppelung der Arbeit: Kommunikationssysteme zur Speicherung und Verteilung gesprochener, geschriebener und bildlicher Informationen erlauben eine zeitversetzte und dezentrale interne und externe Zusammenarbeit.

Unterstützung von Teamarbeit: Leistungsfähige Telekommunikationsnetzwerke erlauben das zeitgleiche oder zeitversetzte Bearbeiten von gemeinsamen elektronischen Dokumenten aller Art, aber auch die Fernbedienung und -steuerung von Maschinen, Rechenzentren, Diagnose- und Analysesystemen und Fertigungsanlagen.

Flexiblere Methoden der Aus- und Weiterbildung: Die Möglichkeiten des multimedialen computerunterstützten Unterrichtes (CBT) und der Videokonferenz, Bildtelefonie und Telekooperation eröffnen neue Methoden der arbeitsplatznahen Aus- und Weiterbildung.

Bei nahezu allen Informations- und Kommunikationstechnologien spielt die akustische und optische Form der Darstellung von Informationen eine zunehmend wichtige Rolle. Darauf deutet die weite Verbreitung von Videotechnologien sowohl auf dem Unterhaltungssektor als auch in der Wirtschaft ebenso hin wie die Flut von Multimediaangeboten für fast alle denkbaren Anwendungsbereiche.

Warum gewinnt die visualisierte Information, also die Information in Bildform, mehr und mehr an Bedeutung? Die Gründe sind die folgenden:

(Audio)visuelle Darstellungen

- schaffen durch Illustration Konkretheit
- vermitteln Zusammengehöriges rasch im Überblick
- verdeutlichen Gelesenes und Gehörtes
- informieren über räumliche Beziehungen
- machen Informationen anschaulich und einprägsam
- schaffen Aufmerksamkeit
- wecken Emotionen und bleiben dadurch länger im Gedächtnis

Kommunikationssysteme zur Unterstützung von Teamarbeit

Einsatzart	gleichzeitig (synchron)	zeitversetzt (asynchron)
lokal (am selben Ort)	Terminmanagementsoftware Präsentationssysteme Abstimmungssysteme Systeme zur Sitzungsmoderation Group-Decision-Support-Systeme Computer Based Training (CBT)	Terminmanagementsoftware Mehr-Autoren-Anwendungen Elektronische Post/Mailbox Sprachspeichersysteme Projektmanagementsoftware Computer Based Training (CBT) Datenbanken/Elektr. Archive
dezentral (an verschiedenen Orten)	Elektronische Post/Mailbox Terminmanagementsoftware Audio- und Videokonferenzen Bildtelefon/Desktopvideo Business TV Telefon(konferenzen) Sprachspeichersysteme Datenbanken/Elektr. Archive Computer Based Training (CBT) CBT/TeleTutoring Distancelearning Mehr-Autoren-Anwendungen Jointediting/Screensharing Remote Diagnose/TeleConsulting Telefax	Elektronische Post/Mailbox Terminmanagementsoftware Vorgangsbearbeitung/Workflow Electronic/Computer-Conferencing Telefax Mehr-Autoren-Anwendungen Sprachspeichersysteme Datenbanken/Elektr. Archive Computer Based Training (CBT)

Deshalb bedienen sich moderne Informations- und Kommunikationssysteme zunehmend der (audio)visuellen Aufbereitung, Erläuterung und Präsentation von Informationen, sei es durch grafisch gestaltete Bedienoberflächen, Diagramme, dreidimensionale Grafiken, Trickdarstellungen und Computeranimationen oder etwa durch Übermittlung realistischer Videobilder.

Büroarbeit lässt sich durch eine Vielzahl von Informations- und Kommunikationstechniken effektiver gestalten. Einige davon sind seit geraumer Zeit mehr oder weniger erfolgreich im Einsatz. Auch in den Sekretariaten werden sie in den kommenden Jahren verstärkt Einzug halten. Die oben stehende Matrix verdeutlicht die typischen Einsatzbereiche, Unterschiede, Gemeinsamkeiten sowie Umfang und Stellenwert der multimedialen Kommunikationssysteme.

Präsentations- und Abstimmungssysteme

In den diversen Präsentationssituationen (Ausbildung, Konferenz, Kunden- und Produktpräsentationen) werden mittels elektronischer Medien Stand- und Bewegtbilder verschiedenster Art zur effektiven Informationsvermittlung eingesetzt. Manche dieser Bilder, Grafiken etc. können in der Präsentationssituation ad hoc gezeigt werden, andere nur mithilfe von vorbereitetem Bildmaterial. Objekte, die dank der Medientechnik gewissermaßen live präsentiert oder eingespielt werden können, erlauben dem Präsentator eine spontane Entscheidung über Inhalt und Umfang der Visualisierung. Konserviertes Bildmaterial hingegen benötigt einen Produktionsvorlauf, ist fest vorstrukturiert und lässt flexible Entscheidungen über den Inhalt der Präsentation nur in geringem Maße zu, was jedoch dadurch kompensiert wird, dass dieses Material nach einem professionellen ›Drehbuch‹ und mit hochwertiger Technik produziert werden kann.

Die elektronischen, audiovisuellen Medien (AV-Medien) lassen sich im Überblick sehr sinnvoll nach den Kategorien Bewegt- oder Standbild und ›live‹ oder ›konserviert‹ unterscheiden.

In der Präsentationspraxis werden diese Systeme häufig kombiniert eingesetzt, und sie erfordern oft Personal, das in der Handhabung der Technik geübt ist. Außerdem sind neben Gerätefunktionen auch Raum- und Gebäude-

Stand- und Bewegtbildsysteme für Livebilder und konserviertes Bildmaterial

	Live spontan, ad hoc	Konserve Produktionsvorlauf, starr
Bewegtbild	Visualizer	CD-I Compactdisc Interactive
	Raumkamera (Decke oder Stativ)	DVI Digital Video Interactive
	Außenkamera	PC-Animation/Simulation
	Videomikroskop	CAD-Workstation
	Ultraschallgerät	Laserdisc (Bildplatte)
	Videokonferenz	CD-Videodisc
	Bildtelefon	Videorekorder/-player
	TV, Business TV	
	Prozesssteuerung am Computer	
Standbild	Visualizer	Foto-CD
	Raumkamera (Decke oder Stativ)	Stillvideokamera
	Scanner	Dia-Video-Transfersysteme
	Videomikroskop	CD-I, CD-ROM
	Ultraschallgerät	Laserdisc, Videorekorder
	Computerdaten	Computerdaten
	(Stillvideokamera)	PC- und CAD-Grafik

Konferenzraum mit Medienwand

funktionen zu bedienen, wie Lichtkreise, Raumverdunklung, Lüftung usw. Oft genug ist der Vortragende mit all diesen Hilfsmitteln allein gelassen und mit der Bedienung von Raumlicht- und Jalousienschalter, Diaprojektor-, Videorekorder usw. völlig überfordert.

Zur optimalen, vereinfachten Bedienung aller Medien und Raumfunktionen bieten AV-Fachfirmen und -Systemhäuser moderne, flexible, mikroprozessorgesteuerte *AV-Medien-Raum-Steuerungen* an, die mit einem berührungsempfindlichen Bedientableau oder einer Tastenbedieneinheit, sei es kabelgebunden oder infrarotgesteuert, ausgestattet sind. Der Vortragende wird so entlastet und kann sich auf das für seinen Vortrag Wesentliche konzentrieren, auf das Publikum nämlich und seinen Stoff.

Integrierte *AV-Medienwandsysteme* (vgl. die obige Abb.) ermöglichen Großbildprojektionen auf bis zu 170 × 125 cm großen Schirmen mittels Rückprojektionstechnik auch bei Tageslicht. Anders als die traditionellen Visualisierungsmedien, wie Tafel, Flipchart, Dia- und Overheadprojektor, erlauben solche Systeme die direkte Projektion von Texten, Daten, Grafiken und Zeichnungen aus dem PC, dem Großrechner oder öffentlichen Datennetzen heraus. Videoinformationen von sämtlichen Videomedien sind ebenfalls direkt einspielbar, wie auch die Ergebnisse aus Teilnehmerabstimmungen mittels Meeting-response-Systemen. Auch zugeschaltete Videokonferenzpartner können auf dem Großbild erscheinen, wodurch eine Intensivierung des Gesprächskontaktes erzielt wird.

Während AV-Medienwandsysteme vor allem für größere Konferenz-, Schulungs- und Präsentationsräume geeignet sind, bietet sich für den kleinen Konferenzraum ein modulares Konferenztischsystem an. Die direkte Einspielung von Dias, Videofilmen, Rechnerdaten (vom PC oder Großrechner) oder Standbildern (mittels Stillvideo, Kodak-Foto-CD, Bildplattenspieler, Raum- und Dokumentenkamera, Visualizer usw.) erfolgt über eine Medienraumsteuerungseinheit. Diese sorgt außerdem automatisch für die erforderlichen Lichtverhältnisse im Raum. Als Projektionseinheiten sind unter den Tischen Video- bzw. Datenmonitore eingebaut. Die paarweise angeordneten Monitore ermöglichen Vergleichsprojektionen aus unterschiedlichen Video- oder Datenquellen. Zwischen den Monitoren sind Videokameras angebracht, sodass an Ort und Stelle auch Videokonferenzen abgehalten werden können (vgl. die Abb. unten).

Mithilfe von Abstimmungssystemen (›meeting response systems‹) werden Abstimmungen, deren automatische Auswertung und die numerische oder grafische Präsentation des Abstimmungsergebnisses auf Monitor oder Großleinwand ermöglicht. (Bekannt ist diese Technik von diversen Fernsehshows.) In der höchsten Ausbaustufe der Meeting-response-Systeme (MRS) können über 1000 Abstimmungsgeräte angeschlossen werden, sodass die MRS auch für Großveranstaltungen und Kongresse geeignet sind. Aber auch in der

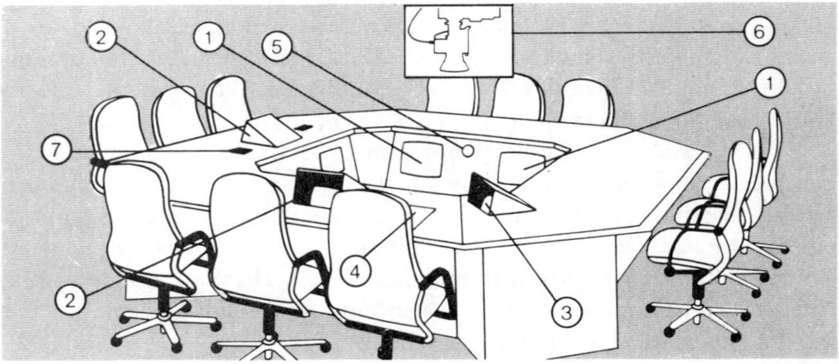

Aufbau eines Konferenztischsystems

1 Fremdbildmonitore. Hier erscheinen die von außen ankommenden Bilder.
2 Eigenbildmonitore. Hier werden die gesendeten Bilder gezeigt.
3 Vorschaumonitor. Hier wählt der Gesprächsleiter die zu sendenden Bilder aus.
4 Steuertableau. Von hier aus werden die Kameras, Monitore und alle Rauminstallationen gesteuert.
5 Eigenbildkamera. Sie nimmt die eigenen Konferenzteilnehmer auf.
6 Dokumentenkamera. Sie ist an die Decke montiert oder versenkbar in den Konferenztisch eingebaut. Die Kamera überträgt Schriftstücke, Zeichnungen, Fotos oder dreidimensionale Gegenstände.
7 Tischmikrofone

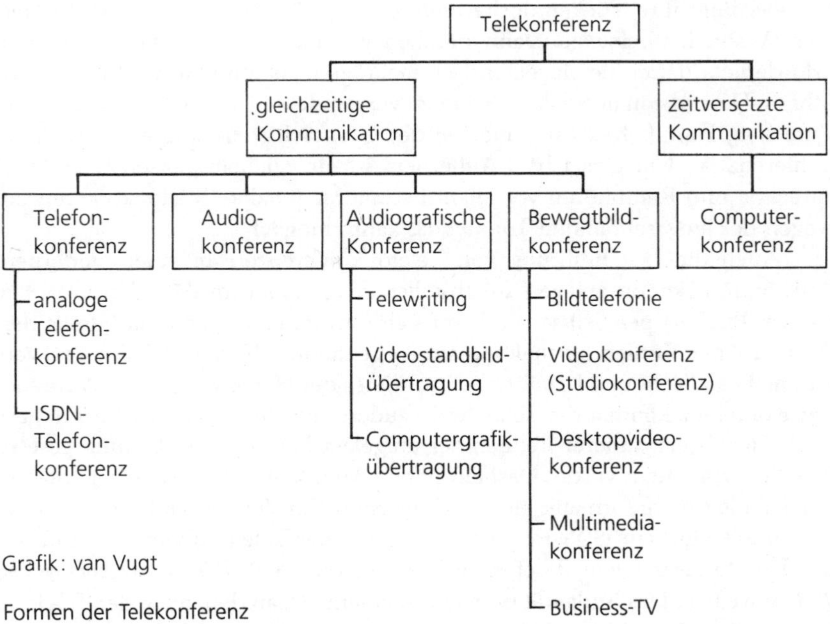

Grafik: van Vugt

Formen der Telekonferenz

Seminar- und Konferenzanwendung gibt es sinnvolle Einsatzmöglichkeiten (Meinungsumfragen, Wahlabstimmungen usw.). So können sich die Konferenzteilnehmer an der Meinungsbildung in anonymer Form durch Ja/Nein- bzw. Pro/Kontra-Wertungen oder explizite Werteingaben beteiligen. Typische Einsatzbereiche der MRS sind vor allem:

– Außendiensttagungen
– Entscheidungsmeetings auf allen Managementebenen
– Kongresse, Symposien und andere Wissenschaftsveranstaltungen
– Fortbildungsveranstaltungen

Von der Telefonkonferenz zum Business-TV

Der Begriff der Telekonferenz umfasst eine breite Gruppe von Kommunikationsformen auf der Basis verschiedener technischer Medien. Die bekanntesten, weil ältesten Formen stellen das Telefongespräch und der Dialogbetrieb zwischen zwei Telexstationen dar. Als technische Kommunikationsformen zwischen mehr als zwei Personen lassen sich verschiedene Grundtypen der Telekonferenz unterscheiden:

Im herkömmlichen Telefonnetz der Telekom können *Telefonkonferenzen* mit drei oder mehr Teilnehmern nach mindestens halbstündiger Voranmeldung beim Fernamt Frankfurt (Telefonnummer 01 30/01 61) nahezu weltweit durchgeführt werden. Diese technisch recht einfach durchführbare Konferenzform hat allerdings ihre Tücken, insbesondere wenn der Teilnehmerkreis drei bis vier Personen übersteigt. Dann nämlich ist eine große Gesprächsdisziplin erforderlich, damit die einzelnen Redebeiträge nicht zum Gesprächswirrwarr führen. Denn die in normalen Sitzungen verwendeten Gesten und Signale, wie Zunicken, Handheben usw. sind bei der Gesprächssteuerung einer Telefonkonferenz ja nicht einsetzbar. Außerdem ist ein qualitativ akzeptables Freisprechen und Raumhören vor allem bei internationalen Telefonkonferenzen wegen der eingeschränkten Tonqualität kaum möglich.

Auch die Durchführung von Telefonkonferenzen an einer modernen Telekommunikationsanlage (Nebenstellenanlage) oder im ISDN (im ISDN bis zu drei Partner) per Selbstwahl kann sich schwierig gestalten, da bereits der Aufbau einer Konferenzschaltung am so genannten Komforttelefon bei weitem nicht so leicht und komfortabel ist, wie es der Name verspricht. Während der Konferenz können die Teilnehmer zudem nur durch lästiges Nachfragen erfahren, ob ein anderer Teilnehmer aufgelegt hat oder die Leitung gestört bzw. unterbrochen wurde. Deshalb haben Mitarbeiter und Mitarbeiterinnen der Fakultät für Informatik an der Universität Ulm für die einfache Telefonkommunikation ein ISDN-Endgerät mit grafischer Telefonoberfläche und für die Durchführung von Telefonkonferenzen das *ISDN-TeleConferencingSystem TCS* entwickelt. Das Endgerät besteht aus einem PC, an dem auch der Telefonhörer angeschlossen wird. Mit dem TCS gestaltet sich eine Telefonkonferenz in etwa wie folgt:

Verbindungsaufbau: Der Telefonkonferenzleiter wählt in seinem im PC gespeicherten elektronischen Telefonbuch mit der Maus die gewünschten Partner aus und startet damit den automatischen Verbindungsaufbau.

Vorstellung der Teilnehmer: Der Konferenzleiter versendet allen Partnern via TCS eine Datei mit allen notwendigen persönlichen Angaben über die Teilnehmer der Konferenz. Ist ein Gesprächspartner erstmals zugeschaltet, gibt dieser seine persönlichen Daten, die von TCS dann an alle Teilnehmer verteilt werden, selbst ein. Im Ergebnis hat jeder Konferenzteilnehmer auf seiner grafischen Bildschirmoberfläche die symbolischen Darstellungen für alle Partner sowie deren Namen abgebildet. Er kann sich jederzeit die weiteren Daten des persönlichen Profils jedes Teilnehmers nach Mausklick anschauen.

Steuerung des Gesprächsablaufs: In der grafischen Bedienoberfläche kennzeichnet das Symbol ›Sprechblase‹ den Teilnehmer, der gerade das Wort hat bzw. dazu aufgefordert wird, das Wort zu übernehmen, während Wortmeldungen im Bildschirm mit einem erhobenen ›Meldefinger‹ markiert sind. TCS merkt sich intern die Reihenfolge der Wortmeldungen. Symbole auf dem Bildschirm ermöglichen den Teilnehmern, durch Mausklick eine Wortmeldung abzugeben, wieder zurückzunehmen oder die eigene Rede zu beenden, wodurch dem in der ›Redeschlange‹ als nächstem aufgeführten Redner das Wort erteilt wird (vgl. die Abb. auf S. 277).

Dokumentenübertragung: Jeder Teilnehmer, der gerade das Rederecht hat, kann den übrigen Partnern beliebige Dokumente, die er auf seinem PC gespeichert hat, in einem Dokumentenfenster zur Ansicht geben und mit dem Mauszeiger sowie mündlich kommentieren. Jeder der Partner hat die Möglichkeit, das übertragene Bildschirmfenster auf dem eigenen PC zu speichern.

Das TCS stellt in vollem Ausbau im Grunde bereits eine Form des audiografischen Konferenztyps dar.

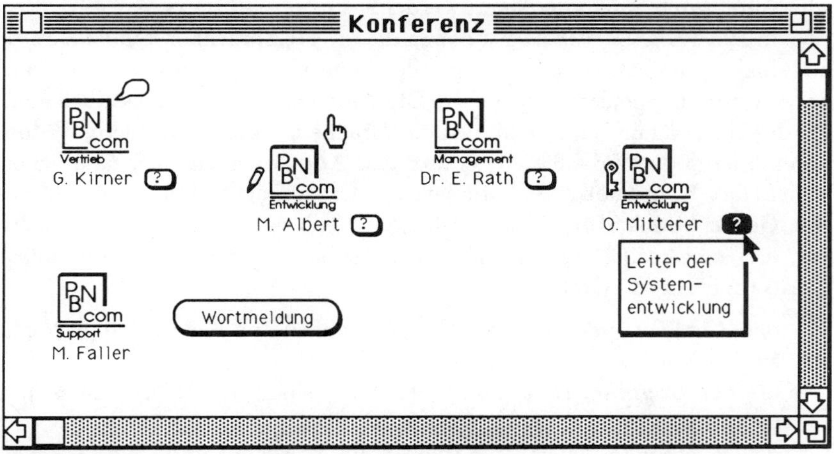

Konferenzfenster des ISDN-TeleConferencingSystem

Quelle: Zeitschrift für angewandte Telekommunikation net/12/90

Vor allem in den USA hat sich aufgrund der Unzulänglichkeiten der ›reinen‹ Telefonkommunikation eine ausgereiftere Form der fernmündlichen Kommunikation, das ›Audioconferencing‹, etabliert. Die *Audiokonferenz* unterscheidet sich von der Telefonkonferenz im Wesentlichen dadurch, dass die Qualität der Akustik im Raum wie auch der Tonübertragung durch ein spezielles Audiosystem reguliert wird. Es hat die Aufgabe, eine optimale Verständigung über mehrere im Raum aufgestellte Mikrofone und Lautsprecher für alle beteiligten Audiokonferenzräume zu gewährleisten. Im Gegensatz zur Telefonkonferenz ist also das Freisprechen und Raumhören das vorherrschende Kommunikationsprinzip. Dazu müssen vor allem die Echorückkoppelungen verhindert werden. Diese Aufgabe übernimmt ein so genannter Echo-Canceller. Schließlich müssen Lautstärke, Höhen und Bässe gut regulierbar und eine Stummschaltung möglich sein.

Als Erweiterung der reinen Audiokonferenz bietet die *audiografische Konferenz* die Möglichkeit, während der sprachlich geführten Konferenzverbindung einen Sachverhalt zu visualisieren. Dazu wird normalerweise ein weiterer Telefonanschluss für die Informationsübertragung benutzt, über den mithilfe spezieller Endgeräte Dokumente, Grafiken, Zeichnungen oder Standbilder übertragen werden. Bei den heute verfügbaren Systemen ist nach der Übertragung der Bildinformation häufig eine interaktive Bearbeitung der Bilder möglich.

Eine Form der audiografischen Konferenz ist das *Telewriting,* bei dem mithilfe elektronischer Stifte, Grafiktablets u. Ä. handgeschriebene Nachrichten, Handskizzen und Zeichnungen an den Konferenzpartner im Moment des Entstehens direkt (realtime) übertragen werden. So kann Verbales zeichnerisch ergänzt und durch Skizzen erläutert werden.

In *Bewegtbildkonferenzen* tritt neben die direkte Sprachkommunikation eine Bildkommunikationsverbindung. Alle Konferenzteilnehmer können einander sehen und lippensynchron hören. Die Bildverbindung wird natürlich auch für die Übertragung von Dokumenten, Grafiken, Computerbildern, Videostandbildern oder Videofilmen genutzt. Alle Komponenten einer natürlichen Face-to-face-Kommunikation kommen damit zum Tragen: Teilnehmerreaktionen, Gestik, Mimik, Körperhaltung sind auf den Monitoren in der Weise sichtbar, dass eine realitätsnahe Konferenzatmosphäre entsteht. Bildkommunikationsverbindungen erlauben

- den Zugriff auf verschiedene Bilddatenbanken und Bildarchive (in Medizin, Verlagswesen, Presse usw.)
- die Ferndiagnose, Einweisung und Hilfestellung in medizinischen und technischen Anwendungsumgebungen
- die gleichzeitige Übertragung von Computerdaten und -bildern sowie Videobewegtbildern
- die Information über neue Produkte und Dienstleistungen für Vertriebsmitarbeiter und Händler
- die Präsentation neuester Umsatzzahlen
- die Vermittlung und Diskussion neuester Unternehmensrichtlinien
- die Bewertung laufender Aktivitäten und Entwicklungen
- den Austausch und Diskussion technischer Daten mit Lieferanten und Kunden (CAD-/CAE-Anwendungen usw.)
- Schulung und Instruktion (Distancelearning)

Für die Bewegtbildkommunikation stehen in Deutschland und weltweit verschiedene technische Übertragungswege mit unterschiedlichen Qualitätsstandards zur Verfügung.

Die *Bildtelefonie* ist ein neuer Dienst der Telekom und der internationalen Telekommunikationsgesellschaften. Unter Nutzung des ISDN (Dienste integrierendes digitales [Nachrichten]netz) können bei eingeschränkter Bildqualität, aber zu niedrigen Kosten, Kommunikationspartner mittels spezieller Bildtelefongeräte in Ton- und Bildkontakt treten. Eine im Monitor des Bildtelefons integrierte Personenkamera sorgt für die Aufnahme der kommunizierenden Person. Sollen zusätzlich auch Geschäftsunterlagen, Grafiken, Fotos oder kleinere

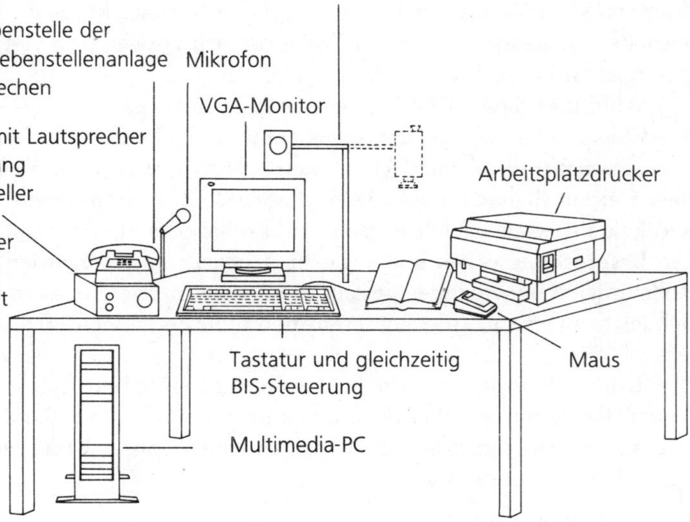

Das multifunktionale Kommunikationssystem

Gegenstände während des Gesprächs übermittelt werden, ist der Anschluss einer zusätzlichen Dokumentenkamera erforderlich.

Während es sich beim Bildtelefon um ein spezielles, monofunktionales Endgerät für die Durchführung von Bildtelefonaten und herkömmlichen Telefongesprächen handelt, bieten speziell ausgerüstete PC-Systeme die Möglichkeit, Bildkonferenzen durchzuführen und gleichzeitig alle Funktionen eines PC zu nutzen. Diese *Desktopsysteme* sind somit multifunktionale Computersysteme für Daten- und Textverarbeitung und Kommunikationsanwendungen:

Seit Beginn des Videokonferenz-Betriebsversuchs im Jahre 1985 durch die Deutsche Bundespost wurden *Videokonferenzen* in erster Linie in speziell ausgestatteten und ausgerüsteten Studios durchgeführt. In der Regel mit nebeneinander angeordneten Sitzplätzen für 6 bis 12 Teilnehmer ausgestattet, bieten diese Videokonferenzstudios bei abgedunkeltem Raumlicht gute Übertragungsmöglichkeiten. Die Kommunikation zwischen den Konferenzteilnehmern im Studio lässt jedoch gerade wegen der Reihenanordnung der Sitzplätze und der schlechten Lichtverhältnisse zu wünschen übrig. Die technische Studioatmosphäre ist außerdem nicht sehr kommunikationsförderlich. Ein weiterer Nachteil besteht darin, dass ein solches Videokonferenzstudio fast nur für die Durchführung von Videokonferenzen, nicht jedoch für das Abhalten von normalen Konferenzen und Besprechungen geeignet ist. Dass der Raum reserviert werden muss, stellt eine zusätzliche Nutzungshürde für manchen potenziellen Anwender dar. In der Praxis hat sich gezeigt, dass viele Studios nur unzureichend ausgelastet sind.

Aufgrund dieser Überlegungen und Erfahrungen wurden kleinere, mobile Videokonferenzeinheiten, so genannte ›Roll-abouts‹ entwickelt. Diese bieten maximal drei bis vier Teilnehmern Platz, können ›schlüsselfertig‹ aufgestellt werden (benötigen also keine Installation), benötigen nur wenig Raum und keine speziellen Lichtverhältnisse. Roll-abouts finden somit Platz in kleinen Besprechungsecken und sogar in Arbeitszimmern. Werden zwei solcher Rollabouts nebeneinander gestellt und zusammengeschlossen, so lassen sie sich leicht zu einem Videokonferenzmodul für bis zu sechs Teilnehmer erweitern.

Kombiniert man die Möglichkeiten der Bewegtbild-Videokonferenz mit denen der audiografischen Konferenz und den Vorteilen der Mehrautorensysteme, so erhält man ein sehr flexibles multimediales Konferenzsystem mit folgendem Leistungsumfang:

- Audiokonferenz
- Videokonferenz
- Videostandbildübertragung
- Telewriting
- Jointediting von Computeranwendungen

Systeme mit diesem oder einem ähnlichen Leistungsumfang werden in Zukunft immer mehr zum Standard vor allem der Desktopkonferenzsysteme werden, da das direkte Telecomputing vielfältige Anwendungsmöglichkeiten eröffnet und einen wichtigen Zusatznutzen für Desktopsysteme liefert. Während sich in den bisher behandelten Formen der Telekonferenz die Kommunikation immer gleichberechtigt zwischen zwei oder mehreren Partnern oder Partnergruppen vollzieht, haben wir es beim *Businesstelevision (BTV)* mit einer Sendezentrale und einer, in der Regel jedoch mehreren, dezentralen Empfangsstellen zu tun.

BTV basiert auf der Übertragung von Fernseh- und Tonsignalen und ist speziell auf die Bedürfnisse einer bestimmten, in sich geschlossenen Benutzergruppe (Unternehmen, Universitäten, Behörden) zugeschnitten. Dabei ist kein direkter Video- und Audiodialog wie bei der Videokonferenz möglich, sondern die Sendung wird, wie beim Fernsehen, von der Zentrale aus im ›Eine-Richtung-Verkehr‹ an die Empfangsstellen übertragen. Über Telefon besteht indessen die Möglichkeit, während der Sendung von den Empfangsstellen aus mit der Sendezentrale im Dialog zu kommunizieren. Die Übertragung erfolgt meistens über Satellitensysteme. Mithilfe mobiler Sendezentralen und Erdfunkstellen sind BTV-Übertragungen fast überall auf der Welt möglich.

Typische BTV-Anwendungen sind Informationsveranstaltungen von internationalen Großunternehmen für ihre Außenstellen, z. B. Marketingtagungen, firmeninterne Kommunikation, Vorstellung neuer Produkte und Verkaufsstrategien, Schulung und Weiterbildung. Eine Reihe bekannter amerikanischer Elektronikunternehmen setzen BTV regelmäßig für ihre weltweiten unternehmensinternen Informationsveranstaltungen ein.

Telekommunikation und Datenverarbeitung

Grundbegriffe der Telekommunikation in Datennetzen

Mit den Telekommunikationsdiensten der Telekom können Maschinen über weite Entfernungen hinweg Informationen austauschen. Informationen können von Geräten wie

- Telefon
- Computer
- Kamera
- Steuereinheiten für Maschinen

ausgehen bzw. empfangen werden.

Die Verbindung zwischen diesen Systemen oder Endgeräten wird als Netz bezeichnet. Damit ist nicht unbedingt eine fest verdrahtete Verbindung gemeint. Netze können aus Kupferkabel, Glasfaserkabel, Radiowellen und Satellitenverbindungen bestehen, die miteinander korrespondieren. Der Verbindungsaufbau erfolgt meist, ohne dass die Netzteilnehmer etwas davon bemerken.

Nach der herkömmlichen (und veralteten) Art der Informationsübertragung werden gesprochene Informationen analog zum Klang der Stimme des Sprechers moduliert. Elektronische Schwingungen werden dabei über das Telefonkabel ins Netz gegeben. Ehe sie am Telefonhörer wieder abgegeben werden, müssen sie zu Sprache demoduliert werden. Im Unterschied dazu wird beim digitalen Übertragungsverfahren die Sprachinformation auf ihre Basisinformationen (Strom an/Strom aus oder auch Null und Eins) aufgelöst. Diese Bits werden zu Informationseinheiten (Bytes) zusammengefasst. Die digitale Übertragung hat verschiedene Vorteile:

- Sie ist schnell (beim Leitungsaufbau und der Übertragung sind geringere Wartezeiten nötig)
- Sie ist flexibel (Informationen unterschiedlichster Herkunft [Sprache, Text, Grafiken, Bilder, Musik] können bei gleicher Qualität übertragen werden)

- Sie ist leistungsfähig (im digitalen Übertragungsverfahren können Informationen unterschiedlicher Art gleichzeitig übertragen werden)

Die Telefonverbindung ist die vertrauteste Form der Telekommunikation. Sie sei hier kurz erwähnt, um anhand dieser bekannten Methode Grundbegriffe der Telekommunikation einzuführen. Die Telefonverbindung funktioniert ›bidirektional‹, d. h., Informationen können per Telefon sowohl gesendet als auch empfangen werden. Ohne diese Möglichkeit könnte kein Gespräch stattfinden.

Das gewünschte Zielgerät wird im Telefonnetz über das ›Selbstwahlverfahren‹ angewählt, wobei die Telefonnummern international akzeptierten Standards entsprechen müssen. Die Teilnehmernummern bestehen aus Länderkode, Ortsnetzkennzahl (Vorwahl) und Anschluss. Jede Telefonnummer ist eindeutig, und mit jeder Nummer kann auch immer nur ein Teilnehmer erreicht werden.

Alle Verteilerknoten und alle Endgeräte funktionieren im internationalen Telefonnetz nach demselben Prinzip. Sie benutzen die gleichen ›Übertragungsprotokolle‹. Nur so kann sichergestellt werden, dass die ausgesendeten Informationen auch eindeutig interpretiert werden.

ISDN

Das herkömmliche analoge Telefonnetz ist jedoch nicht das ideale Medium zur Übertragung von Daten, die gewöhnlich in digitaler Form vorliegen. Deshalb entstanden spezielle Netze zur Datenübertragung wie das Datex-L-Netz und das Datex-P-Netz, welche Computer miteinander verbinden und über welche z. B. der Fernschreibverkehr abgewickelt wird. Diese Netze werden abgelöst durch das Dienste integrierende digitale Netz ISDN (Integrated Services Digital Network), welches flächendeckend in Deutschland zur Verfügung steht und weltweit genormt ist. (Es existieren kleinere Abweichungen zwischen den verschiedenen Ländern, insbesondere zwischen den USA und Europa. In Europa wurden nationale Standards inzwischen durch das einheitliche Euro-ISDN [DSS1] ersetzt.) Das ISDN-Netz ist ein digitales Netz, welches – neben der Sprachkommunikation – insbesondere hervorragend zur Datenübertragung geeignet ist.

Eine ISDN-Leitung bietet in Europa die Möglichkeit, pro Sekunde 64 Kilobit (dies entspricht rund 8000 Zeichen) zu übertragen. ISDN ermöglicht es damit nicht nur, Sprache, Text, Daten und Bilder über ein- und denselben Anschluss zu senden und zu empfangen. Die hohe Übertragungsgeschwindigkeit ermöglicht vielmehr auch neuartige Dienste wie Bildtelefonie und Videokonferenzen. Für derart anspruchsvolle Dienste werden oftmals mehrere Leitungen parallel benutzt (Kanalbündelung).

Bei den Anschlussarten hat der Anwender die Wahl zwischen verschiedenen Varianten. Die Telekom bietet sowohl einen Basisanschluss als auch einen Primär-Multiplex-Anschluss an. Ein Basisanschluss stellt zwei Nutzkanäle (B-Kanal) à 64 Kilobit pro Sekunde sowie einen Steuerkanal (D-Kanal, 16 Kilobit/sec), der für die Übertragung systeminterner Informationen, z. B. beim Verbindungsaufbau genutzt wird, zur Verfügung. Somit sind zwei unabhängige Verbindungen zur gleichen Zeit möglich, z. B. zwei Telefonate oder ein Telefonat und ein Telefax.

Der Primär-Multiplex-Anschluss besteht aus 30 gleichzeitig nutzbaren B-Kanälen (sowie einem D-Kanal) und ermöglicht 30 unabhängige Verbindungen zur gleichen Zeit. An ihn können insbesondere Nebenstellenanlagen mit vielen Teilnehmern angeschlossen werden. Daneben gibt es zahlreiche weitere Varianten wie z. B. einen Festanschluss, bei dem Leitungen zwischen zwei Teilnehmern fest geschaltet werden (Standleitung), auf die hier nicht näher eingegangen wird.

Internet

Neben dem nicht mehr wegzudenkenden Telefon-/ISDN-Netz gewinnt das Internet eine immer größere Bedeutung. Das Internet ist ein Computernetzwerk, an das weltweit Millionen verschiedenster Rechner angeschlossen sind und über das Millionen von Menschen weltweit miteinander kommunizieren. Es basiert auf dem Internet-Protokoll (IP), einem technischen Verfahren, welches festlegt, wie Rechner miteinander in Kontakt treten und Informationen austauschen können. Im Gegensatz zum leitungsvermittelnden Telefonnetz, bei dem für jedes Gespräch eine Leitung exklusiv zur Verfügung gestellt und zwei Teilnehmer vorübergehend fest miteinander verbunden werden, ist das Internet ein speichervermittelndes Netz. Informationen werden in kleine Einheiten (Pakete) zerlegt, und diese werden über das Netz verschickt. Die einzelnen Pakete einer großen Datei können dabei sogar verschiedene Wege zum Empfänger nehmen, und Pakete anderer Verbindungen können zwischendurch beliebig gesendet und empfangen werden. Der Empfänger fügt die einzelnen Pakete in der richtigen Reihenfolge wieder zusammen und fordert beim Transport evtl. verloren gegangene Pakete erneut an.

Das Internet umfasst eine Vielzahl verschiedener Dienste. Der meistgenutzte Dienst ist *Electronic Mail* (E-Mail), das Versenden und Empfangen elektronischer Briefe, die in der Regel innerhalb weniger Minuten ihren Empfänger erreichen, unabhängig von der geographischen Entfernung zwischen Sender und Empfänger. Ein ebenfalls bereits recht lange existierender Dienst ist FTP (**f**ile **t**ransfer **p**rotocol). Er ermöglicht die Übertragung von Dateien von einem Computer zu einem anderen über das Internet.

Der derzeit am schnellsten wachsende und am meisten Aufsehen erregende Dienst ist das *World Wide Web (WWW)*. Es ermöglicht das Abrufen von Dokumenten, die aus Text, Grafik, Ton und Video bestehen können. Jedes Dokument im WWW liegt auf einem Server (einem speziellen am Internet angeschlossenen Computer) und kann von jedem beliebigen am Internet hängenden Computer (Client) auf der ganzen Welt abgerufen werden. Dazu bedient man sich eines so genannten Browsers, eines Programms, welches das empfangene Dokument auf dem Bildschirm in der gewünschten Form darstellt und welches dem Benutzer die Navigation durch das Internet ermöglicht. Die beiden meistgenutzten Browser sind ›Netscape Communicator‹ und ›Microsoft Internet Explorer‹.

Um ein Dokument abrufen zu können, muss der Benutzer lediglich die URL (**U**niform **R**essource **L**ocator), also die Adresse des gewünschten Dokuments, kennen. Des Weiteren enthalten Dokumente oftmals eine Vielzahl von so genannten ›Links‹. Unter einem Link versteht man einen Querverweis auf ein anderes Dokument im WWW. Wenn der Benutzer einen solchen Link anwählt, wird ihm dieses querverknüpfte Dokument sofort angezeigt, auch wenn es sich auf einem anderen Rechner einer anderen Organisation an einem anderen Ort der Erde befindet. Der Benutzer muss dazu die URL des neuen Dokumentes nicht kennen.

Das WWW ist inzwischen zu einer unerschöpflichen Informationsquelle geworden. Millionen verschiedener Anbieter halten Informationen aus allen nur denkbaren Bereichen zum meist kostenlosen Abruf bereit. Inzwischen können auch viele Waren elektronisch bestellt oder Finanztransaktionen vorgenommen werden.

Den Zugang zum Internet ermöglichen so genannte Provider. Der Benutzer stellt in der Regel eine Verbindung zwischem seinem Computer und dem Rechner des Providers, welcher direkt an das Internet angeschlossen ist, her, und erhält damit Zugang zum Internet. Es existieren sowohl Provider, die ausschließlich oder vorrangig den Zugang zum Internet zur Verfügung stellen, und Provider, die zusätzlich noch ein eigenes Netz betreiben und dem Benutzer zusätzliche Inhalte und Dienste anbieten.

Die Deutsche Telekom hat bereits 1977 *Bildschirmtext (Btx)* vorgestellt, einen Online-Dienst, der eigene Inhalte wie Teleshopping (Einkaufen von zu Hause) und Homebanking (Erledigung von Bankgeschäften von zu Hause) bietet, zunächst aber keine Verbindung zum Internet hatte. Der heute von der Telekom angebotene Dienst *T-Online* umfasst sowohl den herkömmlichen Bildschirmtext-Dienst als auch einen Zugang zum weltweiten Internet.

CompuServe war lange Jahre der weltweit meistgenutzte Online-Dienst und zunächst ebenfalls ein eigenständiger Dienst ohne Verbindung zum Internet. Inzwischen ermöglicht auch CompuServe den Zugang zum Internet. America Online (AOL) bietet Ähnliches und hat CompuServe inzwischen überflügelt. AOL hat auch in Deutschland große Zuwachsraten zu verzeichnen.

Neben diesen Providern, die ein umfangreiches eigenes Serviceangebot für ihre Kunden zur Verfügung stellen und erst in zweiter Linie den Zugang zum Internet ermöglichen, existieren auch zahlreiche Provider, die dem Benutzer vorrangig eine Verbindung zum Internet zur Verfügung stellen. Einer der bekanntesten Provider in Deutschland ist EUnet Deutschland GmbH aus

Dortmund, eine Tochter der weltweit operierenden UUNET Gruppe. Heute integriert das EUnet-Deutschland-Netz mehr als 5000 Unternehmen und Hunderttausende von Dienstanwendern in das globale Netzwerk Internet. UUNET ist einer der größten weltweit operierenden Internet-Provider und der offizielle Zugangsprovider für das Microsoft Network (MSN).

Aufgepasst und mitgemacht: Datenschutz und Datensicherheit

Die elektronische Datenverarbeitung (EDV) hat eine Verbreitung gefunden, wie sie sich vor einem oder zwei Jahrzehnten nur Experten vorstellen konnten. Während die zentralen EDV-Abteilungen bei großen Unternehmen, Banken, Universitäten etc. schon lange großen Wert auf Datensicherheit legen und dafür klare Verantwortlichkeiten und Vorgehensweisen etabliert haben, gibt es im Bereich der Personalcomputer (PC) oder der PC-Netzwerke (in einem Netzwerk sind mehrere PCs zusammengeschlossen), also im gesamten Bereich der Arbeitsplatzrechner, immer noch Versäumnisse, die großen Schaden für ein Unternehmen, eine Behörde o. Ä. nach sich ziehen können. Daten sind eine schutzwürdige und schutzbedürftige Ressource. Der Datenschutz soll nicht nur den unbefugten Zugriff auf (z. B. personenbezogene) Daten, sondern auch den Verlust von Daten (z. B. durch Beschädigung oder fehlerhafte Bedienung der Hardware) oder die Verfälschung von Datenbeständen (z. B. durch Computerviren) verhindern.

Von daher empfiehlt es sich, hausintern verbindliche Richtlinien für die Benutzung von Arbeitsplatzrechnern zu erarbeiten, die sich an den folgenden Überlegungen orientieren können. Aber auch wo es solche Richtlinien (noch) nicht gibt, sollten Sekretärinnen in ihrem Arbeitsbereich die nachstehenden fünf Grundregeln samt den dazugehörigen Erläuterungen unbedingt beherzigen.

1. Regel: Jeder ist für ›seinen‹ Rechner selbst verantwortlich! Die volle Verantwortung für einen Arbeitsplatzrechner liegt grundsätzlich beim Benutzer. Für den Fall, dass ein Arbeitsplatzrechner von mehreren Mitarbeiterinnen und Mitarbeitern benutzt wird, sollte man jeweils einen Hauptverantwortlichen benennen und in einer Kartei registrieren. Ebenso verfährt man bei lokalen Netzwerken, indem man einen Netzwerkadministrator benennt, der für den ordnungsgemäßen Betrieb des Netzwerks zuständig ist und der z. B. regelmäßig Sicherheitskopien des gespeicherten Datenbestandes erstellt.

Wenn es sich für ein kleineres Unternehmen nicht lohnt, eine eigene EDV- oder Informatikabteilung einzurichten, sollte doch wenigstens ein Datenverarbeitungsbeauftragter vorhanden sein. Wer diese Aufgabe übernimmt, sollte neben einem gewissen Interesse und Verständnis für die EDV auch einen möglichst umfassenden Überblick über die Arbeitsabläufe und Aufgabengebiete innerhalb der Firma haben. Es ist also durchaus nicht abwegig, dass auch eine Sekretärin diesen Aufgabenbereich betreuen kann.

Der Datenverarbeitungsbeauftragte hält zum einen den Kontakt mit den Hard- und Softwarehäusern. Bei ihm kommen Informationen über neue Produkte oder verbesserte Versionen vorhandener Software, Schulungsangebote usw. an; über ihn werden die notwendigen Kontakte hergestellt, wenn es Probleme gibt oder neue Anwendungen eingeführt werden sollen. Er übernimmt zum anderen die Koordination und Vereinheitlichung in Bezug auf die Arbeit mit dem Computer. Der EDV-Beauftragte ist zuständig für die Installation der Programme und sorgt dafür, dass neue Versionen der vorhandenen Software auf allen Arbeitsplatzrechnern gleichzeitig zur Verfügung stehen, damit alle Daten firmenintern ohne Schwierigkeiten ausgetauscht und verarbeitet werden können (vgl. Die Einführung neuer Technologien im Büro, S. 260 ff.). Und schließlich kontrolliert er, ob die Grundsätze der Datensicherheit und des Datenschutzes eingehalten werden. Dies entbindet jedoch niemanden von seiner Verantwortung für die Sicherheit ›seiner‹ Daten und den Betrieb ›seines‹ Rechners!

2. Regel: Unbefugte dürfen nicht auf geschützte Daten zugreifen können! Grundsätzlich müssen alle Geräte und Datenträger (Disketten, Festplatten, Streamertapes) vor unberechtigtem Zugriff geschützt werden. Dies gilt umso mehr, wenn sie personenbezogene oder vertrauliche Daten enthalten. Zunächst müssen deshalb Geräte, die ständig im Einsatz sind (z. B. Netzwerkserver oder Steuerrechner, an die die Arbeitsplatzrechner angeschlossen sind, die sich aber nicht in demselben Raum befinden wie die Arbeitsplatzrechner), so geschützt werden, dass kein Unbefugter in den laufenden Betrieb eingreifen kann. Am besten wird ein solches Gerät in einem eigenen, verschlossenen Rechnerraum aufgestellt. Ist das nicht möglich, sollte man zumindest die entsprechenden Räume außerhalb der Arbeitszeit verschließen und das Gerät selbst mit einer Tastaturverriegelung und einem Schloss sichern.

Den PC am Arbeitsplatz kann man mit einem Schloss, einem Laufwerkschloss (für die Diskettenlaufwerke) und einer Tastaturverriegelung vor unbefugter Benutzung schützen. (Ist ein Rechner damit nicht ab Werk versehen, kann man ihn mit solchen Einrichtungen nachrüsten lassen.) Darüber hinaus gibt es die Möglichkeit, Passwörter zu vergeben. Nur wer sich mit seinem Passwort beim Einschalten des Geräts anmeldet, hat auch Zugriff auf die Software und die gespeicherten Daten. Den größtmöglichen Schutz bietet eine Datensicherheitssoftware, bei der jeder Benutzer ein Passwort und ein dazugehöriges Benutzerprofil erhält. Im Benutzerprofil ist detailliert festgelegt, auf welche Daten und Programmanwendungen der Inhaber des betreffenden Passwortes zugreifen darf. Dieses Verfahren ist freilich recht aufwendig und sollte deshalb nur in Bereichen mit besonders schutzbedürftigen Daten eingesetzt werden. Wer seinen Arbeitsplatzrechner (auch kurzfristig!) verlässt, muss ihn vor unbefugtem Zugriff schützen, d. h. das Gerät abschließen und ggf. zuvor eine durch Passwort geschützte Anwendung beenden. Bei der Vergabe von Passwörtern sollte man Folgendes beachten:

– Passwörter sollten eine gewisse Länge haben (mindestens sechs Stellen)
– Der Benutzer muss sein Passwort selbst festlegen können
– Passwörter dürfen nicht so einfach sein, dass man sie leicht erraten könnte. Von daher verbietet es sich, Vornamen, Produktbezeichnungen, Far-

ben- oder Blumennamen als Passwort zu verwenden. Auf gar keinen Fall darf der Name des Benutzers oder der seiner unmittelbaren Kollegen zulässig sein

- Passwörter sind geheim! Sie dürfen niemandem (auch keinem Kollegen!) mitgeteilt werden
- Das Passwort muss in regelmäßigen Abständen geändert werden

Das Bearbeiten von Firmendaten auf privaten Rechnern sollte grundsätzlich nur dann gestattet werden, wenn dabei dieselben Grundsätze in Bezug auf die Datensicherheit und den Datenschutz eingehalten werden können wie in der Firma selbst. Es muss also sichergestellt sein, dass auch auf diesem Wege keine Computerviren eingeschleppt werden, dass eine Verfälschung oder missbräuchliche Nutzung von Firmendaten ausgeschlossen ist und dass die gesetzlichen Auflagen (Bundesdatenschutzgesetz, Lizenzrechte usw.) strikt eingehalten werden. Dasselbe gilt für die Nutzung von tragbaren Rechnern (Laptops, Notebooks usw.) außerhalb des Firmengeländes. Überdies müssen in diesem Fall besondere Vorsichtsmaßregeln getroffen werden, um zu verhindern, dass das Gerät samt den Daten gestohlen werden oder verloren gehen kann. Deshalb empfiehlt es sich für ein Unternehmen sehr, Grundsätze für die Datensicherheit in einer Verpflichtungserklärung zusammenzustellen, die dann von den Computerbenutzern unterschrieben werden muss.

Personenbezogene Daten genießen einen besonderen Schutz. Ihre Verarbeitung ist nur im Rahmen der Bestimmungen des Bundesdatenschutzgesetzes (BDSG) zulässig, und ob eine bestimmte Verarbeitung personenbezogener Daten zulässig ist, sollte man zuvor immer mit dem zuständigen Datenschutzbeauftragten klären. Außerdem muss gewährleistet sein, dass die entsprechenden Sicherheitsmaßnahmen den Anforderungen des BDSG (§ 9) entsprechen. So besteht die Pflicht, dem Datenschutzbeauftragten Mitteilung über die Art und den Standort derjenigen Datenträger zu machen, die personenbezogene Daten enthalten. Die betreffenden Datenträger müssen verschlossen (im Safe oder im Panzerschrank) aufbewahrt werden (abschließbare Diskettenboxen genügen nicht!) und dürfen, wie bei anderen vertraulichen Daten auch, nur von Mitarbeiterinnen bzw. Mitarbeitern transportiert werden, die auch sonst Zugang zu diesen Daten haben. Sollen die Datenträger, auf denen personenbezogene oder vertrauliche Daten gespeichert sind, anderweitig genutzt werden, müssen die entsprechenden Dateien physikalisch gelöscht werden (in der Regel durch neuerliches Formatieren der Diskette oder Festplatte).

3. Regel: Regelmäßige Datensicherung ist ›erste Bürgerpflicht‹! Wer Daten und Programme auf der Festplatte oder auf Disketten an seinem Arbeitsplatzrechner speichert, muss in unbedingt regelmäßigen Abständen Sicherungskopien erstellen. Denn Platten- oder Diskettenfehler treten häufiger auf, als man annehmen möchte, und der Datenverlust nimmt in einem solchen Fall oft empfindliche Ausmaße an. In diesem Zusammenhang sollte man folgende Punkte beachten:

– Wird ein Rechner viel genutzt und wäre ein Datenverlust dementsprechend gravierend, sollte man täglich Sicherungskopien erstellen. In der Regel reicht es aus, von den Dateien, die an dem betreffenden Tag erstellt oder bearbeitet wurden, Kopien zu machen. In jedem Fall sollte man wenigstens einmal wöchentlich eine Datensicherung *aller* Dateien vornehmen. Es empfiehlt sich daher, eine entsprechende Notiz im Tageskalender und im Wochenarbeitsplan zu machen
– Für die Datensicherung ist es wichtig, Sicherungskopien von mehreren Versionen anzulegen. Falls sich nämlich beispielsweise in der 13. Arbeitswoche herausstellt, dass während der 12. Woche Daten irrtümlich geändert wurden, kann man dann immer noch auf den Datenbestand der 11. Woche zurückgreifen, um die Fehler zu korrigieren
– Sicherungskopien müssen getrennt von dem entsprechenden Rechner aufbewahrt werden und dürfen für Unbefugte nicht zugänglich sein. Nach Möglichkeit sollten die Sicherungskopien in andere Gebäude ausgelagert werden, damit auch im Fall eines Brandes die Daten und Programme nicht verloren sind
– Sicherungskopien erstellt stets der verantwortliche Benutzer (s. o.). Daten, die auf einem Netzwerkserver abgelegt wurden, werden vom Netzwerkadministrator gesichert

4. Regel: Der Einsatz von nicht lizenzierter Software und von Spielprogrammen ist strikt untersagt! Wer Programme einsetzt, die nicht ordnungsgemäß für den entsprechenden Arbeitsplatzrechner beschafft wurden, für die man also nicht die Lizenz erworben hat, riskiert zivil- und strafrechtliche Folgen. Dass ein Programm oder Programmpaket ordnungsgemäß erworben wurde, kann man in der Regel an den Programmdisketten und/oder dem Vorhandensein der zugehörigen Handbücher erkennen.

Software unbekannter Herkunft und vor allem auch Spielprogramme sind noch in anderer Hinsicht ein Gefahrenherd ganz besonderer Art: Im ›harmloseren‹ Fall können sie dazu führen, dass das System immer wieder abstürzt und auf diese Weise Daten verloren gehen; ansonsten stellen sie die Hauptquelle für das Einschleppen von Computerviren dar, die verheerende Schäden bei Daten und Programmen anrichten können (s. u.). Besondere Vorsicht ist aus demselben Grund bei Demonstrationsprogrammen, Informationssystemen, Katalogen, bei Daten und Programmen von Messebesuchen usw. geboten, die als Diskette oder per E-Mail zugesandt wurden. Bevor man sie einsetzt, sollte man sie unbedingt auf Computerviren hin untersuchen lassen (dazu gibt es spezielle Programme).

5. Regel: Das Einschleppen von Computerviren darf nicht möglich sein! Als Computerviren bezeichnet man Programme, die sich selbst vervielfältigen

Klassifikation von Daten und der Grad der Sicherheitsanforderungen

Klassifikation nach	Sicherheitsanforderungen gering	hoch
Vertraulichkeit	keine besondere Vertraulichkeit: – Daten, die im Geschäftsverkehr ohnehin bekannt werden oder deren öffentliche Verbreitung unproblematisch ist	vertrauliche Daten: – Daten und Software, die das Betriebsgeschehen betreffen und deren Verbreitung nicht wünschenswert ist (Organisationsstruktur, Mitarbeiterzahlen usw.) – Daten, deren Bekanntwerden zu schweren Schäden für das Unternehmen führen kann – Daten mit großer Bedeutung aus dem kaufmännischen Bereich oder für einen sicheren Betriebsablauf – personenbezogene Daten
Verfügbarkeit	normale Verfügbarkeit: – Daten oder Software, die nach Ausfall des Rechners nicht sofort wieder verfügbar sein müssen (z. B. Statistiken)	hohe Verfügbarkeit: – Daten oder Software, die jederzeit verfügbar sein müssen (z. B. Daten und Programme zur operativen Geschäftsabwicklung)
Vermögensverlust	geringer Verlust möglich: – Daten oder Software, deren Verlust nur einen geringen Vermögensverlust für das Unternehmen bedeuten würde (z. B. Daten, die über andere Quellen wieder hergestellt werden können)	hoher Verlust möglich: – Daten oder Software, deren Verfälschung oder Verlust einen hohen Vermögensverlust für das Unternehmen bedeuten würde (z. B. Datenbanken, firmenintern entwickelte Software)

können und durch (meist vorsätzlich bösartige) Zusatzfunktionen den Computerbetrieb stören, indem sie Daten und Programme verändern oder vernichten. (Andere Sabotageprogramme wie ›Trojanische Pferde‹, ›Würmer‹, ›Bakterien‹ arbeiten ähnlich.) Sie breiten sich oft ohne menschliches Eingreifen von System zu System und von Programm zu Programm aus, und da dies häufig sehr langsam geschieht, werden Viren nicht selten erst sehr spät erkannt. Deshalb kann es vorkommen, dass man über einen längeren Zeitraum bereits mit verfälschten Daten und Programmen gearbeitet hat, ohne es zu bemerken. Aus diesem Grund sollten Sekretärinnen, die mit einem Arbeitsplatzrechner arbeiten, äußerst wachsam sein und darauf achten, dass die genutzten Programme normal arbeiten und keine unerklärlichen Erscheinungen (z. B. Veränderungen von Daten) auftreten. Zwar können solche Erscheinungen auch von Software-,

Hardware- oder Bedienungsfehlern herrühren, doch häufig sind sie auch Anzeichen für einen Virenbefall.

Mithilfe von Virenschutzsoftware können Programme auf einen eventuellen Virenbefall überprüft werden. Wenn man also unerklärliche Unregelmäßigkeiten entdeckt, sollte man umgehend eine Überprüfung vornehmen lassen und bis zur endgültigen Klärung die Arbeit an dem betreffenden Gerät einstellen. Da Virenschutzprogramme jedoch nur einige bekannte Viren erkennen und unschädlich machen können, lässt sich ein Virenbefall auch nach einer entsprechenden Überprüfung nicht gänzlich ausschließen. Besteht diesbezüglich also weiterhin ein konkreter Verdacht, müssen weitere Maßnahmen ergriffen werden (z. B. Neuformatieren der Festplatte oder von Disketten).

Abschließend sei angemerkt, dass selbstverständlich nicht alle Daten in gleichem Maß schutzbedürftig sind. Welcher Grad von Sicherheit für welche Daten erforderlich ist, lässt sich mithilfe einer Klassifikation der Daten und Programme ermitteln. Dafür bieten sich drei Kriterien an: Vertraulichkeit, Verfügbarkeit und Vermögensverlust (vgl. S. 290 oben).

In welche Kategorie welche Daten bzw. Software eingeordnet werden, ist Sache des jeweiligen Unternehmens und im Einzelfall sicherlich eine Ermessensfrage. Doch sollte in Fragen der Datensicherheit und des Datenschutzes stets der Grundsatz gelten: *Safety first!*

Arbeitsfeld Organisation

Konferenzmanagement

Die personalbedingten Konferenzkosten eines Unternehmens entsprechen, wie eine Faustformel besagt, der Bruttolohnsumme aller Führungskräfte. Fachleute stimmen mit vielen Praktikern darin überein, dass diese Rechnung eher zu optimistisch ausfällt. Konsequentes Konferenzmanagement tut also schon aus Kostengründen Not. Auf diese Weise lassen sich, je nach der bereits praktizierten Konferenzkultur, zwischen 10 und 30% der Kosten einsparen. Von dem Gewinn an Motivation, den zielgerichtet geplante, straff und effizient durchgeführte und ergebnisorientierte Konferenzen bei allen Beteiligten ebenfalls mit sich bringen, weil man das Gefühl hat, seine Zeit nicht ›abgesessen‹, sondern sinnvoll und produktiv eingesetzt zu haben, ist dabei noch nicht einmal die Rede.

Sekretärinnen haben schon lange, bevor man von Konferenzmanagement sprach, durch ihr Bemühen um eine gute Vorbereitung von Konferenzen zu deren Optimierung beigetragen. Doch sollen die folgenden Ausführungen der Sekretärin den Blick auf weitere Felder des Konferenzmanagements öffnen, wo sie durch ihr Tun und Drängen Beträchtliches leisten kann, um die Effizienz dieser Arbeitsform zu erhöhen. Für die Assistentin, die durch ihre Tätigkeit eine qualifizierte Entlastung ihres Chefs bewirken soll, tut sich hier ohnedies ein interessanter und anspruchsvoller Aufgabenbereich auf.

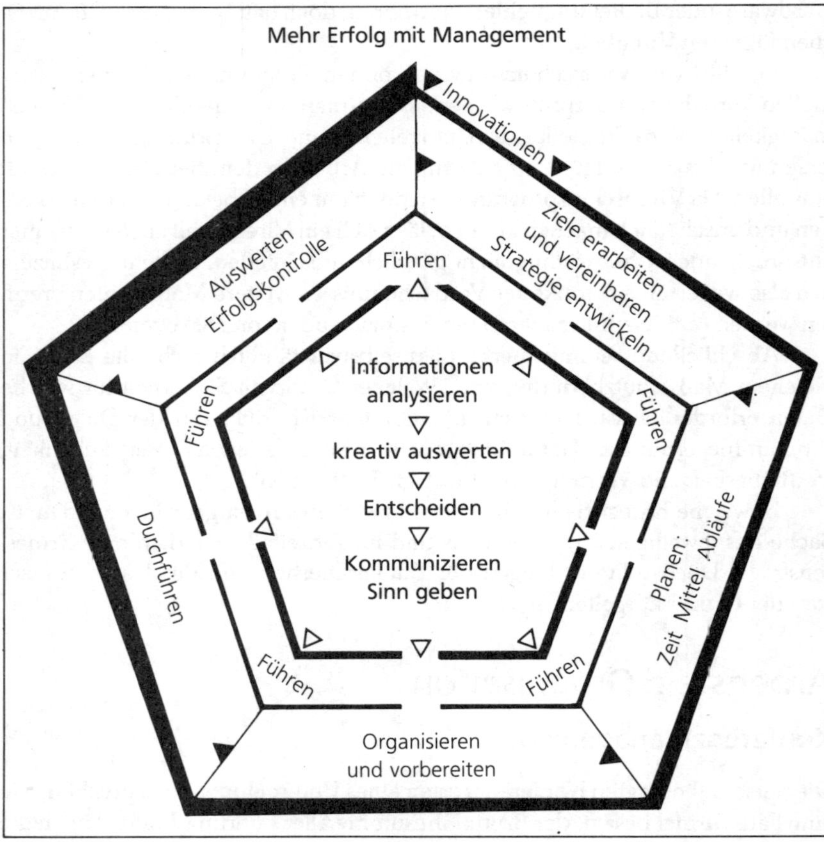

Unter Konferenzen sollen im Folgenden Zusammenkünfte vielfältiger Art verstanden werden. Ob es sich um Besprechungen im kleinen Kreis, Briefings oder Meetings handelt oder um Sitzungen, Tagungen oder Symposien, Seminare oder Workshops, wird selbstverständlich einen Einfluss auf die konkrete Ausgestaltung der einzelnen Phasen des Konferenzmanagements – Vorbereitung, Durchführung und Nachbereitung – haben. Die Methodik, die sich mit dem Begriff des Managements verbindet, bleibt letztlich aber stets die gleiche. Sie ist im obigen Schema veranschaulicht. Die Abfolge seiner Segmente ist zugleich auch die Leitlinie für das Konferenzmanagement, wie es hier vorgestellt wird.

Im Kern des Managementmodells sind die zentralen Aufgaben aufgeführt, die jeder Phase des Managements vorgeschaltet sein müssen. So kann z. B. ein Ziel nur erarbeitet werden, wenn zuvor Informationen gesammelt und kreativ ausgewertet wurden. Auf dieser Basis erfolgt die Entscheidung über das Ziel, die dann all jenen plausibel gemacht werden muss, die diese Entscheidung durchzusetzen haben. Diese Kernfunktionen gilt es im Laufe der Konferenzvorbereitung, aber auch im Laufe der Konferenz selbst immer wieder zu durchlaufen. Die zentralen Fragen, die dabei stets von neuem beantwortet werden müssen, sind:

- Sind die gesammelten Informationen ausreichend?
- Sind diese Informationen kreativ – und nicht bloß eindimensional (linear) – ausgewertet worden?
- Welche Entscheidung wird auf dieser Grundlage getroffen?
- Wie werden die Betroffenen dazu motiviert, die getroffene Entscheidung in die Tat umzusetzen?

Eine Assistentin, die die Entscheidungen vorzubereiten hat, trägt bei der Beantwortung dieser Fragen eine besondere Verantwortung.

Konferenzen planen und organisieren

Schon in dieser ersten Phase werden bei der landläufigen Konferenzvorbereitung schwer wiegende Fehler begangen, indem einfach nur *Tagesordnungspunkte* gesammelt und aufgelistet werden. Tagesordnungspunkte wie ›Kostenabbau‹ oder ›Marketingkonzeption‹ sind völlig unbrauchbar, weil sie nur das Thema angeben, nicht jedoch auf welche Fragen, Teilaspekte oder Problempunkte die Konferenzteilnehmer sich vorbereiten, auf welche Zielrichtung sie sich einstellen sollen und wie viel Zeit für die Behandlung zur Verfügung steht. Statt der üblichen Tagesordnungspunkte müssten also *Ziele* genannt werden, die an der betreffenden Stelle des Konferenzablaufs erreicht werden sollen. Hieße es z. B. ›10:15–11:00 Uhr: Beantwortung von Fragen zum Entwurf unserer neuen Marketingkonzeption (s. Anlage 3)‹, dann wüsste jeder, dass die Kenntnis und die kritische Durchsicht der Konzeption vorausgesetzt werden und dass es z. B. noch nicht um eine Beschlussfassung geht.

Die Managementmethodik setzt also voraus, dass ein operatives Ziel formuliert werden kann. Operativ formuliert ist ein Ziel dann, wenn es das gewünschte Ergebnis, möglichst auch den zu beschreitenden Weg und den angestrebten Termin, nennt. Solche Ziele, die dann jeweils für die Tagesordnung noch der Präzisierung bedürfen, sind beispielsweise:

- Information der Teilnehmer
- gemeinsame Problemanalyse
- gemeinsame Problemlösung
- Entscheidungsvorbereitung
- gemeinsame Entscheidung
- Projektsteuerung
- Weiterbildung
- Konfliktanalyse/-lösung
- Beratung, Zusammentragen des Fachwissens

Die Sekretärin oder Assistentin, die die Tagesordnung vorbereitet, sollte vom Veranstalter bzw. demjenigen, der ein bestimmtes Thema auf die Tagesordnung setzen lässt, stets die Formulierung eines Konferenzarbeitsziels fordern. Er muss Auskunft darüber geben, was er mit bzw. in der Konferenz in Bezug auf das genannte Thema erreichen will. Nur wenn die präzisen Arbeitsziele bekannt sind, kann auch eine ergebnisorientierte Konferenzplanung erfolgen.

Die Planung einer Konferenz erstreckt sich auch auf die Konferenzdauer, also auf die Zeit, die eingeplant wird, um zu brauchbaren Ergebnissen zu kommen, auf die Arbeitsmittel, Informationen und Personen, die zusammengeführt werden müssen, und den gesamten Ablauf der Veranstaltung. Auf diesem Gebiet kennen Sekretärinnen sich für gewöhnlich gut aus. Auch wenn für große Veranstaltungen eine Planungsgruppe eingesetzt wird, sollte keinesfalls auf ihre Erfahrungen und Qualifikationen verzichtet werden, zumal das Sekretariat in vielen Fällen ohnehin die ausführende Stelle sein wird. Es kann also mehr als sinnvoll sein, dass eine Sekretärin einer solchen Planungsgruppe vorsteht.

Eine möglichst exakte *Zeitplanung* ist unbedingt erforderlich, um zu vermeiden, dass entweder mit der Zeit aller Beteiligten exzessiv und willkürlich umgegangen wird oder dass die Konferenz in zeitlicher, aber dann auch in inhaltlicher Hinsicht einen geradezu chaotischen Verlauf nimmt. Mit dem Auftrag, über ein Thema vorzutragen, sollte darum stets eine Redezeit vorgegeben werden, die dem Referenten zur Verfügung steht. Sie muss verbindlich eingehalten und darf nur nach Rücksprache erweitert werden. Soll zu einem Tagesordnungspunkt der Sachverstand aller Konferenzbeteiligten aktiviert werden, ist einsichtig, dass pro Teilnehmer eine Redezeit von etwa fünf Minuten zur Verfügung stehen muss. Aller Erfahrung nach kommen dann noch rund 20% der Zeit als Rüst- und Zwischenzeiten hinzu, sodass bei einer entsprechenden Zielsetzung und acht Teilnehmern ein Zeitansatz von rund 50 Minuten für einen solchen Tagesordnungspunkt einkalkuliert werden müsste. Darüber hinaus gilt es, Pausen und ihre Gestaltung einzuplanen. Zum einen sind Pausen entscheidend, um die Konzentrationsfähigkeit zu regenerieren; zum anderen gliedern Pausen den gesamten Ablauf der Konferenz, markieren den Abschluss eines Themenkomplexes oder bieten den Teilnehmern die Möglichkeit, das gerade besprochene Thema noch einmal informell in kleineren Gruppen weiterzuverfolgen und so ggf. noch zu neuen Gesichtspunkten oder Absprachen zu gelangen. Welche Wirkung die Pause hat, hängt von ihrer Dauer und ihrer Gestaltung ab.

Ein wesentlicher Bestandteil der Planung gilt der Bereitstellung der *Arbeitsmittel* und *Medien* (Tageslichtprojektoren, Folien, Flipcharts, Videorekorder, Laptops und LCD-Geräte oder Projektoren usw.). Welche Medien benötigt werden, ergibt sich meistens aus der Zielsetzung. Wenn beispielsweise eine Entscheidung darüber getroffen werden soll, welches von drei zur Diskussion stehenden Konzepten zu realisieren ist, kann es sinnvoll sein, drei Tageslichtprojektoren mitsamt Leinwänden und den entsprechenden Folien vorzuberei-

Sitzordnung in Konferenz- und Seminarräumen: Kreisform

ten um eine vergleichende Sicht (Synopse) zu ermöglichen. Geht es um das Zusammentragen von Ideen zu einem Thema, ist ein Flipchart empfehlenswert, bei komplexen Themen können es auch zwei oder mehr sein. Es gibt eine Vielzahl von Möglichkeiten, Inhalte zu visualisieren, also für das Auge aufzubereiten, was oft das Auffassungsvermögen der Konferenzteilnehmer wesentlich unterstützt. Wenn die Akteure unter den Teilnehmern nicht von selbst daran denken, sollte die Sekretärin von sich aus nachfragen, welche Vorbereitungen für die Visualisierung getroffen werden und welche Geräte vorhanden sein müssen.

Ähnliches gilt auch für die *Arbeitspapiere,* die den Teilnehmern vorgelegt werden sollen. Ein- bis zweiseitige Papiere über weniger komplexe Themen lassen sich noch gut während der Konferenz bewältigen; umfangreichere Lektüre und anspruchsvollere Themen erfordern indes Zeit zum Lesen und Nachdenken, müssen also rechtzeitig vor der Konferenz zur Verfügung stehen, wenn deren Ablauf nicht aus den Fugen geraten soll. Zur Planung gehört es deshalb auch darauf zu achten, dass die notwendigen Unterlagen rechtzeitig vorliegen, damit sie den Teilnehmern zur Vorbereitung zugeleitet werden können. Das bedeutet einerseits, dass die Sekretärin die entsprechenden Papiere zu einem bestimmten Termin anfordern muss, und andererseits, dass sie selbst die notwendigen Informationen frühzeitig erhält, wenn sie die Arbeitsunter-

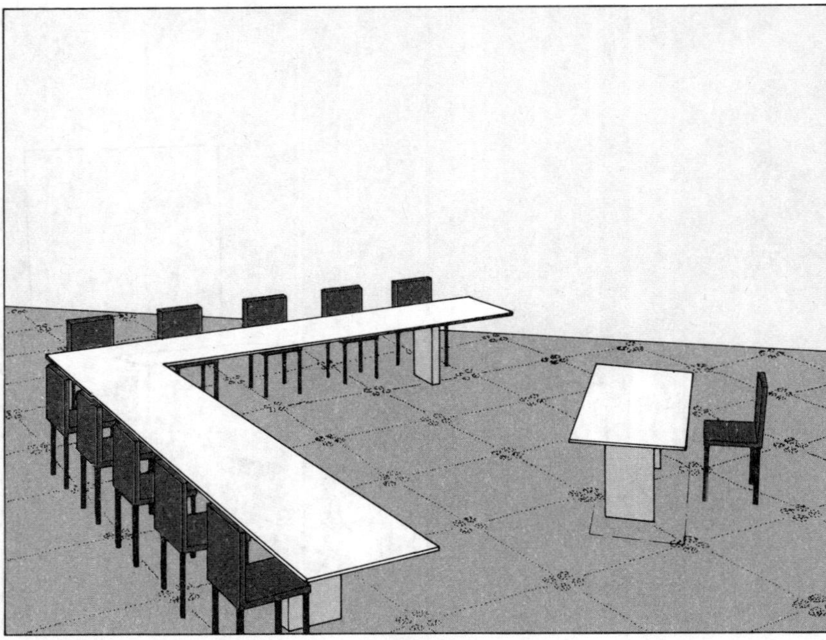

Sitzordnung in Konferenz- und Seminarräumen: L-Form

lagen erstellen soll. Dabei empfiehlt es sich, ebenso freundlich wie unerbittlich auf die Einhaltung der gesetzten Termine zu drängen.

Schließlich muss überlegt werden, wer zu der betreffenden Sitzung eingeladen werden soll. Selbst wenn der Kreis der *Teilnehmer* für eine bestimmte Konferenz definiert und stets der gleiche ist (z. B. bei einer turnusmäßigen Abteilungsleiterkonferenz, Vorstandssitzung, Mitarbeiterbesprechung), stellt sich immer noch die Frage, ob nicht Gäste Entscheidendes zum Erreichen des Konferenzarbeitsziels beitragen könnten. Grundsätzlich entscheidet die Zielsetzung über die Zusammensetzung – und nicht etwa der Rang der Teilnehmer. So könnte in einer sonst hochrangig besetzten Runde auch ein Außendienstmitarbeiter Informationen aus erster Hand zum Konferenzthema beisteuern. Da es hier in aller Regel der Sekretärin obliegen wird, Kontakte herzustellen, Termine zu vereinbaren und für erste Rückfragen bereitzustehen, ist leicht einzusehen, dass sie sich wenigstens in Grundzügen über die Zielsetzungen der geplanten Konferenz informieren sollte.

Der letzte Schritt dieser Vorbereitungsphase ist die *Ablaufplanung*. Der Ablauf sollte mit jedem, der für ein Konferenzarbeitsziel verantwortlich ist, genau besprochen werden. Eine Checkliste kann dabei beschleunigend wirken. Sollte sich im Verlauf der Planung herausstellen, dass das angestrebte Ziel in der vorgegebenen Zeit, mit den vorliegenden Informationen, den vorhande-

Sitzordnung in Konferenz- und Seminarräumen: U-Form

nen Arbeitsmitteln oder den zur Verfügung stehenden Personen nicht erreichbar sein könnte, erfordert dies eine Zielrevision. Deshalb kommt der Sekretärin oder der Assistentin, die die Vorbereitungen koordiniert, eine wichtige, verantwortungsvolle Rolle zu – ganz besonders beim Übergang von der Planungs- zur Organisationsphase.

Was im Verlauf der Planung beschlossen wurde, muss nun veranlasst werden. Am Ende der Organisationsphase muss jeder wissen:

- Wer ist wofür verantwortlich?
- Wer macht was?
- Wann oder bis wann müssen die verteilten Aufgaben erledigt sein?
- In welcher Koordination geschieht dies?

Hierzu gehören auch die Fragen, wer die Konferenz einberuft, wer sie leitet oder moderiert, wer das Protokoll führt und in welcher Form. Jeder muss wissen, worin seine Funktion besteht, was seine Pflichten und Befugnisse sind.

Darüber hinaus gibt es noch eine ganze Reihe von Details, die organisiert werden müssen, obschon sie nicht alle der Sekretärin aufgebürdet werden dürfen. Räume müssen reserviert werden (wenn z. B. Arbeitsgruppen geplant sind, müssen auch dafür Räumlichkeiten bereitstehen). Die technische und dekorative Ausstattung der Räume muss mit den zuständigen Stellen genau-

Sitzordnung in Konferenz- und Seminarräumen: parlamentarische Form

so abgeklärt werden, wie die Anordnung der Tische und Stühle. Sie hängt sowohl von der Beschaffenheit des Raumes als auch von der Zielsetzung und der gewünschten Atmosphäre ab – welche Möglichkeiten bestehen, zeigen die Abbildungen auf S. 295–298.

Ferner ist die Sitzordnung nach praktischen, protokollarischen oder psychologischen Gesichtspunkten festzulegen und eventuell mithilfe von Namensschildern vorzubereiten. Für Getränke und Gebäck oder Obst, Schreibutensilien und Tagungsunterlagen will ebenfalls gesorgt sein.

Bei Tagungen mit externen Gästen muss daran gedacht werden, Parkgelegenheiten zu klären, mit der Einladung nicht nur das Programm, sondern auch Verkehrsverbindungen und Anfahrtsskizzen zu verschicken, für die Begrüßung der Gäste und evtl. auch für kleine Aufmerksamkeiten im Hotelzimmer zu sorgen (vgl. Empfangen und Betreuen von auswärtigen Gästen, S. 340 ff.). Freizeitangebote oder ein Programm für Begleitpersonen sollten bei größeren, mehrtägigen Veranstaltungen vorgesehen werden. Auch an erste Hilfe, (Schmerz)tabletten oder Nähzeug sollte man denken.

Diese organisatorischen Maßnahmen sind zunächst einmal nicht viel mehr als Beispiele und Anregungen. Was im Einzelnen zu organisieren ist, ergibt sich jeweils aus der Zielsetzung, dem Ort, der Dauer und dem Teilnehmerkreis der betreffenden Konferenz. Um aber zum einen nichts Wesentliches zu vergessen und zum anderen von Erfahrungen der Vergangenheit zu profitieren, empfiehlt es sich sehr, Checklisten anzulegen. Sie stellen einen gebündelten Erfahrungsschatz dar und können auf den jeweiligen Anlass hin zugeschnitten und aktualisiert werden (vgl. Checklisten, S. 94). Denn Planung schützt vor Pannen, und Systematik gibt Sicherheit.

Konferenzen durchführen

Bei der Durchführung obliegt es dem Konferenzleiter, dafür zu sorgen, dass alle, auch die von Natur aus eher zurückhaltenden Teilnehmer, zu Wort kommen, dass alle wichtigen Beiträge und Ideen notiert werden und alles plangemäß verläuft. Je perfekter die Konferenz geplant und organisiert wurde, desto besser kann er sich auf seine eigentliche Aufgabe, nämlich die Gesprächsgruppe zum angestrebten Ziel zu führen, konzentrieren. Diese Führungsaufgabe kann ihm niemand abnehmen, und die Fähigkeit, mit Störungen, unerwarteten Entwicklungen, ja Krisen und Konflikten angemessen umzugehen, lässt sich nicht delegieren. Gleichwohl kann es sinnvoll sein, wenn die Sekretärin oder Assistentin, weil sie ja durch die Vorbereitung mit dem geplanten Konferenzgang vertraut ist, auch während der Konferenz zusammen mit dem Leiter den äußeren Rahmen im Blick hat, auf einen reibungslosen Ablauf achtet und sich für unvorhergesehene Eventualitäten bereithält.

Die Aufgaben eines Konferenzleiters sind auf der folgenden Seite zusammengestellt. Da es sich bewährt hat, die Konferenzleitung von Arbeitsziel zu Arbeitsziel bzw. von Konferenz zu Konferenz rotieren zu lassen, also möglichst jeden einmal damit zu betrauen, ist es ratsam, dass die Sekretärin diese Funktionsbeschreibung den entsprechenden Personen zu den vorbereitenden Unterlagen legt.

Der Konferenzleiter und Moderator muss konstruktiv kommunizieren und Konflikte steuern können. Er sollte daher rhetorisch gewandt sein. Eine Selbstverständlichkeit sollte es auch sein, dass in einer Konferenz alle Regeln einer Gewinn bringenden Kommunikation beachtet werden. Dass dies sehr häufig nicht der Fall ist und die Ergiebigkeit entsprechender Konferenzen darunter empfindlich leidet, ist bekannt. So ist es ratsam, wenn diese Regeln einmal (z. B. als Teil der Unternehmenskultur) erarbeitet und schriftlich niedergelegt werden, damit Konferenzteilnehmer sie sich immer wieder vergegenwärtigen können. Der folgende Verhaltenskodex kann hierfür als Beispiel dienen. Entscheidend ist die Einsicht: ›Wer in einer Angelegenheit siegt, hat nicht unbedingt auch gewonnen. Besiegte sind selten kooperativ, und zur Kreativität ist niemand verpflichtet.‹

Zu einer guten Kommunikation gehört auch eine gute Visualisierung. Hierzu stehen heute mannigfache Mittel zur Verfügung: Flipchart, Projektoren, Pinnwände, Großbildschirme für Videoaufzeichnungen oder auch für Computerdaten. Charts und Folien können heute selbst von Laien in hoher Qualität erstellt werden (siehe Tipps für die richtige Foliengestaltung, S. 199 ff.).

Ihre Aufgaben als Konferenzleiter/Moderator

Sie führen die Gruppe zum erstrebten Ziel.
Sie achten auf das Zeitmanagement. Sie achten auf die Eindeutigkeit, Klarheit und Vollständigkeit der Beschlüsse und Anträge.
Sie beginnen die Konferenz pünktlich.

Zu Beginn der Konferenz ...

... vergewissern Sie sich, ob die Einberufung und Vorbereitung der Konferenz ordnungsgemäß vollzogen wurde.
... lassen Sie die Teilnehmerliste ausfüllen.
... begrüßen Sie alle Teilnehmer und insbesondere die Gäste und stellen diejenigen Teilnehmer kurz vor, die nicht allgemein bekannt sind.
... bitten Sie nicht eingeladene Anwesende, den Raum zu verlassen.

Während der Konferenz ...

... sorgen Sie dafür, dass jeder störungsfrei zu Wort kommt.
... überwachen Sie die Redezeit.
... führen Sie die Liste der Wortmeldungen.
... erteilen Sie und entziehen Sie das Wort.
... achten Sie darauf, dass die Grundregeln konstruktiver Kommunikation eingehalten werden.
... achten Sie darauf, dass besonders vereinbarte Spielregeln eingehalten werden.
... achten Sie darauf, dass niemand gedemütigt oder unter Druck gesetzt wird.
... sorgen Sie dafür, dass auch Schweigsame zu Wort kommen und helfen Unbeholfenen, ihren Beitrag zu leisten.
... unterbinden Sie Abschweifungen.
... unterbinden Sie unsachliche, polemische Angriffe.
... unterbinden Sie Randgespräche und Störungen.
... sorgen Sie für die Erfassung von Ergebnissen im Protokoll.
... lassen Sie wichtige Formulierungen aus dem Protokoll verlesen und überprüfen.
... sorgen Sie für die Einhaltung der Pausen.

In der Schlussphase der Konferenz ...

... lassen Sie kein neues Thema mehr zu.
... überprüfen Sie noch einmal die Vollständigkeit der Protokollführung.
... beenden Sie den offiziellen Teil.
... leiten Sie die Metakonferenz ein.
... danken Sie allen Mitwirkenden für ihre Arbeit.

Sie haben auch das Recht, die Arbeit an Konferenzarbeitszielen abzubrechen, wenn Sie feststellen, dass die entsprechende Vorbereitung der Konferenz oder der Teilnehmer mangelhaft ist.
Sie haben dann das Recht, Vertagung zu beantragen.

Anregungen für eine bessere Kommunikation in unseren Konferenzen

1. Hören Sie aktiv zu!
2. Lassen Sie alle Teilnehmer spüren, dass sie wichtig sind für den Fortschritt!
3. Schonen und stärken Sie Autorität und Selbstwertgefühl jedes Teilnehmers!
4. Sagen Sie nicht ›ja, aber...‹, wenn Sie ›nein‹ meinen.
5. Sagen Sie ›ich‹ statt ›man‹, ›wir‹ oder ›es‹!
6. Bereichern Sie!
7. Gliedern und strukturieren Sie Ihre Aussage und lassen Sie die anderen vor Beginn Ihres Beitrags diese Gliederung wissen!
8. Begleiten Sie Ihre Aussage durch bildhafte Darstellungen (Folien, Charts, Dias o. Ä.) oder Beispiele!
9. Verwandeln Sie einen Konflikt auf der Beziehungsebene nicht in einen Sachkonflikt – oder umgekehrt!
10. Beschuldigen Sie niemanden, suchen Sie lieber nach den Gründen für Abweichungen vom Ziel und nach Möglichkeiten, bessere Wege zu gehen!
11. Manövrieren Sie sich nicht in eine Sieg-Niederlage-Situation!

Die Visualisierung beschleunigt die Verarbeitungsgeschwindigkeit des menschlichen Gehirns um ein Beträchtliches. Die überwiegend auf sinnliche Wahrnehmung spezialisierte rechte Hälfte des Großhirns (rechte Hemisphäre) verarbeitet nämlich 10^{10} Impulse pro Sekunde, während die auf Wörter, Zahlen, Maße sowie auf Denken und Verstehen spezialisierte linke Großhirnhälfte sich schon mit acht Informationen pro Sekunde schwer tut. Arbeiten beide Gehirnhälften aber zusammen, lassen sich hohe Leistungen erzielen. Daraus wird in viel zu wenigen Konferenzen Gewinn gezogen.

Zudem wird das Potenzial an Kreativität, das die meisten Konferenzteilnehmer mitbringen, oft nicht einmal sporadisch aktiviert. Dabei leuchtet es ohne weiteres ein, dass Kreativität die Effizienz einer Konferenz erheblich steigert. Zwei Voraussetzungen müssen dafür jedoch immer gegeben sein: Zeit und Gelöstheit. Unter Druck und Aufsicht kann sich Kreativität nicht entfalten. Das ist unmittelbar einsichtig.

Es ist allerdings weniger die Logik, die weiterführt (Beispiel: Säure löst Kalk. Zitronen sind sauer. Also löst Zitronensäure Kalk). Vielmehr sind es gerade diejenigen Methoden, bei denen die Logik mithilfe bestimmter Spielregeln ausgeschaltet wird, die wirklich kreativ die neuen Ideen und Impulse zutage fördern. Die bekannteste Methode ist wohl das Brainstorming, bei dem es weder auf das Ordnen noch auf das Bewerten ankommt, sondern das allein im Sammeln spontaner Einfälle besteht. Andere Methoden lassen vor allem die Vielschichtigkeit der Probleme bewusst werden. Das gilt besonders für das so genannte vernetzte Denken, das zu den heute so dringend benötigten umfassenden, weil alle Faktoren eines Systems einbeziehenden Problemlösungen führt. Viele dieser Methoden werden heute unter dem von de Bono in den Achtzigerjahren eingeführten Begriff des ›lateralen Denkens‹ zusammengefasst. Besonders ergiebig, jedoch meist nur unter Anleitung zu erschließen, ist die ›Alpha-Kreativität‹, mit deren Hilfe es gelingt, die Ideenfülle des Unterbewusstseins und der freien Fantasie zu erschließen.

Konferenzen auswerten

In der Schlussphase der Konferenz fehlt erfahrungsgemäß ein wichtiges Segment, ohne das sich die Konferenzkultur nicht fortlaufend verbessern lässt. Gemeint ist die Erfolgskontrolle. Dabei geht es nicht allein darum zu kontrollieren, ob und inwieweit das Ziel, das man sich gesteckt hatte, auch erreicht worden ist. Vielmehr stehen im Zentrum einer so genannten *Metakonferenz,* also einer Konferenz über die Konferenz, noch zwei andere Fragen:

- Was ist (noch) nicht optimal gelaufen?
- Was kann beim nächsten Mal wie verbessert werden?

Keineswegs darf dabei irgendjemand zum Sündenbock gemacht werden, wenn die Dinge nicht nach Plan gelaufen sind. Ziel ist allein, für die nächste Zukunft aus Fehlern zu lernen. Das aber bedeutet, Unzufriedenheit zu benennen, Ursachen zu erforschen und Verbesserungsvorschläge zu machen. Eine solche Metakonferenz muss nicht länger als eine Viertelstunde dauern, sie ist aber langfristig zumeist ungemein wirkungsvoll für das Konferenzwesen.

Stattdessen oder zusätzlich könnte man daran denken, kurze, strukturierte Fragebögen auszugeben, wie es am Ende von Seminaren üblich ist, um den Teilnehmern Gelegenheit zu geben, ihrer Zufriedenheit oder Unzufriedenheit mit den für den Erfolg wichtigen Faktoren Ausdruck zu verleihen. Der Beurteilungsbogen für Seminare (s. S. 303) soll als Anregung dienen. Er ist insofern gleich in dreifacher Hinsicht aufschlussreich: Zunächst vermittelt er strukturierte Einzeleindrücke; dann zeigt die Auswertung aller Beurteilungen den Trend der Meinungen und schließlich lassen sich extreme Abweichungen als Einzelfälle erkennen, denen z. B. zu hohe, zu niedrige oder überhaupt falsche Erwartungen zugrunde liegen.

Die Phase der Auswertung und Erfolgskontrolle erstreckt sich jedoch auch noch über das Ende der Konferenz hinaus. Denn selbstverständlich gehört zu jeder Konferenz eine *Nachbereitungsphase.* Die Ergebnisse müssen formuliert, in Arbeitsaufträge verwandelt und die termingerechte Erledigung der Arbeitsaufträge kontrolliert werden. Ein wichtiges Instrument für diese Phase, die auch die Information Dritter über die Ergebnisse der Konferenz einschließt, ist das *Protokoll* (siehe Protokoll, S. 194 ff.). Bewährt hat sich in dieser Hinsicht eine Art von *Formular,* in dem nur festgehalten wird, wer was bis wann und mit welchem messbaren Ergebnis erledigen soll. Solch ein Formu-

Beurteilung des Seminars

Wie bewerten Sie die nachstehenden Segmente?	sehr gut	besser als gut	gut	ziemlich gut	befriedigend	ungenügend
Hilfen für die Praxis	☐	☐	☐	☐	☐	☐
Hilfen für den persönlichen Bereich	☐	☐	☐	☐	☐	☐
Wissen des Referenten	☐	☐	☐	☐	☐	☐
Die Art der Wissensvermittlung	☐	☐	☐	☐	☐	☐
Die Seminarunterlagen	☐	☐	☐	☐	☐	☐
Das persönliche Verhalten des Referenten	☐	☐	☐	☐	☐	☐
Das Hotel	☐	☐	☐	☐	☐	☐
Die Unterbringung	☐	☐	☐	☐	☐	☐
Die Verpflegung	☐	☐	☐	☐	☐	☐
Den Service	☐	☐	☐	☐	☐	☐
Den Tagungsraum	☐	☐	☐	☐	☐	☐
Die Organisation	☐	☐	☐	☐	☐	☐

Seminar: ________ vom ______ bis ______ in: ________ Seminarleiter: ________

Können Sie dieses Seminar empfehlen? ja ☐ nein ☐

Sonstige Bemerkungen:

____

____

Name und Firma des Teilnehmers/der Teilnehmerin (die Angabe ist freiwillig).

____

Füllen Sie bitte diese Beurteilung aus. Ihre Meinung und Ihre Anregungen sind uns wichtig.

lar kann bereits während der Sitzung handschriftlich ausgefüllt werden. Dadurch spart man Zeit und Arbeit, weil eine Liste der Arbeitsaufträge und eine Checkliste für die Terminverfolgung nicht mehr eigens aus dem Protokoll herausgezogen werden müssen. Als Ersatz für ein Protokoll ist dieses Formular allerdings nur bedingt geeignet, weil es die Ergebnisse nur teilweise und den Verlauf der Diskussion überhaupt nicht erfasst. Ein ähnlich bewährtes Instrument, das dabei hilft, die Nacharbeit zu rationalisieren, ist die *Offene-Punkte-Liste,* in die nach jeder Konferenz eingetragen wird, zu was sich wer bis wann verpflichtet hat. Diese Listen werden zu Beginn einer jeden neuen Konferenz desselben Teilnehmer- oder Themenkreises kontrolliert und besprochen, was die Durchführungsdisziplin im Allgemeinen sehr fördert. Auch mit der Verwaltung dieser Listen kann die Sekretärin oder Assistentin dazu beitragen, dass die Konferenzen in ihrem Unternehmen effizienter und damit kostensparender werden.[1]

[1] Weiterführende Literatur dazu: Werner Siegert: Wie führe ich meinen Vorgesetzten? Ehningen 1992; ders.: Führen ohne Konflikte? Ehningen 1994.

Reiseplanung

Erste Vorbereitungen

Geschäftsreisen haben auch im Zeitalter der Telekommunikation kaum abgenommen. Durch die internationalen Kontakte sind die deutschen Manager heute weltweit unterwegs. Dadurch werden die Anforderungen an alle Beteiligten immer höher, denn Geschäftsreisen erfordern eine systematische Vorbereitung, Durchführung und Auswertung. Der erfolgreiche Verlauf hängt sehr häufig von der sorgfältigen Organisation durch die Sekretärin ab. In großen Firmen gibt es eigene Reisestellen, die für die Besorgung von Flug- und Bahntickets sowie für Hotelreservierungen sorgen. In kleinen und mittleren Unternehmen kann die Sekretärin für die gesamte Abwicklung der Reise verantwortlich sein. Selbstverständlich kann sie auch noch externe Reisebüros einschalten, aber wichtig ist immer, dass sie selbst den richtigen Überblick behält und weiß, welche Sonderkonditionen und Möglichkeiten in Anspruch genommen werden können. Dabei sollten neben dem Kostenfaktor auch die Wünsche und Gewohnheiten des Reisenden berücksichtigt werden.

Damit die Sekretärin sich möglichst vielseitig informieren kann, sollte sie über folgende *Hilfsmittel* verfügen:

- Kursbuch und Städteverbindungen der Deutschen Bahn AG (heute meistens als CD-ROM eingesetzt)
- Flugpläne
- Entfernungstabellen
- Autokarten
- Hotelführer
- Stadtpläne
- Verzeichnis der Vertragswerkstätten und Werksniederlassungen für den Reise-PKW
- Telefonnummern der Autovermieter
- Telefonnummern der Rail & Road-Stationen, für den Taxi- und Gepäckträgerservice am Bahnhof sowie für Park & Rail-Parkplätze
- Weltzeituhr
- Verzeichnis ausländischer Feiertage
- Visabestimmungen
- Zollbestimmungen
- Impfvorschriften

Diese Informationsmaterialien nützen natürlich nur dann, wenn sie stets auf dem neuesten Stand sind. Für viele Informationen gibt es heute die passende CD-ROM, mit deren Hilfe effizienter gearbeitet werden kann. Wer Zugriff auf das Internet hat, kann die aktuellsten Informationen dort abrufen. Insbesondere für Flugreisen lassen sich auf diesem Wege preisgünstigere Angebote nutzen. Einreise- und Einfuhrbestimmungen ändern sich so oft und so unvorhersehbar, dass es sinnvoll ist, sich vor jeder Auslandsreise bei einem großen Reisebüro oder der Industrie- und Handelskammer darüber zu erkundigen. Wer öfter mit der Organisation von Geschäftsreisen befasst ist, sollte sich regelmäßig durch die Lektüre von Fachliteratur bzw. -zeitschriften auf dem Laufenden halten.

Neben den genannten Hilfsmitteln kann sich jede Sekretärin selbst eine oder mehrere *Informationsmappen* oder Datenbanken (evtl. nach Ländern geordnet) zusammenstellen, worin sie folgende Informationen sammelt und ständig aktualisiert:

- Hotels (Adresse, Telefon- und Telefaxnummer, Ausstattung, bevorzugte Zimmer, Preiskategorie)
- Restaurants (Adresse, evtl. Spezialitäten, Ruhetag)
- Geschäftspartner (Anschrift, Telefon- und Telefaxnummer, evtl. besondere Interessen, Geschenke, Familienstand)
- besondere Kontaktstellen
- Reisekostenbestimmungen

Die Organisation von Geschäftsreisen wird wesentlich erleichtert durch den Einsatz einer *Checkliste.* Bewährt hat es sich, eine umfassende Checkliste für alle infrage kommenden Fälle zu erstellen und auch diese ständig aktuell zu halten. (Ein Beispiel steht gewissermaßen als Zusammenfassung am Ende dieses Kapitels auf S. 332.) Aus dieser Standardliste kann man dann (z. B. mithilfe des Computers) jeweils eine Liste herausfiltern, die nur das enthält, was auch für die konkrete Reise organisiert, besorgt und berücksichtigt werden muss. Deshalb beginnt auch jede Reisevorbereitung damit, dass geklärt wird, *wer wann weshalb wohin womit reisen will.* Erst wenn die Sekretärin ausführliche Antwort auf diese Fragen erhalten hat, kann sie mit den Details der Reisevorbereitung beginnen. Bevor die Reiseroute festgelegt wird, müssen die Termine mit den Geschäftspartnern abgestimmt werden; die zur Verfügung stehende Zeit, die Entfernung und die Menge des benötigten Gepäcks beeinflussen die Wahl des Verkehrsmittels; die Wahl des Verkehrsmittels zieht wiederum eine Reihe weiterer Überlegungen nach sich usw.

Hotelreservierung

Das Hotelangebot reicht in den meisten Städten von einfachen bis zu Luxushotels mit den jeweils entsprechenden Preisen. Größere Unternehmen haben Verträge mit Hotelketten über ein bestimmtes Zimmerkontingent und erhalten dafür Vorzugspreise, die so genannte ›Corporate Rate‹. Aber auch Reise- oder Hotelreservierungsbüros bieten möglicherweise günstigere Preise an. Deshalb sollte eine mit Reisevorbereitungen beauftragte Sekretärin auf alle Fälle einige Aufmerksamkeit auf die Buchung verwenden, um ihrem Unternehmen Kosten zu ersparen. Inzwischen gibt es *Hotelführer auf Diskette* und auf CD-ROM, die in der Regel vierteljährlich aktualisiert werden. Ihr großer Vorteil ist, dass man auch unbekannte Hotels in einer bestimmten Region ausfindig machen kann, die den besonderen Ansprüchen und Anforderungen des Reisenden gerecht werden. Der Reservierungswunsch kann dann dem Hotel direkt vom Computer aus (bei entsprechender technischer Ausstattung) per Telefax übermittelt werden. Viele große Hotels, insbesondere die großen Hotelketten sowie Hotelreservierungsdienste, sind heute über Internet oder telefonisch über den kostenlosen 0130-Service zu erreichen. Über diesen Telefondienst können auch Buchungen für die der Kette angeschlossenen Häuser im Ausland vorgenommen werden. Auf jeden Fall sollte die Sekretärin darauf achten, dass ihr die Reservierung mit allen vereinbarten Details schriftlich bestätigt wird.

Bei jeder Zimmerreservierung sollten besondere Wünsche (Nichtraucherzimmer, ruhige Lage o. Ä.) deutlich genannt werden. Ist damit zu rechnen, dass die Anreise nach 18:00 Uhr erfolgt, so muss das ebenfalls mitgeteilt werden, da nach deutschem Recht reservierte Zimmer ab 18:00 Uhr anderweitig vergeben werden dürfen. Vielfach lassen sich die Hotels in diesem Fall die Kreditkartennummer geben, um das gebuchte Zimmer in Rechnung stellen zu können, wenn es dann doch nicht in Anspruch genommen wird. Nach neuester Rechtsprechung muss ein vorbestelltes Hotelzimmer bezahlt werden, wenn es nicht benutzt wird. Allerdings kann der Hotelier nicht den vollen Preis verlangen, sondern muss die eingesparten Aufwendungen davon abziehen – bei einer Übernachtung 20%, bei vereinbarter Vollpension 40% des Preises. Manchmal machen aber Hotels aus Kulanzgründen keinen Gebrauch von dieser Regelung, vor allem wenn es sich um Stammkunden handelt. Eine rechtzeitige Stornierung erspart jedoch allen Beteiligten Unannehmlichkeiten.

Im Geschäftsverkehr mit Hotels werden vielfach internationale Fachausdrücke verwendet, von denen die wichtigsten in der folgenden Übersicht enthalten sind.

Wichtige Fachausdrücke bei Hotelbuchungen

Allotment	›Kontingent‹ – Teil einer Zimmerkapazität, die zur festen Disposition übernommen wird
American Breakfast	Continental Breakfast mit Eiern, Schinken, Wurst, Säften
AP – American Plan	Übernachtung, Frühstück, 2 Mahlzeiten (Vollpension)
Commission	Provision für die Vermittlung von Dienstleistungen an dritte Unternehmen, die für den Auftraggeber bei Bezahlung der Leistung fällig wird
Continental Breakfast	Brot, Brötchen, Butter, Marmelade, Kaffee/Tee
Corporate Rate	Sonderpreis/Ermäßigung für Firmen und Organisationen, gekoppelt mit einer bestimmten Mindestabnahme von Hotelübernachtungen
CP – Continental Plan	Übernachtung mit Frühstück

Wichtige Fachausdrücke bei Hotelbuchungen

CRS	Computerreservierungssystem
Deadline	letzter Termin für eine Option
EP – European Plan	Übernachtung ohne Frühstück
French Bed	Doppel- oder überbreites Einzelbett
Garantierte Reservierung	Buchungen, die dem Erbringer der Dienstleistung die Bezahlung auch bei Nichtinanspruchnahme garantieren
Kingsize	Doppelbett, ca. 160 cm breit
Local Companyrate	bilateraler Firmentarif, Sonderpreis für Übernachtungen im Hotel für die Angehörigen von Firmen oder Organisationen, festgelegt für einen bestimmten Zeitraum und eine bestimmte Höhe, ein entsprechendes Geschäftsaufkommen vorausgesetzt. Die Rate gilt auch während Messen und wird nur durch die Bündelung des Übernachtungsaufkommens erreicht.
Maximum Rate	Höchstpreis eines Hotelzimmers (auch Toprate genannt)
Minimum Rate	Mindestpreis eines Hotelzimmers
Moderate Rate	mittlerer Zimmerpreis
No-Show	Avisierter, aber ausbleibender Gast, der nicht abgemeldet wurde, was eine mögliche Leerbettgebühr (Reservierungsrechnung) in Höhe des reinen, vereinbarten Übernachtungspreises ohne Frühstück und unter Abzug von mindestens 20 % nach sich ziehen kann
Option	Toleranzzeitraum, der einem (Kauf)interessenten bis zu einem vereinbarten Termin für eine Entscheidung eingeräumt wird
Queensize	Doppelbett, ca. 140 cm breit
Rack Rate	im Hotelführer (Dehoga, Michelin, Varta usw.) veröffentlichter Zimmerpreis
Roomnight/Bednight	Zähleinheit für Übernachtungen pro Zimmer oder pro Person
Twin	Doppelzimmer mit getrennten Betten

Reisen mit dem Auto

Wenn der Verkehr auf den Straßen auch immer dichter wird, so bleibt das Auto doch nach wie vor ein beliebtes Verkehrsmittel für Geschäftsreisen, insbesondere innerhalb Deutschlands und vor allem dann, wenn Geräte oder schweres Gepäck mitgenommen werden müssen. Dabei gibt es folgende Möglichkeiten:

- Der Reisende fährt mit seinem eigenen Wagen
- Der Reisende fährt mit einem Firmenwagen
- Der Reisende fährt mit Firmenwagen und Chauffeur
- Der Reisende benutzt einen Leihwagen

Für diese vier Fälle sind jeweils unterschiedliche Papiere erforderlich, für die der Reisende selbst verantwortlich ist. Allerdings ist es ratsam, wenn die Sekretärin ihn daran erinnert und bei besonderen Auslandsvorschriften die benötigten Papiere beschafft. Auch hier hilft wieder eine Checkliste, die sie ihrem Chef vorlegt.

Reisen mit dem Auto

Benötigte Papiere	vorhanden
Kraftfahrzeugschein	☐
(ggf. internationaler) Führerschein	☐
Triptik oder Carnet des Passages (bei ADAC oder AvD erhältlich)	☐
Kraftfahrzeugschutzbrief	☐
Europäisches Unfallberichtsformular	☐
Autokarten	☐
Verzeichnis der Notfalldienste und Pannenhilfen	☐
wichtige Telefonnummern (falls Telefon im Auto)	☐
Vollmacht für ein fremdes Fahrzeug im Ausland (Firmen-, Leihwagen)	☐

Reisen mit der Bahn

›Doppelt so schnell wie das Auto und halb so schnell wie das Flugzeug‹ – dieses Motto der Bahn spielt zunehmend auch in den Sekretariaten eine Rolle, wenn es darum geht, die Reisepläne von Mitarbeitern und Vorgesetzten zu koordinieren. Welches Verkehrsmittel gewählt wird, entscheidet sich nicht selten anhand der Kategorie Zeitgewinn, denn Zeitgewinn bedeutet vor allem Gewinn an Arbeitszeit. Gerade hier ist die Bahn auf dem besten Wege, zumindest auf mittleren Entfernungen zwischen 400 und 500 Kilometern ihren Konkurrenten den Rang abzulaufen, nämlich dem Straßen- und dem Luftverkehr, die beide unter einer wachsenden Verkehrsdichte leiden und den Reisenden durch Staus und Warteschleifen oft Zeit und Nerven kosten.

Die Züge der Bahn

Seit die Bahn 1991 ihre *InterCityExpress-Züge* (ICE) auf ihren (meist neuen) Hochgeschwindigkeitsstrecken einsetzt, kann sie im Personenfernverkehr zweistellige Zuwachsraten verzeichnen. Gerade für Geschäftsreisende schlägt hier der Zeitvorteil zu Buche. Mannheim und Stuttgart liegen mit dem ICE nur noch 39 Minuten auseinander, während man für die 100 km zuvor noch eine Stunde und 17 Minuten brauchte. Von Frankfurt am Main nach Stuttgart (203 km) dauert die ICE-Fahrt noch eine Stunde und 23 Minuten und damit 48 Minuten weniger als früher.

Doch nicht allein in der kurzen Fahrzeit liegt der Gewinn. Der vollklimatisierte ICE bietet außer einem hohen Maß an Komfort und Bequemlichkeit Einrichtungen, die besonders auf den Geschäftsreisenden zugeschnitten sind. Für Besprechungen während der Fahrt steht ein Konferenzabteil für bis zu vier Personen zur Verfügung, das überdies mit einer elektrischen Schreibmaschine, einem Kopier- und einem Telefaxgerät, mit Funktelefon und PC-Anschlüssen ausgestattet ist. Über Eurosignal und Anrufbeantworter sind auch Verbindungen von außen möglich. Die Telefonnummern der Züge enthält das Kursbuch. Sie sind auch im elektronischen Kursbuch auf CD-ROM enthalten. Die Vorwahl ist für alle einheitlich (01 61) 36 25, daran schließt dann die dreistellige Kennzahl für den entsprechenden Zug an. Unter derselben Nummer kann das Konferenzabteil auch über Fax erreicht werden. Kartentelefone gibt es in allen ICE, IC/EC und in fast allen IR. Karten sind beim Zugpersonal erhältlich.

Andererseits kann man die Reisezeit auch zur Entspannung nutzen – sei es zum Lesen, zum Nachdenken oder zum Musikhören. Es besteht die Möglichkeit, zwischen drei Rundfunksendern und drei bordeigenen Musikprogrammen zu wählen und diese über Kopfhörer zu empfangen, die man selbst mitbringen oder im Zug kaufen kann. Zudem gibt es in der 1. und 2. Klasse je einen Wagen mit Videobildschirmen. Schließlich bietet die MITROPA in ihren ›BordRestaurants‹ Speisen und Getränke, wobei in der 1. Klasse Getränke und kleine Gerichte auf Wunsch auch am Platz serviert werden.

Auch wenn der ICE sicher die schnellste Verbindung ist, so sind *InterCity* (IC) und *EuroCity* (EC) zweifellos die wichtigsten Zugtypen im Fernverkehr. Denn die rund 450 IC- und EC-Züge verbinden mehr als 40 Städte Deutschlands im Stundentakt, d. h., sie fahren, wie auch der ICE, in jeder Stunde zur gleichen Minute. Mit diesem Taktfahrplan wird den ganzen Tag über ein Angebot gewährleistet, das dem Reisenden ein hohes Maß an terminlicher Flexibilität erlaubt. Während der IC nur innerhalb Deutschlands verkehrt, reicht das EC-Netz von Oslo bis Madrid, von Paris nach Berlin und Budapest, von Amsterdam bis Rom.

Das Netz der schnellen Fernzüge wird durch zahlreiche InterRegio-Verbindungen ergänzt. *InterRegio-*Züge haben vor allem Zubringerfunktion, fahren im Zweistundentakt und sind die Nachfolger der früheren *D-Züge,* die allerdings noch im internationalen Verkehr von großer Bedeutung sind. Zur Legende geworden sind D-Züge, die auf den langen Ost-West- bzw. Nord-Süd-Strecken unterwegs sind, wie der Orient-Express von Paris nach Budapest, der Moskwa-Express (Moskau–Berlin–Moskau), der Italia-Express (Rom–Köln–Rom) usw.

In Deutschland verkehren schließlich werktags etwa 32 000 *Nahverkehrszüge.* Mit ihnen fahren jährlich etwa 1,2 Mrd. Menschen. Dabei zeichnen sich vor allem die S-Bahnen in den Ballungsräumen durch eine dichte Zugfolge aus. Dort, wo sich der Aufbau eines S-Bahn-Systems in einem Ballungsraum nicht lohnt, fährt der StadtExpress (SE) mindestens im Stundentakt, im Berufsverkehr häufiger. Die RegionalBahn (RB) ist das Angebot für den Berufs-, Schüler- und Freizeitverkehr auf Strecken mit geringen Fahrgastzahlen. Sie stellt die Verbindung zur nächsten Kreisstadt oder zum nächsten größeren Bahnhof mindestens im Zweistundentakt her. Darüber hinaus hat der Regional-Express (RE) in vielen Gebieten den Eil-, teilweise auch den D-Zug abgelöst. Er ist gedacht als das schnelle Verkehrsmittel für die Region, reicht also über den eigentlichen Nahverkehrsbereich hinaus. Zunehmend werden so genannte Neigezüge eingesetzt, die sich, ähnlich einem Motorradfahrer, in die Kurve legen können und damit bis zu 20% schneller fahren als herkömmliche Züge.

Nicht jede Reise lässt sich an einem Tag bewältigen, und aus Zeitgründen kann es gerade auch für Geschäftsreisende sinnvoll sein, über Nacht zu fahren, um am nächsten Morgen am Zielort zu sein. Deshalb sind die Fahrpläne der *Nachtzüge,* wo immer es möglich ist, so gestaltet, dass die Abfahrt am späten Abend erfolgt und die Ankunft am Morgen einen vollen Aufenthaltstag am Ziel garantiert. In den Nachtzügen schaffen *Schlaf- und Liegewagen* die Möglichkeit, einigermaßen erholt am Bestimmungsort anzukommen. Bei den Schlafwagen besteht die Wahl zwischen Ein-, Zwei- und Dreibettabteilen. Jedes Abteil hat eine Waschgelegenheit, und die meisten Wagen sind auch mit einer Dusche ausgestattet. Neben der Fahrkarte 1. oder 2. Klasse kostet der Schlafwagenplatz in innerdeutschen Verbindungen je nach Komfort zwischen 60 und 180 DM. Wer sich mit weniger Komfort zufrieden gibt, kann für die Nachtreise auch einen Platz im Liegewagen buchen. In Abteilen mit vier Liegen kostet der Platz 38 DM, bei sechs Liegen nur 26 DM. Liege- und Schlafwagenplätze können schon ein Jahr vor dem Reisetag bestellt werden.

Besonderen Komfort bieten die *ICN-Züge* (InterCityNight), die als Hotelzüge auf den Strecken Berlin–Bonn, Berlin–München und München–Hamburg eingesetzt sind. Die Züge führen eine Komfortklasse mit zwei Betten, Dusche und Toilette im Abteil und eine Touristklasse mit Sitzplatzwagen. Das

Fahrplanauskunft

Am 16. 06. 1997 von Wiesbaden Hbf nach Landau(Pfalz)Hbf

		Fahrt 1	Fahrt 2	Fahrt 3	Fahrt 4
Abfahrt:		12:30 16.06.	12:30 16.06.	12:46 16.06.	13:30 16.06.
Ankunft:		14:14 16.06.	14:44 16.06.	14:57 16.06.	15:44 16.06.
Fahrtdauer:		1 Std 44 Min	2 Std 14 Min	2 Std 11 Min	2 Std 14 Min
Tarifkm:		132	183	132	183
Preis DM (1./2. Kl):		51,00/34,00[a)]	72,00/48,00[a)]	51,00/34,00[a)]	72,00/48,00[a)]
mit BahnCard:		25,50/17,00[a)]	36,00/24,00[a)]	25,50/17,00[a)]	36,00/24,00[a)]
Umsteigevorgänge:		3	2	3	2
Gültigkeit:		täglich	täglich	Mo–Fr	täglich
		Zeit Linie	Zeit Linie	Zeit Linie	Zeit Linie
Wiesbaden Hbf	ab	12:30 SE 6325[b)]	12:30 SE 6325[b)]	12:46 S[e)]	13:30 SE 6327[b)]
Mainz Hbf	an	12:40	12:40	12:57	13:40
Mainz Hbf	ab	12:46 EC 3[c)]	12:46 EC 3[c)]	13:14 IC 715[d)]	13:46 EC 109[d)]
Mannheim Hbf	an	13:25		13:52	
Mannheim Hbf	ab	13:30 SE 3316		13:58 SE 3164[b)]	
Karlsruhe Hbf	an		13:57		14:57
Karlsruhe Hbf	ab		14:09 RE 15618[b)]		15:09 RE 15620[b)]
Neustadt(Weinstr)Hbf	an	13:59		14:31	
Neustadt(Weinstr)Hbf	ab	14:03 RE 15619[b)]		14:36 RB 6171	
Landau(Pfalz)Hbf	an	14:14	14:44	14:57	15:44

Bemerkungen

a) Preis zzgl. EC/IC-Zuschlag
b) Fahrradmitnahme begrenzt mögl.
c) Bitte reservieren, Zugrestaurant, Kleinkindabteil, Zugang für Rollstuhlfahrer
d) Bitte reservieren, Zugrestaurant, Zugtelefon, Kleinkindabteil, Zugang für Rollstuhlfahrer
e) Richtung Offenbach(Main)Ost

Auszug aus dem Kursbuch

Zeichenerklärung

ICE InterCityExpress
Die Hochgeschwindigkeitszüge der Deutschen Bahn. Mit besonderem Fahrpreis

EC EuroCity
Reisezüge europäischer Bahnen mit international festgelegtem Standard. Zuschlagpflichtig

IC InterCity
Bequeme Reisezüge, die alle großen Städte miteinander verbinden. Zuschlagpflichtig

ICN InterCityNight
Hotelzüge auf den Strecken Berlin–München und Berlin–Bonn. Mit besonderem Fahrpreis

EN EuroNight
Nachtzüge mit international festgelegtem Standard. Besonderer Zuschlag für Bett- und Liegeplätze inklusive Serviceleistung.

CityNightLine
Züge verkehren auf den Strecken Dortmund–Wien, Hamburg–Zürich und Berlin–Zürich sowie als Kurswagen Dresden–Zürich. Mit besonderem Fahrpreis

IR InterRegio
Moderne Reisezüge, die regionale Zentren miteinander verbinden

D Schnellzug

RE der RegionalExpress
dient der schnellen Beförderung zwischen der Region und den Zentren. Er schließt die Lücke zwischen dem InterRegio und dem kleinräumigen Nahverkehr.

RB RegionalBahn
schafft Verbindung in der Fläche und übernimmt die Zubringerfunktion zum RegionalExpress. Sie hält in der Regel auf allen Bahnhöfen.

† Fährt an Sonntagen und folgenden allgemeinen Feiertagen: Neujahr, Karfreitag, Ostermontag, 1. Mai, Christi Himmelfahrt, Pfingstmontag, 3. Oktober, 1. und 2. Weihnachtstag

⚒ Fährt an Werktagen

Züge mit der folgenden Angabe des Wochentages fahren auch, wenn dieser Tag auf einen Feiertag fällt:

① Montag
② Dienstag
③ Mittwoch
④ Donnerstag
⑤ Freitag
⑥ Sonnabend (Samstag)
⑦ Sonntag

Bei Zügen, die über Nacht fahren, ist der Verkehrstag vor und nach Mitternacht angegeben.

Beispiel:

①/② Nacht von Montag zu Dienstag

Frühstück ist im Preis inbegriffen. Das Besondere: Der Reisende kann sein Auto, Motorrad oder Fahrrad mitnehmen. Die Preise reichen von 84 bis 349 DM.

Als *EN-Züge* (EuroNight) verkehren Nachtreisezüge auf internationalen Verbindungen mit modernen klimatisierten Wagen. Als *CNL* (CityNightLine) fahren sie täglich zwischen Dortmund und Wien, zwischen Hamburg und Zürich sowie zwischen Berlin und Zürich.

Fahrpläne und Reiseplanung

Während die Sekretärin bei der Vorbereitung einer Autoreise in der Regel höchstens die Fahrtroute zusammenstellen muss, erfordern Bahnreisen etwas umfangreichere Arbeiten. Dazu gehört, dass sie zunächst die günstigste Zugverbindung mit den genauen Abfahrts-, Umsteige- und Ankunftszeiten feststellen muss, dann die Fahrkarte (evtl. mit den erforderlichen Zuschlägen z. B. für den IC) besorgt und schließlich Plätze reserviert.

Woher bezieht sie nun die nötigen Informationen? Zunächst einmal enthält das *Kursbuch* der Bahn alles, was für eine Reise wichtig ist, bis in Details, die weit über die Informationen zum Zuglauf hinausreichen (siehe Abb. auf S. 311). Die zahlreichen Fahrplantabellen, die jeweils die Züge auf einer Strecke mit deren Verzweigungen und Anschlüssen enthalten, sind mit einer Streckennummer gekennzeichnet, die sich im Verzeichnis der Bahnhöfe und den Streckenübersichtskarten wieder findet. Darin besteht das ganze Geheimnis des Kursbuchlesens.

Doch wem es zu mühsam ist, sich durch fast 2800 Seiten Kursbuch zu ›wühlen‹, für den gibt es handlichere Ausgaben. Vor allem die *Städteverbindungen* sind übersichtlich aufgebaut, einfach zu benutzen und reichen in der Regel völlig aus, wenn es nur um gelegentliche Reisen zwischen deutschen Groß- und Mittelstädten geht. Für ein Sekretariat, das viele Bahnreisen zu organisieren hat, lohnt es sich allemal, das *elektronische Kursbuch* auf CD-ROM oder auf Diskette (kleinere Ausgabe) anzuschaffen. Es genügt dann, lediglich Abfahrts- und Zielort sowie die gewünschte Abfahrts- oder Ankunftszeit einzugeben, und in Sekundenschnelle erscheinen die infrage kommenden Verbindungen auf dem Bildschirm. Zudem kann man noch bestimmte Prioritäten (möglichst durchgehender Zug, schnellstmögliche Verbindung usw.) setzen, nach denen die entsprechenden Züge ausgewählt werden sollen. Der gesamte Fahrplan und die Preise der Deutschen Bahn sind auch über T-Online*DB#, über CompuServe ›go bahn‹ oder über Internet ›http://www.bahn.de‹ abrufbar.

Wer selten Bahnreisen organisieren muss und wem alle diese Hilfsmittel zu umständlich sind, erhält detaillierte *Auskünfte* bei den Fahrkartenausgaben, Reisezentren der Bahn, DER-Reisebüros und Agenturen der Bahn. Darüber hinaus gibt es für Zugauskünfte an vielen Orten einen Fernsprechansagedienst der Post, dessen Telefonnummer man aus dem Telefonbuch erfährt, und eine fernmündliche Auskunft unter der Einheitsrufnummer 19419.

Zuganschlüsse sind im Allgemeinen dann gewährleistet, wenn im Fahrplan zwischen der Ankunft des einen und der Abfahrt des anderen Zuges mindestens fünf Minuten liegen. Für den EuroCity und den InterCity bestehen untereinander Zuganschlüsse schon innerhalb von vier Minuten; bei Verspätungen gelten besondere Regelungen.

Die Züge, die gewissermaßen Zubringerdienste leisten, also z. B. die RegionalBahn, haben in den Bahnhöfen des Fernverkehrs stets Anschlüsse an den ICE, EC, IC und IR. Das gilt allerdings nicht für S-Bahnen, da sie meist in so rascher Folge fahren, dass ohnehin keine langen Wartezeiten entstehen.

Wenn es um die Bequemlichkeit beim Bahnfahren geht, spielen nicht nur schnelle Zuganschlüsse und geringe Wartezeiten, sondern auch ein problemloses *Umsteigen* eine Rolle. Die Bahn versucht, ihre Fahrpläne und die ›Fahrordnung‹ in ihren Bahnhöfen so zu gestalten, dass Züge, die sich gegenseitig Anschlussreisende bringen, möglichst am selben Bahnsteig ein- und abfahren. Dies bietet dem Reisenden kurze Wege von einem Zug zum anderen, vermeidet das lästige Treppensteigen und bringt der Bahn den Vorteil kurzer Aufenthalte. Bei IC/EC und ICE ist es die Regel, dass auf Anschlussbahnhöfen die ›korrespondierenden‹ Züge nicht nur am selben Bahnsteig halten, sondern die Wagen so gereiht sind, dass sich die der 2. und der 1. Klasse direkt gegenüberstehen, sodass ein Umsteigen sogar innerhalb von einer Minute möglich ist.

Bei Fernreisen ist es ratsam, einen Sitzplatz zu reservieren, da die Fernzüge oft gut ausgelastet sind. Dies ist für alle Züge des Fernverkehrs möglich. Meist wird man die *Platzreservierung* mit dem Fahrkartenkauf verbinden. Doch kann man Platzkarten auch schon bis zu zwei Monate vor Reiseantritt besorgen, was insbesondere in Ferienzeiten und zu den Feiertagen, die gerne zu einem verlängerten Wochenende genutzt werden, empfehlenswert ist. Wer im ICE 1. Klasse fährt, kann andererseits noch bis zur letzten Minute reservieren. Die Platzkarte liegt dann bei der Fahrkartenausgabe zur Abholung bereit. Ansonsten sollte man, um sicherzugehen, die Reservierung spätestens einen Tag vor Reisebeginn vornehmen lassen. Die Gebühr beträgt 3 DM bei gleichzeitigem Fahrscheinkauf, sonst 9 DM. Umbuchungen kosten 3 DM.

Bei der Reservierung werden nach Möglichkeit die Wünsche des Reisenden berücksichtigt. Eine Sekretärin, die Sitzplätze reservieren lässt, sollte deshalb wissen, ob der betreffende Mitarbeiter oder Vorgesetzte in der 1. oder 2. Klasse reist und ob er

- im Raucher- oder im Nichtraucherabteil
- im Abteil oder im Großraumwagen
- am Fenster oder zum Gang hin (Fensterplätze sind im Abteil die schöneren, während Plätze am Gang im Großraumwagen mehr Beinfreiheit bieten)

sitzen möchte. Darüber hinaus kann sie bei der Reservierung angeben, dass man am Tisch im Großraumwagen oder im ICE-Wagen mit Video einen Platz haben möchte. Immer mehr Züge verfügen über besondere Einrichtungen für Schwerbehinderte und Rollstuhlfahrer. Auch daran sollte die Sekretärin ggf. denken.

Auf der Platzkarte sind die Wagen- und die Platznummer vermerkt, sodass der Reisende mithilfe des Wagenstandsanzeigers am Bahnsteig herausfinden kann, in welchem Bahnsteigabschnitt sein Wagen zum Halten kommen wird. Das ist vor allem deshalb von Vorteil, weil die Fernzüge oft nur eine Minute Aufenthalt haben. Seinen reservierten Platz muss der Fahrgast spätestens eine Viertelstunde nach Abfahrt des Zuges belegt haben, sonst verfällt die Reservierung. Dies gilt übrigens auch, wenn er unterwegs seinen Platz verlässt, um beispielsweise in den Speisewagen zu gehen. Das Handgepäck im Gepäcknetz genügt als dauerhafte Platzbelegung nicht. Andererseits ist der Reisende nicht verpflichtet, seinen reservierten Platz einzunehmen.

Wer so kurzfristig reisen muss, dass er nicht mehr reservieren lassen kann, hat es bisweilen schwer, einen freien, nicht reservierten Platz zu finden. Er sollte dann den Reservierungszetteln entnehmen, welche Plätze nur für Teilstrecken belegt sind. Hilft dies auch nicht weiter, empfiehlt es sich, einfach nach Abfahrt des Zuges nach einem zwar reservierten, aber nicht belegten Platz Ausschau zu halten. Dieser Tipp darf weitergegeben werden.

Um dem Reisenden die Bahnfahrt zu erleichtern, ist es nützlich, dass die Sekretärin ihm einen kleinen Plan schreibt, auf dem die Abfahrts- und Ankunftszeiten, die Umsteigebahnhöfe, die Namen der Züge und die Platzreservierungen vermerkt sind. Nach Möglichkeit sollte sie noch einen Ausweichzug dazu notieren, falls der Reisende den vorgesehenen Zug verpassen sollte.

Fahrplan für den 10. 08. 97

Bahnhof	Zeit	Zug	Reservierung Wagen	Platz
Bielefeld Mannheim	ab 11:48 an 16:25	IC 501 ›Schauinsland‹	74	71
Mannheim Stuttgart	ab 16:29 an 17:02	ICE 797 ›Otto-von-Bismarck‹	4	73
Stuttgart Tuttlingen	ab 17:08 an 19:21	RE 6517	–	–

Fahrpreise und Fahrkarten

In der 1. Klasse bezahlt man die Hälfte mehr, also 150% des Preises für die 2. Klasse. Der Preis für Hin- und Rückfahrt beträgt das Doppelte vom einfachen Fahrpreis. Dazu kommen je nach Zugart noch pauschale Zuschläge.

Mit der Einführung des ICE hat die Bahn begonnen, *Relationspreise* zu berechnen. Zugrunde gelegt werden dabei nicht nur die Entfernung, die

Wagenklasse und die Zugart, sondern auch die Nachfrage auf dem betreffenden Streckenabschnitt, der Komfort und der Zeitgewinn gegenüber anderen Zügen und anderen Verkehrsmitteln. Diese so genannten Relationspreise werden vor allem für den ICE berechnet. So kostet die Fahrt 2. Klasse im ICE von Stuttgart nach Frankfurt am Main (203 km) 78 DM, während man für den IC oder EC nur 64 DM bezahlen muss. Denn zum einen ist der ICE mit einer Reisezeit von 81 Minuten deutlich schneller als der IC bzw. EC, der fast zwei Stunden benötigt. Zum anderen ist die Bahn dem Konkurrenten Pkw auf dieser Strecke weit überlegen, da die parallel verlaufende Autobahn ständig überlastet ist. Wer jedoch von Stuttgart nach München (240 km) fährt, zahlt für den ICE nur 8 DM mehr als die 69 DM für IC oder EC, weil die Strecke noch nicht den hohen Geschwindigkeiten des ICE entsprechend ausgebaut ist und sich deshalb die Fahrzeiten kaum unterscheiden. Der Vorteil des ICE liegt hier bislang nur im höheren Komfort.

Da es bei Geschäftsreisen – und nicht nur da – sehr darauf ankommt, die Kosten niedrig zu halten, ist es wichtig, die breite Palette von *Ermäßigungen* zu kennen, die die Bahn anbietet und die, wenn sie konsequent genutzt wird, die Bahnfahrt auch von der Kostenseite her empfiehlt. Die wohl wichtigste Möglichkeit, günstig mit der Bahn zu fahren, bietet die *BahnCard,* die es seit 1992 für die 1. und 2. Klasse gibt. Die Grundkarte kostet 480 bzw. 240 DM, gilt ein Jahr und berechtigt dazu, Fahrkarten zum halben Preis zu lösen. Von daher amortisiert sie sich oft schon bei der zweiten längeren Fahrt. (Zusätzlich gibt es übrigens Varianten für Ehepartner, Schüler, Studenten und Senioren, die nur 120 bzw. 240 DM, und für Kinder und Jugendliche, die nur 60 bzw. 110 DM kosten.)

Die BahnCard ist auch als DB/Citibank VISA BahnCard (Kreditkarte) bzw. als DB/Citibank Electron BahnCard (Guthabenkarte) erhältlich. Alle Fahrkartenausgaben und Agenturen der Deutschen Bahn AG mit elektronischem Fahrscheinverkauf sowie alle VISA-Electron-Akzeptanzstellen im In- und Ausland akzeptieren sie als bargeldloses Zahlungsmittel. Die Zahlungsfunktion ist im Preis der BahnCard enthalten.

Für Geschäftsreisende und Vielfahrer werden jedoch noch weitere Tickets angeboten. Zunächst gibt es das *Großkunden-Abonnement* (GKA), das besonders für Firmen, Behörden, Verbände und andere Organisationen gedacht ist. Es ist in drei Wertkontingenten von 3000, 12000 und 30000 DM erhältlich, für die aber nur 2550, 9900 bzw. 24000 DM bezahlt werden. Es bietet mithin einen Rabatt von bis zu 20%. Der Bahnkunde stellt die Fahrkarten, die er en bloc bekommen hat, selbst aus – auch für mehrere Reisende –, bis das Kontingent aufgebraucht ist.

Netzkarten gibt es zunächst für das Gesamtnetz. Das Streckennetz der Deutschen Bahn AG ist daneben auch in mehrere, einander überschneidende Teilnetze eingeteilt, für die ebenfalls entsprechende Netzkarten angeboten werden. Netzkarten werden dabei grundsätzlich unterschieden in die Kategorien

- persönliche NetzCard
- übertragbare NetzCard
- Monatsnetzkarte

Die *übertragbare NetzCard* für das gesamte Streckennetz wird an Firmen, Verbände und Behörden ausgegeben. Sie wird auf den Namen des Kostenträgers ausgestellt und ist deshalb nicht an bestimmte Personen gebunden, darf jedoch jeweils nur von einer Person zur Fahrt benutzt werden. Die persönlichen Netzkarten werden an jedermann ausgegeben, auf den Namen des Inhabers ausgestellt und mit dessen Lichtbild versehen. Die Netzkarten gelten in allen Reisezügen, ausgenommen Sonderzüge und Autoreisezüge. Die übertragbare NetzCard für das gesamte Streckennetz kostet in der 2. Klasse 11 942 DM, in der 1. Klasse 17 913 DM, die persönliche NetzCard 7 250 DM bzw. 10 900 DM. Übrigens stellen manche Unternehmen ihren Mitarbeitern die übertragbaren Netzkarten auch für Fahrten am Wochenende zur Verfügung.

Monats- und Wochenkarten gibt es für beliebig viele Fahrten zwischen zwei Orten an allen Tagen während der Geltungsdauer. Die Monatskarte erreicht gegenüber dem normalen Fahrpreis je nach Entfernung eine Ermäßigung von fast 70%, die Wochenkarte von 60%. Das bedeutet, dass sich die Monatskarte schon nach zehn Tagen, die Wochenkarte schon zur Wochenmitte hin amortisiert. An Samstagen können Monatskartenbesitzer unentgeltlich bis zu 4 weitere Personen mitnehmen. Die *Jahreskarte* ist ein weiteres Angebot für beliebig häufige Fahrten zwischen zwei bestimmten Orten. Sie ist zum Preis von 9,5 Monatskarten erhältlich. Ähnlich funktioniert das *Stammkunden-Abonnement.* Es ist ein Zeitkarten-Jahresabonnement zum Preis von etwa 10 Monatskarten, wobei die entsprechende Summe monatlich abgebucht wird.

Fahrkarten für einfache wie für Hin- und Rückfahrt bis 100 km gelten nur an dem auf der Fahrkarte angegebenen Tag, Fahrkarten für eine einfache Fahrt über 100 km gelten vier Tage, für Hin- und Rückfahrt einen Monat. Die Fahrten können während der *Geltungsdauer* beliebig oft unterbrochen werden. Wenn die Fahrkarten im Voraus besorgt werden, muss man deswegen darauf achten, dass das Datum des Reiseantritts mit dem ersten Geltungstag übereinstimmt.

Kaufen kann man alle Fahrkarten üblicherweise am Fahrkartenschalter und im Reisezentrum am Bahnhof, ferner im DER-Reisebüro und bei den Bahnagenturen. Es besteht aber auch die Möglichkeit, Tickets bei der Bahn telefonisch vorzubestellen oder sich die Reiseunterlagen per Post zuschicken zu lassen. In den ICE-, IC/EC- und Flughafen-Bahnhöfen werden zur Bezahlung auch die gängigsten Kreditkarten akzeptiert.

Die Kosten für nicht benutzte Fahrscheine werden im Allgemeinen erstattet. Werden Fahrscheine nur teilweise benutzt, muss dies jeweils von dem Bahnhof bescheinigt werden, an dem die Fahrt abgebrochen wird. Die *Fahrgelderstattung* ist innerhalb von sechs Monaten nach dem letzten Geltungstag der Fahrkarte möglich. Sie ist kostenlos, wenn die Fahrkarte vor ihrem ersten

Geltungstag bei derselben Stelle zurückgegeben wird, bei der sie gekauft wurde. In allen anderen Fällen wird eine Gebühr einbehalten.

Spezielle Angebote der Bahn

Reisegepäck wird zwischen zahlreichen Bahnhöfen befördert sowie flächendeckend im Haus-Haus-Verkehr abgeholt und zugestellt. An Werktagen dauert die Beförderung in der Regel 24 Stunden, über Sonn- und Feiertage etwas länger. Für den Geschäftsreisenden ist dieser Service jedoch kaum zu empfehlen, da er sein Gepäck ja meist am Reisetag zur Verfügung haben muss. Der Umstand, dass die Fernzüge keine Gepäckwagen mehr führen, hat zwar die Aufenthalte in den Bahnhöfen verkürzt, mithin die Reisegeschwindigkeit erhöht, die Gepäckbeförderung aber verlangsamt.

Die Gepäckbeförderung von Haus zu Haus wird über den Service *KurierGepäck* nach dem Kauf eines Gepäcktickets unter der bundesweit einheitlichen Telefonnummer (01 80) 3 32 05 20 bestellt. *PostGepäck* ist ein Service der Deutschen Post AG. Man kauft das PostGepäck-Set mit den Transportunterlagen bei DB-Verkaufsstellen, z. B. gleich beim Kauf des Fahrscheines. Das Gepäck wird dann einfach bei einer der über 17 000 Poststellen abgegeben. Die Zustellung erfolgt an eine Hausadresse. Dieses Angebot gilt nur für Normalgepäck, nur innerhalb Deutschlands und ohne die meisten Nord- und Ostseeinseln. Auf großen Bahnhöfen besteht nach wie vor der *Gepäckträger-Service* auf Vorbestellung. Die Gepäckträger sind an roten Mützen und Sweatshirts zu erkennen.

Mit dem *Rail & Fly-Ticket* kann man zu einem günstigen Pauschalpreis von allen Bahnhöfen mit allen Zügen zu 14 Flughäfen anreisen. Damit riskiert man nicht mehr, auf der Fahrt zum Flughafen mit dem Auto im Stau stecken zu bleiben und seinen Flug zu verpassen; damit entfallen aber auch die Parkplatzsuche und die hohen Parkgebühren. Beim Kauf der Fahrkarte braucht man nur die Flugscheine vorzuzeigen. Allerdings kann man diesen Service nur dann in Anspruch nehmen, wenn Abflug- und Ankunftflughafen identisch sind.

Ein Problem für den Geschäftsreisenden, dessen Unternehmen in einer eher ländlichen Region angesiedelt ist, besteht sicherlich darin, dass zwar die Fernzüge sehr schnell sind, die Zugverbindungen auf den Nebenstrecken aber den Zeitgewinn wieder stark relativieren. Eine Lösung des Problems bietet die Kombination der Verkehrsmittel *Bahn* und *Auto.* Ein entsprechendes Angebot macht die Bahn mit *Park & Rail* an mehr als 80 Bahnhöfen. Ein Anruf der Servicenummer 1 94 19 oder bei der Fahrkartenausgabe, einem DER-Reisebüro oder einer Verkaufsagentur der Bahn genügt hierfür.

Wer am Zielort nicht auf sein Auto verzichten kann oder möchte, kann es mit dem *AutoReiseZug* von 14 Verladebahnhöfen in Deutschland aus mitnehmen. Autoreisezüge verkehren als Tag- und als Nachtzüge z. B. zwischen Berlin und München, Hamburg und Lörrach, München und Düsseldorf sowie ins Ausland. Eine andere Möglichkeit stellt der Mietwagenservice der Bahn dar.

Dieser Service firmiert unter der Bezeichnung *Rail&Road* und besteht darin, dass die Bahn ihren Reisenden einen Mietwagen am Zielort zu einem günstigen Tarif vermittelt. Zurzeit ist dies an allen ICE-Bahnhöfen und den meisten IC/EC- sowie IR-Bahnhöfen möglich; der Service wird jedoch noch ausgebaut. Die entsprechende Reservierung kann vor Fahrtbeginn an jedem Bahnhof, bei allen Verkaufsagenturen, ja selbst noch während der Bahnfahrt vom Zugbegleitpersonal vorgenommen werden. Da der Pkw später nicht am Ausgangsbahnhof wieder zurückgegeben werden muss, passt sich Rail&Road ganz der Reiseplanung an. Auch über T-Online * DB # kann reserviert werden.
In den Städten Hamburg, Hannover, Köln, Frankfurt am Main, München und Nürnberg kann für einen günstigen Pauschalpreis mit dem *BahnTaxi* zum Bahnhof hin- oder nach einer Reise zurückgefahren werden. Dieser Service kann bei allen Reisezentren und Fahrkartenausgaben oder telefonisch bei der Reiseauskunft der Deutschen Bahn unter der Rufnummer 1 94 19 gebucht werden. Die BahnTaxen haben Sammelfunktion, eine Voranmeldung ist unbedingt erforderlich, damit die Routen zusammengestellt werden können. Preise pro Person und Fahrt:

Hamburg	DM 17,–	Hannover	DM 15,–
Köln	DM 17,–	Frankfurt am Main	DM 12,–
München	DM 15,–	Nürnberg	DM 12,–

Zum Service der Bahn gehört schließlich das Angbot der *InterCity-Hotels,* die den Reisenden in 15 Städten direkt am Bahnhof oder in unmittelbarer Nähe komfortable und preiswerte Übernachtungsmöglichkeiten, aber auch modern ausgestattete Besprechungs- und Konferenzräume bieten. Die Buchung kann direkt erfolgen, von jeder Fahrkartenausgabe oder von einem Reisebüro aus. Die InterCity-Hotels bieten einen außergewöhnlichen Service. Der Zimmerausweis gilt in Bahnen und Bussen des Öffentlichen Nahverkehrs als Fahrschein. Informationen erteilen alle Fahrkartenausgaben und Reisebüros mit DB-Lizenz, oder sie können über T-Online * DB # erfragt werden. Überall dort können auch Zimmer reserviert werden.

Reisen mit dem Flugzeug

Der Luftverkehr hat in den letzten Jahrzehnten rapide zugenommen. Flugreisen haben dadurch einen großen Teil ihrer Exklusivität verloren und sind bei Geschäftsreisen heute alltäglich. Allerdings stehen Kosten und Nutzen, d.h. Zeitgewinn, bei Flügen innerhalb Deutschlands auf kürzeren Strecken nicht immer in einem vernünftigen Verhältnis zueinander. Die Fahrt mit der Bahn ist unter Umständen schneller, vor allem, wenn man die Fahrt zum und vom Flughafen und die ganz normalen Wartezeiten, z.B. auf das Gepäck, einrechnet. Für Auslandsreisen ist das Flugzeug sicher zu Recht das beliebteste und meistgenutzte Verkehrsmittel.

Flugpläne und Flugauskünfte

Wer eine Flugreise plant und bucht, wird in aller Regel eine Fluggesellschaft oder ein Reisebüro mit einer Lufthansa- oder IATA-Agentur kontaktieren. Die IATA (International Air Transport Association, zu Deutsch: Internationaler Luftverkehrsverband) ist ein Zusammenschluss der meisten Fluggesellschaften und achtet auf ein sicheres, regelmäßiges und wirtschaftliches Lufttransportangebot in aller Welt. Die Büros der Luftfahrtgesellschaften und die Reiseagenturen geben nicht nur Auskunft über Flugverbindungen und übernehmen die Buchung der Flüge. Sie sind auch behilflich, wenn es darum geht, Hotelzimmer oder Mietwagen am Zielort zu reservieren, Informationen über Einreisebestimmungen und Gesundheitsvorschriften einzuholen oder Fragen nach den örtlichen Gegebenheiten (Klima, Wetter, Entfernung vom Flughafen zur Stadt usw.) zu klären. Anschriften und Rufnummern findet man im Branchenfernsprechbuch oder, wenn man sich an die Stadtbüros der Fluggesellschaften wenden möchte, auch in den meisten Taschenflugplänen der betreffenden Luftfahrtgesellschaft.

Reiseplanung erfordert oft ein hohes Maß an Flexibilität bei der Koordination der Termine, und das Aufstellen einer Reiseroute kann es nötig machen, dass mehrere Varianten ausgearbeitet werden müssen. Insofern ist es von Vorteil, ein paar Hilfsmittel im Sekretariat zur Verfügung zu haben. Der *ABC World Airways Guide* ist ein internationales Luftkursbuch, das monatlich erscheint und sämtliche Verbindungen aller internationalen Fluggesellschaften enthält, dadurch aber so umfangreich ist, dass sich die Anschaffung normalerweise nur für die Reisestelle eines Unternehmens mit einem großen Flugaufkommen lohnt. Zumeist genügt es, wenn sich die Sekretärin die *Taschenflugpläne* der wichtigsten Fluglinien besorgt. Außer den Flugverbindungen enthalten sie noch eine Reihe von Informationen, die sich für die Reiseplanung als nützlich erweisen können. Jedes Luftfahrtunternehmen bringt solche Flugpläne in regelmäßigen Abständen heraus – die der Lufthansa beispielsweise erscheinen dreimal im Jahr (ein Winter- und zwei Sommerflugpläne). Sie sind kostenlos erhältlich und liegen in den Stadtbüros der Fluggesellschaften, auf Flughäfen, in den Flugzeugen und oft auch in Hotels aus. Auf Anforderung werden die Flugpläne z. B. der Lufthansa auch regelmäßig zugeschickt. Schließlich sollte die Sekretärin den *Flugplan des nächstgelegenen Flughafens* mit den Ankunfts- und Abflugzeiten aller Flugzeuge griffbereit haben. Dort findet sie auch Fracht- und Postflugpläne, die Anschriften der Luftverkehrsgesellschaften, die diesen Flughafen frequentieren, der dort beheimateten offiziellen Stellen sowie der dort angesiedelten Leihwagenfirmen und Geschäfte und schließlich die Verkehrsverbindungen vom und zum Flugplatz und einen Lageplan.

Moderner und zeitgemäßer geht die Reiseplanung mit einem PC. Neuerdings gibt die Lufthansa unter dem Namen ›InfoFlyway‹ ihren Flugplan auch auf einer CD-ROM heraus mit den weltweite Flugverbindungen umfassenden

Reiseinformationen, Transferangeboten von und zu den Flughäfen, den jeweiligen Check-in-Zeiten und Länderinformationen mit Klimatabellen, Hoteladressen, Mietwagenanbietern sowie den Telefonnummern der Lufthansa-Vertragsärzte. Noch aktueller können Reiseinformationen über Internet (http://www.lufthansa.com) und alle bedeutenden kommerziellen Onlinedienste wie T-Online (*LH#), AOL/Bertelsmann (Kennwort Lufthansa), Microsoft Network (Go to LH) und CompuServe (Go Lufthansa), abgerufen werden. Neben allen Lufthansa-Flügen können auch die Flüge weiterer 700 anderer Airlines weltweit sowie auch die Angebote der Hotels und Mietwagenfirmen abgerufen und auch gebucht werden. Auch einige andere Fluggesellschaften sind mit einem eigenen Informationsangebot in den Onlinediensten vertreten.

Alle diese Informationsmittel enthalten auch Angaben über die *Flugtarife.* Hier ist besondere Aufmerksamkeit geboten, denn die einzelnen Fluggesellschaften bieten unterschiedliche Konditionen zu teilweise sehr unterschiedlichen Preisen an. Es lohnt sich daher auf alle Fälle, den Markt zu beobachten und sich umfassend beraten zu lassen. Insbesondere wenn mehrere Flüge für eine Reiseroute benötigt werden, können findige Reisebüros durch geschicktes Zusammenstellen der Flugstrecken helfen, viel Geld zu sparen. Fast alle Fluggesellschaften bieten unter bestimmten Reisebedingungen (z. B. Saison, Reisezeit, Aufenthaltsdauer) billigere Sondertarife an. Wo es sich realisieren lässt, sollten solche Sparmöglichkeiten in die Reiseplanung mit einbezogen werden.

Reservieren und Buchen

Stehen die passenden Flugverbindungen fest, kann man darangehen, Plätze für die entsprechenden Flüge zu buchen, d. h. zu reservieren. Mit ›InfoFlyway‹ ist dies ›online‹ über den PC direkt möglich. Ansonsten muss man sich dazu an ein Reisebüro oder das Büro einer Fluggesellschaft wenden. Für die Buchung sind folgende Angaben nötig:

- Datum und Reiseziel
- gewünschte Flugklasse (bei der Lufthansa sind das Business Class oder Economy Class, außereuropäisch auch First Class; bei anderen Gesellschaften gibt es ähnliche Einteilungen)
- Unterbrechungen, Anschlussflüge
- Sonderwünsche
- Name und Anschrift des Fluggastes
- Name und Telefonnummer des Buchenden (Firma, Sekretariat)

Sind die Plätze in der gewünschten Klasse verfügbar, wird ein ›O.K.‹ gegeben, d. h., die Plätze sind fest gebucht. Ist kein entsprechender Platz vorhanden, kann der Name auf die Warteliste gesetzt werden. Wenn durch Stornierung eines anderen Gastes ein Platz frei wird, wird der Status ›Warteliste‹ in eine feste Buchung umgewandelt – also ein ›O.K.‹ gegeben. Wichtig ist, dass die Sekretärin sich die Buchungsnummer geben lässt, um bei eventuellen Rückfragen einen schnellen Zugriff auf die Flugdaten zu ermöglichen. Aus Gründen des Datenschutzes werden Auskünfte nur mit dieser Nummer erteilt, die üblicherweise als ›Passenger Name Record‹ oder ›Filekey‹ bezeichnet wird.

Umbuchungen oder Stornierungen sind jederzeit möglich und im Allgemeinen gebührenfrei – lediglich bei Sondertarifen können einige Kosten entstehen. Von daher ist es im Interesse anderer Gäste auf der Warteliste nur fair, einen nicht mehr benötigten Platz sofort freizugeben, die Buchung also streichen zu lassen. Manche Geschäftsleute buchen im Übrigen vorsichtshalber gleich zwei verschiedene Flüge, weil sie sich im Voraus noch nicht genau festlegen können. Das ist jedoch nicht ganz ungefährlich; denn durch die Computerregistrierung kann es passieren, dass eine der beiden Buchungen automatisch storniert wird. In Verbindung mit dem Flug können in vielen Fällen auch Hotelzimmer und Mietwagen gebucht werden.

Über ›InfoFlyway‹ in der CD-ROM-Version können nicht nur Flüge der Lufthansa und 700 anderer Airlines gebucht werden, es stehen auch eine Reihe weiterer interessanter Funktionen zur Verfügung:

- Mit ›Quickbooking‹ können routinierte Sekretärinnen, die mit ›Drei-Letter-Codes‹ umgehen können, Flugbuchungen schnell und professionell durchführen
- Für Passagiere der First und Business Class aus Deutschland, die nur mit Handgepäck reisen, kann bis eine Stunde vor Abflug ein ›Online-Check-in‹ durchgeführt werden, auch für weiterführende Flüge
- Bei Reisen in der First oder Business Class können Sitzplatzreservierungen vorgenommen werden
- Der ›Miles & More‹-Kontostand (gutgeschriebene Meilen) kann abgerufen werden

Flugschein

Das erforderliche Ticket, wie der Flugschein im internationalen Jargon meist genannt wird, kann ebenfalls im Reisebüro mit IATA-Agentur, im Stadtbüro der Fluggesellschaft oder am Flughafen gekauft bzw. bestellt werden. Bisweilen ist es bequemer, den Flugschein am Flughafen hinterlegen zu lassen. Dies ist auch möglich, wenn man den Flugschein in einem der genannten Büros bestellt hat. Diese geben übrigens diesbezüglich gern Auskunft. Ist die Reservierung schon vorgenommen worden, muss beim Kauf des Flugscheins darauf hingewiesen werden.

Der Flugschein wird auf den Namen des Reisenden ausgestellt und ist nicht übertragbar. Normalerweise bleibt das Ticket ab Reiseantritt ein Jahr lang gültig – bei Sonderflugpreisen eventuell weniger lang. Auch wenn Flüge geändert oder storniert werden, behält der Flugschein seine Gültigkeit. Er wird durch einen Einkleber (Sticker) ergänzt. In diesem Fall empfiehlt es sich, die

Fluggesellschaft oder das Reisebüro sofort zu kontaktieren, denn der Käufer darf selbst keine Änderungen am Ticket vornehmen. Wird ein Flugschein nicht genutzt, können die Kosten vom ausstellenden Büro wieder erstattet werden.

Die Sekretärin sollte eine Kopie des Flugtickets – insbesondere bei Auslandsreisen – im Büro behalten, um die Fluggesellschaft sofort benachrichtigen zu können, falls das Ticket unterwegs verloren geht. Dazu muss sie im Übrigen auch den ›Filekey‹ kennen. Der Flugschein hat nämlich den Rang eines Dokuments, d. h., er dient nicht nur als Quittung für den Flugpreis und als Versicherungspolice, sondern auch als Beleg für die Gepäckabfertigung. Um die Abfertigungszeiten der Fluggesellschaften zu verkürzen, ist der herkömmliche Flugschein häufig schon durch eine Magnetkarte (Automated Ticket and Boarding Pass – ATB) ersetzt worden.

Check-in und Reisegepäck

Bei Flügen innerhalb Deutschlands muss der Fluggast, je nach Beförderungsklasse und Flughafen, mindestens zwanzig bis fünfunddreißig Minuten vor Abflug der Maschine ›einchecken‹, bei Auslandsflügen bis zu eine Stunde vorher und mehr. Anderenfalls muss er damit rechnen, dass sein gebuchter Platz für Personen freigegeben wird, die auf der Warteliste stehen. Freiplätze können auch dadurch entstehen, dass durch eine Verspätung ein Fluggast seinen Anschlussflug nicht mehr erreicht. Da die Fluggesellschaften damit rechnen, dass Fluggäste nicht erscheinen, überbuchen sie zuweilen die Maschinen. Sollte sich daraus jedoch ein Engpass ergeben und ein Passagier, der eine ›O.K.‹-Bestätigung vorweisen kann, nicht befördert werden kann, so hat er Anspruch auf Schadenersatz. Die jeweilige Höhe des Schadenersatzanspruchs ist in einer EG-Verordnung von 1991 festgelegt.

Reisende ohne Gepäck können auf innerdeutschen Flügen und auf Flügen nach London und Paris mit einem ATB-Flugschein an den ›Check-in-Automaten‹ der Lufthansa einchecken und so das Anstellen an einem Abfertigungsschalter vermeiden. Wer bei der Buchung dieser Flugstrecken bereits seine Kundennummer oder die Kartennummer seiner Kreditkarte als Referenz angibt, kann unabhängig von der Bezahlungsart an den ›Chip-in-Automaten‹ mit einer besonderen ›ChipCard‹, einer ›Miles & More‹-Karte oder mit seiner Kreditkarte ohne Ticket einchecken. ›Check-in-Automaten‹ mit Gepäckabfertigungsfunktion sind bereits im Test.

Wie viel *Gepäck* man mitnehmen darf, ist nicht einheitlich geregelt. Als Richtwerte für das Gewicht des Gepäcks kann man jedoch ansetzen:

20 kg in der Economy/Tourist Class
30 kg in der Business Class
40 kg in der First Class

Ist das Gepäck schwerer, so muss der Fluggast für jedes Kilogramm Übergepäck 1 % des einfachen Flugpreises 1. Klasse bezahlen. Bei großen Mengen ist es voraussichtlich billiger, die Gegenstände als Luftfracht aufzugeben, sofern sich das mit den Zollbestimmungen am Zielort vereinbaren lässt. Auf jeden Fall muss jedes Gepäckstück, das befördert werden soll, mit einem *Gepäckanhänger,* auf dem Name, Adresse und Zielort vermerkt sind, versehen sein. Darüber hinaus sind als *Handgepäck* erlaubt:

- eine Aktentasche, Handtasche mit einer angemessenen Menge Lektüre
- ein Mantel, eine Jacke oder ein Umhang
- eine Kamera, ein Fernglas
- ein Regenschirm oder Spazierstock
- ein Rollstuhl für Behinderte
- eine Babytragetasche bzw. ein entsprechender Korb und Kindernahrung
- ein kleiner, maßgerechter Koffer oder eine Reisetasche (Boardcase)

Beim Handgepäck sollte der Reisende auf jeden Fall bedenken, dass der Platz, der ihm dafür in einem Flugzeug zur Verfügung steht, begrenzt ist. Weniger Handgepäck bedeutet daher ein Mehr an Sitzkomfort.

Bestimmte elektronische Geräte, dazu gehören Mobiltelefone und Sprechfunkgeräte, CD-Player, PCs oder Notebooks mit Drucker, CD-ROM oder drahtloser Maus, tragbare Fernsehgeräte und ferngesteuertes Spielzeug, dürfen an Bord während des gesamten Fluges nicht in Betrieb genommen werden. Sie müssen vollständig ausgeschaltet bleiben, dürfen also auch nicht auf ›Stand-by‹ eingestellt sein. Alle übrigen Geräte, wie Gameboys, Kassettenrekorder, Laptops oder Notebooks, Taschenrechner oder Elektrorasierer, können während des Reisefluges, d. h. bei ausgeschaltetem Anschnallzeichen, benutzt werden, solange sie keine Störungen hervorrufen.

Spezielle Angebote der Luftfahrtgesellschaften

Geschäftsreisende, die häufig fliegen, sind für die Fluggesellschaften die besten und darum meistumworbenen Kunden. Am Beispiel der Lufthansa soll das kurz erläutert werden. Vielflieger erhalten bei der Lufthansa mit einer Vielfliegerkarte Zutritt zu so genannten Vielfliegerlounges, bekommen mehr Freigepäck zugestanden als üblicherweise erlaubt, genießen Vorzüge beim Einchecken und Sonderkonditionen bei den Hotels und Autovermietern, mit denen die Lufthansa zusammenarbeitet. Für Topkunden ist darüber hinaus die Senatorkarte vorgesehen, die noch weitere Vergünstigungen gewährt. Ferner bietet die Lufthansa eine Kreditkarte (Lufthansa-AirPlus-Karte) an, die auch an eine Vielflieger- oder Senatorkarte gekoppelt sein kann. Sie dient nicht nur als Zahlungsmittel und Telefonkarte, sondern eröffnet auch ein breites Spektrum an Sonderkonditionen und kann als ›Company Card‹ (Reisestellenkarte) auch auf ein Unternehmen ausgestellt werden. Die Nummern solcher Kundenkarten sollten dem Sekretariat bekannt sein, damit die Sekretärin bereits beim Bu-

Die wichtigsten englischen Fachausdrücke im Luftverkehr

Airport	Flughafen
Arrival	Ankunft
Baggage	Gepäck
Baggage Claim	Gepäckausgabe
Boarding Card	Einsteig-, Bordkarte
Check-in	Passagierabfertigung
Check-in Time	Meldezeit für die Abfertigung
Connection-Flight	Anschlussflug
Counter	Schalter
Crew	Besatzung
Customs	Zollabfertigung
Delay	Verspätung
Departure	Abflug
Destination	Zielflughafen
Domestic Flight	Inlandflug
Duty	Zoll
Embarkation	Einsteigen ins Flugzeug
Fare	Tarif, Preis
Filekey	Buchungsnummer
Flightnumber	Flugnummer
Gate	Flugsteig, Ausgang
Local Time	Ortszeit
Message	Nachricht
Passenger	Passagier
Schedule	Flugplan
Seat-belt	Anschnallgurt
Stand-by	Warteliste
Take-off	Start
Terminal	Abfertigungsgebäude
Ticket	Flugschein
Time of departure	Abflugzeit
Transfer	Umsteigen

chen eines Flugs, Hotels oder Mietwagens darauf hinweisen kann. Nur so ist sichergestellt, dass der Kunde die ihm zustehenden Sonderleistungen auch nutzen kann.

In jüngster Zeit halten in Europa so genannte Bonusprogramme ihren Einzug, wie es sie in den Vereinigten Staaten schon seit vielen Jahren gibt. Der Reisende erhält für die Strecken, die er geflogen ist, Bonuspunkte, die er gegen Freiflüge, aber auch gegen andere Prämien einlösen kann. Die Teilnahme an einem Bonusprogramm ist in aller Regel kostenlos. Wer bei der Lufthansa, um beim Beispiel zu bleiben, noch keine Vielflieger- oder Senatorkarte hat, kann eine ›Miles & More‹-Mitgliedskarte beantragen, die der Inhaber dann beim

Check-in vorlegen muss, damit ihm die Flugmeilen seines bevorstehenden Fluges gutgeschrieben werden. Auch hier empfiehlt es sich, dass die Sekretärin die Kundennummer bereits bei der Buchung angibt, weil auf diese Weise die Abfertigung am Schalter schneller vonstatten geht. Auskünfte über die Voraussetzungen und Leistungen der diversen Vielfliegerangebote erhält man bei der jeweiligen Fluggesellschaft oder bei den Reisebüros.

Für die Sekretärin kann es sich übrigens aus ganz anderen Gründen lohnen, den Kontakt mit den nächstgelegenen Büros der Luftfahrtgesellschaften zu pflegen. Aus deren Sicht nämlich sind Sekretärinnen wichtige Absatzhelferinnen und Geschäftspartner und werden infolgedessen auch entsprechend umworben. Die Bemühungen können von Einladungen zu Werft- und Flughafenbesichtigungen über die Vorstellung und Erläuterung der Leistungspalette bis hin zur regelmäßigen Versorgung mit Informations- und Arbeitsmitteln reichen.

Auslandsreisen

Auslandsreisen bedürfen einer besonders sorgfältigen Vorbereitung, denn sie sind mit erheblich größeren Unwägbarkeiten und auch wesentlich höheren Kosten verbunden als Inlandsreisen. Bei den *Terminvereinbarungen,* gerade auch denjenigen für den Reisetag selbst, sollte man an die etwaige *Zeitverschiebung* denken, und bei Reisen in andere Kontinente sollte berücksichtigt werden, dass sich der Körper erst allmählich an eine größere Zeitumstellung gewöhnt.

Die *Hotelreservierung* kann in ähnlicher Weise vonstatten gehen wie bei Inlandsreisen. Andererseits mag es bisweilen sinnvoll sein, den Geschäftspartner oder die Niederlassung des Unternehmens im Ausland zu bitten, die Unterbringung zu arrangieren, da sie die Verhältnisse an Ort und Stelle besser kennen oder auch persönliche Kontakte nutzen können.

Im Rahmen der EU reicht als *Reisedokument* der gültige (!) Personalausweis. Andere Länder jedoch fordern in ihren Einreisebestimmungen weitere Dokumente, die ggf. erst beschafft werden müssen. Informationen zu den Einreisebestimmungen des Ziellandes erteilen sowohl Reisebüros als auch die Außenhandelsabteilung der Industrie- und Handelskammer. Zu den besonderen Reisedokumenten können gehören:

- Reisepass (auf Gültigkeitsdauer achten!)
- Visum (erhältlich beim zuständigen Konsulat)
- Passbilder für Visum
- Impfbescheinigungen
- Ursprungszeugnis oder Unbedenklichkeitsbescheinigung für mitgeführte Geräte
- internationaler Führerschein
- Devisen, Kreditkarten, Travellerschecks

- Triptik oder Carnet de Passages
- Vollmacht für Auto
- Europäischer Unfallbericht

Es ist vorteilhaft, wenn die Sekretärin von diesen Dokumenten eine Kopie anfertigt und sie im Sekretariat deponiert oder auch dem Reisenden zusätzlich mitgibt. Damit ermöglicht sie bei Verlust des Originals schnelle Hilfe und Ersatz.

In einigen Ländern bestehen Devisenbeschränkungen, d. h., es dürfen keine oder nur bestimmte Mengen von *Devisen* ein- und ausgeführt werden. Ansonsten ist es selbstverständlich zweckmäßig, wenn der Reisende wenigstens etwas Bargeld in der fremden Währung bei sich hat. Da die ersten Zahlungen am Flughafen, im Taxi, im Hotel usw. meist relativ kleine Beträge ausmachen, sollte man beim Geldumtausch zu Hause darauf achten, dass man zumindest ein paar kleine Scheine bekommt. Für größere Beträge eignen sich besonders *Reiseschecks* (Travellerschecks), die es in unterschiedlichen Währungen und Zahlungseinheiten (50, 100, 500 DM) gibt. Im Fall eines Diebstahls werden sie in voller Höhe ersetzt. Jeder Reisescheck wird beim Erhalt das erste Mal unterschrieben und kann nur mit einer zweiten Unterschrift des Reisenden eingelöst werden. Ohne die erste Unterschrift stellt der Reisescheck jedoch Bargeld dar. Deswegen sollte die Sekretärin unbedingt darauf achten, dass derjenige, der auf Auslandsreise geht, die Schecks sofort nach Erhalt mit seiner Unterschrift versieht. Im Übrigen sind alle Travellerschecks nummeriert. Aus Sicherheitsgründen sollte die Sekretärin die Schecknummern und -beträge sowie das Bankinstitut des Reiselandes notieren, bei dem man ggf. den Verlust melden muss. Als Zahlungsmittel werden Reiseschecks bei Banken, in Hotels und meist auch in größeren Geschäften akzeptiert, können, wenn sie nicht benötigt wurden, an die Bank zurückgegeben werden. Bevorzugt der Geschäftsreisende *Eurocheques* oder *Kreditkarten,* braucht sich seine Sekretärin um nichts zu kümmern. Allerdings sollte man bedenken, dass Kreditkarten nicht in allen Ländern in gleichem Maße verbreitet sind und zudem nicht in allen Hotels, Restaurants oder Geschäften akzeptiert werden – und sich im Zweifelsfall entsprechend kundig machen.

Wenn der Geschäftsreisende keine eigene, ständige *Unfall-, Kranken- und Reisegepäckversicherung* hat, wird sie oft kurzfristig für eine bestimmte Reise von seiner Firma abgeschlossen werden. Manche Reiseanbieter offerieren solche Versicherungen zu günstigen Konditionen und in der Regel mit einem ausreichenden, wenn auch nicht immer optimalen Leistungsrahmen. Auch hier ist es günstig, sich etwas genauer zu informieren. Zudem beinhalten manche Kreditkartenverträge derartige Versicherungen, sofern die Reise mit der Kreditkarte finanziert wurde. Daran sollte die Sekretärin denken, wenn sie einen Flug bucht oder Fahrkarten besorgt.

Abwesenheitsregelungen

Vor jeder längeren Reise eines Vorgesetzten müssen verschiedene Regelungen und Vereinbarungen getroffen werden, damit der laufende Betrieb durch seine Abwesenheit nicht mehr als notwendig beeinträchtigt wird. Regeln und vereinbaren sollte man in jedem Fall

- die Vertretung des Vorgesetzten
- die Befugnisse der Sekretärin während seiner Abwesenheit
- etwaige Terminänderungen, die durch die Reise erforderlich werden
- dass etwaige Vorgesetzte, Mitarbeiter, evtl. auch Geschäftspartner über die Reise bzw. die Abwesenheit informiert werden
- ob, wann und wie der Reisende erreichbar ist
- welche Informationen während der Reise an ihn weitergeleitet werden sollen
- welche Arbeiten im Büro während der Abwesenheit zu erledigen sind (Wiedervorlagemappe vorher durchsehen!)

Wenn ein Vorgesetzter während seiner Abwesenheit keinen Stellvertreter hat, wird die Sekretärin die Platzhalterschaft übernehmen und damit besondere Verantwortung für den reibungslosen Geschäftsablauf tragen. Ein besonderes Augenmerk muss sie in dieser Zeit auf den Posteingang haben und selbstständig entscheiden, ob Schriftstücke bis zur Rückkehr des Vorgesetzten liegen bleiben oder von anderen bereits bearbeitet werden können bzw. müssen, ob es notwendig ist, ihn vor seiner Rückkehr zu informieren oder ob es angebracht ist, dem Absender eine Eingangsbestätigung oder einen Zwischenbericht zukommen zu lassen.

Reiseplan und Reisemappe

Wenn die Reiseroute feststeht, die Termine vereinbart und die Vorbereitungen für die Reise getroffen sind, kann die Sekretärin darangehen, einen Reiseplan aufzustellen. Hierzu kann sie Vordrucke benutzen, wie sie im Fachhandel erhältlich sind, oder sich selbst ein Formular entwerfen, das sie im Computer als Maske speichert. Der Reiseplan umfasst folgende Spalten für die wichtigsten Angaben zur Reise:

- Zeit
- Ort
- Geschäfts-/Gesprächspartner
- Telefonnummer des Geschäftspartners bzw. des Treffpunkts
- Zweck des Treffens
- Unterlagen für die Besprechung
- Hotels
- sonstige Bemerkungen

Der Reiseplan leistet nicht nur dem Reisenden selbst gute Dienste, sondern dient auch anderen zur Information. Deswegen werden mehrere Exemplare benötigt:

- Das Original kommt in die Reisemappe des Reisenden
- Ein Exemplar ist für seine Brieftasche bestimmt
- Ein Exemplar erhält seine Familie, ggf. auch der Chauffeur
- Ein Exemplar bleibt im Sekretariat
- Ein Exemplar erhält unter Umständen die Vertretung oder der Vorgesetzte des Reisenden

Reist der Vorgesetzte oder Mitarbeiter mit Laptop, so erhält er den Reiseplan hierin gespeichert.

Die Sekretärin wird ihrem Vorgesetzten in der Regel auch die Reisemappe zusammenstellen. Sie enthält alle Unterlagen, die er unterwegs benötigt, und zwar in der Reihenfolge, in der er sie verwenden will. Sollten sich darunter sehr umfangreiche Dokumente befinden, die deshalb nicht eingeordnet, sondern gesondert transportiert werden, sollte die Sekretärin an der betreffenden Stelle der Reisemappe einen entsprechenden Hinweiszettel einlegen. Der Reiseplan ist am besten auf der linken Innenseite der Reisemappe in einer Einsteckfolie aufgehoben, sodass er stets griffbereit ist.

Dauert die Reise länger oder ist neben den Gesprächen noch ein anderes Arbeitspensum zu erledigen, wird außer den Geschäftsunterlagen vielfach noch Büromaterial (Disketten, Diktierbänder usw.) benötigt. Diese Dinge sollten sinnvollerweise in einer zweiten Mappe untergebracht werden, die dann auch Briefumschläge, Briefmarken, Visitenkarten, Stadtpläne, ein Telefon- und Faxnummernverzeichnis, Hotelprospekte u. a. enthalten kann. Jede Sekretärin wird mit der Zeit die Vorlieben ihres Chefs kennen und ihre Reisevorbereitungen darauf abstimmen. Hier ist ein gewisses Maß an Feingefühl, aber auch an Kooperation vonnöten.

Reiseplan

für: Herrn Direktor Schöllmann Reise nach: München
Abteilung: Verkauf

Datum	Uhrzeit Dauer	Abfahrt von Besprechungsort Adresse, Telefon	Gesprächs-partner	Zweck Unterlagen	Bemerkungen Bestätigungen
01–10	07:31	Wiesbaden mit EC 101			
	12:00	Hotel Park Hilton, Am Tucher-	Herr Martin	Bewerbung als Assistent	
		park 7, 80538 München	Tel. priv.	Bewerbungsunterlagen	
		Tel. (089) 38 45-0	(089) 25 34 61		
	14:00	mvg Moderne Verlags-Gesellsch.			
		Nibelungenstr. 84, München	Herr Pinotek	Zusammenarbeit	
		Tel. (089) 1 78 30 97		Vertragsentwurf	
	17:00	Hotel Rafael, Neuturmstraße 1,	Herr Bender	privat	
		München 2, Tel. (089)	Tel. (0 89)		Übernachtung im
		29 09 80	46 78 92		Hotel Rafael,
					Faxbestätigung
01–11	09:00	Hotel Rafael	Herr	gemeins. Frühstück und	
			Zimmermann	Zusammenarbeit PR	
			GM d. Hotels		
	11:44	Rückfahrt mit ICE 594			

Checkliste zur Vorbereitung von Dienstreisen

Planung und Vorbereitung		erledigt	Information an:
Termin			
Abfahrtszeit			
Reiseziele:			
Rückkehr			
Gesprächspartner informieren:			
...			
Reisezweck			
Verkehrsmittel:			
Auto			
Bahn			
Flugzeug			
Bahn → Auto am Bahnhof			
Flugzeug → Mietwagen			
Abholer Bahnhof	Hinreise		
	Rückreise		
Abholer Flugplatz	Hinreise		
	Rückreise		
Hotelreservierungen			
...			
Reiseplan zusammenstellen			

Reisepapiere	erledigt	Information an:
Auto:		
Kraftfahrzeugschein		
(internationaler) Führerschein		
Vollmacht für Dienstwagen		
Mietwagenpapiere		
Triptik/Carnet de Passages		
Benzingutscheine		
Autokarten		
Europäischer Unfallbericht		
Verzeichnis von Reparaturwerkstätten		
Notrufnummern		
Bahn:		
Fahrkarte/Zuschläge		
Platzkarte		
Schlafwagenkarte		
Fahrplan		

Reisepapiere	erledigt	Information an:
Flugzeug:		
Flugticket		
Flugplan		
Gepäckanhänger		
Persönliche Papiere:		
Reisepass		
Visum		
Impfbescheinigungen		
Versicherungspolicen		
Geld:		
Kreditkarte		
Reiseschecks		
Nummer der Kreditkarte notieren		
Nummer der Reiseschecks notieren		
Devisen		
Umrechnungstabellen		
Unbedenklichkeitserklärung für Geräte		

Reiseunterlagen und Geräte	erledigt	Information an:
Reisemappe 1:		
Reiseplan einfügen		
Besprechungsunterlagen:		
Gesprächspartner ...		
Gesprächspartner ...		
Kataloge		
Prospekte		
Muster		
Bestellformulare		
Visitenkarten		
Geschenke:		
Gesprächspartner ...		
Gesprächspartner ...		
Anschriftenverzeichnis		
Telefonverzeichnis		
Reiseberichtsformulare		
Reisekostenabrechnungsformulare		
Reisemappe 2:		
Schreibmaterial		
Briefpapier		
Umschläge		
Briefmarken		

Arbeitstechniken, Arbeitsplatzgestaltung ______

Reiseunterlagen und Geräte	erledigt	Information an:
Stadtpläne		
Hotelprospekte		
Sprachführer		
Lektüre		
Kalender		
Laptop		
Disketten		
Computerpapier		
Modem für Fernübertragung		
Reisediktiergerät		
Minikassetten		
Mobiltelefon		
Telefonverzeichnis aktualisiert		
Modem für Fernabfrage Anrufbeantworter		

Betriebliche Regelungen	erledigt	Information an:
Genehmigung der Reise		
Wiedervorlage u. Termine prüfen		
Vertretung regeln		
Blankounterschriften		
Information an Vorgesetzte		
Information an andere Abteilungen		
Information des Reisenden unterwegs		
Postvollmacht		
Reiseplan weiterleiten an:		
...		
...		
Reiseplan für Sekretariat		
Reisekostenvorschuss		

Die Reisekostenabrechnung und ihre steuerliche Behandlung

Nach einer Geschäftsreise kommt auf die Sekretärin sehr häufig die Aufgabe zu, die Reisekosten für ihren Chef oder seine Mitarbeiter abzurechnen. In größeren Unternehmen hält die Geschäftsleitung für diesen Zweck einen ›Spesenbrief‹ bereit, in dem die Vorschriften für die Abrechnung aufgeführt sind. Außerdem gibt es dort in der Regel noch Sachbearbeiter, die die sachliche Richtigkeit überprüfen, die entsprechenden Reisekosten auszahlen und für die Verbuchung verantwortlich sind. In einem kleineren Unternehmen kann es dagegen zu den Aufgaben der Sekretärin gehören, die gesamte Reisekostenabrechnung einschließlich der Errechnung der Vorsteuer verantwortlich zu bearbeiten. Da es in der Steuergesetzgebung immer wieder Veränderungen gibt, sollte sich eine Sekretärin hier stets auf dem Laufenden halten. Die Veränderungen werden im Bundesgesetzblatt und in den Bundessteuerblättern sowie in der entsprechenden Fachliteratur veröffentlicht. Besonders gut muss die Mitarbeiterin eines Unternehmers oder Freiberuflers Bescheid wissen, da für ihn teilweise andere Regelungen gelten als für Angestellte.

Grundsätzlich gilt, dass Reisekosten, die vom Arbeitgeber nicht vergütet wurden, bei der persönlichen Einkommensteuererklärung bzw. beim Lohnsteuerjahresausgleich als Betriebsausgaben/Werbungskosten geltend gemacht werden können. Für die steuerliche Berücksichtigung von Reisekosten wird prinzipiell unterschieden zwischen

- Dienstreise Inland
- Fahrtätigkeit
- Einsatzwechseltätigkeit
- Dienstreise Ausland

Dienstreisen im Inland

Eine Inlandsdienst- bzw. -geschäftsreise liegt vor, wenn der Steuerpflichtige aus betrieblichen oder beruflichen Gründen außerhalb seiner Wohnung und seiner regelmäßigen Arbeitsstätte beruflich tätig wird.

Die Tatsache, dass der Steuerpflichtige eine Dienstreise unternommen hat, muss sich aus den Unterlagen (z. B. Fahrkarten, Fahrtenbuch, Tankstellenquittungen, Hotelrechnungen, Korrespondenz) ergeben. Unternimmt der Steuerpflichtige die Reise auch aus privaten Gründen, so müssen die Reisekosten aufgeteilt werden. Ist das nicht leicht und einwandfrei – auch nicht schätzungsweise – möglich, so gehören die gesamten Aufwendungen zu den nicht abzugsfähigen Kosten der Lebensführung. Kosten für Studienreisen oder Reisen zu einer Fortbildungsveranstaltung können nur dann als Betriebsausgaben oder Werbungskosten anerkannt werden, wenn der Steuerpflichtige ausschließlich oder doch überwiegend im betrieblichen oder beruflichen Interesse daran teilnimmt.

Zu den steuerlich abzugsfähigen Reisekosten, die durch eine Geschäftsreise unmittelbar verursacht werden, gehören:

- Fahrtkosten
- Verpflegungsmehraufwendungen
- Übernachtungskosten
- Nebenkosten

Die *Fahrtkosten* können in der nachgewiesenen Höhe einzeln abgerechnet werden. Der Nachweis ist durch Vorlage der Fahrkarten, Quittungen von Reisebüros oder Tankstellen, Fahrtenbücher oder in ähnlicher Weise zu führen. Bei der Benutzung eines eigenen Kraftfahrzeuges gelten verschiedene Vorschriften (Gesamtkostenrechnung, Kilometersatz, Fahrzeugpauschalen), auf die hier aber im Einzelnen nicht eingegangen werden kann. Bei Arbeitnehmern wird es in der Regel so sein, dass ohne Einzelnachweis der tatsächlichen Gesamtkosten die Fahrtkosten mit pauschalen Kilometersätzen vergütet werden, die folgende Beträge nicht überschreiten dürfen:

Kilometerpauschalen (Stand 1997)

Verkehrsmittel	Pauschbetrag pro Kilometer
Pkw	0,52 DM
Motorrad, Motorroller	0,23 DM
Moped	0,14 DM
Fahrrad	0,07 DM

Für jede Person, die bei einer Dienstreise mitgenommen wird, erhöhen sich der Kilometersatz für Pkw um 0,03 DM und der Kilometersatz für Motorrad/Motorroller um 0,02 DM. Zusätzliche Aufwendungen, die durch die Mitnahme von Gepäck verursacht werden, sind durch die Kilometersätze abgegolten.

Daneben können außergewöhnliche Aufwendungen (z. B. Unfallkosten, die während einer Dienstreise entstanden sind) berücksichtigt werden. Bei Verrechnung der Fahrtkosten für Fahrtätigkeit und Einsatzwechseltätigkeit sind besondere Vorschriften zu beachten.

Der *Verpflegungsmehraufwand:* Bei diesen Aufwendungen gibt es seit 1. Januar 1996 einschneidende Veränderungen. Weggefallen ist dabei die Abrechnung nach Einzelkosten. Es werden nur noch Pauschbeträge anerkannt. Die dafür relevante Abwesenheitsdauer hat sich ebenfalls geändert. Für Dienstreisen im Inland gelten jetzt für jeden Kalendertag, an dem der Arbeitnehmer von seiner Wohnung und seiner regelmäßigen Arbeitsstätte abwesend ist, folgende Pauschbeträge:

- bei einer Abwesenheit von 24 Stunden 46 DM
- bei einer Abwesenheit von mind. 10 Stunden 20 DM
- bei einer Abwesenheit von mind. 8 Stunden 10 DM

Erhält der Arbeitnehmer während seiner Reise eine vom Arbeitgeber gewährte Mahlzeit, so ist dafür der Sachbezugswert (4,60 DM für Mittag- oder Abendessen, 2,60 DM für Frühstück) als Einnahme anzusetzen. Es gibt keine Kürzung der Verpflegungspauschale mehr!

Erfolgt die Bewirtung des Arbeitnehmers im Rahmen einer Betriebsveranstaltung, eines Arbeitsessens oder handelt es sich um eine geschäftlich veranlasste Bewirtung von Geschäftsfreunden des Arbeitgebers, an der auch der Arbeitnehmer teilgenommen hat, muss der Betrag für das Essen nicht als steuerpflichtiger Arbeitslohn behandelt werden.

Eine Neuerung seit 1997 ist die Pauschalversteuerung für freiwillige Leistungen des Arbeitgebers an seine Arbeitnehmer, die über die Pauschbeträge hinausgehen. Der Arbeitgeber kann bis zur doppelten Höhe der Pauschbeträge die zusätzlichen Vergütungen an den Arbeitnehmer mit 25% pauschal versteuern (20, 40 und 92 DM).

Als Reisetag gilt jeweils der einzelne Kalendertag. Eintägige Reisen beginnen und enden am selben Kalendertag. Führt der Arbeitnehmer an einem Kalendertag mehrere Dienstreisen durch, sind die Abwesenheitszeiten an diesem Kalendertag zusammenzurechnen.

Bei mehrtägigen Dienstreisen gelten für den An- und Abreisetag je nach Abwesenheit nur die geminderten Pauschbeträge. Reisebeginn nach 16:00 Uhr und Rückkehr vor 08:00 Uhr am nächsten Tag ohne Übernachtung gilt als eintägige Reise. Das wird aber vorwiegend für Fahrer infrage kommen. Für Arbeitnehmer, die übernachten, bleibt es dabei, dass die Abwesenheitsstunden nicht zusammengerechnet werden, sondern jeder Tag einzeln abzurechnen ist. Somit ist bei Antritt der Reise um 11:00 Uhr und Ende am nächsten Tag um 11:00 Uhr nur ein Betrag von jeweils 10 DM anzusetzen.

Übernachtungskosten müssen grundsätzlich einzeln nachgewiesen werden, am besten durch eine auf den Namen des Steuerpflichtigen ausgestellte Hotelrechnung. Sie können auch geschätzt werden, wenn sie dem Anlass entsprechend zweifelsfrei entstanden sind. Übernachtungskosten im Inland können bei Arbeitnehmern auch mit einem Pauschbetrag von 39 DM steuerfrei erstattet werden; für Unternehmer gilt dies jedoch nicht. Dies gilt ebenso nicht, wenn der Arbeitnehmer die Unterkunft vom Arbeitgeber oder aufgrund seines Dienstverhältnisses von einem Dritten unentgeltlich oder teilentgeltlich erhalten hat.

Benutzt der Arbeitnehmer ein Mehrbettzimmer gemeinsam mit Personen, die zu seinem Arbeitgeber in keinem Dienstverhältnis stehen, so sind die Aufwendungen maßgebend, die bei Inanspruchnahme eines Einzelzimmers im selben Haus entstanden wären. Führt auch die weitere Person eine Dienstreise durch, so sind die tatsächlichen Unterkunftskosten gleichmäßig aufzuteilen.

Wird für die Geschäftsreise ein Schlafwagen oder Liegewagen benutzt, können die nachgewiesenen Schlafwagen- bzw. Liegewagengebühren abgerechnet werden. Damit sind die Übernachtungskosten abgegolten. Sollte allerdings außerdem noch ein Hotelzimmer beansprucht werden, da der Zielort mitten in der Nacht erreicht wird, so können auch noch diese Aufwendungen geltend gemacht werden. Ein Wechsel zwischen Erstattung der tatsächlichen Übernachtungskosten und der Pauschbetragszahlung ist während einer mehrtägigen Dienstreise oder Fahrtätigkeit nicht zulässig.

Da das Frühstück zu den Verpflegungskosten gehört, muss der Preis für das Frühstück aus dem Übernachtungspreis herausgerechnet werden, wenn er darin enthalten ist. Lässt er sich jedoch nicht feststellen, weil die Hotelrechnung nur den Gesamtbetrag für Übernachtung mit Frühstück ausweist, so werden für das Frühstück 9 DM vom Gesamtpreis abgezogen. Da in vielen Hotels heute das Frühstück weit mehr kostet, ist dieser Weg meist der günstigste. Allerdings darf dann das Frühstück auf dem Beleg nicht einzeln mit einem höheren Betrag ausgewiesen sein.

Zu den *Nebenkosten* zählen alle Aufwendungen, die im Rahmen der Dienst- oder Geschäftsreise entstehen und nicht zu den persönlichen Lebenshaltungskosten gehören. Das sind insbesondere Ausgaben für Porto, Telefon, Telefax, Parkplatz, Gepäckbeförderung, -aufbewahrung und -versicherung, Fahrten am Reiseziel (mit öffentlichen Verkehrsmitteln, Taxi oder Leihwagen), Trinkgelder, Garage oder Wagenwäsche usw. Diese Kosten können in nachgewiesener oder glaubhaft gemachter Höhe abgerechnet werden.

Fahr- und Einsatzwechseltätigkeiten

Eine Fahrtätigkeit liegt bei den Arbeitnehmern vor, deren regelmäßige Arbeitsstätte ein Fahrzeug ist (Berufskraftfahrer, Beifahrer, Linienbusfahrer, Straßenbahnführer, Taxifahrer usw.). Dies gilt auch dann, wenn der Arbeitnehmer an einer ortsgebundenen Arbeitsstätte regelmäßig fahrtypische Arbeiten durchführt. Das sind beispielsweise Wartungsarbeiten, die regelmäßig nur kurze Zeit beanspruchen, oder die für die Verkehrssicherheit vorgeschriebenen Kontrollmaßnahmen. Eine Fahrtätigkeit liegt dagegen nicht vor bei Polizeibeamten im Streifendienst, Zollbeamten im Grenzaufsichtsdienst, Kraftfahrern im Zustelldienst, Verkaufsfahrern, Kundendienstmonteuren, Fahrlehrern, Binnenschiffern und Seeleuten.

Eine Einsatzwechseltätigkeit üben Arbeitnehmer aus, die bei ihrer beruflichen Tätigkeit typischerweise an ständig wechselnden Tätigkeitsstätten eingesetzt werden, z. B. Bau- oder Montagearbeiter, Leiharbeitnehmer oder Mitglieder einer Betriebsreserve für Filialbetriebe.

Mit den Bereichen Fahrtätigkeit und Einsatzwechseltätigkeit hat eine Sekretärin im Allgemeinen selten zu tun. Deshalb soll hier nur der

Hinweis stehen, dass sie in den Lohnsteuerrichtlinien ausführlich besprochen werden.

Auslandsreisen

Auslandsreisen unterscheiden sich in Bezug auf die Abrechnung nicht wesentlich von Dienstreisen im Inland. Sie müssen ebenfalls so gut wie ausschließlich einen beruflichen Anlass haben. Abzugsfähig sind, wie bei Inlandsreisen auch: die Fahrtkosten, die Verpflegungsmehraufwendungen, die Übernachtungs- und etwaige Nebenkosten. Die Abrechnung wird genauso gehandhabt wie bei Inlandsdienstreisen. Für die Abrechnung der Verpflegungsmehraufwendungen gibt es länderspezifische Pauschbeträge, denen die Lebenshaltungskosten des jeweiligen Reiselandes zugrunde liegen. Da sie vom Bundesfinanzministerium beinahe jährlich neu festgelegt werden, ist es wenig sinnvoll, sie hier wiederzugeben. (Für die in der betreffenden Bekanntmachung nicht erfassten Länder sind die Höchst- und Pauschbeträge für Luxemburg maßgeblich; für die nicht erfassten überseeischen und Außengebiete eines Landes gelten die Beträge, die für das Mutterland aufgeführt sind.) Die jeweiligen Auslandstagegelder reduzieren sich wie bei den Inlandsreisen, wenn die Abwesenheit an einem Reisetag weniger als 24 Stunden beträgt. Bei mehrtägigen Auslandsreisen richtet sich der Reisekostenbetrag nach dem Land, das vor 24 Uhr Ortszeit zuletzt erreicht worden ist; am Rückreisetag kann das auch das Inland sein. Bei Flugreisen bleiben Zwischenlandungen unberücksichtigt.

Vorsteuerabzug

Bei den Reisekosten können Unternehmer die Vorsteuerbeträge von der Umsatzsteuer absetzen. Der Vorsteuerabzug kommt allerdings nur für Inlandsreisen in Betracht. Bei Auslandsreisen können die Vorsteuern nur bis zum Grenzübertritt bzw. bei der Rückkehr ab dem Grenzübertritt abgezogen werden.

Benutzt der Arbeitnehmer sein eigenes Fahrzeug, so kann der Arbeitgeber, der ihm die *Fahrtkosten* erstattet, für jeden gefahrenen Kilometer ohne besonderen Nachweis beim Pkw 8,2% und beim Fahrrad 13,0% der erstatteten Beträge als Vorsteuer abziehen. Bei Fahrausweisen, die als Rechnung gelten, kann der Unternehmer den Vorsteuerabzug in Anspruch nehmen, wenn er den Rechnungsbetrag in Entgelt und Steuerbetrag aufteilt. Dazu muss in der Regel der Mehrwertsteuersatz von 15% zugrunde gelegt werden; die abzugsfähige Vorsteuer macht dann 13,04% des Bruttobetrags aus. Für bestimmte Verkehrsmittel (Nahverkehr bis 50 km) gilt dagegen der ermäßigte Mehrwertsteuersatz von 7%, sodass der Anteil der Vorsteuer am Bruttobetrag des Fahrausweises 6,54% beträgt.

Bei den Übernachtungskosten wird die Mehrwertsteuer (Vorsteuer) normalerweise auf der Hotelrechnung ausgewiesen und kann damit übernommen werden. Bei der Abrechnung von Pauschalen hat der Gesetzgeber festgelegt, dass der Unternehmer, der entweder selbst einen Pauschbetrag in Anspruch nimmt oder seinem Arbeitnehmer einen Pauschbetrag erstattet, 12,3% davon als Vorsteuer geltend machen kann.

Bei den *Nebenkosten* ist die Umsatz- oder Mehrwertsteuer in der Regel auf den Belegen ausgewiesen. Wo das nicht der Fall ist, muss der entsprechende Betrag herausgerechnet werden. Dabei gilt es zu berücksichtigen, dass einige Waren bzw. Dienstleistungen nicht mit 15%, sondern mit 7% vorversteuert worden sind, oder dass z. B. beim Trinkgeld gar keine Vorsteuer angefallen ist, also auch nicht abgezogen werden kann.

Anstelle dieser gesonderten Vorsteuerabzüge für jeden einzelnen Posten der Reisekosten gibt es auch die Möglichkeit, den Vorsteuerabzug pauschal vorzunehmen. Dabei können 9,8% der im Laufe eines Jahres insgesamt entstandenen Reisekosten als Vorsteuer geltend gemacht werden. Es müssen dann alle Geschäfts- bzw. Dienstreisen, die in dem betreffenden Kalenderjahr unternommen wurden, in die Rechnung einbezogen werden. Nicht zulässig ist es also, bei einem Teil der Reisen bzw. Reisekosten die Vorsteuer pauschal, bei einem anderen Teil jeweils einzeln abzuziehen.

Die Vorsteuerabzüge für die Pauschbeträge können der nachfolgenden Tabelle entnommen werden:

Verpflegungspauschalen

Abwesenheitsdauer	Pauschale	Vorsteuer	
	DM	12,3%	9,8%
von 24 Stunden	46,00	5,66	4,51
von mindestens 14 Stunden	20,00	2,46	1,96
von mindestens 8 Stunden	10,00	1,23	0,98

Vom Arbeitgeber während einer Dienstreise gewährte Mahlzeiten sind mit dem Sachbezugswert (4,60 DM bzw. 2,60 DM) als Einnahme anzusetzen. Es ergibt sich somit keine Kürzung der Verpflegungspauschale mehr.

Übernachtungspauschale

		Vorsteuer	
	DM	DM	DM
Übernachtungskosten o. Beleg	39,00	4,80	3,82

Kilometerpauschale

Fahrzeug	Kilometersatz	Vorsteuer	
		8,2%	9,8%
	DM/pro km	DM	DM
Kraftwagen	0,52	0,0426	0,0510
Motorrad/Motorroller	0,23	0,0189	0,2250
Moped/Mofa	0,14	0,0115	0,0137
Fahrrad	0,07	0,0091*	0,0069

* Fahrrad 13%

Bewirtungskosten

Es kommt schließlich noch der Fall vor, dass ein Reisender unterwegs seine Geschäftspartner auf Kosten des Unternehmens, bei dem die Reisekosten abgerechnet werden, bewirtet. Die geschäftlich veranlassten Bewirtungskosten können in der Regel als Betriebsausgaben behandelt und zu 80% abgesetzt werden. Dazu zählen Aufwendungen für Speisen, Getränke, Tabakwaren, Trinkgelder, für Garderobe, Toilette und Unterhaltungsdarbietungen, wenn diese in den Getränkekosten mit enthalten sind. Zu den Bewirtungskosten gehören auch diejenigen Aufwendungen, die anteilig auf den Unternehmer, Gesellschafter oder die Arbeitnehmer entfallen, die an der Veranstaltung teilnehmen. Allerdings müssen dann bei der Abrechnung der Reisekosten entsprechende Abzüge vorgenommen werden (siehe oben). Bei der Abrechnung der Bewirtungskosten müssen jedoch grundsätzlich folgende Punkte beachtet werden:

- Die Bewirtung muss betrieblich veranlasst sein (ein Anlass wäre z. B. ein Arbeitstreffen mit externen Partnern oder Kunden)
- Ort, Tag der Bewirtung, Teilnehmer, Anlass und Höhe der Aufwendungen müssen nachgewiesen werden; zu den Teilnehmern, die namentlich, aber nicht mit Anschrift aufgeführt werden müssen, zählen auch der Unternehmer und seine Arbeitnehmer, die an dem Geschäftsessen teilgenommen haben
- Die Bewirtungskosten müssen angemessen sein
- Die Bewirtungskosten müssen getrennt von den sonstigen Betriebsausgaben aufgezeichnet werden
- Die Bewirtungsaufwendungen müssen zeitnah, also mehr oder weniger sofort, aufgezeichnet werden; eine monatliche Aufzeichnung genügt nicht
- Bei Kosten für die Bewirtung von Geschäftsfreunden in der eigenen Wohnung muss man nachweisen, dass die Bewirtung ausschließlich betrieblich veranlasst war

Bei den Bewirtungskosten kann die Vorsteuer voll abgezogen werden, wenn sie in der Rechnung angegeben ist. Bei Beträgen über 200 DM muss der Umsatzsteuerbetrag gesondert aufgeführt sein, bei kleineren Beträgen genügt die Angabe des Prozentsatzes. Außerdem muss bei Beträgen über 200 DM der Name des bewirtenden Steuerzahlers in einer Gaststättenrechnung vom Gastwirt eingetragen sein.

Empfangen und Betreuen von auswärtigen Gästen

Längst nicht alles lässt sich telefonisch oder brieflich regeln. Auch die modernste Kommunikationstechnik wird das persönliche Kennenlernen zweier Geschäftspartner oder die von Angesicht zu Angesicht geführten Verhandlungen nie ersetzen können. Geschäftsbesuche reichen in ihrer Wirkung weit über den aktuellen Abschluss hinaus, vor allem wenn sie so gut vorbereitet sind, dass der Gast sich wohl fühlt und den nachhaltigen Eindruck effizienter Arbeit gewinnt. Für beides kann die Sekretärin wichtige Vorarbeit leisten oder anregen.

Reist der Gast mit dem Flugzeug oder mit der Bahn an, muss geklärt werden, ob er am Flugplatz bzw. am Bahnhof abgeholt werden kann oder ob es praktischer ist, wenn er ein Taxi zur gastgebenden Firma nimmt. Kommt er mit dem eigenen Auto, ist unter Umständen eine Wegbeschreibung (ab einem markanten Punkt) hilfreich. Auch sollte für ihn ein Parkplatz reserviert sein.

Es ist eine Frage der Umstände, wer den Gast am Empfang abholt, um ihn durch das Haus zu geleiten. Ausdruck von Wertschätzung ist es, den Gesprächspartner selbst abzuholen. Doch auch die Sekretärin, die den Gast zu ihrem Chef führt, kann ihm unterwegs in einem zwanglosen Gespräch zeigen, dass er willkommen ist (vgl. Umgangsformen im Sekretariat, S. 385 ff.; Sicheres Auftreten auf internationalem Parkett, S. 395 ff.).

Ähnliches gilt für die Abreise. Wie im Privatleben auch geleitet man den Gast zur Tür und vergewissert sich, ob der Wagen, der ihn zum Bahnhof, zum Flughafen oder nach Hause bringen soll, auch wirklich bereitsteht. Auf keinen Fall sollte er sich hinauskomplimentiert oder gar im Regen stehen gelassen fühlen. Denn der Abschied als vorerst letzter Eindruck, den der Gast mitnimmt, ist genauso wichtig wie der gute erste Eindruck.

Damit die Besprechung, zu der der Gast anreist, auch den größtmöglichen Nutzen trägt, ist es notwendig, das Treffen inhaltlich vorzubereiten. Grund und Anlass der Besprechung sollte man ebenso klar formulieren können wie das Ziel, das in der zur Verfügung stehenden Zeit erreicht werden soll. Sind die Themen erst einmal benannt oder hat man den Verhandlungsgegenstand so strukturiert, dass Teilschritte auf dem Weg zum Ziel erkennbar werden, bietet es sich an, daraus eine offizielle Tagesordnung oder einen inoffiziellen Gesprächsleitfaden zu erstellen. Auf diese Weise erhält das Gespräch eine klarere Struktur und das Treffen einen ungefähren Zeitplan (in dieser Hinsicht gilt auch manches, was beim Konferenzmanagement zu beachten ist; vgl. Konferenzen planen und organisieren, S. 293 ff.). Ob die Tagesordnung vorab mit dem auswärtigen Gesprächspartner abgestimmt werden muss, hängt vom Charakter der Besprechung ab. In der Regel dürfte es genügen, sie ihm zu Beginn des Treffens mitsamt der Frage vorzulegen, ob er Einwände dagegen erhebt. Den Gesprächsleitfaden bekommt er dann nicht zu sehen (vgl. Der Gesprächsleitfaden, S. 219 f.).

Es reicht nicht, dass Planung und Vorgehensweise dem Chef klar sind. Die Sekretärin muss Grund, Anlass und Ziele des bevorstehenden Besuchs kennen, damit sie ihre weiteren Vorbereitungen darauf abstimmen kann. Zunächst trägt sie die notwendigen Unterlagen zusammen (Auszüge aus der Korrespondenz, Dokumentationen, Arbeitsmaterialien, Entwürfe für Verträge oder Vereinbarungen usw.). Dann muss geklärt werden, ob zu dem Gespräch oder zu einzelnen Punkten der Tagesordnung noch weitere Mitarbeiter hinzugezogen werden müssen. Die Betreffenden sollten rechtzeitig über den Termin und ihre Rolle bzw. ihre Aufgaben bei der fraglichen Zusammenkunft informiert werden, damit sie sich entsprechend darauf vorbereiten können. Auch der Gast sollte darüber informiert werden, wer außer dem ihm bekannten Gesprächspartner an den Verhandlungen teilnehmen wird und warum. So kann er sich darauf einstellen und sich im Voraus die Namen derer einprägen, mit denen er konferieren wird.

Ferner muss geklärt werden, ob der Chef selbst nach dem Treffen anhand seiner Notizen ein Gedächtnisprotokoll anfertigen will oder ob während des Treffens Protokoll geführt werden soll. Ein Gast aus dem fremdsprachigen Ausland erfordert überdies einen Dolmetscher, da in Sachdiskussionen einfache Sprachkenntnisse selten ausreichen. Wer protokolliert oder dolmetscht, sollte, wenn nötig, Gelegenheit erhalten, sich auf seine Aufgabe in groben Zügen inhaltlich vorzubereiten. Auch das gilt es bei der Terminabsprache einzukalkulieren.

Von der Zahl der beteiligten Personen, allerdings auch von den atmosphärischen Signalen, die gesetzt werden sollen, hängt dann die Wahl des Raumes ab, der für die Besprechung reserviert wird. Für vier Personen wird ein Konferenzraum zu groß sein, denn Leere kann erdrückend wirken. Andererseits kann das Büro des Gastgebers als Besprechungszimmer einen gewissen Grad von Intimität signalisieren, der aber ebenso unangebracht erscheinen könnte.

Je nachdem, wie viel Zeit für die Verhandlungen eingeplant und welche Tagesordnung dafür vorgesehen ist, wird sich die Bewirtung gestalten. Säfte, Mineralwasser und Gebäck gehören ebenso zum gängigen Angebot, das während einer Besprechung auf den Tischen bereitsteht, wie Kaffee mit Zucker bzw. Süßstoff und Sahne nach Belieben. Da viele Menschen salzige Speisen bevorzugen, sollte man auch Salzgebäck reichen. Angesichts der großen Mengen von Kaffee, die bei Sitzungen und Gesprächen konsumiert werden, wäre zu überlegen, ob man aus Verantwortungsbewusstsein Kaffeesorten verwendet, von deren Erlös ein spürbarer Teil den Kaffeebauern der Dritten Welt zugute kommt. Allerdings sollte man auch auf Herz-Kreislauf- und Magenempfindlichkeiten der Gesprächsteilnehmer Rücksicht nehmen und Tee anbieten, einmal davon abgesehen, dass es passionierte Teetrinkerinnen und -trinker gibt, deren Bedürfnisse bei solchen Gelegenheiten in aller Regel übergangen werden.

Für die Gestaltung der Tagesordnung ist nicht ganz unwichtig, ob und wann es Kaffeepausen, einen Imbiss oder ein gemeinsames Mittagessen gibt. Es muss ferner entschieden werden, ob die Speisen für den Imbiss im Hause bereitet oder von auswärts geordert werden sollen, oder ob für das Mittagessen ein Tisch in einem Restaurant bestellt werden muss. Kennt man bestimmte Vorlieben oder Abneigungen des Gastes, wird man versuchen, sie zu berücksichtigen. Günstig ist jedoch in jedem Fall ein Restaurant in der Nähe, um sich umständliche Wegbeschreibungen und lange Fahrtwege zu ersparen.

Bei mehrtägigen Geschäftsbesuchen muss für Hotelzimmer gesorgt werden. Im Zweifelsfall sollten sich Gastgeber und Gast bzw. deren Sekretärinnen darüber verständigen, wer die Reservierung veranlasst. Wird die Sekretärin darum gebeten, Hotelzimmer zu buchen, benötigt sie Informationen darüber, wann der Gast an- und abreisen wird (die Daten müssen nicht identisch mit der Dauer des Geschäftsbesuches sein!), wie viele Zimmer für wie viele Personen bestellt werden sollen, ob ein besonderer Komfort gewünscht wird (z. B. Nichtraucherzimmer, überlanges Bett) und welche Preisklasse infrage kommt.

Auch wenn sich die Sekretärin des Gastgebers nicht um die Zimmerreservierung kümmern muss, empfiehlt es sich nachzufragen, in welchem Hotel der Gast absteigen wird. Zum einen weiß man dann, wo er zu erreichen ist, falls unerwartete Ereignisse eine kurzfristige Rücksprache erfordern. Zum anderen hat man die Möglichkeit, dem Gast einen Willkommensgruß auf sein Zimmer bringen zu lassen. Durch solch eine kleine Aufmerksamkeit wird er angenehm auf das Treffen eingestimmt. Ob man nun Blumen, Obst, Süßigkeiten, Sekt oder ein anderes Präsent wählt, niemals sollte eine Karte des Gastgebers dabei fehlen, die das Willkommen auch verbal ausdrückt (z. B. mit Formulierungen wie ›Wir heißen Sie herzlich willkommen. Wir hoffen, dass Sie sich recht wohl bei uns in XY fühlen und freuen uns, Sie bald auch persönlich kennen zu lernen ...‹ oder ›Mit den besten Empfehlungen und herzlichen Grüßen ...‹).

Wenn ein Gast zwei oder mehr Tage bleibt, stellt sich überdies die Frage, ob ihm ein kulturelles Rahmenprogramm angeboten werden soll. Bevor man sich Einzelheiten überlegt, muss natürlich feststehen, dass er in der freien Zeit etwas unternehmen und sich nicht lieber ganz entspannen möchte. Ob man sich dann für ein Abendessen mit landestypischer Küche, für eine kleine Sightseeingtour oder für einen Theater- oder Konzertbesuch entscheidet, hängt selbstverständlich ganz wesentlich von den Interessen des Gastes ab. Hinweise wird die Sekretärin, die solche Unternehmungen organisiert, sicher von ihrer Kollegin im Sekretariat des Gastes erhalten können. Zu bedenken ist freilich, dass solche Aktivitäten teilweise recht frühzeitig geplant werden müssen. Denn beispielsweise Theater- oder Konzertkarten sind nicht immer leicht zu bekommen, und bei Museumsbesuchen ist eine fachkundige Führung vorzubestellen. In jedem Fall gehört zur Planung, festzulegen, wer vonseiten des Gastgebers den Gast begleitet und ob auch die Ehefrauen bzw. Ehemänner am inoffiziellen Besuchsprogramm teilnehmen.

Die Planung und Vorbereitung eines Geschäftsbesuchs erfordert eine mehr oder weniger umfangreiche Feinabstimmung sowohl innerhalb des eigenen Hauses als auch mit den Gästen selbst. Nur so kann ein reibungsloser und Erfolg versprechender Ablauf des Besuchs sichergestellt werden. Deshalb sollten wichtige Vereinbarungen im Vorfeld, die man telefonisch getroffen hat, noch einmal schriftlich bestätigt werden, damit keine peinlichen Versäumnisse unterlaufen. Für das Gelingen ist aber am entscheidendsten, dass bei allen Schwierigkeiten, die sich oft ohnehin aus den Verhandlungen selbst ergeben, das Treffen in einer freundlichen Atmosphäre verläuft. Obschon die Verantwortung dafür im Wesentlichen beim Vorgesetzten als dem Gastgeber liegt, so kann doch eine Sekretärin durch ihre Verhaltensweise ebenfalls einiges zum Erfolg des Geschäftsbesuchs beitragen.

Wie man betriebliche Feste und Feiern organisiert

Der Anlass

Die Feste zu feiern, wie sie fallen, ist sicher keine schlechte Devise. Betriebsfeste und Feierlichkeiten in der Firma bereiten Freude und sind eine wünschenswerte Unterbrechung des Arbeitsalltags. Allerdings finden sich schnell kleine oder größere Anlässe – oder sie werden geschaffen. Das führt oft zu inoffiziellen Feiern, die selten den Segen des Vorgesetzten und auch sonst einige Nachteile haben. Von den rechtlichen Bedenken abgesehen, führen solche Festivitäten auch zu einer gewissen Abwertung aller offiziellen Betriebsfeste.

Nichtsdestoweniger könnte man in Abwandlung des Sprichwortes sagen: ›Kleine Feste erhalten die Freundschaft.‹ Ein Chef, der ein wenig in psychologischer Mitarbeiterführung ausgebildet ist, wird darum nach Mitteln und Wegen suchen, dem Bedürfnis seiner Mitarbeiterinnen und Mitarbeiter nach Geselligkeit und Kommunikation Raum zu geben, und er wird sich selbst und dann auch seine Sekretärin nach einem angemessenen Anlass für eine kleine oder größere Festivität fragen. Eine gute Sekretärin hat darauf gleich eine ganze Liste von möglichen Anlässen parat, die sie vielleicht um einige der folgenden Vorschläge ergänzen kann:

Firmenjubiläum: Nicht nur die Kunden sollten bei dieser Gelegenheit feiern. Es ist auch ein guter Anlass, den Mitarbeitern zu danken und das Fest wirklich gemeinsam zu begehen.

Erreichen eines Ziels: Ob nun die Umsatzzahlen das Soll weit übertroffen haben oder der hunderttausendste Kunde einen Vertrag unterschrieben hat – gemeinsam erreichte Ziele sollten angemessen gewürdigt werden. Dann macht es auch Spaß, sich ein neues Ziel vorzunehmen. Auch wenn es einmal eine Talsohle gegeben haben sollte, sind die neuen Perspektiven, die sich danach für die Mitarbeiter und die gesamte Firma auftun, ein angemessener Grund zum Feiern.

Ehrung von Mitarbeitern: Ob ein Eintritt oder ein Abschied, ein runder Geburtstag oder ein Dienstjubiläum – die ›Betroffenen‹ werden sich gewiss freuen, diese Zäsur mit den Kolleginnen und Kollegen im kleineren oder größeren Rahmen feiern zu können.

Feiertage: Die Weihnachtsfeier gehört zum festen Betriebsfestrepertoire der Firmen im deutschsprachigen Raum. Allerdings gibt es auch schon Firmen, die die obligatorische Weihnachtsfeier mit der Begründung abgeschafft haben, dass in der Zeit vor Weihnachten sowieso alle Mitarbeiterinnen und Mitarbeiter im ›Feiertagsstress‹ seien und damit der Genuss und die Freude an einer besonderen Sache, die eine betriebliche Feier ja sein sollte, nicht wirklich aufkomme. Stattdessen feiert man in diesen Firmen im Spätsommer eines jeden Jahres ein großes ›Erntedankfest‹ mit rustikalem Picknick in der freien Natur und lädt alle Familienangehörigen mit dazu ein. Vielleicht ist dies eine Alternative, die einmal ausprobiert werden sollte, wenn die Weihnachtsfeier zur reinen Pflichtübung verkommen ist. Gleiches gilt auch für Fasching bzw. Karneval. Muss man im Betrieb immer dann feiern, wenn auch alle anderen es tun? Gleichgültig, welchen Feiertag man sich aussucht, empfehlenswert ist ein antizyklisches ›Feierverhalten‹. Wenn keiner ans Feiern denkt, macht es umso mehr Spaß. Nicht der Kalender allein sollte den Anlass bestimmen, sondern die Frage, wie man den optimalen Effekt für die Firma und ihre Mitarbeiter erreicht.

Je nach Größe und Geschäftszweck des Unternehmens oder der Verwaltung kann auch zu anderen Anlässen eine Feier aus der Taufe gehoben werden:

Familientag: Die Familien der Mitarbeiterinnen und Mitarbeiter erhalten die Möglichkeit, die Arbeitsplätze ihrer Angehörigen zu sehen und mit deren Kolleginnen und Kollegen zu feiern.

Messen: Den Abschluss einer sicherlich anstrengenden, aber erfolgreichen Ausstellung oder Messe kann eine gemeinsame Feierlichkeit aller Mitarbeiter, die zum Erfolg beigetragen haben, bilden.

Saisonende: Wenn die Monate des Hochbetriebs vorüber sind, kann auch dies ein willkommener Anlass zum Feiern sein.

Der finanzielle Rahmen

Wenn der Anlass für eine betriebliche Feierlichkeit festgelegt ist, sind alle weiteren Überlegungen zunächst von einer Frage abhängig: Welche finanziellen Mittel stehen zur Verfügung? Erst wenn klar ist, wie viel Geld die Geschäftsleitung und eventuell auch die einzelnen Mitarbeiterinnen und Mitarbeiter investieren wollen, kann der weitere Rahmen abgesteckt werden. Eines sei dabei deutlich gesagt: Der Erfolg oder Misserfolg einer betrieblichen Feier hängt nicht allein vom Faktor Geld ab. Auch das teuerste kalte Buffet kann eine miese Stimmung nicht in gute Laune verwandeln. Leider ist aber zu beobachten, dass die finanziellen Aufwendungen sehr oft in den Vordergrund gestellt und andere wichtige Aspekte vergessen werden.

Grundsätzlich gelten für den finanziellen Rahmen von betrieblichen Veranstaltungen einige rechtliche Vorgaben: Ausgaben für Betriebsausflüge und Weihnachtsfeiern bis zu 200 DM je Arbeitnehmer sind steuerfrei. Allerdings sind die Kosten für den ›äußeren Rahmen‹ in die Berechnung der Gesamtaufwendungen für die Veranstaltung einzubeziehen. Dieser Gesamtbetrag wird dann auf alle Gäste (Kunden, Familienangehörige usw.) aufgeteilt. Sind die aufgeteilten Kosten höher als 200 DM, behandelt das Finanzamt dies als lohn- bzw. einkommensteuerpflichtigen Vorteil. Indes beteiligt sich das Finanzamt nicht an jeder Feier, die im Betrieb veranstaltet wird. Der Anlass muss nämlich den überwiegend betrieblichen Charakter unterstreichen, der dieser Feier zugrunde liegt. So ist bei der Geburtstagsfeier beispielsweise eines Mitarbeiters, eines Mitglieds der Geschäftsleitung oder auch eines Anteilseigners oder Firmenbesitzers der überwiegend betriebliche Charakter nicht gegeben. Die Ausgaben für Feierlichkeiten wie z. B. Firmenjubiläen sind dagegen voll abzugsfähig. Jedoch unterliegt die Rechtsprechung in Finanzfragen einem ständigen Wandel. Deshalb sollte bei der Planung ein Steuerberater konsultiert werden.

Zeitpunkt und Dauer

Sind der Anlass und der finanzielle Rahmen fixiert, kommen nun die weiteren organisatorischen Fragen an die Reihe. Je früher der Termin feststeht, desto besser! Das gilt natürlich besonders bei einem großen Teilnehmerkreis und einem umfangreichen (Rahmen)programm. Vor der Terminfixierung sollten folgende Fragen geklärt werden:

- Haben die Hauptpersonen zum gewünschten Termin Zeit?
- Stehen geeignete Räume zur Verfügung?
- Wie ist die Urlaubssituation innerhalb des Unternehmens?
- Gibt es außerbetriebliche Ereignisse, die die Teilnahme beeinflussen könnten (z. B. ein wichtiges Fußballspiel)?
- Sind externe Mitwirkende zum gewünschten Termin verfügbar?

Im Zusammenhang mit dem Termin wollen Tageszeit, Dauer und Wochentag überlegt sein. Wird in den Abendstunden gefeiert, bieten sich entweder der Freitag oder ein Tag vor einem Feiertag an. Dann können auch Vorgesetzte ohne strengen Blick auf die Uhr mitfeiern; denn am nächsten Tag kann jeder ruhig ausschlafen. Die (maximale) Dauer der Feier ist für die Raumorganisation und die Einladung wichtig.

Wenn Familienangehörige eingeladen werden sollen, muss ggf. auch an deren Kinder gedacht werden. Vielen Eltern ist eine Sorge abgenommen, wenn die Kinderbetreuung vom Unternehmen organisiert wird. Bei mehreren Kindern in der Belegschaft bietet es sich an, einen gemeinsamen Babysitter zu engagieren.

Die Räumlichkeiten

Die nächste Stufe der Planung betrifft die Reservierung oder Anmietung geeigneter Räumlichkeiten. Folgende Punkte müssen zuvor geklärt sein:

- Wann soll die betriebliche Feier stattfinden und wie lange soll sie etwa dauern?
- Wie sollen die Räumlichkeiten ausgestattet sein, wie sollen sie gestaltet werden (Stühle, Tische, Sitzordnung, Raumschmuck usw.)?
- Wird ein Redepult oder eine Bühne benötigt (weil Ansprachen, Darbietungen oder Musikeinlagen geplant sind)?

Auch sollte man darauf achten, dass die Toiletten gut zu finden sind, und ggf. eine entsprechende Beschilderung vorsehen. Schließlich müssen die Gebote und Verbote für die Räumlichkeiten, in denen gefeiert werden soll, allgemein bekannt und Fluchtwege u. Ä. ausgeschildert sein (Rauchverbot, Notausgänge, Feuerlöscheinrichtungen usw.).

Werden betriebsfremde Räume angemietet, ist eine Bestätigung des Vermieters wichtig; daraus sollten das Datum, die Dauer und die Kosten hervorgehen.

Speisen und Getränke

Essen und Trinken hält nicht nur Leib und Seele, sondern auch eine gelungene Feierlichkeit zusammen. Hierfür muss ebenfalls einiges rechtzeitig geklärt, geplant und organisiert werden. So gibt es zwischen ›Mitbringparty‹ und ›Abendempfang‹ viele Möglichkeiten, ein Betriebsfest kulinarisch zu gestalten, die alle ganz eigene Anforderungen an die Organisatoren stellen. Wird die betriebseigene Kantine oder ein Partyservice beauftragt, sind die Angaben über Personenzahl und gewünschte Speisenfolge der Mahlzeit(en) sowie die Klärung der Kostenfrage obligatorisch. Bei der Speisenauswahl sollte Rücksicht auf mögliche gesundheitlich oder religiös bedingte Einschränkungen der Teilnehmer genommen werden. Wird eine Eigenbeteiligung der Teilnehmer beschlossen, bedarf auch dies einer guten Organisation, schon allein um zu verhindern, dass es auf dem Buffet zwanzig Variationen von Kartoffelsalat gibt. Bei der Eigenorganisation müssen Geschirr, Essbesteck, Gläser und die weiteren notwendigen Utensilien (Aschenbecher u. a.) nicht nur gestellt, sondern auch anschließend gereinigt bzw. entsprechend versorgt werden.

Was die Getränke betrifft, so bieten gerade Betriebsfeste die Möglichkeit, einmal Alternativen zu schaffen. Meistens stehen doch leider neben den Alkoholika nur stark zuckerhaltige Limonaden und Mineralwässer zur Auswahl. Mit etwas Fantasie und diversen Rezeptbüchern lässt sich das Geträn-

Wir feiern!

Alle Mitarbeiterinnen und Mitarbeiter der Teutonia GmbH sowie deren Lebenspartner sind herzlich zum Betriebsfest eingeladen:

am 14. August 1997 von 19:00 bis 24:00 Uhr im Gasthof ›Zum Löwen‹ in Neitersen, Auf dem Steinchen 4

Für das leibliche Wohl ist ebenso gesorgt wie für Musik und Tanz. Wer an einer Mitfahrgelegenheit interessiert ist oder eine solche bieten kann, melde sich bitte bei Frau Schneider (Abt. Einkauf).

- -

Ich/Wir kommen zum Betriebsfest.

Name u. Abt.: ....

Name des Lebenspartners: ....

Diese Rückmeldung bitte bis 30. Mai bei Frau Schneider (Abt. Einkauf) abgeben.

Wie die Einladung zu einem Betriebsfest gestaltet sein könnte keangebot aber stark erweitern. Fruchtsäfte, Milchshakes, Cocktails, Bowlen lassen sich raffiniert auch ohne Alkohol zubereiten.

Das Rahmenprogramm

Die geplante Veranstaltung steht allein schon durch die Wahl des Anlasses unter einem Motto. Geht es mehr um ein gemütliches Beisammensein oder um eine offizielle Feierstunde? Danach wird auch ein etwaiges Rahmenprogramm ausfallen.

Wird Musik gewünscht, ist zu klären, ob Musiker engagiert werden oder ob ›Musikkonserven‹ zum Einsatz kommen. In beiden Fällen muss jemand für die Auswahl verantwortlich sein. Außerdem ist bei Tanzkapellen oder Einzelinterpreten eine rechtzeitige Terminabsprache erforderlich, da gute Musiker meist volle Terminkalender haben. Entscheidet man sich für Musik vom Band, sind auch bei Betriebsfesten GEMA-Gebühren zu bezahlen. Informationen über Einzelheiten und Kosten erhält man bei den dreizehn Bezirksdirektionen der GEMA oder vom Büro für Kommunikation- und Öffentlichkeitsarbeit der GEMA (Gesellschaft für musikalische Aufführungs- und mechanische Vervielfältigungsrechte Bonn, Telefon [02 28] 21 93 70).

Oft lohnt es sich auch herauszufinden, ob es im Kollegenkreis Laienschauspieler oder Naturtalente gibt, die in einem Rahmenprogramm Kabarett, Komik oder auch Nachdenkliches zur Aufführung bringen möchten. Es hat auch schon Betriebsfeiern gegeben, bei denen Mitarbeiter ihre Hobbys vorgestellt haben und z. B. Künstlerisches und Kunsthandwerk gezeigt wurde.

Die Einladung

Wenn die wichtigsten Rahmenbedingungen festgelegt sind, wird es Zeit, den Kolleginnen und Kollegen von dem bevorstehenden Ereignis Mitteilung zu machen. Es sollte aber nicht nur eine kurze Mitteilung an das schwarze Brett gehängt werden; eine Einladung, die jeder Mitarbeiter (zumindest in Kopie) persönlich erhält, hat eine positive Wirkung, und die geplante Feier hat von vornherein einen individuellen Anstrich. Die Einladung muss folgende Punkte enthalten:

- Datum, Beginn, (voraussichtliches) Ende
- Teilnehmerkreis
- Ort (ggf. Beschreibung des Anfahrtswegs)
- kleine Liste der Programmpunkte
- Art der Bewirtung (Imbiss, Buffet oder Menü)
- organisatorische Details, sofern wichtig

Handelt es sich um ein größeres Unternehmen, vor allem aber um einen größeren Teilnehmerkreis, sollte die Einladung eine Aufforderung zur Anmeldung beinhalten. Die Kenntnis der genauen Personenzahl hilft bei der Planung des Festes.

Planungsmatrix für betriebliche Feste und Feiern

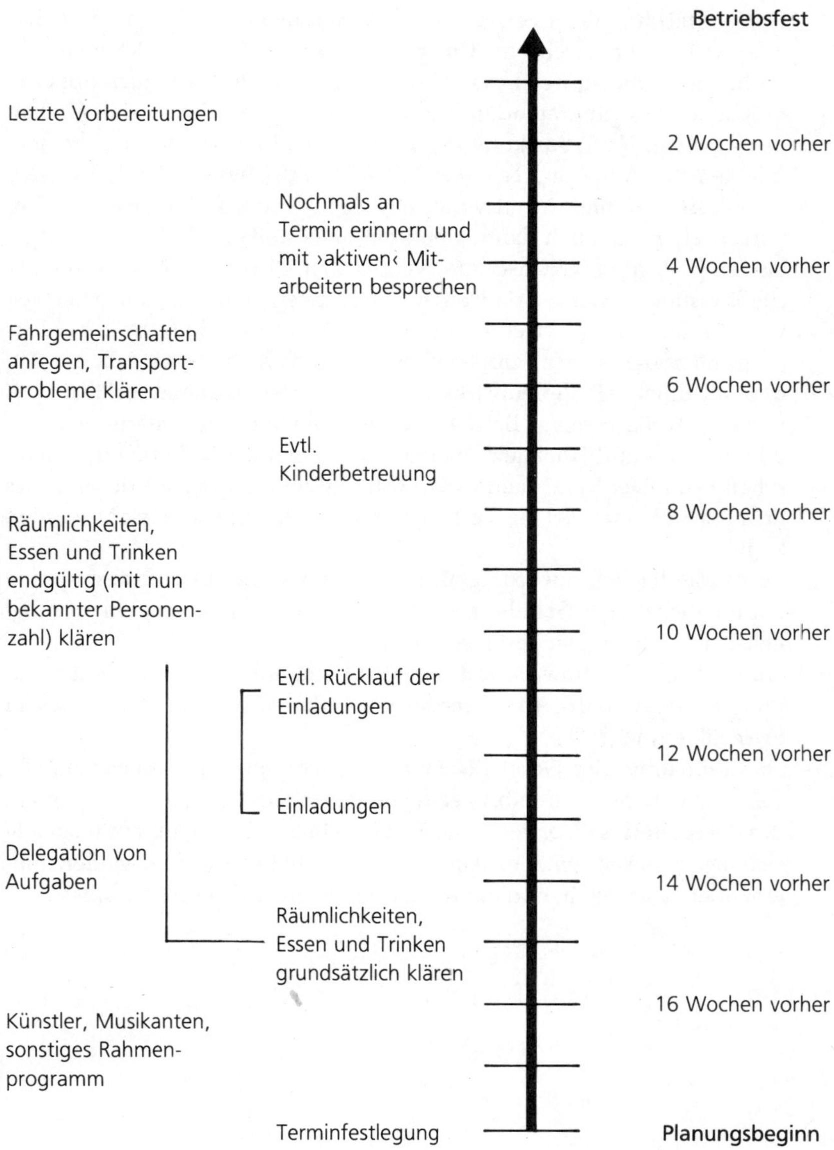

Welche Faktoren müssen wann feststehen?

Neben den genannten organisatorischen Fragen gibt es natürlich noch viele Kleinigkeiten, die bei einer Betriebsfeier berücksichtigt werden müssen. Auf fünf Punkte soll hier hingewiesen werden:

- Die Betriebshaftpflichtversicherung schließt nicht jede Form von Feierlichkeiten automatisch ein. Um ganz sicher zu gehen, sollte man sich vorher erkundigen, welches Risiko versichert ist, und sich auch über die möglicherweise auftretenden Probleme bei einem Schadensfall Gedanken machen. Nach Auskunft des Hauptverbandes der Berufsgenossenschaften (St. Augustin, Telefon [0 22 41] 2 31 01) besteht bei betrieblich veranlassten Gemeinschaftsveranstaltungen für die Teilnehmer eine Unfallversicherung, auch dann, wenn die Feier außerhalb des Betriebsgeländes (z. B. in einer Gaststätte) veranstaltet wird. Gleiches gilt für Betriebsausflüge. Hierbei sind auch der Hinweg zum und der Rückweg vom Veranstaltungsort einbezogen. Versicherungsschutz besteht allerdings nicht bei grober Fahrlässigkeit und auch nicht, wenn z. B. ein Autounfall unter Alkoholeinwirkung passiert. Details hierzu erfährt man von der für die jeweilige Branche zuständigen Berufsgenossenschaft
- Für die Hin- und Rückfahrt bieten sich unter Umständen Fahrgemeinschaften an. Der Veranstaltungsort sollte zudem so ausgewählt sein, dass er auch mit öffentlichen Verkehrsmitteln oder Taxis erreicht werden kann
- Die ›Last‹ der Verantwortung für das Gelingen eines Betriebsfestes sollte auf möglichst viele Schultern verteilt und damit das Engagement möglichst vieler Beteiligter gesichert werden
- Hilfreich ist ein Hinweis, z. B. auf der Einladung, wie die Kleiderordnung aussieht. Wird Abendgarderobe verlangt, oder trifft man sich in Freizeitkleidung?
- Die Teilnahme der Geschäftsleitung an betrieblichen Veranstaltungen sollte sich ebenso von selbst verstehen wie ein angemessenes Verhalten, das die im Berufsalltag gebotene Distanz einhält. Überhaupt müssen alle Beteiligten daran denken: Am nächsten Arbeitstag gilt es wieder, miteinander zu arbeiten, und das ohne roten Kopf und gesenkten Blick

Arbeitsfeld Personalwirtschaft

Personalanzeigen richtig gestalten

Ob Facharbeiter oder Führungskräfte – gute Mitarbeiter wollen umworben sein. Personalanzeigen sollten also nicht nur auf freie Stellen aufmerksam machen, sondern auch die Persönlichkeit des Mitarbeiters ansprechen, den man für die offene Stelle im Auge hat. Der Grundsatz ›Give peanuts and you get monkeys!‹, der mit dem deutschen Sprichwort ›Wie man in den Wald hineinruft, so schallt es heraus‹ nur unzureichend übersetzt ist, gilt für Stellenanzeigen in ganz besonderem Maße. Denn eine intelligent gemachte Anzeige spricht meist auch intelligente Bewerber an, eine mittelmäßige dagegen oft eher die weniger qualifizierten.

Zudem darf man nicht vergessen, dass Personalanzeigen nicht nur von Stellensuchenden gelesen werden. Auch die eigenen Mitarbeiter werden das Inserat unter Umständen kritisch unter die Lupe nehmen oder ein neues Betätigungsfeld innerhalb ihres Unternehmens entdecken. Auf diese Weise sind gerade bei größeren Unternehmen schon oft versteckte Talente aktiviert worden, was ja den Vorteil mit sich bringt, dass diese Bewerber den Betrieb bereits kennen. Zugleich aber studieren auch Konkurrenzfirmen die Stellenmärkte der Zeitungen, um sich ein Bild von der Personalfluktuation ihrer Mitwettbewerber zu machen. Schließlich enthält jede Personalanzeige unterschwellig auch eine Imagewerbung, die der Inserent mit Blick auf seine (potenziellen) Kunden nicht zu gering veranschlagen sollte. Denn geübte Anzeigenleser erfahren bei der Lektüre immer auch etwas über Organisationsformen, Stelleninhalte, Anforderungsprofile, Wachstum, Kontinuität, Dynamik und Sicherheit, aber ebenso über Passivität, Unsicherheit und Disharmonien im inserierenden Unternehmen.

In Deutschland werden jährlich ca. 835 Millionen DM für die Schaltung von Stellenanzeigen ausgegeben. Text und Gestaltung vieler Anzeigen lassen bezweifeln, ob diese Millionen gut angelegt sind. Bei einer großen Zahl von ihnen drängt sich der Verdacht auf, die Inserenten glaubten, dass bei der hohen Arbeitslosenquote die Bewerber in jedem Falle Schlange stehen würden. Dabei sind Aussage und Aussehen einer Anzeige zwei der wichtigsten Faktoren, die über Erfolg oder Misserfolg des Inserats entscheiden. Erfolg bemisst sich indes nicht nur nach der Zahl der eingegangenen Bewerbungen, sondern vor allem nach der Qualität der Bewerber, und er hängt nicht zuletzt davon ab, ob die folgenden Grundregeln einer erfolgreichen Anzeigengestaltung beherzigt wurden (vgl. hierzu auch: Die Analyse der Stellenanzeigen, S. 39f.).

Text und Grafik

Die Inhalte einer Anzeige werden stets von der Firma bestimmt, die die Anzeige aufgibt, auch wenn sie eine Werbeagentur oder einen professionellen Gestalter mit dem Lay-out beauftragt. Leider wird mitunter auf Standardtexte zurückgegriffen, die man schon immer verwendet oder woanders mehr oder weniger abgeschrieben hat. Doch die Vorbilder, an denen man sich orientiert, gehören nicht immer zu den erfolgreichen Anzeigen. Dabei lässt sich mit etwas Raffinesse und Phantasie durchaus ein treffsicherer Text komponieren.

Das fängt schon bei der Überschrift an. Sie ist der unverzichtbare textliche Blickfang einer guten Personalanzeige. Sie ermöglicht dem Leser schnelle Orientierung und entscheidet oft darüber, ob der folgende Text überhaupt gelesen wird.

Die Überschrift allein garantiert noch keine besondere Aufmerksamkeit. Als ›Aufmacher‹ wird nämlich in vier von fünf Anzeigen einfach die Bezeichnung der ausgeschriebenen Stelle hervorgehoben, indem man sie fett oder in einer größeren Schrift setzen lässt. Individualität wird selten gewagt, und deswegen sind 80% der Anzeigen fast beliebig austauschbar. Eine Personalanzeige sollte aber zumindest einen Hauch von Unverwechselbarkeit haben. Eine abgeschmackte, nichts sagende oder gar irreführende Überschrift macht eher

VGH AG Germhausen

Die Expansion unseres Unternehmens bringt neue Aufgaben und Verantwortlichkeiten mit sich. Als Hersteller hochwertiger Schrumpfschläuche und Mantelungssysteme bedienen wir seit 40 Jahren einen anspruchsvollen Markt.

Wir suchen zum baldmöglichen Eintrittstermin einen **engagierten Verkaufsleiter.** Neben der Koordination und Schulung unseres Außendienstes gehören die Kundenbetreuung und die Entwicklung neuer Akquisitionsmodelle zu Ihren Aufgaben.

Bitte richten Sie Ihre Bewerbung mit Lichtbild und den üblichen Unterlagen an:

VGH AG
Herrn Dr. Zöglich
Unterstraße
92944 Germhausen

Telefon: 02681/5757

›Beispiel für eine durchschnittliche Personalanzeige‹
Hier fehlt eine Überschrift. Erst auf den zweiten Blick erfährt man aus dem auch noch etwas holprigen und langweiligen Text, dass ein Verkaufsleiter gesucht wird.

›Beispiele für Aufmacher bzw. Überschriften in Personalanzeigen‹
›Millionen verdienen...‹ ist als Aufmacher nicht sehr originell
und kann bei der Ausschreibung einer Hausmeisterstelle
als peinlich empfunden werden.

einen negativen Eindruck. Die Überschrift muss wie eine Schlagzeile sein: kurz, treffend, einprägsam und niveauvoll. Sie muss neugierig machen und zum Weiterlesen einladen. Wortwahl und Duktus dürfen sich außerdem gerne dem Lebensgefühl des Bewerberkreises, den man erreichen möchte, anpassen. Überschriften, die aus Behauptungen oder Selbstbeweihräucherungen bestehen – z. B. ›Wir sind einer der bedeutendsten Hersteller von Stecknadelköpfen‹ oder ›Unser Name steht für Qualität bei mechanischen Fliegenfängern‹ –, sind nur oberflächlich originell. Zum Weiterlesen jedenfalls reizen sie qualifizierte Bewerberinnen oder Bewerber nicht.

Wer einen guten ›Aufhänger‹ sucht, macht sich am besten eine Idealvorstellung vom potenziellen neuen Mitarbeiter und fragt sich, wie man diesen ›Idealtyp‹ wirkungsvoll ansprechen kann. Eine Liste mehr oder weniger spontaner Einfälle kann mit Kollegen und Vorgesetzten kritisch überprüft werden und bei der Textfindung nützliche Dienste leisten. Was schließlich die Überschrift und ihre Größe angeht, so muss man bedenken, dass sie Platz braucht, um ihre Wirkung entfalten zu können. Sie sollte also nicht zu dicht am Anzeigentext platziert sein, aber auch nicht so abgehoben, dass sie nicht mehr dazuzugehören scheint. Schrift und Schriftgröße können sich von der Gestaltung des Fließtextes unterscheiden, müssen aber mit ihr harmonieren.

Der Anzeigentext, der der Überschrift folgt, muss beim Leser vor allem Sympathie wecken und ihn persönlich ansprechen. Er muss daher verständlich und übersichtlich, treffend formuliert und in seinen Aussagen logisch aufgebaut sein. Besser als weitschweifige Erörterungen sind kurze und prägnante Sätze von maximal acht bis zehn Wörtern, die ggf. in überschaubare Absätze gegliedert werden. Es gilt also, sich beim Texten auf das Wesentliche zu konzentrieren, gerade auch bei Stichworten aus der Stellenbeschreibung und den Anforderungen, die der Gesuchte erfüllen sollte.

Keinesfalls darf der Text hölzern und steif klingen. Gefragt ist eine lebendige, aktive und interessante Wortwahl. Zu viele Substantive, zu lange Substantive, eine große Zahl von Fach- und Fremdwörtern und die ausgiebige Verwendung von Wörtern, die auf -keit oder -ung enden, sind ein Zeichen

Haben Sie Mut?

Mut zu neuen Aufgaben und Visionen. Wir suchen

Verkaufstrainer/ Verkaufstrainerinnen

Im Bereich Finanzdienstleistungen und Versicherungen betreuen wir zahlreiche namhafte und anspruchsvolle Kunden. Unser Ziel ist es, ganzheitliche Trainingskonzepte zu entwickeln und umzusetzen. Und dafür brauchen wir Sie!

Aus den Erfahrungen mit unserem bestehenden Team erwarten wir von Ihnen nur zwei Voraussetzungen: ein abgeschlossenes Studium an einer Hochschule sowie Kontakt- und Kommunikationsfähigkeit. Wenn Sie diese Anforderungen erfüllen und sich vorstellen können, als Verkaufstrainer/-trainerin erfolgreich zu sein, sollten Sie den Mut haben sich zu bewerben!

CONSENTA
Management-Service
Auf dem Steinchen 4
57638 Neitersen
0 26 81/57 57

›Haben Sie Mut?‹ macht neugierig
und zielt auf das Lebensgefühl der potenziellen Bewerber.

Nicht so:	Sondern besser so:
Wir benötigen dafür einen erfahrenen Vertriebsbeauftragten, der die Bereitschaft mitbringt, sich in diesen komplizierten Sachverhalt einzuarbeiten, und auch die Anstrengungen einer reisenden Tätigkeit nicht scheut.	Für Sie als erfolgreichen Verkäufer haben wir eine Aufgabe mit Zukunftsperspektiven: Sie bieten unserer Kundschaft in ganz Deutschland ein interessantes Spezialprodukt an.
Leider können wir nicht verhindern, dass Sie hierzu eventuell an den Ort unserer Konzernzentrale umziehen müssen.	Auch beim Wohnortwechsel sind wir Ihnen behilflich.
Wir erwarten gute und ausgeprägte Kenntnisse in allen branchenspezifischen Problemstellungen.	Sie kennen sich in unserer Branche aus.
Unabdingbare Voraussetzung ist ein abgeschlossenes Hochschulstudium. Berufliche Praxis ist von Vorteil.	Sie haben nach Ihrem Studium auch Praxiserfahrung gesammelt.

dafür, dass der Anzeigentext dringend überarbeitet oder gleich neu formuliert werden muss. Gestrichen werden sollten außerdem alle Wörter oder Wortteile ohne Informationsgehalt, die nur den Text aufschwellen, und vor allem Floskeln, die Unsicherheit signalisieren könnten. Die genannten Beispiele zeigen, wie man es nicht machen soll und wie man es besser machen kann.

Der vakante Arbeitsplatz muss den Bewerbern attraktiv und anschaulich dargestellt werden. Deshalb gilt es, nach klaren, präzisen und schnörkellosen Formulierungen zu suchen, mit denen das Aufgabengebiet umrissen wird. Vage Andeutungen über die neue Aufgabe schrecken einen potenziellen Bewerber eher ab. Darum ist es bei der Ausschreibung einer höheren Position nicht nur erforderlich, den Aufgabenbereich zu beschreiben, sondern auch notwendig, die Kompetenzen aufzuführen, die mit der Stelle verbunden sind. Es muss deutlich gesagt werden, ob es sich beispielsweise um die Position eines Abteilungsleiters oder die eines Geschäftsführers handelt. Darüber hinaus gehören noch eine Reihe weiterer Fakten in den Text der Anzeige, die es dem Bewerber erlauben, sich ein Bild von der ausgeschriebenen Stelle zu machen. Ein vollständiger Anzeigentext muss dementsprechend Aussagen zu folgenden Punkten enthalten:

- Branche und Größe des Unternehmens (z. B. Mitarbeiterzahl, Umsatzvolumen, Bilanzsumme)
- Standort und Einsatzgebiet
- Genaue Berufs- und Stellenbezeichnung
- Stelleninhalt und Anforderungskriterien

- Hinweise zur Arbeitsorganisation (z. B. Gleitzeit)
- Herausragende Stichworte zum Angebot (z. B. Geschäftswagen, Perspektiven)
- Angaben über Bewerbungsweg und -unterlagen
- Ansprechpartner für die Bewerber
- Adresse und Telefonnummer

Erscheint die Anzeige vor einer Messe, an der sich das inserierende Unternehmen beteiligt, kann man darauf hinweisen, dass z. B. der Personalleiter auf dem Messestand für Gespräche zur Verfügung steht. Wenn die organisatorischen Voraussetzungen (Anmeldung, Besprechungsräume usw.) stimmen, sind Messen erfahrungsgemäß ein interessanter Ort für Bewerbungsgespräche.

Bei der Textgestaltung gilt es im Übrigen zu berücksichtigen, dass auch Stellenanzeigen den wettbewerbs- und presserechtlichen Bestimmungen unterliegen. Vergleichende Werbung und unwahre Behauptungen sind unzulässig. Auch darf der Anzeigentext keine diskriminierenden oder abwertenden Passagen enthalten. Ferner dürfen, soweit das Arbeitsrecht keine anderen Vorgaben macht, keine expliziten Ausgrenzungen vorgenommen werden (z. B. ›Nur Bewerbungen von Männern werden berücksichtigt.‹). Denn eine Stelle muss nach geltendem Recht prinzipiell jedem, der die geforderten Qualifikationen erfüllt, offen stehen. Eine Vorschrift, die Höhe des Gehalts, Lohns oder anderer Vergütungen anzugeben, besteht ebenso wenig wie eine feste Regel, wann eine solche Angabe sinnvoll sein könnte.

Das Beispiel auf Seite 357 zeigt, wie eine Personalanzeige aussehen könnte. Hier werden kreative Menschen kreativ angesprochen. Schließlich muss man die potenziellen Bewerber da abholen, wo sie stehen. In diesem Falle befinden sie sich zusätzlich in fester Stellung. Das ist gewollt und wird darum auch bewusst angesprochen. Die Überschrift reizt zum Weiterlesen, denn sie weckt die Neugier. Der Fließtext appelliert an den Ehrgeiz und bleibt trotzdem verbindlich. Er ist zudem klar verständlich und drückt mit wenigen Sätzen alles Wesentliche aus.

Wenn mehrere Stellen ausgeschrieben werden sollen, ist es keineswegs unüblich, dies mit einer Sammelanzeige zu tun. Nach allem, was bisher zur Textgestaltung gesagt wurde, dürfte klar sein, dass dieses Verfahren entweder eine Einbuße an individueller Ansprache oder keine ganz einfache Aufgabe darstellt. Es sollte dabei in jedem Falle darauf geachtet werden, dass nicht völlig verschiedene Arbeitsgebiete oder Stellen unterschiedlicher Hierarchiestufen zusammengewürfelt werden. Die Stelle eines Hausmeisters und die einer Abteilungsleiterin schreibt man sinnvollerweise getrennt aus, vielleicht sogar in unterschiedlicher Aufmachung und in verschiedenen Zeitungen.

Sie sind Top-Kreativer in einer Top-Agentur

Eigentlich könnte es so weitergehen ...

... wenn da nicht die Idee wäre, sich mit einer eigenen Agentur ganz nach oben zu arbeiten.

Konzept ist die neue Generation einer klassischen Full-Service-Agentur. Zum weiteren Aufbau unseres nationalen und internationalen Geschäftes suchen wir einen

Geschäftsführer Creation

Sie arbeiten in einer führenden Agentur in leitender Position, verfügen über hervorragende Kundenkontakte und sind in der Branche kein No-Name. Dann können Sie unser Partner sein, der mit uns gemeinsam das Bild einer jungen, erfolgreichen Agentur formt.

Fragen Sie sich – und dann uns, ob wir zueinander passen.

Konzept GmbH
Dirk Sulimma
Auf dem Steinchen 4
57638 Neitersen
Telefon 0 26 81/57 57

›Beispiel für eine gelungene Personalanzeige‹

Werden externe Vermittler eingeschaltet, die die Anwerbung und Auswahl der Bewerber vornehmen, hat dies natürlich Auswirkungen auf die Personalanzeige. Sie wird dadurch nämlich anonym. Manchmal ist dies gewollt, selten aber wirklich nötig. Die Kontaktquote liegt bei Anzeigen, die das Unternehmen nicht namentlich nennen, zudem niedriger. Das gilt noch viel stärker für Chiffreanzeigen. Außerdem entfällt bei ›anonymen‹ Anzeigen die erwähnte Werbewirkung. Wenn die Entscheidung für die Einschaltung eines Personalberaters gefallen ist, so bleibt es immer noch erwägenswert, ob das inserierende Unternehmen ihn nicht erst hinzuzieht, wenn sich die Bewerber vorstellen. Andererseits darf die Vertraulichkeitswirkung seriöser Berater auf die Bewerber auch nicht unterschätzt werden, gerade in der jetzt so sensiblen Beschäftigungssituation.

Eine Anzeige mit Bild erzielt zusätzliche Aufmerksamkeit. Ein Bild der künftigen Kollegen z. B. macht einen sympathischen Eindruck, weil es darauf schließen lässt, dass man in der inserierenden Firma auf ein menschliches Miteinander Wert legt. Nüchterne Fotografien von Firmengebäuden oder Produkten haben dagegen weniger Aussagekraft. Weil eine Anzeige mit Bild höhere Kosten verursacht, sollte die Bildidee schon sehr gut sein. Wo man sich nicht sicher ist, verzichtet man besser auf eine Abbildung.

Auch Grafiken geben einer Personalanzeige eine gewisse Unverwechselbarkeit. Das am meisten verwendete grafische Detail ist das Firmensignet oder -logo. Es hat einen hohen Wiedererkennungswert und fungiert überdies auch im Stellenmarkt als Werbeträger. Ein anderes wichtiges grafisches Element ist die Gestaltung des Rahmens. Schon durch das Abrunden der Ecken, erst recht aber durch passende individuelle Rahmenmotive lockert man das Gesamtbild auf und lenkt die Aufmerksamkeit des Lesers auf die betreffende Anzeige. Selbstverständlich müssen Rahmenmotiv und -aufbau zum Text und zu der ausgeschriebenen Stelle passen. Die Anzeigenabteilungen der Zeitungen halten in der Regel eine Auswahl von fertigen Rahmen bereit. Doch kann man auch eine Grafik eigens für die fragliche Anzeige entwickeln lassen. Das ist allerdings – wie die Anfertigung eines reproduktionsfähigen Fotos – nicht ganz billig. Hier kann sich ein Kostenvergleich lohnen.

Generell gilt, dass Text und Bild oder Grafik miteinander korrespondieren müssen. Im Idealfall erklärt der Text die Abbildung und die Abbildung den Text. Fehl am Platz sind Bilder oder Grafiken, die nur vordergründig-ästhetischen Zwecken dienen. Das gilt auch für andere grafische oder setzerische Spielereien, die den Leser mehr verwirren als informieren. Bei der Auswahl der Schrift sollte man sich ebenfalls auf zwei Schriftarten bzw. -größen beschränken und Besonderheiten wie Negativschriften (weiße Schrift auf schwarzem Grund) oder Versalien (Großbuchstaben) kritisch auf ihre Wirkung überprüfen.

Die technische Umsetzung

Wenn der Text der Personalanzeige formuliert ist und die Fragen der Gestaltung geklärt sind, geht es als Nächstes darum, das richtige Medium für die Anzeige auszuwählen. In welchen Zeitungen oder Zeitschriften die Anzeige erscheinen soll, bedarf gründlicher Überlegung. Denn nicht jede Publikation wird von der Zielgruppe gelesen, die man ansprechen möchte. Die örtliche, regionale oder auch die überregionale Presse bietet sich alternativ an. Sinnvoll kann es aber auch sein, eine spezielle Fachzeitschrift, die branchenspezifisch ausgerichtet ist, in die engere Wahl zu ziehen, da man davon ausgehen kann, dass sich unter ihren Lesern die gesuchten Spezialisten befinden. Auch die Arbeitsverwaltung bietet ihre Publikationen an. Manchmal hilft es, die Kollegen des künftigen Mitarbeiters zu fragen, welche Zeitschriften oder Zeitungen sie lesen. Wenn es nicht gerade um die Stelle eines Geschäftsführers geht, lohnt es, auch Anzeigenblätter oder Blätter mit privaten Kleinanzeigen in Erwägung zu ziehen, die in den letzten Jahren bewiesen haben, dass sie eine breite Leserschicht erreichen, und die zudem preislich recht günstig sind.

Ist man sich klar darüber, wo die Anzeige erscheinen soll, fordert man die Mediaunterlagen an. Sie enthalten Informationen über

- Spaltenbreite
- Anzeigenpreis pro Millimeter
- Preise für eventuelle Satzleistungen
- Rubriken für Stellenangebote
- Erscheinungsdaten für den Stellenmarkt (meist am Samstag)
- Verbreitungsgebiete und Auflage der Zeitung/Zeitschrift
- Termine für den Anzeigenschluss
- Rabatte bei Mehrfachschaltungen
- notwendige Angaben für das Erstellen der Druckvorlagen

Anhand dieser Unterlagen ermittelt man u. a. den Anzeigenpreis. Die Anzeige soll, um es am Beispiel aufzuzeigen, eine Größe von 90 × 100 Millimetern haben und in einer überregionalen Tageszeitung erscheinen. Diese Zeitung hat eine Spaltenbreite von 45 Millimetern, sodass die Anzeige über zwei Spalten gehen würde. Der Preis pro Millimeter und pro Spalte beträgt 17,90 DM. Daraus ergibt sich ein Preis von 17,90 DM × 2 (Spalten) × 100 mm = 3 580 DM.

Unterdessen muss der finanzielle Rahmen abgesteckt werden. Aufgrund der Entscheidung, wie viel Geld man in die jeweilige Personalanzeige investieren will, und mithilfe der Mediaunterlagen lässt sich nun klären, in welchen Zeitungen bzw. Zeitschriften die Anzeige wie oft geschaltet werden soll bzw. kann. An dieser Stelle der Überlegungen kann es noch einmal notwendig werden, die Planung zu revidieren, sei es, weil die Größe der Anzeige verändert werden muss, sei es, weil nicht alle Periodika, die ausgewählt worden sind, auch tatsächlich berücksichtigt werden können. Es kommt hier also ggf. sehr auf die Findigkeit und die Rechenkünste dessen an, der den Auftrag hat, eine Personalanzeige zu gestalten.

Eine weitere, sehr wesentliche Entscheidung betrifft den Erscheinungstermin der Anzeige. Häufig klagen Unternehmen, dass ihre Stellenausschreibungen nur eine mäßige Resonanz gefunden haben, obwohl die Anzeige gut gestaltet und der Text Erfolg versprechend war. Wenn eine mittelfristige Zeitplanung möglich ist, sollten folgende Faktoren berücksichtigt werden:

- Ferien- und Urlaubszeiten schränken erfahrungsgemäß den Leserkreis ein und sind normalerweise nicht der Zeitpunkt, an dem bzw. zu dem ein Stellenwechsel ins Auge gefasst wird
- Innerhalb des ersten Quartals eines Jahres finden Stellenwechsel seltener statt, da für viele Arbeitnehmer vertraglich festgelegt ist, dass sie beim Ausscheiden vor dem 1. April ein 13. Monatsgehalt ggf. zurückerstatten müssen
- Termine vor Schul- und Semesterferien sind der günstigste Zeitpunkt, um Auszubildende und Berufsanfänger anzuwerben

Wenn nun Text, Abbildungen, Größe und Erscheinungstermin der Anzeige festgelegt sind, lässt man sie gestalten und setzen. Diese Aufgabe kann man in die Hände von Profis legen. Satzstudios, DTP-(Desktoppublishing-)Fachleute und die Redaktionen selbst kann man darauf ansprechen, ob und wie sie die gestalterischen Vorstellungen realisieren können. Es ist natürlich auch möglich, selbst die Umsetzung vorzunehmen, vorausgesetzt, dass eine mit Gestaltungs- bzw. Lay-out-Software ausgestattete EDV vorhanden ist. Allerdings benötigt man dazu Zeit, und Grundkenntnisse in DTP sind von Vorteil. Letztere können auch von Nutzen sein, wenn man den Auftrag an Fachleute vergibt. Denn auch dann ist es unverzichtbar, Wünsche und Vorstellungen präzise anzugeben. Das betrifft nicht nur die Formulierung des Textes und die Gliederung in Absätze, sondern auch die Hervorhebungen (fett, kursiv, unterstrichen) und kann bis zu Vorgaben für die Schrift und Schriftgröße reichen. Sollen zudem Abbildungen in die Gestaltung eingebunden werden, müssen reprofähige Vorlagen mitgeliefert werden.

Ein externer Gestalter muss vor allem eine genaue Zeitvorgabe erhalten, damit die Anzeige bis zum Anzeigenschluss bei der Zeitung vorliegt. Die fertige Vorlage sollte nochmals kritisch durchgesehen werden. Dabei sollte die Sekretärin prüfen, ob die Anzeige auch so wirkt, wie man sich das vorgestellt hat, und ob irgendwelche sachlichen Fehler, Druck- oder Rechtschreibfehler zu verbessern sind. Den Fall, dass noch Korrekturen notwendig werden, sollte man also zeitlich einplanen. Schließlich wird die geprüfte und freigegebene Anzeige mit den Angaben über Erscheinungsdatum, Rubrik und etwaige Sonderwünsche an die Periodika geschickt, die dafür ausgewählt wurden.

Wenn man häufiger Personalanzeigen schaltet, ist es empfehlenswert, den jeweiligen Erfolg zu kontrollieren. So sollten beispielsweise die Bewerbungen auch daraufhin ausgewertet werden, mit welchen Medien man die höchste Resonanz erreicht hat. Auch kann man die Bewerber fragen, was sie an einer Annonce besonders angesprochen hat. Solche Erkenntnisse sind für spätere Gelegenheiten überaus wertvoll, denn Text und Gestaltung müssen immer wieder überprüft werden, ob sie noch zeitgemäß, aktuell und wirkungsvoll sind. Werden diese Überlegungen zur Gestaltung von Personalanzeigen flexibel und zielorientiert gehandhabt, bieten sie gute Voraussetzungen für deren Erfolg. Finden sie im Bewerbungsgespräch und in der Firmendarstellung eine positive, ansprechende Fortsetzung, hat sich der Aufwand für eine klug und gut gestaltete Personalanzeige gelohnt.

Mitarbeiterbeurteilungen und Zeugnisse in der Betriebspraxis

Mitarbeiterbeurteilungen

Die regelmäßige und systematische Mitarbeiterbeurteilung gilt heutzutage allgemein als Bestandteil zeitgemäßer Mitarbeiterführung. Sie ist für den Mitarbeiter wie für den Betrieb gleichermaßen von Nutzen. Jeder Mitarbeiter möchte und soll wissen, wie seine Arbeitsergebnisse sowie sein Arbeits- und Sozialverhalten von seinem unmittelbaren Vorgesetzten bewertet werden. Er kennt damit seinen Standort im Betrieb und kann selbst Schlüsse für seinen weiteren Berufsweg ziehen. Im Beurteilungsgespräch hat der Mitarbeiter zudem die Möglichkeit, seine beruflichen Vorstellungen und Wünsche mit dem Vorgesetzten zu besprechen. Das ist nicht nur ein Erörterungsrecht nach § 82 (2) BetrVG (Betriebsverfassungsgesetz), sondern vor allem ein wesentlicher Gesichtspunkt moderner betrieblicher Personalentwicklung.

Für den Betrieb ist die Mitarbeiterbeurteilung ein wichtiges Instrument der Personalwirtschaft, und zwar insbesondere für die

- gerechte Anerkennung guter und besonderer Leistungen
- Besprechung von Möglichkeiten, gegebenenfalls auch Notwendigkeiten und Maßnahmen der Personalentwicklung
- Auswahl gezielter Fortbildungsangebote
- Erörterung des eignungsgerechten Personaleinsatzes
- Planung der weiteren beruflichen Entwicklung
- Entgeltgestaltung
- Verbesserung kritischer Leistungs- und/oder Verhaltensbereiche
- persönliche Motivation und Förderung der Zusammenarbeit

Die Bundesvereinigung der Deutschen Arbeitgeberverbände hebt in einer speziellen Veröffentlichung zu diesem Thema hervor: ›Ein wesentliches Ziel der Mitarbeiterführung im Betrieb ist die Erhaltung und Steigerung der Leistungsfähigkeit und Leistungsbereitschaft jedes einzelnen Mitarbeiters. Dies setzt voraus, dass die individuelle Leistung zum Gegenstand der Kommunikation zwischen Vorgesetztem und Mitarbeiter gemacht wird‹.[1] Dies bedeutet, dass das Beurteilungsgespräch im Mittelpunkt des betrieblichen Beurteilungswesens steht. Die Offenheit ist also einer der Grundgedanken, der kooperativen Führungsprinzipien entspricht.

Demgegenüber tritt die Gestaltung des Beurteilungsbogens etwas in den Hintergrund. Die Bundesvereinigung der Deutschen Arbeitgeberverbände beobachtet eine entsprechende Veränderung in der Beurteilungspraxis und stellt fest, dass ›die Tendenz weg von starker Formalisierung hin zu freieren Formen der Beurteilung geht. Nahezu überall wird dabei das Mitarbeitergespräch, in dem Aufgaben und Arbeitsergebnisse des Mitarbeiters erörtert werden, stärker in den Mittelpunkt gerückt, als dies bei den traditionellen, formalisierten Verfahren der Fall ist.‹[1]

Beurteilungsbögen sind im Allgemeinen in der Weise gestaltet, dass sie eine Reihe von Beurteilungsmerkmalen enthalten, die in einer Stufenskala zu bewerten sind. Sie reicht von ›hervorragend‹ bis ›nicht mehr den Anforderungen genügend‹. Beurteilungsmerkmale sind beispielsweise:

- Fachkönnen
- Quantität der Leistung
- Qualität der Leistung
- Einsatzbereitschaft
- Selbstständigkeit
- Entscheidungsfähigkeit und Verantwortungsbewusstsein
- Kooperatives Verhalten
- Kommunikatives Verhalten (auch Kontakt zu Kunden, Lieferanten usw.)

Bei Vorgesetzten kommt als wichtiges Kriterium das Merkmal ›Führungsverhalten‹ hinzu. Weitere frei formulierbare Punkte können sein:

- Besondere Stärken und/oder Schwächen
- Hinweise und Empfehlungen des Beurteilers sowie Wünsche des Mitarbeiters
- Vereinbarte Ziele und/oder Maßnahmen

Der betriebsspezifische Beurteilungsbogen kann auch als Protokoll über die Ergebnisse des Beurteilungsgesprächs angesehen werden. Nach Auswertung durch die Personalabteilung und -entwicklung wird er der Personalakte beigefügt. Hier garantiert § 83 BetrVG dem Arbeitnehmer Akteneinsicht.

Damit haben Mitarbeiterbeurteilungen natürlich auch einen Dokumentationscharakter über die Bewertung von Leistung und Verhalten (also auch

[1] Bundesvereinigung der Deutschen Arbeitgeberverbände, Arbeitsbericht Nr. 23: Mitarbeiterbeurteilung/Mitarbeitergespräch. Köln 1993, S. 1.

Führung) eines Mitarbeiters, bezogen auf einen bestimmten Zeitraum. Sie sind wichtig für das Formulieren von Zeugnissen, aber auch bei Disziplinarmaßnahmen jeglicher Art, die der Betrieb ggf. ergreifen muss. Hierbei kann es sich um eine Mahnung, eine Ermahnung, eine Rüge, einen Tadel wegen vertrags- oder pflichtwidrigen Verhaltens oder eine Abmahnung handeln. Letztere geht über alle anderen Formen der Missbilligung hinaus, weil darin ausdrücklich darauf hingewiesen wird, dass im Wiederholungsfall entweder der Inhalt des Arbeitsverhältnisses oder sogar dessen Bestand überhaupt gefährdet ist. Diese Androhung arbeitsrechtlicher Konsequenzen ist ein unverzichtbarer Bestandteil jeder Abmahnung. Sie soll als Vorwarnung wirken und gibt doch zugleich dem Arbeitnehmer noch die Chance zur Besserung. Für Abmahnungen ist aus Gründen der Beweissicherung die Schriftform unbedingt zu empfehlen. Wichtig ist, dass in der Abmahnung der beanstandete Sachverhalt konkret aufgezeigt wird. Pauschale Ausführungen, Schlagworte, allgemein gehaltene Vorwürfe entsprechen nicht den Anforderungen der Rechtsprechung. Abmahnungen sind nach dem Betriebsverfassungsgesetz und nach dem Bundespersonalvertretungsgesetz mitbestimmungsfrei.

Die Mitarbeiterbeurteilung kann im Zusammenhang mit Disziplinarmaßnahmen, Kündigungen und Kündigungsschutzprozessen Bedeutung haben, weil sie ein Beweismittel darstellt. Sie lässt Unzufriedenheit und damit Kritik erkennen, unter Umständen hält der Vorgesetzte sogar bestimmte Sachverhalte in der Rubrik ›Hinweise und Empfehlungen‹ fest oder dokumentiert sie auf einem Beiblatt zur Mitarbeiterbeurteilung. Insofern kann in einer Abmahnung durchaus auf vorangegangene Gespräche verwiesen werden, wenn deren Inhalt in einer Gesprächsnotiz, so auch einer Beurteilung, zweifelsfrei festgehalten ist. In arbeitsrechtlichen Auseinandersetzungen hat eben der Arbeitgeber die Darlegungs- und Beweislast zu erfüllen.

Stellenbeschreibungen können zusammen mit Mitarbeiterbeurteilungen durchaus Zwischenzeugnisse bei Vorgesetztenwechsel oder der Übernahme anderer Aufgaben im Betrieb ersetzen. Denn damit ist hinreichend Vorsorge getroffen, dass umfassende Informationen vorliegen. Der Mitarbeiter bestätigt deren Kenntnisnahme und erhält auf Wunsch eine Mehrfertigung.

Bei der Mitarbeiterbeurteilung obliegt der Sekretärin im Betriebsalltag häufig die Gesprächsplanung und -vorbereitung. Die folgende Checkliste zeigt, woran eine Sekretärin im Vorfeld denken sollte, damit keine Pannen entstehen.

Mitarbeiterbeurteilung/ Checkliste für das Sekretariat

	Wiedervorlagen:
______________________________	3. __________
(Name des Mitarbeiters)	2. __________
	1. __________
I. Planung	
1. Wer beurteilt?	__________
2. Rückgabetermin an die Personalabteilung ändern?	Nein/Ja
3. Wenn ja, neuen Termin vereinbaren	__________
4. Beurteilungsgespräch geplant für	__________
II. Vorbereitung	
1. Sind Beteiligte anwesend (Urlaub, Krankheit, Fortbildung)?	Ja/Nein
2. Wenn nein, Termin verlegen auf	__________
3. Terminverschiebung zweckmäßig wegen	
– betrieblicher Gründe?	Nein/Ja
– besonderer Arbeitsbelastungen?	Nein/Ja
– persönlicher Schwierigkeiten?	Nein/Ja
– sonstiger Gründe?	Nein/Ja
Neuer Termin	__________
Beteiligte informiert am	__________
4. Müssen Unterlagen besorgt werden?	Nein/Ja
Welche?	
______________________________	
______________________________	
______________________________	
Beurteilungsbogen vorhanden	Nein/Ja
5. Muss der Vorgesetzte zur Vorbereitung Rücksprache nehmen?	Nein/Ja
Mit wem und zu welcher Frage?	
______________________________	
III. Durchführung	
1. Findet das Gespräch beim Vorgesetzten statt?	Ja/Nein
Wo stattdessen?	
______________________________	
2. Bewirtung gewünscht?	Nein/Ja
Welche?	
______________________________	
______________________________	
3. Nochmaliges Gespräch vorgesehen?	Nein/Ja
Termin	__________
4. Weiterleitung der Beurteilung an die Personalabteilung am	__________

Zeugnisarten und Arbeitsbescheinigungen

In der Betriebspraxis gibt es eine Reihe von Zeugnisarten und Bescheinigungen, die je nach ihren rechtlichen Voraussetzungen und ihrer inhaltlichen Ausgestaltung unterschieden werden. Es handelt sich im Wesentlichen um

- einfache und qualifizierte Zeugnisse
- Zwischenzeugnisse
- Berufsausbildungszeugnisse
- Arbeitsbescheinigungen

Über die eigentlichen Zeugnisse hat sich der Gesetzgeber geäußert in

§ 630	Bürgerliches Gesetzbuch (BGB)
§ 73	Handelsgesetzbuch (HGB)
§ 113	Gewerbeordnung (GewO)
§ 8	Berufsbildungsgesetz (BBiG)

Nach den gesetzlichen Bestimmungen kann der Arbeitnehmer bei Beendigung eines dauernden Beschäftigungsverhältnisses vom Arbeitgeber ein schriftliches Zeugnis verlangen. Er muss es also anfordern. Der Arbeitgeber braucht von sich aus nichts zu unternehmen. Empfehlenswert ist jedoch, dem ausscheidenden Arbeitnehmer ein Zeugnis unaufgefordert auszustellen und zuzuleiten.

Grundsätzlich hat jeder Arbeitnehmer Anspruch auf ein Zeugnis, also auch Teilzeitbeschäftigte, Heimarbeiter, arbeitnehmerähnliche Personen wie etwa wirtschaftlich abhängige Handelsvertreter u. a. Das gilt auch für befristete Arbeitsverträge, Probearbeitsverhältnisse und Ähnliches. Ebenso können Praktikanten, Volontäre und Werkstudenten ein Zeugnis verlangen. Der Begriff der ›dauernden‹ Beschäftigung ist dabei so auszulegen, dass es sich um einen Zeitraum handeln muss, der eine Beurteilung des Beschäftigten überhaupt möglich macht.

Der Gesetzgeber unterscheidet zwischen einem so genannten einfachen und einem qualifizierten Zeugnis. Das *einfache Zeugnis* enthält Angaben über Art und Dauer der Beschäftigung. *Qualifizierte Zeugnisse* treffen auf Verlangen des Arbeitnehmers zusätzliche Feststellungen über Leistung und Führung im Dienst. Das qualifizierte Zeugnis hebt sich nur dadurch vom einfachen Zeugnis ab. Es ist sonst nach Inhalt und Umfang im Wesentlichen mit ihm identisch. Hatte also ein Arbeitnehmer mehrere Arbeitsplätze während des Vertragsverhältnisses inne, so sind alle darzustellen. Gleiches gilt für Informationen über die betriebliche Eingliederung, eventuell unterstellte Mitarbeiter, den Befugnisrahmen oder die Fortbildung.

Die Frage nach dem Anspruch auf ein *Zwischenzeugnis* wird sehr unterschiedlich beurteilt. Wichtig ist zunächst, ob für den Betrieb ein Tarifvertrag maßgeblich ist und was dieser ggf. festlegt. Der Bundes-Angestellten-Tarifvertrag (BAT) für den öffentlichen Dienst verlangt in § 61 ›triftige Gründe‹.

Gibt es keine Tarifregelung, kann man von folgenden Grundsätzen ausgehen:

- ▷ Bei Veränderungswünschen außerhalb des Unternehmens
- ▷ Bei Fällen der Betriebseinschränkung, der Rationalisierung, eines Vergleichsverfahrens oder bevorstehenden Konkurses ebenso wie bei Betriebsveräußerung oder bei Fusionen
- ▷ Bei Versetzungen innerhalb eines Konzerns (zu anderen Tochtergesellschaften, Werken, Betrieben, Niederlassungen usw.) sowie bei wesentlichen betriebsorganisatorischen Änderungen, die mit einem Stellenwechsel verbunden sind
- ▷ Bei Teilnahme an Bildungsmaßnahmen, nach deren Zulassungsbestimmungen ein Zwischenzeugnis vorzulegen ist
- ▷ Bei Eintritt in den Ruhestand – damit ist nicht der Vorruhestand o. Ä. gemeint – haben Zwischen- oder Endzeugnis keine Bedeutung mehr auf dem Arbeitsmarkt. Es bleibt dem Unternehmen überlassen, ob es sich auf diese Weise zum Abschied äußern möchte

Es bleiben in der Mehrzahl die Fälle, in denen der Mitarbeiter ein Zwischenzeugnis wünscht, weil

- er wissen will, wie ihn sein Vorgesetzter beurteilt
- der Vorgesetzte wechselt
- er andere Aufgaben im gleichen Betrieb übernimmt
- Wehr- oder Zivildienst, Erziehungsurlaub oder die Beurlaubung ohne Bezüge für ein Studium usw. bevorstehen

Diese Fälle regelt § 82 (2) BetrVG. Danach hat jeder Arbeitnehmer einen Anspruch darauf, ›dass mit ihm die Beurteilung seiner Leistungen sowie die Möglichkeiten seiner beruflichen Entwicklung im Betrieb erörtert werden‹. Besteht also im Unternehmen ein regelmäßiges Beurteilungswesen, so erübrigen sich Zwischenzeugnisse in den genannten Fällen. Denn auf welcher Grundlage und anhand von welchen Unterlagen der Arbeitgeber im Fall einer Kündigung den Zeugnisanspruch realisiert, ist allein seine Sache. Mitarbeiterbeurteilungen geben dem Mitarbeiter Gewissheit, dass hinreichend Material für die Formulierung eines Zeugnisses in seiner Personalakte dokumentiert ist. Bei Zwischenzeugnissen geht es um das anzuerkennende Interesse im Rahmen der Fürsorgepflicht. Zwischenzeugnisse als Beweismittel für Höhergruppierungen sind nicht berechtigt.

Gibt es jedoch kein betriebliches Beurteilungswesen oder ist für den betreffenden Arbeitnehmer das Betriebsverfassungsgesetz nicht maßgebend, so wird in der Literatur die Ansicht vertreten, dass dieser Mitarbeiter einen Anspruch auf ein Zwischenzeugnis habe. Dies ist ein wenig unlogisch, weil das Unternehmen auch auf andere Weise, etwa durch Aktenvermerke, Gesprächsnotizen, Stellenbeschreibungen, Anforderungs- und Eignungsprofile, Zielvereinbarungen, Informationen für den Eventualfall einer Kündigung und damit eines Zeugnisanspruchs in der Personalakte festhalten kann.

In einer Reihe von weiteren Fällen ist das Zwischenzeugnis eine Selbststverständlichkeit, so z. B., wenn Mitarbeiter an einem anderen Ort eine Stelle suchen möchten, weil der Ehepartner oder Partner dort eine neue Stelle gefunden hat oder weil Familienangehörige dort wohnen o. Ä. In einem solchen Falle wird der Mitarbeiter im vertrauensvollen Gespräch zum Ausdruck bringen, dass er den Betrieb verlassen möchte.
Übrigens haben Zwischenzeugnisse einen doppelten Boden bekommen, weil sich der Leser zwangsläufig fragt, warum der bisherige Betrieb den Mitarbeiter nicht gehalten hat, nicht halten konnte oder etwa nicht halten wollte. Eine Andeutung darüber am Schluss des Zwischenzeugnisses ist nicht üblich, wäre aber für die Betroffenen hilfreich.

Ein *Berufsausbildungszeugnis* ist dem Auszubildenden unaufgefordert am Ende der Ausbildung auszustellen. Hier hat also der Betrieb zu handeln. Nach dem Berufsbildungsgesetz muss dieses Zeugnis Angaben über Art, Dauer und Ziel der Berufsausbildung sowie über die erworbenen Fertigkeiten und Kenntnisse des Auszubildenden beinhalten. Zwar legt das Berufsbildungsgesetz fest, dass Angaben über Führung, Leistung und besondere fachliche Fähigkeiten des Auszubildenden nur auf sein Verlangen in das Zeugnis aufzunehmen sind. Diese Bestimmung hat in der Praxis aber wohl eher theoretischen Charakter. Im Normalfall wird der Arbeitgeber hierüber seine Beurteilung abgeben. Allerdings ist zu beobachten, dass Berufsausbildungszeugnisse gelegentlich wie ›von der Stange geschrieben‹ erscheinen und wenig Individualität spüren lassen. Das Berufsausbildungszeugnis hat hohe Bedeutung für den Betroffenen, bei kritischem Arbeitsmarkt umso mehr. Deshalb sollte die Bewertung der besonderen fachlichen Fähigkeiten, der persönlichen Leistungen und der Führung im Betrieb ein tatsächliches Bild des Auszubildenden zeichnen. Zwischenbeurteilungen während der einzelnen Ausbildungsabschnitte sind heute üblich und eine gute Grundlage für das Abschlusszeugnis.

Arbeitsbescheinigungen sind angesichts ihrer Vielfalt ein Bereich für sich, auf den hier nur kurz hingewiesen werden kann. Zur besseren Orientierung lassen sie sich in drei Kategorien einteilen:

- Bescheinigungen allgemeiner Natur
- Bescheinigungen, die nach § 133 Arbeitsförderungsgesetz bei Beendigung des Beschäftigungsverhältnisses auszustellen sind
- Bescheinigungen über das Bestehen des Arbeitsverhältnisses (entsprechend zahlreichen Rechtsvorschriften)[1]

[1] Vgl. hierzu im Detail: Hentschel, Jaspers, Laicher: Auskunfts-, Bescheinigungs- und Meldevorschriften im Personalwesen, 4. Auflage, Köln 1997

Inhalt und Gliederung von Zeugnissen

Das Bundesarbeitsgericht hat in einem Grundsatzurteil festgestellt, dass die Tätigkeiten, die ein Arbeitnehmer ausgeübt hat, so genau und so vollständig zu beschreiben sind, dass sich künftige Arbeitgeber ein klares Bild darüber machen können, welche Erfahrungen der Bewerber im Laufe seiner Tätigkeit für eine Firma sammeln konnte und welche Qualifikationen er vorzuweisen hat. Der künftige Arbeitgeber soll anhand des Zeugnisses erkennen können, welche Bandbreite von Möglichkeiten es gibt, den Bewerber, der dieses Zeugnis vorlegt, einzusetzen. Mag sich der Bewerber auch für eine konkrete Stelle beworben haben; wenn er für diese nicht in Betracht kommt, können ihm vielleicht andere Angebote unterbreitet werden. Ein Zeugnis, das also nur die letzte Tätigkeit detailliert darstellt, die vorherigen Arbeitsplätze aber bloß aufzählt, ist dafür zu dürftig. Die folgenden Rechtsregeln umreißen wichtige Punkte, die beim Erstellen von Zeugnissen zu beachten sind.

20 Rechtsregeln für die Praxis

1. Das Zeugnis muss den Arbeitnehmer zweifelsfrei bezeichnen und genaue Angaben über die rechtliche Dauer des Beschäftigungsverhältnisses enthalten
2. Alle Angaben müssen wahrheitsgemäß sein (Wahrheitspflicht)
3. Die Tätigkeitsbeschreibung muss vollständig und genau sein
4. Das qualifizierte Zeugnis muss sich auf Führung und Leistung und nicht nur auf eines von beiden erstrecken
5. Ein dürftiges Zeugnis über Leistung und Führung eines langjährig Beschäftigten verleitet zu negativen Rückschlüssen und entspricht damit nicht den Anforderungen
6. Das Zeugnis darf nichts auslassen, was der Leser eines Zeugnisses bei einer bestimmten Berufsgruppe als berufsspezifische Beurteilungsmerkmale in einem Zeugnis erwartet
7. Bedeutungsvolle Tatsachen und zutreffende Beurteilungen – auch ungünstiger Art – sind dann in ein Zeugnis aufzunehmen, wenn ein künftiger Arbeitgeber hieran ein berechtigtes und vernünftiges Interesse haben kann
8. Der Arbeitgeber hat sich vom verständigen Wohlwollen für den Arbeitnehmer leiten zu lassen, sodass dessen berufliches Fortkommen nicht unnötig erschwert wird
9. In der Wortwahl sowie der Formulierung von Werturteilen ist der Arbeitgeber im Rahmen der Wahrheitspflicht frei
10. Die Beweislast für die Richtigkeit eines Zeugnisses trifft den Arbeitgeber
11. Zwischenzeugnis und Schlusszeugnis müssen nicht wortgleich sein
12. Entsteht dem neuen Arbeitgeber durch ein objektiv falsches Zeugnis ein Schaden, so ist der ausstellende Arbeitgeber schadensersatzpflichtig
13. Während der Arbeitnehmer einerseits darauf vertrauen kann, dass der Arbeitgeber ihm nach Erteilung eines qualifizierten Zeugnisses über bekannte Tatsachen keine andere Beurteilung mehr vorhalten darf, ist der Arbeitgeber bei Bekanntwerden neuer schwerwiegender Tatsachen berechtigt, ein Zeugnis zu widerrufen

20 Rechtsregeln für die Praxis

14. Der Arbeitgeber hat kein Recht auf Zurückbehaltung des Zeugnisses wegen irgendwelcher Forderungen gegen den Arbeitnehmer
15. Eine tarifliche Ausschlussklausel für Ansprüche aus dem Arbeitsvertrag erfasst auch den Anspruch auf Erteilung eines Zeugnisses
16. Abgesehen vom Sonderfall absoluter Leistungsbehinderung, ist die Tatsache der Schwerbehinderung nicht in ein Zeugnis aufzunehmen
17. Grundsätzlich sollte der Grund der Vertragsbeendigung in einem Zeugnis nicht erwähnt werden
18. Der Arbeitnehmer kann vom Arbeitgeber keine bestimmte Formulierung des Zeugnisses fordern
19. Verlangt der Arbeitnehmer das Zeugnis erst einige Zeit nach seinem Ausscheiden, so ist das tatsächliche Ausstellungsdatum einzusetzen. Hingegen ist ein vom Arbeitgeber berichtigtes Zeugnis auf das ursprüngliche Datum zurückzudatieren
20. Die Formulierung von Zeugnissen fällt nicht unter das Mitbestimmungsrecht des Betriebs- oder Personalrats

Beim Verfassen eines Zeugnisses, so hat die Rechtsprechung deutlich gemacht, muss sich der Arbeitgeber (oder sein Bevollmächtigter) von verständigem Wohlwollen und der Wahrheitspflicht leiten lassen. Einerseits soll der Werdegang des Arbeitnehmers nicht unnötig erschwert werden (für Einschränkungen in der Beurteilung müssen im Falle eines Rechtsstreits Beweise beigebracht werden). Andererseits ist es möglich, dass ein neuer Arbeitgeber gegen den Aussteller des Zeugnisses Schadensersatzansprüche erhebt, wenn er sich durch falsche Angaben getäuscht sieht. Dadurch wird die Formulierung eines Zeugnisses manchmal zu einer Gratwanderung, für die sich generell keine detaillierten Regeln aufstellen lassen. Beurteilungsspielräume sind unvermeidlich. So hat denn auch das Bundesarbeitsgericht festgestellt, dass der Arbeitgeber in der Wortwahl und in der Satzstellung frei ist. Auch ist es ihm überlassen, welche Leistungen und Eigenschaften des Arbeitnehmers er mehr hervorheben will als andere.

Was den Inhalt eines qualifizierten Zeugnisses angeht, so hat sich in der Praxis etwa folgende Gliederungsform herausgebildet:

- Name, Vorname und Geburtsdatum des Mitarbeiters (ggf. akademische und andere Grade, die der Arbeitnehmer führen darf)
- Beschäftigungsbeginn und -art (z. B. Voll- oder Teilzeitbeschäftigung, tariflich oder außertariflich)
- Werdegang im Betrieb
- Letzte Stelle, Funktionsbezeichnung und charakteristische Inhalte
- Unter- und Überstellung, Befugnisse
- Personalentwicklung und Fortbildung
- Beurteilung der Leistungen und der Arbeitsergebnisse bzw. -ziele
- Beurteilung von Führung und Verhalten

Zeugnis

Firma

Herr/Frau ______________________________
geboren am ______________________________

ist bei uns seit ____________________ als ____________________ beschäftigt.

Reihenfolge der innegehabten Tätigkeiten (Stellen):
- Zeit, Bezeichnung, Inhalt
- Auch (Langzeit)unterbrechungen wie Bundeswehr/Zivildienst, Erziehungsurlaub, Studium, Auslandsaufenthalt, Sonderurlaub etc.

Letztes Arbeitsgebiet:
- Schwerpunkte
- Unter- und Überstellung
- Funktionsbezeichnung, Befugnisse

Fortbildung und Maßnahmen der Personalentwicklung

Beurteilung der Leistungen:
- Wissen/Fähigkeiten, Können/Fertigkeiten, Arbeitseinsatz, Aktivität, Engagement, Selbstständigkeit, Umsicht, Verantwortungsbewusstsein, Urteils- und Entscheidungsvermögen, berufliche Identifikation usw.

Beurteilung des Verhaltens (Führung):
- Mitarbeiter, Kollegen, Kunden, Vorgesetzte usw.

Herr/Frau ____________________ scheidet am ______________ (wegen ____________________)
auf eigenen Wunsch (zu unserem Bedauern) aus unserem Unternehmen aus.
- Dank
- Wünsche

Unternehmensbezeichnung

Unterschrift Unterschrift

Ort, Datum

– Schlussformulierungen (Datum des Ausscheidens, auf Wunsch des Mitarbeiters in Ausnahmefällen mit Angabe von Gründen; evtl. der Ausdruck des Bedauerns und der Dank des Unternehmens, Wünsche)
– Firma
– Unterschriften
– Ort und Datum

Selbstverständlich gibt es verschiedene Möglichkeiten, ein Zeugnis aufzubauen. Doch empfiehlt es sich, die genannten Inhalte in dieser Reihenfolge aufzuführen bzw. zu behandeln. Diese Darstellungsform hat sich im Hinblick auf Übersichtlichkeit und logische Abfolge bewährt. Für den Vorgesetzten, der das Zeugnis formulieren muss, wie für die Sekretärin, die die hierfür erforderlichen Unterlagen zusammenstellt, vielleicht auch schon einen Erstentwurf skizziert, auf jeden Fall die Endfassung schreibt, ist es hilfreich, wenn generell eine verbindliche Entscheidung über Form und Aufbau des Dokuments getroffen wird und beide diese Vorlage zur Hand haben. Ein Beispiel für ein solches Schema, das die Arbeit rationalisiert, findet sich auf S. 370.

Beurteilung von Leistung und Führung

Das qualifizierte Zeugnis enthält die zusätzliche Beurteilung von Führung und Leistung. Darüber werden heute immer noch allzu oft Pauschalurteile abgegeben, obwohl zahlreiche Unternehmen neben ihren modernen Führungsinstrumenten vor allem ihre Corporate-Identity-Konzepte hervorheben. Ist es richtig, Menschen einerseits zu katalogisieren, wenn andererseits die Anwendung anspruchsvoller personalwirtschaftlicher Instrumente wie Stellenbeschreibungen, Anforderungsprofile, regelmäßige offene Mitarbeiterbeurteilungen, Zielvereinbarungen, Coaching, Personalmarketing, Personal- und Bildungscontrolling im Betrieb propagiert werden? Mag sein, dass Traditionalisten im Personalbereich oder unter den Juristen sich gern an einem von den Schulnoten abgeleiteten Katalog von Zufriedenheitsaussagen über einen Menschen orientieren. Wer meint, dass sich alle Arbeitnehmer vom Packer bis zum Prokuristen in fünf oder sechs *Zufriedenheitskategorien* einteilen lassen, dem wird man dies kaum ausreden können. Wer wenigstens zustimmt, dass man mit dem Zufriedenheitsbegriff schon sprachlich nur das Mittelfeld erfasst, aber damit nicht hervorragende Leistungen bewerten kann, der kommt bereits zu zehn bis fünfzehn Bewertungsstufen. Die Rangreihe auf S. 372 zeigt dies deutlich.

Solche schematischen Beurteilungen entspringen einer bürokratischen Katalogisierungssucht; sie sind inhuman. Der Mensch wird dadurch mit einem Etikett versehen und in eine bestimmte Schublade eingeordnet. Über die individuelle Qualifikation eines Mitarbeiters sagen diese Etiketten jedoch nichts aus.

Beurteilungsschablonen – Zensuren für Mitarbeiter?

- stets und uneingeschränkt größte Zufriedenheit
- größte Zufriedenheit

- stets und uneingeschränkt volle Zufriedenheit
- volle Zufriedenheit

- stets und uneingeschränkt zur Zufriedenheit
- zur Zufriedenheit

- durchweg und durchaus zur Zufriedenheit
- im Großen und Ganzen durchweg zur Zufriedenheit
- im Großen und Ganzen zur Zufriedenheit

- bemühte sich stets zur Zufriedenheit
- bemühte sich zur Zufriedenheit

- Aufgaben entsprachen nicht seinen speziellen Eignungen und Fähigkeiten
- Arbeitsergebnisse entsprachen nicht den Anforderungen der Stelle

Die Leistung und Führung eines Mitarbeiters lassen sich nur individuell formulieren, d. h., einem Anforderungsprofil muss das persönliche Eignungsprofil des Arbeitnehmers gegenüberstehen. Führung und Leistung des Mitarbeiters müssen also im Zeugnis stets emotionslos in Bezug auf die Aufgaben und Ziele beurteilt werden. Alles andere ist wenig aussagekräftig. Denn ›Zufriedenheit‹ ist ein überaus dehnbarer Begriff, zumal niemand wissen kann, womit ein anderer zufrieden ist. Jedem Arbeitgeber kann man folglich nur empfehlen: Lassen Sie Zufriedenheitspauschalen durch Fähigkeitsbewertungen ersetzen, die den Anforderungen der gestellten Aufgaben und Ziele positionsorientiert entsprechen!

Erfreulicherweise ist der Arbeitgeber auch nicht gezwungen, summarische Bewertungskataloge anzuwenden. Das Bundesarbeitsgericht hat am 23. 9. 1993 in einem wichtigen Urteil (5 AZR 573/91) festgestellt: ›Will der Arbeitgeber von dem grammatikalisch unrichtigen Wort ‚vollste' Zufriedenheit abrücken, dann muss er eine sehr gute Leistung mit anderen Worten bescheinigen.‹

Das ist sicher aufwendiger und mühsamer, aber gerechter und zeitgemäßer.

Zeugnisse in der Sekretariatspraxis

Für denjenigen, der ein Zeugnis ausstellen muss, ist es eine große Hilfe, wenn die Sekretärin alle erforderlichen Unterlagen zusammenstellt und das betreffende Material bereits aufbereitet. Dazu wird es nötig sein, die eine oder andere Stelle im Hause zu kontaktieren. Insbesondere ist an folgende Informationsquellen zu denken:

- Stellenbeschreibung oder Aufgabenkatalog
- Anforderungsprofil
- Fortbildungskartei
- Mitarbeiterbeurteilungen
- Personalkartei
- Versetzungsschreiben
- Beförderungsschreiben
- Zielvereinbarungen
- Statistiken
- Prämierte Verbesserungsvorschläge
- Personalakte

Je weniger Unterlagen dieser Art vorhanden sind, desto mehr kommt es auf die Zeugnisangaben der Vorgesetzten an. Zweckmäßigerweise wird die Sekretärin darum bitten, einen entsprechenden Vordruck auszufüllen, der natürlich auf die Personalstruktur des jeweiligen Betriebes zugeschnitten sein muss, und zusätzlich einen Fragenkatalog mit folgenden Punkten zu beantworten:

- Name, Vorname
- Personalnummer
- Stellennummer und -bezeichnung
- Ggf. betriebliche Funktionsbezeichnung (z. B. Oberingenieur, Kreditreferent)
- Unterstellungsverhältnis (z. B. direkt dem Werksleiter)
- Überstellung (ggf. Zahl der unterstellten Mitarbeiter)
- Kompetenzrahmen
- Ziel der Stelle
- Hauptaufgaben
- Besondere Arbeitsplatzbedingungen (z. B. Schichtarbeit, Außendienst)

Der auszufüllende Vordruck kann aussehen wie auf S. 374 empfohlen.

Wenn man ohnehin mit einer standardisierten Gliederung und mit Bewertungsschablonen arbeitet, mag die Überlegung nahe liegen, ob man nicht zur Erstellung von Zeugnissen Textbausteine ausarbeiten sollte. Abgesehen von Fragen der Mitbestimmung und des Datenschutzes will eine solche Entscheidung gut überlegt sein. Von Nutzen ist die Verwendung von Textbausteinen dann, wenn der Betrieb in Bezug auf die beschäftigten Berufsgruppen möglichst homogen ist, d. h., wenn beispielsweise ein Supermarkt im Wesent-

Zeugnisangaben (vertraulich/eilt)

An Herrn/Frau ______________ zurück an: ______________

Herr/Frau ______________
bei Ihnen tätig vom ______________ bis ______________
scheidet aus zum ______________
Für das Zeugnis bitten wir um folgende Angaben:

1. Aufgabenschwerpunkte (sofern keine Stellenbeschreibung)

2. Fachkönnen und Arbeitsergebnisse (Qualität und Quantität der Leistungen)
____

3. Verhalten
 a) Verhalten bei der Arbeit
  Einsatzbereitschaft ______________ Identifikation ______________
  Zuverlässigkeit ______________ Pünktlichkeit ______________
  Sorgfalt ______________ Belastbarkeit ______________
 b) Verhalten gegenüber
  Kunden/Lieferanten etc. (Kontaktfähigkeit) ______________
  Vorgesetzten ______________
  Kollegen/Mitarbeitern (Zusammenarbeit) ______________

4. Besondere Fähigkeiten
 Umsicht ______________ Verantwortungsbewusstsein ______________
 Selbstständigkeit ______________ Initiative ______________
 Denk- und Urteilsfähigkeit ______________ Entscheidungsvermögen ______________
 Fertigkeiten (z. B. Maschinenschreiben) ______________

5. Grund des Ausscheidens (Zutreffendes bitte unterstreichen)
 Beendigung des Vertrages/Ruhestand/Invalidität (Rentenbezug)/gesundheitliche Gründe/Heirat/Umzug/Studium oder andere Fortbildung/Berufswechsel/Bundeswehr/Aufgabe der Berufstätigkeit/sonstige familiäre Gründe/ungünstige Verkehrsverbindung/Wunsch nach anderer Arbeitszeit/Teilzeitbeschäftigung/Einkommensverbesserung/beruflicher Aufstieg/nicht zusagende Tätigkeit/Einsatzort/Spannungen im Verhältnis zu anderen/nahe gelegtes Ausscheiden/Ausscheiden im gegenseitigen Einverständnis/Kündigung
 Andere Gründe ______________

6. Abgangsinterview geführt
 Datum: ______________ Unterschrift: ______________

lichen nur Warenstapler, Auszeichner und Kassierer beschäftigt, oder auch, wenn bestimmte Zeugnisse sehr häufig vorkommen. Das kann insbesondere im Lohnempfängerbereich (z. B. bei Mitarbeiterinnen im Reinigungsdienst) der Fall sein. Hier kann man sehr rationell mit betriebsspezifisch formulierten Textbausteinen – kombiniert mit einem individuellen Einschub bezüglich der Leistung und Führung – arbeiten. Wiederholen sich jedoch Zeugnisse für einzelne Arbeitsgebiete und Berufsgruppen, noch dazu in differenzierten Hierarchiestufen, kaum, dann ist ein individuelles Zeugnis angemessener und schneller formuliert. Ob sich ein Unternehmer zudem nur mit käuflichen Textdisketten und seiner Unterschrift auf dem Arbeitsmarkt und gegenüber seinen Wettbewerbern präsentieren will, muss jeder für sich entscheiden. Der Arbeitnehmer wird verstimmt sein, wenn er bemerkt, dass sein Zeugnis aus der Retorte kommt.

Bedauerlicherweise muss immer wieder beobachtet werden, dass Zeugnisse für Mitarbeiter mit einfacheren Tätigkeiten eher oberflächlich formuliert wirken. Die Prinzipien für das Erstellen von Zeugnissen gelten jedoch für alle Mitarbeiter, gleich welche Qualifikation sie haben und auf welcher hierarchischen Stufe sie stehen. Dies zeigt das Musterzeugnis auf S. 376.

Abschließend sei noch auf einige Gesichtspunkte hingewiesen, die die Sekretärin beim Erstellen eines Zeugnisses beachten sollte. Zeugnisse sind schriftliche Dokumente, die schon wegen ihrer Wichtigkeit formal einwandfrei sein müssen. Üblicherweise werden sie auf dem Geschäftsbogen des Unternehmens ausgefertigt. Besser ist es indes, einen eigens dafür vorgesehenen Zeugnisbogen zu verwenden. Verständlicherweise darf das Zeugnis keine Korrekturen enthalten, die zu Zweifeln an seiner Echtheit Anlass geben. Ebenfalls keinen Zweifel sollte es bei der Person des Arbeitnehmers geben, für den das Zeugnis ausgestellt wird. Allerdings reicht es vollkommen aus, den Vor- und den Nachnamen sowie das Geburtsdatum anzugeben. Die Anschrift ist ebenso wenig erforderlich wie der Geburtsort, der Geburtsname oder der Familienstand.

Aufgeführt werden müssen die Bezeichnung der Firma sowie Ort und Datum der Ausfertigung. Das Zeugnis ist am Schluss vom Arbeitgeber oder einem Bevollmächtigten zu unterschreiben, wobei Letzterer in der Hierarchie höher angesiedelt sein muss als der Zeugnisempfänger. Und schließlich sei daran erinnert, dass die DIN 5008 auch für die Gestaltung von Zeugnissen gilt und Unterschriften maschinenschriftlich wiederholt werden sollten. Bei allem ist zu beachten, dass ein Zeugnis nicht nur für denjenigen von Bedeutung ist, für den es ausgefertigt wird. Es wird vor allem von anderen Arbeitgebern gelesen, und insofern ist es ganz speziell eine Visitenkarte für das ausstellende Unternehmen.

Metall AG

Zeugnis

Herr Waldemar Gutmann,
geboren am 13. Juni 1955,

hat seine Tätigkeit bei uns am 1. Oktober 1985 als Pförtner begonnen.

Herr Gutmann war im Werk III, Tor Altendorfer Straße, eingesetzt. Neben der üblichen Torüberwachung und den damit verbundenen Kontrollaufgaben oblag ihm die Abwicklung der Zeiterfassung unserer Beschäftigten mit der Personalabteilung.

Auf seinen Wunsch haben wir Herrn Gutmann ab Juli 1989 die Stelle als Materialverwalter für den Getriebebau im Werk II, Rummelsberg, übertragen. Die Schwerpunkte seiner Tätigkeit waren:

- Die Materialannahme, das Prüfen der Lieferungen und das Einsortieren in die Regale
- Das Führen der Materialkartei über Terminal sowie das wöchentliche Abstimmen der Bestände
- Die Materialausgabe gegen Materialschein an 260 Beschäftigte bei einem Sortiment von etwa 1 700 Teilen und ca. 180 Anforderungsscheinen pro Tag

Im Rahmen unseres betrieblichen Fortbildungsprogramms besuchte Herr Gutmann einen jeweils zweitägigen Lehrgang über Grundlagen der Datenverarbeitung und das Bedienen von Terminals.

Seine Aufgaben nahm Herr Gutmann stets pünktlich, vollständig und gewissenhaft wahr. Wir schätzten ihn als tüchtigen und überdurchschnittlich einsatzbereiten Mitarbeiter. Seine Zuverlässigkeit und Vertrauenswürdigkeit als wichtige Anforderungen bei der Materialverwaltung stellte Herr Gutmann ebenso unter Beweis wie Umsicht, Fleiß und eine zügige Arbeitsweise. Sowohl im Kollegenkreis als auch gegenüber Lieferanten und Vorgesetzten verhielt er sich immer höflich und hilfsbereit.

Am 30. Juni 1997 scheidet Herr Gutmann auf eigenen Wunsch aus unserem Unternehmen aus. Wir bedauern seinen Entschluss, danken ihm für die jederzeit pflichtbewusste Mitarbeit und wünschen ihm für die Zukunft alles Gute.

METALL AG

– Kunz – – Mumm –

Großburghausen, den 1. Juli 1997

Urlaub und Arbeitsunfähigkeit

Urlaubsanspruch

Überall da, wo die den Urlaub betreffenden Fragen durch detaillierte Tarifbestimmungen oder betriebliche Urlaubsgrundsätze geregelt sind, treten selten Schwierigkeiten auf. Viel häufiger jedoch schwankt die Urlaubsdisposition zwischen Kooperation und Konfrontation. Appelle an das Verständnis der Kollegen füreinander und für betriebliche Erfordernisse sind leider nicht immer erfolgreiche Problemlöser. Kollegialität reduziert sich bedauerlicherweise bei konträren Wünschen sehr rasch auf ein Minimum. Diese Schwierigkeiten können sich zu einer Führungsaufgabe für Vorgesetzte auswachsen, können aber auch auf der Basis einiger Grundkenntnisse durch aufklärende Sachinformation vielleicht bereits im Sekretariat gütlich und einvernehmlich beigelegt werden.

Wer nach Rechtsregeln sucht, findet sie in erster Linie im Bundesurlaubsgesetz (BUrlG), das jedoch gestattet, in Tarifverträgen von bestimmten gesetzlichen Bestimmungen abzuweichen, sodass das Tarifrecht ggf. die wichtigere Quelle ist. Weitere Regelungen sind im Arbeitsplatzschutzgesetz (Wehrdienst), im Schwerbehindertengesetz, im Jugendarbeitsschutzgesetz und im Bundeserziehungsgeldgesetz getroffen worden.

Nach dem Bundesurlaubsgesetz stehen jedem Arbeitnehmer 24 Werktage pro Kalenderjahr als Erholungsurlaub zu. Als Werktage gelten alle Kalendertage, die nicht Sonn- oder gesetzliche Feiertage sind. Die einschlägigen Tarifverträge und Vereinbarungen in Einzelarbeitsverträgen gehen inzwischen allerdings deutlich darüber hinaus und erreichen mit ihren Urlaubsregelungen oft die 30-Arbeitstage-Marke. Teilzeitbeschäftigte erhalten dabei genauso viel Urlaub wie Vollzeitbeschäftigte. Ein Unterschied besteht also nur in der Höhe des Urlaubsentgeltes. Schwerbehinderte haben darüber hinaus einen gesetzlichen Anspruch auf fünf zusätzliche Urlaubstage.

Es gibt jedoch einige weitere Besonderheiten. In dem Jahr nämlich, in dem ein Arbeitnehmer in eine Firma eintritt, erhält er für jeden vollen Monat, in dem sein Arbeitsverhältnis besteht, ein Zwölftel seines jährlichen Urlaubsanspruchs. Zudem erwirbt er den vollen Urlaubsanspruch erst, wenn das Arbeitsverhältnis sechs Monate bestanden hat. Wer also den Betrieb wechselt, muss sich im Klaren sein, dass er in den ersten sechs Monaten seines neuen Arbeitsverhältnisses zwar bereits einen Anspruch aufbaut, ihn aber erst nach diesen sechs Monaten realisieren kann.

Ähnlich wird bei einem Mitarbeiter verfahren, der das Unternehmen verlässt: Für jeden vollen Monat, den er noch in der Firma beschäftigt ist, steht ihm ein Zwölftel seines jährlichen Urlaubsanspruchs zu, wenn er vor erfüllter Wartezeit ausscheidet oder wenn er das Arbeitsverhältnis nach erfüllter Wartezeit in der ersten Hälfte eines Kalenderjahres beendet. Hat der ausscheidende Mitarbeiter aber bereits mehr Urlaub genommen, als ihm anteilig zusteht, so kann das dafür zu viel gezahlte Urlaubsentgelt nicht von ihm zurückgefordert werden. In jedem Falle ist der Arbeitgeber gesetzlich dazu verpflichtet, dem Arbeitnehmer bei Beendigung des Arbeitsverhältnisses zu bescheinigen, wie viel Urlaub ihm im laufenden Kalenderjahr gewährt oder abgegolten worden ist. Diese Bescheinigung muss dann dem neuen Arbeitgeber unaufgefordert vorgelegt werden, damit Doppelansprüche ausgeschlossen sind.

Für die Zeit, in der ein Arbeitnehmer seinen Wehrdienst ableistet oder eine Arbeitnehmerin im Erziehungsurlaub ist, kann der Arbeitgeber den Urlaub um ein Zwölftel je Monat kürzen. Dies gilt jedoch nicht bei einer Teilzeitarbeit während des Erziehungsurlaubs. Auf Verlangen ist dem Mitarbeiter der ihm zustehende Urlaub vor Beginn des Wehrdienstes einzuräumen.

Der Urlaub muss im laufenden Kalenderjahr gewährt und genommen werden. Mit Ablauf des Kalenderjahres erlischt der Urlaubsanspruch. Er kann allerdings in die ersten drei Kalendermonate des Folgejahres übertragen werden, wenn dringende Gründe, die betrieblich bedingt sind oder in der Person des Arbeitnehmers liegen (z. B. Erkrankung), die Übertragung rechtfertigen. Der Wunsch indes, im kommenden März Ski laufen zu gehen, oder ein verregneter Sommer sind keine hinreichenden Gründe, den Urlaub zu übertragen. Im Übrigen muss der Resturlaub bis zum 31. März genommen und nicht nur angetreten sein.

Im laufenden Jahr bereits einen Vorgriff auf den Urlaubsanspruch des nächsten Jahres zu nehmen, ist nicht vorgesehen. Selbst wenn ein Arbeitnehmer einen ›Vorschuss‹ aus dem Urlaubsanspruch des Folgejahres bekäme, könnte er dennoch im Folgejahr seinen vollen Urlaubsanspruch geltend machen, und zwar auch vor Gericht. Umgekehrt darf Urlaub, der im laufenden Jahr zu viel erteilt wurde, nicht vom Urlaub des folgenden Jahres abgezogen werden. Das ist selbst dann nicht möglich, wenn der Arbeitnehmer einwilligt, weil damit gegen den Grundsatz der Unabdingbarkeit des Urlaubs verstoßen würde.

Der Abkauf von Urlaub, auch wenn der Arbeitnehmer dies wünscht, ist ebenfalls unzulässig. Denn Urlaub ist grundsätzlich nicht abtretbar, nicht pfändbar und nicht verpfändbar, weil es sich um einen höchstpersönlichen Anspruch handelt. Auch können Ansprüche des Arbeitgebers nicht mit oder gegen Urlaubsansprüche aufgerechnet werden. Nur wenn der Urlaub vor dem Ausscheiden des Arbeitnehmers aus der Firma nicht mehr gewährt werden konnte, ist eine Abgeltung möglich.

Erkrankt ein Arbeitnehmer während des Urlaubs, werden ihm die Krankheitstage nicht auf den Urlaub angerechnet, sofern er sie durch ärztliches Attest nachweist. Denn schließlich steht eine Krankheit dem Zweck des Urlaubs, nämlich der Erholung, entgegen. Bei stationären Vorbeugungs-, Heil- oder Genesungskuren, die vom Sozialversicherungsträger bewilligt worden sind, ist der Arbeitgeber berechtigt, von je fünf Tagen die ersten zwei Tage auf den Erholungsurlaub anzurechnen. Dabei darf der gesetzliche Jahresurlaub nicht unterschritten werden. Hatte der Mitarbeiter den Urlaub bereits erhalten, kann der Arbeitgeber eine Anrechnung auf den Urlaub des nächsten Kalenderjahres vornehmen.

Urlaubsdisposition und -realisierung

Bis zu diesem Punkt sind die Bestimmungen über den Urlaub weniger Anlass zu Kontroversen. Die weitaus größeren Schwierigkeiten bereitet die Koordination und damit die Realisierung der Urlaubswünsche bzw. Urlaubstermine, die die einzelnen Mitarbeiterinnen und Mitarbeiter verwirklicht sehen möchten. Nach dem Bundesurlaubsgesetz ist es sogar ein Muss, dass die Wünsche jedes Mitarbeiters berücksichtigt werden, es sei denn, dass dringende, vor allem aber beweisbare betriebliche Belange oder diejenigen Urlaubswünsche anderer Arbeitnehmer, die unter sozialen Gesichtspunkten vorrangig behandelt werden müssen, dem entgegenstehen. Üblicherweise wird vom Sekretariat eine Urlaubsliste in Umlauf gegeben, ausgehängt oder ausgelegt. In diese Liste tragen die Mitarbeiter die gewünschten Urlaubstermine ein, wobei die Eintragung selbst noch keine Genehmigung des Urlaubs bedeutet. Die Sekretärin sollte, wenn sie die Liste bereitlegt, den Mitarbeitern auch mitteilen, welche Ansprüche auf Resturlaub ggf. noch bestehen, bis wann die Urlaubswünsche eingetragen sein müssen und bis wann mit einer Entscheidung zu rechnen ist. Schließlich müssen die Mitarbeiterinnen und Mitarbeiter ihren Urlaub vorbereiten und ihre Reisen buchen können. Deshalb sollte die betriebliche Bearbeitungszeit nicht unangemessen lang sein. Sonst könnte ein Mitarbeiter auf den Gedanken kommen, dass Stillschweigen Zustimmung bedeutet.

Trägt ein Mitarbeiter seine Wünsche nicht in die Urlaubsliste ein, muss der Vorgesetzte an ihn herantreten und danach fragen. Wer seinen Urlaub in angemessener Frist vorsätzlich nicht plant, muss damit rechnen, dass ein später geäußerter Wunsch nicht realisiert werden kann, ja dass ihm ein Termin zugewiesen wird. Ist der Urlaub aber erst einmal genehmigt und damit festgesetzt, muss jede Verlegung neu beantragt und begründet werden.

Der Fall, dass mehrere Mitarbeiter zur gleichen Zeit Urlaub nehmen möchten, dies aber aus betrieblichen Gründen nicht möglich ist, kommt immer wieder vor, und die Entscheidung, welche Mitarbeiterinnen oder Mitarbeiter wunschgemäß in den Urlaub fahren dürfen und welche nicht, fällt selten leicht. Einem Vorgesetzten obliegt es in dieser Situation, die betrieblichen Zwänge und Erfordernisse gegen die Wünsche und Argumente der Mitarbeiter abzuwägen und danach zu prüfen, welche Mitarbeiter unter sozialen Gesichtspunkten Vorrang genießen. In diesem Zusammenhang kommt der Sekretärin, die die Urlaubsliste bearbeitet und aufbereitet sowie die weitere Urlaubsbuchhaltung führt, eine verantwortungsvolle Aufgabe zu. Sie weiß einerseits, was aus Sicht des Unternehmens machbar ist und was nicht, und sie kennt andererseits die persönlichen Belange der Mitarbeiter oft besser als der Vorgesetzte. Insofern kann sie auch unterhalb der offiziellen Ebene Vorgespräche führen, die schon im Vorfeld ein Kollidieren von Urlaubswünschen verhindern, und sie kann Fragen klären sowie Informationen und Argumente sammeln, die es schließlich dem Vorgesetzten ermöglichen, wenigstens einigermaßen gerechte Entscheidungen zu treffen. Damit trägt die Sekretärin sehr dazu bei, Kontroversen zu reduzieren oder Unstimmigkeiten gar nicht erst entstehen zu lassen.

Soziale Gesichtspunkte, die berücksichtigt werden müssen, wenn es um die Entscheidung zwischen den Urlaubswünschen mehrerer Mitarbeiterinnen und Mitarbeiter geht, sind nach der Rechtsprechung (in der Reihenfolge ihrer Wichtigkeit) vor allem

- Urlaubswünsche im Anschluss an eine Maßnahme der medizinischen Vorsorge oder Rehabilitation
- gravierende, akute gesundheitliche Beeinträchtigungen (z. B. ein Herzinfarkt oder eine gerade überstandene Operation)
- der Status als Schwerbehinderter
- das Lebensalter und die Dauer der Betriebszugehörigkeit
- Probleme allein erziehender Mütter oder Väter, für ihre Kinder eine Betreuung oder Unterbringung zu finden (z. B. in den Ferien)
- Schwangerschaft
- der Ehegatte, der mit seinen Urlaubszeiten an Betriebsferien bzw. -schließungen gebunden ist
- die Berufstätigkeit des Ehegatten, die die Notwendigkeit mit sich bringt, den Urlaub abzustimmen
- Alter und Zahl der schulpflichtigen Kinder, die gemeinsam mit den Eltern in den Urlaub fahren

Vorrang genießen schließlich auch Mitarbeiter, die im Vorjahr zu einer ungünstigeren Zeit im Urlaub waren.

Bestimmte Urlaubszeiten jahrelang ›gepachtet‹ zu haben, begründet dagegen keinen Anspruch. Beschäftigte, die keine schulpflichtigen Kinder haben, müssen in den Schulferien zurückstehen. Andererseits zählen schulpflichtige Kinder grundsätzlich nur dann als Argument, wenn sie auch mit den Eltern gemeinsam verreisen. Ganz besonders sollte zwischen allen Mitarbeitern gerecht abgewogen werden, die im Zusammenhang mit Feiertagen Kurzurlaube wünschen.

Der Gesetzgeber empfiehlt, den Urlaub zusammenhängend zu gewähren. Ist dies nicht möglich, so sollte ein Teilurlaub mindestens zwölf aufeinander folgende Werktage umfassen. Halbe Urlaubstage oder einzelne Urlaubstage entsprechen nicht dem Urlaubsziel der Erholung und müssen deswegen nicht genehmigt werden. Unerlaubt oder eigenmächtig Urlaub zu nehmen oder seinen Urlaub eigenmächtig zu verlängern, kann zur Kündigung des Beschäftigungsverhältnisses führen.

Noch ein letzter Punkt ist für das Sekretariat im Zusammenhang mit den

Urlaubsregelungen von Bedeutung: Ein Mitarbeiter muss (entsprechend einem Urteil des Bundesarbeitsgerichts), wenn er vom Arbeitgeber dazu aufgefordert wird, seine Urlaubsanschrift bzw. -telefonnummer angeben, damit er in Notfällen erreichbar ist. Der Arbeitgeber ist überdies berechtigt, einen Mitarbeiter in solchen Notfällen aus dem Urlaub zurückzurufen, muss allerdings dann die Kosten ersetzen und einen entsprechenden Ausgleich an Urlaubstagen schaffen.

Bei der Aufstellung von Urlaubsgrundsätzen und ggf. eines Urlaubsplans (nicht der Urlaubsliste!) bestimmt der Betriebsrat – im öffentlichen Dienst der Personalrat – mit. Er wird ebenfalls eingeschaltet, wenn zwischen dem Arbeitgeber und einem Arbeitnehmer kein Einverständnis darüber erzielt werden kann, zu welchem Termin der Urlaub genommen werden soll.

Was bei Arbeitsunfähigkeit zu beachten ist

Im Falle der Arbeitsunfähigkeit ist der Arbeitnehmer verpflichtet, diese unverzüglich dem Arbeitgeber anzuzeigen oder anzeigen zu lassen. Das kann schriftlich, telefonisch, telegrafisch, per Telefax, persönlich oder durch Dritte geschehen. Dauert die Arbeitsunfähigkeit länger als drei Kalendertage, so hat die Mitarbeiterin bzw. der Mitarbeiter spätestens am darauf folgenden Werktag eine Arbeitsunfähigkeitsbescheinigung vorzulegen. Dies wird in der Regel durch das Sekretariat zu überwachen und ggf. anzumahnen sein, insbesondere wenn Folgebescheinigungen beigebracht werden müssen.

Soweit der Mitarbeiter in der Lage dazu ist, hat er die Verpflichtung, die anstehenden Arbeitsvorgänge einem Vertreter zu übergeben oder mitzuteilen, welche Angelegenheiten dringend abgewickelt werden müssen, damit dem Betrieb kein Schaden entsteht. Bei Arbeitsunfähigkeit, z. B. nach einem schweren Autounfall, dürften die Voraussetzungen dafür in der Regel nicht gegeben sein, sehr wohl aber, wenn ein Krankenhausaufenthalt bevorsteht oder der Mitarbeiter merkt, dass er eine Grippe bekommt, und er damit rechnet, dass der Arzt ihn krankschreiben wird. Dann ist es seine Pflicht, vor dem Arztbesuch alle Angelegenheiten an seinem Arbeitsplatz zu regeln. Ein anderes Beispiel: Ein Mitarbeiter sucht den Arzt vom Dienst aus auf, der ihn wegen rheumatischer Beschwerden krankschreibt. Dieser Mitarbeiter hat nun in Abstimmung mit dem Arzt zwei Alternativen: Er geht oder fährt nochmals in den Betrieb, um das Nötige zu regeln, oder er begibt sich nach dem Arztbesuch nach Hause, ist dann aber in der Lage und daher auch verpflichtet, im Betrieb anzurufen und die dringlichen Arbeiten zu delegieren. Es ist schon im Interesse eines möglichst reibungslosen Arbeitsablaufs wichtig, die Mitarbeiterinnen und Mitarbeiter freundlich über diese Pflichten aufzuklären oder bei einer telefonischen Krankmeldung von sich aus nachzufragen, ob bestimmte Aufgaben dringend ausgeführt werden müssen und wer diese übernehmen könnte.

Die Arbeitsunfähigkeitsbescheinigung nennt die Dauer der voraussichtlichen Arbeitsunfähigkeit. Wenn der Arbeitnehmer schneller wieder gesund ist, steht es ihm frei, die Arbeit auch früher wieder aufzunehmen, also beispielsweise schon am Freitag zu beginnen, obwohl die Bescheinigung bis Sonntag ausgefertigt wurde. Das kann im Dreischichtbetrieb auch heißen, bereits mit der Nachtschicht um 22.00 Uhr zu beginnen, obwohl für den ganzen Tag, d.h. bis 24.00 Uhr, die voraussichtliche Arbeitsunfähigkeit bescheinigt war. Nachteile hat er daraus in Bezug auf den Versicherungsschutz oder im Hinblick auf die Berufsgenossenschaft nicht. Da es in Deutschland keine ›Gesundschreibung‹ gibt, ist hier ganz das Verantwortungsbewusstsein der Mitarbeiter gefordert. Natürlich sind hier relativ kurze Zeiträume gemeint. Aber wer beispielsweise bis Freitag einschließlich arbeitsunfähig geschrieben ist, könnte vielleicht am Nachmittag die Arbeitsübernahme vollziehen, wenn der Mitarbeiter weiß, dass der Kollege am Montag in Urlaub geht. Das alles sind weniger Rechtsfragen als Probleme der beruflichen Identifikation und Motivation. Und schließlich ist niemand daran gehindert, die vorzeitige Arbeitsaufnahme mit dem Arzt zu besprechen, ggf. auch in Form einer Teilzeitbeschäftigung, wenn es um längere Zeiträume geht.

Eine Sekretärin wird ihren Vorgesetzten auch an die Möglichkeit bzw. Notwendigkeit eines Krankenbesuchs (insbesondere im Krankenhaus) erinnern und sich überlegen, was man dem kranken Mitarbeiter mitbringen könnte. Sie wird wissen oder in Erfahrung bringen, welche Hobbys der Mitarbeiter hat oder womit man ihm eine Freude machen könnte, und dies besorgen. Leider ist in jüngster Zeit wieder stärker der Begriff Kontrolle mit dem Krankenbesuch in die Diskussion gekommen. Krankenbesuche sollten im Zeichen kooperativer Mitarbeiterführung selbstverständlich sein, sie gehören zu Corporate-Identity-Konzepten, und sie sind Ausdruck praktizierter Fürsorgepflicht.

Schließlich hat die Sekretärin Fehlzeitenbriefe zu schreiben, etwa bei fehlender Arbeitsunfähigkeits- oder Folgebescheinigung, sowie Genesungswünsche. Auch wird sie an Geburtstagsgrüße während der Krankheit denken und weder das Weihnachtsfest noch die guten Wünsche zum neuen Jahr vergessen.

Zu ihren Aufgaben gehört es außerdem, Fehlzeitengespräche zu planen und die notwendigen Unterlagen zu beschaffen, möglicherweise auch aufzubereiten. Anlass für diese Gespräche sind in der Regel Dauer und Häufigkeit von Fehlzeiten. Desgleichen sind so genannte »Rückkehrgespräche« vorzubereiten, die bei längerer Erkrankung schon deswegen sinnvoll sind, um den Mitarbeiter über alle Neuerungen und Veränderungen während seiner Abwesenheit zu informieren, alle wichtigen Punkte, die sein Arbeitsgebiet betreffen, zu besprechen und sich nach seinem Befinden zu erkundigen.

So gestalten sich Personalfragen zu wichtigen Arbeitsfeldern im Sekretariat.

KOMMUNIKATIONSZENTRALE SEKRETARIAT

Umgangsformen im Sekretariat

Freundlichkeit kostet nichts

Warum sind Menschen, die gute Manieren haben, immer willkommen? Auf den einfachsten Nenner gebracht, lautet die Antwort: Wahrscheinlich deshalb, weil sie keinen Stress aufkommen lassen. Allgemein gültige Spielregeln schaffen Sicherheit. Das Beherrschen von Umgangsformen erleichtert das Miteinander, ganz besonders im Sekretariat, wo sehr unterschiedliche Menschen aus und ein gehen. Etikette ist hier nicht als Fessel zu verstehen, sondern als Rahmen, in dem sich jeder, unabhängig vom sozialen Status, unbefangen bewegen kann. Wer die Formen des Anstands wahrt, handelt nach der Gewinner-Gewinner-Strategie – es gewinnt jeder! Wer die Andersartigkeit der anderen respektiert, wer mit natürlicher Liebenswürdigkeit auf seine Mitmenschen zugeht und wer dabei die goldene Mitte zwischen gebotener Distanz und persönlicher Offenheit trifft, der beherrscht bereits das oberste Gebot jeder Höflichkeit, und ein freundliches Lächeln wird in den allermeisten Fällen mit einem freundlichen Lächeln beantwortet. So einfach ist das.

Wo Menschen zusammenkommen, kommunizieren sie miteinander. Ob sie dies sprachlich oder nonverbal (also ›stumm‹) tun, stets sollte die Kommunikation von Rücksichtnahme und Höflichkeit geprägt sein, selbst wenn man sich gegenseitig fremd oder nicht besonders sympathisch ist – oder vielmehr gerade dann. Freilich soll man auch aus seinem Herzen keine Mördergrube machen. Umgangsformen haben nichts mit Drill oder gekünsteltem Verhalten zu tun. Sie sind im Gegenteil natürlicher Ausdruck der Zuverlässigkeit einer in sich ruhenden und anderen Menschen gegenüber aufgeschlossenen Persönlichkeit.

Für den sprachlichen Umgang miteinander gilt an erster Stelle die alte Musikerregel ›Der Ton macht die Musik‹. Wer diese Regel beachtet, bleibt höflich und braucht trotzdem nicht ›um den heißen Brei herumzuschleichen‹ oder ›mit dem Zaunpfahl zu winken‹. Solches Verhalten weckt leicht Unmut und öffnet Missverständnissen Tür und Tor. Der Gesprächspartner will wissen, woran er ist, und man selbst darf nicht erwarten, dass er errät, was ggf. gemeint ist. Sicherlich sind diplomatisches Geschick und Taktgefühl Tugenden, die einer Sekretärin bei Missstimmungen, schwierigen Situationen oder Konflikten wichtige Dienste leisten. In solchen Situationen kann auch Schweigen eine beredte Antwort bedeuten. Generell aber sollte die Sekretärin eine klare und präzise Sprache, aber eben auch einen verbindlichen Umgangston pflegen.

Dazu gehört es ebenfalls, deutlich zu sprechen. In Gegenwart Dritter zu flüstern ist genauso unhöflich, wie zu laut zu sprechen oder gar zu brüllen, und wer nuschelt oder das, was er sagen will, leise vor sich hin haspelt, wird selten gut verstanden. Auch Dialekt kann für die Verständigung zum Hindernis werden. Man sollte also beispielsweise in einem Stuttgarter Sekretariat darauf Rücksicht nehmen, dass der Mitarbeiter aus Kassel oder die Geschäftspartnerin aus Rostock des Schwäbischen nicht mächtig ist. Ein leicht dialektaler Zungenschlag dagegen ist ganz unproblematisch und wird auch von einem Gesprächspartner aus anderen Gegenden Deutschlands als persönliche Note anerkannt. Desgleichen sollte man auf fachsprachliche Ausdrücke oder fremdsprachliche Wendungen und Zitate, soweit es geht, verzichten, wenn man nicht absolut sicher ist, dass das Gegenüber etwas damit anfangen kann, oder aber wenigstens gleich eine Erklärung bzw. Übersetzung anfügen. Wenn man die Erklärung dann noch ganz beiläufig und wie selbstverständlich, also nicht in belehrendem Ton, anbringt, wird der Gesprächspartner nicht brüskiert, und jede Peinlichkeit ist vermieden.

Kritik ist in der Regel für alle Beteiligten unangenehm. Darum kommt es sehr darauf an, in welchem Ton sie geäußert wird. Entscheidender ist aber noch, dass Kritik immer konstruktive Kritik sein soll. Wenn zum Ausdruck kommt, dass in der Sache falsch gehandelt worden ist, ohne dass dabei die Person angegriffen wird, kann solche Kritik auch vor Dritten geäußert werden, obwohl Kritik grundsätzlich erst einmal nur diejenigen etwas angeht, die mit der betreffenden Sache zu tun haben. Wird die Kritik persönlich und damit verletzend, ist sie auch unter vier Augen nicht statthaft.

Lob dagegen ist immer angebracht, wenn es etwas anzuerkennen gibt. Es drückt immer auch eine Wertschätzung aus, und Anerkennung der Leistung sowie Wertschätzung der Person beflügeln die Menschen, stimmen sie positiv und bestärken sie in ihren Fähigkeiten. Solche positiven ›Verstärker‹ sind allemal und in jeder Hinsicht günstiger als Tadel oder Kritik. Sie verbessern die Arbeitsatmosphäre, fördern das Miteinander und machen dann auch Tadel, wo er unumgänglich ist, akzeptabler. Eine gute Übung ist es deshalb, die positiven Seiten einer Sache, eines Verhaltens herauszustellen, bevor man die negativen Seiten kritisiert. Auf diese Weise gelangt man zu angemessenen, sachgerechteren Urteilen. Wer nicht lobt, gerät leicht in den Verdacht, ein Griesgram zu sein oder Angst vor anderen und ihren Leistungen zu haben. Dann hilft es nur, wenn die Sekretärin beharrlich ein positives Verhalten vorlebt. Überhaupt ist es befriedigender und zeugt von Größe, wenn man ›Böses‹ mit Gutem und nicht mit Gleichem vergilt.

Voraussetzung für die positiven Wirkungen des Lobens – wie für alle Freundlichkeiten und Höflichkeiten – ist allerdings, dass es ehrlich gemeint ist. Ein gönnerhaftes Lob von oben herab wirkt genauso leicht verletzend wie ein Lob für Selbstverständlichkeiten. Loben sollte man also, wenn man den anderen unmittelbar dabei ›erwischt‹, wie er etwas besonders Gutes tut. Für die kleinen, besonderen oder auch die beinahe selbstverständlichen Leistungen, Dienste und Handreichungen sollte man lieber öfter einmal danken. Denn Dank ist ebenfalls eine Form der Anerkennung, jedoch nicht ganz so erhaben. Ein Dankeschön ›kostet‹ eigentlich nichts und bringt nur Gewinn. Deshalb ist es nur allzu verwunderlich, dass Danken nicht überall zu den selbstverständlichen Umgangsformen gehört.

Ebenso natürlich sollte es sein, um Entschuldigung oder Verzeihung zu bitten, wenn etwas schief gelaufen ist. Das betrifft nicht nur die gravierenden Fehler, die man begangen hat, sondern auch die Vielzahl von Kleinigkeiten, die einem in der Betriebsamkeit des Alltags unterlaufen können. Mit einem ›Entschuldigung!‹ vergibt man sich nichts. Denn es zeigt meist nur an, dass man bemerkt hat, wie man sich gegenseitig in die Quere gekommen ist oder den anderen ungewollt in seiner ›Bewegungsfreiheit‹ eingeschränkt hat. In aller Regel handelt es sich dabei nicht um ein Schuldeingeständnis, sondern um eine Reaktion, die davon zeugt, dass man seinen Mitmenschen tatsächlich auch wahrnimmt und respektiert. Andererseits – geht es hart auf hart und gibt man auf diese Weise tatsächlich einen Fehler zu, hat man seinem Gegenüber bereits ›viel Wind aus den Segeln genommen‹. So gewinnen wiederum beide Seiten.

Die richtige Anrede spricht an

Die Frage, ob man sich duzen oder siezen soll, wird mittlerweile recht liberal gehandhabt. Mehr Freiheit bedeutet aber immer auch mehr Unsicherheit. Grundsätzlich gilt im Geschäftsleben nach wie vor das *Sie* als angemessene Anrede. Das *Du* ist eine Sache des Vertrauens oder der Freundschaft. Ein Recht, das Du anzubieten, haben wie im Privatleben die Ranghöheren: der oder die Ältere, der oder die Vorgesetzte. Wenn also der Chef seiner Sekretärin das Du anbietet, so ist nichts dagegen einzuwenden, sofern er damit keine Hintergedanken verbindet und man sich gegenseitig achtet, respektiert und durch ein solides Vertrauensverhältnis menschlich verbunden ist.

Manche Menschen reagieren empfindlich, wenn ihr Name falsch ausgesprochen wird oder wenn man ihnen die Titel, die ihnen zustehen, vorenthält. Bei dem einen oder anderen mag das mit Eitelkeit zu tun haben, bei den meisten hat es damit zu tun, dass der Mensch mit seinem Namen als Individuum identifiziert wird, und ihn beharrlich mit dem falschen Namen anzureden bedeutet, ihn als Individuum zu missachten. Telefoniert man mit dem Träger eines komplizierten Namens, sollte man sich gleich eine kleine Notiz in einer aussprachegemäßen Umschrift machen, um sich beim nächsten Mal die Aussprache vergegenwärtigen zu können. Die Schreibung entnimmt man der Korrespondenz. Im Zweifelsfall ist es empfehlenswert, sich zu erkundigen, wie der Name korrekt geschrieben und ausgesprochen wird. Man kann z. B. ohne weiteres auch bei der Kollegin im Sekretariat des betreffenden Geschäftspartners anrufen und nachfragen.

Das gilt vor allem auch für die Titel und akademischen Grade. Generell kann man sich für die Anrede merken: Erst kommt ›Frau‹ bzw. ›Herr‹, dann der Titel, dann der Name (z. B. *Frau Dr. Schulz*). Bei den akademischen Graden wird jeweils nur der ranghöchste genannt (also nicht: *Herr Prof. Dr. Müller,* sondern: *Herr Prof. Müller*). Doktoren sprechen sich untereinander ohne ihren Titel an und melden sich am Telefon ebenfalls nur mit ihrem Namen. Eine Anrede mit ›Herr Doktor‹ ohne anschließenden Namen sollte man den Ärzten vorbehalten. Akademische Grade unterhalb des Doktortitels (Magister, Diplom-Ingenieur usw.) werden in Deutschland meistens bei der Anrede übergangen, nicht jedoch in Österreich. (Zu den Abweichungen in den Umgangsformen anderer Länder siehe Andere Länder, andere Sitten, S. 399 ff.)

Bei den hochrangigen Trägern öffentlicher Ämter und Würden tritt der Name hinter der Amtsbezeichnung zurück. Hier heißt es also *Herr Bundespräsident, Frau Staatsministerin, Herr Botschafter, Frau Oberbürgermeisterin, Herr Bischof* (evangelischer Bischof), *Euer Exzellenz* (katholischer Bischof) usw.[1] Bei Regierungsdirektoren, Studienräten, Hauptwachtmeistern, Schaffnern usw. ist es heutzutage unüblich, sie mit ihrer Amtsbezeichnung statt mit ihrem Namen anzureden. Möglich ist es freilich schon, vor allem, wenn man sie in ihrer Funktion als Amtsträger ansprechen möchte.

Weibliche Amtsträger werden in aller Regel mit der weiblichen Form der Amtsbezeichnung angesprochen als *Frau Bundestagspräsidentin, Frau Ministerin, Frau Bischöfin* usw. Die ›Frau Ministerin‹ war früher üblicherweise die Frau des Ministers. Heute jedoch werden die Frauen der Amtsträger oder die Männer der Amtsträgerinnen stets als *Frau* oder *Herr XYZ* angeredet (vgl. hierzu auch Satzbau und Wortwahl: Die zehn Gebote des guten Schreibstils, S. 134 ff.).

Schwieriger, weil ungewohnter, ist die korrekte Anrede des Adels. Handelt es sich um den so genannten betitelten Adel (Herzogin, Graf usw.), ersetzt das Adelsprädikat das sonst übliche ›Frau‹ oder ›Herr‹. Dabei wird in der Anrede auch das ›von‹ weggelassen, obwohl es eigentlich zum Namen gehört. Rupert Graf von Schroffenstein (aus dem Drama ›Das Haus Schroffenstein‹ von Heinrich von Kleist) würde also im Gespräch mit *Graf Schroffenstein* angeredet. Nicht korrekt wäre es, ihn mit *Herr Graf* oder *Graf von Schroffenstein* anzusprechen. ›Frau‹ oder ›Herr‹ und anschließend der Name (mit ›von‹!) ist dagegen

[1] Genaue Angaben, auch über die korrekte schriftliche Anrede, finden sich in Duden – Briefe gut und richtig schreiben. Ratgeber für richtiges und modernes Schreiben. Bearbeitet von der Dudenredaktion. 2. Auflage. Mannheim usw. 1997, S. 36–50.

beim unbetitelten Adel richtig: Johann Wolfgang von Goethe wäre mit *Herr von Goethe* anzureden gewesen. Noch einmal anders verhält es sich beim Freiherrn bzw. der Freifrau. Geert Freiherr von Innstetten (aus ›Effi Briest‹ von Theodor Fontane) hätte man mit *Herr Freiherr von Innstetten* oder mit *Baron Innstetten* ansprechen müssen; beides ist richtig. Das Adelsprädikat ›Freifrau/Freiherr‹ ersetzt also nicht ›Frau‹ oder ›Herr‹; der Titel ›Baron‹ erfordert dagegen dieselbe Behandlung wie die Adelsprädikate des betitelten Adels.[1]

Die Begrüßung regelt die Verhältnisse

Vieles im Bereich der Umgangsformen wird heute lockerer gehandhabt als früher. Gleichwohl ist es immer noch eine vorzügliche Empfehlung, einige Grundregeln zu beherrschen und ggf. mit großer Sicherheit anwenden zu können. Entscheidend jedoch ist es, nicht bloße Formen zu praktizieren, sondern dem anderen aufrichtig zu zeigen, dass er als Mitmensch geachtet wird. Das gilt nicht zuletzt für die Begrüßung, mit der man meist den ersten Kontakt zum Gegenüber aufnimmt und mit der man auch den Charakter der weiteren Begegnung vorgibt. Eine freundliche Begrüßung ebnet einer aufgeschlossenen Atmosphäre die Bahn, eine reservierte bewirkt Zurückhaltung, eine flüchtige oder kühle signalisiert Ablehnung etc. Dieser Wirkungen sollte sich auch eine Sekretärin auf jeden Fall bewusst sein. Andererseits ist die Begrüßung immer noch ein Ritual, das die Rollen und gesellschaftlichen Positionen der Gesprächspartner widerspiegelt und erst dann richtig verständlich wird, wenn man bedenkt, dass der Gruß von alters her ein Zeichen der Ehrerbietung ist. Übrigens ist auch die Verabschiedung ein Gruß. Insofern gelten die folgenden Regeln sinngemäß auch für den Abschied.

So grüßt zwar grundsätzlich zuerst, wer den anderen zuerst erblickt. Sonst aber grüßen Jüngere die Älteren, Rangniedrigere die Ranghöheren, der Herr die Dame und neu Hinzukommende die Anwesenden zuerst. Dabei sollte der Tagesgruß (›Guten Morgen/Tag/Abend‹) immer zusammen mit dem Namen entrichtet werden: *Guten Morgen, Frau Schulze.* Einen Gruß darf man niemals unbeantwortet lassen. Selbstverständlich wendet man beim Gruß seine ganze Aufmerksamkeit dem Gegenüber zu: Die Zigarette wird aus dem Mund genommen, die Hände aus den Taschen, es sei denn, dass eine freundlich-legere Atmosphäre einen bestimmten Grad von Förmlichkeit als übertrieben erscheinen lässt.

Beim Begrüßen steht der Herr in jedem Fall auf, die Dame jedoch nur bei bedeutenden Persönlichkeiten. Die Dame verneigt sich leicht, während der

[1] Über die Gestaltung der Briefanschrift und der schriftlichen Anrede bei Adligen informiert Duden – Briefe gut und richtig schreiben. Ratgeber für richtiges und modernes Schreiben. Bearbeitet von der Dudenredaktion. 2. Auflage. Mannheim usw. 1997, S. 36–50.

Herr einen Diener andeutet. Gibt man sich die Hand zum Gruß, so reicht zuerst die Ältere der Jüngeren, der Ältere dem Jüngeren, die Dame dem Herrn die Hand. Bei einer hierarchischen oder protokollarischen Rangfolge wird diese Reihenfolge jedoch aufgehoben. So gibt der Vorgesetzte dem Älteren zuerst die Hand, auch wenn der Vorgesetzte beträchtlich jünger ist. Trifft man auf eine Gruppe, gibt man entweder jedem die Hand oder keinem. Einzelne durch Handschlag zu bevorzugen kann von den anderen als Brüskierung empfunden werden. Im Übrigen muss man die Hand nicht reichen. Wird sie jedoch dargeboten, muss man sie nehmen. Prinzipiell reicht man sich gegenseitig nur die rechte Hand und vermeidet beim Händeschütteln alle Extreme. Man hält die Hand des anderen nicht so lange, dass dieser fürchten muss, man wolle sie ganz behalten; man schüttelt sie nicht so heftig, dass es in eine gymnastische Übung ausartet; man drückt die Hand weder wie ein Schraubstock, noch so lasch, dass der andere sich davor ekelt. Außerdem wird dabei ggf. der Handschuh ausgezogen, wenn der andere keinen trägt, sofern dies ohne große Umstände machbar ist.

Ein Handkuss ist im Sekretariat noch seltener als ohnehin schon. Indes könnte es einer Sekretärin auf Geschäftsreisen durchaus widerfahren, mit einem Handkuss beehrt zu werden, zumal die Regel gilt, dass jede der anwesenden Damen ein Recht darauf hat, wenn eine von ihnen auf diese Weise begrüßt wird. Der Herr beugt sich dabei hinab und deutet den Handkuss nur an, sodass sie ggf. nicht einmal den Handschuh ausziehen muss.

Aber bekanntlich vermittelt die Begrüßung nicht den ersten und einzigen Eindruck von einem Menschen. Vor allem auch das Auge und der Geruchssinn werden bei Begegnungen ganz unmittelbar angesprochen. Insofern bestimmt das äußere Erscheinungsbild ganz entscheidend – weil unterbewusst – das Bild, das man sich von einem Menschen macht. Zu diesem äußeren Erscheinungsbild tragen sowohl das ›Outfit‹ (Kleidung, Schmuck, Frisur, Parfüm) als auch die Körpersprache bei. Das Äußere wird nicht zu Unrecht als Ausdruck der inneren Einstellung, Haltung und Stimmung gewertet und von den Mitmenschen unbewusst auch so verstanden. So empfiehlt es sich für die Sekretärin, bei Kleidung, Schmuck, Make-up, Mimik, Gestik und Körperhaltung möglichst alle Extreme zu vermeiden. Sie soll weder den Typ der ›grauen Maus‹ noch den Typ des Mannequins repräsentieren. Eine natürliche, dezente Eleganz wird dagegen als angenehm empfunden und mit einer unaufdringlichen, freundlichen, zuverlässigen Wesensart verbunden.

Wie ein Geschäftsessen zum Genuss werden kann

Ein stilvolles Essen ist eine gute Basis für geschäftliche und private Kontakte. Aber Vorsicht: Die Tischmanieren sprechen eine beredte Sprache und sagen manchmal mehr aus als das Tischgespräch.

Bevor einem Geschäftspartner vorgeschlagen wird, essen zu gehen, muss geklärt sein, wer einlädt und infolgedessen bezahlt. Peinlichkeiten lassen sich so von vornherein vermeiden. Lädt die Sekretärin offiziell als Vertreterin des Chefs ein, ist damit auch klar, dass sie zahlt. Damit hat sie auch das Recht, den Wein auszuwählen und vorher zu probieren.

Pünktlichkeit ist bekanntlich die Höflichkeit der Könige. Doch auch unter Demokraten und Bürgern sollte es selbstverständlich sein, einen Gastgeber nicht über Gebühr warten zu lassen. Die Verspätung um eine Viertelstunde wird im Allgemeinen als ›akademisches Viertel‹ akzeptiert, es sei denn, in der Einladung ist um pünktliches Erscheinen gebeten worden, z. B. mit der lateinischen Abkürzung ›s. t.‹ (›sine tempore‹). Bei Einladungen mit einem sehr großen Teilnehmerkreis oder Einladungen ›ab ... Uhr‹ darf man sich hingegen bis zu einer Stunde Zeit lassen. Pünktlichkeit wird stets erwartet bei Vormittagsempfängen, Einladungen zum Dejeuner, Brunch/Lunch und allen festen Verabredungen. Etwas früher zu erscheinen empfiehlt sich bei Vorträgen, Schulungen, Feierstunden oder Festakten.

Wer an einer gedeckten Tafel Platz nimmt, sieht sich mit allerlei Gerätschaften konfrontiert. Die Form sowie die Anzahl der Bestecke und ihre Lage sagen etwas über Art und Umfang des Menüs aus. Die Reihenfolge, in der sie benutzt werden, ist ganz einfach: Man arbeitet sich von außen nach innen und von oben nach unten vor. Dabei zeugt es von gutem Benehmen, wenn man darauf achtet, dass das einmal aufgenommene Besteck für die Dauer des Essens keine Chance mehr hat, ›Tuchfühlung‹ zu bekommen. Die Gabel oder der Löffel wird zum Mund geführt – und nicht umgekehrt. Das Messer dient vor allem zum Schneiden fester Speisen (dazu kann auch die angebratene Kartoffel gehören!). Ansonsten hat es nur eine Stütz- und Schiebefunktion und darf auf gar keinen Fall in die Nähe des Mundes kommen. Das Hantieren mit dem Besteck sollte im Übrigen möglichst geräuschlos vor sich gehen.

Bei einem Menü mit mehreren Gängen kann man in der Regel mit drei verschiedenen Gläsern rechnen: einem Wasserglas, einem Weißweinglas und einem Rotweinpokal. Sekt wird im Allgemeinen nur bei einem Festessen gereicht oder wenn ein gelungener Geschäftsabschluss gefeiert werden soll. Das Glas, das zuerst benutzt wird, steht rechts oben bzw. ganz außen. Es wird vor Beginn des nächsten Ganges abgeräumt, wenn für diesen ein anderes Getränk vorgesehen ist. Ein Einspruch in Ehren ist natürlich gestattet, wenn man bei seinem Getränk bleiben will. Beim Anstoßen fasst man das Glas am Stiel an, weil es sonst nicht klingt. Der abgespreizte kleine Finger zeugt – entgegen einer verbreiteten Meinung – nicht von Vornehmheit, sondern ist eine Unsitte.

Damit im Streitfall die Bestecke nicht als Waffen zweckentfremdet werden, sollte man die Regel beherzigen, dass der Salatteller, der einem zugedacht ist, immer links steht. Davor oder dahinter befindet sich der Brotteller mit dem Buttermesser. Im Übrigen sitzt man natürlich, locker und aufrecht, damit der Oberkörper die nötige Bewegungsfreiheit hat. Wie beim Schreibmaschinenschreiben sind auch beim Essen nur die Hände auf dem ›Arbeitsplatz‹. Die Unterarme haben auf dem Tisch nichts verloren und schon gar nicht die Ellbogen.

Die Papierserviette ist immer dann richtig, wenn es sich um einen Imbiss handelt, der nicht am Esstisch eingenommen wird. Der Gast, der dazu eingeladen wird, im Büro einen kleinen Happen zu sich zu nehmen, wäre über eine Stoffserviette eher erstaunt. Auf einem gedeckten Tisch liegt die gestärkte Stoffserviette gefaltet oder in einem Serviettenring zusammengerollt links von den Gabeln. Sie kann auch hinter dem Teller oder auf dem Teller kunstvoll drapiert sein. Benutzt wird sie immer. Sie wird, wenn es ihre Größe erlaubt, einmal quer gefaltet, auf die Oberschenkel gelegt. Das hat den Vorteil, dass die Oberseite zum Abtupfen des Mundes benutzt werden kann, ohne dass die Unterseite in Mitleidenschaft gezogen wird. Grundsätzlich sollte die Serviette immer gebraucht werden, bevor man zum Glas greift, damit es am Glas keine Fettränder oder Lippenstiftabdrücke gibt. Papierservietten werden nach Gebrauch zusammengeknüllt und auf dem letzten Teller ›entsorgt‹. Stoffservietten werden in der Mitte locker zusammengefasst und links neben den Teller gelegt.

Die Speisen und Getränke werden serviert, sobald die Gastgeberin (bei einer privaten Einladung) oder die einladende Person (bei einem Geschäftsessen) die Serviette aufnimmt, und mit dem Essen wird begonnen, sobald die Gastgeberin oder der Gastgeber das Besteck aufnimmt. Erst wenn die oder der Einladende die Serviette wieder auf dem Tisch ablegt, tun dies auch alle anderen Gäste. Ein aufmerksamer Gastgeber wird dies nicht tun, bevor er sich nicht vergewissert hat, dass seine Gäste mit dem Essen fertig sind. Er kann das an der Lage der Bestecke auf dem Teller ablesen.

Auch wenn der Wein noch so lockt, gilt es, das Zeichen zum Trinken abzuwarten, das der Gastgeber/die Gastgeberin, der älteste Herr oder der Ehrengast gibt, indem er sein Glas bis zur Brust erhebt und sich leicht vor den Gästen verneigt. Die Gäste nicken einander zu und trinken, sobald der Gastgeber seinen Schluck genommen hat. Während die Herren nach dem Schluck noch einmal kurz das Glas anheben, setzen die Damen das Glas direkt nach dem Trinken wieder ab. Danach trinkt jeder so, wie es ihm bekommt.

Wird zu einem Menü Wein serviert und dieser mit dem nächsten Menügang gewechselt, so trinkt man von dem vorher gereichten Wein nichts mehr. Dies gilt auch für den vor dem Essen angebotenen Aperitif, wenn das Essen begonnen hat.

Einen Missgriff tut, wer sich quer über den Tisch beugt, um sich seine Speisen zu ›angeln‹. Eine höfliche Frage sollte genügen, um all das zugereicht zu bekommen, was jeweils in unmittelbarer Reichweite der Arme ist, ohne dass dabei das Gesäß angehoben werden muss. Aufmerksam zeigt sich, wer den betreffenden Gegenstand wieder in Reichweite der anderen Tischgenossen zurückstellt oder wer etwas an- oder weiterreicht, ohne dass die Tischnachbarin oder der Tischnachbar darum bitten muss.

Essen ist immer auch eine Frage der Ästhetik. Essenaufnahme, Kauen, Verdauen sind Vorgänge, die in unserer Kultur so geräuschlos wie irgend möglich erfolgen sollen. Wer mit offenem Mund kaut, schmatzt, rülpst usw., erregt Anstoß und bei empfindsamen Menschen sogar Ekel. Das Essen soll ein Genuss sein. Dazu ist auch Ruhe nötig. Hastige Nahrungsaufnahme ist dagegen ungenießerisch, ungesund und macht die Mitmenschen nervös.

Keine kleine Kunst ist es, nicht mit vollem Mund zu sprechen und doch unterhaltsam zu sein. Ein Trick besteht darin, dem Tischnachbarn eine Frage zu stellen und unmittelbar danach einen Bissen zu nehmen. Während man selber kaut, ist der Tischnachbar mit dem Antworten beschäftigt. Ein anderer Kunstgriff ist es, nur kleine Bissen zu essen, sodass man den Mund immer wieder frei hat.

Wer sich eine Suppe ›eingebrockt‹ hat, muss sie auch auslöffeln. Dies gilt für legierte Suppen und solche mit Einlage. Dagegen darf in der Suppentasse servierte klare Brühe zum Teil ausgetrunken werden. Auch dabei ist Vorsicht geboten, denn in der Tasse bleibt die Suppe länger heiß.

Gibt es Beibrot, so bricht man dieses in mundgerechte Häppchen. Von der Butter streift man eine Portion mit dem Buttermesser auf den Tellerrand seines Beibrottellers und bestreicht damit dann den jeweiligen Bissen.

Belegte Brote werden mit Messer und Gabel gegessen. Bei einem Imbiss oder einem Empfang jedoch wird oft auf das Besteck verzichtet. Dann darf der Brotbelag nicht mit dem Finger festgehalten werden. Brot mit süßem Belag wird im Übrigen immer aus der Hand gegessen.

Auch bei einem überaus genussreichen Mahl kann man auf Ungenießbares wie Gräten, Knöchelchen oder schieres Fett stoßen. Derlei kann hinter einer verdeckenden Hand und mit leicht geneigtem Kopf wieder zurück auf die Gabel oder den Löffel befördert und auf den Tellerrand gelegt werden. Anderes wird man weniger leicht los, weil es sich in den Zähnen festgesetzt hat. Hier schafft ein Zahnstocher Abhilfe, der jedoch nie in Gegenwart von anderen benutzt werden darf! Selbst wenn ein Becher mit Zahnstochern auf dem Tisch steht, soll dies nur dazu auffordern, sich einen zu nehmen und die ›Operation‹ im Waschraum durchzuführen.

Früher galt das Rauchen als vornehm. Da man heute weiß, dass es nicht nur die eigene Gesundheit, sondern auch die der anwesenden Nichtraucher gefährdet, gilt es als unhöflich, sich eine Zigarette, Zigarre oder Pfeife anzuzünden, ohne vorher gefragt zu haben, ob es die anderen stört. Es ist eine Frage des Taktgefühls, ob man in Nichtraucherkreisen überhaupt bitten soll, rauchen zu dürfen. Besser wäre es, bei passender Gelegenheit für einige Minuten an die frische Luft zu gehen, wo man andere mit dem Rauch nicht belästigt. Wer sich die Speisen nicht nur auf der Zunge zergehen lassen, sondern auch das volle Aroma genießen möchte, der versteht, warum das Rauchen während des Essens grundsätzlich tabu ist. Denn beim Schmecken kommt es noch mehr auf die Nase als auf die Zunge an. Deshalb gehört während des Essens auch kein Aschenbecher auf den Tisch.

Für viele Raucher ist es ein Ritual, nach dem Essen zu rauchen. Nachdem alle gegessen haben, darf um Raucherlaubnis gebeten werden, vorausgesetzt, man befindet sich nicht in der raucherfreien Zone eines Restaurants oder ganz offensichtlich in Nichtraucherräumen (Hinweis darauf: Es gibt keine Aschenbecher!). In die Aschenbecher kommen ausschließlich die Streichhölzer und die Zigarettenreste o. Ä. Raucher untereinander verhelfen sich nach wie vor gegenseitig zum Tabakgenuss. Bevor man sich selbst eine Zigarette ansteckt, sieht man sich um und stellt fest, ob die Nachbarn ebenfalls rauchen wollen. Haben diese kein Feuer, so gibt man ihnen welches oder reicht dem Gegenübersitzenden ein Feuerzeug, damit dieser beispielsweise seiner Tischdame Feuer anbieten kann.

Wenn Geschäftsfreunden ein kleiner Imbiss im Büro serviert wird, ist das eine nette Geste. Es ist dann keine Seltenheit, dass die Sekretärin die Gäste bedient. Besonders formvollendet tut sie dies, wenn sie dabei folgende Regeln beachtet:

- Teller werden von rechts gereicht und auch wieder von rechts abserviert; Salat- und Brotteller, die links stehen, werden von links gebracht und wieder weggeholt
- Platten und Schüsseln werden von links gebracht, um vorzulegen oder den Gast wählen zu lassen
- Bedient werden die Damen vor den Herren, die Älteren vor den Jüngeren, die Ehrengäste zuerst, der Gastgeber zuletzt
- Außer beim Vorlegen wird immer rechtsherum gegangen und niemals rückwärts
- Getränke werden mit dem Tablett serviert
- Die Gläser werden nicht zu voll gegossen, Rotweingläser gießt man etwa halb voll, Weißweingläser drei viertel voll

Die richtige Gangart auf Geschäftsreisen

Wenn die Sekretärin schon auf dem Boden des ›heimischen‹ Sekretariats Anspruch darauf hat, als Mensch und Mitarbeiterin respektiert zu werden, so gilt dies erst recht, wenn sie ihren Chef auf einer Geschäftsreise begleitet. Umgekehrt teilt sie aber auch dessen Repräsentationspflichten. Sie hat dann also nicht nur die Rolle einer kompetenten Mitarbeiterin, sondern auch die gesellschaftliche Rolle einer Dame zu erfüllen. So achtet der Herr darauf, dass er links von der Dame geht, es sei denn, an ihrer rechten Seite droht Gefahr, z. B. durch den Autoverkehr. Auf dem Bürgersteig geht die Dame also auf der dem Verkehr abgewandten Seite. Auf der Treppe geht der Herr an ihrer Seite, jedoch eine Stufe tiefer nach oben. Abwärts geht er indes voraus, um ihr notfalls ein Halt sein zu können.

Eine normale Restauranttür öffnet der Herr, um die Dame vorbeigehen zu lassen. Sie tritt zur Seite, damit er vorangehen kann, um den Platz zu suchen. Führt ein Ober die Gäste zu ihrem Tisch, so bleibt der Herr hinter der Dame. Steht man vom Tisch auf, so verlässt sie zuerst den Platz, und er folgt. Der Dame wird stets aus dem und in den Mantel geholfen. Damit die Dame nicht länger als nötig im Mantel herumstehen muss, nimmt der Herr der Dame den Mantel ab, bevor er seinen auszieht. Verlässt man das Lokal, zieht der Herr seinen Mantel zuerst an und hilft dann der Dame in den ihren.

Sicheres Auftreten auf internationalem Parkett

Die Entwicklung des europäischen Binnenmarkts und zunehmende internationale Geschäftsverbindungen, auch über die Grenzen unseres Kontinents hinaus, machen einen sicheren Umgang mit ausländischen Geschäftspartnern notwendig. Zudem wächst die Zahl internationaler Veranstaltungen, Messen und Kongresse nicht nur in Deutschland. Der Einsatz neuer Medien im Bereich der Telekommunikation und eine größere Mobilität durch ein gut ausgebautes Verkehrsnetz ermöglichen schnelle und einfache Verbindungen in alle Welt. Dadurch entstehen aber auch vermehrte und komplexere Aufgaben für Vorgesetzte und Sekretärinnen gleichermaßen und es steigen die Anforderungen an ihre Qualifikationen im kommunikativen, sozialen und persönlichen Bereich, an die Sprachkenntnisse, die Umgangsformen und an die Fähigkeit zur Anpassung an andere Wertvorstellungen, Denk-, Sicht- und Verhaltensweisen.

Das internationale Allroundtalent

Freundlichkeit, Höflichkeit, Hilfsbereitschaft und Zurückhaltung werden in allen Ländern gern gesehen. Sensibilität für die Bedürfnisse von Menschen aus anderen Ländern und Kulturen ist ein wesentlicher Grundstock für erfolgreiche internationale Geschäftsverbindungen. Nach den Wünschen und Bedürfnissen des anderen zu fragen und auf die Besonderheiten des anderen Landes bzw. der anderen Kultur auch gesprächsweise einzugehen, signalisiert dem Gast als Botschafter seines Landes Interesse und vermittelt ihm Verständnis für seine Situation. Fragen nach dem persönlichen Befinden oder das Angebot konkreter Hilfestellung zeigen ihm, dass er in unserem Land willkommen ist. Auch aktives Zuhören und geduldiges Nachfragen machen Interesse und Aufnahmebereitschaft deutlich.

Wichtiger noch als eine herausragende Sach- und Fachkompetenz ist für die Sekretärin, einen guten Kontakt mit den ausländischen Besuchern herzustellen. Von großer Bedeutung ist bekanntlich der erste Eindruck. Er sollte sein Gepräge durch ein gepflegtes Äußeres, eine unaufdringliche Eleganz sowie freundliche Gestik und Mimik erhalten. Zugleich sollte die Sekretärin im Gespräch eine gewisse Distanz wahren. Gelingt es ihr, sich Achtung als Mensch zu verschaffen und dem Gegenüber die Gewissheit zu geben, in seiner Persönlichkeit akzeptiert zu werden, so ist eine wichtige Grundlage gewonnen, auf der interkulturelle Missverständnisse ggf. schnell ausgeräumt werden können.

Die bewusste Anwendung landesüblicher Floskeln – z. B. im Umgang mit Amerikanern die Redewendungen ›We enjoyed having you here‹ oder ›It was a pleasure to meet you‹ oder ›I look forward to our next meeting‹ oder ›It was nice talking to you‹ – lassen den fremden Gast ein höfliches, freundliches Entgegenkommen spüren. Ein Minimalwissen über die Gewohnheiten, Sitten und Bräuche des anderen Landes gibt darüber hinaus Sicherheit im Umgang mit den internationalen Geschäftspartnern und bietet oftmals Anknüpfungspunkte für ein erstes Gespräch.

Daneben spielen als Persönlichkeitsmerkmale der Sekretärin Flexibilität, Extravertiertheit und Risikobereitschaft eine große Rolle. Flexibilität bedeutet in diesem Zusammenhang das Vermögen, sich auch in ungewohnten Situationen und in anderen Kulturkreisen zurechtzufinden. Das setzt jedoch voraus, dass man sein eigenes Wertesystem genau kennt und sich in seinem Handeln von wohl durchdachten persönlichen Maßstäben leiten lässt. Denn es geht letztlich darum, Neues aufzunehmen und in das eigene Denken und Handeln einzuordnen. Dies bedeutet beispielsweise, einem Amerikaner nicht die Hand entgegenzustrecken, weil sich in den USA nur die Männer die Hand reichen, und sich nicht zurückgesetzt zu fühlen, wenn man als Frau von einem Nordamerikaner nicht per Handschlag begrüßt wird.

Extravertiertheit ist die wünschenswerte Fähigkeit, aufgeschlossen und mit einer positiven Ausstrahlung auf andere Menschen zuzugehen, um Kontakt zu ihnen zu finden. Sie schließt Interesse an neuen Kulturen und fremdartigem Verhalten ein. Sie zeigt sich u. a. auch in bestimmten Redewendungen *(Schön, dass Sie gekommen sind)* und in Signalen der Hilfsbereitschaft *(Wie kann ich Ihnen weiterhelfen?).* Dies alles erfordert indes ein hohes Maß an sozialer Kompetenz. Darüber hinaus ist der Mut zu Neuem und zu einem kalkulierbaren Risiko von Vorteil. Die innere Bereitschaft, sich auf ein unbekanntes internationales Parkett zu begeben, gehört dazu genauso wie die Einsicht, dass man darauf ab und zu ausrutschen kann. Fußangeln lauern nämlich an vielen Stellen. So kann es z. B. geschehen, dass eine Sekretärin mit guter Absicht ein Gastgeschenk für den japanischen Geschäftspartner in modisches schwarzweißes Papier einpackt und dem Japaner damit statt einer großen Freude ein großes Unbehagen bereitet. Denn in Japan bedeutet diese Farbkombination Unglück.

Nun mag man einwenden, dass es sich widerspreche, einerseits risikobereite Extravertiertheit und andererseits höfliche Zurückhaltung zu verlangen. In der Tat ist es nicht einfach, beide Eigenschaften miteinander in Einklang zu bringen. Doch markieren diese Pole genau das Spannungsfeld, in dem sich eine international agierende Sekretärin tagtäglich bewähren muss.

Aufgaben der Sekretärin im internationalen Kontext

Die Anforderungen, die an eine Sekretärin gestellt werden, spiegeln die Komplexität ihres Aufgabenbereichs wider. Folgende Aufgabenbereiche sind bei internationalen Kontakten berührt und bringen neue Anforderungen mit sich:

Korrespondenz und Protokolle: Hier ist die Fähigkeit gefordert, die Orthographie der jeweiligen Landessprache zu beherrschen. Sollte von der Sekretärin eigenständiges Formulieren verlangt werden, reichen Grundkenntnisse in der Landessprache oder sicheres Englisch nicht mehr aus. Das Anlegen einer Korrespondenzkartei mit geschäftsüblichen und landestypischen Formulierungen ist hilfreich (vgl. Korrespondenz mit ausländischen Geschäftspartnern, S. 165 ff.).

Telefonkontakte: Da es zum Aufgabenbereich einer Sekretärin gehört, Gespräche anzunehmen und zu vermitteln sowie Anfragen zu beantworten, sind auf internationaler Ebene nicht nur eine allgemeine sprachliche Sicherheit, sondern auch Grundkenntnisse der Konversation in mindestens einer fremden Sprache gefordert. Ein vorbereiteter Gesprächsleitfaden (vgl. Der Gesprächsleitfaden, S. 219 f.) ist dabei von großem Vorteil und bietet Sicherheit.

Empfang und Betreuung von Gästen: Dieser Aufgabenbereich stellt an die Sekretärin die meisten persönlichen und kommunikativen Anforderungen bei internationalen Kontakten. So sollte sie dem Besucher und seinem Heimatland Höflichkeit und Taktgefühl entgegenbringen, nicht zuletzt auch Interesse und Aufgeschlossenheit dem Andersartigen gegenüber zeigen. Anknüpfungspunkte für ein Gespräch können aktuelle wirtschaftliche oder soziale Entwicklungen im Heimatland des Gastes, kulturelle Besonderheiten oder sonst etwas Positives (französische Küche, italienische Mode, Schweizer Berge usw.) sein. Die sprachgewandte Sekretärin kann das Gespräch durch gezieltes Fragen gestalten (was – wie – warum – was besonders – wie genau?) und auf diese Weise Erkenntnisse über ihren Ansprechpartner, seine Kultur und sein Land gewinnen. Gleichzeitig sollten ihre Antworten Respekt und Verständnis für das Fremde erkennen lassen.

Sitzungen – Tagungen – Konferenzen: Internationale Kontakte erfordern häufig multimediale Formen der Kommunikation. Für die Sekretärin sind daher Kenntnisse über technische Neuerungen zur Überwindung der räumlichen Distanz unabdingbar. Telefon- oder Videokonferenzen sind Beispiele für solche neuen Formen der Kommunikation (vgl. hierzu Multimediale Kommunikation, S. 269 ff.). Bei der Organisation von Veranstaltungen vor Ort muss sie außerdem die kulturellen Eigenheiten der Konferenzteilnehmer in ihre Planung mit einbeziehen. Die Betreuung der Besucher oder das Wahrnehmen von Repräsentationsaufgaben erfordert ein hohes Maß an Fingerspitzengefühl, vor allem bei dem Aufeinandertreffen unterschiedlicher Kulturkreise. Auch bei der Planung und Durchführung des Rahmenprogramms sowie beim Einkauf und Verwalten von Gastgeschenken sind kulturelle Kenntnisse von Vorteil. Die Leitfrage dabei ist: Wer liebt was wie und warum?

Eine ganz wesentliche Aufgabe jedoch kommt für eine Sekretärin, die sich auf internationalem Parkett bewegt, hinzu: Sie ist bei internationalen Kontakten Botschafterin ihres Landes und Repräsentantin ihres Unternehmens, auch wenn sie persönlich sich von vielen Entwicklungen, Trends und Tendenzen abgrenzt und bestimmte Einstellungen weder vertritt noch repräsentiert. Ein Höchstmaß an Sensibilität im Umgang mit Vertretern des Auslands ist notwendig. Deshalb sollte sich eine Sekretärin, die viele Auslandskontakte hat, unbedingt mit dem Deutschlandbild, das in dem jeweiligen Land herrscht, auseinander setzen.

So werden die Deutschen auf der einen Seite bewundert. Sie werden als fleißig, pflichtbewusst und wirtschaftlich weitsichtig angesehen. Deutsche Produkte gelten als technisch hochwertig, und das Label ›made in Germany‹ ist Ausweis hoher Qualität. Gleichzeitig wird der Deutsche jedoch vorsichtig beäugt, misstrauisch als potenzieller ›Binnenmarktbeherrscher‹ betrachtet und immer im Lichte seiner Geschichte be- oder verurteilt. Die beiden von Deutschland begonnenen Weltkriege und der Nationalsozialismus sind im Bewusstsein nicht nur der europäischen Völker durchaus gegenwärtig, sodass man immer damit rechnen muss, unterschwelligen oder offenen Ressentiments zu begegnen. Diese zu entkräften, erfordert immer wieder ein besonderes Maß an Feingefühl, Takt und persönlicher Überzeugungskraft.

Auch die Sekretärin muss sich im Umgang mit auswärtigen Besuchern und bei jedem Besuch in einem fremden Land der Signalwirkung, die sie in ihrer Rolle als Deutsche hat, bewusst werden. Sie ist am Anfang einer Begegnung niemals nur ›Frau Müller‹, sondern immer die deutsche Sekretärin eines deutschen Unternehmens bzw. einer deutschen Institution.

Andere Länder, andere Sitten

Jeder Mensch lernt in den ersten Jahren seines Lebens nicht nur die Muttersprache, sondern auch bestimmte Verhaltensweisen, die ihm Sicherheit und Orientierung geben im Umgang mit anderen Menschen seines Kulturkreises. Dazu kommen die Grundlagen einer moralischen Ordnung, aber auch kulturspezifisches Denken, Fühlen, Werten und Handeln. Wer in einem kulturell vielfältigen internationalen Umfeld arbeitet, Kontakte pflegen und unnötige Missverständnisse vermeiden will, braucht deshalb ein vielseitiges interkulturelles Wissen.

Kulturell unterschiedliche Verhaltensweisen finden ihren Ausdruck zum einen in der *Gestik, Mimik und Körperhaltung:* Japan beispielsweise ist das Land des Lächelns, denn in asiatischen Kulturen dürfen negative Gefühle nicht ausgedrückt werden; die Italiener untermalen ihre Worte gern mit ausladenden Handbewegungen, um ihnen Gewicht zu verleihen; in Griechenland heißt ein Kopfschütteln ›Ja‹; unser wohl gemeintes Händeschütteln wird in Indien als Beschmutzung verachtet; gekreuzte Hände oder Beine gelten bei Verhandlungen arabischer Geschäftspartner als Zeichen der Verachtung usw. usf.

Zum anderen sind Art und Weise der Nahrungsaufnahme, Schlafgewohnheiten, sexuelles Verhalten, Schmerzäußerungen großenteils kulturgebunden. Kulturspezifisch verschieden sind natürlich auch bestimmte Rituale der Gastfreundschaft. So muss man beispielsweise in arabischen Ländern bedenken, dass man seinen Gastgeber brüskiert, wenn man es ablehnt, Tee oder Kaffee mit ihm zu trinken. Andererseits ist es für den eigenen Kreislauf entscheidend zu wissen, dass die Tasse immer wieder gefüllt wird, wenn man sie austrinkt.

Kulturelle Unterschiede machen sich auch in *sprachlichen Dingen* bemerkbar. Sagt ein japanischer Geschäftspartner ›very difficult‹, sieht er nicht Schwierigkeiten, sondern meint eindeutig ›Nein‹.

Diese wenigen Beispiele zeigen schon, wie wichtig es ist, die kulturellen Regeln und Verhaltensnormen des Geschäftspartners zu kennen, damit man eigene Verhaltensweisen und Beurteilungsmuster nicht unbewusst auf fremde Kulturen überträgt. Um andere Unternehmenskulturen und Verhaltensformen besser zu verstehen, sollte die Sekretärin sich deshalb auf ›Spurensuche‹ begeben. Dazu ist es von Bedeutung, sich mit den fremden Normen und Wertsystemen auseinander zu setzen. Bedeutsam sind Rechts- und Moralvorstellungen, Fragen der Religion und auch das Rollenverständnis von Mann und Frau. So muss eine Sekretärin sich darauf einstellen, dass sie von einem Gast aus einem stark patriarchalisch geprägten Land eventuell nicht wahrgenommen oder auch als Person nicht ernst genommen wird. In Japan werden Frauen oft nicht zu Geschäftsessen eingeladen oder sitzen in einem separaten Raum, und in Saudi-Arabien ist es Frauen verboten Auto zu fahren. An solchen und anderen Rollenbildern ist auch der fremde Gast in seinem Verhalten der deutschen Sekretärin gegenüber orientiert. Kulturspezifische Erziehungsideale spielen dabei natürlich eine große Rolle. Westliche Erziehung und Verständnis für Selbstständigkeit und partnerschaftliches Verhalten zwischen Frauen und Männern können jedenfalls nicht unbesehen vorausgesetzt werden. Überdies finden andere kulturelle Vorstellungen auch in anderen Sachkulturen ihren Ausdruck. Kunst, Mode, Architektur können in fremden Kulturen eine völlig andere Gestalt annehmen und eine völlig andere Bedeutung haben als hierzulande. Bei der Erkundung einer fremden Kultur sind zudem andere soziale Gegebenheiten und der jeweilige Stellenwert des Privatlebens beachtenswert. Die sozialen Hierarchien in der Gesellschaft, Beziehungsebenen und Strukturen in der Familie, die Freizeitgestaltung und auch Möglichkeiten und Formen der Ausbildung bestimmen wesentlich das Selbstverständnis und die Denkmuster des ausländischen Gesprächspartners. Nicht zuletzt spielen auch das Wirtschaftssystem und das betriebliche Umfeld eine große Rolle. Führungs- und Mitarbeiterstrukturen, der Ablauf von Entscheidungsprozessen, die Verteilung von Kompetenzen und Verantwortung sowie Formen der Delegierung und Mitarbeitermotivation prägen das berufliche Rollenverständnis des Gastes.

Um bei der Spurensuche auf dem Gebiet fremder Kulturen Hilfestellung zu leisten, werden im Folgenden Besonderheiten dargestellt, die beim Kontakt mit Geschäftspartnern aus Großbritannien, Frankreich, Italien, Spanien und Griechenland sowie den USA und Japan zu beachten sind.[1]

Großbritannien: Die Briten lieben ihre eigenen vier Wände und ihren kleinen Garten. Sie schätzen ihr Privatleben, sind Individualisten, und Tradition wird bei ihnen ganz groß geschrieben. In ihrer Sozialstruktur bestehen immer noch große Klassenunterschiede, die auch Selbstverständnis und Lebensweise der Menschen bestimmen. Im Umgang mit Briten sind die Verhaltensnormen der oberen Mittelschicht maßgebend. Dazu gehören vor allem gepflegte Umgangsformen, Rücksichtnahme und ein gewisses ›Understatement‹, die Neigung zu Zurückhaltung und Untertreibung.

Als Richtlinien gelten beim geschäftlichen Umgang mit Briten folgende Punkte:

– Fairness und Respekt sind die obersten Gebote in England
– Pünktlichkeit ist eine Nationaltugend

[1] Weiterführende Hinweise findet man u. a. bei Heinz Commer: Knigge International. Richtige Umgangsformen, erfolgreiche Verhandlungsmethoden und optimale Geschäftsbeziehungen in allen Ländern der Welt. 3. Auflage. Düsseldorf 1992.

- Gastgeschenke sollten nicht zu üppig sein, aber genau zur Persönlichkeit passen
- Fragen Sie einen Briten nicht nach seiner Ehefrau und den Kindern. Das Privatleben wird aus dem geschäftlichen Bereich ausgegrenzt
- Wichtige geschäftliche Termine finden erst nach 9.00 Uhr statt
- Unser beliebtes Händeschütteln ist nur unter guten Freunden üblich
- Konservative Kleidung ist im Berufsleben erwünscht

Frankreich: Im Laufe der letzten drei Jahrzehnte hat sich Frankreich aus einem ländlich geprägten Staat zu einer modernen Industrienation entwickelt. Viele ihrer traditionellen Lebensgewohnheiten haben die Franzosen in der Zwischenzeit aufgegeben und sich dem harten Wirtschaftsleben angepasst. Dennoch sind sie Genießer, Lebenskünstler und Liebhaber kultivierten Lebens geblieben. Wesentliche Elemente des französischen Lebensstils, wie Farben- und Sinnenfreude, die Liebe zur Freiheit und Individualität haben sich erhalten; zugleich ist Frankreich nach wie vor katholisch geprägt. Die Schönheit der Wohnung und die Unversehrtheit des Autos sind für Franzosen keineswegs von Bedeutung. Dafür lieben sie ein gemütliches Zusammensein in einem kleinen Bistro umso mehr oder pflegen eine ausgefeilte Tischkultur bei Geschäftsessen.

Im Umgang miteinander ist ihnen Folgendes wichtig:

- Takt und Höflichkeit sind oberstes Gebot
- ›Monsieur‹ und ›Madame‹ drücken die Hochachtung vor einem Menschen aus und sind im normalen Sprachgebrauch üblich. Vielleicht freut sich auch Ihr Gesprächspartner über diese Anrede
- In Frankreich herrscht Respekt vor Titeln. Über 500 000 Franzosen führen den Titel ›Monsieur le Président‹. Auch der Präsident eines Vogelzüchtervereins wird mit Titel angesprochen
- Pünktlichkeit ist in Frankreich nicht üblich. Haben Sie Verständnis dafür, wenn Ihr Gast etwas später kommt
- Die Privatsphäre ist auch bei den Franzosen eine uneinnehmbare Festung. Fragen nach der Intimsphäre, dem Persönlichen oder Privaten sind daher nicht erwünscht. Erwünscht sind aber freundliche Bemerkungen zu einer sorgfältigen Kleidung oder einem schicken Aktenkoffer
- Ein weiteres beliebtes Thema ist das technische Können der Franzosen

Italien: Für die Italiener scheint das Leben eine Bühne zu sein, auf der es gilt, sich als tüchtig und angesehen, geistreich und kontaktstark, modisch und elegant zu erweisen. Im Umgang mit Italienern kommt es darauf an, durch Witz und bestechende Komplimente zu brillieren, mit einer modischen Note Eleganz zu zeigen und Hochachtung vor Titeln erkennen zu lassen. Das Ansehen in der Öffentlichkeit ist den Italienern sehr wichtig, und es spiegelt sich wider in ihrer Gestik und Mimik, aber auch in ihrem sorgfältig gepflegten Äußeren.

Kommt ein italienischer Besucher in die Firma, beachten Sie Folgendes:

- Alle Italiener, die studiert haben, sind kraft ihrer Stellung ›Dottore‹ (›Dottoressa‹), den Titel ›Professore‹ haben alle Lehrer, gleich an welcher Schule. Ordenstitel wie ›Commendatore‹ oder ›Cavaliere‹ sind besonders wichtig. Sprechen Sie deshalb auf Verdacht alle Abteilungsleiter von Unternehmen und Ministerien und selbstverständlich alle Industriellen und Bankiers so an
- Das Wichtigste für die Italiener ist die Familie. Erkundigen Sie sich ausgiebig nach den Kindern und der Ehefrau. In Italien ist das Kind König
- Italiener sind stolz auf ihre große Geschichte, ihre Kunst und Kultur und auf das italienische Wirtschaftswunder. Diese Themen bieten immer einen Aufhänger für ein interessantes Gespräch. Betonen Sie stets das Menschliche, und bringen Sie Freude und Anteilnahme zum Ausdruck. Aber stellen Sie keine Fragen zur italienischen Innenpolitik oder zu den ›großen sizilianischen Familien‹
- In Verhandlungen erweisen sich die Italiener als geschliffene, zielbewusste, ausdauernde Verhandlungspartner, die sich auch nicht unter Druck setzen lassen. Bei mehrtägigen Verhandlungen ist daher eine dem Thema verwandte Besichtigung von Kulturstätten eine empfehlenswerte Abwechslung

Spanien: Auch heute unterscheiden sich die Spanier noch in vielen Bereichen von anderen Europäern. Sie nennen sich auch ›de la Península‹, die ›von der Halbinsel‹. Sie sind weniger zweck- und leistungsorientiert, lehnen Stress und Hektik ab. Auch im modernen, wettbewerbsorientierten Spanien spielen die Tradition und der Nationalstolz eine große Rolle, ebenso die Verinnerlichung der katholischen Religion, auch wenn Konflikte zwischen Staat und Kirche unterschwellig vorhanden sind.

Wenn Sie Rücksicht auf die spanischen Lebens- und Umgangsformen nehmen wollen, bedenken Sie die folgenden Punkte:

- Erwarten Sie nicht zu große Pünktlichkeit. In Spanien ist die Zeit der Diener des Menschen. Verabredungen zum Abendessen liegen nie vor 22.00 Uhr und die Siesta zwischen 13.00 und 16.00 Uhr ist der spanischen Nation heilig. Es ist zudem nicht unüblich, dass man zu Verabredungen bis zu einer halben Stunde später als vereinbart erscheint
- Höflichkeit und Zuverlässigkeit sind in Spanien oberstes Gebot. Höflichkeitsfloskeln werden gerne ausgetauscht, ob mündlich oder schriftlich
- Die Frage nach dem Wohlergehen der Familie sowie die Erkundigung nach dem persönlichen Befinden bieten einen guten Gesprächseinstieg
- Bei Ihrer ersten Korrespondenz mit einem spanischen Unternehmen sollten Sie aus Höflichkeitsgründen das Schreiben in spanischer Sprache abfassen. Spanische Höflichkeitsfloskeln und korrekte Anrede und Grußformeln sind dabei unerlässlich

- Spanier bevorzugen im beruflichen Alltag eine eher konservative Kleidung. Krawatte und Jackett sind unbedingt erforderlich. Auch bei den Damen ist eine gepflegte, etwas konservative und förmliche Kleidung gern gesehen
- In allen Gesellschaftsschichten zählt der Status. Der Spanier zeigt nach außen, was er *ist,* nicht was er *besitzt.* Orden und Ehrenzeichen sind wichtige Statussymbole

Griechenland: Griechen sind sich ihrer großen Vergangenheit und der Bedeutung Griechenlands als Wiege der abendländischen Kultur und Demokratie bewusst. Auch die jüngere griechische Geschichte – geprägt durch die Unabhängigkeitskriege, die Überwindung der Militärdiktatur und die neue Rolle Griechenlands in der NATO – ist Grundlage für ihren Nationalstolz.

Haben Sie zu Griechen Kontakt, nützen Ihnen folgende Hinweise:
- Kontakte zu Deutschen werden von den Griechen gerne gepflegt. Sie sind aus Tradition den Deutschen verbunden. Vermitteln Sie Ihrem Gast deshalb deutsche Gepflogenheiten und deutsches Brauchtum
- Englisch ist für Griechen Geschäftssprache; aber wenige Brocken Griechisch lockern das Verhältnis zueinander auf
- Die große Rolle Griechenlands in der Schifffahrt ist der Stolz eines jeden Griechen und damit ein Anknüpfungspunkt für ein interessantes Gespräch. Vermeiden Sie jedoch Gespräche über das Verhältnis Griechenlands zur Türkei oder Zypern

USA: Weltbestimmend sind die Vereinigten Staaten von Amerika nicht nur in Technologie, Handel und Wirtschaft, sondern auch im Business sowie im modernen Freizeit- und Lebensstil. Respekt und Höflichkeit vor dem Mitmenschen bei gleichzeitiger Lässigkeit im sprachlichen Umgang bestimmen sowohl das Freizeit- als auch das Berufsleben in den USA.

Kommt man mit Amerikanern zusammen, sollte man Folgendes beachten:
- Im Umgang mit Fremden zeichnen sich die Amerikaner durch Höflichkeit und Aufgeschlossenheit aus. So herrscht der Brauch, bei der Vorstellung von Personen die Dinge hervorzuheben, die diese Person besonders auszeichnen. Die Amerikaner betonen das Einzigartige und stellen gerne heraus, warum es sich lohnt, gerade diese Person kennen zu lernen
- Neue Kontakte werden schnell und gerne aufgebaut, so zum Beispiel durch die Frage nach der Herkunft des Gastes, nach seinem Heimatland, seiner Heimatstadt. Daran schließt sich immer ein freundliches Gespräch an, das dem Gast Interesse und Wohlwollen vermittelt. Eine spontane Geste der Hilfsbereitschaft – ›May I help you?‹ – gehört ebenfalls in diesen Bereich. Erhalten die Amerikaner Besuch aus dem Ausland, findet oftmals eine Überraschungsparty zu Ehren des Gastes statt.

Die besonderen Vorlieben des Gastes oder die Eigenarten des fremden Landes werden dann bei der Planung der Feier berücksichtigt
- Bei aller Lockerheit im persönlichen Umgang werden Regeln der Höflichkeit auch im Geschäftsleben gerne gewahrt. Bringen Sie Amerikanern die gleiche Höflichkeit und Aufgeschlossenheit entgegen, wie Sie sie im umgekehrten Fall erhalten würden. Auch bei unkomplizierten Geschäftswegen und der Einstellung ›Keep it simple‹ ist Zuverlässigkeit eine geschätzte Tugend. Die Einhaltung von Zusagen oder schriftlichen Abmachungen ist unabdingbar
- Zur Höflichkeit gehört in den USA auch die Pünktlichkeit
- Lassen Sie Ihrem Besucher die Wahl, lieb gewonnene Gewohnheiten beizubehalten oder etwas Neues auszuprobieren (Lieber Scotch oder ein deutsches Bier? Lieber ein saftiges Steak oder Kalbshaxe?)

Japan: Die Unterschiede zwischen deutschen und japanischen Verhaltens- und Denkmustern sind sehr groß. Der Japaner setzt auf Ästhetik, er erlebt Freude aus dem Augenblick des Glücks heraus; der Deutsche setzt auf Haltbarkeit und Qualität, auf Logik und Struktur. Auch das Berufs- und das Privatleben gestalten sich in Japan anders. So gilt in Japan der Primat der Gemeinschaft und des Kollektivs im privaten wie im beruflichen Umfeld. Eine enge Verbundenheit zum Unternehmen und zur Unternehmenskultur sowie ein hohes Maß an Verantwortungsbewusstsein im Arbeitsumfeld sind charakteristisch für das japanische Geschäftsleben. Die Gemeinschaft zählt auch in der Freizeit. So bieten die Betriebe zahlreiche Sport- und Freizeitmöglichkeiten, die von den Mitarbeitern genutzt werden.

Neben dem Primat der Gemeinschaft gibt es eine Herrschaft der Rituale. Ehrerbietung drückt der Japaner durch die Verbeugung aus. Jüngere verbeugen sich vor älteren Menschen, Rangniedere vor Ranghöheren. Auch durch das Lächeln zeigt der Japaner seine Ehrerbietung. Japan ist das Land des Lächelns und Lächeln ist selbst bei traurigen und erschütternden Begebenheiten geboten.

Bei einem japanischen Kontakt denken Sie an Folgendes:
- Titel sind in Japan nicht von Bedeutung. Bei offizieller Anrede wird oftmals ein ›San‹ dem Namen nachgestellt. Wichtige Persönlichkeiten werden mit einem dem Namen nachgestellten ›Sensei‹ angeredet
- Mehrfaches Verbeugen gilt als Begrüßungs- und als Verabschiedungszeremoniell. Darauf kann nicht verzichtet werden
- Bei Gastgeschenken (z. B. Blumen) vermeiden Sie die Anzahl 4 oder 9 oder ein Vielfaches davon. Die Zahlen 4 und 9 gelten als Unglück bringend
- Der persönliche Kontakt spielt bei japanischen Geschäftspartnern eine große Rolle. Eine professionelle Vorbereitung auf einen japanischen Geschäftskontakt ist unbedingt notwendig. Dazu gehören zweisprachige

Visitenkarten, motivierendes Prospektmaterial und genaue Informationen über die Stellung der Gesprächspartner
- Japaner vermeiden jede Konfrontation. Sprachlich schwächen sie eine gegenteilige Meinung so lange ab, bis ein Konsens für beide Seiten möglich ist. Bringen Sie deshalb viel Geduld mit für lange Entscheidungsgespräche und Entscheidungswege

Die persönliche Vorbereitung auf internationale Kontakte

Dazu zählen

- allgemeine Vorbereitungen, die den Bereich der Sprache und der soziokulturellen Verhaltensweisen betreffen
- konkrete Vorbereitungen auf den jeweiligen Kontakt

Die Dauer und der Inhalt der Sprachausbildung richten sich jeweils nach dem schon gegebenen Kenntnisstand und den Anforderungen der jeweiligen Situation. Sind langfristig umfangreiche Auslandskontakte zu bestimmten Ländern gefordert, sollten im Rahmen von Weiterbildungsmaßnahmen intensive Sprachkurse in der jeweiligen Landessprache absolviert werden. Bei gelegentlichen Kontakten mit ausländischen Gästen ist Englisch als Verhandlungssprache unabdingbar. In diesem Rahmen reicht es dann jedoch auch aus, sich auf den Gebrauch einiger Konversationsvokabeln in der jeweiligen Gastsprache vorzubereiten. Wichtig sind auch typische idiomatische Ausdrücke, die perfekt beherrscht und oft angewandt dem Gesprächspartner das Gefühl von Kompetenz vermitteln können.

Bei intensiveren Auslandskontakten ist die Kenntnis der politischen, wirtschaftlichen und gesellschaftlichen Verhältnisse des Gastlandes unbedingt notwendig. Auch gehört es zu den wesentlichen Voraussetzungen, die fremden Denk- und Verhaltensmuster zu kennen und richtig beurteilen bzw. einordnen zu können. Nützlich ist dafür ein Erfahrungsaustausch mit Mitarbeitern, die im Ausland tätig waren und über die aktuellen gesellschaftlichen und sozialen Bedingungen Auskunft geben können. Zu wichtigen Kenntnissen gelangt man auch durch das Studium von Reiseliteratur sowie durch die Lektüre von Belletristik und ausländischer Tagespresse. Außerdem wäre hier noch hinzuweisen auf landesspezifische Vorbereitungsseminare sowie Bibliotheken, Informationsmaterial und Veranstaltungen der Kulturinstitute und Gesellschaften für internationalen Austausch.

Informationen zum jeweiligen Herkunftsland des Geschäftspartners sollte man auf jeden Fall systematisch erfassen, um zugleich erkennen zu können, in welchen Bereichen weiteres Wissen noch erworben werden muss. Dazu bietet sich folgendes Raster für eine Informationsmappe an, wobei die jeweiligen Unterpunkte immer nur einige wenige Stichworte liefern sollen:

Normen und Werte
- Rechtsbegriffe
- Moralvorstellungen
- Religion
- Sitten und Gebräuche
- Verhaltensvorschriften (wenn man als Gast in das betreffende Land kommt)

Erziehung, Bildung, Sprache
- Besonderheiten der Sprache
- Erziehungsideale (Selbstständigkeit, Individualität, kritisches Denken wären einige solcher Ideale in der westlichen Zivilisation)
- schulische Bildungsinhalte und -ziele (z. B. in Literatur, Geschichte, Fremdsprachen, Naturwissenschaften)

Sachkultur
- Kunst und Kunstgewerbe
- Mode
- Technologie
- Architektur

Soziale Gegebenheiten
- Familienstruktur und Bedeutung der Privatsphäre
- Rollenverständnis von Mann und Frau
- Grad der Verstädterung
- soziale Hierarchien
- Statussymbole
- Freizeitgestaltung
- Tischkultur

Wirtschaftssystem und betriebliches Umfeld
- Wirtschaftsstruktur (Landwirtschaft, Gewerbe, Industrie, Im- und Export, Dienstleistungen usw.)
- Grad der Industrialisierung/Technisierung
- Führungs-, Delegations-, Organisationsstrukturen in den Unternehmen
- Hierarchiestufen, Aufstiegsmöglichkeiten
- Unternehmenskultur und Formen der innerbetrieblichen Zusammenarbeit

Zu den aktuellen Vorbereitungsmaßnahmen gehören das Sammeln und Vergegenwärtigen von Informationen im Rahmen der ›Spurensuche‹ auf dem Gebiet der fremden Kultur sowie das Anlegen einer Kartei, die Informationen zu den ausländischen Geschäftspartnern festhält, Wissenslücken aufzeigt und deren ständige Ergänzung eine Notwendigkeit ist.

Psychologische Verhaltensmuster

Der Mensch ist kein Monolith

Nicht selten hat man Situationen wie diese: Es treffen sich zwei Personen, angenommen Andrea Kunz und Brigitte Weber, und sprechen über ihre Erfahrungen mit der Kollegin Sabine Hahn. Andrea lobt die Hilfsbereitschaft ihrer Kollegin Sabine in den höchsten Tönen, fühlt sich bei privaten und dienstlichen Problemen bei ihr stets gut aufgehoben und freut sich, bald mit ihr gemeinsam in einer wichtigen Projektgruppe zusammenzuarbeiten. Im Gegensatz dazu erlebt Brigitte Sabine als eine überhebliche, rechthaberische Kollegin, die ›knallhart‹ ihre Ziele verfolgt und dabei kräftig von ihren Ellenbogen Gebrauch macht. Ein Kollege bekommt das Gespräch mit und merkt trocken an: ›Sabine Hahn, farblose Person, na ja.‹ Wenn nicht klar wäre, dass alle von Sabine Hahn sprechen, könnte man meinen, dass es sich um drei verschiedene Frauen handelt. Aber auch wir selbst erleben uns nicht immer auf dieselbe Weise:

> Ich weiß gar nicht, was heute mit mir los ist.
> Da habe ich mich selbst nicht wieder erkannt.
> Ich glaube, ich werde noch verrückt.
> Ich weiß nicht, wie ich mich entscheiden soll.
> Manchmal gehen die Pferde mit mir durch.

Wer kennt nicht Situationen, in denen man sich über sich selbst wundert? Man geht guter Dinge und wohl vorbereitet in das Büro des Chefs, um einen Vorgang zu besprechen. Der stellt eine kurze unerwartete Frage mit aggressivem Unterton – man ist sprachlos und fängt dann an, sich zu verteidigen, obwohl man sich keiner Schuld bewusst ist. Zehn Minuten später kommt ein linkisch wirkender junger Mann in das Büro, bittet unbeholfen um einen Gesprächstermin, verhaspelt sich, streift vielleicht auf dem Schreibtisch noch einen Aktenordner, der sich in hundert Blätter auflöst – und man erlebt sich selbst so, wie man es eben beim eigenen Chef ›unmöglich‹ fand.

Was zeigt sich in solchen Situationen? Der Mensch ist nicht auf ein einziges Verhalten festgelegt, er ist kein Monolith, sondern ein Ganzes, das sich aus verschiedenen Teilpersönlichkeiten zusammensetzt. Jede Teilpersönlichkeit äußert sich innerlich und im Dialog mit anderen Menschen aus einem spezifischen Kommunikationssystem heraus. Jedes dieser Kommunikationssysteme hat eine eigene ›Denkstruktur‹, Sprache, Körpersprache, ›Dekodierungsabteilung‹, wo Signale aus der Umwelt ›übersetzt‹ werden, und ist mit einer eigenen Gefühlswelt und ganz spezifischen Verhaltensweisen, d. h. mit bestimmten (meist unbewussten) Verhaltensmustern, verbunden. Menschliches Verhalten folgt bestimmten Mustern; es ist aber im Ganzen einem Eisberg vergleichbar: Der größere Teil ist unsichtbar, nur der kleinere Teil ist sichtbar und klar zu berechnen. Verhaltensforscher gehen davon aus, dass es zu ca. 20% bewusst erlebt und gesteuert wird, während 80% unbewusst, d.h. spontan oder automatisch, ablaufen.

Jeder Mensch verhält sich immer irgendwie und drückt durch sein Verhalten etwas aus. Menschliches Verhalten ist immer auch Kommunikation (Verständigung). Kommunikation, ob bewusst oder unbewusst, mit sich selbst oder mit anderen, verbal oder nonverbal, intelligent oder dumm, beabsichtigt oder zufällig, gezielt oder beiläufig, ist immer auch Verhalten, erklärt Verhalten und wird durch Verhalten erklärt.

Verhalten ist Kommunikation

Im Allgemeinen gehen die Menschen davon aus, dass man miteinander kommuniziert, um Informationen auszutauschen. Das ist aber nur zum Teil richtig. Einen ganz wesentlichen Anteil hat nämlich der Austausch von Wertschätzungen, die zumeist unbewusst mitschwingen. Es lohnt sich daher, einen kurzen Blick auf die Ebenen der zwischenmenschlichen Kommunikation zu werfen.

Kommunikation zwischen Menschen läuft auf drei Ebenen gleichzeitig ab. Das bedeutet: Auch bei einer Sachaussage (Sachebene) spricht und verhält man sich in einer bestimmten Form (bewusste Beziehungsebene); durch die Art und Weise des Kontaktes und unserer eigenen Gefühle ruft man aber gleichzeitig auch eine gefühlsmäßige Reaktion bei dem Gesprächspartner hervor (unbewusste Beziehungsebene). Stimmen die drei Ebenen überein, wird die Kommunikation harmonisch verlaufen. Probleme ergeben sich nur bei Nichtübereinstimmung, insbesondere wenn die Empfindungen der Gefühlsebene mit den Aussagen der Sachebene kollidieren, wenn z.B. mit hochrotem Kopf und wütendem Gesicht gesagt wird: ›Mir persönlich macht das gar nichts aus, es geht mir nur um die Sache.‹ Oft wird auch ein bestimmtes Ziel angepeilt und das Verhalten bewusst darauf ausgerichtet, z.B. mit einer ausgeklügelten Fragetechnik und einem gewinnenden Lächeln an passender Stelle. Ein Empfänger kann in diesem Fall nicht wissen, auf welche der Botschaften er nun reagieren soll.

In Gesprächen mit anderen erlebt man immer wieder, dass es unterschiedlich leicht oder schwer fällt, schwierige Situationen zu klären und aus ihnen wieder herauszukommen. Für das Funktionieren eines Gespräches ist eben nicht so sehr die Argumentation, also das geschliffene Wort, ausschlaggebend, sondern die innere Einstellung, aus der heraus man spricht. Oft ist das Wort treffsicher, logisch und völlig richtig, doch der unbewusst einfließende aggressive Tonfall oder der zweifelnde Blick sind in ihrer Signalwirkung wesentlich stärker als das Wort.

Entscheidend für eine konstruktive Kommunikation im Sinne eines partnerschaftlichen Verhaltens ist das Selbstwertgefühl, die Einstellung zu sich selbst und zu anderen, die eigene Positionierung im Verhältnis zu anderen:

- Wo stehe ich, wo ordne ich mich in der Beziehung zu anderen ein, und wie äußere/lebe ich das?
- Wo stehen die anderen, wo ordnen mich die anderen in Beziehung zu sich ein, und wie interpretiere, agiere, reagiere ich?

Grundprogramme des Verhaltens und wie sie sich entwickeln

Wie nehmen die anderen meine Existenz wahr? Wie signalisieren mir die anderen meine Existenz? Diese zwei grundsätzlichen Fragen sind allgegenwärtig im gesamten ›Wach-Leben‹. Das Leben des Einzelnen ist ohne Beachtung und Wertschätzung vonseiten der anderen nicht möglich. Die von Eric Berne entwickelte Transaktionsanalyse[1] unterscheidet in diesem Zusammenhang vier Grundeinstellungen des Menschen:

- Ich bin nicht o. k. – Du bist o. k.
- Ich bin o. k. – Du bist nicht o. k.
- Ich bin nicht o. k. – Du bist nicht o. k.
- Ich bin o. k. – Du bist o. k.

Diese Grundeinstellungen werden oft schon in der Kindheit durch die Beachtung, die das Kind erhält, festgelegt. Die Beachtung durch andere ist ein Grundbedürfnis des Menschen. Aus seinem eigenen Lebensdrang und seinem Umgang mit den Botschaften seiner Umgebung bildet sich das Kind sehr früh eine Vorstellung über den Platz, den es im Verhältnis zu anderen Menschen einnimmt. Eine in den Jugendjahren gewonnene Grundeinstellung kann durchaus ein Leben lang einen Menschen prägen und sein Verhältnis zu seiner Mitwelt bestimmen. Wie anfangs zu sehen war, ist ein Mensch aber nicht ständig auf eine besondere Haltung festgelegt, sondern kann sie von Fall zu Fall wechseln. Die Grundeinstellung, nach der ein Mensch die meiste Zeit lebt, ist seine *Lebenshaltung*.

Die vier genannten Grundeinstellungen resultieren aus den Lebenserfahrungen, die uns helfen, mit anderen zurechtzukommen. Problemsituationen lassen sich allerdings am besten mit der Grundhaltung ›Ich bin o. k. – Du bist o. k.‹ meistern. Sie beinhaltet eine tiefe Übereinstimmung mit sich selbst und das ruhige Geltenlassen der anderen. Die Grundeinstellungen sind also nicht nur eine entwicklungsgeschichtlich bedingte Programmierung, sie haben auch im Hier und Jetzt eine besondere Bedeutung als typische Verhaltensmuster, als Grundprogramme des Verhaltens.

[1] Eric Berne hat seine Gedanken vor allem in ›Transactional Analysis in Psychotherapy‹, New York 1961, grundlegend – allerdings für ein wissenschaftliches Publikum – formuliert. Wer weiterführende Informationen zu diesem Thema wünscht, erfährt Wissenswertes auch in Fanita English: ›Es ging doch gut – was ging denn schief?‹. 6. Auflage. Gütersloh 1996.

Fanita English hat mit der von ihr entwickelten ›existenziellen Verhaltensmusteranalyse‹ wesentlich dazu beigetragen, die Grundprogramme aus der rein therapeutischen Anwendung herauszuführen und für das tägliche Leben nutzbar zu machen (vgl. S. 409, Anm. 1). Ihre Darstellung der Grundprogramme und entsprechenden Charaktertypen soll im Folgenden näher betrachtet werden.

Die Grundprogramme in der Hier-und-jetzt-Situation

Der untersichere Typ: ›Ich bin nicht o. k. – Du bist o. k.‹ Wer so denkt, fährt die Verlierer-Gewinner-Strategie. In seiner Wertschätzung orientiert er sich immer an anderen. Er reagiert eher auf sie, als dass er selbst die Initiative ergreift. Er orientiert sich an dem, was andere tun, und daraus leitet sich auch seine eigene Wertschätzung ab, die dadurch charakterisiert ist, dass er sich stets unterlegen fühlt. Man bezeichnet diesen Typ als ›untersicher‹. Er denkt, fühlt und handelt überwiegend aus der Position des *angepassten Kindes* heraus.

Der übersichere Typ: ›Ich bin o. k. – Du bist nicht o. k.‹ Wer so denkt, fährt die Gewinner-Verlierer-Strategie, d. h., er hat stets Recht, er hat die Sache im Griff, er weiß besser als andere, was richtig ist, er wirkt dominierend, er behandelt andere von oben herab, dies entweder schulmeisterlich, richterlich, wie ein Polizist oder fürsorglich und unterstützend. Diesen Charaktertyp bezeichnet man als ›übersicher‹. Seine bevorzugte Haltung: *fürsorgliches oder kritisches Eltern-Ich.*

Beide Typen nehmen ihre Umwelt nur durch die eigene ›Brille‹ wahr. Dies führt in vielen Fällen zu Aggressionen und Konflikten. Im Gegensatz dazu steht die Position des Realisten, d. h. des Menschen, der die anderen akzeptiert und der sich selbst genauso akzeptiert.

Der Depressive klagt: ›Ich bin nicht o. k. – Du bist nicht o. k.‹ Wenn diese Haltung im Extremfall solche Ausmaße annimmt, dass man ihr mit der in einem Unternehmen möglichen Kommunikation nicht mehr begegnen kann, dann ist ärztlicher oder psychiatrischer Rat erforderlich. Deshalb soll hier auch nicht weiter darauf eingegangen werden.

Der Realist sagt: ›Ich bin o. k. – Du bist o. k.‹ und verfolgt die Gewinner-Gewinner-Strategie. Auf einer Ebene der gegenseitigen Wertschätzung fühlt er sich o. k. und akzeptiert auch den anderen als o. k. Dadurch kann er Kritik ertragen, sich in die Lage des anderen versetzen, andere Meinungen gelten lassen. Dadurch ist er auch in der Lage, sich selbst realistisch einzustufen; er kann seine Situation nüchtern analysieren und Strategien entwickeln, nach denen er sein Leben meistern kann. Er kann seine Kraft ganz und gar dem Aufbau einer positiven und konstruktiven Dialogform widmen und hinsichtlich jeder Sachlage – ausgehend von Fakten, Analyse und Akzeptanz – adäquate Entscheidungen treffen.

Kurz gefasst bedeuten die für uns wichtigen Verhaltensmuster also: ›Untersicherheit‹ und ›Übersicherheit‹ sind instinktive Abwehrhaltungen, die die entsprechenden Charaktere in kritischen Situationen einnehmen. Beide gehen häufig auf (früh)kindliche Prägung zurück und sind zu einer Art zweiter Natur geworden. Der ›Untersichere‹ hat ›gelernt‹, dass es in einer schwierigen Lage am besten ist, sich zu verstecken, sich unsichtbar zu machen oder wegzugehen. Also wird er immer, wenn er unter Druck gerät, den Impuls verspüren ›Es ist das Beste, unsichtbar zu sein, sich zu verstecken oder wegzulaufen. Dann wird am wenigsten passieren.‹ Entsprechend umgekehrt ist die Schlussfolgerung beim ›Übersicheren‹. Dieser hat ›gelernt‹, dass es am besten ist, gleich selber die Initiative zu ergreifen und lieber ›auf andere einzuhauen‹ bzw. ›sich um sie zu kümmern‹, als ihnen ihrerseits die Chance der ersten Aktion zu geben oder sich allzu sehr analytisch mit ihnen zu beschäftigen. Da diese beiden Verhaltensmuster ohne bewusste Kontrolle gewählt werden, können sie auch nicht im Voraus geplant werden. Das führt dann häufig zu Enttäuschungen und Misserfolgen.

Der ›Realist‹ dagegen handelt nicht instinktiv, sondern nach bewusster Prüfung der Lage. Er hat die Situation ›im Griff‹ und erlebt sie gelassen. Dies setzt emotional das Akzeptieren des anderen voraus. Außerdem hat er die Möglichkeit, sich von innen heraus selbst zu steuern, und zwar nach der Leitlinie ›Je bewusster das eigene Verhalten ist, desto besser.‹ Dies erlaubt ihm ein konkretes Reagieren auf die jeweilige Situation. Drei Fragen bieten für die Umsetzung einer solchen Einstellung eine gute Orientierung:

- Wie fühle ich mich?
- Wie will ich mich fühlen?
- Was tue ich, um mich so zu fühlen, wie ich mich fühlen will?

Diese Orientierungshilfe erlaubt es im geschäftlichen Umfeld, sich dem situativen Führungsstil bzw. der situativen Konfliktbewältigung zu stellen, und weist in Richtung Selbstverantwortung, Innovation, Kreativität, Nutzen von Freiräumen, Herausfinden von Handlungsalternativen und Schaffen von Möglichkeiten selbstständiger Entscheidung.

Ichzustände als Schlüssel zur Persönlichkeit

Aus den Grundprogrammen lassen sich die Ichzustände ableiten. Die Ichzustände sind die Persönlichkeitsmerkmale, Verhaltens- oder Kommunikationsstile, die die Verhaltensmuster von ›innen nach außen bringen‹. Sie sind die Kanäle, über die sich die jeweiligen Verhaltensmuster ausdrücken. Die Ichzustände sind quasi das Handwerkszeug, das zur Verfügung steht, um mit den kommunikativen Anforderungen zurechtzukommen, die Verhaltensweisen der anderen zu erkennen und Gespräche zu steuern.

ICH

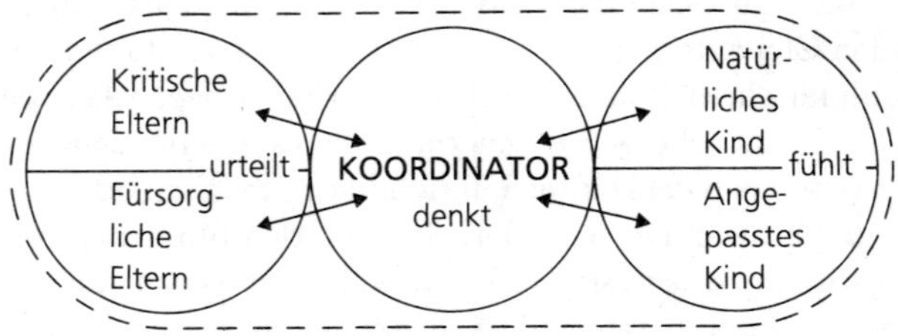

ELTERN-ICH

Kritische Eltern
- Normen, Gesetze
- Vorschriften
- Beurteilung
- Lob, Kritik, Tadel
- Antreiber

Fürsorgliche Eltern
- trösten
- unterstützen
- betreuen
- helfen
- Ratschläge
- Mitleid

Übersicher
›von oben herab‹

ERWACHSENEN-ICH

- kühl, nüchtern, logisch
- rational = bewusst
- Computer:
  sammelt Informationen, bewertet, selektiert
  und analysiert, trifft eine Entscheidung

Realist
rational

KIND-ICH

Natürliches Kind
- echte Gefühle
- Wut, Freude
- Liebe
- Spontaneität
- Neugier
- Kreativität
- impulsiv

Realist ›emotional‹

Angepasstes Kind
- lieb
- brav
- gehorsam
- schämen
- devot
- untertänig
- gelernte Gefühle

- rebellisch
- meckern
- motzen
- nörgeln
- trotzig

- manipulativ
- pfiffig
- schlau
- raffiniert
- listig
- kleiner Professor

Untersicher
›wartet auf Hilfe von oben‹

Die drei Ichzustände des Menschen

Die Ichzustände bestimmen in ihrer Eigenheit das Fühlen, Denken und äußere Verhalten einer Person. Die Transaktionsanalyse geht davon aus, dass jeder Mensch grundsätzlich *drei verschiedene* Gruppen von Persönlichkeitsmerkmalen bzw. Ichzuständen besitzt, von denen zwei noch einmal unterteilt werden.

Die Grundeinstellungen werden in der frühesten Kindheit geprägt, und zur gleichen Zeit entwickeln sich die Ichzustände. Wenn beispielsweise das *Eltern-Ich* (El-Ich) aktiv wird, agiert und reagiert man so, wie man es von den Eltern oder anderen Autoritätspersonen übernommen hat bzw. wie es einem aufgezwungen wurde: mit Normen, Regeln, Unterstützung, Hilfe, Förderung und Vorurteilen – je nach Lage der Dinge. Alle Wahrnehmungen aus dieser Zeit sind im El-Ich auf Dauer gespeichert, d. h. unauslöschbar. Dies gilt nicht nur für bestimmte sprachliche Verhaltensmuster; auch Gestik, Mimik und Tonfall wurden mitgespeichert.

Alle Ichzustände sind generell in jedem Menschen vorhanden, allerdings mit unterschiedlicher Ausprägung. Man kann sagen, dass alle Ichzustände wie Energiezentralen grundsätzlich betriebsbereit sind, dass aber bestimmte Ichzustände vorzugsweise eingeschaltet, andere vorzugsweise ausgeschaltet werden.

Das kritische Eltern-Ich (krEl-Ich) beurteilt, schimpft, befiehlt, kritisiert, lehnt ab, verbietet, moralisiert, verallgemeinert, bestraft, klagt an, korrigiert ›von oben herab‹.

Charakteristische Äußerungen des krEl-Ichs sind u. a.:
- Das gehört sich nicht!
- Sie müssen besser aufpassen!
- Was haben Sie sich eigentlich dabei gedacht?
- Das habe ich Ihnen ja gleich gesagt!
- Es ist hoffnungslos mit Ihnen!
- Vergessen Sie niemals, dass ...
- Jetzt hören Sie mal zu!
- Wie oft soll ich Ihnen das noch sagen?
- Merken Sie sich das!

Das fürsorgliche Eltern-Ich (fürEl-Ich) beruhigt, hilft, berät, tröstet, ermutigt, hat Geduld, unterstützt, beschützt, pflegt, fördert, bemuttert, ist väterlich.

Charakteristische Äußerungen sind u. a.:
- Sie schaffen das schon
- Ist doch nur halb so schlimm
- Ich mache das schon für dich
- Mach dir keine Sorgen
- Gut gemacht!
- Sie dürfen nicht gleich aufgeben!

Das Erwachsenen-Ich (Er-Ich) arbeitet nüchtern und sachlich wie ein Computer und lässt sich nicht von Gefühlen und Stimmungsschwankungen leiten.

Folgende Verhaltensweisen sind für das Er-Ich charakteristisch:
- Es sammelt Fakten und beschafft Informationen
- Es stellt sachliche Fragen
- Es prüft und vergleicht
- Es bearbeitet Aufgaben und Probleme rational
- Es bewertet objektiv und wägt ab
- Es klammert Gefühle und Stimmungen aus
- Es äußert sich wertfrei
- Es bezieht andere in seine Überlegungen ein
- Es ist entscheidungsfreudig

Das natürliche Kind-Ich (naK-Ich) agiert und reagiert dagegen impulsiv, spontan, neugierig, kreativ, egoistisch, lustig, aggressiv, begeistert, ausgelassen, wütend und kümmert sich nicht um die Reaktionen anderer; es handelt unbefangen und lässt seinen Gefühlen freien Lauf.

Charakteristische Äußerungen des naK-Ichs sind z. B.:
- Ist ja großartig!
- Finde ich prima!
- Juchhu!
- Immer ich!
- Verdammt noch mal!
- Und was ist da drin?
- Ich liebe dich!
- Tolle Idee!

Das angepasste Kind-Ich (anK-Ich) agiert und reagiert unsicher, zaudernd, schuldbewusst, ängstlich, hilflos, trotzig, klagend, unauffällig; es gibt zu schnell auf, lehnt Verantwortung ab, gerät leicht in Verzweiflung, wartet auf Hilfe von oben, richtet sich in seiner Meinung und Initiative nach anderen aus und ordnet sich anderen unter.

Charakteristische Äußerungen des anK-Ichs sind z. B.:
- Ganz wie du willst
- Mir doch egal
- Ich kanns ja mal versuchen
- Ist es dir auch recht so?
- Soll ich wirklich?
- Ich will aber nicht!

Die Erkenntnisse über die verschiedenen Persönlichkeitsstrukturen lassen sich bei der Beobachtung sowohl des eigenen Verhaltens als auch des Verhaltens der Mitmenschen im beruflichen und privaten Alltag anwenden. Es ist jedoch nicht immer ganz einfach, festzustellen, aus welchem Ichzustand heraus eine Äußerung erfolgt. Der Empfänger einer Botschaft weiß manchmal nicht, wie er auf sie reagieren soll, und muss sich erst einmal fragen: ›War das jetzt so gemeint, wie es formuliert war, oder steckt etwas ganz anderes dahinter?‹ Deshalb sind unklare oder undurchsichtige Äußerungen oft die Ursache von Missverständnissen und Streitigkeiten. Doch es zählt nicht, was jemand *sagen will,* sondern das, was beim anderen *ankommt.* Man soll deshalb nie nur auf das gesprochene Wort achten, sondern auch darauf, wie etwas gesagt wird. Stimme und Tonfall, Gestik und Mimik sind hierbei wichtige Signalträger.

Körpersprache

Wer redet, will mitteilen oder fragen, zustimmen oder ablehnen, klären oder vertuschen, beschwichtigen oder herausfordern. Wortwahl und Tonfall sollen die erwünschte Wirkung verstärken. Die Unterschiede zwischen Aufrichtigkeit und Unaufrichtigkeit sind dabei nicht immer erkennbar.

Zusätzliche Klarheit darüber, wie eine Aussage gemeint ist, vermittelt die Körpersprache. Sie ist zentraler Bestandteil der Kommunikation. Kleidung, Kosmetik und Schmuck gehören zur Signalkultur und lassen die Grundeinstellung einer Person erkennen; Mimik, Gestik und Körperhaltung vermitteln Augenblicksempfindungen wie Sympathie oder Antipathie, Interesse oder Desinteresse. Mimik und Gestik können aber auch Fassade sein. Das aufgesetzte Lächeln und der übertriebene Diener sind in unserem Kulturkreis keine Beweise für Freude und Respekt, sondern Indizien für Täuschung und Berechnung. Deshalb sind emotionale Reaktionen besonders aufschlussreich, weil sie – verstandesmäßiger Kontrolle entglitten – echt sind. Erröten ist hierfür ein Beispiel. Bewegungen sind oft ehrlicher als Bemerkungen.

Es gibt undifferenzierte und verabsolutierende Deutungen nonverbaler (nichtsprachlicher) Merkmale, die zu Missverständnissen führen und Fehlverhalten auslösen können. Bewegungen haben fast immer auch ›Beweggründe‹, die es erst einmal zu erkennen gilt. Wer auf die Uhr sieht, kann Desinteresse, aber auch Fürsorge für andere haben. In Schablonen zu denken ist oberflächlich, und nach einem vorgefertigten Raster zu handeln unzulänglich. Nur die Bewertung der Gesamtsituation – Stand der Beziehung, Umstände der Begegnung, hierarchische Gegebenheiten sowie kulturelle und soziale Besonderheiten – ermöglichen zutreffende Wertungen.

Wichtige Segmente richtigen Verhaltens im Sekretariat sind Selbstverständnis und Selbstbewusstsein. Sie ermöglichen Selbstbestimmung und verleihen Souveränität und Sicherheit, Faktoren, die ihrerseits die nötige Souveränität zur Bewertung der Gesamtsituation schaffen können.

Nachstehend einige Beispiele dafür, wie unterschiedlich man ein und dasselbe Verhalten deuten kann:

Verhalten	Bedeutung negativ	 positiv
körperlicher Abstand	Angst Unbehagen Arroganz Unsicherheit Distanzierung	Respekt Demut Anpassung Vorsicht Diplomatie
körperliche Nähe	Aggression Missachtung Anbiederung Lüsternheit	Sympathie Vertrautheit Wohlwollen Brückenschlag
steife Körperhaltung	Verkrampfung Angst Reserviertheit	Korrektheit Disziplin Respekt
gelöste Körperhaltung	Provokation Respektlosigkeit Anbiederung Flapsigkeit	Harmonie Zufriedenheit Sicherheit Selbstbewusstsein
lachendes Gesicht	Maske Ritual	Freundlichkeit Herzlichkeit
ernstes Gesicht	Ablehnung Reserviertheit Verärgerung	Sachlichkeit Respekt Konzentration
Kopf gesenkt	Trotz Beschämung Unsicherheit Traurigkeit Verzweiflung Schlaffheit	Konzentration Ehrfurcht Respekt Abwehr Neutralisierung Vorsicht
Kopf erhoben	Trotz Aggression Provokation	Triumph Aufmerksamkeit Aktivität
fehlender Augenkontakt	Unsicherheit Desinteresse	Rücksichtnahme Konzentration
vorhandener Augenkontakt	Zurechtweisung Aufdringlichkeit Aggression	Höflichkeit Aktivität Beobachtung

Verhalten	Bedeutung negativ	positiv
Arme verschränkt	Angst Aggression Ablehnung Unsicherheit	Stärke Dominanz Gemütlichkeit Zufriedenheit
Armhaltung lässig	Missachtung Herausforderung	Entspannung Souveränität
Hände still	Hölzernheit	Beherrschung
Hände unruhig	Nervosität Ungeduld	Temperament Aktivität
Füße ruhig	Hölzernheit Sturheit	Beherrschung Selbstbewusstsein
Füße unruhig	Nervosität Ungeduld Angst	Temperament Aktivität Begeisterung
Brille auf- und absetzen	Nervosität Koketterie	Aktivität Aufmerksamkeit
an Ohr, Nase, Mund, Kinn oder Hals fassen	schlechtes Gewissen Verlegenheit	Gedankenproduktion Nachdenklichkeit Zeitgewinn
Berührung	Bedrängung Bedrohung Respektlosigkeit Lüsternheit	Freundschaftsgeste Vertrauensbeweis Sympathie Schutzbedürfnis
auf die Uhr sehen	Nervosität Unruhe Desinteresse	Kontrolle Disposition Fürsorge

Konfliktbewältigung

Wenn ›die Chemie stimmt‹, sind sich Menschen sympathisch. Man geht aufeinander zu, nicht los, nimmt Rücksicht und zeigt Verständnis. Bei Meinungsverschiedenheiten bleibt man tolerant, im Streit fair und um Harmonie bemüht. Das alles funktioniert, niemand muss sich Zwängen beugen. Man *er*trägt sich nicht, man *ver*trägt sich.

Diese Konstellation ist zwischen Sekretärin und Chef die entscheidende Grundlage für eine effiziente, auf gegenseitiger Achtung beruhende Zusammenarbeit. Da solche idealen Voraussetzungen nicht immer gegeben sind und der Chef nicht der einzige betriebliche Bezugspunkt für die Sekretärin ist, sind oft Spannungen und Konflikte vorprogrammiert, die aber mithilfe fundierter Menschenkenntnis und richtiger Menschenbehandlung gemildert oder gelöst werden können. Zunächst müssen immer die Konfliktursachen geklärt werden, dann kann man daran gehen, Konfliktpunkte abzubauen, wobei sich die Maßnahmen oder Verhaltensänderungen sehr stark danach richten, ob man selbst den Konflikt wesentlich mitverursacht hat oder ob man im Wesentlichen dem Konflikt nur ausgesetzt ist. Allerdings darf man sich über eines nicht hinwegtäuschen: Zu einem Konflikt gehören immer zwei, und die Frage, wer angefangen hat, führt in der Regel nicht zu seiner Lösung. Bei gravierenderen Problemen hilft oft ein offenes Gespräch entscheidend weiter.

Gründe für Konflikte	Was ist dagegen zu tun?	
	Verursachende	Betroffene
1. Einseitige oder auf Gegenseitigkeit beruhende Abneigung	Notwendige Kontakte nur auf der Sachebene handhaben, Vorurteile abbauen	Selbstkritisch eigenes Verhalten überprüfen. Nicht provozieren lassen. Eventuelle Missverständnisse klären
2. Neid wegen		
– Anerkennung	Überheblichkeit vermeiden	Gründe für eigene Anerkennung durch Verhaltensänderung und Leistungssteigerung schaffen
– Ansehen	Neider durch freundlichen Umgang aufwerten	Siehe oben
– Beförderung	Siehe oben	Durch Aussprache mit Vorgesetzten Klarheit schaffen; bei Zurücksetzung evtl. in eine andere Abteilung wechseln
– Einfluss	Nicht missbrauchen	Für sich das Beste daraus machen

	Verursachende	Betroffene
– Wissen und Können	Andere daran teilhaben lassen	Nacheifern
– Kleidung	Übertreibungen vermeiden	Aus eigenen Möglichkeiten das Beste machen, eigene Akzente setzen
– Schmuck	Siehe oben	Siehe oben, eventuell antizyklisch (jeweils gegenteilig) verhalten
– Besitz	Nicht damit angeben	Eigene Vorteile bewusst machen
– Aussehen	Durch ein angenehmes Wesen Sympathie gewinnen	Siehe oben
– Glück	Die Vergänglichkeit vor Augen führen, Verständnis für andere haben	Positiv denken, Unzufriedenheit bekämpfen
3. Verärgerung, Gründe im Einzelnen:		
– Unbeherrschtheit	Sich entschuldigen und Emotionen zügeln	Betroffenheit äußern und Grenzen deutlich machen
– Bevorzugung	Zurückweisen	Eigene Rechte wahren, Gleichbehandlung fordern
– Ungerechtigkeit	Korrigieren und künftig vermeiden	Siehe oben
– Schikane	Als Unrecht erkennen und unterlassen	Zurückweisen, evtl. Vorgesetzte oder Betriebsrat kontaktieren
– Hinterlist	Siehe oben	Entlarven; auflaufen lassen
– Kränkung	Entschuldigen, Aussprache suchen	Angelegenheit klären, Entschuldigung annehmen
– Arroganz	An die Nachteile denken und abbauen	Ignorieren oder Verhalten darauf einstellen
– Unzuverlässigkeit	Schnell abgewöhnen	Auf verursachten Schaden und Konsequenzen hinweisen
– Faulheit	Siehe oben	Sich nicht missbrauchen lassen, auf Pflichterfüllung hinweisen
– Überforderung	Begründen, motivieren, fördern oder Aufgaben neu festlegen	Situation besprechen, Wünsche vortragen
– Unterforderung	Mehr Arbeit, größere Verantwortung übertragen	Können und Leistungsbereitschaft deutlich machen

	Verursachende	Betroffene
– Unklare Zuständigkeiten	Verantwortung und Vollmachten festlegen	Verantwortung und Vollmachten klären
– Mangelnder Informationsfluss	Missstände besprechen, künftige Vorgehensweise festlegen	Nachteile aufzeigen, Verbesserungsvorschläge machen
– Räumliche Unzulänglichkeiten	Aus den Gegebenheiten das Beste machen, um Abhilfe bemüht sein	Sich arrangieren, organisatorische Optimierungen durchdenken und realisieren (gleitende Arbeitszeit, Arbeiten zu Hause erledigen o. Ä.)

Missstände beseitigen oder besser noch vermeiden zu helfen – das ist ein wichtiger Beitrag zu einer positiven Konfliktkultur. Dabei ist stets Folgendes zu überlegen:

- Was will ich erreichen?
- Wie erreiche ich es am besten?
- Wer ist davon betroffen?
- Auf wen kann ich mich stützen?
- Wie werden die Reaktionen sein?
- Mit wem muss ich sprechen?
- Welche Unterstützung habe ich?
- Was ist situativ zu beachten?
- Wie bereite ich mich vor?
- Wo soll das Gespräch stattfinden?
- Wann ist der beste Zeitpunkt?

Mit Menschenkenntnis, Einfühlungsvermögen und einiger Erfahrung im Umgang mit anderen lassen sich dann die meisten Konflikte lösen. Wer ethische Grundsätze hat, tolerant denkt, flexibel handelt, Erfahrungen nutzt, aus Fehlern lernt, Traditionen achtet, andere gelten lässt, Neuem aufgeschlossen gegenübersteht, Zuverlässigkeit für eine Tugend hält, wird schwierige Probleme bewältigen, anspruchsvolle Ziele erreichen und mit seinen Mitmenschen auskommen.

Wie man mit Einfühlungsvermögen und Taktgefühl Konflikte vermeiden kann, lässt sich gut am Beispiel des Umgangs mit der Ehefrau des Chefs illustrieren. Das bündige Rezept dafür lautet: distanzierter Kontakt, d.h., zwischen der Frau des Chefs und seiner Sekretärin sollte ein Kontakt bestehen, aber wie bei allen Kontakten im Sekretariat mit Wahrung einer gewissen Distanz.

Mit welchen ›Typen‹ von Ehefrauen muss die Sekretärin umgehen können? Wir unterscheiden

- die Bescheidene, Zurückhaltende
- die Exzentrische
- die Dominierende
- die Eifersüchtige
- die Neidische
- die Streitsüchtige
- die Arrogante

Bis auf die Bescheidene sind sie alle schwierig. Wie aber verhält man sich den anderen Charakteren gegenüber?

Die Exzentrische: Bei ihr gilt es, ruhig zuzuhören, niemals Kritik zu üben und stets sachlich-distanziert und freundlich zu reagieren.

Die Dominierende: Sie will die Chefin spielen und gibt Befehle. Auch hier heißt es ruhig zuhören und sachlich erklären, warum man ihre Anweisung nicht ausführen kann (andere Aufgaben, Zeitdruck usw.). Kommt dergleichen jedoch öfter vor, sollte die betroffene Sekretärin mit ihrem Chef klären, wie sie sich verhalten soll.

Die Eifersüchtige: Meist ist kein Grund zur Eifersucht gegeben, doch ist sie insofern verständlich, als die Sekretärin mit ihrem Chef täglich meist länger zusammen ist als die Ehefrau mit ihrem Ehemann. Wenn Chef und Sekretärin verreisen, schöne Orte, elegante Hotels besuchen und er sich von unterwegs nicht telefonisch meldet, dann kann es leicht zu Misstrauen und Neid kommen, vor allem, wenn sich seine Frau zu Hause mit ihren Alltagssorgen allein gelassen fühlt. Die Sekretärin sollte sich die Frau des Chefs zur Verbündeten machen und sie ausreichend informieren; Voraussetzung ist allerdings meistens die Zustimmung des Vorgesetzten. Wenn er beispielsweise später nach Hause kommt, sollte seine Frau informiert werden. Wenn er auf Reisen ist, sollte sie möglichst eine Kopie des Reiseplans erhalten. Die Sekretärin kann die Ehefrau fragen, was die Abteilung ihm zum Geburtstag schenken könnte. Oder wenn der Chef zu einem Empfang eingeladen ist, kann die Sekretärin seine Frau darauf hinweisen, damit sie weiß, warum er an dem Tag den dunklen Anzug wählt. Zu alledem gehört viel Taktgefühl.

Die Neidische: Aus der Sicht der Ehefrau ist ein wenig Neid verständlich. Sie besitzt, sofern sie ›nur‹ Hausfrau ist, keine große (gesellschaftliche) Anerkennung, muss putzen, kochen, die Kinder versorgen, häusliche Alltagsprobleme lösen, und abends kommt der Mann erschöpft nach Hause, will seine Ruhe haben oder bringt noch Arbeit oder Gäste mit. Sie sieht die Sekretärin gepflegt und elegant gekleidet, sieht, dass sie Anerkennung bekommt, sich die Finger nicht schmutzig macht, um 17.00 Uhr Feierabend hat usw. Sie weiß oft *nicht,*

- dass der Sekretärinnenberuf auch seine Schattenseiten hat
- dass nicht immer Anerkennung der Lohn ist
- dass die Sekretärin eher als Angestellte denn als ›Dame‹ gesehen wird

- dass sie oft harte, ja, ungerechte Kritik und Launen ertragen muss
- dass nicht alle Arbeiten angenehm sind
- dass auch sie bedienen und Geschirr spülen muss
- dass auch sie sich die Finger schmutzig macht und
- dass stets viel Hektik herrscht

Vielleicht wäre hier ein Erfahrungsaustausch sinnvoll, aus dem die Ehefrau erkennen kann, dass beide Berufe – der der Hausfrau und Mutter und der der Sekretärin – zwei Seiten haben.

Die Streitsüchtige: Hier kommen Dominanzstreben, Neid und Eifersucht zusammen. Das Beste ist: Man lässt sich nicht provozieren, bleibt ruhig, schweigt und schluckt.

Die Arrogante: Sie will zumeist der Sekretärin zeigen, wer das Sagen hat. Distanz zu halten und freundlich, aber bestimmt zu reagieren, ist meist das Günstigste.

Es ist also sinnvoll, alles zu vermeiden, was auch nur den Anschein erweckt, die Ehefrau sei nur eine Randerscheinung. Hilfsbereitschaft, Information, Verständnis sind die besten Helfer im Umgang mit der Frau des Chefs.

Das Zusammenspiel von Sekretärin und Chef

Eine Sekretärin ist normalerweise die engste Mitarbeiterin ihrer Führungskraft. Aus dieser unmittelbaren Nähe resultieren für sie eine Reihe besonderer Verpflichtungen, die sie niemals aus den Augen verlieren sollte und denen sie tagtäglich Rechnung tragen muss, da diese die Voraussetzung für ein gutes und erfolgreiches Zusammenarbeiten bilden. Zu diesen Verpflichtungen zählen absolute Diskretion und Loyalität. Diese sind die Basis für ein wechselseitiges Vertrauensverhältnis. Um dieses zu erlangen, muss man zuvor oftmals schwierige und langwierige Lernprozesse durchlaufen, bei denen es in der Regel auch Probleme gibt. Man lernt sich kennen, man lernt auch die Fehler, Schwächen und Stärken des anderen kennen und akzeptieren sowie mit beiden umzugehen. Dieser Prozess des Kennenlernens und der Vertrauensentwicklung ist oft nach Jahren noch nicht ganz abgeschlossen. Er sollte immer auf die Ausbildung einer echten Partnerschaft zielen.

Neben Belastbarkeit, Engagement und über das normale Maß hinausgehender Motivation und Einsatzbereitschaft sollte eine Sekretärin aus den genannten Gründen auch Ausdauer, Konstanz und Durchsetzungsvermögen haben. Das Vertrauen, das Sich-aufeinander-verlassen-Können, aber auch das erforderliche Fachwissen und ihre berufliche Qualifikation lassen eine Sekre-

Womit Chefs Sekretärinnen ärgern

	Kommunt vor ja	nein	Konsequenzen
1. Unverständnis für Arbeitsabläufe	☐	☐	______
2. Überlastung/Überforderung	☐	☐	______
3. Unkorrektheit	☐	☐	______
4. Ungerechtigkeit	☐	☐	______
5. Mangelnde Anerkennung	☐	☐	______
6. Unausgeglichenheit	☐	☐	______
7. Einmischung in private Angelegenheiten	☐	☐	______
8. Ungepflegtheit	☐	☐	______
9. Mangelnde Förderung	☐	☐	______
10. Knauserigkeit	☐	☐	______

Womit Sekretärinnen Chefs ärgern

	Kommt vor ja	nein	Konsequenzen
1. Unklare Auskünfte	☐	☐	______
2. Unvollständige Unterlagen	☐	☐	______
3. Mangelnde Sorgfalt	☐	☐	______
4. Unpünktlichkeit	☐	☐	______
5. Verpatzte Termine	☐	☐	______
6. Launenhaftigkeit	☐	☐	______
7. Indiskretion	☐	☐	______
8. Eigenmächtigkeit	☐	☐	______
9. Unselbstständigkeit	☐	☐	______
10. Illoyalität	☐	☐	______

tärin zu einer zwar nicht unersetzlichen, aber unentbehrlichen Stütze ihrer Führungskraft werden. Sie hilft dem Vorgesetzten, Belastungen und Krisensituationen zu überstehen und muss darüber hinaus gelegentlich auch die Funktion eines ›Blitzableiters‹ übernehmen. Dann tut ein gesundes Maß an Selbstbewusstsein Not.

Eine Sekretärin muss auch den Mut und die Bereitschaft dazu haben, Kritik anzubringen oder Ratschläge zu erteilen, wenn es erforderlich ist. Die Funktion der Führungskraft begründet nicht automatisch einen Anspruch auf Allwissenheit. Ein selbstbewusster Chef wird berechtigte, in sachlicher Form angebrachte Kritik zu schätzen wissen; ewige ›Jasager‹ sind ihm keine Hilfe. Diplomatisches Geschick, Fingerspitzengefühl und Takt sind dabei jedoch oberstes Gebot.

18 Anregungen für einen Vorgesetzten

1. Überlassen Sie Ihrer Sekretärin die Aufgaben, die ihre Sache sind!
2. Verfahren Sie nicht nach dem Grundsatz: Wer mehr Geld verdient, hat Recht!
3. Wenn Sie früher als Ihre Sekretärin im Büro sind, überlassen Sie das Öffnen der Post ihr, damit sie den Überblick behält.
4. Wenn Sie Ihr Büro verlassen, sagen Sie Ihrer Sekretärin, wo Sie zu erreichen sind und/oder wann Sie voraussichtlich zurück sein werden.
5. Vereinbaren Sie keine Termine, ohne die Sekretärin zu informieren!
6. Vergraben Sie Unterlagen nicht auf oder gar in Ihrem Schreibtisch, schon gar nicht in Ihrer Aktentasche!
7. Geben Sie Akten/Unterlagen nicht aus der Hand, ohne ihr gesagt zu haben, wem Sie sie überlassen haben. Mit einem späteren Vorwurf, sie habe sie verlegt, würden Sie sich ins Unrecht setzen.
8. Korrigieren Sie Originalschreiben nicht handschriftlich, wenn es sich um geringfügige Berichtigungen handelt, die mit der Maschine/dem Textautomaten ausgeführt werden können.
9. Sagen Sie Ihrer Sekretärin möglichst rechtzeitig, wenn Überstunden nötig werden!
10. Überdenken Sie Vorschläge Ihrer Sekretärin hinsichtlich schnellerer und wirksamerer Arbeitsmethoden und setzen Sie sie in die Praxis um!
11. Ersticken Sie nicht jede Initiative, jedes selbstständige Handeln im Keim, nur weil der Auftrag, der Vorschlag, die Idee nicht von Ihnen selbst kam.
12. Informieren Sie Ihre Sekretärin so umfassend wie möglich!
13. Steigern Sie die Forderungen an die geistige Kapazität Ihrer Sekretärin – sehr wahrscheinlich werden Sie auf bisher verborgene Leistungsreserven stoßen!
14. Erkennen Sie die Leistungen Ihrer Sekretärin hin und wieder durch ein freundliches Wort an!
15. Kritisieren Sie – wenn notwendig – Ihre Sekretärin nur unter vier Augen, sachlich, höflich, konstruktiv!
16. Vertrauen Sie Ihrer Sekretärin!
17. Bieten Sie Ihrer Sekretärin Weiterbildungs- und Aufstiegsmöglichkeiten!
18. Sehen Sie in Ihrer Sekretärin die berufliche Partnerin, das Mitglied eines Teams!

Diese Fähigkeiten muss eine gute Sekretärin auch beim Umgang mit Mitarbeitern an den Tag legen. Ein freundliches, entgegenkommendes Wort beim Delegieren von Arbeiten oder ein nettes ›Dankeschön‹ werden immer positiv beurteilt. Darüber hinaus ist es auch erforderlich, Diskretion gegenüber den Mitarbeitern zu wahren. Eine erfahrene Sekretärin wird in der Lage sein, sachliche Informationen von ›Geschwätz‹ zu unterscheiden, und auch genau wissen, welche Informationen an die Führungskraft weitergegeben werden müssen, weil sie für die unternehmerische Zielsetzung von Nutzen sind, und welche vertraulich zu behandeln sind.

Eine Sekretärin kann ihr Sekretariat immer dann zu einer gut funktionierenden Schaltstelle im Unternehmen machen, wenn sie neben dem bereits Er-

16 Ratschläge für Sekretärinnen zur Verbesserung ihrer Überzeugungskraft

1. Identifizieren Sie sich mit Ihrer Arbeit und ›Ihrem‹ Betrieb!
2. Sie müssen selbst von Ihren Ideen überzeugt sein!
3. Haben Sie ein gesundes Selbstbewusstsein!
4. Haben Sie Mut, Dinge zu ändern, die zu ändern sind!
5. Haben Sie aber auch die Einsicht, dass einiges nicht zu ändern ist!
6. Schulen Sie sich ständig in der Gesprächsführung, z. B. durch Rollenspiele im Freundeskreis oder mit Kolleginnen!
7. Sammeln Sie im Streitfall Argumente (Fakten, Zahlen usw.) und tragen Sie sie angemessen vor!
8. Bringen Sie nicht gleich zu Beginn des Gesprächs alle Argumente!
9. Bereiten Sie sich auf Gegenargumente und ›Killerphrasen‹ vor!
10. Erkennen Sie die Bedürfnisse Ihres Chefs!
11. Stellen Sie beim Argumentieren seine Vorteile in den Vordergrund!
12. Hören Sie aktiv zu!
13. Suchen Sie sich Mitstreiter!
14. Resignieren Sie nicht zu schnell, wenn Ihr erster Überzeugungsversuch nicht den gewünschten Erfolg hat!
15. Fragen Sie sich kritisch: Was hätte ich anders machen sollen?
16. Überzeugen Sie durch Leistung!

wähnten Charakterstärke und eine positive Einstellung zum Leben im Allgemeinen sowie zu ihrem Beruf im Besonderen hat und so ihre Arbeit mit Freude und Zufriedenheit erfüllt.

Die Zusammenarbeit zwischen einer Sekretärin und ihrem Chef verläuft aber auch dann nicht immer zur allseitigen Zufriedenheit. So fühlen sich Sekretärinnen oft als Mensch und Mitarbeiterin nicht genügend akzeptiert und gewürdigt; Chefs bemängeln beispielsweise, dass ihnen nicht so schnell, reibungslos und umfassend zugearbeitet wird, wie sie sich dies wünschen. Häufig sind es Kleinigkeiten im täglichen Umgang miteinander, wie z. B. bestimmte persönliche Verhaltensweisen, die sich im Laufe der Zeit zu grundsätzlicheren Kritikpunkten verfestigen und, wenn sie nicht irgendwann einmal ausgeräumt werden, in einen schwelenden Konflikt münden, der auf Dauer die Arbeitsfreude und Effizienz sehr mindert.

Ist es schon so weit gekommen, sollte man versuchen, ein klärendes Gespräch herbeizuführen. Doch scheitern solche Gespräche oft schon im Ansatz, weil die Sekretärin befürchtet, nicht die richtigen Argumente zur Hand zu haben. Darum sollte sie sich gut darauf vorbereiten, indem sie aufschreibt, was sie stört oder gar ärgert, und sich gleichzeitig Gedanken darüber macht, wie man die Dinge ändern könnte. Sie sollte auch versuchen, sich in die Rolle ihres Chefs zu versetzen, und sich fragen, was ihn an ihr stören könnte und vielleicht tatsächlich kritikwürdig ist, und auch dafür mögliche Verbesserungsvorschläge bereithalten. Damit ist sie bereits auf Argumente ihres Chefs vorbereitet und kann ihm im entsprechenden Fall den Wind aus den Segeln nehmen. Wie eine solche Bestandsaufnahme aussehen könnte, zeigt die Aufstellung auf S. 423.

Viele Konflikte brauchten gar nicht erst zu entstehen, wenn Sekretärin und Chef bei ihrer Zusammenarbeit einige Grundregeln beherzigten. Die Ratschläge auf den beiden Vorseiten für die Sekretärin und für den Chef sind nicht nur eine Anleitung zur Konfliktvermeidung, sondern vielmehr zur Optimierung der Zusammenarbeit.

DIE NEUREGELUNG
DER RECHTSCHREIBUNG

Allgemeines

Auf der Orthographiekonferenz vom 22. bis zum 24. November 1994 in Wien verständigten sich die Vertreter der deutschsprachigen Länder über eine Neuregelung der deutschen Rechtschreibung. Diese Neuregelung bewirkt einige Veränderungen für unser Schreiben und Lesen – Veränderungen, die hoffentlich von vielen als Verbesserungen erlebt werden können. Allerdings (und das wird die einen ebenso beruhigen, wie es die anderen enttäuschen wird): Tief greifende Veränderungen bringt die Neuregelung nicht. Unsere Rechtschreibung ist historisch gewachsen, Eingriffe in das Ergebnis solcher Wachstumsprozesse brauchen Augenmaß und Behutsamkeit. Immerhin lässt sich sagen, dass mit den Beschlüssen zur Neuregelung unserer Rechtschreibung ein Weg beschritten worden ist, der das Schreiben in bestimmten Bereichen erleichtern wird, ohne das vertraute Schriftbild wesentlich zu verändern und die Lesbarkeit der Texte zu beeinträchtigen.

Im Folgenden soll in einem ersten Schritt auf eine Reihe von Fragen eingegangen werden, die sich im Zusammenhang mit einer Neuregelung ergeben haben; in einem zweiten Schritt werden die Veränderungen skizziert, die die Neuregelung bringt. Daran schließt sich ein Ausblick auf die Durchsetzung der Neuregelung und die Umstellungszeit an.

Fragen im Zusammenhang mit der Neuregelung

Jede Veränderung schafft zunächst einmal Unruhe, zwingt zur Überprüfung hilfreich gewordener Routinen, wirft Fragen auf. Um Antworten auf solche Fragen geht es im Folgenden.

Wozu überhaupt eine Neuregelung für unsere Rechtschreibung?

Die deutsche Rechtschreibung hat sich über Jahrhunderte hinweg entwickelt, nicht regellos, aber auch nicht einem systematischen Konzept folgend. Einheitlichkeit in der Schreibung gibt es im deutschen Sprachraum erst seit der Rechtschreibkonferenz von 1901 bzw. seit der an sie anschließenden amtlichen Regelung der Schreibung durch die Regierungen Deutschlands, Österreichs und der Schweiz im Jahre 1902. Diese Einheitlichkeit, die heute weitgehend durch den Duden (Band 1: Rechtschreibung der deutschen Sprache), in Österreich auch durch das Österreichische Wörterbuch gesichert wird, ist 1901 über Kompromisse unter konkurrierenden Regelungen und Schreibvarianten zustande gekommen – oft auf Kosten von Systematik und Einfachheit. Und manches, was an Entscheidungen in der Zeit danach (vor allem durch Einzelfallregelungen) hinzugekommen ist, hat die Erlernbarkeit der Rechtschreibung eher erschwert als erleichtert. Man schreibt nach der herkömmlichen Regelung zum Beispiel *als Ganzes gesehen,* aber *im ganzen gesehen,* oder *beim Bisherigen bleiben,* aber *beim alten bleiben.* Wir trennen zum Beispiel *Metall-urg,* aber *Drama-turg.* In dem Satz *Ich versuchte(,) das Gerät zu reparieren* kann ein Komma gesetzt werden, in dem Satz *Ich habe versucht, das Gerät zu reparieren* ist das Komma obligatorisch, in dem Satz *Ich habe das Gerät zu reparieren versucht* darf dagegen kein Komma stehen. Wie die Dinge liegen, sind selbst geübte Schreiber nicht immer in der Lage, allen Feinheiten der deutschen Rechtschreibregelung gerecht zu werden. Hier liegt der Grund dafür, dass in angemessenen Abständen versucht werden muss, Systematisierungen vorzunehmen und das Regelwerk überschaubarer und leichter handhabbar zu machen.

In wessen Auftrag wurde an einer Reform gearbeitet?

Nach Einführung der einheitlichen Rechtschreibung im deutschen Sprachraum 1902 hat es immer wieder Versuche gegeben, die Einheitsschreibung zu verbessern – im Durchschnitt *einen* pro Jahr; keiner von ihnen war erfolgreich. Die jetzt vorgelegte Neuregelung wurde in den 70er-Jahren durch Arbeitskreise in Berlin/Rostock und in Mannheim vorbereitet. Die Arbeit erfuhr Unterstützung auf der politischen Ebene: Zwei Konferenzen, zu denen die österreichische Bundesregierung eingeladen hat und auf denen Vertreter aus fast allen Gebieten, in denen Deutsch gesprochen wird, zusammengekommen sind, waren hier von besonderer Bedeutung: die ›1. Wiener Gespräche‹ von 1986 und die ›2. Wiener Gespräche‹ von 1990.

Die wichtigsten Ergebnisse der ersten Konferenz von 1986 fasst die Abschlusserklärung folgendermaßen zusammen:

> Grundsätzliches Einvernehmen wurde darüber erzielt, die auf der Orthographischen Konferenz von 1901 in Berlin erreichte einheitliche Regelung der deutschen Rechtschreibung den heutigen Erfordernissen anzupassen. Insbesondere geht es darum, die in vielen Teilbereichen der Rechtschreibung im Laufe der Zeit kompliziert gewordenen Regeln zu vereinfachen. Die Teilnehmer würdigten die umfangreichen wissenschaftlichen Arbeiten in nationalen und internationalen Gruppen und bestärkten die Wissenschaftler in ihrer Absicht, in der bisherigen Weise fortzufahren.

Der 1986 eingeschlagene Weg wurde von der 2. internationalen Konferenz (1990) bestätigt, die geleistete Arbeit der Arbeitsgruppen positiv gewürdigt. So heißt es unter anderem in der Abschlusserklärung:

> Die Teilnehmer der diesjährigen Konferenz stellten einvernehmlich fest, dass es sich bei den inzwischen vorliegenden bzw. sich abzeichnenden wissenschaftlichen Arbeiten zur Rechtschreibreform um den am besten durchdachten Neuregelungsvorschlag zur deutschen Rechtschreibung handelt, der seit der Orthographischen Konferenz von 1901 erarbeitet wurde. Nach Abschluss der wissenschaftlichen Arbeiten und ihrer Prüfung durch die zuständigen staatlichen Stellen soll – voraussichtlich 1993 – die zwischenstaatliche Meinungsbildung an einer weiteren Wiener Konferenz fortgesetzt werden. Die Unterzeichnung einer Übereinkunft zur Reform der deutschen Rechtschreibung wird für 1995 angestrebt.

Die Arbeiten an der Neuregelung haben dann doch etwas länger gedauert, als man 1990 gemeint hatte. Die ›3. Wiener Gespräche‹ konnten erst vom 22. bis zum 24. November 1994 stattfinden. Ihr Ergebnis formuliert die Abschlusserklärung so:

> Die Teilnehmerinnen und Teilnehmer der 3. Wiener Gespräche berieten die noch offen gebliebenen Fragen, wie zum Beispiel solche der Fremdwortschreibung, der Getrennt- und Zusammenschreibung, der Groß- und Kleinschreibung sowie der Wortliste, die das Regelwerk ergänzt. Sie kamen in all diesen Fragen zu einvernehmlichen Lösungen, sodass nunmehr ein zwischen dem Internationalen Arbeitskreis und Vertretern aller zuständigen staatlichen Stellen der betroffenen Länder abgestimmter Neuregelungsvorschlag vorliegt, der nur noch einer gründlichen redaktionellen Bearbeitung bedarf.
> Im Anschluss an die politische Willensbildung in Deutschland, in Österreich und in der Schweiz wird die Unterzeichnung eines Abkommens für Ende 1995 angestrebt.

Das in der Abschlusserklärung genannte zwischenstaatliche Abkommen wurde dann am 1. Juli 1996 in Wien unterzeichnet.

Wer steht wissenschaftlich hinter der Regelungsarbeit?

Die Ausarbeitung der Vorschläge zur Neuregelung der deutschen Rechtschreibung ist – was die wissenschaftliche Seite angeht – Ergebnis einer produktiven Zusammenarbeit von Expertengruppen aus Deutschland, Österreich und der Schweiz. Im Einzelnen waren an der Arbeit folgende Gruppen beteiligt:

- die Kommission für Rechtschreibfragen des Instituts für deutsche Sprache in Mannheim;
- die Forschungsgruppe Orthographie am Zentralinstitut für Sprachwissenschaft an der Akademie der Wissenschaften der DDR in Berlin;
- die Wissenschaftliche Arbeitsgruppe des Koordinationskomitees für Orthographie beim Bundesministerium für Unterricht und Kunst in Wien;
- die Arbeitsgruppe Rechtschreibreform der Schweizerischen Konferenz der kantonalen Erziehungsdirektoren in Bern.

Wen bindet die neue Rechtschreibregelung?

Der Text der Neuregelung ist als amtliches Regelwerk konzipiert. Das bedeutet: Es ist als Grundlage für die Rechtschreibung innerhalb derjenigen staatlichen Institutionen (Schule, Verwaltung) gedacht, für die der Staat Regelungsgewalt beansprucht. Darüber hinaus wird sich natürlich die große Mehrheit der Schreibenden nach der neuen Rechtschreibung richten.

Das Regelwerk deckt den allgemeinen Wortschatz ab. Es beansprucht damit keine Gültigkeit für die Schreibung von Wörtern, für die jeweils eine besondere staatliche Einrichtung verantwortlich ist, zum Beispiel die Schreibung von Personennamen in den Dokumenten der Standesämter, die Schreibung von Orts- und Flurnamen, die behördlich festgelegt wird, sowie die Schreibung von Firmen- und Produktnamen. Nicht zum Gegenstandsbereich des Regelwerks gehören ferner Fachausdrücke bzw. fachsprachlich gebrauchte Wörter, zum Beispiel die Terminologie der Chemie oder der Medizin.

Welchen Zielen sind die Veränderungen in der Schreibung verpflichtet?

Hauptziel der Neuregelung ist es, mehr Systematik – und im Zusammenhang damit mehr Einfachheit – in unsere Rechtschreibung zu bringen. Die Rechtschreibung soll vom Schreibenden leichter zu handhaben sein, ohne dass daraus Nachteile für den Lesenden erwachsen. So lässt sich beispielsweise die Kommasetzung auf nur drei Grundfunktionen zurückführen – was in den bisherigen Regelwerken kaum abzulesen war: Das Komma dient zur Abgrenzung (1) von Reihungen, (2) von Zusätzen oder Nachträgen, (3) von Nebensätzen.

Veränderungen durch die Neuregelung

Veränderungen in der Schreibung im Zusammenhang mit der Neuregelung ergeben sich in den folgenden Bereichen:

- Laute und Buchstaben (s. S. 433ff.)
- Groß- und Kleinschreibung (s. S. 438ff.)
- Getrennt- und Zusammenschreibung, Schreibung mit Bindestrich (s. S. 443ff.)
- Zeichensetzung (s. S. 446ff.)
- Worttrennung am Zeilenende (s. S. 448f.).

Laute und Buchstaben

Grundsätzliches

Im Bereich ›Laute und Buchstaben‹ geht es um das komplexe Problem der Beziehung zwischen Lauten und Buchstaben beim Schreiben in unserer Sprache: Laute können – wie in jeder Alphabetschrift – durch Buchstaben wiedergegeben werden, und umgekehrt können Buchstaben in Laute umgesetzt werden.

Man spricht hier vom *Lautprinzip* der Schreibung. Im Idealfall entspricht dabei einem Laut (oder einer Lautverbindung) genau ein Buchstabe (oder eine Buchstabenverbindung).

Dieses Prinzip ist nun – wie wir wissen – im Deutschen nicht voll durchgehalten. So wird auf der einen Seite ein und derselbe Laut durch verschiedene Buchstaben oder Buchstabenverbindungen wiedergegeben, zum Beispiel der lang gesprochene Laut *a* durch den einfachen Buchstaben *a* oder durch die Buchstabenverbindung *aa* und *ah (Tal, Saal, Zahl).* Auf der anderen Seite werden verschiedene Laute durch denselben Buchstaben bezeichnet, vgl. zum Beispiel die unterschiedlichen Laute, die der Buchstabe *s* in *springen* und *Wespe* signalisiert. Das hängt damit zusammen, dass unsere Schreibung sich historisch entwickelt hat und nicht zu einem bestimmten Zeitpunkt ›von oben her‹ systematisch geregelt worden ist.

Eine konsequente und systematische Durchsetzung des Lautprinzips wäre zwar durchaus möglich und brächte auch eine deutliche Vereinfachung mit sich, der Preis dafür wären aber erhebliche Eingriffe in das vertraute Schriftbild. Dazu scheinen die meisten Menschen, vor allem die Lesenden, nicht bereit zu sein.

Wenn eine Schreibung mit dem vertrauten Schriftbild nicht übereinstimmt, stockt das Lesen. Dies gilt bekanntermaßen für falsche Schreibungen (zum Beispiel *Tahl, Sal, Zaal*) – und es würde, zumindest in einer Übergangszeit, auch für neue Schreibungen gelten, selbst wenn sie ›logisch‹ wären. Neue Schreibungen werden daher – jedenfalls zunächst – immer auf Widerstand stoßen. Bei der Reformarbeit war unter diesen Umständen sehr genau abzuwägen, wie weit man gehen durfte.

Die ausgearbeitete Neuregelung geht hier sehr vorsichtig zu Werke, berücksichtigt die genannten Schwierigkeiten und sieht Veränderungen nur im Zusammenhang mit einem zweiten wichtigen Prinzip der Wortschreibung, dem *Stammprinzip,* vor. Es geht hierbei um folgenden, nicht ganz leicht darzustellenden Zusammenhang: Im Deutschen werden Wortstämme in der Schreibung möglichst wenig abgewandelt, anders gesagt: Die verschiedenen Erscheinungsformen eines Wortstamms sollen sich im Schriftbild möglichst wenig voneinander unterscheiden. So schreiben wir *ich trennte* mit zwei *n* oder *Ränder* mit einem *ä* – wegen des Zusammenhangs mit den Wortformen *trennen* und *Rand.* Nur nach der Aussprache der isolierten Wortformen wären auch *ich trente* oder *die Render* denkbar (vgl. die damit reimenden Wortformen *die Rente* und *der Spender*).

Nun gab es in der bisherigen Regelung Ausnahmen, wo das Stammprinzip – oft aus wenig einsehbaren Gründen – nicht befolgt wurde. Hier gehören zum Beispiel Fälle wie: *überschwenglich* trotz *Überschwang, numerieren* trotz *Nummer, plazieren* trotz *Platz.* An solchen Stellen greift – im Sinne der Systematisierung der Schreibung von Varianten ein und desselben Stammes – die Neuregelung ein. Hingegen wird aus den oben dargelegten Gründen von Angleichungen zwischen unterschiedlichen Wortstämmen grundsätzlich Abstand genommen. Dementsprechend wird man also weiterhin einerseits *Tal, Qual* usw. mit einfachem *a* dagegen *Aal, Saal* und *Zahl, Stahl* usw. mit Doppel-a oder aber mit der Buchstabenverbindung *ah* schreiben. Änderungen dieser Art sind nur in wenigen Fällen vorgesehen.

Konkret bedeutet das, dass die Neuregelung nur in den folgenden Bereichen Veränderungen bringt:

- s-Schreibung *(s, ss, ß)* (s. S. 434 f.)
- Zusammentreffen dreier gleicher Buchstaben (s. S. 435)
- Verdoppelung der Konsonantenbuchstaben nach kurzem Vokal (Einzelfälle) (s. S. 435)
- Umlautschreibung (Einzelfälle) (s. S. 435 f.)
- sonstige Einzelfälle (s. S. 436)
- Fremdwörter (nur einige besondere Fallgruppen) (s. S. 436 f.).

Zur s-Schreibung

In Zukunft soll *ß* nur noch nach langem Vokal und nach Diphthong (Doppellaut) stehen.[1] Man schreibt also weiterhin: *das Maß – des Maßes; außen; gießen – er gießt.* Nach kurzem Vokal soll hingegen nur noch Doppel-s stehen (bisher stand

[1] In der Schweiz bleibt es bei der bisherigen Regelung, nach der *ß* im Allgemeinen nicht verwendet wird.

hier je nach dem folgenden Buchstaben teils *ss,* teils *ß*). Man schreibt neu: *der Fluss, die Flüsse; es passt, passend; wässrig, wässerig* (bisher: *der Fluß,* aber *die Flüsse; es paßt,* aber *passend; wäßrig,* aber *wässerig*). Die Erleichterung, die mit dieser Lösung angestrebt wird, besteht darin, dass in mehr Fällen als bisher die Schreibung aus der Lautung abgeleitet werden kann: *das Floß – es floss; der Ruß – der Schluss; das Maß – das Fass.*

Zusammentreffen dreier gleicher Buchstaben

Wenn in Zusammensetzungen drei gleiche Buchstaben zusammentreffen, bleiben immer alle erhalten. Diese Regelung galt schon bisher, wenn drei gleichen Konsonantenbuchstaben ein weiterer Konsonantenbuchstabe folgte: *Schifffracht* (aus: *Schiff* + *Fracht*), *fetttriefend* (aus: *Fett* + *triefend*), außerdem allgemein in der Worttrennung am Zeilenende. In Zukunft werden nun auch dann alle drei Buchstaben geschrieben, wenn ein Vokalbuchstabe folgt: *Schifffahrt* (aus: *Schiff* + *Fahrt*), *Schritttempo* (aus: *Schritt* + *Tempo*), *wettturnen* (aus: *Wette* + *turnen*). Entsprechendes gilt nun grundsätzlich auch, wenn drei Vokalbuchstaben zusammentreffen, zum Beispiel in *Seeelefant.* Zur Erleichterung des Lesens kann man freier als bisher den Bindestrich setzen (s. S. 446): *Sauerstoffflasche* oder *Sauerstoff-Flasche, Seeelefant* oder *See-Elefant.*

Diese Regelung wird selbstverständlich auch auf Zusammensetzungen mit Wörtern angewendet, die neu statt auf *ß* auf Doppel-s enden (s. S. 446): *Flussstrecke* (aus: *Fluss* + *Strecke*), *Flusssenke* (aus: *Fluss* + *Senke*).

Unverändert bleiben hingegen diejenigen Wörter, die schon in der bisherigen Regelung nicht mehr als Zusammensetzungen behandelt wurden und daher auch in der Trennung nur zwei Konsonantenbuchstaben hatten: *Mittag* (Trennung bisher und künftig: *Mit-tag*), *dennoch* (Trennung: *den-noch*).

Verdoppelung der Konsonantenbuchstaben nach kurzem Vokal

In einigen Einzelwörtern werden Konsonantenbuchstaben in Anlehnung an Flexionsformen oder an andere Wörter derselben Wortfamilie (Stammprinzip) neu doppelt geschrieben, zum Beispiel: *Ass* (wegen: *des Asses, die Asse*); *Karamell* (wegen: *Karamelle*), *Messner* (heute zu: *Messe*); *Mopp* (wegen: *moppen*); *nummerieren* (wegen: *Nummer*); *Tipp* (wegen: *tippen*); *Stepp[decke]* (wegen: *steppen*); *Tollpatsch* (heute zu: *toll*). Entsprechendes gilt bei einigen wenigen Wörtern für die Schreibung *ck* und *tz: Stuckatur, Stuckateur* (wegen: *Stuck*); *platzieren* (wegen *Platz*).

Umlautschreibung

In einigen Einzelwörtern wird entsprechend dem Stammprinzip und in Anlehnung an andere Wörter derselben Wortfamilie neu *ä* statt *e* geschrieben: *Bändel* (wegen: *Band*); *behände* (wegen: *Hand*); *belämmert* (heute zu: *Lamm*); *Quäntchen* (heute zu: *Quantum*); *schnäuzen* (heute zu: *Schnäuzchen, Schnauze*); *Stängel* (wegen: *Stange*); *Gämse* (wegen: *Gams*); *überschwänglich* (wegen: *Überschwang*); *verbläuen* (heute zu: *blau*).

Sonstige Einzelfälle

Darüber hinaus wird die Schreibung einiger weniger weiterer Wörter den allgemeinen Regularitäten der Laut-Buchstaben-Zuordnung angepasst: *rau* (wie alle Adjektive auf *-au: blau, grau, genau, schlau;* entsprechend nun regulär mit nur einem *h: Rauheit*); *Känguru* (vgl. andere fremde Tierbezeichnungen wie: *Kakadu, Gnu*); *Föhn* (auch in der Bedeutung ›Heißlufttrockner‹).

Bei *Rohheit* und *Zähheit* (bisher: *Roheit, Zäheit*) soll das Dehnungs-h vor *-heit* nicht mehr fallen; als Ausnahme verbleibt allerdings *Hoheit* (Schreibung wie bisher).

Neue Schreibungen sind ferner: *Zierrat* (bisher: *Zierat*); *selbstständig* (daneben wie bisher: *selbständig*); *Albtraum, Albdrücken* usw. (daneben wie *bisher: Alptraum, Alpdrücken* usw.).

Fremdwörter

Bei der ›Fremdwortschreibung‹ handelt es sich im Wesentlichen um ein Spezialgebiet innerhalb des größeren Bereichs der ›Laut-Buchstaben-Beziehungen‹ (wobei hier im Auge zu behalten ist, dass die nachfolgenden Bemerkungen nur den Allgemeinwortschatz, nicht Fremdwörter aus Fachsprachen betreffen). Grundsätzlich geht es hier um Folgendes: Wenn ein Wort (oder ein Wortstamm) aus einer anderen Sprache ins Deutsche übernommen wird, erscheint es normalerweise zunächst in der fremden Schreibung (zum Beispiel *Photographie*). In dem Maße, in dem der Eindruck der Fremdheit schwindet, neigt die Schreibgemeinschaft dazu, das fremde Wort wie ein einheimisches zu behandeln und entsprechend zu schreiben (zum Beispiel *Fotografie*). So entstehen durch den Wandel im Schreibgebrauch für die Schreibung bestimmter Wörter und Wortgruppen Varianten *(Photographie* neben *Fotografie).* Im weiteren Verlauf kann das dazu führen, dass nur noch die eingedeutschte Form üblich ist (so finden sich zum Beispiel im Wörterverzeichnis von 1902 nebeneinander *Coulisse* und *Kulisse,* heute nur noch *Kulisse*). Andere Wörter wiederum – vorwiegend Entlehnungen aus dem Griechischen – werden von diesem Wandel nicht erfasst (zum Beispiel *Philosophie, Theater, Rhetorik*).

Die neue amtliche Regelung bezieht sich im Einzelnen auf die folgenden Laut-Buchstaben-Beziehungen:

- *ph, th, rh* → *f, t, r*
- *...é, ...ée* → *...ee*
- *...ies* → *...ys*
- *...tial, ...tiell* → *...zial; ...ziell* (s. S. 437).

ph, th, rh → f, t, r

Die Verbindung *ph* kann in allgemeinsprachlichen Wörtern mit den Stämmen *phon, phot, graph* durch *f* ersetzt werden. Solche Schreibungen kommen jetzt schon vor und sind teilweise auch in den Duden aufgenommen worden, zum Beispiel *Mikrofon, Fotokopie, Grafiker.* Die Schreibung mit *f* soll neu auch bei *Delfin* (Hauptvariante *Delphin*) möglich sein.

Entsprechend können in einigen häufig gebrauchten Wörtern die Buchstabenverbindungen *rh* (nur am Wortende), *th, gh* durch *r, t, g* ersetzt werden. Die bisherige Schreibung bleibt bestehen und gilt als Hauptvariante. Beispiele (bisherige Schreibung in Klammern): *Katarr (Katarrh), Tunfisch (Thunfisch), Panter (Panther), Jogurt (Joghurt).*

...é, ...ée, → ...ee

Wörter, die auf *...é* oder *...ée* ausgehen, sind praktisch alle aus dem Französischen ins Deutsche gelangt. In Wörtern wie *Allee, Armee, Püree* sind *...é* und *...ée* schon früher durch *...ee* ersetzt worden (französisch: *allée, armée, purée*). Neu wird die Schreibung mit *...ee* auch für einige Wörter auf *...ée* und *...é* vorgesehen, zumindest in Deutschland und Österreich als Hauptvariante. Die bisherige Schreibung ist weiterhin möglich. Beispiele (bisherige Schreibung in Klammern): Exposee *(Exposé), Varietee (Varieté).*

...ies → ...ys

Bei Wörtern aus dem Englischen, die auf *...y* ausgehen, wird das Mehrzahl-s in der Regel nach deutschem Muster angehängt: die *Lobbys* (nicht: die *Lobbies*).

...tial, ...tiell → ...zial, ...ziell

Wenn es verwandte Wörter auf *-z* im Auslaut gibt, soll auch die z-Schreibung erlaubt sein und sogar als Hauptvariante gelten. Die bisherige Schreibung ist aber (als Nebenvariante) weiterhin zulässig. Beispiele: *Potenzial, potenziell* (wegen: *Potenz;* daneben weiterhin: *Potential, potentiell*), *substanziell* (wegen: *Substanz;* daneben weiterhin: *substantiell*). Die z-Schreibung hat sich bei einigen Wörtern schon früher eingebürgert, zum Beispiel: *finanziell* (wegen: *Finanz*), *tendenziell* (wegen: *Tendenz*).

Daneben werden auch einige wenige Einzelfälle neu festgelegt. So wird zum Beispiel zukünftig auch die Schreibung *Portmonee* (als Variante neben bisherigem: *Portemonnaie*) möglich sein.

Groß- und Kleinschreibung

Probleme der Groß- und Kleinschreibung haben in der Diskussion um eine Neuregelung der deutschen Rechtschreibung bekanntlich immer wieder eine besondere Rolle gespielt. Dabei muss man verschiedene Dinge auseinander halten; Großschreibung gilt nämlich im Deutschen heute in vier Bereichen, die sehr unterschiedlich strittig sind:

- am Satzanfang
- bei der höflichen Anrede
- bei Eigennamen (s. u.)
- bei Substantiven und Substantivierungen (s. S. 440).

Die Großschreibung am Satzanfang

Wenn auf einen Doppelpunkt ein neuer, ganzer Satz folgt, wird nicht mehr wie bisher zwischen ›Ankündigung‹ einerseits und ›Zusammenfassung/Folgerung‹ andererseits unterschieden; man kann neu groß oder klein fortfahren, zum Beispiel: *Zufrieden schaute er in den Garten: Alles wuchs und gedieh* oder *alles wuchs und gedieh.* Wenn auf einen Doppelpunkt eine direkte Rede folgt, schreibt man wie bisher nur groß: *Zufrieden sagte sie: ›Alles wächst und gedeiht!‹*

Die Höflichkeitsgroßschreibung

Bei Pronomen, die für Personen stehen, welche man duzt (= 2. Person Einzahl und Mehrzahl), musste man bisher unterscheiden: In Briefen und briefähnlichen Texten schrieb man groß, sonst klein. Damit war zum einen eine erhebliche Unsicherheitszone geschaffen. Gehören beispielsweise Anweisungen in Schulbüchern zu den briefähnlichen Texten oder nicht? Zum andern ist die Großschreibung gar nicht angemesen: Dutzt man jemanden, so besteht kein Anlass, durch Großschreibung besondere Ehrerbietung zu bezeugen. Neu schreibt man daher nur noch klein: Lieber Ernst, herzlichen Dank für *dein* Foto, auf dem *du* und *deine* Schwester zusammen mit *euren* Kollegen abgebildet seid ...

Groß bleibt die höfliche Anrede: Sehr geehrte Frau Müller, wie *Sie* gehört haben, offerieren wir *Ihnen* und *Ihren* Angehörigen ...

Die Großschreibung der Eigennamen

Im Bereich der Eigennamen bleibt es bei der grundsätzlichen Großschreibung. Problematisch sind hier drei Fälle:

- mehrteilige Eigennamen mit Adjektiven
- mehrteilige feste Begriffe mit Adjektiven
- von Eigennamen abgeleitete Adjektive.

Einfache Eigennamen sind – grammatisch gesehen – Substantive; die Eigennamengroßschreibung wird hier also immer zugleich auch von der Großschreibung der Substantive abgedeckt. Probleme haben sich hier in der Praxis daher kaum je gestellt. *Mehrteilige Eigennamen* hingegen können auch Wörter anderer Wortarten – hauptsächlich Adjektive – enthalten, die ebenfalls der Eigennamengroßschreibung unterliegen, zum Beispiel: *der Schiefe Turm von Pisa, der Nahe Osten, die Schweizerischen Bundesbahnen.* Bei Fügungen mit Adjektiven ist es daher wichtig zu wissen, was überhaupt als Eigenname anzusehen ist. Da es keine befriedigende *allgemeine* Definition des Eigennamens gibt, kann man als Ergänzung zur eigentlichen Regel nur die hauptsächlichen Typen von Eigennamen in einer geordneten Liste aufführen.

Oft mit den Eigennamen vermengt (und dann der Großschreibung unterworfen) wurden in der Vergangenheit *feste Begriffe aus Adjektiv und Substantiv.* Feste Begriffe sind keine Eigennamen im strengen Sinn, sie bezeichnen vielmehr Klassen von Dingen, Personen oder auch Handlungen. Im Lauf der Zeit ist hier ein gewisses Durcheinander entstanden. So fanden sich in der alten Schreibung nebeneinander: *die schwarze Liste* und *das Schwarze Brett; die schwarze Messe* und *die Schwarze Magie;* der erste Spatenstich und *die Erste Hilfe.* Hier wird zukünftig grundsätzlich der Kleinschreibung der Vorzug gegeben.

Großschreibung gilt nur noch in vier Bereichen, in denen schon bisher praktisch durchgängig Großschreibung gegolten hat:

- Titel wie *Königliche Hoheit, Erster Bürgermeister*
- Arten, Unterarten oder Rassen in der Biologie wie *Rauhaarige Alpenrose, Roter Milan*
- besondere Kalendertage wie *Heiliger Abend, Weißer Sonntag*
- historische Ereignisse wie *der Westfälische Frieden, der Deutsch-Französische Krieg.*

Den dritten Problembereich bildet die Schreibung der Ableitungen von Personennamen auf *-isch* oder *-sch.* Hier musste man bisher zwischen persönlicher Leistung oder Zugehörigkeit und sekundärer Benennung unterscheiden: *das Viktorianische Zeitalter* (das Zeitalter Viktorias), aber *der viktorianische Stil,* das *Ohmsche Gesetz* (von Ohm selbst gefunden), aber *der ohmsche Widerstand* (nur nach Ohm benannt).

In Zukunft werden nun diese (adjektivischen) Ableitungen wie alle übrigen auf *-isch* und *-sch* grundsätzlich kleingeschrieben. Nur wenn der Eigenname zur Hervorhebung durch den Apostroph abgetrennt wird und damit als etwas Eigenständiges in Erscheinung tritt, wird großgeschrieben. Die Schreibung ist also rein formal geregelt und daher leicht zu lernen: *das ohmsche Gesetz, der ohmsche Widerstand* (oder: *das Ohm'sche Gesetz, der Ohm'sche Widerstand*). – Selbstverständlich gilt weiterhin Großschreibung, wenn die Fügung aus Adjektiv und Substantiv *als Ganzes* ein Eigenname ist: *die Meyersche* (oder *Meyer'sche*) *Verlagsbuchhandlung, die Schweizerischen Bundesbahnen.*

Die Großschreibung der Substantive

Am heftigsten umstritten in der Reformdiskussion war die Großschreibung der Substantive. Die Kennzeichnung einer Wortart durch Großbuchstaben – eine Eigenheit der deutschen Orthographie – bereitet, wie allgemein bekannt ist, vielen Schreibenden große Schwierigkeiten, da die Grenzen zwischen den Wortarten nicht fest sind: Substantive können in andere Wortarten übergehen (zum Beispiel *abends* als Adverb oder *dank* als Präposition), andere Wortarten können ihrerseits wie Substantive gebraucht werden (zum Beispiel *das Heute, das Schöne* oder *das Laufen*).

Da einerseits an der bisherigen Regelung mit all ihren Ausnahmen und Schwierigkeiten niemand festhalten wollte und andererseits die Vorschläge für die Kleinschreibung der Substantive (›gemäßigte Kleinschreibung‹) keine Zustimmung der offiziellen Stellen fanden, sieht die neue Regelung der deutschen Rechtschreibung eine modifizierte Großschreibung vor. Sie hat den Vorteil, dass sie das vertraute Schriftbild nicht gravierend verändert und dass sie keine neuen Probleme bei der Großschreibung der Eigennamen bringt, weil sie diese mit abdeckt. Außerdem spricht für sie, dass die Großschreibung der Substantive für geübte Leser nach Auffassung einiger Experten Vorteile beim Lesen bietet, indem sie die schnelle Erfassung der Satzstruktur erleichtert.

Die modfizierte Großschreibung zielt vor allem darauf ab, die Schwierigkeiten bei der Abgrenzung von substantivischem und nichtsubstantivischem Gebrauch zu verringern. Sie richtet die Schreibung stärker nach formalen Kriterien (zum Beispiel Gebrauch in Verbindung mit dem Artikel) aus: *der Einzelne; im Dunkeln tappen; um ein Beträchtliches größer; es ist das Beste, wenn wir jetzt gehen.* Damit wird eine Reihe von Problemfällen beseitigt, die auch geübte Schreiber nie ganz in den Griff bekommen haben. Bemerkenswerterweise handelt es sich dabei hauptsächlich um Fälle der Kleinschreibung, sodass sich durch die Vereinfachung im Rahmen der modifizierten Großschreibung die Zahl der großgeschriebenen Wörter leicht vermehrt.

Das Regelwerk der modifizierten Großschreibung sieht Änderungen in den folgenden Bereichen vor:

- Substantive in festen Verbindungen
- *gestern, heute, morgen* + Tageszeit
- Adjektiv: unbestimmte Zahladjektive
- Adjektiv: Ordnungszahlen
- Adjektiv: Superlative (s. S. 441)
- Adjektiv: feste Wendungen mit Verben
- Adjektiv: sonstige feste Wendungen
- Adjektiv: Farb- und Sprachbezeichnungen
- Adjektiv: Paarformeln
- Einzelfälle (s. S. 442).

Bei *Substantiven in festen Verbindungen* richtet sich die Schreibung konsequenter als bisher nach dem Grundsatz: bei Getrenntschreibung groß (s. S. 445). Typische Beispiele sind hier (in Klammern: Varianten mit Zusammenschreibung): *in Bezug auf, mit Bezug auf; zu Gunsten (zugunsten) zu Lasten (zulasten); Auto fahren, Rad fahren; Schlange stehen, Kopf stehen; Gefahr laufen, Schlittschuh laufen, Eis laufen; in Frage stellen (infrage stellen); außer Acht lassen, in Acht nehmen; Angst haben, Angst machen; Recht sprechen, Recht haben.*

Tageszeiten nach den Adverben *vorgestern, gestern, heute, morgen, übermorgen* werden großgeschrieben: *heute Morgen, gestern Abend.*

Adjektive, die inhaltlich Indefinitpronomen nahe kommen (= unbestimmte Zahladjektive), wurden bisher kleingeschrieben. Das Problem dabei war, dass nicht immer sicher zu klären ist, ob ein Adjektiv wirklich die Bedeutung eines Zahlwortes hat oder nicht. In der Folge haben sich im Bemühen, die Zahl der Zweifelsfälle möglichst gering zu halten, zahlreiche Festlegungen eingebürgert, die kaum mehr nachvollziehbar waren. So galt Kleinschreibung in *alles übrige,* aber Großschreibung in *alles Weitere.* Das neue Regelwerk sieht Kleinschreibung nur noch für vier häufig gebrauchte Wörter vor: *viel, wenig, ein, ander* (mit allen ihren Flexionsformen). Beispiele: *Das haben schon viele erlebt. Die wahren Hintergründe waren nur wenigen bekannt. Die meisten haben diesen Film schon einmal gesehen. Die einen kommen, die anderen gehen. Sie hatte noch anderes zu tun. Unter anderem wurde auch über finanzielle Angelegenheiten gesprochen.* Aber auch bei diesen Wörtern kann großgeschrieben werden, wenn hervorgehoben werden soll, dass das Adjektiv nicht als unbestimmtes Zahlwort zu verstehen ist: *Sie strebte etwas ganz Anderes (= ganz Andersartiges) an.*

Bei Adjektiven mit demonstrativer Bedeutung wird nach der Grundregel für substantivierte Adjektive nur noch großgeschrieben (siehe aber S. 442): *Sie sagte das Gleiche. Wir haben Derartiges noch nie erlebt. Merke dir Folgendes: ...*

Ordnungszahlen sind Adjektive. Wenn sie substantiviert gebraucht waren, musste bisher ein subtiler Unterschied beachtet werden: Wenn sie eine bloße Reihenfolge ausdrückten, waren sie klein-, sonst großzuschreiben. Diese Regel galt auch für die verwandten Adjektive *nächst* und *letzt: Sie fuhr als erste/als letzte* (= zuerst/zuletzt) *ins Ziel. Sie fuhr als Erste/als Letzte* (= als Siegerin/als Verliererin) *durchs Ziel.* Die neue Regelung verzichtet auf inhaltliche Differenzierungen und sieht grundsätzlich Großschreibung vor.

Weiterhin kleingeschrieben werden Superlative mit *am,* nach denen man mit *wie?* fragen kann. Sie bilden eine reguläre Formenreihe mit anderen kleinzuschreibenden Komparationsformen (Steigerungsformen): Sie schreibt *genau – genauer – am genauesten.* Der Löwe brüllte *laut – lauter – am lautesten.* Dieser Turm ist *hoch – höher – am höchsten.* Sonst gilt die Grundregel für nominalisierte Adjektive: Das ist *das Beste,* was du tun kannst. Es ist *das Beste,* wenn du jetzt gehst. Er gab wieder einen Witz *zum Besten.* Wir haben uns *aufs Beste* unterhalten. Im letzten Beispiel darf allerdings auch weiterhin kleingeschrieben werden; der Superlativ mit *aufs* ist hier mit *wie?* zu erfragen.

Substantivierte Adjektive mussten nach der bisherigen Regelung kleingeschrieben werden, wenn sie Bestandteil einer festen Wendung mit einem Verb waren, deren Gesamtbedeutung nicht ohne weiteres aus ihren Einzelwörtern abgeleitet werden konnte, zum Beispiel: *auf dem trockenen sitzen* (= ›kein Geld haben‹), aber: *auf dem Trockenen sitzen* (= ›auf dem trockenen Land sitzen‹). Diese Regelung wurde allerdings nicht ganz durchgehalten, so schrieb man bisher einheitlich groß: *ins Schwarze treffen* (= ›in die Mitte der Zielscheibe treffen‹, aber auch = ›einem Sachverhalt völlig gerecht werden‹). Das neue Regelwerk sieht hier nur noch Großschreibung vor. Beispiele: *ins Reine bringen; im Trüben fischen; im Dunkeln tappen; den Kürzeren ziehen; zum Besten geben.*

Eine ähnliche Regelung galt bisher auch für freier verwendbare feste Wendungen; auch hier wurde die Kleinschreibung nicht ganz durchgehalten: *im verborgenen,* aber: *im Freien.* Das neue Regelwerk sieht auch hier grundsätzlich Großschreibung vor: *Diese Orchideen blühen im Verborgenen. Das andere Gebäude war um ein Beträchtliches höher. Wir sind uns im Wesentlichen einig. Daran haben wir nicht im Entferntesten gedacht. Sie hat mir die Sache des Näheren erläutert. Wir haben alles des Langen und Breiten diskutiert.*

Lediglich bei einigen festen adverbialen Wendungen aus bloßer Präposition und Adjektiv (also ohne Artikel, auch ohne verschmolzenen Artikel) wird weiterhin kleingeschrieben, zum Beispiel: *seit langem, von nahem, bei weitem, ohne weiteres.*

Sprach- und Farbbezeichnungen haben teils den Charakter von Substantiven, teils den von Adjektiven: *Ihr Französisch hat einen deutschen Akzent. Er las den Vertrag französisch vor. Sie hasst Grün. Ich strich die Wand grün.* Problematisch waren hier einige enge Verbindungen mit Präpositionen, bei denen nicht immer klar war, ob die Sprach- und Farbbezeichnungen als Substantive oder als Adjektive anzusehen sind. Die neue Regelung stellt die substantivische Interpretation heraus und sieht – entsprechend der heutigen Regelung bei den Farbbezeichnungen – grundsätzlich Großschreibung vor: *In Ostafrika verständigt man sich am besten auf Suaheli oder auf Englisch. Die Ampel schaltet auf Rot. Wir liefern das Gerät in Grau oder Schwarz.*

Paarformeln mit nicht deklinierten Adjektiven zur Bezeichnung von Personen werden neu einheitlich großgeschrieben: *Das ist ein Fest für Jung und Alt* (mit deklinierten Formen schon bisher groß: *ein Fest für Junge und Alte*). *Vor dem Gesetz sind Arm und Reich gleich* (wie schon bisher: *Arme und Reiche*). *Gleich und Gleich gesellt sich gern.*

Im Zusammenhang mit der Neufassung des Regelwerks sind auch einige Einzelfälle neu festgelegt worden. Diese passen nun besser in die allgemeine Systematik der Groß- und Kleinschreibung, zum Beispiel *rechtens sein; an Kindes statt; im Nachhinein, im Voraus.*

Getrennt- und Zusammenschreibung, Schreibung mit Bindestrich

Getrennt- und Zusammenschreibung

Die Getrennt- und Zusammenschreibung der Wörter ist in der Geschichte der deutschen Rechtschreibregelung nie amtlich festgelegt worden. Damit war in diesem Bereich ein Raum relativer Freiheit gegeben. In diesem Raum konnten Zweifelsfälle an verschiedenen Stellen auftreten, so beispielsweise, wenn man ein bereits zusammengesetztes Adverb mit einem Verb verband *(auseinandertreten* oder *auseinander treten; über das Bisherige hinausgehen* oder *über das Bisherige hinaus gehen).* Zweifelsfälle gab es auch, wenn man ein Substantiv in engen Zusammenhang mit einem Verb stellen wollte und ihm damit den Charakter eines bloßen Wortteils verlieh (zum Beispiel *Maß halten/maßhalten; Schritt halten/schritthalten*). Für manche Schreibende hatten und haben solche Verbindungen bei Zusammenschreibung einen etwas anderen Wert als bei Getrenntschreibung; oft wurde freilich auch rein zufällig einmal die Zusammenschreibung, ein anderes Mal die Getrenntschreibung gewählt, zum Beispiel *maßhalten,* aber *Schritt halten.*

Die hier bestehende Freiheit wurde von manchen als Unsicherheit erlebt, nicht zuletzt im kaufmännischen Schriftverkehr und im grafischen Gewerbe. Das führte schon in den ersten Jahrzehnten nach der staatlichen Regelung von 1902 zu Anfragen beim Duden und zu Forderungen nach verbindlicherer Regelung. Die Folge waren zunächst auf Einzelfälle bezogene (und damit notwendig unsystematisch bleibende) Festlegungen im orthographischen Wörterbuch. Daran schlossen sich Beschreibungen von Regelhaftigkeiten in der Zusammen- und Getrenntschreibung an.

Aufs Ganze gesehen hat die Regelung, die sich dabei ergeben hat, zu recht unübersichtlichen Verhältnissen geführt. Das liegt vor allem daran, dass man nicht selten versucht hat, unterschiedliche Bedeutung von Verbindungen durch unterschiedliche Schreibung auszudrücken. So musste man zum Beispiel ›wörtlichen‹ und ›übertragenen‹ Gebrauch auseinander halten in Fällen wie: *Sie ist trotz der verschneiten Straßen gut vorwärts gekommen. – Sie ist beruflich gut vorwärtsgekommen.* Oder: *Die Besucher sind stehen geblieben* (= standen weiterhin). – *Die Besucher sind stehengeblieben* (= haben einen Halt gemacht). Dabei ist diese Schreibdifferenzierung ohnedies nur auf die Fälle beschränkt, in denen die einzelnen Bestandteile direkt nebeneinander stehen; bei veränderter Wortstellung geht sie verloren: *Sie kam trotz der verschneiten Straßen gut vorwärts. – Sie kam beruflich gut vorwärts.* Schließlich liegt eine große Komplikation nicht allein darin, dass derartige Bedeutungsunterschiede sehr verschieden deutlich sind, sondern auch darin, dass die Regelung nicht systematisch alle Fälle von Bedeutungsunterschieden betraf, vielmehr nur Einzelfälle.

Die Neuregelung stellt hier zwei Prinzipien in den Vordergrund. Zum einen wird in Zukunft darauf verzichtet, Bedeutungsunterschiede wie die oben gezeigten durch unterschiedliche Schreibung anzuzeigen, wenn sie nicht zusätzlich durch weitere Merkmale (zum Beispiel Erweiterbarkeit; s. u.) unterstützt werden. Normalerweise ergeben sich dadurch bei einem Text ja keine Verstehensprobleme, vgl. neu einheitlich mit Getrenntschreibung: *Sie ist trotz der verschneiten Straßen gut vorwärts gekommen. – Sie ist beruflich gut vorwärts gekommen.* Zum andern wird, wie im genannten Beispiel, wenn immer möglich, der Getrenntschreibung der Vorzug gegeben, da auf diese Weise die einzelnen Bestandteile eines Textstückes grafisch deutlicher kenntlich gemacht werden, was das Lesen erheblich erleichtert. Man hat sich dabei unter anderem an die folgenden Grundsätze gehalten (für weitere Einzelheiten muss man das Regelwerk oder das Wörterbuch konsultieren):

- Getrenntschreibung gilt als Normfall
- Zusammenschreibung ist an formalgrammatische Kriterien gebunden
- Bei Fehlen von formalgrammatischen Kriterien kann die Zusammenschreibung auch über geordnete Listen geregelt werden (s. u.)

Grundsatz 1: Getrenntschreibung gilt als Normalfall, ausdrücklich geregelt werden muss nur die Zusammenschreibung. So braucht es keine besondere Regel für Verbindungen mit Verben und Adjektiven, bei denen der erste Bestandteil erweitert ist. Hier wird – wie bisher – automatisch getrennt geschrieben, da von den im Regelwerk genannten Kriterien für Zusammenschreibung keines zutrifft: *in die Irre führen, viele Jahre alt.* Hingegen muss die Zusammenschreibung der entsprechenden nicht erweiterten Fügungen aus dem Regelwerk abgeleitet werden können: *irreführen, jahrealt.*

Grundsatz 2: Als Kriterien für Zusammenschreibung werden möglichst *formalgrammatische Eigenschaften* gewählt, die mithilfe von Proben überprüft werden können, zum Beispiel fehlende Erweiterbarkeit oder fehlende Steigerungsmöglichkeit. Dies gilt zum Beispiel für *festlegen, hochrechnen* und *wahrsagen,* die (wie bisher) zusammengeschrieben werden. Da sich für Verbindungen aus Verb (Infinitiv) und Verb keine solchen Kriterien anführen lassen, werden sie nur noch getrennt geschrieben: *kennen lernen, spazieren gehen, bestehen bleiben, sitzen bleiben* (in allen Bedeutungen).

Grundsatz 3: Wenn trotz Fehlens eindeutiger Kriterien zusammengeschrieben werden soll, besteht die Möglichkeit, die einschlägigen Fälle mit Zusammenschreibung in *geschlossenen Listen* aufzuzählen. Diese Lösung ist für diejenigen Adverbien gewählt worden, die (weiterhin) mit Verben zusammengeschrieben werden sollen, zum Beispiel *ab, auf, aus, heraus, voraus: absuchen, aufstellen, austeilen, herauskommen, voraussehen.* Alle Adverbien, die nicht in der Liste genannt sind, schreibt man getrennt: *abhanden kommen, auseinander bringen, überhand nehmen, vorwärts kommen* (in allen Bedeutungen).

Entsprechendes gilt für Verbindungen aus (ursprünglichem) Substantiv und Verb. Zusammenschreibung soll hier nur noch für einige wenige Fälle gelten, zum Beispiel: *irreführen, standhalten, stattfinden, teilehmen, wundernehmen.* In allen übrigen Fällen wird getrennt geschrieben. Dies galt schon bisher für Verbindungen wie: *Schritt halten, Fuß fassen, Posten stehen, Schlange stehen, Maschine schreiben, Klavier spielen, Auto fahren, Gefahr laufen.* Getrenntschreibung wird neu auch vorgesehen für Verbindungen wie: *Maß halten, Kopf stehen, Rad fahren, Not tun, Eis laufen.*

Über Listen ist auch die Schreibung von Präpositionalgefügen geregelt, die als Ganzes einer einfachen Präposition, einem Adverb oder einem Verbzusatz nahekommen. Dabei kann man aber häufig zwischen Getrenntschreibung (und dann auch Großschreibung des Substantivs) und Zusammenschreibung wählen. Beispiele (Zusammenschreibung in Klammern): *an Stelle von (anstelle von), auf Grund von (aufgrund von), zu Gunsten von (zugunsten von), zu Lasten von (zulasten von), im Stande sein (imstande sein), in Frage stellen (infrage stellen).*

Schreibung mit Bindestrich

In den Zusammenhang der Getrennt- und Zusammenschreibung gehört auch die Möglichkeit der Schreibung mit dem Bindestrich. Hier kann man zwei Teilbereiche voneinander unterscheiden: Im einen ist der Bindestrich obligatorisch, im anderen ein fakultatives stilistisches Mittel (s. u.).

Es gibt einerseits Fälle wie zum Beispiel *0-Beine, x-beliebig, UKW-Sender,* in denen der Bindestrich zur Verdeutlichung der recht unterschiedlichen Bestandteile gesetzt werden *muss.* Die Neuregelung sieht in diesem Bereich nur e i n e Änderung vor: In Ziffern (Zahlzeichen) geschriebene Zahlen sollen bei allen Zusammensetzungen vom Rest des Wortes abgesetzt werden: *der 8-Pfünder, der 27-Tonner; 375-seitig, 99-prozentig, 37-jährig, der 37-Jährige* (bisher: *der 8pfünder, 375seitig* usw., aber die *8-Kilogramm-Packung),* Suffixe werden weiterhin ohne Bindestrich angeschlossen: der *68er.*

Hingegen werden solche Verbindungen selbstverständlich als Ganzes mit einem Bindestrich an einen folgenden Wortteil angeschlossen: *eine 25er-Gruppe, in den 90er-Jahren.* Bei der Verbindung mit *Jahr* (zweites Beispiel) darf allerdings auch ohne Bindestrich geschrieben werden: *in den 90er Jahren,* dies in Anlehnung an die Varianz in der Schreibung ganz in Buchstaben: *in den Neunzigerjahren* (Hauptvariante) oder *in den neunziger Jahren* (Nebenvariante). Im Gegensatz zur heutigen Regelung dürfen die Varianten aber frei gewählt werden, es muss also nicht mehr zwischen der Epochenangabe (bisher nur Getrenntschreibung) und der Altersangabe (bisher nur Zusammenschreibung) unterschieden werden.

Andererseits ist der Bindestrich ein eher unter stilistischem Aspekt zu verwendendes Zeichen: Der Schreibende kann damit, wo er es will, vor allem aber in mehrgliedrigen Zusammensetzungen, den Aufbau eines komplexen Wortes deutlich markieren (z. B.: *Blumentopf-Erde,* statt *Blumentopferde*). Die

Neuregelung will hier mit einigen Kann-Regeln mehr Entscheidungsspielraum für den Schreibenden anbieten als bisher. So ist beim Zusammentreffen dreier gleicher Vokalbuchstaben der Bindestrich zwar weiterhin zulässig (und oft auch sehr sinnvoll), aber nicht mehr obligatorisch (s. S. 435): *See-Enge (Seeenge), Kaffee-Ersatz (Kaffeeersatz).* Andererseits kann, um die Lesbarkeit zu erleichtern, auch beim Zusammentreffen dreier gleicher Konsonantenbuchstaben der Bindestrich gesetzt werden: *Sauerstoff-Flasche.*

Zeichensetzung

Die heute gültigen Interpunktionsregeln des Deutschen, insbesondere die Kommaregeln, haben den Ruf äußerst kompliziert zu sein. Vieles von diesem schlechten Ruf hat allerdings nicht in erster Linie damit zu tun, dass die Zeichensetzungsregeln völlig willkürlich wären. Der Grund liegt vielmehr zu einem guten Teil darin, dass es schwierig ist, diese Regeln verständlich zu formulieren und angemessen zu präsentieren. Bei der Arbeit an der Neuregelung hat man daher Wert darauf gelegt, das Regelwerk der Zeichensetzung durchsichtiger und verständlicher zu formulieren.

Darüber hinaus bringt die Neuregelung auch einige sachliche Änderungen bei der Kommasetzung. Sie betreffen die folgenden Regelbereiche:

- das Komma bei ›und‹ (s. u.)
- das Komma bei Infinitiv- und Partizipgruppen (s. S. 447)
- die Kombination von Komma und Anführungszeichen (s. S. 448).

In diesen Bereichen zielt die Neuregelung darauf ab, die bisherigen Regeln zu vereinfachen und vor allem auch – wo sinnvoll – dem Schreibenden etwas mehr Freiheit zu gewähren. Insgesamt greift jedoch die Neuregelung in die alte Ordnung nur sehr behutsam ein.

Das Komma bei ›und‹

Entgegen der schon bisher sehr weit reichenden Grundregel, dass vor *und, oder* und verwandten Konjunktionen kein Komma zu setzen ist, war zwischen Hauptsätzen, die durch diese Konjunktionen verbunden werden, bislang ein Komma grundsätzlich vorgeschrieben: *Hanna liest ein Buch, und Robert löst ein Kreuzworträtsel.* Da diese Regel aber offensichtlich dem Sprachgefühl und dem Sprachgebrauch vieler, auch erfahrener Schreibender widerspricht, ist davon schon in der Vergangenheit häufiger abgewichen worden.

Die Neuregelung will den Schreibenden an dieser Stelle entgegenkommen und das Komma zwar nicht abschaffen, aber doch weitgehend freigeben. Genauer: Grundsätzlich wird vor *und, oder* und verwandten Konjunktionen kein Komma gesetzt. Der Schreiber *kann* aber – in Übereinstimmung mit den bisherigen Regeln, die also nicht einfach plötzlich falsch sind – gleichwohl ein

Komma setzen, etwa um die Gliederung des Satzes deutlich zu machen oder um Fehllesungen vorzubeugen. Das folgende Beispiel steht für den auch ohne Komma problemlos lesbaren Normalfall: *Hanna liest ein Buch und Robert löst ein Kreuzworträtsel.* Hingegen dürfte es im folgenden Satz sinnvoll sein, seine Gliederung in zwei Teilsätze mit einem Komma zu kennzeichnen: *Wir warten auf euch, oder die Kinder gehen schon voraus.* (Schwerer lesbar: *Wir warten auf euch oder die Kinder gehen schon voraus.*)

Nichts ändert sich am Grundsatz, dass das Komma am Ende eines Nebensatzes oder eines Nachtrags auch vor ›und‹ nicht fehlen darf: Er sagte, *dass er morgen komme,* und verabschiedete sich. Mein Onkel, *ein großer Tierfreund,* und seine Katzen leben in einer alten Mühle.

Das Komma bei Infinitiv- und Partizipgruppen

Die bisher geltenden Kommaregeln in diesem Bereich sind in der Tat äußerst kompliziert und teilweise auch willkürlich, wie sich leicht zeigen lässt. Eine an sich einfache Regel besagt: Ein erweiterter Infinitiv wird durch ein Komma abgetrennt, ein einfacher nicht. Also mit Komma: *Sie hatte geplant, ins Kino zu gehen.* Ohne Komma: *Sie hatte geplant zu gehen.* Die Regel für den erweiterten Infinitiv gilt aber nicht, wenn dieser als Subjekt am Anfang eines zusammengesetzten Satzes steht: *Diesen Film gesehen zu haben hat noch niemandem geschadet.* Hingegen musste ein Komma stehen, wenn die Infinitivgruppe gegenüber dem übergeordneten Verb die Rolle des Objekts spielt: *Diesen Film gesehen zu haben, hat noch niemand bereut.* Ein Komma wurde auch gesetzt, wenn ein Infintiv (sogar ein einfacher!) als Subjekt dem übergeordneten Prädikat folgt: *Ihre Absicht war, fernzusehen.* Zusammengefasst: Wer hier das Komma korrekt setzen will, muss – in richtiger Abfolge – ganz unterschiedliche grammatische Kategorien sicher beherrschen.

Die Neuregelung bringt bei *Infinitivgruppen* folgende Neuerung: Grundsätzlich muss kein Komma mehr gesetzt werden. *Sie hatte geplant ins Kino zu gehen.* Ein Komma *kann* jedoch gesetzt werden, wenn man die Gliederung des Satzes deutlich machen will. So kann man mit Komma anzeigen, ob eine Infinitivgruppe als integrierender Bestandteil des Satzes oder als Zusatz oder Nachtrag zu verstehen ist: *Sie bot mir(,) ohne einen Augenblick zu zögern(,) ihre Hilfe an.* Zudem kann – wie bisher – ein Komma gesetzt werden, wenn Missverständnisse möglich sind: *Ich rate, ihm zu helfen* (gegenüber: *Ich rate ihm, zu helfen*).

Entsprechend sind auch die Partizipgruppen geregelt. So kann man künftig ohne Komma schreiben: *Vor Anstrengung heftig keuchend kam er die Treppe herauf. Er kam vor Anstrengung heftig keuchend die Treppe herauf.* Gerade im zweiten Beispiel kann es aber durchaus sinnvoll sein, Kommas zu setzen – und zwar dann zwei, am Anfang und am Ende der Partizipgruppe. Es wird dann deutlich, dass das in der Partizipgruppe Ausgesagte nur ein Begleitumstand ist: *Er kam, vor Anstrengung heftig keuchend, die Treppe herauf.*

Die Kombination von Anführungszeichen und Komma

Bei den Anführungszeichen werden die Regeln für die Kombination mit dem Komma vereinfacht. So soll das Komma bei *direkter Rede* grundsätzlich nicht weggelassen werden, wenn der Kommentarsatz folgt oder nach ihr weitergeht. Wie bisher:

»Ich komme gleich wieder«, sagte sie. Neu auch: *»Wann kommst du?«, fragte sie mich. Sie sagte: »Ich komme gleich wieder«, und ging hinaus.* (Vgl. schon heute: *Sie sagte, sie komme gleich wieder, und ging hinaus.*)

Worttrennung am Zeilenende

Die bisherige Regelung der Worttrennung am Zeilenende (Silbentrennung) war einmal durch historisch bedingte Einzelfestlegungen bestimmt, zum andern setzte sie einige Kenntnisse voraus, die nur wenige mitbringen können.

Beispiel für eine überholte Einzelfestlegung ist die berühmte Regel, dass *st* im Gegensatz etwa zu *sp* nicht getrennt werden durfte, eine Regelung, die sich aus historischen Bedingungen des Buchdrucks herleitet und heute funktionslos geworden ist: In der Frakturschrift – der alten ›deutschen Schrift‹ – stand die Verbindung (Ligatur) aus langem *s* und *t* auf *einem* Block und wurde daher nicht getrennt.

Was die Vorkenntnisse betrifft: Nach der bisherigen Regelung waren zusammengesetzte griechische und lateinische Fremdwörter nach den Bestandteilen zu trennen, aus denen sie zusammengesetzt sind. Die vorgeschriebene Trennung setzte also die Kenntnis der griechischen und lateinischen Stämme voraus, die einer Zusammensetzung zugrunde liegen. So musste man bislang trennen (wir geben nur die problematischen Trennstellen an) *Päd-agogik, Helikopter, Chir-urg, Psych-iater, par-allel.* Kritisch ist dabei anzumerken, dass schon die bisherige Regelung in Einzelfällen Trennung nach Sprechsilben verlangt, so in: *Ka-te-go-rie, Dra-ma-turg, tran-si-tiv* (nach der Zusammensetzung wäre zu trennen: *Kat-ego-rie, Dra-mat-urg, trans-itiv).* Im Einzelnen führt die Neuregelung in vier Bereichen zu Änderungen:

- Trennung von *st* (s. u.)
- Trennung von *ck*
- Verbindungen mit *r* und *l* sowie *gn* und *kn* in Fremdwörtern
- Zusammensetzungen, die nicht mehr als solche empfunden werden (s. S. 449).

Trennung von *st*

Entsprechend der bisher schon sehr weit reichenden Grundregel, nach der von mehreren Konsonantenbuchstaben der letzte auf die nächste Zeile gesetzt wird, wird nunmehr auch *st* getrennt. Also: *meis-tens, Kis-ten, flüs-tern, Fens-ter, bers-ten* usw. (vgl. die Trennung anderer Kombinationen von Konsonantenbuchstaben: *Es-pe, Mas-ke, leug-nen, mod-rig, schimp-fen, schlüpf-rig* usw.).

Trennung von *ck*

Die Buchstabengruppe *ck* wird nicht mehr in *k-k* aufgelöst, sondern wie *ch* und *sch* als Einheit behandelt: *Zu-cker, fli-cken, tro-cken.*

Verbindungen mit *r* und *l* sowie *gn* und *kn* in Fremdwörtern

Die aus dem Latein bzw. den romanischen Sprachen stammende Regel, dass Verbindungen mit *r* und *l* sowie die Buchstabenverbindungen *gn* und *kn* in Fremdwörtern ungetrennt bleiben, ist nicht mehr obligatorisch. Bei den folgenden Beispielen steht die bisherige, weiterhin zulässige Trennung in Klammern: *Quad-rat (Qua-drat), möb-liert (mö-bliert), Mag-net (Ma-gnet), pyk-nisch (pyk-nisch).*

Nicht mehr als solche empfundene Zusammensetzungen

Zusammengesetzte Wörter werden – wie bisher – nach ihren Bestandteilen getrennt. Ursprünglich zusammengesetzte, aber heute nicht mehr ohne weiteres als zusammengesetzt erkennbare Wörter können nach den Regeln für einfache Wörter getrennt werden. Bei den folgenden Beispielen steht die bisherige, weiterhin zulässige Trennung in Klammern. Deutsche Wörter: *wa-rum (war-um), hi-nauf (hin-auf), ei-nan-der (ein-an-der), beo-bach-ten (be-ob-ach-ten).* Fremdwörter lateinischen oder griechischen Ursprungs: *Pä-da-go-gik (Päd-ago-gik), Chi-rurg (Chir-urg), Phi-lip-pi-nen (Phil-ip-pi-nen), Nos-tal-gie (Nost-al-gie), He-li-kop-ter (He-li-ko-pter), pa-ral-lel (par-al-lel).*

Wie geht es weiter?

Nachdem die zwischenstaatliche Absichtserklärung zur Neuregelung der deutschen Rechtschreibung am 1. Juli 1996 in Wien auch von Deutschland unterzeichnet worden ist, haben viele Schüler mit der Einführung der neuen Orthographie bereits im Schuljahr 1996/97 begonnen. Offiziell tritt die Neuregelung am 1. August 1998 in Kraft. Selbstverständlich gibt es danach in den beteiligten Ländern Regelungen für eine Übergangszeit, die in Deutschland bis zum 31. Juli 2005 angesetzt ist.

Es ist wichtig und sinnvoll, die Orthographie möglichst einwandfrei zu beherrschen, weil eben nur eine weitgehend normierte Schreibung auch Verständigung und Verstehen erleichtert, ja oft überhaupt erst ermöglicht. Umgekehrt muss jedoch auch klar sein, dass normgetreues Schreiben an sich kein Selbstzweck ist – richtig geschriebener Unsinn bleibt Unsinn! Es gilt also, den Stellenwert der Rechtschreibung richtig einzuschätzen: Sie ist nur ein Mittel, das uns die schriftliche Verständigung erleichtern soll.

Neuschreibungen

Die folgende Liste ist eine kleine Zusammenstellung der wichtigsten Neuschreibungen; sie erhebt keinerlei Anspruch auf Vollständigkeit. Zur Verdeutlichung sind die Stichwörter gelegentlich in einen typischen Kontext eingebettet; die Liste kann jedoch die ausführlichen Darstellungen eines Rechtschreibwörterbuchs, das auch zeigt, was in Zukunft unverändert bleibt, nicht ersetzen.

Neue Schreibvarianten, die künftig als bevorzugte Schreibungen gelten sollen, wurden mit einem * kenntlich gemacht.

Zu allen Fragen der neuen Silbentrennung (Worttrennung) s. S. 448 f.

alt	neu
A	
[gestern, heute, morgen] abend	[gestern, heute, morgen] Abend
Aberhunderte	*auch:* aberhunderte
abwärtsgehen	abwärts gehen
außer acht lassen	außer Acht lassen
der/die 8jährige	der/die 8-jährige
die achtziger Jahre	*auch:* die Achtzigerjahre*
ich habe ähnliches erlebt	ich habe Ähnliches erlebt
im allgemeinen	im Allgemeinen
allzusehr	allzu sehr
alles beim alten lassen	alles beim Alten lassen
aneinanderreihen	aneinander reihen
ansein	an sein
As	Ass
ein aufsehenerregendes Ereignis	ein Aufsehen erregendes Ereignis
auf seiten	aufseiten
	auch: auf Seiten
aufs äußerste gespannt	*auch:* aufs Äußerste gespannt
B	
Ballokal	Balllokal
	auch: Ball-Lokal
behende	behände
beieinanderhaben	beieinander haben
jeder beliebige	jeder Beliebige
ich will im besonderen erwähnen ...	ich will im Besonderen erwähnen ...
in betreff	in Betreff
in bezug auf	in Bezug auf
blondgefärbt	blond gefärbt
des langen und breiten	des Langen und Breiten

alt	neu
C	
Choreographie	*auch:* Choreografie
Comeback	*auch:* Come-back*
Countdown	*auch:* Count-down*
D	
datenverarbeitend	Daten verarbeitend
Delphin	*auch:* Delfin
wir haben derartiges nicht bemerkt	wir haben Derartiges nicht bemerkt
deutschsprechend	Deutsch sprechend
diät leben	Diät leben
Diktaphon	*auch:* Diktafon
Du *[in Briefen]*	du
durchnumerieren	durchnummerieren
E	
ebensosehr	ebenso sehr
aufs eingehendste untersuchen	*auch:* aufs Eingehendste untersuchen
er als einziger/sie als einzige hatte ...	er als Einziger/sie als Einzige hatte ...
ernstzunehmend	ernst zu nehmend
nicht den erstbesten nehmen	nicht den Erstbesten nehmen
zum erstenmal	zum ersten Mal
Euch *[in Briefen]*	euch
F	
fallenlassen	fallen lassen
fertigstellen	fertig stellen
Full-time-Job	Fulltimejob *auch:* Full-Time-Job
G	
im großen und ganzen	im Großen und Ganzen
aufs genaueste festgelegt	*auch:* aufs Genaueste festgelegt
geradesitzen	gerade sitzen
nicht im geringsten stören	nicht im Geringsten stören
Geschoß	Geschoss *[in Österreich weiterhin mit ß]*
das gleiche tun	das Gleiche tun
grobgemahlen	grob gemahlen
groß schreiben *[mit großem Anfangsbuchstaben]*	großschreiben
gutgelaunt	gut gelaunt

alt	neu
H	
haftenbleiben	haften bleiben
Hämorrhoide	*auch:* Hämorride
Hard-cover-Einband	Hardcovereinband *auch:* Hard-Cover-Einband
haushalten	*auch:* Haus halten
heiligsprechen	heilig sprechen
heute abend/mittag/nacht	heute Abend/Mittag/Nacht
hurra schreien	*auch:* Hurra schreien*
I	
im allgemeinen	im Allgemeinen
im besonderen	im Besonderen
im einzelnen	im Einzelnen
im nachhinein	im Nachhinein
im übrigen	im Übrigen
im voraus	im Voraus
im vorhinein	im Vorhinein
in bezug auf	in Bezug auf
in Frage kommen	*auch:* infrage kommen
J	
2jährig, 3jährig, 4jährig ...	2-jährig, 3-jährig, 4-jährig ...
Job-sharing	Jobsharing
Joghurt	*auch:* Jogurt
K	
Karamel	Karamell
kennenlernen	kennen lernen
Ketchup	*auch:* Ketschup*
sich über etwas im klaren sein	sich über etwas im Klaren sein
bis ins kleinste geregelt	bis ins Kleinste geregelt
klein schreiben *[mit kleinem Anfangsbuchstaben]*	kleinschreiben
Kongreßstadt	Kongressstadt *auch:* Kongress-Stadt
den kürzeren ziehen	den Kürzeren ziehen
L	
etwas des langen und breiten erklären	etwas des Langen und Breiten erklären
auf dem laufenden sein	auf dem Laufenden sein
Layout	*auch:* Lay-out*
bis ins letzte geklärt	bis ins Letzte geklärt

alt	neu
M	
2mal, 3mal, 4mal...	2-mal, 3-mal, 4-mal...
maschineschreiben	Maschine schreiben
nicht im mindesten	nicht im Mindesten
Mißtrauen	Misstrauen
mit Hilfe	*auch:* mithilfe
wir sprachen über alles mögliche	wir sprachen über alles Mögliche
N	
nachfolgendes gilt auch...	Nachfolgendes gilt auch...
naheliegend	nahe liegend
im nebenstehenden wird	im Nebenstehenden wird
numerieren	nummerieren
Nußschokolade	Nussschokolade *auch:* Nuss-Schokolade
O	
obenerwähnt	oben erwähnt
des öfteren	des Öfteren
P	
Panther	*auch:* Panter
plazieren	platzieren
pleite gehen	Pleite gehen
potentiell	*auch:* potenziell*
probefahren	Probe fahren
Q	
Quentchen	Quäntchen
Quickstep	Quickstepp
R	
radfahren	Rad fahren
rauh	rau
recht haben	Recht haben
recht behalten	Recht behalten
recht bekommen	Recht bekommen
jmdm. recht geben	jmdm. Recht geben
das ist genau das richtige für mich	das ist genau das Richtige für mich
Rolladen	Rollladen *auch:* Roll-Laden
rückwärtsgewandt	rückwärts gewandt

alt	neu
S	
saubermachen	sauber machen
Schlußbemerkung	Schlussbemerkung
Schlußsatz	Schlusssatz
	auch: Schluss-Satz
Schmuckblattelegramm	Schmuckblatttelegramm
	auch: Schmuckblatt-Telegramm
schwerfallen	schwer fallen
das Seine beitragen	*auch:* das seine beitragen
auf seiten	aufseiten
	auch: auf Seiten
von seiten	vonseiten
	auch: von Seiten
selbständig	*auch:* selbstständig
selbstgestrickt	selbst gestrickt
so daß	sodass
	auch: so dass
soviel du willst	so viel du willst
Stengel	Stängel
Steptanz	Stepptanz
Stillegung	Stilllegung,
	auch: Still-Legung
Stop	Stopp
strenggenommen	streng genommen
Streßsituation	Stresssituation
	auch: Stress-Situation
T	
Tee-Ernte	*auch:* Teeernte
Telephon	Telefon
Thunfisch	*auch:* Tunfisch
tiefempfunden	tief empfunden
Tip	Tipp
im trüben fischen	im Trüben fischen
U	
übelnehmen	übel nehmen
überschwenglich	überschwänglich
im übrigen wissen wir doch alle …	im Übrigen wissen wir doch alle …
und ähnliches (u. ä.)	und Ähnliches (u. Ä.)
unrecht haben	Unrecht haben
Unselbständigkeit	*auch:* Unselbstständigkeit
untenerwähnt	unten erwähnt

alt	neu
V	
Varieté	*auch:* Varietee
verbleuen	verbläuen
verlorengehen	verloren gehen
verschiedenes war noch unklar	Verschiedenes war noch unklar
Verschlußsache	Verschlusssache, *auch:* Verschluss-Sache
verselbständigen	*auch:* verselbstständigen
viel zuviel	viel zu viel
im vorangehenden heißt es ...	im Vorangehenden heißt es ...
im vorhergehenden heißt es ...	im Vorhergehenden heißt es ...
im vorhinein	im Vorhinein
im vorstehenden heißt es ...	im Vorstehenden heißt es ...
W	
weichgekocht	weich gekocht
des weiteren wurde gesagt ...	des Weiteren wurde gesagt ...
weitverbreitet	weit verbreitet
es besteht im wesentlichen aus ...	es besteht im Wesentlichen aus ...
wieviel	wie viel
als ob er wunder was getan hätte	als ob er Wunder was getan hätte
sich wundliegen	sich wund liegen
X, Y	
X-beinig	*auch:* x-beinig
zum x-tenmal	zum x-ten Mal
Z	
Zäheit	Zähheit
2zeilig, 3zeilig, 4zeilig ...	2-zeilig, 3-zeilig, 4-zeilig ...
zur Zeit [derzeit]	zurzeit
sich zu eigen machen	sich zu Eigen machen
sich zufriedengeben	sich zufrieden geben
zugrundeliegend	zugrunde liegend *auch:* zu Grunde liegend
zugunsten	*auch:* zu Gunsten
zusammensein	zusammen sein
zustande kommen	*auch:* zu Stande kommen
zuviel	zu viel
er hat wie kein zweiter gearbeitet	er hat wie kein Zweiter gearbeitet

MARKETING UND WIRTSCHAFTSKUNDE

Marketing – kein Buch mit sieben Siegeln!

Marketing ist aus dem Wirtschaftsleben nicht mehr wegzudenken und spielt in der einen oder anderen Form auch in anderen Bereichen des öffentlichen Lebens zunehmend eine Rolle. Der Zwang zum Marketing ergibt sich daraus, dass das Warenangebot größer ist als die Nachfrage. Die Hersteller der Waren bzw. die Anbieter von Dienstleistungen konkurrieren um die Gunst der Käufer. Es geht also beim Marketing darum, Bedarf nach bestimmten Waren zu erkennen bzw. zu wecken und außerdem die potenziellen Käufer dazu zu bewegen, die Waren eines bestimmten Herstellers zu kaufen. Dementsprechend besteht Marketing zum einen aus der Marktforschung, mit deren Hilfe die Wünsche der anvisierten Abnehmer ermittelt und Angebote auf diese Wünsche abgestimmt werden, und zum anderen aus spezifischen Marketinginstrumenten, mit deren Hilfe man gezielt und systematisch auf das Marktgeschehen Einfluss zu nehmen versucht.

Allem voran muss ein Unternehmen in seiner Identität gewissermaßen als Individuum erkennbar und wieder erkennbar sein. Das Denken und Handeln aller Mitarbeiter im Rahmen der ›Corporate Identity‹ (vgl. Corporate Identity, S. 469 ff.) entscheidet über den Erfolg des Unternehmens – auf dem Absatzmarkt ebenso wie auf den Beschaffungsmärkten für Rohstoffe, Maschinen und Anlagen, dem Arbeitsmarkt und dem Kapitalmarkt. Denn dadurch sowie durch das Erscheinungsbild wird ganz wesentlich das Image bestimmt, das Kunden, Lieferanten, Banken, staatliche Stellen und die Öffentlichkeit insgesamt von einem Unternehmen haben.

Genauso entscheidend wie das Firmenimage – gilt eine Firma z. B. als innovativ, umweltfreundlich, sozial eingestellt? – ist natürlich das Image ihrer Produkte. Entscheidend ist, ob die potenziellen Kunden ein Produkt schon vorab für leistungsfähig, sparsam, modern usw. halten oder mit ihm (oder der Firma) eher negative Vorstellungen verbinden. Dabei ist es weitgehend irrelevant, ob diese der Realität entsprechen oder nicht. Subjektive Vorstellungen bestimmen das Marktgeschehen oft sehr viel stärker als objektive Gegebenheiten.

Marketingorganisation und Marktkenntnis

Die Marketingfunktion ist meist – gleichrangig mit dem Einkauf, der Produktion, dem Finanz- und dem Personalbereich – einem Mitglied der Unternehmensleitung zugeordnet. Der Marketingbereich selbst ist in den nachgelagerten Hierarchiestufen meist nach Teilaufgaben oder Marketinginstrumenten gegliedert. Hier gibt es beispielsweise gesonderte Zuständigkeiten für die Marktforschung, die Produktentwicklung, für Werbung, Verkaufsförderung und Öffentlichkeitsarbeit (Public Relations) sowie für Verkäuferschulung, Verkauf und Kundendienst. In der Praxis findet sich eine Vielfalt unterschiedlicher Regelungen. So koordinieren in manchen Unternehmen so genannte *Produktmanager* sämtliche Marketingaufgaben für einzelne Produkte oder Produktgruppen; oder es wird die Betreuung von Großkunden (z. B. von Handelsgruppen) so genannten *Key-Account-Managern* übertragen.

Wer sich den Markterfordernissen optimal anpassen will, muss zunächst einmal recht detaillierte Kenntnisse von den Marktstrukturen und -prozessen haben. Diese Informationen stellt die *Marktforschung* bereit. Auf dem Gebiet der Marktforschung arbeiten in einem Unternehmen und in speziellen Marktforschungsinstituten Spezialisten – vor allem Betriebswirte, Psychologen, Soziologen, Statistiker und Informatiker – mit einem vielfältigen methodischen Instrumentarium an einer Vielzahl von Fragestellungen (vgl. Wie arbeiten Markt- und Meinungsforschungsinstitute?, S. 475 ff.). Sie müssen z. B. die voraussichtlichen Verwendergruppen für ein neues Produkt identifizieren, deren Vorstellungen vom ›Idealprodukt‹ sowie deren Konsum- und Einkaufsgewohnheiten ermitteln. Häufig müssen sie komplexe Märkte mithilfe soziographischer Merkmale (Alter, Geschlecht, Schulbildung usw.) oder anhand psychographischer Merkmale (soziale Rollen, Einstellungen zu Mode, Konsum o. Ä.) in Teilmärkte gliedern. So wird für diese *Marktsegmente* ein *differenziertes Marketing* möglich, das Produkte, Werbung oder Preise auf die Besonderheiten des jeweiligen Teilmarktes, des Marktsegmentes, ausrichtet.

Marktforscher befassen sich auch mit den Vor- und Nachteilen der Wettbewerbsprodukte, eruieren, in welcher Art von Geschäften, in welcher Verpackung und zu welchen Preisen bestimmte Produkte von den Konsumenten gekauft werden. Sie befassen sich mit der Frage, welche Mengen der Markt voraussichtlich aufnehmen wird, ermitteln die so genannte *Marktkapazität*. Sogar die voraussichtliche Wirkung geplanter Marketingaktivitäten kann die Marktforschung aufgrund so genannter *Pre-Tests* prognostizieren – so z. B. die voraussichtliche Wirkung einer Preiserhöhung, den Effekt einer Verpackungsänderung oder den zu erwartenden Erfolg einer neuen Werbekampagne im Fernsehen.

Die Marktforschung dient aber auch der *Erfolgskontrolle* bereits durchgeführter Maßnahmen. Mit ihren Methoden kann sie beispielsweise feststellen, ob es mit einem gesteigerten Werbeaufwand gelungen ist, den Bekanntheitsgrad oder das Image eines Produkts zu verbessern oder ob sich die Umstellung des Außendienstes von selbstständigen Handelsvertretern auf angestellte Reisende gelohnt hat.

Viele solcher Fragen kann die Marktforschung durch die Auswertung bereits vorliegender Informationen beantworten. Dazu stehen z. B. Daten aus der amtlichen Statistik, aus Berichten von Kammern und Verbänden, aus Geschäftsberichten oder aus der Fachpresse zur Verfügung. Diese Methode nennt man *Sekundärforschung* oder auch Schreibtischforschung (Deskresearch). Zur Beantwortung spezieller Fragestellungen jedoch benötigt sie die teurere *Primärforschung* oder Feldforschung (Fieldresearch), bei der das Datenmaterial eigens für den anstehenden Zweck erhoben und entsprechend ausgewertet wird (vgl. Wie arbeiten Markt- und Meinungsforschungsinstitute?, S. 475 ff.).

Eine wesentliche Hilfe für die Marktforschung im Einzelhandel ergibt sich aus dem Einsatz von elektronischen (Scanner)kassen für die artikelgenaue Umsatzerfassung.

Die Marketinginstrumente

Die Marktforschung dient der Planung und Erfolgskontrolle aller *Marketingaktivitäten.* Womit aber betreibt man Marketing? Der ›Instrumentenkoffer‹ ist groß und prall gefüllt. Unter dem Namen *Marketingmix* hat man die Vielfalt von Instrumenten in ein System gebracht, das die folgenden Elemente umfasst:

- die *Produkt- und Programmpolitik,* die bestimmt, welche Produkte (Leistungen) auf dem Markt angeboten werden
- die *Entgeltpolitik,* die darüber entscheidet, zu welchen vertraglichen Bedingungen die betrieblichen Leistungen am Markt angeboten werden
- die *Distributionspolitik,* die den Ausschlag dafür gibt, an wen und auf welchen Wegen die Produkte verkauft und den Erwerbern zugestellt werden
- die *Kommunikationspolitik,* die bestimmt, mit welchen Informations- und Beeinflussungsmaßnahmen versucht werden soll, die potenziellen Abnehmer über das Leistungsangebot eines Betriebes zu informieren und sie dazu zu veranlassen, die angebotenen Produkte zu kaufen

Entscheidend für den Erfolg ist der zielgerichtete, sinnvoll koordinierte Einsatz dieser Instrumente, das *integrierte Marketing.* Voraussetzung dafür ist die Kenntnis ihrer Gestaltungsmöglichkeiten und Wirkungsweisen. Dazu soll hier ein kurzer Überblick gegeben werden.

Die Produkt- und Programmpolitik: das Herz des Marketing

Im Mittelpunkt allen Bemühens um die Abnehmer stehen sicherlich die ihnen angebotenen Leistungen, d. h. Sachgüter und Dienste. Sie so zu gestalten, dass sie den Wünschen der Kunden möglichst optimal oder zumindest besser als die der Konkurrenten entsprechen, also die *marktgerechte Gestaltung* der Produkte und des gesamten Vertriebsprogramms, bildet den Kern aller Marketingaktivitäten.

Wenn ein neues Produkt entwickelt *(Produktinnovation)* oder ein bereits auf dem Markt angebotenes verändert wird *(Produktvariation),* sind stets die Komponenten Funktion, Design, Packung und Verpackung für seinen Erfolg entscheidend. Diese Komponenten geben einem Produkt seine spezifische Eigenart.

Positive Produktimages (z. B. die Vorstellung überdurchschnittlicher Qualität und Lebensdauer) können sich für einen Hersteller nur dann förderlich auswirken, wenn seine Erzeugnisse von den Käufern jederzeit identifiziert und seinem Hause zugeordnet werden können. Dafür sorgt häufig eine *Kommunikationskonstante:* die *Marke* als unverwechselbares und rechtlich geschütztes Zeichen des Betriebes und seiner Erzeugnisse. Die Palette bekannter *Markenartikel* ist umfangreich. Sie reicht von A wie AEG bis Z wie Zündapp. Dabei handelt es sich um Marken, die aufgrund ihrer regelmäßigen Nutzung im Geschäftsverkehr, vor allem in der Werbung, einen hohen Bekanntheitsgrad erworben haben. Bei der Produktgestaltung stellt sich daher oft die Frage, ob ein Produkt unter seiner *Herstellermarke,* als anonymes Produkt oder aber unter der Marke eines großen Handelsunternehmens, unter einer so genannten *Handelsmarke,* am Markt positioniert werden soll. Viele Unternehmen tun das eine, ohne das andere zu lassen: Sie bieten *Zweit- und Drittmarken* an und betreiben auf diese Weise eine *Mehrmarkenpolitik,* in der Hoffnung, alle Nischen des Marktes nutzen zu können.

Die Entgeltpolitik: Jede Leistung hat ihren Preis!

Die Entgeltpolitik, d. h. die Bestimmung der *Preise, Rabatte und Lieferbedingungen* (Konditionen), muss produkt-, distributionswegs-, wettbewerbs- und zielgruppengerecht gestaltet werden. Die Höhe des Stückpreises wird einerseits unter Berücksichtigung aller Kosten, die bei der Entwicklung, der Herstellung und dem Vertrieb eines Produkts entstehen, kalkuliert. Andererseits müssen Preise marktgerecht sein, d. h., sie müssen der Wertschätzung des Produkts durch die Verbraucher und den Preisen der Wettbewerber entsprechend gestaltet werden. Andernfalls sind sie am Markt nicht durchzusetzen.

Bei der Festlegung seiner Preise darf ein Unternehmen sich also nicht allein an den Kosten orientieren. Es muss vielmehr abzuschätzen versuchen, welche Preishöhe auf dem Markt – vor allem in Anbetracht der *Wettbewerbsverhältnisse* – durchsetzbar sein wird. Die Informationen dafür stellt die Marktforschung bereit. Sie führt zu diesem Zweck Tests durch, die die *Preisakzeptanz* bei den Verbrauchern ermitteln sollen, und beobachtet die Preispolitik der Konkurrenten. Preissetzung bedeutet damit nicht allein Kalkulation auf der Grundlage von Selbstkosten, sondern ist vor allem auch ein absatzpolitisches Instrument.

Wenn ein Betrieb als Einziger ein Produkt anbietet, das von den Verbrauchern wegen seiner besonderen Eigenschaften (z. B. der sicheren Funktionsweise, der Wirtschaftlichkeit, des Designs oder der Umweltfreundlichkeit wegen) sehr geschätzt wird, hat er damit eine Quasi-*Monopolstellung* errungen. In dieser Situation kann er dafür einen Preis erzielen, der möglicherweise weit über den Selbstkosten liegt und damit hohe Gewinne erbringt. Doch wer die Preise überzieht, riskiert durch extrem hohe Gewinne neue Anbieter auf den Markt zu locken und damit die eigene starke Marktstellung zu gefährden.

›Störend‹ wirkt sich auf die Preispolitik der Hersteller allerdings die selbstständige Preispolitik des Handels aus, der nicht selten seine Abgabepreise an die Verbraucher in einer Höhe festlegt, die den Vorstellungen der Produzenten zuwiderläuft und das Produkt- oder Markenimage möglicherweise gefährdet. Da die so genannte *›Preisbindung der zweiten Hand‹*, mit deren Hilfe ein Hersteller die von ihm belieferten Handelsbetriebe vertraglich verpflichten könnte, den Verbraucherabgabepreis in einer bestimmten Höhe zu fixieren, wettbewerbsrechtlich verboten ist, verfügt der Handel über eine preispolitische Autonomie, auf die ein Hersteller lediglich mithilfe einer *unverbindlichen Preisempfehlung* einwirken kann.

Da Handelsbetriebe einerseits in jeder Warengruppe über ein mehr oder minder umfangreiches Sortiment von Artikeln verschiedener Hersteller verfügen, andererseits untereinander in hartem Wettbewerb stehen, versuchen sie immer wieder einmal, sich ihren Kunden gegenüber als besonders leistungsfähig zu profilieren, indem sie gerade bekannte Markenartikel zu extrem günstigen Preisen anbieten. Sie betreiben dabei eine *Mischkalkulation,* bei der sie für einige Artikel bewusst auf Gewinne verzichten, sie möglicherweise sogar zu *Untereinstandspreisen* anbieten, um dann durch *Lockvogelangebote* Kunden in ihre Märkte zu ziehen. Wenn diese Kunden auch andere, besser kalkulierte Artikel kaufen, geht für den Handelsbetrieb die Rechnung auf, weil er an diesen *Renditeartikeln* mehr verdient, als er bei den Lockvogelangeboten zusetzt.

Auf den Groß- und Einzelhandel zielen die *Rabatt- und Konditionenpolitik.* Ziel eines Herstellers ist es dabei, z. B. durch die Gewährung von Rabatten den Handel als Abnehmer seiner Waren zu bestimmten Verhaltensweisen zu veranlassen. Solche Verhaltensweisen, an denen ein Hersteller zur Sicherung seiner Absatzziele, seiner Produktions- und Lagerplanung oder aus Rationalisierungsgründen interessiert ist, sind beispielsweise die Aufnahme seiner Produkte in das gesamte Ladennetz einer Handelsgruppe bei verkaufsaktiver Präsentation und intensiver Regalpflege oder die Übernahme von Lager-, Transport-, Beratungs- und Serviceleistungen durch ein Handelsunternehmen. Rationalisierungseffekte für einen Hersteller haben z. B. die Abnahme großer Mengen und ihre Anlieferung an ein Zentrallager. Ein Hersteller ist auch daran interessiert, die Dispositionen des Handels möglichst frühzeitig zu erhalten, um seine Produktion entsprechend planen und eine gleichmäßige Auslastung der Kapazitäten erreichen zu können.

Um den Handel zu solchen Leistungen zu veranlassen, haben die Hersteller in der Regel ein komplexes *Rabatt- und Konditionensystem* entwickelt, das Funktions-, Mengen- und Zeitrabatte sowie Lieferungs- und Zahlungsbedingungen umfasst. Hierin ist man sehr erfinderisch und versucht damit, sich den Wettbewerbern gegenüber Distributions- und Marktanteile zu sichern. Der Handel nutzt seinerseits seine Marktstärke oft, um sich besonders günstige *Netto-Netto-Einstandspreise* zu sichern, die sich aus einer Aufhäufung *verschiedenster Rabattformen* ergeben und vielfach das Prinzip von Leistung und Gegenleistung vermissen lassen. Solche Preise sind dann lediglich Ausdruck der gegebenen Machtverhältnisse auf den Märkten.

Die Distributionspolitik: Wie kommt die Ware zum Verbraucher?

Selbst marktgerechte Produkte von hoher Qualität und zu wettbewerbsgerechten Preisen finden ihren Weg zum Verbraucher nicht von selbst. Ihre Hersteller müssen dafür sorgen, dass die an zentralen Standorten hergestellten Waren den Verbrauchern auch noch im letzten Winkel des Schwarzwaldes oder auf einer Hallig in der Nordsee zur Verfügung stehen. Nur derjenige, dem das gelingt, wird aus der technischen Produktion wirtschaftlichen Umsatz machen können und die Chance haben, mit seinen Produkten Kostendeckung zu erzielen und Gewinne zu erwirtschaften.

Distributionsleistungen betreffen den Transport, die Lagerung, aber auch die Verpackung, Warenpflege und Qualitätssicherung bis hin zur Kundenberatung, Bedienung und Abrechnung. Jeder Hersteller steht angesichts dieser komplexen Aufgaben vor der distributionspolitischen Frage, ob er diese spezifischen Leistungen alle selbst erbringen kann und will oder ob er ›Spezialisten‹ wie Groß- und Einzelhandelsunternehmen oder Lagerhaus- und Speditionsbetriebe – die so genannten *Absatzmittler* und *Absatzhelfer* – damit betrauen will. Er kann auch einen Teil dieser Leistungen selbst erbringen, andere dagegen ausgliedern.

Viele Hersteller haben sich für den *Direktvertrieb* entschieden und verkaufen ihre Erzeugnisse selbst in eigenen Filialen oder so genannten Factory outlets (so Rosenthal-Porzellan oder Benetton-Textilien). Einige haben sich für den ›Verkauf an der Haustür‹ mithilfe einer eigenen Vertriebsorganisation entschieden – wie beispielsweise Avon-Kosmetik oder Vorwerk-Staubsauger. Sie sind der Auffassung, dass die Betreuung der Kunden und die Intensität der Bemühungen um den Verkauf bei einer eigenen Organisation höher sind als bei einem Handelsunternehmen, das ein umfangreicheres Sortiment mit vielen Artikeln verschiedener Wettbewerber führt.

In jüngster Zeit gewinnt der Einsatz neuer elektronischer Medien als »Electronic Retailing« an Bedeutung. Über T-Online oder Internet bieten Hersteller ihre Produkte direkt den Konsumenten an, denen nach einer Onlinebestellung über den Personalcomputer, bald auch über neue Multimediafernsehgeräte, die Ware zugestellt wird.

Die meisten Produzenten jedoch haben sich für den *indirekten Vertrieb* entschieden und verkaufen ihre Produkte an Handelsbetriebe, die die Distribution der Produkte an die Verbraucher auf eigene Rechnung und eigenes Risiko übernehmen. Handelsbetriebe erbringen dabei sowohl für die Hersteller als auch für ihre Kunden zahlreiche Leistungen.

Dabei handelt es sich im Wesentlichen um Aufgaben der *Marketing-* oder *Distributionslogistik.* So übernehmen Großhandelsbetriebe die *Lagerung* riesiger Mengen von Artikeln, um für ihre Abnehmer aus dem Einzelhandel stets lieferfähig zu sein. Sie beliefern ihre Einzelhandelskunden regelmäßig und transportieren große Warenmengen bis in die fernsten Winkel des Landes.

Nicht allein logistische Leistungen kennzeichnen jedoch das Leistungsspektrum des Handels. Handelsunternehmen übernehmen auch vielfältige Aufgaben der *Markterschließung.* Neue Produkte werden von den Großhandelszentralen ›gelistet‹, d. h. in ihre Bestellunterlagen, die Ordersätze, aufgenommen. Aus diesen heraus ›disponieren‹ die Einzelhandelskunden und gestalten damit ihre Sortimente.

Der direkte Kontakt zum Verbraucher bleibt den verschiedenen Betriebsformen des Einzelhandels – vom Discountgeschäft bis zum Warenhaus – vorbehalten. Er bemüht sich darum, für seine Kunden jeweils ganz spezifische Leistungen zu erbringen: Auswahl, Bedienung und Beratung, die Möglichkeit, ›alles unter einem Dach‹, d. h. im Bedarfsverbund, einzukaufen usw. Der Einzelhandel präsentiert sein Angebot in verschiedenen Formen, von der einfachen Stapelung in Kartons auf Paletten bis hin zur attraktiven Gestaltung von Abteilungen, die dem Kunden bereits das *Einkaufserlebnis* reizvoll erscheinen lassen. Zur Distributionspolitik eines Herstellers gehört daher auch die Entscheidung, in welchem Umfeld er seine Produkte dem Verbraucher präsentiert sehen, d. h. mit welchen Handelsformen er zusammenarbeiten will.

Für diese Zusammenarbeit setzt er seine *Vertriebs-* oder *Außendienstorganisation* ein. Die Zentralen der marktbedeutenden Filialunternehmen und Einkaufsvereinigungen werden zunehmend von so genannten *Key-Account-Managern* der Hersteller betreut, die mit dem dortigen Zentraleinkauf Vereinbarungen über die Listung und die Distribution der Produkte im Ladennetz der Handelsgruppe, über gemeinsame Verkaufsförderungsaktionen, vor allem aber über die Preis- und Lieferkonditionen treffen.

Häufig werden dafür sowie für die Betreuung der Einzelhandelsgeschäfte ›vor Ort‹ in den verschiedenen Branchen auch angestellte *Reisende* oder selbstständige *Handelsvertreter* eingesetzt. Reisende sind fest angestellte Mitarbeiter eines Herstellers. Sie sind weisungsgebunden und allein für die Betreuung seiner Produkte zuständig und von daher gezielter einzusetzen. Trotzdem hat nicht selten auch der Einsatz von Handelsvertretern seine Vorzüge. Es handelt sich dabei um selbstständige Kaufleute, die den Markt in der Regel gut kennen, feste Kundenbeziehungen haben, auf eigenes Risiko engagiert arbeiten und daher oftmals sehr gut in der Lage sind, für einen Hersteller neue Märkte zu erschließen und den Einzelhandel zu betreuen.

In jüngster Zeit finden sich von Industrie und Handel gemeinsam getragene Bemühungen, den gesamten Wertschöpfungsprozess von der Produktion bis zur Konsumtion zu optimieren. Unter der Bezeichnung *Efficient-Consumer-Response* (ECR) versucht man, »betriebsübergreifend« durch eine bedarfsgerechte Produktentwicklung und Gestaltung der Sortimente (= *Category-Management*) und eine rationelle Dimensionierung der Lagerbestände und Abwicklung des Warennachschubs auf allen Stufen des Distributionsprozesses eine optimale Konsumtionsversorgung sicherzustellen.

Die Kommunikationspolitik: das Sprachrohr des Marketing

Gerade in hoch entwickelten Volkswirtschaften mit einem tendenziellen Überangebot vielfältiger Leistungen durch zahlreiche Wettbewerber ist es nicht ausreichend, Qualitätsprodukte zu produzieren. Vielmehr muss man die anvisierten Kunden auch über sein Leistungsangebot und dessen besondere Vorzüge informieren, muss versuchen, sie mit dem eigenen Angebot positiv zu beeindrucken und zum *Erst-* oder *Wiederkauf* zu veranlassen.

Information und Beeinflussung sind die übergeordneten Ziele aller Maßnahmen der *Marketingkommunikation.* Sie agiert dabei als ›Sprachrohr des Marketing‹ nicht nur mit Verkäufern, Reisenden oder Handelsvertretern *(Personal Selling),* sondern nutzt auch die Instrumente der *Werbung,* der *Verkaufsförderung* und der *Public Relations* (vgl. Wie arbeiten Werbeagenturen?, S. 484 ff.). Diese Kommunikationsinstrumente greifen oft ineinander und sind häufig nur schwer voneinander abzugrenzen.

Die vielfältigen Formen der Werbung haben gemeinsam, dass die *Werbebotschaften* (Informationen über ein Unternehmen und seine Produkte) in ausgewählte *Werbemittel* (z. B. Anzeigen, Plakate, Funk- oder Fernsehspots) umgesetzt werden, um dann die so konkretisierten Botschaften mithilfe geeigneter *Werbeträger* (Medien wie Zeitungen und Zeitschriften, Plakatanschlagsäulen, Rundfunk- und Fernsehsender) an die *Zielpersonen* heranzutragen.

Werbeplanung besteht darin, zunächst die *Zielgruppen* abzugrenzen, die man als potenzielle Kunden mit seiner Botschaft erreichen will, und dann darauf abgestimmte Botschaften zu formulieren. Im Rahmen des *kreativen Gestaltungsprozesses* wird anschließend die Botschaft in geeignete Werbemittel umgesetzt, wobei die Elemente *Text, Bild* und *Ton* in einer Weise miteinander verknüpft werden, dass die so konkretisierte Werbebotschaft den Besonderheiten der Zielgruppe und des Produktes, nicht zuletzt aber auch den Möglichkeiten des *Werbebudgets* entspricht. Der letzte Planungsschritt besteht in der Auswahl und Kombination der Werbemittel (Medien), die am besten geeignet erscheinen, eine große Zahl von Zielpersonen möglichst oft und ohne große *Streuverluste* zu erreichen.

Viele Unternehmen nutzen heute das Instrument der *Direktwerbung,* wobei sie in differenzierter Weise die verfügbaren Adressen der Adressenverlage nutzen, um ihre Zielpersonen direkt anzusprechen. Übliche Werbemittel dafür sind der Werbebrief *(Directmailing)* oder das Telefongespräch, wobei gerade das *Telefonmarketing* in vielen Branchen zunehmend an Bedeutung gewinnt (vgl. Arbeitsfeld Telefon, S. 209 ff.). Auch die neuen elektronischen Medien, wie Internet und T-Online, werden zunehmend für die so genannte interaktive Marketingkommunikation eingesetzt.

Insbesondere von der Markenartikelindustrie wird der Endverbraucher durch die so genannte *Sprungwerbung* angesprochen. Man versucht auf diese Weise, einen *Pulleffekt* zu erreichen, indem die beim Verbraucher ausgelöste Nachfrage die verlangte Ware durch den gesamten Distributionskanal, d. h. vom Hersteller durch die Sortimente des Groß- und Einzelhandels bis in den Einkaufskorb des Konsumenten, ›zieht‹.

Der den Pulleffekt ergänzende *Pusheffekt* dagegen ist Ziel der *Verkaufsförderung,* die unter anderem die Aufgabe hat, die Produkte eines Herstellers in die Sortimente des Handels ›hineinzudrücken‹. Die Kommunikationsaktivitäten der Verkaufsförderer zielen sowohl auf die eigene Vertriebsorganisation als auch auf den Handel als Absatzmittler und schließlich auf die Verbraucher. Zu den *Außendienstpromotions* zählen beispielsweise *Schulungsmaßnahmen* für die Reisenden, die ihre Produktkenntnisse und Argumentationstechniken verbessern sollen, aber auch die Bereitstellung von *Verkaufshandbüchern* und *Salesfoldern* mit verkaufsunterstützenden Informationen. Schließlich sind auch motivierende *Verkaufswettbewerbe* und *Incentiveveranstaltungen* (z. B. Gratisreisen für besonders erfolgreiche Verkäufer o. Ä.) hier einzuordnen.

Dem Handel werden im Rahmen von *Handelspromotions* vielfältige Formen der Hilfe beim Hinausverkauf gewährt, denn nur, wer den Handel beim Abverkauf unterstützt, kann weitere Umsätze machen. In volle Handelsläger hinein ist eben nichts zu verkaufen. Daher unterstützt die Verkaufsförderung das Hineinverkaufen des Außendienstes durch entsprechende Abverkaufshilfen. Der Maßnahmenkatalog hierzu reicht von der *Schulungsmaßnahme* für das Verkaufspersonal des Handels über die *Bereitstellung von Warenträgern* (Regale, Truhen oder Gondeln) und *Displays* für Zweitplatzierungen, Hilfen bei der *Warenpräsentation* und *Regaloptimierung* mit EDV-Programmen bis hin zu *Deckenplakaten, Thekenaufstellern* und *Rezeptkarten* für die Kunden.

Am *Point-of-Sale* (POS), in den Verkaufsstätten des Einzelhandels also, wird schließlich auch der Konsument mit verkaufsfördernden Maßnahmen, den *Verbraucherpromotions,* angesprochen. Möglichkeiten dafür gibt es in nahezu unendlicher Fülle, vom *Preisausschreiben,* der *Verlosung* oder dem *Gewinnspiel* über *Warenproben, Zugaben* und *Produktdemonstrationen* bis hin zu besonders günstigen *Sonderangeboten* zu Aktionspreisen. Am Point-of-Sale hat die Verkaufsförderung mit all ihren Aktivitäten letztlich das Ziel, die Botschaften der Medienwerbung aufzugreifen, um das Angebot zum Zeitpunkt des Kaufentscheids zu *aktualisieren,* ungeplante *Spontankäufe* anzuregen und die Aktivitäten des Handels zu unterstützen.

Aufgabe der betrieblichen *Öffentlichkeitsarbeit (Public Relations)* ist es schließlich, durch gezielte Maßnahmen gute *Beziehungen zur Öffentlichkeit* aufzubauen und zu pflegen, um auf diese Weise eine *Vertrauensbasis* in der Gesellschaft zu schaffen. Voraussetzung dafür ist eine systematische Information und Kommunikation.

Die Bedeutung der betrieblichen Öffentlichkeitsarbeit geht über das Marketing im engeren Sinne hinaus. Letztlich besteht ihre Aufgabe darin, das Unternehmen in sein Umfeld zu integrieren (vgl. Public Relations im Unternehmen, S. 488 ff.). Folgerichtig sollte die Öffentlichkeitsarbeit organisatorisch nicht in den Marketingbereich eingegliedert sein, sondern der Geschäftsleitung direkt zugeordnet werden. Diese ist letztlich für die Stellung des Unternehmens in der Gesellschaft verantwortlich und sollte das Motto der Public Relations realisieren, das letztlich auch für das Marketing generell gilt:

Tue Gutes und rede darüber!

Corporate Identity

Die Identität eines Unternehmens, seine Unternehmenspersönlichkeit, kurz: die Corporate Identity, bestimmten Zielgruppen zu vermitteln, den Mitarbeitern, Kunden, Lieferanten, Kapitalgebern usw., ist eine äußerst komplexe Aufgabe der Unternehmenskommunikation. Dazu werden Verstand, Sinne und Gefühle der Umworbenen mit Bestrebungen und Einstellungen konfrontiert, die diesen oft schon aus der Werbung bekannt sind, zu denen sie sich jedoch immer bindungsbereiter bekennen sollen. All das steht unter dem Motto: Vertrautheit fördert das Vertrauen, fördert die Integration in Gemeinschaften und die Identifikation mit Gegebenheiten.

Dabei spielen *optische, akustische* und *verhaltenspsychologische Aspekte* eine zentrale Rolle: Piktogramme (Bildsymbole) enthalten beispielsweise kompakte Botschaften. Es gibt sie in allen kommunikativen Bereichen als Erkennungs-, Identifikations-, Orientierungs- und Weisungshilfen. Bekannte Marken- und Firmenzeichen (Signets) haben von daher hohen materiellen und ideellen Wert. Durch Farben und Formen, Slogans sowie Erkennungsmelodien werden via Medien Beziehungen hergestellt und Bindungen vertieft. Vor allem aber das situationsgerechte Verhalten von Mitarbeiterinnen und Mitarbeitern im Umgang von Mensch zu Mensch, ihr Aussehen, Auftreten und ihre Aussagen, bestimmen Kundenerwartungen und zeugen von gebündeltem ›Goodwill‹.

Auch das Ambiente der Chef-, Sekretariats-, Empfangs- und Ausstellungsräume sowie die Gestaltung des Betriebsgeländes lassen Rückschlüsse auf den Stil des Hauses und das Selbstverständnis seiner Repräsentanten zu (vgl. Die Ausstattung moderner Büros, S. 243 ff.). Ausgewogenheit zwischen Funktionalität und Ästhetik lassen Geschmack erkennen und signalisieren Solidität.

Umweltorientierte Menschen beobachten und beurteilen besonders das ökologische Verhalten von Firmen und meiden zunehmend Produkte und Dienstleistungen von Unternehmen mit auffälligen Defiziten in diesem Bereich. Diskrepanzen zwischen dem Aufwand, der im Führungsbereich getrieben wird, und der Ausstattung der sonstigen Arbeitsplätze empfinden Benachteiligte und ggf. auch Besucher als soziale Vernachlässigung. Ungerechtigkeiten demotivieren Betroffene und irritieren Gäste. *Human Engineering* dagegen, d. h. die Berücksichtigung der psychologischen und sozialen Voraussetzungen des Menschen bei der Gestaltung von Arbeitsplätzen und maschinellen Einrichtungen, steigert das Ansehen des Unternehmens, fördert den Betriebsfrieden und das Betriebsergebnis.

Für die Realisierung der angestrebten Corporate Identity ist eine *psychologische Einstimmung der Mitarbeiterinnen und Mitarbeiter* unabdingbar. Die von der Geschäftsleitung gewünschte Identifikation der Betriebsangehörigen mit den festgeschriebenen Prinzipien findet bereitwilliger statt, wenn Delegierte aus allen Hierarchiestufen in Projektgruppen gemeinsam die Grundsätze für den Umgang miteinander und mit den Kunden, Lieferanten usw. erarbeiten. Die Ergebnisse werden nicht selten als ›Firmenphilosophie‹ deklariert und oft mithilfe externer Spezialisten formuliert. Das folgende Beispiel für ein Unternehmensleitbild mag die Zielrichtung solcher Firmenphilosophien verdeutlichen:

Unsere Grundsätze lauten:

- Wer fordert, muss fördern. Tradition ist unser Fundament, Tatkraft sichert unseren Fortschritt
- Unsere Mitarbeiter sind unser wertvollstes Kapital
- Die Zufriedenheit und Treue unserer Kunden sind unser wichtigstes Anliegen
- Wir bemühen uns aktiv um neue Kunden
- Angebote erstellen wir schnell und gewissenhaft
- Wir sind unseren Kunden, Lieferanten und Kapitalgebern zuverlässige Partner und halten Zusagen korrekt ein
- Wir arbeiten und handeln kostenbewusst und gewinnorientiert
- Wir sind zuverlässige Dienstleister und Problemlöser, hierzu nutzen wir alle Marktchancen sinnvoll zum Wohl unserer Kunden
- Mit unseren Produkten bieten wir Sicherheit, Behaglichkeit und Wirtschaftlichkeit
- Unser Erscheinungsbild und Verhalten überzeugen
- Wir helfen und fördern uns untereinander; Differenzen bereinigen wir fair
- Wir befolgen Anweisungen, denken mit, entwickeln Initiativen und bilden uns weiter

Zu diesen zwölf Grundsätzen können dann die Details branchen- und situationsorientiert in einem Stil verfasst werden, der dazu motiviert, diese Leitlinien auch mit Leben zu erfüllen. Wie z. B. der Führungsstil im Rahmen einer solchen ›Firmenphilosophie‹ aussehen kann, zeigen die Folgeseiten.

Unser Führungsstil

Wir führen situationsgerecht, zielorientiert, ausgewogen sach- und personenbezogen.
Jede Gemeinschaft hat Eigengesetzlichkeiten, die von der Individualität und der Qualifikation der Mitarbeiter, den vertraglichen und arbeitsmäßigen Tatsachen sowie der wirtschaftlichen Situation und den Anforderungen des Marktes geprägt werden. Diese Fakten haben bei allen Entscheidungen Priorität.
Wir fördern die Kooperation, dieses Fremdwort heißt Zusammenarbeit. Alle pflicht- und verantwortungsbewussten Mitarbeiterinnen und Mitarbeiter können mit eigenen Ideen zu Problemlösungen und Zielsetzungen beitragen.
Wer sich entfalten und bewähren kann, ist bestens motiviert und bringt mehr Überzeugungskraft auf. Die Zusammenarbeit funktioniert unter folgenden Voraussetzungen:

- Vorhaben besprechen und erklären
- Verantwortung übertragen
- Vollmachten festlegen
- Bring- und Holpflichten nachkommen
- Vorgesetzte beachten Kontroll- und Kritikerfordernisse
- Leistung braucht kein Lob, aber Lob fördert die Leistung
- Unterstellungs- und Weisungsklarheit
- Konfliktkultur

Nachstehende Informationswege müssen funktionieren; Verantwortung dafür tragen alle Mitarbeiterinnen und Mitarbeiter:

- Informationen von oben nach unten
- Informationen von unten nach oben
- Querinformationen
- Informationen von außen nach innen
- Informationen von innen nach außen

Niemand ist perfekt, alle ergänzen einander, und keiner ist so schlau wie alle zusammen.
Wo Menschen sind, da menschelt es. Wer für sich das Adjektiv kollegial beansprucht, muss wissen, dass der lateinische Stamm collegialis auf Hilfsbereitschaft und Eintracht hinweist. Mit diesen Orientierungspunkten lässt sich Streit zwar nicht immer vermeiden, aber stets versachlichen. Das gelingt bei Beachtung folgender Grundsätze:

- Aufgeschlossen und zugänglich Ansichten und Anliegen anhören
- Klärende Fragen stellen
- Verständnis aufbringen
- Zumutbare Sonderwünsche erfüllen
- Eigenen Standpunkt erklären
- Kompromisse vorschlagen
- Ersatzlösungen anbieten

- Ablehnungen begründen
- Bloßstellungstriumphe vermeiden
- Geduld aufbringen
- Wohlwollen entgegenbringen
- Format zeigen und Form wahren

Wer sich im Geltungs- und Vergeltungsbestreben aufreibt, ruiniert seinen Ruf und blockiert seinen Verstand.

Gemeinsame Ziel- und Entscheidungsfindung

Engagierte Mitarbeiterinnen und Mitarbeiter wollen Entwicklungen beeinflussen, Erfahrungen und Erkenntnisse einbringen. So haben sie Freude an der Arbeit, identifizieren sich besser mit den Vorhaben und sind integriert. Wir unterscheiden Sach- und Verhaltensziele.
Das nachstehende Verfahren wird allen Beteiligten gerecht und führt zu den besten Lösungen:

- Probleme bzw. Ziele erklären
- Ursachen bzw. Gründe diskutieren
- Lösungsvorschläge (Vorgehensweisen) erarbeiten
- Lösungsvorschläge (Vorgehensweisen) diskutieren und abwägen
- Für die beste Lösung (Vorgehensweise) entscheiden (durch Votum oder Vollmacht)
- Alternativen abwägen
- Unterlegene Teilnehmer würdigen
- Verantwortung und Vollmachten übertragen
- Zeiten festlegen
- Koordinator bestimmen
- Schlussinspektion durchführen

Aufgabe der Vorgesetzten ist es, den guten Willen und die konkrete Leistung aller zu fördern und so zu kanalisieren, dass nichts verloren geht. Der Weg führt vom Azubi zum Weizubi. Zur letzten Kategorie gehört jeder. Wer nicht mehr bereit ist, an sich zu arbeiten und sich weiterzubilden, hört auf, gut zu sein. Und wer glaubt, etwas zu sein, der hört auf, etwas zu werden.

Delegation von Verantwortung und Förderung der Mitarbeiterinnen und Mitarbeiter

Wir müssen uns im Wettbewerb behaupten und unseren Kunden attraktive Leistungen bieten. Das gelingt, wenn sich alle Mitarbeiterinnen und Mitarbeiter für dieses Ziel einsetzen. Das ist die wichtigste Verantwortung, die wir übertragen.
Worauf es ankommt, steht in Stellenbeschreibungen und Aufgabenkatalogen. Zuständigkeiten sind Bestandteile der Arbeitsverträge oder werden im Hinblick auf aktuelle Gegebenheiten abgestimmt.
Wer Hilfe braucht, erhält sie von Vorgesetzten; außerdem steht kollegialer Rat zur Verfügung.

Wir sind Teil in einer Leistungsgemeinschaft. Gute fördern, Schlechte hemmen die Leistung der Gemeinschaft. Jeder hat nur einen Zeitwert, nämlich den der gegenwärtigen Leistung. Verdienste von gestern und vorgestern haben nur Erinnerungswert. Das klingt hart, doch übertriebene Rücksicht auf Einzelne ist ungerecht und unsozial gegen alle. Der harte Wettbewerb verlangt, dass jeder Reserven einsetzt, Bildungswillen und Bildungsfähigkeit koordiniert und das Beste daraus macht.

Wir können und wollen unseren Mitarbeiterinnen und Mitarbeitern keine Ergebnisgleichheit bieten, aber für alle besteht Chancengleichheit, vorurteilsfrei gefördert und befördert zu werden. Jeder erhält Möglichkeiten sich beruflich und persönlich zu entwickeln. Wir müssen ständig nachlernen, umlernen und hinzulernen.

Dafür wurden Beurteilungsgespräche institutionalisiert. Vorgesetzte haben eine Fürsorgepflicht und müssen um das Vertrauen ihrer Mitarbeiterinnen und Mitarbeiter bemüht sein. Beurteilungen und Beratungen erfolgen im Hinblick auf das

- Leistungsergebnis
- Leistungsverhalten
- Sozialverhalten

und auf alle sonstigen, einen überzeugenden Gesamteindruck ausmachenden Persönlichkeitssegmente.

Die Beurteilungsgrundlagen sind strukturiert, Gerechtigkeit und Diskretion sind garantiert.

Mitarbeiterinnen und Mitarbeiter haben das Recht, bei Unzufriedenheit mit der Beurteilung sich an den nächsthöheren Vorgesetzten und auch an den Personalrat zu wenden.

Kunden erwarten von Mitarbeiterinnen und Mitarbeitern

- freundliche Aufgeschlossenheit
- gewissenhafte Beratung
- zuverlässige Abwicklung der Aufträge

Damit erreichen wir

- Beliebtheit in der Öffentlichkeit
- Umsatzsteigerung und Zukunftssicherung
- Konkurrenzverdrängung

Wenn Vorgesetzte und Mitarbeiter ihr Können und ihre Erfahrung sinnvoll bündeln, sich gegenseitig vertrauen, Konflikte fair austragen, loyal die Geschäftsziele vertreten, sich ständig weiterbilden, dann entsteht daraus das beste Betriebskapital: Lernbereitschaft, Leistungsbereitschaft, Kreativität, Disziplin und Zuverlässigkeit aller. Mit einer derart ausgestatteten Mannschaft kann ein Unternehmen das Beste erwarten und dem Schlimmsten begegnen.

Die Leistungskraft der Mitarbeiterinnen und Mitarbeiter erhöht die Ertragskraft unseres Unternehmens. Damit dienen wir dem Wohl der Allgemeinheit und erfüllen die Erwartungen der Wirtschaft; so werden wir zu begehrten Partnern aller, die unsere Dienste brauchen.

Eine Corporate Identity kann man einem Unternehmen nicht »aufpfropfen«. Sie entwickelt sich weitgehend aus der gelebten Unternehmenskultur, den wirksamen Denkmustern, Wertorientierungen, Einstellungen und Verhaltensweisen.

Eine positive Geisteshaltung und eine zivilisierte Ausdrucksweise sowie die Pflege zwischenmenschlicher Beziehungen tragen erheblich zum Erfolg bei. Hier können Sekretärinnen Vorbildfunktion übernehmen und das Ansehen des Unternehmens und ein gutes Betriebsklima erheblich fördern. Das Sekretariat ist häufig Anlaufstelle für Besucherinnen und Besucher, Kunden und Lieferanten, aber auch für Mitarbeiterinnen und Mitarbeiter, die ihre Ansichten vortragen und ihre Absichten klären möchten, Informationen bringen und brauchen. Alle wollen verständnisvoll angehört und nicht herablassend behandelt werden. Sekretärinnen mit Format klären Details im Vorfeld, gleichen aus, schirmen ab, vermitteln Termine und sind ein harmonisierendes Regulativ zur Vermeidung von Konfusionen und Irritationen; sie sind allseits respektiert wegen ihrer Sachlichkeit und geachtet wegen ihrer Menschlichkeit.

Wie arbeiten Markt- und Meinungsforschungsinstitute?

Der griechische Philosoph Epiktet hat bereits vor mehr als 2000 Jahren gesagt, dass nicht die Fakten die Vorstellungen der Menschen von der Welt bestimmen, sondern eher die Meinungen über die Fakten. Kürzer noch könnte man sagen: *Meinungen sind Fakten.* In der Mitte der Zwanzigerjahre dieses Jahrhunderts war es dann der Amerikaner George Gallup, der das Instrument der Meinungsbefragung entwickelte. Er ging von der Überlegung aus, dass es genügen müsste, nur eine begrenzte Anzahl von Menschen zu befragen, um die Gesamtmeinung der Bevölkerung eines Landes zu einem bestimmten Sachverhalt kennen zu lernen. Die zu Befragenden müssten lediglich hinsichtlich Alter, Geschlecht, Beruf, Wohnortgröße und regionaler Herkunft die Gesamtbevölkerung widerspiegeln, eine statistisch repräsentative Stichprobe bilden. Dies war, so könnte man sagen, die Geburtsstunde der Meinungsforschung.

Neben der *Meinungsforschung* gibt es noch die *Marktforschung.* Zwar sind beide nicht völlig deckungsgleich, aber im Sinne der nachfolgenden Ausführungen durchaus inhaltsverwandt, ja man könnte sagen, die beiden sind Zwillingsschwestern. Das Verhalten der Anbieter und Nachfrager auf dem Markt wird eben weitgehend durch ihre Meinungen bestimmt. So betreiben die meisten Meinungsforschungsinstitute auch Marktforschung und arbeiten meist mit den gleichen Methoden und Instrumenten wie diese.

Um aber die Frage eindeutig beantworten zu können, wie Meinungsforschungsinstitute arbeiten, muss noch geklärt werden, was *öffentliche Meinung* bedeutet, was unter *Meinungsforschung* zu verstehen ist (vgl. Marketing – kein Buch mit sieben Siegeln!, S. 459 ff.) und was ein *Markt-* bzw. *Meinungsforschungsinstitut* eigentlich tut.

Wenn von öffentlicher *Meinung* die Rede ist, dann geht es nicht um persönliche Ansichten, Überzeugungen oder Einstellungen zu irgendeinem Meinungsgegenstand, sondern immer um die im Bewusstsein der Allgemeinheit vorhandenen Auffassungen, bezogen auf bestimmte Sachverhalte. *Meinungsforschungsgegenstand* kann alles sein: eine Person des öffentlichen Lebens, eine politische Partei, eine Firma oder Unternehmung, ein Produkt, eine Verhaltensweise (z. B., welche Zeitschriften jemand liest), eine Überzeugung (z. B., wie man zum vereinten Europa steht), eine Einstellung, eine Erwartung, eine Hoffnung oder ein Wunsch.

Unter *Allgemeinheit* versteht man die erwachsenen Bewohner eines Landes, einer Region oder einer Stadt. Bestimmte gesellschaftliche Gruppierungen (z. B. Jugendliche, Senioren, Manager, Meinungsführer, Studierende, Berufstätige oder Hausfrauen) kann man als *Teilallgemeinheit* ansehen.

Allgemein wird heutzutage unter Meinungsforschung die *Erforschung der öffentlichen Meinung* durch Befragungen der verschiedensten gesellschaftlichen Gruppen im In- und Ausland verstanden.

Meinungsforschungsinstitute sind in der Regel privatwirtschaftlich tätige Dienstleistungsunternehmen, die mithilfe von Befragungen die aktuelle öffentliche Meinung repräsentativer Bevölkerungsquerschnitte oder sonstiger gesellschaftlicher Gruppen zu ermitteln versuchen. Sie tun dies gegen Entgelt und im Auftrag von Institutionen aller Art und sind in Deutschland durchweg unabhängig, überparteilich und ideologisch nicht festgelegt.

Deutschland gehört auf dem Sektor der Meinungs- und Marktforschung zu den führenden, umsatzstärksten Ländern in Europa. Zur Zeit gibt es in ganz Deutschland 267 so genannte Vollserviceinstitute, das sind Markt-, Meinungs- und Sozialforschungsinstitute, die jede Art von Befragungen von der Planung bis zur Ergebnispräsentation ohne wesentliche Fremdhilfe durchführen können. Sie unterscheiden sich allerdings hinsichtlich der eingesetzten Untersuchungsmethoden, der Größe des Interviewer- oder Untersucherstabes und der Erfahrungen auf bestimmten Spezialgebieten.

Man kann sich die weit gespannten Leistungen und die Leistungsqualität von Meinungs- und Marktforschungsinstituten am besten vor Augen führen, wenn man die wichtigsten Formen der Meinungs- und Marktforschung, den Ablaufplan von Untersuchungsprojekten und die angewandten Methoden beschreibt. Von daher lässt sich dann auch auf die Leistungsfähigkeit der Institute schließen.

Die Formen der Meinungs- und Marktforschung

Zunächst unterscheidet man zwischen *Primär- und Sekundärforschung.* Man spricht von *Primärforschung* in der Meinungs- und Marktforschung, wenn Daten eigens für einen bestimmten Zweck originär und aktuell (z. B. durch Befragung) erhoben und entsprechend verwendet werden. Unter *Sekundärforschung* versteht man dagegen ›die erneute Analyse von Daten, die primär für andere Zwecke erhoben und ursprünglich im Rahmen von früheren Untersuchungen aufbereitet und ausgewertet wurden‹[1]. So sind Daten, wie man sie in den statistischen Jahrbüchern des Bundes, der Länder, der Städte und der Gemeinden findet, unter dem Begriff *Sekundärdaten* einzuordnen. Indessen verkauft die Meinungs- und Marktforschung überwiegend *Primärdaten* an ihre Auftraggeber. *Primärdaten oder -ergebnisse* werden im Wesentlichen erhoben durch

- persönliche oder mündliche Befragung
- telefonische Befragung

[1] Wolfgang J. Koschnik: Standardlexikon für Marketing, Marktkommunikation, Marktforschung und Mediaforschung. München 1987, S. 757.

- schriftliche Befragung
- Tagebuchaufzeichnungen
- Beobachtung
- Tests bzw. Experimente

Heutzutage sind die gängigsten Formen der Befragung die *persönliche oder mündliche* und die *telefonische.* Grundlage einer jeden Umfrage ist ein sorgfältig ausgearbeiteter *Fragebogen.* Ihn zu gestalten, gehört zu den schwierigsten Aufgaben der Meinungs- und Sozialforschung, müssen doch aus den Antworten echte Schlüsse auf den Forschungsgegenstand möglich sein (Validität). Alle Fragen müssen so formuliert sein, dass sie die Antwort der Interviewten nicht suggestiv beeinflussen. Auch die Reihenfolge der Fragen ist keineswegs beliebig, sondern wird ebenfalls vom Thema und dem Ziel der Untersuchung bestimmt. Die Anfertigung eines Fragebogens sollte man also stets Fachleuten überlassen.

Wie läuft eine Meinungsumfrage ab?

In der nachfolgenden Darstellung wird davon ausgegangen, dass die gesamte Befragung von einem Fremdinstitut durchgeführt wird, wobei die ersten beiden Bearbeitungsschritte (Stufen) im Hause des Auftraggebers genommen werden müssen. Es ist allerdings auch üblich, dass nur die Befragung durch die Interviewer eines Institutes abgewickelt und alle Analyseschritte vom Auftraggeber selbst erledigt werden.

1. Stufe (Problemanalyse und Formulierung von Hypothesen): Aufgrund operativer oder strategischer Notwendigkeiten werden grundsätzliche Überlegungen angestellt, die ihren Niederschlag in einem Grundsatzpapier (Briefing) finden, das dem bzw. den infrage kommenden Meinungs- und Marktforschungsinstitut(en) als Leitlinie für den Untersuchungsauftrag dienen soll. In diesem Zusammenhang bemüht man sich, sekundärstatistische Daten ausfindig zu machen und problemorientiert aufzubereiten, d. h. Hypothesen zu formulieren, die mithilfe der Befragung überprüft werden sollen.

2. Stufe (Planung der Auftragsvergabe): Nach der Hypothesenfindung bzw. Problemorientierung werden der zeitliche und finanzielle Rahmen des Untersuchungsvorhabens abgesteckt sowie auf der Grundlage eines oder mehrerer Angebote das geeignete Meinungs- oder Marktforschungsinstitut ermittelt. Diese Stufe endet mit der Auftragsvergabe unter den im Auftrag festgelegten und beiderseitig (durch den Auftraggeber und das Institut) anerkannten Bedingungen.

Die Vorarbeiten des Auftraggebers bis zur Vergabe des Auftrags an ein Institut sind unterschiedlich intensiv. Finanzielle und fachliche Gründe sowie Art und angestrebte Genauigkeit der Untersuchung entscheiden, ob lediglich die Problemstellung dem bzw. den ins Auge gefassten Institut(en) mitgeteilt wird, oder ob bereits fertig ausgearbeitete Fragebögen mit entsprechenden untersuchungsbezogenen Hinweisen an das auftragnehmende Institut übergeben werden.

3. Stufe (Theoretische Vorarbeiten): Das beauftragte Institut arbeitet sich kurzfristig in das Thema ein. Entweder schöpft es dabei aus seinen Erfahrungen mit ähnlichen Studien zu einem gleichen oder ähnlichen Thema, oder es muss sich erst auf dem Wege des Literaturstudiums, durch vertraglich vereinbarte Vorstudien (Gruppendiskussionen, Explorationen usw.) und/oder Expertenbefragungen sachkundig machen.

4. Stufe (Erarbeitung eines Fragebogens im Institut): Auf der Basis der erfolgreich abgeschlossenen Vorarbeiten wird ein erster Fragebogenentwurf erstellt und mit dem Auftraggeber abgestimmt. Eine Probebefragung hilft, den Fragebogen auf Verständlichkeit, Länge und Fragenfolge zu überprüfen.

5. Stufe (Bestimmung des Auswahlverfahrens und Stichprobengröße): In den meisten Fällen wird das zu verwendende Auswahlverfahren (Wie suche ich die zu befragenden Personen richtig aus?) bereits im Angebot festgelegt. Das gilt auch für die Festlegung der Stichprobengröße (Anzahl der zu befragenden Personen). In der Meinungs- und Marktforschung hat sich eine Stichprobengröße von ca. 1000 Personen als ausreichend erwiesen. Die Stichprobengröße bestimmt zusammen mit dem Auswahlverfahren die Genauigkeit der Befragungsergebnisse (z. B. bei 1000 Befragten beträgt die Fehlertoleranz maximal +/−3,0%). Keinen Einfluss auf die erforderliche Stichprobengröße hat bei einer Zufallsstichprobe die Grundgesamtheit (d. h. die Größe der Bevölkerung oder der Zielgruppe), aus der die Stichprobe gezogen wird.

6. Stufe (Vorbereitung der Feldarbeit): Nach Verabschiedung des endgültigen Fragebogens wird die eigentliche Befragung vorbereitet, die man auch als *Feldarbeit* bezeichnet. Interviewer müssen herangezogen und in ihre Aufgabe eingewiesen werden usw. Bei Schwerpunkteinsätzen (z. B. Befragungen in Städten, Ballungsgebieten) oder Stichtagsbefragungen (Befragung nach einem bestimmten Ereignis, z. B. Bundestagswahl, Fernsehsendung) ist eine Reihe von weiteren organisatorischen Vorbereitungen notwendig.

7. Stufe (Durchführung der Feldarbeit): In dieser Phase werden die Fragebogen an die Interviewer geliefert, die sofort danach gemäß einem genau vorgegebenen Schema mit der Befragung beginnen. Im Falle einer telefonischen Befragung wird von einem zentralen Ort (Telefonstudio) aus die Befragung durchgeführt. Diese Studios sind meistens mit Telefoncomputern (CATI-System = **C**omputer-**A**ssisted-**T**elefon-**I**nterview) ausgestattet, mit deren Hilfe eine schnelle Abwicklung auch umfangreicher Befragungen möglich ist.

8. Stufe (Aufbereitung der erhobenen Daten): Nach dem Abschluss der Befragung werden die Antworten auf *offene Fragen* – das sind Fragen, deren Antworten im Fragebogen nicht vorformuliert sind – kodiert, d. h. nach Oberbegriffen sortiert, und zusammen mit denjenigen auf *geschlossene Fragen* – das sind Fragen mit vorgegebenen Antwortmöglichkeiten – auf Datenträger (Magnetband, Diskette, Platte usw.) übernommen.

9. Stufe (Datenanalyse und -auswertung): Zunächst wird überprüft, ob die Daten vollständig eingelesen, die Gesamtzahlen plausibel und keine Kodier- oder Einlesefehler unterlaufen sind. Dann werden anhand einer ersten Auszählung die Gesamtergebnisse der Fragen, d. h. ohne eine Aufgliederung nach Geschlecht, Alter, Schulbildung usw. der Befragten, dargestellt. Nun beginnt die Feinauszählung der Umfrageergebnisse in der mit dem Auftraggeber vereinbarten Form. Häufig werden dabei Zusammenhänge zwischen verschiedenen Fragen analysiert, ob z. B. gesundheitsbewusste Konsumenten eine bestimmte Gemüsesorte bevorzugen.

10. Stufe (Kommentierung und/oder Präsentation der Umfrageergebnisse): Eine fachliche Kommentierung neben der Präsentation der Umfrageergebnisse kann nur von branchenerfahrenen Instituten erwartet werden, weil die brauchbare Erarbeitung von Empfehlungen eingehende Kenntnisse des spezifischen Marktes, der besonderen Zielsetzungen des Auftraggebers oder der Besonderheiten des Befragungsobjektes voraussetzt. Allerdings wird den Meinungs- und Marktforschungsinstituten im Sinne ganzheitlicher Dienstleistungsangebote immer häufiger auch diese Untersuchungsstufe übertragen.

Wie finde ich das richtige Meinungs- oder Marktforschungsinstitut?

Bei der großen Anzahl von Meinungs- und Marktforschungsinstituten in Deutschland und angesichts der unterschiedlichen Leistungsangebote fällt es bei einer ersten Kontaktaufnahme schwer, das richtige Institut zu finden. Die wichtigsten Kriterien für die Auswahl sind sicherlich *Schnelligkeit, Zuverlässigkeit, Preisgünstigkeit und fachliche Kompetenz.* Da aber fast jedes Institut diese Qualitätsmerkmale auf seine Fahnen bzw. in seine Prospekte geschrieben hat, benötigt man aussagekräftige Kriterien.[1]

Im Einzelnen geht es dabei um folgende Problembereiche:

- Verpflichtung gegenüber Informanten (Anonymität der Informanten, Rechte der Informanten, Interviews mit Kindern, Umgang mit der Öffentlichkeit und der Geschäftswelt, Datenschutz, Scheinkäufe usw.)
- gegenseitige Verpflichtung von Auftraggebern und Marktforschern (Regelung des Eigentums an Marktforschungsunterlagen, Vertraulichkeit, das Recht des Auftraggebers auf Unterrichtung über sein Projekt, Veröffentlichung von Ergebnissen, Exklusivität)

[1] Als Orientierungshilfe können folgende Publikationen herangezogen werden: IHK/ESOMAR: Internationaler Kodex für die Praxis der Markt- und Sozialforschung (ESOMAR = Europäischer Verband der Markt-, Meinungs- und Sozialforschung), Amsterdam 1991; G. Heuer: Wie finde ich das richtige Marktforschungsinstitut?, in: Interview und Analyse, 3, 4, 5, Jg. 1975.

- Stichprobenbeschreibung
- Methode der Datenerfassung und -aufbereitung
- Form der Berichterstattung
- Präsentation der Untersuchungsergebnisse

Bekanntheit und Gründungszeitpunkt eines Institutes sind sicherlich allein noch kein Maßstab für seine Leistungsfähigkeit. Hat sich aber ein Institut seit längerer Zeit erfolgreich auf dem Markt behauptet, dann spricht vieles für die Qualität seiner Arbeit.

Die Rechtsform eines Institutes und seine Mitgliedschaft in Verbänden und internationalen Gruppen sagen etwas über seine Bonität und die Einhaltung bestimmter Standards aus, z. B., was die Vertraulichkeit bei der Zusammenarbeit angeht. Hier hat es in der Vergangenheit jedoch selten Anlass zu Beanstandungen gegeben. Eine große Bedeutung hat in der Marktforschung die fachliche Qualifikation der Mitarbeiter. Sie lässt sich ermessen an Lehraufträgen an Universitäten und Fachhochschulen, an Veröffentlichungen und an der Referententätigkeit. Wissenschaftskontakte, d. h. Zusammenarbeit mit Universitäten in den vielfältigsten Formen, sind für die positive Beurteilung eines Meinungs- und Marktforschungsinstitutes wichtig, weil man von ihnen die Bemühung um die ständige Weiterentwicklung der fachlichen Qualifikation ableiten kann.

Wegen der ständig steigenden Anforderungen an die Umfrageforschung muss neben der Qualifikation der Mitarbeiter auch die technische Ausstattung der Institute beachtet werden. Denn der technische Standard entscheidet häufig über die Schnelligkeit bei der Auftragserledigung, aber auch über die Methodenvielfalt bei der Erhebung und Auswertung. Ganz wichtig ist darüber hinaus die Größe des Interviewerstabs.

Die Spezialisierung in der Meinungs- und Marktforschung schreitet, wie in vielen Bereichen, fort. Dies gilt nicht nur in Bezug auf die Anwendung bestimmter Verfahren und Methoden, sondern auch auf spezielle Branchenkenntnisse. Auch dies qualifiziert ein Institut für eine Zusammenarbeit.

Ein wichtiges Entscheidungskriterium ist nicht zuletzt die Art und Weise, mit der das Institut auf Anfragen reagiert. Man sollte einer Auswahl von Instituten einen Anforderungskatalog (Briefing) mit der Bitte um ein Angebot zukommen lassen. Aus den eingehenden Angeboten lässt sich vieles über den Stil und die Qualität auch der Tagesarbeit eines Meinungs- und Marktforschungsinstitutes ableiten. Allerdings kommt es mehr auf den Inhalt als auf die äußere Form an, obwohl auch diese nicht unbeachtet bleiben sollte. Insbesondere die Flexibilität, mit der man bereit ist, sich auf die spezielle Untersuchungsproblematik einzustellen, geht aus dem Angebot hervor, und nicht zuletzt gewinnt man Aufschluss über die Preisgestaltung sowie einige Anhaltspunkte für drei weitere Tugenden, die ein Marktforschungsinstitut auszeichnen sollten, nämlich *Termintreue, Kommunikationsfreude* und *Ehrlichkeit.*

Institutsberichte und *Ergebnisinterpretationen* liefern weitere wichtige Informationen über die Vertrauenswürdigkeit und Verlässlichkeit eines Anbieters.

Dabei ist der Inhalt der Institutsberichte wichtiger als ihre äußere Form, obwohl auch sie Rückschlüsse auf den ›Institutsgeist‹ zulässt. So muss ein gewisses Verhältnis zwischen dem Einsatz der Mittel, dem äußeren Erscheinungsbild und dem Inhalt des Berichtes bestehen. Auch sollte man sein Augenmerk auf die Qualität der Ergebnispräsentation richten.

Die folgenden Probleme der grenzüberschreitenden Meinungs- und Marktforschung legen es nahe, bei der Auftragsvergabe solchen Instituten den Vorzug zu geben, die auf diesem Feld bereits erfahren sind:

- Die Vergleichbarkeit der erhobenen Daten bei multinationalen Studien ist wegen der Unterschiedlichkeit in den Einstellungen und im Verhalten und nicht zuletzt wegen der unterschiedlichen Sprachen manchmal schwer zu erreichen. Hinzu kommt, dass man bestimmte demographische Gruppen, beschrieben durch *Schulbildung, Berufsausübung, Einkommen usw.*, kaum vergleichen kann, weil die Schulsysteme unterschiedlich sind, die Berufsbezeichnungen nicht zur Deckung gebracht werden können und die Kaufkraft häufig nicht durch die bezogenen Einkommen auszudrücken ist
- Nicht in jedem europäischen Land sind alle möglichen Fragen zugelassen. Sie unterliegen manchmal noch obrigkeitlichen Kontrollen
- Die Preise für die gleichen Umfrageleistungen schwanken von Land zu Land erheblich
- Wenn man sich bei Mehrländerumfragen nicht koordinierten Instituten anvertraut, ist wegen der methodischen Unterschiedlichkeiten ein Datenvergleich ebenfalls nur bedingt möglich
- Eine Kontrolle und Begutachtung der abgeforderten und zu bezahlenden Leistungen ist äußerst schwierig

Eine risikolose internationale Meinungs- und Marktforschung ist dann gegeben, wenn man sie einem international tätigen oder einem in der Bundesrepublik beheimateten Institut überträgt, das über langjährige Erfahrungen in der Auslandsmarktforschung verfügt. Dabei sind vor allem folgende Probleme zu beachten:

- Beschränkung auf einen Gesprächspartner
- geringe Kommunikationsverluste
- keine Sprachschwierigkeiten
- gleiche Umfragemethoden
- gleiches Repräsentationsniveau der Stichproben bei Befragungen
- vergleichbare Ergebnisse in den verschiedenen gesellschaftlichen Gruppen
- gleicher Befragungszeitraum
- Kostenersparnis durch Kooperation
- klare Rechtsverhältnisse

Was kostet Meinungs- und Marktforschung und wo erhalte ich weiteren Rat?

Da es sich bei Meinungs- und Marktforschungsuntersuchungen meistens um ›maßgeschneiderte‹ Auftragserledigungen handelt, ist es außerordentlich schwierig, Anhaltspunkte für ihren durchschnittlichen Preis zu ermitteln. Um bei einem Angebotsvergleich zu einer vertretbaren Beurteilung des Preis-Leistungs-Verhältnisses zu kommen, muss man wissen, welche *Faktoren* den Angebotspreis in der Meinungs- und Marktforschung bestimmen. Diese Faktoren sind:

- Umfang von Arbeiten vor dem Beginn einer Untersuchung (Literaturstudium, Sammlung von Sekundärdaten, Voruntersuchungen wie Gruppengespräche, Expertenbefragungen zwecks Materialsammlung usw.)
- Komplexität des Untersuchungsgegenstandes
- Art der Befragung (persönlich, telefonisch oder schriftlich)
- Umfang der Stichprobe
- Schwierigkeiten bei der Erreichung der zu Befragenden (Hausfrauen sind leichter zu erreichen als z. B. praktizierende Ärzte.)
- Anzahl der gestellten Fragen (Je länger der Fragebogen, umso teurer wird eine Befragung.)
- Umfang und Intensität bei der Auszählung und statistischen Darstellung der ermittelten Befragungsergebnisse
- Umfang und Tiefe bei der Kommentierung der Befragungsergebnisse und deren Präsentation
- Exklusivitätsanspruch zur Nutzung der Umfrageergebnisse (Es gibt *Mehrthemen-, Träger-, Beteiligungs- oder Standarduntersuchungen,* deren Kosten mehrere Auftraggeber teilen und die daher preisgünstiger sind.)

Generell gilt, dass Blitz-, Schnell- oder Stichtagsbefragungen wegen der damit verbundenen Überstunden teurer als Normalbefragungen sind, deren Abwicklung keinen engen zeitlichen Zwängen unterliegt. Es ist also wichtig, sich, bevor man eine Umfrage durchführen lässt, von mehreren Instituten eine *detaillierte Angebotskalkulation* geben zu lassen, um unnötige Mehrausgaben so weit wie möglich zu vermeiden.

Weiteren Rat zum Thema Markt- und Meinungsforschung erhält man zum einen bei den nachstehend genannten Verbänden. Zum anderen kann man sich auch über eine Reihe von Nachschlagewerken die benötigten Informationen beschaffen. Auf eine umfassendere Literaturliste muss hier freilich verzichtet werden, denn der Markt der Fachpublikationen ist unüberschaubar geworden.

Verbandsadressen:
- Berufsverband Deutscher Markt- und Sozialforscher e. V. (BVM), Frankfurter Str. 22, 63065 Offenbach, Tel. 069/8 00 15 52
- Arbeitskreis Deutscher Marktforschungsinstitute e. V. ADM), Papenkamp 2–6, 17091 Mölln, Tel. 0 45 42/80 10
- ESOMAR, Europäische Gesellschaft für Meinungs- und Marketing-Forschung, J. J. Viottastraat 29, 1071 JP Amsterdam, Tel. + 31-20-664 21 41
- Arbeitsgemeinschaft Media-Analyse e. V., Wolfgangstr. 92, 60322 Frankfurt a. M., Tel. 069/55 03 91

Nachschlagewerke:
In den nachfolgenden Quellen findet man die Anschriften von Markt- und Meinungsforschungsinstituten und anderen verwandten Institutionen:
- Handbuch der Marktforschungsunternehmen, regelmäßig herausgegeben vom Berufsverband Deutscher Markt- und Sozialforscher e. V. (BVM).
  Das Handbuch enthält die Leistungsbeschreibung der meisten privaten deutschen Markt-, Meinungs- und Sozialforschungsinstitute, Feldorganisationen, Studios, Berater und sonstiger Dienstleister im Marktforschungsbereich.
- Arbeitskreis Deutscher Marktforschungsinstitute e. V. (ADM): Die Mitgliedsinstitute und ihre Arbeitsschwerpunkte. Mölln 1987.
  Der ADM hat 1987 eine Leistungsbeschreibung seiner derzeit 25 Mitgliedsinstitute herausgegeben. Die Aufgabengebiete der einzelnen Institute werden eingehend beschrieben.
- ESOMAR-Handbuch der Marketingforschung. Amsterdam.
  In diesem Handbuch, das jährlich neu erscheint, findet man die Adressen aller Institute, die Mitglied dieses europäischen Verbandes sind. Da ESOMAR nicht nur in Europa, sondern mittlerweile weltweit operiert, sind auch Adressen von Instituten in Übersee aufgeführt.
- A. Rembeck/G. Eichholz: Im Dienste der Marktforschung. Marktforschungsinstitute und -institutionen in Europa und USA. Bad Wörishofen 1970.

Wie arbeiten Werbeagenturen?

Die Werbung hat motivierende und informative Aufgaben, sie soll Produktinteresse wecken, Kaufanreize bieten und Nachfrage schaffen. Als Informationsträger ist sie Mittler zwischen Käufer und Verkäufer. Die Hauptaufgaben einer Werbeagentur liegen in der Planung, Durchführung und Kontrolle von Werbemaßnahmen. Dazu gehören in erster Linie die Formulierung der Werbeziele (in Absprache mit dem Auftraggeber), die Aufbereitung/Analyse der produktspezifischen Markt- und Wettbewerbssituation, die Planung der einzusetzenden Medien, die Erarbeitung der Werbestrategie und Werbekonzeption und die Werbemittelgestaltung (z. B. Plakate, Broschüren, Anzeigen, Fernseh- und Funkspots). Je nach dem Ausmaß, in dem eine Agentur diese Aufgaben übernimmt, unterscheidet man zwischen der so genannten Full-Service-Agentur und der Spezialagentur. Erstere bietet ›alles unter einem Dach‹ und ist in der Lage, innerhalb des Kommunikationsmarketings alle absatzpolitischen Aufgaben zu erfüllen. Letztere konzentriert sich nur auf einzelne Dienstleistungen. Werbeagenturen haben eine enge Beziehung zu ihren Kunden, denn sie betreuen z. T. komplette Werbeetats oder Teiletats für einzelne Marken. Honoriert werden die Leistungen, die in einem Agenturvertrag festgelegt sind, je nach Kunde in unterschiedlichen Abrechnungsformen:

- Die Agentur erhält eine Vermittlungsprovision von den Werbeträgern (Verlage, Rundfunk- und Fernsehanstalten)
- Die Agentur erhält ein Pauschalhonorar
- Die Agenturvergütung besteht aus Vermittlungsprovision der Werbeträger und Pauschalhonorar
- Die Agentur rechnet projektbezogen (nach Arbeitsstunden) ab

Werbeagenturen betreiben auch Eigenwerbung zur Gewinnung neuer Kunden. Erfolgreiche Kundenakquisition bedeutet, eine Aufforderung zu einer Präsentation oder einer Wettbewerbspräsentation gegen andere Agenturmitbewerber zu erreichen. Dabei stellt eine Agentur nicht nur sich selbst und ihr Leistungsangebot dar, sondern präsentiert auch ihre Ideen und Entwürfe, die für die Werbeaktivitäten des betreffenden Kunden entwickelt wurden.

Die Phasen des Arbeitsablaufs in einer Werbeagentur – von der Aufforderung zu einer Wettbewerbspräsentation über die Produktion und Schaltung der Werbemittel in geeigneten Medien bis zur abschließenden Erfolgskontrolle – veranschaulicht das folgende Ablaufdiagramm.

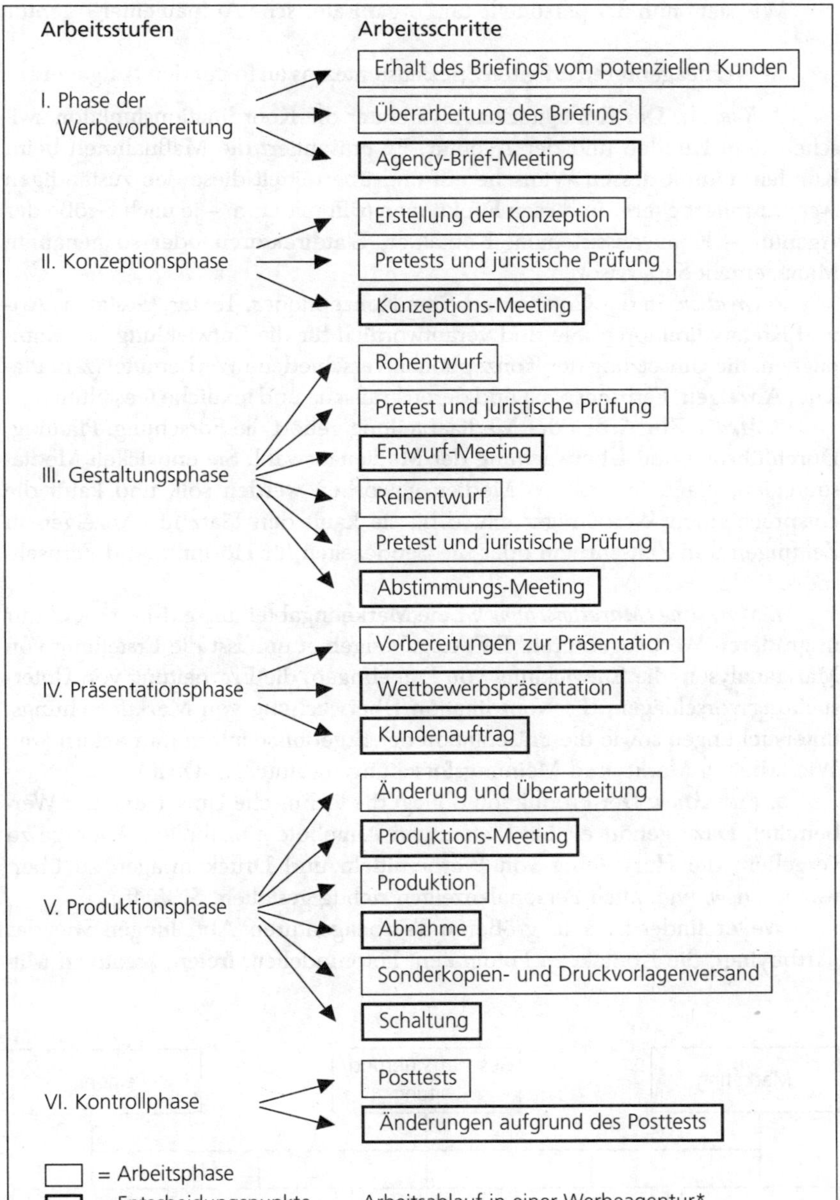

Arbeitsablauf in einer Werbeagentur*

*) Quelle: Dohmen, Jochen: Planung von Werbemaßnahmen. In: Werbung – Grundlagen, Planung, Umsetzung. 5., überarbeitete Auflage. Landsberg/Lech, Verlag moderne industrie, 1993, S. 142, Abb. 3 Arbeitssystem

Wie sieht nun der personelle und organisatorische Aufbau einer Agentur aus?

In Werbeagenturen arbeiten Spezialistenteams an folgenden Aufgaben:

1. Kontakt: Der Kontakter hat als Berater die Koordinationsfunktion zwischen dem Kunden und der Agentur. Er präsentiert die Maßnahmen beim Kunden, nimmt dessen Wünsche auf und übermittelt diese den zuständigen Agenturmitarbeitern. In diesen Funktionen trifft man u. a. – je nach Größe der Agentur – Kontaktassistenten, Kontakter, Etatdirektoren oder so genannte Management-Supervisoren.

2. Creation: In der Creation arbeiten Konzeptioner, Texter, Gestalter, Art- und Kreativdirektoren. Sie sind verantwortlich für die Entwicklung der Kampagnen, die Umsetzung der Konzeption in verschiedene Werbemittel (z. B. Plakate, Anzeigen, Fernsehspots) und deren grafische und textliche Gestaltung.

3. Media: Zur Arbeit der Mediaabteilung gehört die Forschung, Planung, Durchführung und Überwachung der Medienauswahl. Sie entwickelt Mediastrategien, plant, in welchen Medien geworben werden soll, und kauft die entsprechenden Werbeträger ein, d. h., sie kauft den Platz für Anzeigen in Zeitungen und Zeitschriften oder die Sendezeiten für Hörfunk- und Fernsehspots.

4. Marketing (Marktforschung): Eine Marketingabteilung existiert meist nur in größeren Werbeagenturen. Ihr Aufgabengebiet umfasst die Erstellung von Marktanalysen, die Entwicklung von Fragebogen, die Erarbeitung von Untersuchungsvorschlägen, die Koordination/Überwachung von Marktforschungsuntersuchungen sowie die Präsentation der Ergebnisse intern und extern (vgl. Wie arbeiten Markt- und Meinungsforschungsinstitute?, S. 475 ff.).

5. Produktion: Der Produktion obliegt die technische Umsetzung der Werbemittel. Dazu gehört es, bei Lieferanten Angebote einzuholen, Aufträge zu vergeben, die Herstellung von Werbemitteln und Druckvorlagen zu überwachen usw. (vgl. auch Personalanzeigen richtig gestalten, S. 351 ff.).

Weiter findet man in größeren Werbeagenturen Abteilungen wie das ›Artbuying‹, die Kontakt zu Fotografen, Fotomodellen, freien, kreativen Mit-

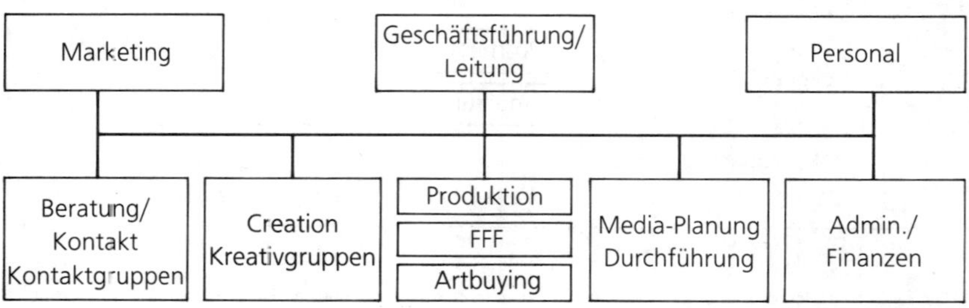

Organigramm einer Werbeagentur

arbeitern hält, und die FFF-Abteilung (Film, Funk, Fernsehen), die für die Zusammenarbeit mit Filmproduktionsgesellschaften und Tonstudios zuständig ist und Produktionen vorbereitet und überwacht.

Teamarbeit wird in den Agenturen sehr groß geschrieben. Die Arbeitsatmosphäre ist eher ungezwungen, man arbeitet projektbezogen zusammen. Dies macht die Kooperation mit Werbeagenturen auch für Sekretärinnen und Assistentinnen zu einer interessanten Aufgabe.

Public Relations im Unternehmen

Im Bereich der Unternehmenskommunikation gewinnt die Öffentlichkeitsarbeit (Public Relations = PR) zunehmend an Bedeutung. Was verbirgt sich hinter diesem Begriff, was beinhaltet er?

Nach einer Definition der Deutschen Public-Relations-Gesellschaft ist unter PR das systematische Bemühen eines Unternehmens, Verbands oder einer sonstigen Institution »um Verständnis sowie um den Aufbau und die Pflege von Vertrauen in der Öffentlichkeit« zu verstehen. Das hört sich zunächst einmal sehr theoretisch an. Doch ist die Abgrenzung zu anderen Bereichen der Kommunikation zumindest in den meisten Fällen gar nicht so schwer: Verkaufsförderung will primär den direkten (Ab)verkauf fördern. Werbung will primär Bedarf wecken und lenken. Public Relations wollen primär informieren, aber auch Meinung bilden und Meinung schaffen – positive natürlich. Welche Aufgaben übernehmen PR-Fachkräfte?

1. *Medienarbeit:* Medienarbeit ist im Prinzip das ›Schwarzbrot‹ jeder PR (vor allem der Bereich der Pressearbeit). Bei der Beachtung gewisser Spielregeln ist sie relativ einfach zu realisieren und ist dabei sehr effizient.

2. *Corporate Identity* und *Corporate Design:* Unternehmensidentitäten und Unternehmenserscheinungsbilder zu entwickeln, ist eine der interessantesten Aufgaben einer PR-Fachkraft. Sie ist in der Regel nur von Profis zu erfüllen, die exakt Ist und Soll analysieren, interpretieren und bewerten können und daraus die erforderlichen Schlüsse für die Kommunikationsarbeit ziehen.

3. *Imagekampagnen:* Dabei handelt es sich um einen sehr komplexen Bereich, der – je nach Ausgangssituation und Zielsetzung – unterschiedliche Einzelmaßnahmen erfordert, die aufeinander abgestimmt sind, um sich in ihrer Wirkung zu ergänzen. Dazu gehören z. B. Imagebroschüren und Imageanzeigen. Aber auch Informationsdienste, Haus- oder Kundenzeitungen und die Medienarbeit können – mit imagebezogenen Inhalten und Aussagen – ein wichtiger Bestandteil derartiger Kampagnen sein.

4. *Messeaktivitäten:* Hier reicht das Aufgabenspektrum von der Erarbeitung des Themas, unter dem die Messebeteiligung stehen soll, über die Konzeption und Realisierung des Messestandes, die Einladung von (potenziellen) Kunden und Journalisten bis hin zur Formulierung von Vorab-Pressemeldungen, der Zusammenstellung der Pressemappe und der Betreuung von Gästen auf dem Messestand. Auch die Nachbereitung gehört dazu.

5. *Inner Relations* oder *Human Relations:* Mitarbeiterinnen und Mitarbeiter sind am Standort des Unternehmens die wichtigsten und stärksten Meinungsbildner, daher heißt es nicht ohne Grund: ›Public Relations begin at home.‹ Maßnahmen der Mitarbeiterinformation, der Mitarbeitermotivation sowie Schulungen sind also wichtige PR-Aktivitäten. Ein Beispiel dafür ist die Herausgabe einer Mitarbeiterzeitung, unser erstes PR-Beispiel.

PR-Beispiel 1: Die Mitarbeiterzeitung

Eine Mitarbeiterzeitung – ist das nicht zu aufwendig und zu teuer für uns? Ist das nicht sehr arbeitsintensiv? Und wenn sie zwei-, drei- oder gar viermal im Jahr erscheinen soll – gibt es überhaupt genug Stoff? Geht uns nach wenigen Ausgaben die (redaktionelle) Puste aus? Das sind die wohl häufigsten Fragen, die gestellt werden, wenn in einem Unternehmen das Thema ›Mitarbeiterzeitung‹ diskutiert wird. Aus der PR-Praxis lassen sich diese Fragen schnell beantworten:

▷ Eine Mitarbeiterzeitung muss nicht mit zwölf oder mehr Seiten Umfang vierfarbig im Zeitungsformat auf Hochglanzpapier gedruckt werden. Einige Nummern kleiner geht es auch: Auf vier Seiten einfachem Papier im Format DIN A3 (oder auch DIN A4) und mit nur einer Zusatzfarbe außer Schwarz (in der Regel die Hausfarbe) lässt sich bereits einiges machen.

▷ Arbeitsintensiv ist die Zeitung eigentlich nur, wenn einer alleine verantwortlich ist. Wenn aber – und so sollte es sein – ein Redaktionsteam gemeinsam daran arbeitet, dann kann man die Aufgaben sehr gut verteilen.

▷ Es ist empfehlenswert, sich vor der ersten Nummer im Redaktionsteam Gedanken darüber zu machen, über welche Themen man grundsätzlich berichten könnte, vor allem aber darüber, was »zielgruppengerecht« ist, die Mitarbeiter wirklich interessiert. Es kommen z. B. folgende Rubriken infrage:

- Neue Produkte
- Neue Anlagen und Maschinen, An- und Umbauten
- Vorstellung der Abteilungen im Unternehmen (jeweils eine pro Ausgabe)
- Neuerungen in den betrieblichen Strukturen und Abläufen
- Aus Forschung und Entwicklung
- Dienstjubiläen und runde Geburtstage
- Betriebssportmannschaften
- Vorstellung von Mitarbeitern mit ungewöhnlichen Hobbys
- Aus dem Betriebsrat
- Beteiligung an wichtigen Messen und Ausstellungen
- Auslandsaktivitäten
- Neue Auszubildende, bestandene Prüfungen
- Der Umweltbeauftragte berichtet

▷ Hat man diese Themenliste bei der Redaktionskonferenz zu jeder Ausgabe bei der Hand, wird sich schnell zeigen, dass aus vielen Bereichen immer wieder interessante Meldungen vorliegen.

Wenn die Entscheidung zugunsten einer Mitarbeiterzeitung gefallen und Format, Umfang (der nicht immer derselbe sein muss!) und Farbigkeit geklärt sind, stehen die nächsten wichtigen Überlegungen an:

Erstens: Wie soll die Zeitung heißen? Beliebt und gängig sind Titel wie ›Wir‹ oder ›Unter uns‹ – aber vielleicht findet man ja einen interessanten Namen, der auch noch eine Beziehung zum Unternehmen oder seinen Produkten hat. Warum sollte beispielsweise ein Unternehmen, in dem Rohre hergestellt werden, nicht eine Mitarbeiterzeitung mit dem Namen ›Sprach-Rohr‹ haben?

Zweitens: Wie breit sollen die Spalten werden? Faustregel: Schmale Spalten sind besser als breite. Beim Einfügen von Abbildungen über eine, zwei oder gar drei Spalten kann man dann optisch variieren. Allerdings sollten die Spalten auch nicht zu schmal sein, weil dann zu häufig (leserunfreundlich) getrennt werden muss.

Und drittens: Welche Schriftart und -größe soll eingesetzt werden? Bei der Schriftart (sie sollte zur Firma passen – also keine ›antiquierte‹ Schrift bei einem fortschrittlichen, innovationsfreudigen Unternehmen) hilft ein Grafiker oder der Drucker, der die Firmenprospekte herstellt. Für die Schriftgröße gilt: Größer ist besser lesbar. Die Schriftgröße einer Tageszeitung ist hier schon zu klein.

In welchen Schritten entsteht nun eine Firmenzeitung?

1. Das Redaktionsteam tritt zur ersten Sitzung zusammen. Es sollte nicht zu klein, aber auch nicht zu groß sein – mit fünf bis sechs Mitarbeiterinnen bzw. Mitarbeitern lässt sich gut arbeiten. In der Regel gehören dazu: ein Mitglied der Geschäftsleitung, der Betriebsratsvorsitzende, Betriebs- oder Bereichsleiter (kaufmännische wie technische) für die unterschiedlichen Unternehmenssparten. Dies ist aber sehr stark von der Struktur des Unternehmens abhängig.

Vor der Sitzung haben alle die vorab erarbeitete Liste möglicher Oberthemen erhalten und sich Gedanken über Beiträge gemacht. Diese werden dann in der Redaktionssitzung zusammengetragen, diskutiert, verabschiedet und schriftlich festgehalten, und zwar am besten von einem vorher gewählten Teamleiter. Bei dieser Gelegenheit werden sofort die Aufgaben für die nächste Sitzung festgelegt und verteilt:

- Wer kann zu dem jeweiligen Beitrag das Hintergrundmaterial liefern oder den Rohtext schreiben?
- Wenn es jemand ist, der nicht dem Redaktionsteam angehört: Wer bittet den Betreffenden um Mithilfe?
- Sind zu dem Beitrag Fotos oder Illustrationen vorhanden? Wenn nein: Wer fotografiert oder beauftragt einen Fotografen? Wer fertigt die Illustrationen an?

Hat man ein bestimmtes Erscheinungsdatum im Auge, so sollte man bedenken, dass für die Produktion (Satz, Lithographie, Druck) ein ausreichender Zeitraum angesetzt werden muss. Wird beispielsweise eine hochwertige und umfangreiche Publikation vierfarbig geplant, kann sich die Produktionszeit einschließlich der erforderlichen Andruck- und Korrekturphasen ohne weiteres auf 20 bis 25 Arbeitstage belaufen. Kleinere und weniger aufwendige Mitarbeiterzeitungen können dagegen innerhalb von etwa einer Woche produziert werden, das gelingt aber nur dann, wenn wirklich nichts schief geht.

Hinzu kommt die Zeit, die man für die Ausarbeitung der Artikel festlegen muss. Hier gilt: Besser mehr als zu wenig Zeit einplanen!

2. Die zweite Redaktionskonferenz: Zu ihr liegen sämtliches Hintergrundmaterial und alle Rohtexte vor. Alles wird gemeinsam durchgearbeitet, und dann entscheidet man:

- Ist ein Thema tatsächlich einen Beitrag in der Mitarbeiterzeitung wert?
- Liegen alle Fakten vor, die man zum Texten (oder Überarbeiten der Texte) benötigt? Oder muss jemand noch einmal recherchieren? Wenn ja, wer?
- Sind die Fotos/Illustrationen in Ordnung? Oder müssen neue Fotos gemacht, neue Illustrationen angefertigt werden? Wenn ja, durch wen und bis wann?
- In welcher journalistischen Informationsform soll ein bestimmter Beitrag erscheinen? Soll er beispielsweise eine Meldung werden, ein Interview, eine Reportage oder – auch sehr reizvoll – eine Glosse?
- Welcher Raum soll einem Beitrag eingeräumt werden? Faustregel: Lieber mehrere kleinere Beiträge als wenige langatmige ›Langweiler‹.
- Wer schreibt oder überarbeitet die Texte? Ein geeigneter Endredakteur sollte alle Beiträge in eine einheitliche Form bringen. Ein journalistisches ›Patchwork‹ wirkt meist unprofessionell.

3. Bevor es endgültig ans Texten geht, sollte man sich Gedanken darüber machen, wie die Zeitungsseite aussehen soll. Gefragt ist also ein ›Scribble‹ oder ein Lay-out. Dazu braucht man entweder Erfahrung oder die Hilfe eines Grafikers, Layouters oder auch Druckers. Denn wenn man ›drauflostextet‹, schreibt man meistens zu viel und muss kürzen. Das ist manchmal schwieriger, als einen neuen Text zu schreiben, und es kostet Zeit und Geld. Wenn man aber ein Lay-out oder zumindest ein Scribble vorliegen hat, kann man auszählen, wie viele Zeilen zu wie vielen Anschlägen man schreiben kann.

Eine gewisse Erfahrung ist hier auch noch aus einem anderen Grunde von Vorteil: Wenn man Seiten zu ›Textwüsten‹ werden lässt, wird die Mitarbeiterzeitung bei ihren Lesern kaum ankommen. Anzustreben ist ein Verhältnis zwischen Abbildungen/Überschriften und Fließtext von etwa 50:50.

Was ist beim Texten sonst noch zu beherzigen? Im Grunde gilt das, was auch für Presseinformationen gilt: Zündende Überschriften, Unterüberschriften und zusätzlich – wie auch bei längeren Pressetexten – Zwischenüberschriften animieren zum Lesen und machen einen Text überschaubar.

Last not least sollte man nicht vergessen: Es handelt sich um eine *Mitarbeiter*zeitung. Wenn man also Fotos aus dem Betrieb bringt, dann sollten die

Mitarbeiter nicht nur abgebildet sein, sondern auch in der Bildunterschrift erwähnt werden. Werden Bereiche oder Abteilungen vorgestellt, dann mit Namen der verantwortlichen/leitenden Mitarbeiter, die in geeigneter Weise zitiert werden sollten. Zitate lockern jeden Beitrag auf.

4. Wenn alle Texte geschrieben und mit den entsprechenden Stellen abgestimmt sind und wenn alle Abbildungen vorliegen, geht es ans ›Auszeichnen‹ von Manuskripten und Bildern. Darunter versteht man die Anweisungen für den Setzer und den Lithographen. Und dann erfolgt die Übergabe an die ›Produzenten‹.

5. Die von der Setzerei abgesetzten Texte müssen sorgfältig gelesen werden. Man sollte sich immer noch einen zweiten Andruck geben lassen (das gilt auch für die Abbildungen), um überprüfen zu können, ob alle Korrekturen auch tatsächlich ausgeführt wurden.

6. Nach der Freigabe erfolgt der Druck, und danach kann die Mitarbeiterzeitung verteilt werden. Wie das erfolgt, ist wiederum von der Struktur des Unternehmens abhängig. Häufig ist der Postversand gegenüber der persönlichen Verteilung im Betrieb günstiger, denn selbst hohe Portokosten können billig sein gegenüber dem ›Produktionsausfall‹, wenn sich die Mitarbeiter während der Arbeitszeit freudig dem Studium ihrer Zeitung widmen ...

PR-Beispiel 2: Die Pressearbeit innerhalb der Medienarbeit

Bei der Pressearbeit handelt es sich um bedeutsame PR-Maßnahmen mit einem sehr breiten Spektrum von Möglichkeiten: Presse- und Bildinformationen, Presse- und Bilderdienste, (Themen)pressemappen, Exklusivberichte, (Objekt)reportagen, Interviews, (Wirtschafts)nachrichten usw. Wer erfolgreiche Pressearbeit leisten will, sollte einige Spielregeln beachten.

– Man sollte nicht (unbedingt) das schreiben, was der Chef lesen möchte, sondern das, was die Leser der jeweiligen Zielgruppe interessiert. Der Journalist ist hier der ›Filter‹: Hält er Thema und Inhalt für ungeeignet, ist ihm der Stil z. B. zu werbend, landet die Meldung in aller Regel sofort im Papierkorb
– Schon die Aufmachung einer Pressemitteilung o. Ä. sollte journalistengerecht sein: breiter Rand (5 bis 6 cm); anderthalbzeilig und nicht einzeilig geschrieben; eine Überschrift, mindestens eine – besser zwei oder drei – Unterüberschriften; Angabe von Datum und Anschrift (evtl. mit Namen des Ansprechpartners für mögliche Rückfragen)
– Der Schreibstil sollte nicht zu sehr nach Werbung aussehen. Liest der Journalist immer wieder Wörter wie *›hervorragend‹*, *›überragend‹*, *›beste‹* o. Ä., hat er zwei Möglichkeiten: Entweder redigiert er die Meldung und ersetzt die werblichen Aussagen durch sachliche oder – weil die erste

Möglichkeit Arbeit bedeutet, die man ihm nicht zumuten muss – er wirft die Meldung weg
- Produkt- oder Firmennamen sollten nur selten erwähnt und nicht durch fette Schrift oder Versalien hervorgehoben werden
- In der Kürze liegt die Würze, und je kürzer z. B. die Presseinformation ist, desto größer ist die Chance, dass sie abgedruckt wird. Der Umfang einer Presseinformation sollte anderthalb DIN-A4-Seiten nicht überschreiten
- Das Wichtigste gehört an den Anfang des Textes. Ein Journalist kürzt Texte in der Regel von hinten
- Auch wenn es nicht einfach ist, sollte das, was jemand gesagt hat, konsequent in indirekter Rede wiedergegeben werden
- Unüberschaubar verschachtelte Sätze machen eine Information nicht gerade leserfreundlich und sollten ebenso vermieden werden wie zu viele Passivsätze, langweilige oder nichts sagende Formulierungen und Wortwiederholungen
- Wann immer möglich und sinnvoll, sollte eine Presseinformation durch ein gutes Pressefoto, eine gute Presseillustration oder -grafik ergänzt werden. Eine schlagende Bildunterschrift darf dann nicht fehlen

Presseinformationen gibt es zu vielen Anlässen. Wenn ein leitender Mitarbeiter seinen 42. Geburtstag feiert oder sich der Betriebsratsvorsitzende beim Skifahren ein Bein gebrochen hat, sind das zwar noch keine ›Aufhänger‹ für eine Meldung. Dagegen bieten sich aber ein ›rundes‹ Firmenjubiläum, die Eröffnung einer neuen Filiale, ein ungewöhnlicher Großauftrag aus dem Ausland, der neue Arbeitsplätze schafft, ein ›Tag der offenen Tür‹, eine außergewöhnlich hohe Zahl von Ausbildungsplätzen oder die Installation einer noch umweltfreundlicheren Anlage geradezu für Presseinformationen an.

PR-Beispiel 3: Die Pressekonferenz

Bevor man an die Planung einer Pressekonferenz geht, sollte man sich die kritische Frage stellen: Gibt es einen wirklich triftigen Anlass, der rechtfertigt, dass Journalisten – möglicherweise noch von außerhalb – anreisen und ihre kostbare Zeit opfern? Oder wäre es nicht ausreichend, eine Pressemeldung oder eine Pressemappe zu verschicken? Das gilt auch für Messen und Ausstellungen: Zwar sind die Vertreter der einschlägigen Medien ohnehin vor Ort; doch wer sich die Veranstaltungstermine auf Messen einmal anschaut, wird schnell feststellen, dass ein Journalist oft kaum noch einen Messestand besuchen könnte, würde er an allen Pressekonferenzen teilnehmen.

Erst wenn man die Frage nach einem triftigen Anlass uneingeschränkt mit einem Ja beantworten kann (wenn man beispielsweise der Fachpresse eine interessante Neuheit für den Gesamtmarkt vorstellen oder der Wirtschaftspresse als bedeutendes Unternehmen der Branche die Zahlen des abgeschlossenen Geschäftsjahres bekannt geben möchte) – erst und nur dann sollte man sich zur Durchführung einer Pressekonferenz entschließen. Dabei gilt es, wesentliche Punkte zu beherzigen:

- ▷ Fachpresse, Tagespresse und Wirtschaftspresse haben unterschiedliche Informationsbedürfnisse. In aller Regel sollte man daher keine gemeinsamen Pressekonferenzen für unterschiedliche Mediengruppen durchführen.
- ▷ Vorab ist zu klären, ob der geplante Termin nicht schon – vielleicht sogar von einem Wettbewerber – belegt ist. Bei Pressekonferenzen auf Messen gibt hierüber die Pressestelle der Messegesellschaft Auskunft. Ist z. B. eine überregionale Wirtschaftspressekonferenz geplant, kann man sich in den meisten größeren Städten an Journalistenclubs wenden. Bei beiden Stellen sollte man auch die eigene Pressekonferenz anmelden. Später anfragende Unternehmen erfahren dann, dass der Termin bereits blockiert ist. (Auf Messen ist übrigens einer der ersten drei Ausstellungstage der günstigste Termin für eine Pressekonferenz. Auch sollte man die Veranstaltung nicht gerade auf einen Montag oder Freitag legen.)
- ▷ Bei der Organisation darf nichts dem Zufall überlassen bleiben. Folgende Punkte müssen deshalb geklärt werden:
  - – Gesamtthema der Pressekonferenz
  - – Teilnehmerliste: Externe (Journalisten, ggf. externer Referent) und firmeninterne Teilnehmer sowie der Moderator müssen ausgewählt werden. Aus dem eigenen Unternehmen sollte nur teilnehmen, wer entweder ein Statement abzugeben hat (zwei bis drei von je 10 Minuten Dauer sind genug) oder wer zur Beantwortung möglicher Fragen unbedingt erforderlich ist
  - – Exakte Ablaufplanung: Begrüßung, Referate/Statements, Diskussion, ebenfalls Präsentationen
  - – Der Ort für die Pressekonferenz sollte so gewählt sein, dass er gut erreichbar ist. Dann muss man geeignete Räumlichkeiten reservieren – und vorher in Augenschein nehmen: Sind sie groß genug, aber auch nicht zu groß? Ist die Möblierung ausreichend? Sind elektrische Anschlüsse vorhanden? Können technische Geräte gestellt werden (Mikrofon, Dia- oder Overheadprojektor, Leinwand)? Sind Tafel oder Flipchart vorhanden? Bei einer Pressekonferenz während einer Messe sollte man übrigens einen Raum auf dem Messegelände oder – wenn dies nicht machbar ist – in unmittelbarer Nähe wählen: Journalisten vergeuden ihre knappe Messezeit nicht gerne mit ›Stadtrundfahrten‹
  - – Die Einladungen (am besten mit Antwortkarte oder -bogen) sollten etwa drei bis vier Wochen vor der Veranstaltung verschickt werden. Zwei bis drei Tage vorher sollte man sich telefonisch noch einmal in Erinnerung rufen

- Ggf. sollte man Hotelzimmer reservieren und den Transfer zum Veranstaltungsort organisieren
- Bewirtung: Art und Umfang müssen festgelegt und entsprechende Bestellungen vorgenommen werden
- In manchen Fällen gilt es Gastgeschenke zu besorgen
- In die Pressemappe gehören: die Statements, eine Presseinformation (›Waschzettel‹) zu den Statements, evtl. weitere (wenige!) Presseinformationen, Fotos oder Grafiken. Zu Beginn der Veranstaltung liegt die Pressemappe – mit Block und Stift – an den Plätzen der Teilnehmer: Die Journalisten müssen wissen, was sie an schriftlichen Unterlagen erhalten und was sie darüber hinaus notieren müssen
- Tisch-Namensschilder für die firmeninternen Diskussionspartner und Referenten müssen angefertigt werden
- Eine Teilnehmerliste, in die sich jeder Journalist beim Betreten des Raumes einträgt, sollte vorbereitet sein
- Bei Pressekonferenzen in Hotels oder ähnlichen Räumlichkeiten sollte man für ausreichende Hinweisschilder zum Veranstaltungsraum sorgen
- Interne Referenten müssen auf den Zeitrahmen (10 Minuten für ein Statement) hingewiesen werden, der auch bei der Beantwortung von Fragen eingehalten werden soll
- Beim Vorbringen ihres Statements sollten die Referenten sich an das Manuskript halten, aber nicht jedes Wort vom Blatt ablesen

Im Anschluss an die Veranstaltung erfolgt die ›Nachbereitung‹. Dazu gehört zunächst die Manöverkritik: Was ist gut gelaufen, was schlecht? Was soll für die nächste Pressekonferenz beibehalten werden, was muss geändert werden?

In den meisten Fällen kommen nicht alle Journalisten, die zugesagt haben (und schon gar nicht alle, die eingeladen wurden). Diese erhalten die Pressemappe mit einem Anschreiben per Post – und zwar noch am gleichen Tage. Und weil man wissen möchte, was die Presse aus den gegebenen Informationen macht, empfiehlt sich vor allem bei Pressekonferenzen mit überregionalen Mediengruppen die Einschaltung eines Ausschnittbüros.

Was kann eine Sekretärin in der Zusammenarbeit mit PR-Agenturen leisten?

Zunächst einmal muss klar sein, ob ein Unternehmen überhaupt eine PR-Agentur einschalten will. Die Frage, ob bzw. wann eine solche Kooperation sinnvoll ist, lässt sich freilich nicht generell beantworten. Möglicherweise gibt es Mitarbeiterinnen oder Mitarbeiter im eigenen Hause, die PR-erfahren sind und (einige) Maßnahmen ohne Zuhilfenahme externer Fachleute durchführen können. Auf jeden Fall aber sollten Public Relations immer *professionell* sein.

Wie man sich als Unternehmer in Steuerfragen an einen Steuerexperten wendet oder in Rechtsfragen an einen Rechtsanwalt, so sollte man auch bei der Kommunikation PR-Fachleute hinzuziehen.

Eine Sekretärin kann in der Zusammenarbeit mit PR-Agenturen überaus viel zur Entlastung ihres Vorgesetzten leisten:

- Sie kann Gesprächstermine mit der Agentur koordinieren und die der Agentur für die Erarbeitung von Maßnahmen gesetzten Termine verfolgen
- Sie kann den Kontakt zur lokalen Tagespresse und Anzeigenblättern knüpfen und aufrechterhalten
- Sie kann bei Maßnahmen wie Pressekonferenzen ›vor Ort‹ wichtige organisatorische Aufgaben übernehmen

Eine ganz wichtige Aufgabe ist und bleibt das Korrekturlesen. Im Rahmen der Pressearbeit kann ein Journalist erwarten, dass er fehlerfreie Texte bekommt. Und bei allen Dingen, die gedruckt werden, ist ein sorgfältiges Lesen der Manuskripte bereits erforderlich, *bevor* sie zum Satz gehen. Nachträgliche Änderungen können teuer werden. Zwar gibt es in Setzereien im Allgemeinen einen Lektor, aber auch dieser kann etwas übersehen. ›Druckfehler‹ in Imagebroschüren o. Ä. sind allemal sehr peinlich.

Ein letzter Tipp: Die Zeiten, als noch mit der Hand gesetzt wurde, sind schon lange vorbei. Auch im Satzbereich hat die Technik seit langem ihren Einzug gehalten – wie in den Büros, wo der PC die Schreibmaschine längst abgelöst hat. Daraus resultiert eine Arbeitsvereinfachung und eine Kostenersparnis bei allen Texten, die gesetzt werden müssen: Man kann einer zeitgemäß ausgestatteten Setzerei Texte auch auf Diskette liefern.

Hierzu bedarf es nur einer kurzen Absprache, damit die Textübernahme auf unterschiedliche EDV-Systeme erfolgen kann. Setzereien arbeiten oftmals nicht mit den ›üblichen‹ (IBM-kompatiblen) PCs, sondern mit einem Macintosh. Dazu ist es erforderlich, dass die Texte firmenintern auf einer 3½-Zoll-Diskette (DD) im ASCII-Format abgespeichert werden. Bei der Texterfassung dürfen keine Sonderzeichen wie ›weiche‹ Trennstriche, Fettschrift oder automatische Seitennummerierung verwendet werden. Außerdem sind alle Texte als Fließtext zu erfassen, also ohne Betätigung der Return- und der Tabulatortaste.

Die Erfahrung hat besonders in diesem Bereich gezeigt: Je mehr sich eine Sekretärin zutraut, desto mehr kann sie auch leisten. Und viele ›ehemalige‹ Sekretärinnen – auch das ist ein Erfahrungswert – sind heute wegen ihres erworbenen PR-Know-hows und ihres Engagements Leiterin einer Abteilung ›Öffentlichkeitsarbeit‹.

Was eine Sekretärin über Messen wissen sollte

Ob ein Unternehmen Hausmessen veranstaltet oder sich an Fachmessen beteiligt – ohne in- und externe Experten sind eine gründliche Vorbereitung und ein erfolgreicher Ablauf nicht gewährleistet. Das gilt für Organisation, Standgestaltung, Präsentation der Angebote, Werbung, Begleitprogramme und Schulung des Standteams. Sekretärinnen, die zur Planungsgruppe gehören, erleichtern sich die Mitarbeit und profilieren sich durch Kompetenz, wenn sie alle Erfordernisse und Zusammenhänge überschauen und deshalb auch auf Planung und Organisation Einfluss nehmen können. Schriftliche und telefonische Kommunikation ergibt sich hauptsächlich mit Messegesellschaften, Standgestaltern, Redaktionen, Journalisten, PR-Agenturen, Trainingsunternehmen, Versicherungen und Kunden, bei Hausmessen auch mit Ausstellern.

Der Messeerfolg hängt im Wesentlichen davon ab, ob die folgenden Fragen geklärt und entsprechende Vorbereitungen getroffen wurden:

- Wie sind Auftragserzielung, Information, Kontaktherstellung und Repräsentation als Ziele der Messebeteiligung gewichtet?
- Entsprechen Standlage, -größe und -ausstattung den Vorhaben und Kundenerwartungen?
- Was weckt Aufmerksamkeit bei Besuchern und hebt von Mitbewerbern ab? Welche optischen und akustischen Effekte sind sinnvoll?
- Kennen alle Informations-, Verkaufs- und Hilfskräfte ihre Aufgaben am Messestand? Ist das gesamte Team vor der Messe informiert, trainiert und motiviert worden?
- Sind Besucherlisten vorbereitet und Verhaltensweisen gegenüber Kunden, Interessenten, ›Pseudointeressenten‹ sowie Konkurrenten festgelegt worden?
- Sind Zuständigkeiten für den Umgang mit Prominenten und Presseleuten festgelegt worden?
- Wurden ggf. Moderatoren, Künstler, Hostessen, Wach- und Reinigungsunternehmen verpflichtet?
- Sind die Gestaltung der Prospekte und die Originalität der Werbegeschenke optimal?
- Ist eine angemessene Bewirtung der Kunden sichergestellt?
- Sind Redaktionen und Journalisten rechtzeitig angeschrieben, angerufen und mit Pressemappen versorgt worden?
- Falls Pressekonferenzen sinnvoll sind, ist alles professionell vorbereitet?
- Sind Kunden und potenzielle Kunden mündlich, telefonisch oder schriftlich eingeladen worden?
- Hat der Außendienst Kunden und Interessenten persönlich eingeladen, dabei Neugier geweckt, Erwartungen erfragt und – soweit möglich – Termine vereinbart?

- Finden Erinnerungsaktionen kurz vor Messebeginn statt?
- Sind Nachfassaktionen nach Messeschluss – Telefonate, schriftliche Angebote, Dankschreiben und Erinnerungsfotos, Besuche oder Einladungen – vorbereitet?
- Werden im Hinblick auf neue Märkte mentalitäts- und situationsbedingte Erwartungen der Interessenten erfüllt?
- Erhalten auch Kunden, die nicht am Stand waren, Informationen und Werbegeschenke?
- Erfolgt eine gründliche Analyse des Messeverlaufs mit Bilddokumentation und Protokollierung der Erfahrungen und der eventuell zu ziehenden Konsequenzen?
- Wird die Fach- und Lokalpresse über Ergebnisse und Trends informiert?
- Werden alle am Messeerfolg Beteiligten gebührend mündlich und schriftlich gewürdigt?

Sind diese Fragen geklärt, sollte eine Sekretärin, die an den Vor- und Nachbereitungen einer Messe beteiligt ist, im Interesse einer reibungslosen Organisation eine Checkliste anlegen. Die folgenden Punkte sind dabei lediglich als Anregungen und Empfehlungen aus praktischer Erfahrung heraus gedacht und müssen entsprechend den Gegebenheiten und Erfordernissen ergänzt oder gekürzt werden. Präzises Vorgehen erfordert stets individuelle Überlegungen und Maßnahmen.

Checkliste

	zuständig	erledigt
1. Gesamtleitung	______	______
2. Planungsgruppe	______	______
3. Zuständigkeiten	______	______
4. Standanmietung	______	______
5. Ausstellungsstücke	______	______
6. Versicherungen	______	______
7. Standgestaltung	______	______
8. Standbewachung	______	______
9. Standreinigung	______	______
10. Standbesetzung	______	______
11. Unterbringung	______	______
12. Verpflegung	______	______
13. Spesenregelung	______	______
14. Kleiderordnung	______	______
15. Namensschilder	______	______
16. Visitenkarten	______	______
17. Ausweise	______	______
18. An- und Abfahrten	______	______
19. Parkplätze	______	______

Checkliste

	zuständig	erledigt
20. Pausen/Ablösungen		
21. Information über Örtlichkeiten		
22. Verhaltenskodex (untereinander sowie mit Kunden und Konkurrenten)		
23. Trainingsmaßnahmen		
24. Vereinbarungen mit Trainerinnen/Trainern		
25. Telefon- und Faxkontakte mit der Zentrale		
26. Kurierdienste		
27. Berichtsmodus		
28. Kontakte zur Messeleitung		
29. Redaktionsausschuss		
30. Insertion (Messekatalog etc.)		
31. Flyer (Thekenzettel)		
32. Label (Aufkleber)		
33. Werbegeschenke		
34. Pressemappen		
35. Pressekontakte		
36. Pressekonferenzen		
37. Einladungen		
38. Erinnerungsaktionen		
39. Sonderprogramme		
40. Kontakte zu Agenturen		
41. Moderatorenauswahl		
42. Einsatz von Hostessen		
43. Imbiss, Drinks etc. für Besucher		
44. Logistik		
45. Fotos		
46. Erfassung der Besucher		
47. Kinderbetreuung		
48. Sicherung der Auftragsbücher		
49. Erste-Hilfe-Ausrüstung (Tabletten, Verbandsmaterial, Nähzeug etc.)		
50. Bahn-, Flug- und Schiffsverbindungen		
51. Straßenkarten/Stadtpläne		
52. Telefon- u. Faxverzeichnisse		
53. Tägliche ›Manöverkritik‹		
54. Abschließende Auswertung und Protokollierung der Gesamtergebnisse		
55. Nachfassaktionen		

Rechtzeitig sollte man bedenken, wer über eine Messebeteiligung informiert werden muss. Denn Messen bieten in ganz besonderer Weise Gelegenheit, Kontakte zu Kunden zu erneuern und zu intensivieren, aus Interessierten Interessenten zu machen und aus dem Kreis der Interessenten neue Kunden zu gewinnen oder ganz generell Public Relations zu betreiben. Es sollten also nicht nur die Kunden, sondern auch die möglichen Interessenten und, vor allem, wenn eine Pressekonferenz beabsichtigt ist, die Presse eine schriftliche Einladung erhalten. Solche Einladungen müssen Aufmerksamkeit und Neugier wecken und deswegen auch allen Anforderungen eines guten Werbebriefs entsprechen. Es lohnt sich also, auf die Einladung einige Mühe zu verwenden. Wie das Ergebnis aussehen kann, lässt sich den folgenden Beispielen entnehmen.

ENERGIE AG

20. Juni 1997
HU/ha

Vertriebsorganisation 2 000
Freiheitsstraße 14–18

55555 Grobenberge

Fachmesse ›Mensch und Natur‹
vom 25. August bis 2. September 1997 in Frankfurt/M.

Sehr geehrte Damen und Herren,

auf der für unsere Branche so bedeutsamen Ausstellung zeigen wir in Halle 2, Stand 104 erstmalig unsere Neuentwicklung

Sonnenenergie zum Nulltarif

in allen Anwendungsbereichen.

Die gesamte Anlage ist betriebsfertig installiert und vermittelt anschaulich den geringen Platzbedarf und die vielseitigen Nutzanwendungen.

Wir laden Sie herzlich zur Besichtigung und zur Erprobung ein. Prospekte und einen Ausstellungsplan legen wir bei.

Nützlich wäre es, wenn Sie uns mit der beiliegenden, frankierten Antwortkarte den Tag Ihres Besuches, die ungefähre Zeit und die Namen der zu erwartenden Damen und Herren mitteilen würden. Wir können dann entsprechend disponieren und Sie umfassend informieren. Selbstverständlich sind Sie uns auch ohne Voranmeldung jederzeit willkommen.

Mit freundlichen Grüßen

Anlagen
Informationsmaterial
1 Antwortkarte

ANTWORTKARTE

Abs. (bitte Stempel)

Zuständig:	ENERGIE AG
Telefon:	Postfach 1123
Fax:	23456 Friesenhallig
Label für Ihren Kalender:	

Fachmesse ›Mensch und Natur‹, 25. August–02. September 1997 in Frankfurt/Main

Wir kommen am ____________ gegen ____________ Uhr mit voraussichtlich folgenden Personen:

Wir bitten Sie um Zusendung Ihres Herstellungsprogramms. ☐
(bitte ggf. ankreuzen)

Datum: ____________ Unterschrift: ____________

Häufig sind Sekretärinnen während der Messe als Assistentinnen der Standleitung auch vor Ort tätig. Die Freude an der Abwechslung und das Engagement im nicht alltäglichen Umfeld hängen von der Aufgabenstellung und den Regenerationsmöglichkeiten nach Feierabend ab. Messearbeit ist mit Leistungssport vergleichbar. Darum müssen auch die Rahmenbedingungen die Leistungsfähigkeit stärken; Unterbringung und Verpflegung beeinflussen den Stimmungsfaktor und die Tagesform.

Sekretärinnen sind auch prädestiniert, Kunden zu begrüßen und ›festzuhalten‹, bis die noch anderweitig beschäftigten Spezialisten für die Fachberatung frei sind. Dazu bieten sich beispielsweise die folgenden Formulierungen an:

- Herzlich willkommen am XY-Stand, kann ich Ihnen mit Auskünften dienen?
- Alle beratenden Kolleginnen und Kollegen sind im Augenblick beschäftigt, kann ich Ihnen zwischenzeitlich eine Tasse Kaffee anbieten?

Was eine Sekretärin über Messen wissen sollte

Den Umgang mit Besuchern erleichtern schematisierte und trainierte Verhaltensweisen, die für das Team verbindlich sind. Diesbezügliche Richtlinien könnten etwa folgendermaßen aussehen:

Besucherkategorien:	Erwartungen der Besucher	Unsere Ziele	Schwierigkeiten	Vorgehensweisen	Zuständigkeit
Kunden	Freundliche Begrüßung, Zeit für Gespräche, Problemlösung/ Zielerreichung, Betreuung	Festigung der Beziehungen, Informationen, Aufträge	Namen parat haben, Probleme u. Ziele erkennen, ausgewogener Zeitaufwand	Sich gegenseitig unterstützen, alphabetische Namensliste dabeihaben	Außendienstler, Kundenberater, Labor-, Produktions- u. sonstige Spezialisten
potenzielle Kunden	Freundliche Begrüßung, Aufmerksamkeit, Informationen, Betreuung	Selbstdarstellung, Informationen auf Gegenseitigkeit, Aufträge	Zeitknappheit	Kontakte nach der Messe vereinbaren	wie bei Kunden
Pseudo-interessenten	Höflichkeit	Sinnlose Diskussionen vermeiden, ohne Brüskierung ›abwimmeln‹	Richtige Einstufung der Gesprächspartner, Gesprächsbeendigung	Gesprächspartner an betreuende Teammitglieder weiterreichen	Hostessen
Prominente	Freundliche Begrüßung, Würdigung, Profilierungsgelegenheit	Fotos für die Presse, PR-Nutzung	Besucher für den Stand interessieren, ›protokollgerechtes‹ Verhalten	Den ›Ernstfall‹ trainieren, Beziehungen nutzen um einen Besuch zu erreichen	Geschäftsleitung, Führungskräfte

Presseleute	Freundliche Begrüßung, Verständnis für Zeitnot, verwertbare Informationen	Angenehm auffallen, redaktionelle Erwähnung	Besonderheiten ohne Aufdringlichkeit herausstellen	Pressemappe überreichen, Gesprächsführung und Antworten auf Fragen vorbereiten	wie bei Prominenten
Mitbewerber	Freundliche Beachtung, kollegiales Gespräch, Erkenntnisse, Vergleichsmöglichkeiten	Nicht über Gebühr ›in den Topf gucken‹ lassen, Informationen und Gelegenheit zum Gegenbesuch nutzen	Unterscheidung von Schein und Wirklichkeit	Beziehungs- und situationsgerechtes Verhalten	Außendienstler, Kundenberater
Schulklassen	Freundlichkeit, Spaß, Informationen, Geschenke	Prospekte u. Geschenke sichern, guten Eindruck machen: Die Kinder von heute sind die Kunden von morgen	Situation beherrschen, Schäden vermeiden, mit ›normalen‹ Kunden Gespräche fortsetzen	Personalreserven einsetzen	Außendienstler, Hostessen

- Ich bin für die Erfassung von Anschriften zuständig, damit wir Kunden und Interessenten nach der Messe kontaktieren können.
- Wenn ich keinen Standdienst habe, bin ich Sekretärin. Falls Sie Kunde von uns sind, haben wir vielleicht schon miteinander telefoniert.
- Ich kann Ihre Fragen beantworten oder Ihnen Spezialisten vermitteln. Wenn Sie möchten, habe ich auch Informationsmaterial oder ein kleines Geschenk für Sie.

Messebesuchern, die sich nur einmal umsehen wollen oder Desinteresse signalisieren, wünscht man noch einen schönen Tag. Wichtig ist eine freundliche und lockere Grundhaltung. Die Atmosphäre an einem Messestand soll Sympathie vermitteln und Dienstbereitschaft bekunden.

Für die Erfassung der Standbesucher ist folgender Vordruck geeignet:

Messe: ______________________________

Bearbeiter/-in: ____________________ Datum: ____________
Besucher/-in: ____________________ Kunde: ja ☐ nein ☐
Anschrift: ____________________ Telefon: ____________
____________________ Fax: ____________

Standbesuch:
Einladung ☐ Empfehlung ☐ Interesse ☐ Ansprache durch Standpersonal ☐

Interessiert an: ______________________________

Vereinbarungen:
Anruf ☐ Angebot ☐ Besuch ☐ Einladung ☐ Sonstige ☐

Hinweise: ______________________________
____

Zuständig ______________________________

Fortgang der Angelegenheit: ______________________________

Auf den beiden vorausgehenden Seiten ist noch einmal in einer Übersicht zusammengefasst, was Sekretärinnen über Messen wissen sollten und welches Auftreten von ihnen erwartet wird.

Themen zur Wirtschaftskunde

Bedürfnisse – Güter – Sozialprodukt

Die Existenz des Menschen basiert auf der Fähigkeit seine Bedürfnisse zu befriedigen. Handelt es sich um Bedürfnisse, die sein Überleben sichern sollen, so spricht man von *Existenzbedürfnissen* (z. B. Essen, Trinken, Kleidung, Wohnung usw.). Zur Entfaltung der Persönlichkeit eines Menschen trägt die Auseinandersetzung mit geistigen, seelischen und sozialen Gegebenheiten bei. Diese Bedürfnisse nennt man *Kulturbedürfnisse* (z. B. Bücher, Musik, Kunst, Wissenschaft, Reisen usw.). Der wirtschaftliche Fortschritt hat den Lebensstandard, aber auch die Verhaltensweisen und Wertvorstellungen der Menschen verändert und Bedürfnisse geweckt, die mitunter weit über die Existenz- und Kulturbedürfnisse hinausgehen. Bedürfnisse dieser Art bezeichnet man als *Luxusbedürfnisse* (z. B. Modellkleidung, besonders wertvoller Schmuck, Delikatessen usw.). Ob bestimmte Bedürfnisse jeweils den Existenz-, Kultur- oder Luxusbedürfnissen zuzurechnen sind, hängt jedoch immer vom technisch-wissenschaftlichen Stand der Wirtschaft, vom Lebensstandard der Bevölkerung, vom kulturellen Niveau der Gesellschaft und der individuellen Einstellung des Einzelnen ab. So kann etwa der Kauf von Büchern durchaus einem Luxusbedürfnis entspringen.

Mittel, die geeignet sind, menschliche Bedürfnisse zu befriedigen, nennt man *Güter.* Nach ihrer Verfügbarkeit, ihrer Beschaffenheit und ihrem Zweck unterscheidet man folgende Arten von Gütern:

Die verschiedenen Arten von Gütern

Freie Güter sind Güter, die die Natur in unbeschränktem Maße zur Verfügung stellt und die von jedem Menschen nach Belieben in Anspruch genommen werden können (z. B. Luft, Meerwasser, Wüstensand, Schnee usw.). Die meisten Güter stehen jedoch nur in begrenztem Umfang zur Verfügung. Ihre Beschaffung verursacht Kosten, sie müssen ›erwirtschaftet‹ werden. Darum nennt man sie *wirtschaftliche Güter,* und darum haben sie auch einen Preis (z. B. Lebensmittel, Kleidung, Maschinen, Häuser, Fernsehgeräte, Rohstoffe usw.).

Alle stofflichen Gegenstände werden als materielle Güter oder *Sachgüter* bezeichnet (z. B. Fahrrad, Kleid, Schrank, Brot, Tennisschläger usw.). *Dienstleistungen* sind demgegenüber Nutzen stiftende Tätigkeiten. Solche Arbeitsleistungen bezeichnet man auch als immaterielle Güter (z. B. medizinische Behandlung, unterrichtliche Tätigkeit, Beratung durch einen Rechtsanwalt, Zahlungsabwicklung durch Kreditinstitute usw.).

Produktions- oder *Investitionsgüter* sind solche Güter, die der Herstellung anderer Güter dienen (z. B. Maschinen, Werkzeuge, technische Anlagen, Rohstoffe, Fabrikhallen usw.). Davon trennt man begrifflich die *Konsumgüter.* Dazu gehören alle Güter, die der unmittelbaren Bedürfnisbefriedigung dienen (z. B. Brot, Auto, Kleidung, Wasser, Strom usw.).

Eine weitere Einteilung unterscheidet Güter, die bei ihrer Nutzung verbraucht werden (z. B. Nahrungsmittel, Gas, Tinte usw.), und solche Güter, die über einen längeren Zeitraum verwendet werden können (z. B. Fernsehgerät, Haus, Schuhe, Schreibtisch, Fahrzeug usw.). Erstere nennt man dementsprechend *Verbrauchsgüter,* letztere *Gebrauchsgüter.*

Um die Vielzahl der Bedürfnisse eines Volkes befriedigen zu können, müssen Güter produziert und Dienstleistungen erbracht werden. Der in Geld ausgedrückte Wert aller während eines Jahres in einer Volkswirtschaft erzeugten Güter und Dienstleistungen ist das *Sozialprodukt.* Es stellt das Gesamtergebnis der wirtschaftlichen Tätigkeit dar, und zwar von der Urproduktion (Abbau von Bodenschätzen, Fischerei, Land- und Forstwirtschaft) über die industrielle und handwerkliche Weiterverarbeitung, den Handel und andere Dienstleistungen bis hin zur öffentlichen Verwaltung.

Die Produktionsfaktoren: Arbeit – Betriebsmittel – Werkstoffe

In der Regel stehen die verschiedenen Güter weder in der benötigten Form noch in der gewünschten Menge zur Verfügung. Die meisten müssen zunächst einen mehrstufigen Transformationsprozess durchlaufen, ehe sie marktfähig sind, d. h. der Bedürfnisbefriedigung dienen können. Für diesen Prozess – die *Produktion* – werden Gebäude, Maschinen, Fahrzeuge, Werkzeuge, Rohstoffe usw. benötigt. Diese für jeden Produktionsprozess erforderlichen Elemente nennt man *Produktionsfaktoren.* Maschinen, Fahrzeuge usw. sind ohne den Menschen, der sie bedient und wartet, nutzlos. Der Mensch ist andererseits auf den Einsatz hochwertiger Materialien und moderner Technologien angewiesen. Erst die menschliche Arbeit setzt also die Produktionsfaktoren in Beziehung zueinander und die Produktion selbst in Gang. Mit Produktion ist dabei nicht allein der technische Herstellungsprozess einer Ware gemeint, sondern auch die Urproduktion (Land-, Forstwirtschaft und Bergbau), die Weiterverarbeitung (Handwerk und Industrie), der Gütertransport und die Verteilung (Handel), da jeder dieser Wirtschaftszweige produktive Leistungen erbringt.

Erst die Kombination dieser Produktionsfaktoren macht die betriebliche Leistungserstellung möglich.

Der *Produktionsfaktor Arbeit:* Für die Herstellung von Gütern und Dienstleistungen werden verschiedenartige Arbeitsleistungen benötigt. Das Arbeitspotenzial des Menschen umfasst seine körperlichen Kräfte und seine geistigen Fähigkeiten. Die Ausführung einer Aufgabe verlangt körperliche und geistige Tätigkeiten mit jeweils unterschiedlichem Anspruchsniveau. Wie hoch der Anteil des körperlichen oder geistigen Faktors an einer bestimmten Arbeit ist, lässt sich nicht immer ohne weiteres bestimmen. Während bei dem Meister einer Werkstatt der geistige Anteil sehr hoch ist, wird bei seinem Gesellen in der Werkstatt der körperliche Anteil überwiegen. Analog dazu unterscheidet man *exekutive* (ausführende) und *dispositive* (leitende) *Arbeiten.* Unter exekutiver Arbeit versteht man alle Arbeiten, die überwiegend körperlicher Art sind, unabhängig davon, ob sie in einer Werkstatt, in einem Lager oder in einem Büro verrichtet werden. Die dort tätigen Personen sind weitgehend weisungsgebunden und mit der unmittelbaren Ausführung von betrieblichen Aufgaben beauftragt. Der Einsatz der Produktionsfaktoren erfordert jedoch auch Planung, Organisation, Steuerung und Kontrolle der betrieblichen Vorgänge, und auch die Verwirklichung dieser Aufgaben stellt jeweils eine Arbeit dar.

Die Gesamtheit der im Produktionsfaktor Arbeit vereinigten Kenntnisse, Fertigkeiten und Fähigkeiten ist *Humankapital* eines Unternehmens. Wie das Sachkapital bedarf auch das Humankapital der ständigen Betreuung und Verbesserung. Die Ausgaben für die Höherqualifizierung der Mitarbeiter durch Schulung, Aus- und Weiterbildung erhöhen nicht nur das Leistungspotenzial eines Unternehmens, sondern sind eine unentbehrliche Investition in die durch den technisch-wissenschaftlichen Fortschritt geprägte Zukunft.

Der *Produktionsfaktor Betriebsmittel:* Betriebsmittel sind alle beweglichen und unbeweglichen Güter, die der Leistungserbringung dienen und nicht Bestandteil des Erzeugnisses werden, wie Grundstücke, Gebäude, maschinelle Anlagen, Lagereinrichtungen, Betriebs- und Geschäftsausstattung. Zu den Betriebsmitteln zählen auch die Betriebsstoffe. Sie werden ebenfalls nicht Bestandteil des Erzeugnisses, sind aber für den Ablauf des Produktionsprozesses erforderlich, z. B. Schmiermittel, Öl, Strom, Benzin.

Der *Produktionsfaktor Werkstoffe:* Werkstoffe sind Güter, aus denen durch Be- oder Verarbeitung neue Erzeugnisse hergestellt werden. Rohstoffe (z. B. Mehl, Holz, Leder usw.) werden Hauptbestandteil des Endprodukts (z. B. Brot, Tisch, Tasche usw.). Hilfsstoffe (z. B. Leim, Garn, Lack usw.) gehen mengen- und wertmäßig in geringem Umfang in das Endprodukt (z. B. Möbel, Kleidungsstück, Auto usw.) ein. Fertigteile (z. B. Batterie, Schloss, Reißverschluss usw.) werden unverändert Bestandteil des Endprodukts (z. B. Auto, Tür, Hose usw.).

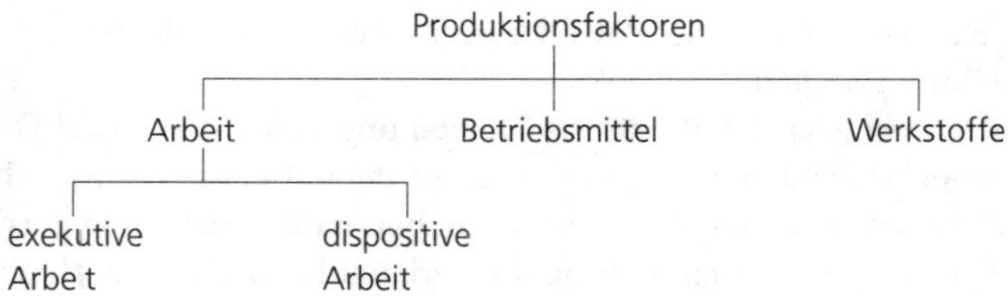

Das ökonomische Prinzip

Verwertbare Güter müssen in der Regel erst geschaffen werden. Diese Tätigkeit, das *Wirtschaften,* sollte an dem Grundsatz ausgerichtet sein, das Produktionsziel mit einem möglichst geringen Aufwand an Kräften und Mitteln zu erreichen. Wer diesem Grundsatz folgt, handelt nach dem ökonomischen Prinzip. Es begegnet uns in zwei Varianten: a) als *Maximalprinzip,* das anstrebt, mit den eingesetzten Mitteln den höchstmöglichen Erfolg zu erzielen, und b) als *Minimalprinzip,* nach dem mit einem möglichst geringen Einsatz an Mitteln ein bestimmtes Ziel zu erreichen ist.

Nach dem ökonomischen Prinzip handeln sowohl Privatleute als auch Unternehmer: Privatleute, wenn sie bestrebt sind, für ihr monatliches Nettogehalt möglichst viele preisgünstige Waren oder Dienstleistungen zu erstehen (Nutzenmaximierung), und Unternehmer, wenn sie bemüht sind, aus den ihnen zur Verfügung stehenden Rohstoffen möglichst viele Produkte herzustellen (Gewinnmaximierung). Das ökonomische Prinzip sagt nichts über die Motive des Handelnden aus. Es ist lediglich ein formaler Grundsatz, der in Konkurrenz zu anderen Prinzipien (z. B. ethischen, religiösen, sozialen usw.) steht. Aufgabe der Unternehmer ist es aber auch, nicht nur nach dem ökonomischen Prinzip zu handeln, sondern ebenfalls humane Verpflichtungen (Humanisierung der Arbeitswelt) einzulösen und ökologische Postulate (Umweltschutz) zu verwirklichen.

Die Einteilung von Unternehmen: Wirtschaftszweige – Zielsetzungen – Größe

Unternehmen unterscheiden sich u. a. in ihrer Zielsetzung, ihrer Größe, ihrem Tätigkeitsbereich oder ihrer Rechtsform. Welche Bezugsgröße man für die Klassifizierung wählt, hängt vom Untersuchungsziel ab. Verschiedene Möglichkeiten bieten sich an:

Betrachten wir zunächst die Unternehmen nach Wirtschaftszweigen: Eine wirtschaftliche Tätigkeit, welche handwerksmäßig betrieben wird, gehört in die Sparte *Handwerk.* Vom Industriebetrieb unterscheidet sich der Handwerksbetrieb durch folgende Merkmale: In der Regel arbeitet der Inhaber selbst mit, er hat ein persönliches Eigentum an den Produktionsmitteln, die Betriebsgröße ist eher klein, es werden Einzelfertigungen im individuellen Auftrag eines Kunden getätigt, weitgehend in Handarbeit und unter geringem Einsatz technischer Aggregate; die Mitarbeiter sind branchenspezifische Fachkräfte. Eine eindeutige Abgrenzung zwischen Handwerks- und Industriebetrieb ist heute bei zunehmender Technisierung und Automatisierung betrieblicher Abläufe freilich problematisch.

Arten von Unternehmen

Wirtschaftszweig	Zielsetzung	Größe
Handwerk	private Unternehmen	Kleinunternehmen
Industrie	öffentliche Unternehmen	mittlere Unternehmen
Handel		Großunternehmen

Ein *Industriebetrieb* produziert Sachgüter, indem er fabrikmäßig (im Gegensatz zum Handwerksbetrieb) Rohstoffe oder Energie gewinnt bzw. be- oder verarbeitet. Kennzeichen des Industriebetriebs sind: Kapitalintensität, Arbeitsteilung und Spezialisierung, moderne Technologie und Rationalisierung, Massenproduktion für überregionale Märkte und die Beschäftigung vieler an- und ungelernter Mitarbeiter.

Der *Handelsbetrieb* ist ein Dienstleistungsbetrieb, dessen Aufgabe in der Verteilung von Gütern besteht. Er übt eine Mittlerfunktion zwischen Produktion und Verbrauch aus (vgl. auch Die Marketinginstrumente, S. 461). Die produktive Leistung des Handels liegt in der Beschaffung, Lagerung und Weiterleitung der Waren, ohne diese wesentlich zu be- oder verarbeiten. Eine Veredelung der Waren – und damit eine Werterhöhung – wird lediglich durch Sortieren, Reinigen, Mischen, Reifenlassen oder Abpacken erreicht. Der Handel übernimmt darüber hinaus wichtige Funktionen für die Kunden. Der Verbraucher kann weder den persönlichen Kontakt zu den zahlreichen Herstellern der von ihm benötigten Produkte halten noch die Angebotspalette der auf dem Markt befindlichen Artikel überschauen. Indem der Handel diese Kontakt- und Informationslücke schließt, schafft er den Verbrauchern jene Markttransparenz, die für eine sinnvolle Kaufentscheidung unerlässlich ist. Eine weitere bedeutende Aufgabe des Handels ist die zielgruppengerechte Zusammenstellung der Waren, also die Sortimentsfunktion. Bei bestimmten Gütern handelt es sich um technisch komplizierte Produkte. Die Nutzung dieser Waren setzt Kenntnisse der Beschaffenheit und der Handhabung voraus. Erst die Beratungsfunktion des Handels ermöglicht die vollständige und fehlerlose Anwendung oder Verwertung durch die Kunden.

Arten des Handels

Binnenhandel	**Außenhandel**
1. Einzelhandel	1. Importhandel
2. Großhandel	2. Transithandel
	3. Exporthandel

Der *Binnenhandel* tätigt Handelsgeschäfte innerhalb der nationalstaatlichen Grenzen. Dabei ist es gleichgültig, ob die Handelsgüter im Inland hergestellt oder aus dem Ausland eingeführt worden sind. Der *Einzelhändler* bezieht seine Waren vom Großhändler oder Produzenten und verkauft sie an die Endverbraucher. Seine zentrale Aufgabe, die Überbrückungsfunktion, macht ihn zum unentbehrlichen Bindeglied zwischen seinen Partnern, den Lieferanten und den Kunden. Typische Funktionen sind:

- Raumüberbrückungsfunktion:
  Transport der Waren an den Ort des Bedarfs (Kundennähe)
- Zeitüberbrückungsfunktion:
  Durch die Lagerhaltung ist es dem Handel möglich, den Kunden zu jeder Jahreszeit die gewünschten Waren anzubieten
- Sortimentsfunktion:
  Zusammenstellen eines auf den Bedarf der Kunden abgestimmten Warenkreises nach Menge, Qualität, Art, Preis und komplementären (sich ergänzenden) Gütern
- Veredelungsfunktion:
  Durch Rösten, Trocknen, Reifenlassen wird die Ware auf eine höhere Stufe der Konsumreife gebracht oder durch Reinigen, Mischen usw. verwendungstauglich gemacht

Zum Aufgabenbereich des Einzelhandels gehören auch die Beratung der Kunden und Lieferanten, die Markterkundung und Markterschließung, die Kreditgewährung u. a. m. Einzelhändler sind nicht nur die Betreiber von Ladengeschäften oder Kiosken, sondern auch der Versandhandel, der Wanderhandel (Straßenhandel, Hausierer) und die Großbetriebe des Handels, wie Kaufhäuser, Warenhäuser, Diskontgeschäfte, Filialbetriebe, Warenautomaten usw.

Zum *Großhandel* gehören demgegenüber diejenigen Handelsbetriebe, die ihre Waren vom Hersteller beziehen und an Weiterverarbeiter, Großverbraucher oder Wiederverkäufer liefern. Weiterverarbeiter kann ein Handwerksbetrieb, eine Fabrik o. Ä. sein. Großverbraucher sind Restaurants, Kantinen, Krankenhäuser usw. Mit Wiederverkäufer ist der Einzelhandel gemeint. Die Leistung des Großhandels im Interesse der Abnehmer verdeutlicht insbesondere die Zeitausgleichsfunktion. Durch entsprechende Lagerkapazitäten und Lagereinrichtungen überbrückt der Großhandel den Zeitraum zwischen Erzeugung und Verbrauch. Dem kontinuierlichen Bedarf an Lebensmitteln z. B. steht der wechselnde Ernterhythmus gegenüber, während die permanente Industrieproduktion auf saisonale Bedarfsschwankungen (Pelze, Badeartikel, Osterhasen, Weihnachtsmänner) stößt.

Wenige Staaten verfügen über alle benötigten Rohstoffe im eigenen Land. Oft ist eine ausreichende Versorgung der Bevölkerung unter den gegebenen klimatischen Bedingungen nicht möglich. Der unterschiedliche technisch-wissenschaftliche Stand der Länder zwingt manche von ihnen, sich die zum Aufbau eigener Industrien erforderlichen Technologien im Ausland zu beschaffen. Den Ausgleich zwischen Überfluss und Mangel an Gütern in den verschiedenen Volkswirtschaften besorgt der *Außenhandel.* Außenhandelsbetriebe sind Dienstleistungsbetriebe, deren Aufgabe der grenzüberschreitende Austausch von Gütern (Waren, Dienstleistungen, Kapital) ist. Diese Tätigkeit setzt nicht nur fundierte Warenkenntnisse, sondern auch ein umfassendes Wissen über die politischen und gesellschaftlichen Verhältnisse sowie die Rechtsordnung und Wirtschaftsstruktur der Staaten, mit denen Handel betrieben wird, voraus.

Der *Importhandel* beschafft die im Inland benötigten Güter bei einem ausländischen Hersteller oder einem ausländischen Exporthändler. Die unterschiedlichen internationalen und geopolitischen Voraussetzungen bieten dem Importhandel ein weites Betätigungsfeld: Beschaffung von Rohstoffen für die heimische Wirtschaft, Beseitigung von Engpässen bei der Versorgung mit Nahrungsmitteln, Kauf von Spezialmaschinen oder Spitzentechnologie für die eigene Industrie, Wahrnehmen von Marktchancen aufgrund von Wechselkursschwankungen.

Der *Exporteur* dagegen kauft inländische Güter, um sie im Ausland abzusetzen. Häufig haben sich Exporteure auf bestimmte Warengruppen, z. B. bei technisch anspruchsvollen Gütern, oder auf besondere Länder bzw. Gebiete spezialisiert. Letzteres empfiehlt sich bei sprachlichen, politischen oder besonderen rechtlichen Problemen. Der Exporthandel unterscheidet sich vom Importhandel weniger durch die wahrgenommenen Funktionen als vielmehr durch die Zielsetzung: Erschließung neuer Märkte, Ausweitung des Umsatzes, Beschaffung von Devisen, Ausgleich der Importe.

Die Intensivierung des Exports bedarf zusätzlicher betrieblicher absatztechnischer Maßnahmen (Exportmarketing) sowie der staatlichen Unterstützung. Maßnahmen des Staates können Handelsverträge mit anderen Staaten, die Einrichtung von Konsulaten im Ausland, steuerliche Maßnahmen (z. B. keine Ausfuhrumsatzsteuer) oder die Übernahme von Bürgschaften sein. Die Transaktionen des Außenhandels fördern die internationale Arbeitsteilung.

An einem *Transitgeschäft* schließlich sind gewöhnlich drei Länder beteiligt. Der inländische Transithändler kauft Waren im Ausland und veräußert diese an einen Abnehmer in einem anderen Land. Die Ware wird unverändert durch das Land des Transithändlers befördert. Der Transithändler ist meistens Importeur und Exporteur zugleich. Wegen seiner zentralen Lage ist Deutschland ein bedeutendes Betätigungsgebiet für den Transithandel.

Zu einer insgesamt anderen Einteilung gelangt man, wenn man die Unternehmen nach der Zielsetzung klassifiziert: *Private Unternehmen* verdanken ihre Entstehung im Gegensatz zu öffentlichen Unternehmen der privaten Initiative. Die private unternehmerische Tätigkeit ist auf die Erzielung von Gewinn angelegt. Da private Unternehmen nach dem erwerbswirtschaftlichen Prinzip (Erwirtschaftung von Gewinn) handeln, bezeichnet man sie auch als *erwerbswirtschaftliche Unternehmen*. Aus dem Gewinn werden der Lebensunterhalt der Eigentümer bestritten, aber auch die Investitionen finanziert, die das Wachstum des Unternehmens ermöglichen und die Arbeitsplätze der Mitarbeiter zu sichern helfen.

Charakteristisch für private Unternehmen sind daher die Gewinnmaximierung, als unternehmerisches Ziel die Finanzierung aus Eigenmitteln, das private Verfügungsrecht über die Produktionsmittel und das von Eigeninteresse getragene Handeln.

Die Marktwirtschaft bietet dem privaten Unternehmer die besten Voraussetzungen für die Realisierung seiner Ziele, da dieses System der Idee der Freiheit des wirtschaftenden Menschen Priorität einräumt. Dem Staat obliegt es in diesem System zunächst nur, die Voraussetzungen für eine möglichst ungehinderte Tätigkeit zu schaffen. Er hat zugleich aber auch im Hinblick auf das Gemeinwohl dafür zu sorgen, dass die freie Entfaltung nicht zu Einschränkungen oder Benachteiligungen Einzelner oder gar zur Funktionsunfähigkeit des Marktes führt.

Öffentliche Unternehmen sind wirtschaftliche Betriebe, deren Träger eine öffentliche Körperschaft (Bund, Land, Gemeinde) ist. Sie können in der Organisationsform einer privatrechtlichen Unternehmung (Personen- oder Kapitalgesellschaft) oder einer öffentlich-rechtlichen Körperschaft/Anstalt (Sozialversicherung, Bundespost, Sparkasse usw.) betrieben werden. Als Teilnehmer am Wirtschaftsleben ist der Staat wie jeder private Unternehmer Produzent von Waren und Dienstleistungen. Er begegnet uns beispielsweise in Form kommunaler Versorgungs- (Strom, Wasser, Gas usw.) oder Verkehrsbetriebe. Zum staatlichen Wirtschaftsbereich gehören ferner die Einrichtungen der Infrastruktur (Bildung, Gesundheit, Raumordnung usw.). Zweck solcher Aktivitäten der öffentlichen Hand ist es, Einnahmen zu erzielen, aber nicht im

Sinne der Gewinnmaximierung privater Unternehmen, sondern zur Kostendeckung.

Darüber hinaus verfolgt der Staat mit seinem wirtschaftlichen Engagement auch beschäftigungs- und gesellschaftspolitische Absichten.

Für öffentliche Unternehmen (Post, Bahn, Versorgungsunternehmen usw.) besteht Kontrahierungszwang, d. h., diese Unternehmen sind gesetzlich dazu verpflichtet, mit jedem Kunden einen Vertrag (über die Lieferung von Strom, die Beförderung in öffentlichen Verkehrsmitteln usw.) abzuschließen. Öffentliche Unternehmen können zudem ihre Preise nicht frei gestalten (staatliche Preisregulierung). Reichen die Einnahmen aus der wirtschaftlichen Betätigung nicht aus, wird das Defizit über die Steuern bzw. die öffentlichen Haushalte ausgeglichen. Gewinne staatlicher Unternehmen kommen nicht einzelnen Personen, sondern der Allgemeinheit zugute. Von den privaten Unternehmen unterscheiden sich die öffentlichen Unternehmen durch die Zielsetzung (Bedarfs- bzw. Kostendeckung), die Orientierung am Gemeinwohl, die Finanzierung über Steuern und die Realisierung wirtschaftspolitischer Aufgaben.

Der dritte Ansatz zur Klassifizierung von Unternehmen nimmt deren Größe zum Maßstab. Ein wirtschaftliches Unternehmen ist ein komplexes Gebilde, das sich durch seine spezifische Aufgabenbezogenheit, seine Struktur, Organisation und Ausstattung von anderen Unternehmen unterscheidet. Dementsprechend stehen für die Bestimmung der Unternehmensgröße unterschiedliche Kriterien zur Verfügung. In diesem Zusammenhang soll das Unternehmen als Summe aller in ihm vereinigten produktiven Kräfte, die seine Leistungsfähigkeit bestimmen, definiert werden. Als Bezugsgrößen stehen dann zur Verfügung: Anzahl der Beschäftigten, die Summe des investierten Kapitals, das Potenzial an Maschinen und technischen Einrichtungen, die Produktionskapazität, die Höhe des Umsatzes u. a. m.

Im Zeitalter der Automatisierung kann die Zahl der Beschäftigten als Einteilungskriterium für die Unternehmensgröße missverständlich sein. Es ist daher zweckmäßig, mehrere Bezugsgrößen heranzuziehen. Nach § 267 HGB dienen folgende drei Merkmale der Bestimmung der Unternehmensgröße:

Unternehmens-größe	Zahl der Beschäftigten	Bilanzsumme DM	Umsatzhöhe DM
klein	bis 50	bis 5,31 Mio.	bis 10,62 Mio.
mittel	bis 250	bis 21,24 Mio.	bis 42,48 Mio.
groß	über 250	über 21,24 Mio.	über 42,48 Mio.

Jeweils zwei dieser Merkmale müssen in zwei aufeinander folgenden Geschäftsjahren erfüllt sein.

Geld – Währung – Zahlungsformen

Geld ist das vom Staat anerkannte Zahlungsmittel in einer Volkswirtschaft. Definiert man Geld als gesetzliches Zahlungsmittel, mit dem eine Geldschuld rechtswirksam beglichen werden kann, dann ist damit lediglich der rechtliche Aspekt des Geldes angesprochen. Die wirtschaftliche Bedeutung des Geldes liegt in seinen Funktionen

- als Tauschmittel,
  da es als Zahlungsmittel für den Erwerb von Gütern oder Dienstleistungen verwendet werden kann (Kauf von Waren, Zahlung von Gehältern usw.)
- als Wertmesser,
  da der Preis eines Gutes in Geld ausgedrückt werden kann und Güter mit seiner Hilfe vergleichbar werden (z. B. 1 kg Mehl = 2,50 DM; 1 Arbeitsstunde = 50,00 DM)
- als Wertaufbewahrungsmittel,
  da man Geld sparen kann, um zu einem späteren Zeitpunkt darüber zu verfügen (Bau eines Hauses, Ausleihen gegen Zinsen usw.)
- als Wertübertragungsmittel,
  da der Besitzende Geld, ohne einen Gegenwert zu erhalten, auf andere übertragen kann (Taschengeld, Schenkung, Erbschaft usw.)

Geld als Objekt des Zahlungsverkehrs ist einmal als gesetzliches Zahlungsmittel, zum anderen als Geldersatzmittel im Umlauf.

Zahlungsmittel

gesetzliches Zahlungsmittel	Geldersatzmittel
Bargeld	1. Buchgeld (Giralgeld)
a) Münzen	2. Schecks
b) Banknoten	3. Wechsel

Gesetzliches Zahlungsmittel ist das Geld, mit dem Zahlungsverpflichtungen rechtswirksam getilgt werden können. Für gesetzliche Zahlungsmittel besteht grundsätzlich Annahmezwang. Banknoten müssen von jedermann in unbegrenzter Höhe angenommen werden. Bei DM-Münzen besteht eine Annahmeverpflichtung bis 20,00 DM, bei Pfennig-Münzen bis 5,00 DM. Zum Buch- oder Giralgeld zählen die auf den Konten der Geld- und Kreditinstitute geführten Guthaben. Da über das Buchgeld nach Vereinbarung der Geschäftspartner durch Überweisung, Lastschrift, Scheck oder Wechsel verfügt werden kann, erfüllt es die Aufgaben eines Zahlungsmittels. Für Buchgeld besteht allerdings kein Annahmezwang. Es verbrieft lediglich einen Anspruch auf Geld.

Zahlungsformen

Barzahlung	halb bare Zahlung	bargeldlose Zahlung
unmittelbare Zahlung mit Geld (Münzen, Banknoten)	Nur eine Person verfügt über ein Konto. Je nach Vorgang wird Bargeld zu Buchgeld oder umgekehrt	Zahlung durch Buchung von Konto zu Konto
1. persönlich 2. durch Boten 3. Postanweisung 4. Wertbrief	1. Zahlschein 2. Zahlungsanweisung 3. Barscheck	1. Überweisung 2. Lastschrift 3. Verrechnungsscheck 4. Wechsel

Die gesetzliche Ordnung des Geldwesens bezeichnet man als *Währung* oder *Währungssystem* (deutsche, englische Währung usw.). Die ›Geldverfassung‹ bestimmt neben dem Namen die Art, die Beschaffenheit und die Stückelung der gesetzlichen Zahlungsmittel. Sie legt darüber hinaus das Wertverhältnis zwischen zwei Währungen, die so genannte Währungsparität, fest.

Der freie internationale Handel belebt den Wettbewerb und verleiht den nationalen Wirtschaften Dynamik und Effizienz. Handelsaktivitäten setzen stets Geldströme in Gang. Da es im zwischenstaatlichen Wirtschaftsverkehr kein einheitliches Zahlungsmittel gibt, muss beispielsweise die DM in die Währung anderer Länder umgetauscht werden. Das Verhältnis, in welchem die DM in eine ausländische Währung umgetauscht werden kann, nennt man *Wechselkurs.* Der Wechselkurs, auch als Devisenkurs bezeichnet, ist der Preis für eine Einheit Auslandswährung. Der Wechselkurs – und damit der Außenwert des Geldes – wird täglich an den Devisenbörsen ermittelt (z. B. 1 $ = 1,70 DM). Den Binnenwert des Geldes repräsentiert seine Kaufkraft im Inland (ein Stück Seife = 2 DM). Ein prosperierender Welthandel erfordert einen funktionsfähigen internationalen Zahlungsverkehr. Voraussetzung ist die uneingeschränkte Konvertierbarkeit (Konvertibilität), d. h. die Austauschbarkeit der Währungen. Eine Währung muss jederzeit in unbeschränkter Höhe zum geltenden Kurs in die betreffende Landeswährung umgetauscht werden können. Meint man die Zahlungsmittel eines anderen Staates, so spricht man von (amerikanischer, französischer usw.) Valuta.

Als *Zahlungsformen* stehen dem Zahlenden eine Reihe von Möglichkeiten – von der persönlichen Zahlung durch Bargeld, über die Scheck- oder Wechselzahlung bis hin zum Lastschriftverfahren – offen.

Barzahlung: Der Zahlungspflichtige zahlt mit Banknoten oder Münzen; der Zahlungsempfänger erhält Bargeld. Diese Zahlungsform wird gewählt, wenn kein Partner des Geldverkehrs über ein Konto verfügt bzw. ein solches benutzen will. Barzahlung ist z. B. bei Einkäufen des täglichen Lebens, bei Zahlungen zwischen Privatpersonen und im Dienstleistungsgewerbe (z. B. Friseur, öffentliche Verkehrsmittel usw.) üblich. Eine Barzahlung kann *persönlich* oder durch einen *Boten* (Bevollmächtigten) vorgenommen werden. Sie sollte stets durch eine Quittung (Kassenzettel, Kassenbon, Quittungsvordruck, quittierte Rechnung) bestätigt werden.

Kommt eine direkte Zahlung (persönlich oder durch Boten) nicht infrage, so stehen als weitere Möglichkeiten der Barzahlung die Postanweisung oder der Wertbrief zur Verfügung. Die *Postanweisung* ist ein Auftrag an die Post, einen bar eingezahlten Betrag (höchstens 3 000 DM) an den Empfänger bar auszuzahlen. Wer mit Postanweisung zahlt, muss einen Postanweisungsvordruck ausfüllen und den Überweisungsbetrag am Postschalter bar einzahlen. Er erhält als Quittung den rechten Teilabschnitt der Postanweisung, den ›Einlieferungsschein‹. Der Postzusteller bringt das Geld ins Haus, und der Zahlungsempfänger erhält den Betrag in bar sowie als Beleg den (linken) ›Empfängerabschnitt‹. Zum *Wertbrief* vgl. Postversand, S. 181 ff.).

halb bare Zahlung

nur Zahlungspflichtiger (Schuldner) hat ein Konto	nur Empfänger (Gläubiger) hat ein Konto
Barscheck Zahlungsanweisung	Zahlschein

Halb bare Zahlung bedeutet, dass der Zahlungsverkehr nur durch Vermittlung von Banken, Sparkassen und Postbank (Postgiro) durchgeführt werden kann. Besitzt nur ein Geschäftspartner ein Konto bei einem Kreditinstitut, sind die Voraussetzungen für eine halb bare Zahlung gegeben. Der Zahlungsvorgang läuft dann in der Form ab, dass der Betrag entweder vom Zahlungspflichtigen (Schuldner) bei einem Geldinstitut bar eingezahlt und dem Konto des Empfängers (Gläubigers) gutgeschrieben wird oder der Betrag vom Konto des Zahlungspflichtigen abgebucht und dem Empfänger bar ausgezahlt wird.

Bei der halb baren Zahlung wird Buchgeld in Bargeld umgewandelt und umgekehrt. Besitzt der Zahlungspflichtige ein Konto, so kann er einen *Barscheck* ausstellen, den der Empfänger bei dem betreffenden Kreditinstitut bar einlösen kann. Der Inhaber eines Postbank-Girokontos kann mithilfe einer *Zahlungsanweisung* Beträge an einen Empfänger bar auszahlen lassen: Die Postbank bucht den Betrag vom Konto ab und weist das Zustellpostamt des Empfängers an, den Betrag auszuzahlen. Gleichzeitig an mehrere Empfänger zu leistende Zahlungen können durch das *Sammelauftragsverfahren* veranlasst werden.

Hat nur der Empfänger ein Girokonto, dann kann der Zahlungspflichtige einen *Zahlschein* verwenden. Mit einem *Zahlschein* kann Geld bei einem beliebigen Kreditinstitut bar eingezahlt werden. Der Betrag wird dann auf das Konto des Empfängers überwiesen.

Der *bargeldlose Zahlungsverkehr* setzt voraus, dass sowohl der Zahlungspflichtige (Schuldner) als auch der Empfänger (Gläubiger) ein Konto bei einem Kreditinstitut oder der Postbank unterhält. Mit der Eröffnung des Kontos wurde zwischen dem Kontoinhaber und dem Geldinstitut ein Geschäftsbesorgungsvertrag gemäß § 675 BGB abgeschlossen. Ein Konto, das der Abwicklung des gesamten Zahlungsverkehrs dient, nennt man Girokonto. Über ein darauf befindliches Guthaben kann jederzeit verfügt werden. Beim bargeldlosen Zahlungsverkehr werden Zahlungen durch Buchgeld (Giralgeld) beglichen, also durch Buchung von Konto zu Konto.

Träger des bargeldlosen Zahlungsverkehrs sind Überweisung, Lastschrift, Scheck und Wechsel. Bargeldlose Zahlungen können auch mithilfe des elektronischen Zahlungsverkehrs abgewickelt werden.

Die meisten Formen des bargeldlosen Zahlungsverkehrs werden privat wie geschäftlich gleichermaßen genutzt. Sie gehören zum – freilich noch weit größeren – Bereich der Dienstleistungen, die die Kreditinstitute erbringen, und werden deshalb auch im Kapitel Die Dienstleistungen der Kreditinstitute auf Seite 525 ff. abgehandelt. Etwas anders verhält es sich jedoch mit dem *Wechsel*, der wohl ältesten Form bargeldloser Zahlung. Der Wechsel selbst ist im Gegensatz zu den meisten anderen Zahlungsmitteln nicht an die vermittelnde Tätigkeit eines Kreditinstituts gebunden. Erst der Wechselkredit erfordert die Einschaltung einer Bank. Vermutlich wegen seiner komplexeren Funktionsweise ist er aus dem privaten Zahlungsverkehr weitgehend verschwunden, hat aber im Geschäftsleben seine Bedeutung behalten. Deshalb soll hier etwas ausführlicher vom Wechsel die Rede sein.

Viele geschäftliche Transaktionen kommen nur im Wege der Kreditfinanzierung zustande. Ein Mittel dazu ist der Wechsel. Über die Funktion des Zahlungsmittels hinaus ist der Wechsel ein Kreditmittel, da der Zahlungspflichtige seine Geldschuld erst zu einem späteren Zeitpunkt begleichen muss. Der Empfänger des Wechsels kann diesen in der Zwischenzeit bei seiner Bank einreichen oder ihn als Zahlungsmittel für eigene Verbindlichkeiten benutzen. Darüber hinaus ist der Wechsel ein Sicherungsmittel für Forderungen, da jeder, der auf einem Wechsel unterschrieben hat, ein abstraktes, d. h. vom ursprünglichen Rechtsgeschäft unabhängiges Schuldversprechen abgegeben hat und nach den strengen Vorschriften des Wechselgesetzes für die Einlösung haftet.

Eine lange Entwicklungsgeschichte und die wachsende Bedeutung des Wechsels als Zahlungs- und Kreditmittel haben zur Ausbildung eines differenzierten Wechselrechts geführt.

Grundbegriffe des Wechselrechts sind:

1. Tratte:
   Gezogener, d.h. ausgestellter, aber vom Schuldner (Bezogenen) noch nicht angenommener (akzeptierter) Wechsel = *Zahlungsaufforderung*
2. Akzept:
   Schriftliche Annahmeerklärung des Schuldners (Bezogenen) auf dem Wechselformular (Annahme eines gezogenen Wechsels) = *Zahlungsverpflichtung*
3. Akzeptant:
   Der durch das Akzept zur Bezahlung der Wechselschuld Verpflichtete
4. Remittent:
   Der Wechselnehmer, d.h. die Person, die im Wechsel als Begünstigter angegeben ist
5. Rimesse:
   Der weitergegebene Wechsel
6. Indossament:
   Übertragungsvermerk auf der Rückseite des Wechsels, mit dem der Inhaber seine Rechte aus dieser Urkunde auf den von ihm Genannten überträgt
7. Indossant:
   Derjenige, der einen Wechsel durch Indossament weitergibt
8. Indossieren (Girieren):
   Übertragungsvorgang
9. Prolongation:
   Verlängerung der Laufzeit des Wechsels durch den Aussteller (Ausstellen eines neuen Wechsels)

Der gezogene Wechsel ist eine Zahlungsanweisung, in der der Gläubiger (Aussteller) den Schuldner (Bezogenen) anweist, zu einem angegebenen Zeitpunkt eine bestimmte Geldsumme an den Aussteller oder an eine andere Person (Wechselnehmer) zu zahlen. Durch die Unterschrift (Akzept) erkennt der Schuldner seine Zahlungsverpflichtung an. Nach Art. 1 des Wechselgesetzes (WG) muss die Wechselurkunde folgende Bestandteile enthalten (siehe die Abb. auf S. 520):

Ort und Datum der Ausstellung:
Aus Sicherheitsgründen muss der Monatsname ausgeschrieben werden, die üblichen Abkürzungen sind zulässig. Fehlt der Ausstellungsort, so gilt der bei der Unterschrift des Ausstellers angegebene Ort als Zahlungsort

Das Wort ›Wechsel‹ im Text der Urkunde:
Durch das Wort ›Wechsel‹ ist der Rechtscharakter dieser Urkunde im Unterschied z. B. zum Schuldschein definiert

Fälligkeitsdatum – Verfallzeit:
Fehlt das Fälligkeitsdatum, dann gilt der Wechsel als Sichtwechsel und ist bei Vorlage fällig. Theoretisch könnte die Laufzeit unbegrenzt sein. Die übliche Laufzeit eines Wechsels beträgt 1–3 Monate. Fällt der Verfalltag auf einen Sonntag, gesetzlichen Feiertag oder Samstag, so ist der folgende Werktag der Fälligkeitstag.

Der Wechselempfänger (Remittent bzw. der Name dessen, an den gezahlt werden soll):
Wenn der Aussteller noch nicht weiß, an wen er den Wechsel weitergeben wird, kann er sich selbst mit der Formulierung ›zahlen Sie an mich‹ als Wechselempfänger einsetzen (Wechsel an ›eigene Order‹). Wird eine dritte Person als Wechselnehmer angegeben, so spricht man von einem Wechsel an ›fremde Order‹.

Der Wechselbetrag:
Dies ist die unbedingte Anweisung, einen bestimmten Betrag, die Wechselsumme, zu zahlen. Weichen die Beträge in Buchstaben und Ziffern voneinander ab, so gilt der in Buchstaben angegebene Betrag.

Name und Anschrift des Bezogenen:
Da der Wechsel eine Holschuld ist, sind diese Angaben erforderlich, um den Wechsel dem Schuldner am Verfalltag vorlegen zu können. Ist der Name des Bezogenen in der Wechselurkunde nicht angegeben, ist der Wechsel ungültig.

Der Zahlungsort:
Falls der Zahlungsort nicht angegeben ist, gilt der beim Namen des Bezogenen angegebene Ort als Zahlungsort. Fehlt auch diese Angabe, ist der Wechsel nichtig. Da der Einzug des Wechsels umständlich sein kann, werden Wechsel häufig bei einem Geldinstitut an einem so genannten Bankplatz zahlbar gestellt (›zahlbar in Frankfurt/Main bei der X-Bank‹). Bankplatz ist ein Ort, an dem die Deutsche Bundesbank eine Niederlassung unterhält.

Unterschrift des Ausstellers:
Durch seine handschriftliche Unterschrift garantiert der Aussteller die spätere Einlösung des Wechsels, falls der Schuldner nicht zahlen sollte. Der Unterschrift ist die Anschrift anzufügen, damit der Aussteller bei Nichteinlösung des Wechsels benachrichtigt werden kann.

Beispiel: Ausgleich von Verbindlichkeiten durch Wechselzahlung

Die Firma Beispiel KG, Lebensmittelgroßhandel, 20359 Hamburg, Am Hafen 26, hat an den Einzelhändler Hans Mustermann, Feinkost, 60329 Frankfurt, Elchplatz 13, Waren im Werte von 8000 DM geliefert. Da Hans Mustermann zur Zeit nicht liquide ist, schlägt er am 15.08. 1997 Wechselzahlung vor, womit

Hamburg, den 15. August 19...
Ort und Tag der Ausstellung (Monat in Buchstaben)

60329	Frankfurt a.M.	15.11. ...
Nr. d. Zahl.-Ortes	Zahlungsort	Verfalltag

Vermerke in diesen Spalten sind nur für Kreditinstitute bestimmt und gehören nicht zum Wechseltext.

Gegen diesen **Wechsel** - erste Ausfertigung - zahlen Sie am 15. November 19...
Monat in Buchstaben

an eigene Order DM ----8.000,----
Betrag in Ziffern

Deutsche Mark achttausend
Betrag in Buchstaben
Pfennige wie oben

MUSTER

Bezogener Hans Mustermann Feinkost
Elchplatz 13
in 60329 Frankfurt am Main
Ort und Straße (genaue Anschrift)

Zahlbar in 60329 Frankfurt am Main
Zahlungsort
bei Frankfurt Bank AG 1234567
Name des Kreditinstituts z. L. Konto Nr.

Beispiel KG
Lebensmittelgroßhandel
Am Hafen 26
20359 Hamburg

Beispiel
Unterschrift und genaue Anschrift des Ausstellers

Angenommen
Hans Mustermann

Stempelmarken auf der Rückseite unmittelbar unter diesem Rande aufkleben!

Ausgestellter Wechsel: Vorder- und Rückseite

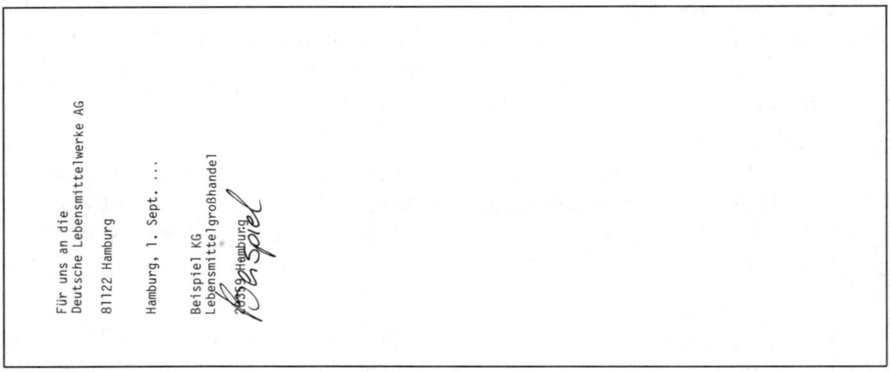
Für uns an die
Deutsche Lebensmittelwerke AG
81122 Hamburg

Hamburg, 1. Sept. ...

Beispiel KG
Lebensmittelgroßhandel
20359 Hamburg
Beispiel

die Firma Beispiel KG einverstanden ist. Die Firma Beispiel KG stellt den Wechsel aus und sendet ihn an den Einzelhändler Mustermann, der ihn akzeptiert und an die Firma Beispiel KG zurücksendet.

Da die Großhandlung Beispiel KG zum Zeitpunkt der Ausstellung des Wechsels noch nicht wusste, wie sie den Wechsel verwenden würde, hat sie sich selbst als Wechselnehmer eingesetzt (›an eigene Order‹). Inzwischen hat die Firma Beispiel KG festgestellt, dass eine Rechnung ihres Lieferanten, Deutsche Lebensmittelwerke AG, 80538 München, Rosenweg 20, fällig geworden ist. Sie indossiert daher den Wechsel an die Firma Deutsche Lebensmittelwerke AG und sendet ihr diesen zu (siehe ausgefülltes Wechselformular).

Außer der Weitergabe des Wechsels als Zahlungsmittel (Indossierung) hat jeder Wechselinhaber noch folgende Verwendungsmöglichkeiten:

– Der Inhaber kann den Wechsel bis zum Verfalltag aufbewahren und ihn selbst oder durch einen Beauftragten dem Bezogenen zur Zahlung vorlegen

– Der Inhaber kann den Wechsel vor dem Verfalltag an ein Geldinstitut verkaufen (diskontieren). Da der Bezogene erst am Verfalltag zahlen muss, räumt die Bank dem Wechselinhaber bis dahin einen Kredit ein. Für die Zeit vom Verkaufstag bis zum Fälligkeitstag sind Zinsen zu zahlen. Diese nennt man beim Wechsel Diskont. Er wird von der Wechselsumme abgezogen. Der Wechselinhaber erhält den Barwert des Wechsels (vgl. Die Dienstleistungen der Kreditinstitute, S. 525 ff.).

Die Verjährung

Mit dem Abschluss eines Vertrages erwerben die Vertragspartner Ansprüche. Unter einem Anspruch versteht man das Recht, von einem anderen ein Tun (z. B. Herausgabe einer geliehenen Sache) oder ein Unterlassen (z. B. Beendigung einer Störung) zu verlangen. Aus einem Kaufvertrag ergeben sich Ansprüche für den Verkäufer (auf Bezahlung) und für den Käufer (auf Lieferung). Wurde mangelhafte Ware geliefert, kann der Käufer *Gewährleistungsansprüche* geltend machen. Würden solche Ansprüche unbefristet bestehen bleiben, ginge das zulasten der Rechtssicherheit. Der Nachweis, dass ein Anspruch berechtigt ist, könnte im Laufe der Zeit kompliziert oder gar unmöglich werden, da Zeugen unter Umständen nicht mehr greifbar oder Urkunden nicht mehr vorhanden sind. Daher unterliegen Ansprüche der Verjährung. Das bedeutet, dass man seinen Anspruch nach Ablauf einer bestimmten Zeit nicht mehr geltend machen kann. Präziser ausgedrückt, gestattet der Gesetzgeber dem Schuldner die Leistung mit der Begründung zu verweigern, die Forderung sei verjährt.

Der Schuldner erwirbt mit Eintritt der Verjährung lediglich ein Leistungsverweigerungsrecht, die so genannte *Einrede der Verjährung.* Die Einrede der Verjährung muss vom Schuldner vorgebracht werden. Ein Gericht berücksichtigt sie nur dann, wenn der Schuldner sich ausdrücklich auf sie beruft. Eine Berufung auf die Einrede der Verjährung ist ausgeschlossen, wenn sie gegen Treu und Glauben verstößt, wenn also beispielsweise ein Schuldner mehrfach seinen Wohnsitz wechselt und falsche Angaben über seinen Aufenthalt macht, sodass der Gläubiger seine Ansprüche nicht rechtzeitig durchsetzen kann.

Wird eine verjährte Forderung jedoch in Unkenntnis der eingetretenen Verjährung beglichen, kann der Betrag nicht zurückgefordert werden, da Ansprüche zwar verjähren, aber nicht erlöschen. Denn das Rechtsgeschäft selbst (z. B. ein Vertrag), das den Anspruch begründet, verjährt nicht. Rechte, die die Forderung absichern sollen (Eigentumsvorbehalt, Pfandrecht, Hypothek), bleiben von der Verjährung unberührt. Sie können auch nach Eintritt der Verjährung realisiert werden.

Die Vorschriften über die Verjährung sind zwingendes Recht. Die Verjährung kann daher weder durch Vertrag ausgeschlossen werden, noch kann eine längere Frist als die im Gesetz vorgeschriebene vereinbart werden. Das BGB lässt in § 477 nur eine Ausnahme zu: Während die gesetzliche Frist für eine Mängelrüge beim Kauf einer Ware sechs Monate beträgt, können Hersteller oder Händler diese Frist verlängern (Beispiel: Kauf eines Küchengerätes mit einem Jahr Garantie). Auch eine Verkürzung der Verjährungsfrist ist zulässig. Sie muss allerdings durch ausdrückliche individuelle Absprache der Geschäftspartner vereinbart werden. Die Aufnahme einer kürzeren als der gesetzlich vorgeschriebenen Verjährungsfrist in die ›Allgemeinen Geschäftsbedingungen‹ genügt nicht.

Man beachte übrigens den Unterschied zwischen Fristen und Terminen! Eine *Frist* ist ein durch Gesetz, Vertrag, gerichtliche Anordnung oder behördliche Verfügung festgelegter *Zeitraum,* nach dessen Ablauf bestimmte Rechtsfolgen eintreten. Ein *Termin* ist ein festgelegter *Zeitpunkt,* zu dem bestimmte Handlungen vorzunehmen sind oder bestimmte Rechtsfolgen eintreten.

Die Verjährung tritt dementsprechend nach Ablauf eines abgegrenzten, genau bestimmten Zeitraumes, der so genannten Verjährungsfrist, ein. Sie ist für einzelne Rechtsgeschäfte unterschiedlich lang. Die Fristen werden nach vollen Tagen berechnet. Hat ein Monat nur 30 Tage, dann entspricht, wenn als Frist ein oder mehrere Monate vereinbart wurden, der 30. dem 31. Fällt der letzte Tag der Frist auf einen Samstag, Sonn- oder Feiertag, läuft die Frist erst am Ende des nächsten Werktages ab. Beginn und Ende der Verjährung sind im BGB §§ 187 und 188 festgelegt: Eine nach Tagen bestimmte Frist endet mit dem Ablauf des letzten Tages der Frist. Beginnt die Frist mit einem Ereignis oder im Verlaufe eines Tages zu einem bestimmten Zeitpunkt, so wird dieser Tag nicht mitgerechnet.

> Beispiel:
> Herr X. erhält am Donnerstag, den 15. März 1997 einen Bußgeldbescheid, gegen den er innerhalb von 2 Wochen Einspruch einlegen kann. Die Einspruchsfrist beginnt erst am Freitag, den 16. März 1997 und endet folglich am 30. März.

Ist der Beginn eines Tages der für den Anfang einer Frist maßgebende Zeitpunkt, so wird dieser Tag mitgerechnet.

> Beispiel:
> Herr P. will während seines Urlaubs die Gegend genauer kennen lernen. Er mietet daher für eine Woche ein Fahrrad. Er holt das Fahrrad am Mittwoch beim Vermieter ab. Herr P. muss das Fahrrad am folgenden Dienstag zurückgeben, wenn er die vereinbarte Mietfrist einhalten will. Der Mittwoch wird in die Frist eingerechnet, unabhängig davon, zu welcher Uhrzeit Herr P. das Fahrrad in Empfang genommen hat.

Eine nach Wochen, Monaten oder Jahren bestimmte Frist (auch $\frac{1}{4}$-Jahr, $\frac{1}{2}$-Jahr) endet mit dem Ablauf desjenigen Tages der letzten Woche oder des letzten Monats, welcher dem Tag vorangeht, der durch seine Benennung (Wochentag) oder Zahl (Datum) dem Anfangstag der Frist entspricht.

Beispiel:
Die Import-GmbH X benötigt ab 1. Juni 1997 für 5 Jahre zusätzlichen Lagerraum und schließt einen Mietvertrag ab. Die Berechnung der Laufzeit des Mietvertrags ergibt sich aus § 187 Abs. 2 (Beginn) und § 188 Abs. 2 (Ende) BGB. Beginn ist also der 1. Juni 1997, Ende der 31. Mai 2002.

Die regelmäßige (gesetzliche) Verjährungsfrist beträgt 30 Jahre. Sie beginnt mit der Entstehung des Anspruchs. Falls das Gesetz keine kürzeren Fristen vorsieht, verjähren folgende Ansprüche nach *30 Jahren:* Ansprüche von Privatpersonen untereinander, Darlehensforderungen, Konkursforderungen und Ansprüche aus rechtskräftigen Urteilen, Vollstreckungsbescheid, vollstreckbaren Vergleichen usw.

Beispiel:
Frau E. verkauft ihrer Freundin R. am 5. Mai 1996 ihre Skier. Der Anspruch auf Bezahlung ist am 5. Mai 2026 verjährt.

Sehr viele Ansprüche ergeben sich aus privaten oder gewerblichen Rechtsgeschäften des täglichen Lebens. Es liegt im Interesse der Rechtssicherheit, dass Rechtsgeschäfte zügig abgewickelt werden und Ansprüche nicht unbefristet bestehen bleiben. Aus diesem Grund hat der Gesetzgeber für bestimmte Ansprüche kürzere Verjährungsfristen festgelegt. Dementsprechend verjähren nach *2 Jahren:* Ansprüche aus Lieferungen und Leistungen der Kaufleute, Fabrikanten, Handwerker und Gastwirte an Privatpersonen, Ansprüche der freien Berufe (Ärzte, Rechtsanwälte, Privatlehrer usw.), Ansprüche der Lohn- und Gehaltsempfänger, Ansprüche der Transportunternehmen sowie Ansprüche öffentlicher Anstalten, die der Erziehung, der Verpflegung, dem Unterricht oder der Heilung dienen. Die zweijährige Verjährungsfrist beginnt mit dem Ende des Jahres, in dem der Anspruch entstanden ist.

Beispiel:
Herr F. kauft am 1. Juni 1997 in einem Geschäft ein Fernglas. Der Anspruch auf Bezahlung verjährt am 31. Dezember 1999 (24.00 Uhr).

Nach *3 Jahren* verjähren Ansprüche auf Ersatz eines Schadens, der aus einer unerlaubten Handlung entstanden ist, z. B. aus Körperverletzung, Sachbeschädigung, Freiheitsberaubung, Eigentumsdelikten usw. Diese Frist beginnt, sobald der Geschädigte Kenntnis von dem Schaden und dem Täter erlangt hat.

Beispiel:
Am 2. Juni 1997 wurde der Pkw von Frau F. auf einem Parkplatz beschädigt. Am 15. Juli 1997 erfährt Frau F., dass Herr K. der Verursacher des Schadens ist. Eintritt der Verjährung: 15. Juli 2000.

Binnen *4 Jahren* verjähren Ansprüche der Fabrikanten, Kaufleute, Handwerker, Land- und Forstwirte aus Lieferungen und Leistungen untereinander (Geschäftsschulden), Ansprüche auf regelmäßig wiederkehrende Leistungen untereinander (Miete, Unterhalt, Rente usw.) sowie Ansprüche auf Zinsen. Die vierjährige Verjährungsfrist beginnt ebenfalls mit dem Ende des Jahres, in dem der Anspruch entstanden ist.

> Beispiel:
> Frau H. erhält von ihrem geschiedenen Mann Unterhalt. Seit Juni 1994 hat dieser keine Zahlungen mehr geleistet. Eintritt der Verjährung: 31. Dezember 1998 (24.00 Uhr).

Ansprüche unterliegen nach einer bestimmten Zeit der Verjährung, wenn die Anspruchsberechtigten sie nicht geltend machen. Der Eintritt der Verjährung kann durch Rechtshandlungen des Gläubigers, aber auch durch das Verhalten des Schuldners verhindert werden. Während der Verjährungsfrist können ferner Ereignisse eintreten, die weder vom Gläubiger noch vom Schuldner beeinflusst werden können (z. B. Naturkatastrophen). Durch die *Hemmung* wird die Verjährungsfrist verlängert. Hemmungsgründe können sein: Stillstand der Rechtspflege (Kriege, Epidemien usw.), die Stundung der Schuld durch den Gläubiger, ein Leistungsverweigerungsrecht, das der Schuldner besitzt (er hat eine Gegenforderung, befindet sich im Konkurs, Vergleich). In diesen Fällen verlängert sich die Verjährungsfrist um den Zeitraum der Hemmung.

> Beispiel:
> Frau X. nimmt Ballettunterricht. Am 15. Oktober 1996 erhält sie eine Rechnung der Ballettschule. Als Frau X. die Rechnung am 5. Januar 1997 noch nicht bezahlt hat, wird sie von der Leiterin der Ballettschule aufgefordert, dies umgehend zu tun. Daraufhin bittet Frau X., ihr für die Bezahlung noch 3 Monate Zeit zu lassen. Die Leiterin der Ballettschule stimmt zu (Stundung). Wann ist diese Forderung verjährt? Die Verjährungsfrist beträgt 2 Jahre. Beginn der Frist ist der 1. Januar 1997, Fristende wäre ohne Hemmung der 31. Dezember 1998. Da aber eine Stundung gewährt wurde, verlängert sich die Verjährungsfrist entsprechend; sie endet erst am 31. März 1999.

Durch die *Unterbrechung* wird der Ablauf der Verjährungsfrist gestoppt. Die bis zum Beginn der Unterbrechung abgelaufene Zeitspanne wird nicht mehr berücksichtigt. Die Verjährungsfrist beginnt von neuem, und zwar sofort mit dem Tage der Unterbrechung. Unterbrechungsgründe können sein: Der Gläubiger erhebt Klage oder beantragt Erlass eines Mahnbescheides, wenn auf ihn ein Vollstreckungsbescheid folgt; der Schuldner leistet eine Teilzahlung, Zinszahlung oder Sicherheiten; der Schuldner erkennt seine Schuld an (mündlich, schriftlich oder durch Bitte um Stundung); Konkursanmeldung.

Private und geschäftliche Mahnschreiben – auch solche durch Einschreiben – unterbrechen die Verjährung nicht. Hemmung und Unterbrechung werden nur während der Laufzeit der Verjährungsfrist berücksichtigt.

Beispiel:
Ein Großhändler liefert am 15. 08. 1995 an einen Einzelhändler Waren im Werte von 10000 DM. Zahlungsbedingungen: 30 Tage netto Kasse. Da die Rechnung nicht fristgemäß zum 15. 09. 1995 beglichen wird, mahnt der Großhändler am 15. 10. 1995 per Einschreiben mit Rückschein den Einzelhändler. Daraufhin leistet der Einzelhändler am 01. 11. 1995 eine Teilzahlung von 2000 DM. Als am 10. 01. 1996 der Restbetrag noch nicht eingegangen ist, beantragt der Großhändler am 15. 01. 1996 den Erlass eines Mahnbescheides.

Die vierjährige Verjährungsfrist beginnt am 31. 12. 1995 (24.00 Uhr). Da es sich bei dem Mahnschreiben vom 15. 10. 1995 um eine außergerichtliche Mahnung handelt, ergeben sich daraus keine rechtlichen Konsequenzen. Die Teilzahlung vom 01. 11. 1995 ist für den Verlauf der Verjährungsfrist ohne Bedeutung, da sie vor Beginn der Laufzeit der Verjährungsfrist erfolgte. Der Mahnbescheid vom 15. 01. 1996 bewirkt eine Unterbrechung der Verjährung. Eintritt der Verjährung ist demnach am 15. 01. 2000.

Die Dienstleistungen der Kreditinstitute

Die Kreditinstitute in der Bundesrepublik Deutschland

Das moderne Wirtschaftsleben ist auf dem Geldkreislauf aufgebaut. Ob ein Privathaushalt, ein Unternehmen oder der Staat für Waren oder Leistungen bezahlen muss – immer werden bestimmte Geldbeträge dazu benötigt. Dabei tritt an die Stelle von Bargeld immer stärker die bargeldlose Zahlung (vgl. auch Geld – Währung – Zahlungsformen, S. 514 ff.). Für beide Zahlungswege sind die Kreditinstitute notwendig. Bei ihnen kann man Geld anlegen, Geld (als Kredit) abrufen und Geld bewegen lassen (z. B. überweisen).

In der Bundesrepublik Deutschland unterscheidet man zwei Arten von Kreditinstituten. Da sind zum einen die Universalbanken, die ihren Kunden alle von ihnen gewünschten kreditwirtschaftlichen Leistungen bieten (von der Geldanlage über Kredite bis zum Zahlungsverkehr, einschließlich der Beratung). Hierzu gehört der größte Teil der Kreditinstitute nach Zahl und Bilanzsumme. Daneben gibt es zum anderen Spezialbanken, die nur bestimmte Leistungen bieten (so etwa Hypothekenbanken, Bausparkassen und Teilzahlungsbanken).

Die deutschen Kreditinstitute gehören überwiegend einer der drei großen Bankengruppen an: der öffentlich-rechtlichen Sparkassenorganisation, den privaten Geschäftsbanken oder den Kreditgenossenschaften. Während die Tätigkeit jeder privaten Großbank von einer Zentrale gesteuert und durch Filialen im ganzen Bundesgebiet ausgeübt wird, ist die Arbeit einer Sparkasse und einer Kreditgenossenschaft auf ein regional oder örtlich begrenztes Geschäftsgebiet ausgerichtet. Um ihren Kunden alle Leistungen einer modernen kreditwirtschaftlichen Angebotspalette zur Verfügung stellen und im Wettbewerb mit den großen Filialbanken bestehen zu können, arbeiten die Sparkassen und Kreditgenossenschaften jeweils in einem Verbundsystem mit Zentralkassen, Bausparkassen, Investmentgesellschaften und Versicherungen zusammen. Dadurch können fast alle Universalkreditinstitute ihren Kunden ein ›Allfinanz‹-Angebot machen.

Gemessen an der Bilanzsumme haben die Sparkassenorganisation (Sparkassen und Landesbanken/Girozentralen) einen Marktanteil von rd. 38 %, die Kreditbanken von 26 %, die Kreditgenossenschaften mit ihren Zentralinstituten von 15 %. Der Rest verteilt sich auf eine Reihe von Spezialbanken. Insgesamt gibt es in der Bundesrepublik rund 3 670 Kreditinstitute mit fast 67 000 Zweigstellen. Damit entfällt durchschnittlich eine Bankstelle auf etwa 1 200 Einwohner. Die Bundesrepublik hat somit weltweit das dichteste Bankstellennetz. Jeder Einwohner kann infolgedessen in der Nähe seiner Wohn- oder Arbeitsstätte die Zweigstelle eines Kreditinstituts erreichen. Für viele Kunden ist aber das Aufsuchen einer Zweigstelle und der persönliche Kontakt zu einem Geldfachmann nicht mehr nötig, wenn sie keine konkrete Beratung wünschen. Denn immer mehr Kreditinstitute bieten seit Mitte der 90er-Jahre als *Direct Banking* den Zugang zu kreditwirtschaftlichen Leistungen mittels des PC des Kunden und/oder seines Telefons an. Das bedeutet aus der Situation des Kunden *Home Banking* unabhängig von Geschäftszeiten. Der Kunde – ob privat oder geschäftlich – kann sich dadurch Informationen, z. B. über Wertpapierkurse, Baukreditzinsen und seine Kontenstände, beschaffen und auch Aufträge erteilen, z. B. für Überweisungen, Daueraufträge und Geldanlagen. Zur Sicherheit gegen Fälschungen weist der Kunde dabei seine Identität durch seine Geheimnummer und Transaktionsnummer oder durch eine spezielle Chipkarte nach. Diese Angaben werden beim Kreditinstitut von einem Datenverschlüsselungssystem vor der Auftragsausführung geprüft.

Die Angebotspalette eines Universalkreditinstituts ist heute sehr vielfältig. Man unterscheidet drei große Bereiche: die Geldanlage, die Kreditgewährung und den Zahlungsverkehr. Dazu kommen noch spezielle Dienstleistungen, z. B. im Auslandsgeschäft.

Die Einlagen und Geldanlagen

Dieser Teil der Tätigkeiten wird auch Passivgeschäft genannt, weil sich die Einlagen auf der Passivseite der Bilanz eines Kreditinstituts niederschlagen. Dazu zählen vor allem Sichteinlagen, Termineinlagen, Spareinlagen, Sparbriefe, eigene Obligationen und Schuldverschreibungen. Sie sind, rechtlich gesehen, Verbindlichkeiten der Kreditinstitute gegenüber den Kunden.

Sichteinlagen sind Einlagen auf einem Girokonto, die man täglich in beliebiger Höhe abheben kann. Kunden (als Gläubiger der Einlagen) können Privatleute, Unternehmen, Selbstständige, öffentliche Haushalte und andere Kreditinstitute sein. Da jeder Kontoinhaber jederzeit über sein Guthaben disponieren kann, ist der Zinssatz sehr gering. Einzahlungen können ebenfalls jederzeit bar oder unbar (z. B. durch Scheck oder Überweisung) in beliebiger Höhe vorgenommen werden. Diese Einlagen bilden heute das Rückgrat des täglichen Zahlungsverkehrs, z. B. dergestalt, dass das Gehalt von Berufstätigen bargeldlos auf ein (Privat)girokonto überwiesen wird, dort eine Sichteinlage bedeutet, über die dann durch Barabhebung oder bargeldlos (Überweisung) verfügt werden kann. Firmen lassen ihre Zahlungsforderungen auf (Geschäfts)girokonten eingehen und begleichen ihre Verpflichtungen für Warenkauf, Löhne, Steuern usw. vom Girokonto.

Termingeld ist eine Einlage, die für eine bestimmte Zeit, z. B. 3 Monate, angelegt wird und danach dem Kunden in voller Höhe zuzüglich der Zinsen zur Verfügung steht. In Zeiten hoher kurzfristiger Zinsen wird die Anlageform auch von Privatleuten genutzt, wobei aber meistens eine Mindesteinlage von etwa 10 000 DM vorhanden sein muss. Für Firmen und Selbstständige dagegen ist die Termineinlage eine wichtige Zwischenanlage von Geldern, die aus Rechnungsstellungen eingehen, aber nicht sofort benötigt werden und bis zu ihrer Verwendung einen Zinsertrag bringen sollen.

Spareinlagen sind Einlagen, die besondere Voraussetzungen erfüllen müssen. Sie sollen dem persönlichen Sparen dienen und dürfen, anders als Termineinlagen, nicht schon bei der Einzahlung zu einem bestimmten Termin fällig sein. Bis zu 3 000 DM können innerhalb eines Monats von einem Sparbuch mit dreimonatiger Kündigungsfrist abgehoben werden. Für die Abhebung höherer Beträge ist eine Kündigungssperrfrist festgelegt, d. h., erst danach – z. B. nach 3 oder 6 Monaten – darf eine Kündigung frühestens ausgesprochen werden. Von da an beginnt die Kündigungsfrist, innerhalb deren die Spareinlage festliegt. Je nach der Vereinbarung zwischen Kreditinstitut und Sparer bei Beginn der Spareinlage kann diese Frist z. B. 3 Monate oder 1 Jahr betragen. Ausnahmen sind z. B. Ratensparverträge. Ihre Guthaben stehen nach Ablauf der vereinbarten Frist zur Verfügung.

Spareinlagen sind die am weitesten verbreitete Form der privaten Geldanlage, weil sie für viele unterschiedliche Sparziele geeignet sind. So gibt es eine ganze Reihe von Spareinlagenformen: vom ›einfachen‹ Sparbuch ohne besondere Vereinbarungen bis zum Ratensparvertrag und der Anlage eines festen Betrages auf mehrere Jahre. Entsprechend unterschiedlich ist die Rendite, die sich aus einem Basiszins und einer Prämie, einem Bonus oder Staffelzins zusammensetzen kann. Die Wahl der Sparform hängt vom Sparziel (z. B. Anschaffung eines Haushaltsgeräts oder Zukunftssicherung) und den Einkommensverhältnissen des Sparers ab.

Über eine Spareinlage wird eine Urkunde, nämlich ein Sparbuch, ausgestellt. Abhebungen sind nur gegen Vorlage des Sparbuches möglich. Eine andere Möglichkeit, über das Guthaben zu verfügen (etwa durch Überweisung auf ein anderes Konto), gibt es nicht. Da das Kreditinstitut berechtigt (wenn auch nicht verpflichtet) ist, an jeden, der ein Sparbuch vorlegt, das Guthaben zum Teil oder ganz auszuzahlen, muss es sorgfältig aufbewahrt werden. Man kann jedoch unberechtigte Verfügung dadurch verhindern, dass man ein Stichwort, das so genannte Kennwort, mit der Sparkasse oder Bank vereinbart, sodass nur derjenige Geld abheben kann, der auch das Stichwort kennt.

Sparbriefe werden über einen bestimmten Betrag ausgestellt. Sie haben eine feste Laufzeit und während der gesamten Laufzeit einen festen Zinssatz. Sie werden (als Namensschuldverschreibung) auf den Namen des Erwerbers oder eines von ihm angegebenen Dritten, z. B. auf den Namen der Tochter, ausgestellt. Nach der Laufzeit, die zwischen einem und mehreren Jahren variieren kann, zahlt das Kreditinstitut den Nennbetrag des Sparbriefes zurück. Hat der Käufer (Anleger) eine Urkunde ausgehändigt bekommen, muss er sie am Rückzahlungstermin vorlegen, also bis dahin sorgfältig aufbewahren. Hat er anstelle einer Urkunde eine Quittung über den eingezahlten Betrag bekommen und die Sparkasse oder Bank nimmt den Sparbrief in Verwahrung, so zahlt sie von sich aus den Nennbetrag aus, wenn er fällig wird. Der Käufer braucht sich also nicht um den Termin der Rückzahlung zu kümmern.

Für die Zinszahlung gibt es zwei Formen. Beim normalverzinslichen Sparbrief zahlt das Kreditinstitut regelmäßig die Zinsen aus. Beim abgezinsten Brief hingegen werden die Zinsen erst am Ende der Laufzeit ausgezahlt. Sie sind im Nennwert enthalten, und deshalb zahlt der Anleger beim Kauf einen um den Zinsertrag niedrigeren Kaufpreis. Für welche Alternative man sich entscheidet, hängt vom Zweck dieser Geldanlage ab, ob man nämlich einen regelmäßigen Zinsertrag oder am Ende der Laufzeit einen möglichst hohen Betrag zur Verfügung haben möchte.

Sparbriefe können von Privatpersonen, aber auch von Personengesellschaften und Unternehmen erworben werden.

Die *Sparkassenobligation* ist eine Variante des Sparbriefs. Sie ist eine Orderschuldverschreibung und lautet auf den Namen eines ›Erwerbers der Order‹. Der Erwerber kann sie (als Orderpapier) an einen anderen durch Eintragung von dessen Namen auf dem Papier (Indossierung) verkaufen. Die Sparkasse kann die Sparkassenobligation jedoch auch während der Laufzeit zurückkaufen.

Die *Inhaberschuldverschreibung* ist ein Wertpapier über einen bestimmten Betrag (Nennwert) mit einem festen Zinssatz während der gesamten Laufzeit. Sie wird nicht auf den Namen des Käufers ausgestellt, sondern der jeweilige Inhaber kann nach Ende der Laufzeit die Auszahlung des Nennbetrages verlangen. Es gibt zwei Varianten: Die börsenfähige Inhaberschuldverschreibung kann jederzeit zu einem bestimmten Kurs über die Sparkasse oder Bank an den Wertpapierbörsen verkauft werden. Für die nicht börsenfähige Inhaberschuldverschreibung vermittelt das ausgebende Kreditinstitut einen Käufer, wenn der Inhaber die Schuldverschreibung verkaufen will. Für den An- und den Verkauf können Kosten von etwa 1,25% vom Nenn- oder Kurswert zuzüglich der Verwahrungskosten entstehen.

Spezielle Anlageformen: Die bisher genannten Formen von Einlagen bilden den Grundstock dessen, was Kreditinstitute ihren Kunden anbieten. Daraus wurden weitere Möglichkeiten für besondere Anlagewünsche entwickelt. Zwei Beispiele sollen das verdeutlichen:
Einmal gibt es im Bereich der Spareinlagen das *Versicherungssparen.* Es ist ein Ratensparvertrag über eine vom Kunden gewählte Dauer zwischen 4 und 25 Jahren. Je länger die Sparzeit, desto höher ist die Prämie, die auf die Einzahlungen zusätzlich zum Basiszins gezahlt wird. Der Sparer vereinbart eine Summe, die er nach Ablauf der Sparzeit erreichen will und die er durch eine Risikoversicherung zu abnehmenden Jahresraten absichern kann. Stirbt er, steht den Erben die vereinbarte Summe zu. Die Sparform eignet sich zum einen dazu, Kindern die Finanzierung ihrer späteren Ausbildung (z. B. Studium) zu sichern, und zum anderen, um für sich selbst eine zusätzliche Altersversorgung aufzubauen. Letzterer Aspekt ist vielleicht noch wichtiger für das zweite Beispiel.

Der *Renta-Plan* sorgt als eine Art umgedrehter Sparbrief für eine regelmäßige – monatliche oder vierteljährliche – Auszahlung aus einem vorhandenen größeren Sparbetrag. Man kann dabei die Auszahlungsraten so festlegen, dass nur der Ertrag des Anlagebetrages ausgezahlt wird oder dass sich mit der Laufzeit auch der Anlagebetrag kontinuierlich verringert. Im zweiten Fall sind die Auszahlungsraten höher.

Die bisher dargestellten Sparformen bilden als Einlagenbestände der Kreditinstitute die Grundlage für das Kreditgeschäft. Deshalb sind die Kreditinstitute an Einlagen interessiert und werben auf vielfältige Weise dafür.

Geldanlagen als Vermittlung

Daneben aber bieten die Kreditinstitute den interessierten Geldanlegern auch Sparmöglichkeiten an, die keine eigenen Einlagen sind, sondern von anderen Stellen angeboten werden. Das können beispielsweise Aktien von Industrieunternehmen oder festverzinsliche Wertpapiere (Obligationen) von in- und ausländischen öffentlichen Stellen, wie der Bundesrepublik Deutschland oder der Weltbank, sein. Die Unternehmen beschaffen sich durch die Ausgabe von Aktien Kapital für eigene Investitionen, etwa zum Bau von Produktionsanlagen und Gebäuden. Die öffentlichen Stellen benötigen Kapital für den Straßen-, Schul- oder Schienenbau u. v. a. Die Kreditinstitute verdienen dann an ihrer Vermittlungstätigkeit. Der Sparer muss für den Kauf und Verkauf der Wertpapiere in der Regel Provisionen, Maklergebühren und Depotgebühren bezahlen.

Das Interesse von Sparern an diesen Wertpapieren besteht darin, größere Geldbeträge zu höheren Erträgen anzulegen. Die höheren Erträge ergeben sich zum einen daraus, dass Wertpapiere mit einem gewissen Risiko verbunden sind: Wird die Aktiengesellschaft hohe oder keine Dividenden ausschütten? Wird der Schuldner das Papier bei Rückgabe einlösen? Je höher das Risiko, desto höher die Risikoprämie, also der Zinssatz oder die Dividende. So sind beispielsweise deutsche Staatspapiere, die vom Bund und den Ländern ausgegeben werden, sicher und haben in der Regel einen niedrigeren Zinssatz als beispielsweise Wertpapiere eines Kraftwerkes in einem Land mit hoher Inflationsrate. Zweitens kann man außer den Zinsen (für festverzinsliche Wertpapiere) und Dividenden (für Aktien) auch Kursgewinne erzielen. Kursgewinne entstehen dadurch, dass man ein Wertpapier zu einem höheren Preis verkauft, als man es gekauft hat. Denn Wertpapiere werden an den Wertpapierbörsen gehandelt. Jedes Papier hat aus verschiedenen Gründen, die z. B. mit der Entwicklung der Branche und den zu erwartenden Erträgen zusammenhängen, unterschiedlich hohe Tageskurse. Angebot und Nachfrage, die letztlich den Kurs bedingen, unterliegen Schwankungen. Deshalb beraten Kreditinstitute ihre Wertpapieranleger beim Kauf und beim Verkauf der verschiedenen Wertpapiere und erledigen dann die Aufträge der Kunden durch ihre Makler an den Wertpapierbörsen. Die häufigsten Wertpapiere sollen im Folgenden kurz vorgestellt werden.

Die *Aktie* verbrieft ein Miteigentum an einer Aktiengesellschaft (vgl. Die Einteilung von Unternehmen, S. 509 ff.). Der Inhaber haftet nur mit diesem Anteil, der ihm auch ein Stimmrecht in der Hauptversammlung verschafft. Er kann eine Aktie zum jeweiligen Kurswert über die Börse bei einem Kreditinstitut kaufen und verkaufen. Jährlich wird eine Dividende ausgezahlt, wenn die Aktiengesellschaft Gewinn erwirtschaftet und die Hauptversammlung über die Höhe der Dividende entschieden hat. Aktionäre, die nicht persönlich an der Hauptversammlung teilnehmen können oder wollen, können ihre Bank oder Sparkasse, bei der sie ein Aktiendepot haben, bevollmächtigen, sie bei der Hauptversammlung zu vertreten und ihr Stimmrecht für sie wahrzunehmen (Depotstimmrecht).

Da der Kurswert einer Aktie steigen oder fallen kann, ist es möglich, dass der Inhaber beim Verkauf der Aktie einen Gewinn erzielt, wenn nämlich der Verkaufskurs höher als der Kaufkurs ist, oder einen Verlust erleidet, wenn er zu einem Kurs verkaufen muss, der unter dem Kaufkurs liegt. Deswegen soll Geld in Aktien und anderen Wertpapieren, die Kursschwankungen unterliegen, erst dann angelegt werden, wenn man daneben auch disponible Anlagen, wie Spar- oder Termineinlagen, hat. Auf diese Anlageformen kann man ohne Wertverlust zurückgreifen, wenn man plötzlich Geld benötigt.

Festverzinsliche Wertpapiere sind Schuldverschreibungen mit einer festen Laufzeit von z. B. 5 oder 10 Jahren und einem festen Zinssatz (Nominalzins) während der Laufzeit. Sie eignen sich zur längerfristigen Anlage größerer Beträge. Die Zinsen werden einmal jährlich ausgezahlt. Festverzinsliche Wertpapiere werden von öffentlichen Haushalten, bestimmten Kreditinstituten und großen Industrieunternehmen ausgegeben, die die Zahlung der Zinsen und die Rückzahlung versprechen. Die Papiere werden an der Börse gehandelt und haben einen Börsenkurs, der vom Kaufinteresse und vom allgemeinen Zinsniveau abhängt. Sinkt das Zinsniveau nach der ersten Ausgabe eines Wertpapiers, so steigt sein Kurs und umgekehrt. Dadurch entspricht beim Kauf eines festverzinslichen Wertpapiers die laufende Verzinsung stets dem jeweiligen Zinsniveau an diesem Markt (genannt ›Rentenmarkt‹). Wichtig für den Sparer ist die Rendite als Ertrag aus dieser Geldanlage. Die Rendite errechnet sich aus dem Nominalzins, dem Kaufkurs und der Laufzeit des Papiers. Das bedeutet z. B.: Bei gleich hohem Nominalzins mehrerer Wertpapiere desselben Ausgebers sinkt der Kaufkurs der Papiere mit längeren Laufzeiten, was auch eine steigende Rendite mit zunehmender Laufzeit bedeutet. Wer ein Wertpapier bis zum Ende der Laufzeit behält, wird von zwischenzeitlichen Kursänderungen nicht berührt; denn es wird am Ende der Betrag des Nominalwertes ausgezahlt.

Zu dieser Grundform festverzinslicher Wertpapiere gibt es eine ganze Reihe von Variationen, die auf unterschiedliche Interessen der Anleger abgestellt sind. Ein Beispiel: *Zerobonds* (Nullkuponanleihen) bringen keine laufenden Zinserträge. Sie werden am Ende der Laufzeit mit ausgezahlt und sind im Nennwert enthalten. Der Sparer kauft Zerobonds also zu einem niedrigeren Kurs (Preis) als dem Nennwert. Dafür sind wiederum steuerliche Gründe maßgebend: Der Ertrag soll zu einer Zeit anfallen und versteuert werden, wenn für den Sparer, etwa nach der Pensionierung, eine niedrigere Steuerklasse gilt als zum Zeitpunkt des Erwerbs.

Bundesschatzbriefe haben eine feste Laufzeit. Der Zinssatz steigt mit jedem Jahr der Laufzeit, z. B. von 6% im ersten Jahr auf 8% im sechsten Jahr. Die sich daraus ergebende Durchschnittsrendite für die gesamte Laufzeit von 6 Jahren (von z. B. 7,3%) sowie die einzelnen jährlichen Zinssätze werden für jede Tranche neu festgesetzt, je nach Höhe des Kapitalmarktzinses. Tranche bedeutet, dass ein bestimmter Gesamtbetrag für einen bestimmten Zeitraum dem Publikum zum Kauf angeboten wird. Die Höhe des jeweiligen Gesamtbetrages richtet sich einmal nach dem Geldbedarf, den der Bund auf diese Weise decken will, und zum anderen nach dem Kapitalmarktzinsniveau. Nach dem ersten

Jahr der Laufzeit können Bundesschatzbriefe zum Nominalbetrag bis zu 10 000 DM plus Zinsen zurückgegeben werden. Es gibt zwei Varianten: Bundesschatzbriefe mit 6-jähriger Laufzeit, wobei die Zinsen jährlich ausgezahlt werden, und solche mit 7-jähriger Laufzeit, bei denen die Zinsen am Ende der Laufzeit mit dem Kapital (Nominalbetrag) ausgeschüttet werden.

Investmentzertifikate sind Anteile an einem Wertpapierfonds. Der Wertpapierfonds besteht aus Aktien oder festverzinslichen Wertpapieren oder aus beiden Arten von Wertpapieren. Sie werden von den Einnahmen gekauft, die durch den Verkauf der Investmentzertifikate an die Sparer anfallen. Den Kauf und Verkauf der Wertpapiere an den Börsen sowie die Verwaltung übernimmt eine Investmentgesellschaft, die einen oder mehrere Fonds betreut. Der Investmentsparer ist an einem Fonds verschiedener Wertpapiere beteiligt, sodass nicht der Kurs eines einzigen Wertpapiers entscheidend für die Sparanlage ist. Der Sinn des Investmentsparens liegt in der Mischung verschiedener Risiken und damit in der Verringerung des allgemeinen Risikos bei der Wertpapieranlage. Es gibt Fonds, die die jährlichen Erträge aus Dividenden, Zinsen und aus dem Verkauf von Wertpapieren an den Investmentsparer ausschütten, und Fonds, die die Erträge erneut als Investmentzertifikate anlegen. Der Inhaber kann seine Investmentzertifikate jederzeit zum Börsenkurs bei Sparkassen und Banken verkaufen.

Immobilienzertifikate sind Investmentzertifikate eines Immobilienfonds, der die Gelder in Geschäftsgrundstücken und rentablen Gebäuden anlegt. Der Besitzer dieser Zertifikate ist damit über den Fonds am Grundbesitz beteiligt und erhält anteilig Erträge aus der Vermietung und der Veräußerung von Haus- und Grundbesitz.

Vermögenswirksames Sparen ist im Vermögensbildungsgesetz geregelt und kommt nur Arbeitnehmern zugute. Die meisten Tarifverträge sehen zusätzliche Zahlungen des Arbeitgebers an die Arbeitnehmer in Form von vermögenswirksamen Leistungen vor. Der Höchstbetrag beläuft sich auf 936 DM jährlich. Die Zwecke dieser Zahlungen sind gesetzlich festgelegt. Sie sollen beispielsweise für Aktien des Arbeitgebers oder zur Entschuldung eines Baukredits für ein inländisches eigenes Haus verwendet werden. Arbeitnehmer, deren zu versteuerndes Jahreseinkommen 27 000 DM bei Alleinstehenden oder 54 000 DM bei Verheirateten nicht übersteigt, erhalten für die vermögenswirksame Leistung eine Arbeitnehmersparzulage. Sie beträgt 10% für Zahlungen auf einen Bausparvertrag und 20% für den Erwerb von Wertpapieren im Sinne von Beteiligungswerten (Aktien o. Ä.). Dafür bieten die Kreditinstitute vor allem Investmentanteile an einem Aktienfonds an. Das ist für den Sparer die rationellste Form, in Raten Wertpapiere zu erwerben, und mindert zugleich das Risiko gegenüber dem Kauf eines einzigen Wertpapiers. Der Arbeitnehmer schließt dazu einen Wertpapiersparvertrag mit seiner Sparkasse oder Bank, und der Arbeitgeber überweist die vermögenswirksame Leistung auf das entsprechende Konto des Arbeitnehmers. Über den durch einen solchen Wertpapiersparvertrag angesammelten Betrag kann der Sparer nach einer siebenjährigen Sperrfrist frei verfügen.

Bausparen ist ein Zwecksparen, um später ein eigenes Haus, eine Eigentumswohnung oder Umbauten am eigenen Haus zu finanzieren. Der Bausparer schließt einen Vertrag mit der Bausparkasse über eine bestimmte Bausparsumme ab. Wenn er mindestens 40% der Bausparsumme angespart hat und mindestens 18 Monate seit Vertragsbeginn verstrichen sind, kann die Bausparsumme zugeteilt werden: Man erhält dann den angesparten Betrag einschließlich der Zinsen ausgezahlt und den anderen Teil der Bausparsumme als Bauspardarlehen. Für den Sparteil des Vertrages werden Mindestsparbeiträge (z. B. 4 DM je 1 000 DM Vertragssumme) vereinbart. Der Zinssatz des Sparguthabens und der des Darlehens sind ebenfalls vertraglich festgelegt (z. B. 3% für das Guthaben und 5% für das Darlehen). Bei Vertragsschluss muss der Bausparer eine Abschlussgebühr bezahlen. Bausparverträge können bei allen Bausparkassen und auch bei allen Sparkassen, Kreditgenossenschaften und den meisten privaten Banken abgeschlossen werden.

Kredite für jeden Zweck

In der Gewährung von Krediten zeigt sich die typische Geldvermittlerrolle der Banken und Sparkassen. Die Gelder, die sie als Einlagen der verschiedensten Art angenommen haben und für die sie den Anlegern Zinsen zahlen, leihen sie als Kredite an diejenigen aus, die Geld benötigen, und fordern von ihnen dafür Zinsen. Die Kreditinstitute leihen aber darüber hinaus auch Gelder aus, die sie selber als Kredit aufgenommen haben, z. B. weil die Nachfrage nach Krediten zeitweise größer ist als der Zustrom der Einlagen. Kredite werden auf der Aktivseite (linke Seite) der Bankbilanzen verbucht und heißen deshalb auch Aktivgeschäft.

Als Kreditgeber müssen die Kreditinstitute gesetzliche Vorschriften und eigene Satzungen beachten, die gewährleisten, dass die Einlagen der Sparer gesichert sind und Zusammenbrüche von Banken durch risikoreiche Kreditgeschäfte vermieden werden. So schreibt das Kreditwesengesetz u. a. vor, dass die gesamten Ausleihungen eines Kreditinstituts ein bestimmtes Maß des haftenden Eigenkapitals nicht überschreiten dürfen. Die so genannte ›goldene Bankregel‹ besagt, dass die langfristigen Ausleihungen (z. B. Baudarlehen) eines Kreditinstituts nicht höher als die langfristigen Einlagen (z. B. Spareinlagen und Sparbriefe) sein dürfen. Kurzfristige Gelder (z. B. Termineinlagen) werden für die Ausleihung kurzfristiger Kredite (z. B. Dispositionskredite) verwendet.

Wer einen Kredit bei einer Sparkasse oder Bank aufnimmt, schließt einen Kreditvertrag mit ihr ab. Dabei verpflichtet sich der Kreditnehmer, den Kredit innerhalb einer bestimmten Zeit zurückzuzahlen (entweder in Raten oder in einer Gesamtsumme), während der Laufzeit Zinsen zu zahlen und für die Gesamtsumme eine Sicherheit für den Fall zu stellen, dass er den Kredit nicht zurückzahlen kann. Wie bei allen vertraglichen Vereinbarungen unterliegen die Kreditverträge den Vorschriften des Bürgerlichen Gesetzbuchs und/oder des Handelsgesetzbuchs. Hinzu kommen die besonderen Vorschriften der ›Allgemeinen Geschäftsbedingungen‹ jedes Kreditinstituts. Entsprechend ihrer Laufzeit unterscheidet man kurzfristige Kredite (bis unter 1 Jahr), mittelfristige Kredite (1 Jahr bis unter 4 Jahren) und langfristige Kredite (ab 4 Jahren bis zu 30 Jahren). Wichtige weitere Unterscheidungsmerkmale bietet der Verwendungszweck des Kredits.

Der *Konsumentenkredit* dient einer Privatperson dazu, Anschaffungen im Bereich der privaten Haushaltsführung zu finanzieren (Möbel, größere Haushaltsmaschinen, Phonogeräte, Auto usw.). Wenn es sich nur um eine kurzfristige Überbrückung von wenigen Monaten und um einen Betrag von etwa einem Monatseinkommen handelt, ist die günstigste Kreditform der *Dispositionskredit* auf dem Girokonto. Ein Guthaben vorübergehend zu ›überziehen‹ kostet nur so lange Zinsen, wie tatsächlich ein Minusbetrag auf dem Gehaltskonto steht, und jede Einzahlung auf das Gehaltskonto verringert oder beseitigt das Minus und damit die Zinszahlung.

Den Höchstbetrag des Dispositionskredits muss der Kontoinhaber einmal mit dem Kreditinstitut vereinbaren, er gilt dann fort bis auf Widerruf. In der Regel beläuft sich der Dispositionskredit auf ein bis zwei Monatsgehälter und dient als ständiger ›Puffer‹ für größere Ausgaben.

Für größere Beträge, die nicht spätestens innerhalb eines Jahres auf dem Gehaltskonto ausgeglichen werden können, gibt es den *Ratenkredit,* auch Allzweckdarlehen genannt. Er wird für einen bestimmten Zweck beantragt, in einer Summe ausgezahlt und in regelmäßigen und festen monatlichen oder vierteljährlichen Raten (Zins, Tilgung, Gebühr) zurückgezahlt. Für die Kredithöhe prüfen die seriösen Kreditinstitute auch die Höhe des für die Raten freien Einkommens. Die Raten sollen aus dem Teil des Einkommens bezahlt werden können, der nach Abzug der laufenden Lebenshaltungskosten zur Verfügung steht. Anderenfalls droht eine Überschuldung des Kreditnehmers. Die Zinsen und die Höhe der Raten sind bei allen Sparkassen und Banken aus einem Aushang (Preisverzeichnis) im Schalterraum zu erfahren. Von den Preisaufsichtsbehörden wird bei Ratenkrediten die Angabe eines ›effektiven Jahreszinses‹ vorgeschrieben, der den monatlichen Nominalzins, die Laufzeit und die Bearbeitungsgebühr umfasst. Die Berechnungsmethode ist für alle Kreditinstitute gleich. Der Effektivzins stellt somit eine Vergleichsbasis her, auf der man sich vor Aufnahme des Kredits über die Höhe der Kosten (Belastung) genau informieren und verschiedene Angebote gegeneinander abwägen kann. Der Ratenkredit hat gegenüber dem Kredit, den der Verkäufer einer Ware anbietet, den Vorteil, dass der Kunde im Geschäft als Barzahler auftritt und über Preise einschließlich Nachlass oder Rabatt verhandeln kann.

Der *Kontokorrentkredit* steht Unternehmen und Selbstständigen zur Verfügung. Er bedeutet – wie der Dispositionskredit für private Haushalte – die Möglichkeit, ein Girokonto für laufende Zahlungen bis zu einem bestimmten Betrag zu überziehen, wenn kein ausreichendes Guthaben vorhanden ist. Der Betrag, bis zu dem ein Kontokorrentkredit in Anspruch genommen werden kann, wird zwischen Firma und Kreditinstitut festgelegt. Zinsen werden nur für den tatsächlich ausgenutzten Kreditbetrag berechnet.

Realkredit heißt ein langfristiges Darlehen, für dessen Sicherheit meist ein Grundstück haftet. Das kann in Form eines Grundpfandrechts, wie z. B. einer Hypothek, einer Grundschuld oder Rentenschuld an Grundstücken oder Schiffen geschehen. Die Grundschuld wird dann in das Grundbuch des beliehenen Grundstücks oder (bei Schiffen) ins Schiffsregister eingetragen. Im Unterschied zum Personalkredit (z. B. Konsumentenkredit) müssen die Zinsen und die Tilgung aus dem beliehenen Objekt aufkommen. Mit Realkrediten werden vor allem Wohn- und Geschäftshäuser, gewerbliche Grundstücke und der Bau von Schiffen finanziert. Die Finanzierung mit Realkrediten deckt aber in der Regel nicht die vollen Kosten, z. B. des Hausbaus und des Grundstücks, sondern nur einen wesentlichen Teil der gesamten Bau- und Bodenkosten. Den Rest muss der Bauherr oder Hauskäufer als Eigenkapital aufbringen. Falls der Kreditnehmer nämlich in Schwierigkeiten kommt und seine Zahlungsverpflichtungen nicht erfüllen kann, muss der Verkaufspreis des bebauten Grundstücks mindestens die Höhe des Darlehens erreichen können. Dazu ermitteln die Kreditinstitute einen Beleihungswert, der u. a. die Lage, die langfristige Preisentwicklung und die Qualität des Hausgrundstücks berücksichtigt. Der Beleihungswert bildet dann die Grundlage für die Festsetzung der Höhe des Realkredits.

Baudarlehen können mit einem festen Zinssatz für die Laufzeit von beispielsweise 5 oder 10 Jahren oder mit einem variablen Zinssatz für die gesamte Laufzeit von oft 25 Jahren aufgenommen werden. Der variable Zins ändert sich entsprechend der Entwicklung des Zinsniveaus am Kapitalmarkt. Von der Höhe des Zinsniveaus bei der Beantragung eines Baudarlehens hängt es ab, für welche Art von Verzinsung sich der Darlehensnehmer entscheidet. Auch für festverzinsliche Realkredite werden Effektivzinsen errechnet, die einen Kostenvergleich bei verschiedenen Kreditinstituten ermöglichen.

Außer diesen Grundformen der Kreditfinanzierung – Personal- und Realkredit – gibt es eine Reihe spezieller Kreditfinanzierungen. Sie richten sich einmal nach der Art der Sicherheit für den Kreditbetrag, zum anderen nach dem Finanzierungszweck.

Der *Wechselkredit* ist ein kurzfristiger Kredit meistens für Gewerbebetriebe. Der Käufer einer Ware kann anstelle von Bargeld mit einem Wechsel bezahlen, den er zu einer bestimmten Zeit bei Vorlage in bar einlösen muss (vgl. Geld – Währung – Zahlungsformen, S. 514 ff.). Damit hat sich der Käufer für einige Monate einen Kredit beschafft. Der Verkäufer, der den Wechsel erhalten hat, braucht aber nicht so lange auf sein Geld zu warten, sondern kann den Wechsel an seine Sparkasse oder Bank verkaufen. Bei Ankauf eines Wechsels (Diskontierung) werden demjenigen, der ihn einreicht, Zinsen (Diskont) für die Zeit von der Annahme des Wechsels bis zu seiner Fälligkeit sowie Auslagen des Kreditinstituts berechnet. Der Nettobetrag des Wechsels steht dem Einreicher zur Verfügung. Die Kreditinstitute können ihrerseits diese angekauften Handelswechsel an die Deutsche Bundesbank bis zu einer Laufzeit von 90 Tagen weiterverkaufen und erhalten dafür – nach Abzug des Diskonts – den Gegenwert, den sie als kurzfristigen Kredit ausleihen können. Der Zinssatz (Diskont) des Wechsels – und damit des Wechselkredits an den Verkäufer – und der Zinssatz des kurzfristigen Kredits, den die Bank oder Sparkasse später gewährt, hängen vom amtlich festgesetzten Diskontsatz der Deutschen Bundesbank ab. Sie kann also mit der Festsetzung des Diskontsatzes die Zinsen für einen Teil des kurzfristigen Kreditgeschäfts direkt beeinflussen.

Nach Finanzierungszwecken gibt es Spezialkredite wie den *Agrarkredit,* der zur kurzfristigen Vorfinanzierung der erwarteten Ernteerlöse oder der langfristigen Hoffinanzierung dienen kann, den *Kommunalkredit,* den Städte, Landkreise und Gemeinden nutzen, um Straßen, Schulen, Krankenhäuser oder Verwaltungsgebäude zu finanzieren, wenn dazu die Einnahmen aus Steuern und Gebühren nicht ausreichen, und den *öffentlichen Förderkredit,* der von öffentlichen Haushalten für bestimmte Zwecke (z. B. für Existenzgründungen oder den sozialen Wohnungsbau) zur Verfügung gestellt und von Kreditinstituten nach Prüfung der Anträge ausgezahlt wird.

Leasing schließlich ist eine moderne Form der Finanzierung durch Vermietung (lease = engl. Pacht, Vermietung). Eine Leasinggesellschaft kauft Güter (Mobilienleasing) oder Grundstücke bzw. Gebäude (Immobilienleasing) und vermietet sie an Firmen oder Privatleute. Eigentümer des vermieteten Gegenstandes bleibt die Leasinggesellschaft. Die Mietverträge sind auf die Nutzungsdauer des Objekts – z. B. Auto, Büroräume, Büroeinrichtung, Haus – abgestellt. Sie laufen zwischen zwei und zwanzig Jahren und legen fest, zu welchem Preis oder Wert das Objekt danach an die Leasinggesellschaft (den Leasinggeber) zurückgegeben wird oder vom Leasingnehmer erworben werden kann. Im Vertrag kann auch die Wartung des Objekts durch die Leasinggesellschaft vereinbart sein. Die Vorteile für den Leasingnehmer sind: Für den Erwerb des Leasingobjekts braucht weder Eigen- noch Fremdkapital eingesetzt zu werden, wegen der festen monatlichen oder vierteljährlichen Raten ist eine feste Kalkulationsgrundlage für einen bestimmten Zeitraum gegeben, die Mietzahlungen sind Betriebsausgaben und können deshalb auch steuerlich abgesetzt werden, und nach Ablauf der Mietzeit kann das jeweils neueste Modell wieder für denselben Zweck eingesetzt werden. Letzteres ist vor allem bei Leasingobjekten wie Computern und Informationstechnik wichtig. Dazu kann ein kündbarer Mobilienleasingvertrag abgeschlossen werden, in dem nach einer Mindestmietzeit ein Recht auf Ablösung und Wechsel auf ein neues Modell vereinbart wird.

Der Zahlungsverkehr

Die zentrale Dienstleistung der Kreditinstitute ist heute der bargeldlose Zahlungsverkehr, der über ein Girokonto abgewickelt wird. Er umfasst über 80% des Wertes aller Zahlungen in der Bundesrepublik. Girokonten nehmen Geldeingänge von privaten Haushalten und Firmen auf (Gehalt, Lohn, Rente, Honorar, Mieten, Bezahlungen für Verkäufe usw.). Diese Geldeingänge (Gutschriften) selbst sind in der Regel bargeldlose Zahlungen der Absender (des Arbeitgebers oder eines Kunden). Die Gutschriften bilden dann wiederum die Grundlage für die Zahlungen des Kontoinhabers. Außer am Schalter Bargeld abzuheben, bieten sich dem Kontoinhaber für seine Zahlungen vielfältige Möglichkeiten.

Die *Überweisung* ist ein Auftrag, einen bestimmten Geldbetrag vom eigenen Konto auf ein anderes Konto umzubuchen. Dafür gibt es – wie für die meisten bargeldlosen Geldverfügungen – ein standardisiertes Formular, das elektronisch gelesen und bearbeitet werden kann. Mit der Überweisung zahlt man gelegentlich auftretende Beträge, z. B. eine Handwerkerrechnung. Mit dem *Dauerauftrag* zahlt man hingegen regelmäßige und gleich bleibende Beträge, z. B. die Miete oder eine Sparrate. Dazu erteilt man seiner Sparkasse oder Bank, bei der man das Girokonto führt, einmal einen Auftrag. Daraufhin zahlt sie stets zum vereinbarten Termin den entsprechenden Betrag auf das Konto des Empfängers. Die *Lastschriftabbuchung* wird ebenfalls bei regelmäßigen, aber in der Höhe wechselnden Beträgen benutzt, etwa bei der Bezahlung der Telefongebühren oder der Umsatzsteuer. Dazu ermächtigt der Zahlungspflichtige den Zahlungsempfänger, die Post oder das Finanzamt, fällige Zahlungen termingerecht vom Konto des Zahlungspflichtigen abbuchen zu lassen. Wenn der Zahlungspflichtige mit der Abbuchung eines Betrages von seinem Konto nicht einverstanden ist, kann er gegenüber seinem Kreditinstitut formlos dieser Abbuchung widersprechen. Dann holt das Kreditinstitut den Betrag zurück und schreibt ihn dem Zahlungspflichtigen wieder gut.

Das Lastschriftverfahren bietet für die Teilnehmer eine Reihe von Vorteilen. Der Empfänger (Gläubiger) kann auf die übliche Überwachung der Zahlungstermine verzichten. Der Aufwand des Mahnwesens minimiert sich; der Einzug der Forderungen ist einfach und kostengünstig. Der Empfänger hat darüber hinaus den Vorteil, über seine Finanzmittel besser disponieren zu können, da er die Termine der Zahlungen bestimmt und durch die eingereichten Lastschriften über die zu einem bestimmten Zeitpunkt zur Verfügung stehenden Gelder orientiert ist. Für den Zahlungspflichtigen entfällt die allgemein dem Schuldner obliegende Aufgabe, für die pünktliche Zahlung des Geldbetrages zu sorgen. Durch das Lastschriftverfahren ist aus der ›Bringschuld‹ des Zahlungspflichtigen eine ›Holschuld‹ des Empfängers geworden. Die Pflichten des Schuldners haben sich auf die Aufgabe, für ein ausreichendes Guthaben zu sorgen, reduziert.

Der *Scheck* ist eine Anweisung an das Kreditinstitut des Scheckausstellers, dem Zahlungsempfänger (der den Scheck erhalten hat) den auf dem Scheck eingetragenen Betrag zu zahlen. Nach der Art der Anweisung unterscheidet man *Barscheck* und *Verrechnungsscheck*. Der Überbringer eines Barschecks erhält den Scheckbetrag von dem (bezogenen) Geldinstitut bar ausgezahlt (halbbare Zahlung) oder der Betrag wird auf Wunsch seinem Konto gutgeschrieben (bargeldlose Zahlung). Ein Barscheck kann zum Verrechnungsscheck gemacht werden, indem auf der Vorderseite (links oben) des Scheckformulars der Vermerk *›Nur zur Verrechnung‹* angebracht wird. Der Scheck darf dann nur durch Gutschrift auf ein Konto eingelöst werden (bargeldlose Zahlung). Die Verwendung von Verrechnungsschecks erhöht die Sicherheit des Zahlungsverkehrs, da festgestellt werden kann, welchem Kontoinhaber der Betrag gutgeschrieben worden ist.

Nach Art. 28 SchG (Scheckgesetz) ist ein Scheck bei Sicht zahlbar, und jede gegenteilige Datumsangabe gilt als nicht geschrieben. Wird ein Scheck vor Eintritt des auf ihm angegebenen Auszahlungstages zur Zahlung vorgelegt, ist er am Tage der Vorlegung zahlbar. Der Scheck soll die Zahlungsmöglichkeiten erweitern sowie den Zahlungsverkehr erleichtern und beschleunigen. Durch die vom Gesetzgeber in Art. 29 SchG festgelegten Vorlegungsfristen wird die Umlaufzeit von Schecks begrenzt und ein Missbrauch des Schecks als Kreditmittel ausgeschlossen. Die gesetzlichen Vorlegungsfristen betragen

- 8 Tage für im Inland ausgestellte Schecks
- 20 Tage für in einem europäischen oder in einem an das Mittelmeer angrenzenden Land ausgestellte Schecks
- 70 Tage für Schecks, die in einem anderen Erdteil ausgestellt worden sind

Die Vorlegungsfristen beginnen an dem Tage, der als Ausstellungstag auf dem Scheckformular angegeben worden ist. Der Ausstellungstag wird bei der Berechnung der Vorlagefrist nicht mitgezählt. Das Geldinstitut kann die Einlösung des Schecks verweigern, wenn das Konto des Ausstellers keine Deckung aufweist, die Vorlegungsfrist nicht eingehalten wird, der Scheck widerrufen wird oder Formfehler enthält. Wurde die Vorlegungsfrist nicht eingehalten, verliert der Scheckberechtigte das scheckrechtliche Rückgriffsrecht gegenüber dem Aussteller und einem etwaigen Vorbesitzer des Schecks. Er kann dann nur bürgerlich-rechtliche Ansprüche geltend machen.

Der *Eurocheque* hingegen besteht aus einem genormten Scheckformular und der dazugehörigen Scheckkarte. Beides zusammen wird bei der Bezahlung im Geschäft vorgelegt, die Scheckkartennummer auf dem Scheck vermerkt, und der Verkäufer hat dadurch die Garantie, dass er den Geldbetrag vom Kreditinstitut des Kunden erhält. Die Garantie gilt bis zu 400 DM je Scheckformular. Auf die gleiche Weise kann man sich auch Bargeld bei einem Kreditinstitut beschaffen. Eurocheques werden in rd. 40 Ländern Europas einschließlich des afrikanischen Mittelmeerraums entgegengenommen.

Mit der Scheckkarte (ec-Karte) und der persönlichen Geheimzahl (PIN) kann man sich zudem in der Bundesrepublik und im europäischen Ausland Bargeld aus Geldautomaten beschaffen. Die Grenze liegt zwischen 400 DM und 1000 DM pro Tag. Wichtig ist, die persönliche Geheimzahl niemandem mitzuteilen, weil ein anderer sonst mit der gestohlenen Scheckkarte und der Geheimzahl Bargeld auf Kosten des Bestohlenen bekommen kann. Ist die Scheckkarte gestohlen worden oder verloren gegangen, kann man die Zahlung sperren lassen, indem man seine Sparkasse oder Bank entsprechend informiert und beauftragt. Dazu steht auch rund um die Uhr eine Anlaufstelle unter der Telefonnummer 069/7409 87 zur Verfügung.

Electronic Cash nennt sich das Bezahlen im Geschäft und an der Tankstelle mit der Scheckkarte und der persönlichen Geheimzahl. Der Kunde führt dabei seine Scheckkarte in einen Automaten ein und gibt dazu noch seine Geheimzahl per Tastatur ein. Ist sein Girokonto gedeckt durch Guthaben oder zumindest einen noch nicht ausgeschöpften Dispositionskredit, dann ist damit dem Händler die Zahlung garantiert. Er erhält den Rechnungsbetrag vom Konto des Käufers auf sein Konto überwiesen. (Ist das Konto des Käufers nicht gedeckt, wird das durch ein Signal am Electronic-Cash-Gerät angezeigt.) Der Käufer kann also ohne Bargeld einkaufen, und der Händler braucht keine großen Bargeldbeträge in seiner Kasse zu führen, ist dadurch beispielsweise auch vor Raubüberfällen geschützt. Diese Zahlungsart ist bereits in 21 europäischen Ländern möglich. Im Ausland sind die Geräte mit edc (european debit card) gekennzeichnet. Manche Geschäfte in Deutschland verlangen statt der Geheimzahl die Unterschrift des Kunden auf einem Beleg, der einen Abbuchungsauftrag für den Kaufpreis darstellt. Hierbei handelt es sich aber nicht um ein Euroscheckkartenverfahren mit garantierter Bezahlung. Der Käufer kann bei dieser Zahlungsart später der Abbuchung des Kaufbetrages von seinem Girokonto widersprechen. Der Nutzen dieser Regelung kommt dann zum Tragen, wenn mit einer gestohlenen Scheckkarte bezahlt wurde. Seit 1997 sind die ec-Karten mit einem Chip ausgestattet. Der Kartenbesitzer kann ihn an bestimmten Automaten durch Eingabe seiner PIN bis zu 400,– DM ›aufladen‹. Mit dieser Ausstattung kann man kleine Beträge des täglichen Bedarfs in Geschäften sowie Gebühren in der Telefonzelle, Parkgebühren und Fahrkarten an Automaten bezahlen.

Die *Kreditkarte* ist ein internationales bargeldloses Zahlungsmittel, das Geschäfte, Restaurants, Hotels, Bahn- und Fluggesellschaften in nahezu allen Ländern akzeptieren. Die Vorlage der Kreditkarte und das Aufzeichnen der darauf vermerkten und gespeicherten Daten durch den Zahlungsempfänger sowie eine Unterschrift auf einem Zahlungsbeleg reichen für die Zahlung. Der Betrag wird vom Girokonto des Zahlungspflichtigen auf das Konto des Empfängers transferiert, und der Zahlungspflichtige erhält von der Zentrale der Kreditkartengesellschaft eine Abrechnung zugeschickt.

Reiseschecks sind Zahlungsmittel für die Reise, wenn man keine Kreditkarte hat oder haben möchte oder wenn sie nicht akzeptiert wird (vgl. auch Reiseplanung, S. 307 ff.). Der Kunde kauft Reiseschecks bei seiner Sparkasse oder Bank zu festen Beträgen, die auf den Scheckformularen aufgedruckt sind, und zwar in DM oder in der Währung des Reiselandes, also z. B. in US-Dollar, Peseten oder französischen Francs. Mit der (zweiten) Unterschrift bei der Bezahlung wird der Scheck ein Zahlungsmittel oder dient zur Bargeldbeschaffung, z. B. im Hotel. Den Kaufabschnitt, der die Schecknummern enthält, bewahrt man getrennt von den Reiseschecks auf, weil man ihn für die Erstattung bei Diebstahl oder Verlust benötigt.

Preise im Zahlungsverkehr: Dieser Überblick über die Dienstleistungen im Giroverkehr zeigt, wie stark er durch zusätzliche, neue Möglichkeiten ausgeweitet wurde. Lag in den 60er-Jahren, als die bargeldlose Lohnzahlung eingeführt wurde, die Zahl der durchschnittlichen Buchungen pro Girokonto im Monat bei 2, so waren es 1992 schon 20 Buchungen. Neben seiner Bedeutung für Unternehmen und Selbstständige hat sich das Girokonto – zusammen mit dem regelmäßigen Kontoauszug – zur Haushaltsbuchführung entwickelt. Es gibt heute mehr als 60 Millionen Girokonten in der Bundesrepublik.

Für ihre Leistungen im Zahlungsverkehr berechnen die Kreditinstitute Preise. Sie richten sich nach dem Umfang und der Art der Leistung. Sie sind in einigen Fällen standardisiert, z. B. im Eurocheque-Verkehr bei allen Kreditinstituten gleich hoch. In den meisten Fällen aber richtet jedes Kreditinstitut seine Preise nach seiner Wettbewerbslage aus. Sie sind in den Schalterräumen der Kreditinstitute ausgehängt und in einem Preisverzeichnis mitgeteilt, das in allen Zweigstellen ausliegt.

Schließlich noch einige Bemerkungen zu den Allgemeinen Geschäftsbedingungen, die ebenfalls in allen Zweigstellen ausliegen: Die Kundenbeziehungen, die Rechte und Pflichten der Kunden und des Kreditinstituts in Bezug auf die Dienstleistungen, Kredite, Einlagen und den Zahlungsverkehr sind in den Allgemeinen Geschäftsbedingungen (AGB) jedes Kreditinstituts geregelt. Jedem Kunden steht ein Exemplar zur Verfügung, wenn er eine Geschäftsbeziehung mit einer Bank oder Sparkasse eingeht. Die rechtliche Basis für Verträge zwischen den Kunden und dem Kreditinstitut ist zwar das Vertragsrecht des BGB. Zusätzlich hat aber das Gesetz über die Allgemeinen Geschäftsbedingungen Regelungen getroffen, die die Vertragsgestaltung auf den Interessenausgleich beider Vertragspartner und auch den Verbraucherschutz ausrichten. Die Spitzenverbände der Sparkassenorganisation, der privaten Banken und der Kreditgenossenschaften haben Muster-AGB ausgearbeitet, die sich inhaltlich stark gleichen und die in den angeschlossenen Instituten weitgehend verwendet werden. Darin werden u. a. Regelungen über die Haftung, die Sicherheiten für Kredite, das Kündigungsrecht, über Reklamationen und Bankauskünfte getroffen.

Die Überwachung der Kreditinstitute und die Deutsche Bundesbank

Die Tätigkeit aller Kreditinstitute unterliegt dem Gesetz über das Kreditwesen. Das Kreditwesengesetz definiert, was ein Kreditinstitut überhaupt ist, bestimmt die Aufgaben seiner Organe und legt die Qualitätsvoraussetzungen für die Berufung der Vorstandsmitglieder fest. Durch Bestimmungen über die Höhe des Eigenkapitals und das Verhältnis der vergebenen Kredite zum Eigenkapital sollen die einem Kreditinstitut anvertrauten Vermögenswerte und seine Verpflichtungen gegenüber den Einlegern gesichert werden. Ferner sind Richtlinien für die Aufstellung der Jahresabschlüsse und Formblätter für regelmäßige Meldungen über bestimmte Geschäftsabläufe festgelegt. Die Überwachungsfunktion aufgrund des Gesetzes hat das *Bundesaufsichtsamt für das Kreditwesen* mit Sitz in Berlin. Weil die Kreditwirtschaft mit allen Teilen der Wirtschaft verzahnt ist, wacht das Bundesaufsichtsamt darüber, dass die Geschäftstätigkeit eines Kreditinstituts oder mehrerer Banken nicht zu einer allgemeinen wirtschaftlichen Gefahr werden kann. Deshalb kann das Bundesaufsichtsamt auch bei Vorliegen bestimmter Tatsachen die Schließung eines Kreditinstituts anordnen. Als Mittler zwischen dem Bundesaufsichtsamt und den Kreditinstituten fungieren in vielen Bereichen die Spitzenverbände des Kreditgewerbes, also vor allem der Deutsche Sparkassen- und Giroverband, der Bundesverband deutscher Banken, der Bundesverband der Deutschen Volksbanken und Raiffeisenbanken und der Verband öffentlicher Banken. Dieser Mittlerrolle trägt auch das Kreditwesengesetz Rechnung. Ferner ist dort auch festgelegt, dass das Bundesaufsichtsamt und die Deutsche Bundesbank eng zusammenarbeiten.

Die *Deutsche Bundesbank* ist die Zentralbank der Bundesrepublik mit Sitz in Frankfurt am Main. Ihr sind neun Landeszentralbanken angeschlossen. Ihre Aufgaben sind im Bundesbankgesetz festgelegt. Ihre wichtigste Aufgabe ist die Sicherung der Währung. Nur ein stabiler Geldwert garantiert, dass man mit den Sparrücklagen von heute auch morgen annähernd das Gleiche kaufen kann (Kaufkraft der Währung), dass das Einkommen für den Lebensunterhalt reicht und nicht durch Preissteigerungen entwertet wird. Dazu ist die Bundesbank unabhängig und nicht an Weisungen der Regierung gebunden, muss aber die Wirtschaftspolitik der Regierung mit ihren Mitteln unterstützen. Die Regierung ihrerseits ist durch das Stabilitäts- und Wachstumsgesetz bei ihrer Wirtschaftspolitik der Geldwertstabilität verpflichtet.

Im Rahmen ihrer Aufgaben regelt die Bundesbank den Geldumlauf und die Kreditversorgung der Wirtschaft. Der Geldumlauf wird u. a. bestimmt durch die Ausgabe von Banknoten. Über die Kreditversorgung der Kreditinstitute kann sie auf die Zinsen und damit auf die Wirtschaftskonjunktur Einfluss nehmen. Denn hohe Zinsen machen Kredite und infolgedessen die Investitionen teuer. Sinkende Zinsen dagegen begünstigen die Neigung, mehr Geld auszugeben. Dazu steht der Bundesbank erstens die Diskontpolitik zur Verfügung: Sie kann den Ankauf von Wechseln durch die Kreditinstitute verteuern oder verbilligen (den Diskontsatz ändern) und damit die dadurch aufgenommenen Kredite, die an die Wirtschaft weitergegeben werden, in der Zinshöhe beeinflussen. Zweitens kann sie durch die Lombardpolitik die Kredite verteuern oder verbilligen (den Lombardsatz ändern), die sich Kreditinstitute bei ihr beschaffen, indem sie festverzinsliche Wertpapiere bei der Bundesbank verpfänden. Drittens kann sie durch die Offenmarktpolitik die Zinsen beeinflussen, indem sie bestimmte Wertpapiere an Kreditinstitute verkauft oder von ihnen kauft. Der Ankauf erhöht die umlaufende Geldmenge und wirkt wie eine Zinssenkung, der Verkauf hat die gegenteilige Wirkung. Schließlich kann die Bundesbank durch Änderung der Mindestreserven direkt das Kreditvolumen der Kreditinstitute beeinflussen. Mindestreserven sind Guthaben, die die Kreditinstitute bei der Bundesbank zinslos unterhalten müssen, und zwar in der Höhe eines bestimmten Prozentsatzes ihrer Einlagen. Ferner sorgt die Bundesbank für die Abwicklung des Zahlungsverkehrs im In- und mit dem Ausland. So laufen z. B. Überweisungen von einem Kreditinstitut der einen Bankengruppe (z. B. Sparkasse) auf ein Kreditinstitut einer anderen Bankengruppe (z. B. Privatbank) über ein Konto bei einer Landeszentralbank. Auf diese Weise wird auch der Geldtransfer mit dem Ausland abgewickelt.

V – wie Versicherung

Was heißt ›Versicherung‹?

Neben der eigenen Gesundheit gehört die persönliche Sicherheit zu den Grundbedürfnissen jedes Menschen. Diese Sicherheit aber sieht er täglich aufs Neue durch unvorhersehbare und nicht beeinflussbare Ereignisse wie z. B. Naturkatastrophen, Unfälle, Krankheiten bedroht und gefährdet. Auch eine Versicherung kann nicht beeinflussen oder gar verhindern, dass aufgrund einer Gefahr ein materieller, finanzieller oder körperlicher Schaden eintritt. Aber sie kann Sicherheit und Schutz vor den wirtschaftlichen Folgen eines solchen Schadens bieten, indem sie für die Wiederbeschaffungskosten für das zerstörte oder gestohlene Auto, das abgebrannte Haus oder die demolierte Wohnungseinrichtung aufkommt. Sie kann materielle Sorgen und Ängste nach einem Unfall auffangen, indem sie einen finanziellen Ausgleich für den Verlust der Arbeitskraft, den Verdienstausfall und die Pflegekosten schafft und indem sie für die Absicherung der Angehörigen sorgt. Wesen und Aufgabe einer Versicherung ist es also, zu verhindern, dass aus einem Schaden weder für den Einzelnen noch für die Gemeinschaft anhaltende existenzielle wirtschaftliche Not entsteht.

Statistische Erhebungen erlauben Annahmen darüber, wie viele Personen- und Sachschäden in welcher Höhe in einem bestimmten Zeitraum entstanden bzw. durchschnittlich zu erwarten sind. Aus diesen Zahlen, der Anzahl der Versicherten und den Verwaltungs- und Organisationskosten lassen sich dann die Versicherungsbeiträge berechnen. Dabei liegt das Prinzip der Solidargemeinschaft zugrunde: Aus den Beiträgen aller Versicherten wird der Schaden des einzelnen Versicherten reguliert. Da nicht alle Versicherten gleichzeitig einen Schaden erleiden, ist die Regulierung des Einzelschadens jederzeit möglich. Hierin liegt auch der Vorteil gegenüber dem Sparen als Ersatz für eine Versicherung. Wie lange müsste man wohl sparen, um eine komplette Wohnungseinrichtung wieder beschaffen zu können? Und wie wollte man kurzfristig wirtschaftlich planen, wenn diese von heute auf morgen komplett eingekauft werden müsste? In diesem Zusammenhang ist es auch ein Trugschluss anzunehmen, die eingezahlten Versicherungsbeiträge müssten in jedem Falle auch als Leistung an den Versicherungsnehmer zurückfließen. Wichtiger ist vielmehr, dass der vereinbarte Versicherungsschutz während der gesamten Vertragsdauer besteht und im Schadensfall sofortige Sicherheit gewährleistet ist.[1]

Versicherungen werden grundsätzlich nach ihrem gesetzlichen bzw. nach ihrem individuellen Charakter unterschieden. In der gesetzlichen *So-*

[1] Vgl. Bauer, Adolf; Brosch, Winfried; Ellermann, Bernd: Richtig versichert, besser gesichert. Verlag Versicherungswirtschaft e. V., Karlsruhe 1991.

zialversicherung sind die Kranken-, Renten-, Unfall- und Arbeitslosenversicherung für bestimmte Personenkreise – in der Regel abhängig Beschäftigte – zusammengefasst; sie werden getragen von den gesetzlichen Krankenversicherungen, den Rentenversicherungsanstalten, den Berufsgenossenschaften und der Bundesanstalt für Arbeit. Grundlagen und Leistungsumfang werden hier per Gesetz geregelt und beschränken sich auf eine Grundabsicherung, z. B. Rente oder Arbeitslosengeld.

Selten nur deckt diese Grundabsicherung die Bedürfnisse des Einzelnen ab, sodass ggf. Versorgungslücken entstehen. Klassische Beispiele sind die Lücke zwischen Renten- und letztem Nettoeinkommen oder auch die Begleichung kostspieliger kosmetischer Operationen, für die die gesetzliche Krankenversicherung überhaupt nicht aufkommt. Um diese Versorgungslücken nach Maßgabe der persönlichen Verhältnisse schließen zu können, werden *Individualversicherungen* abgeschlossen. In freiwillig vereinbarten Verträgen, die der Annahme sowohl des Versicherungsnehmers als auch des Versicherers bedürfen, einigen sich beide über Versicherungsleistungen, Sonderbedingungen, Prämien und Vertragsdauer. Während dieser Dauer sind beide grundsätzlich an ihre vertraglichen Vereinbarungen gebunden. Im Folgenden sollen nur die Individualversicherungen behandelt werden.

Versicherungszweige und ihre Versicherungsarten

Die Lebensversicherung: Eine Lebensversicherung wird nach wie vor als wesentliche Ergänzung zur gesetzlichen Rentenversicherung und zur betrieblichen Altersversorgung angesehen. Für die steigenden Ansprüche und Bedürfnisse des veränderten Freizeitverhaltens auch im Alter reicht die gesetzliche Rente in vielen Fällen nicht mehr aus. Die Auszahlung einer Lebensversicherung beim Ausscheiden aus dem Beruf sichert den erreichten Lebensstandard ab und schließt die finanzielle Lücke zwischen Nettoeinkommen und Rente.[1] Im gleichen Maße trägt die Lebensversicherung zur Versorgung von Hinterbliebenen bei, deren Ansprüche an die gesetzliche Rentenversicherung noch geringer sind als die Rente. Eine betriebliche Vorsorge ist in diesem Zusammenhang über Direktversicherungen zwischen dem Unternehmen und dem Versicherungsunternehmen möglich und wird auf das Leben der zu versichernden Personen abgeschlossen.

Eine weitere Aufgabe der Lebensversicherung ist die Absicherung möglicher Risiken bei Finanzierungsprojekten im privaten und betrieblichen Bereich. Um langfristigen Finanzierungsverpflichtungen, z. B. bei Hypotheken im Zusammenhang mit Grundstücks- und Hauserwerb, auch im Todesfall des

[1] Im Einzelfall ist aber zu prüfen, ob die Renditen aus diversen langfristigen Geldanlagen nicht günstiger ausfallen als die Gewinne aus einer Lebensversicherung als Kapitalanlage.

Verdieners nachkommen zu können, wird eine Lebensversicherung auf dessen Leben in Höhe der Hypothek abgeschlossen. Im Wesentlichen sind folgende Hauptlebensversicherungsarten zu unterscheiden, die sich jeweils nach dem zu versichernden Risiko (Person, Sache, Ereignis) richten:

- ▷ Einzelkapitalversicherungen auf den Todes- und Erlebensfall mit vertraglich festgelegten Auszahlungssummen, z. B.
  - – Aussteuerversicherung
  - – Ausbildungsversicherung
- ▷ Versicherung auf zwei verbundene Leben
  - – Versicherung auf ein Leben
- ▷ Vermögensbildende Lebensversicherung für Arbeitnehmer unter Berücksichtigung steuerlicher Aspekte
- ▷ Einzelrisiko- und Restschuldversicherung mit fallender Versicherungssumme zur Kreditsicherung
- ▷ Einzelrentenversicherung mit vertraglich auf Rentenzahlungen gerichteten Leistungen
- ▷ Selbstständige Berufsunfähigkeitsversicherung für den Fall vorzeitiger Berufsunfähigkeit
- ▷ Gruppenversicherung in folgenden Bereichen:
  - – Kapitalversicherungen
  - – Bausparrisikoversicherungen
  - – Sonstige Risikoversicherungen
  - – Renten- und Pflegeversicherungen
  - – sowie seit 1995 Restschuld- und rabattierte Einzelversicherungen

Die oben genannten Hauptversicherungen können also sowohl von Einzelpersonen als auch von Gruppen im Bereich der Kapital-, Risiko- und Rentenversicherung abgeschlossen werden. Kapitalversicherung bedeutet dabei, dass die Versicherungssumme als Ganzes gezahlt wird. Bei einer Rentenversicherung dagegen wird sie als Rente und bei einer Risikoversicherung nur dann gezahlt, wenn z. B. der Todesfall oder die Berufsunfähigkeit eintritt.

Die private Unfallversicherung: Während die gesetzliche Unfallversicherung lediglich für Schäden aufkommt, die auf dem Weg zum Arbeitsplatz und zurück zum Wohnort sowie während der Arbeitszeit eingetreten sind – Entsprechendes gilt auch für Kindergarten, Schule und Hochschule –, sieht das Deckungskonzept der privaten Unfallversicherung einen Versicherungsschutz zu jeder Tageszeit und an jedem Ort der Welt vor. Darüber hinaus zahlt die private Unfallversicherung ab einer messbaren Beeinträchtigung der körperlichen Leistungsfähigkeit von 1 % – die gesetzliche dagegen erst ab 20 %.

Die private Unfallversicherung wird in Einzel-, Familien- und Gruppenunfallversicherung gegliedert. Sie umfasst folgende Leistungen:

- Assistance-Leistungen
- (progressive) Invaliditätsentschädigung
- Todesfallentschädigung
- Tagegeld
- Krankenhaustagegeld mit Genesungsgeld
- Heilkosten
- Übergangsentschädigung
- Bergungskosten

Die private Krankenversicherung: Die Palette der privaten Krankenversicherung (PKV) ergänzt die Grundversorgung der gesetzlichen Krankenversicherung (GKV). Die steigenden Kosten im Gesundheitswesen machten in der GKV 1989, 1993 und 1996 Gesundheitsreformen notwendig, die einerseits zu Leistungskürzungen und zur Verteuerung der Eigenanteile und andererseits zu einer Anhebung der Krankenkassenbeiträge führten. Auch die privaten Krankenversicherer stehen steigenden Kosten im Gesundheitswesen gegenüber, wenn auch in ungleich geringerem Maße als die gesetzlichen. Nach wie vor ist die PKV unbestrittene Alternative bzw. Ergänzung zur GKV. Der Einstieg in die PKV ist für den Arbeitnehmer von der Krankenversicherungspflichtgrenze (zum 1. Januar 1997 bei 6 150,– DM pro Monat alte und 5 325,– DM pro Monat neue Bundesländer) abhängig. Der Arbeitnehmer, dessen Einkommen unterhalb dieser Grenze liegt, kann sich in der PKV zusätzlich versichern. Der Selbstständige hat die Möglichkeit, sich freiwillig in der gesetzlichen Rentenversicherung oder einer der Ersatzkassen sowie bei einer der privaten Krankenversicherungen zu versichern.

Folgende Versicherungsarten gibt es im Rahmen der PKV:

- ▷ Krankheitskostenvollversicherung
  - mit Krankenhauswahlleistungen
  - mit Krankentagegeld
- ▷ Sonstige selbstständige Teilversicherungen
  - Krankenhauszusatzversicherung
  - Pflegezusatzversicherung
  - Ergänzungstarife:
    Arztkosten ambulant
    Zahnbehandlung und -ersatz
    Krankenhaustagegeld
    Arzneien und Verbandmittel
    Heil- und Hilfsmittel
- ▷ Krankentagegeldversicherung
- ▷ Verdienstausfallversicherung
- ▷ Versicherungen gegen Einmalbeitrag
  - Auslandsreise-Krankenversicherung
  - Restschuldenversicherung
- ▷ Pflegepflichtversicherung

Die allgemeine Haftpflichtversicherung: ›Wer vorsätzlich oder fahrlässig das Leben, den Körper, die Gesundheit, die Freiheit, das Eigentum oder ein sonstiges Recht eines anderen widerrechtlich verletzt, ist zum Ersatze des daraus entstehenden Schadens verpflichtet.‹ Der Paragraph 823 des BGB ist Grundlage der allgemeinen Haftpflicht. Die allgemeine Haftpflichtversicherung regelt also Schadensansprüche, die Dritte gegenüber dem Versicherten geltend machen. Sie übernimmt die Schadensregulierung von begründeten Schäden und wehrt unbegründete Schadensansprüche entsprechend den gesetzlichen und individualversicherungsrechtlichen Bestimmungen ab.

Dem Versicherungszweig ›allgemeine Haftpflichtversicherung‹ wird deshalb heute mehr denn je ein wichtiger Stellenwert eingeräumt, und zwar sowohl im privaten als auch im betrieblichen und industriellen Bereich. Zunehmende Schäden durch umweltschädigende Industrieanlagen beispielsweise veranlassten die Versicherer z. B., eine Umwelthaftpflichtversicherung zu konzipieren. Diese deckt die im Gesetz festgelegte, sehr weitgehende Gefährdungshaftung für umweltgefährdende Industrieanlagen ab. Mit ihrem innovativen Deckungskonzept betreten die deutschen Versicherer Neuland, das weltweit noch ohne Beispiel ist.

Insgesamt werden u. a. folgende Versicherungsarten unterschieden:

- Privathaftpflichtversicherung
- Betriebshaftpflichtversicherung
- Gewässerschadenhaftpflichtversicherung
- Vermögensschadenhaftpflichtversicherung
- Haus- und Grundbesitzerhaftpflichtversicherung

Die Rechtsschutzversicherung: Wachsende Bedeutung erhält die Rechtsschutzversicherung. Die Gebührenordnung für Rechtsstreitigkeiten und die daraus resultierenden Größenordnungen für Gebühren empfehlen in jedem Fall den Abschluss einer Rechtsschutzversicherung. Sie finanziert die Wahrnehmung der rechtlichen Interessen des Versicherungsnehmers. Dieser kann dabei einen Rechtsanwalt, der seine Interessen vertreten soll, frei wählen. Weiter regelt die Rechtsschutzversicherung die Übernahme der notwendigen Aufwendungen, die sich aus dem Rechtsfall ergeben, bis zur Höhe der vereinbarten Versicherungssumme, insbesondere die Rechtsanwaltsgebühren und die Gerichtskosten. Die Versicherungsarten der Rechtsschutzversicherung sind nach den Bedürfnissen der verschiedenen Kundengruppen kombinierbar:

- Verkehrsrechtsschutz
- Familienrechtsschutz
- Rechtsschutz für Gewerbetreibende und Freiberufler
- Rechtsschutz für Grundstückseigentümer und Vermieter
- Landwirtschaftsrechtsschutz

Die Sachversicherungen: Die Sachversicherungen verzeichneten 1996 hohe Schadenquoten durch Feuer- und Leitungswasserschäden. So mussten die Versicherer 1996 für Sachschäden rund 18 Milliarden DM aufwenden. Allein im Bereich der Feuerversicherung waren 1994 bis 1996 für die Schadenregulierung von 6 Großbränden 1,2 Milliarden DM aufzubringen. Zu den Sachversicherungen zählen:

– Feuer- und Feuer-Betriebsunterbrechungsversicherung
– Feuer- und Industrieversicherung
– Landwirtschaftliche Feuerversicherung
– Verbundene Hausratversicherung
– Verbundene Wohngebäudeversicherung
– Geschäftsgebäudeversicherung
– Feuerhaftungsversicherung
– Technische Versicherungen:
  Maschinenversicherung
  Montageversicherung
  Elektronikversicherung
  Bauleistungsversicherung
– Einbruchdiebstahls- und Beraubungsversicherung
– Hagelversicherung
– Glasversicherung
– Leitungswasserversicherung
– Sturmversicherung
– Tierversicherung
– Einheitsversicherung

Die Kraftfahrzeugversicherung: Die Schadenstatistiken haben in der Kraftfahrzeugversicherung zu stabilisierenden Entwicklungen geführt. Für die Kaskosparten zeigt die Kriminalstatistik für die Jahre 1995 und 1996 jeweils 111 000 und 104 000 Kraftfahrzeugdiebstähle auf, im Durchschnitt 18% weniger als 1994. Auch die Kraftfahrzeughaftpflichtversicherung stabilisierte sich 1996 weiter. Im gesamten Bundesgebiet waren 1995 4,2 Millionen Kfz-Haftpflichtschäden erfasst. Der Schadenaufwand lag bei rund 25 Milliarden DM. Es gab 388 000 Unfälle, in denen 115 000 Verletzte zu beklagen waren, während in den alten Bundesländern die Zahl der Unfälle rückläufig ist, nimmt sie in den neuen Bundesländern spürbar zu.

Die Kraftfahrzeugversicherung gliedert sich in folgende Sparten:

– Kraftfahrzeughaftpflichtversicherung
– Kraftfahrzeugvollversicherung (Vollkasko)
  mit Selbstbeteiligung bei Teilkaskoschäden
  ohne Selbstbeteiligung bei Teilkaskoschäden
– Kraftfahrzeugteilversicherung (Teilkasko)

mit Selbstbeteiligung
ohne Selbstbeteiligung
– Insassenunfallversicherung

Jeder Kraftfahrzeughalter ist gesetzlich dazu verpflichtet, eine Kraftfahrzeughaftpflichtversicherung abzuschließen, die seine Haftpflicht und die der mitversicherten Personen gegenüber anspruchstellenden Dritten regelt.

Die Vollkaskoversicherung reicht über die gesetzliche Verpflichtung hinaus und reguliert mutwillige Beschädigungen durch betriebsfremde Personen, Schäden durch Unfälle und außerdem alle Schäden, die auch in der Teilkaskoversicherung enthalten sind. Die Teilkaskoversicherung kommt auf für Schäden durch Brand, Explosion, Sturm u. Ä., für Bruchschäden an der Verglasung und für den Diebstahl des Fahrzeugs oder von Fahrzeugteilen. Die Insassenunfallversicherung reguliert überdies solche Unfälle, bei denen Mitfahrer zu Schaden kommen.

Die Transportversicherung: In der Transportversicherung werden die Transportmittel (Flugzeuge, Schiffe, Waggons u. a.) sowie die darin transportierten Güter versichert. Sie repräsentiert den wichtigsten Zweig der kaufmännischen Versicherungen. Die steigende Zahl der Schadensfälle und der Versicherungsleistungen, außerdem die sich permanent verschlechternde Schadensquote im Transportwesen veranlassen die Transportversicherer mehr denn je zu Präventivmaßnahmen. Dazu gehören gezielte Informationen zur Schadensvermeidung und -eindämmung, die wiederum auf Risikoanalysen und dem frühzeitigen Erkennen neuer Schadenspotenziale beruhen. Die Transportversicherung unterscheidet folgende Versicherungsarten:

– Kaskoversicherung der Transportmittel:
Seekaskoversicherung
Flusskaskoversicherung
Landkaskoversicherung
Luftfahrtkaskoversicherung
– Warenversicherung:
Seewarenversicherung
Flusswarenversicherung
Landwarenversicherung
Luftfahrtwarenversicherung
Nebenzweige
Reisegepäck-, Valoren-, Ausstellungsversicherungen u. a.

Die Versicherungsleistungen der Transportversicherer betrugen 1996 1,9 Milliarden DM. Im Bereich der Beitragseinnahmen ist eine anhaltende Stagnation spürbar.

Die Kreditversicherung: Auf der Grundlage einer Forderungsversicherung trägt die Kreditversicherung für den Kreditgeber (teilweise) die Gefahr, dass ein Kredit nicht zurückgezahlt wird. Die Versicherungsleistung soll dabei immer dem Gläubiger (Versicherer) zugute kommen; aber auch der Schuldner kann als Versicherungsnehmer eine Kreditversicherung abschließen. Der Sinn einer Kreditversicherung liegt in der Verminderung bzw. Verhütung von Verlusten aus Kreditgewährung. Im Jahr 1996 **P** (Prognose-Quelle: ICIA) verzeichnete die deutsche Wirtschaft **P** 25 500 Unternehmensinsolvenzen. ›Ein erneut zweistelliges Beitragswachstum, eine niedrigere Schadenquote, doch weiterhin hohe Verluste im versicherungstechnischen Geschäft kennzeichnen das Jahr 1996 in der Kreditversicherung.

Wie kaum ein anderer Schadenversicherungszweig blickt die Kreditversicherung auf ein lang anhaltendes stürmisches Umsatzwachstum zurück. Seit 1980 hat sich ihr Beitragsaufkommen vervierfacht. Betrieben wird dieses Geschäft von einigen Spezial-Kreditversicherern sowie mehreren Dutzend Kompositversicherern, die ihre Aktivitäten auf bestimmte Marktsegmente, vor allem die Vertrauensschadenversicherung, konzentrieren‹.[1] Die Kreditversicherung umfasst u. a. folgende Zweige:

- Warenkreditversicherung
- Investitionsgüterkreditversicherung
- Ausfuhrkreditversicherung
- Konsumentenkreditversicherung
- Kautionsversicherung
- Vertrauensschadenversicherung

Die Insolvenzversicherung: Die Insolvenzversicherung hat das Ziel, Mitarbeitern und Rentnern von Unternehmen, welche durch Konkurs oder Vergleichsverfahren zahlungsunfähig werden, die unverfallbaren Anwartschaften und die laufenden Betriebsrenten abzusichern. Diese Aufgabe übernimmt der 1975 gegründete Pensions-Sicherungs-Verein auf Gegenseitigkeit (PSVaG).

Der PSVaG arbeitet auf der Grundlage des ›Gesetzes zur Verbesserung der betrieblichen Altersvorsorge‹. Hiernach ist der PSVaG mit öffentlichrechtlicher Beitragshoheit ausgestattet. Die Mittel für die Insolvenzversicherung werden von den versicherungspflichtigen Arbeitgebern aufgebracht. 1995 waren 38 573 Firmen Mitglied im PSVaG. Das Beitragsvolumen belief sich 1995 auf 835 Millionen DM. Es wurden 1995 gleich 33 595 Versorgungsberechtigte neu gemeldet, für deren Betriebsrenten der PSVaG aufgrund der Insolvenz des Arbeitgebers ganz oder zum Teil aufkommen musste. Seit Jahresbeginn 1992 ist der PSVaG auch für die ostdeutschen Bundesländer zuständig.

[1] Die deutsche Versicherungswirtschaft, Jahrbuch 1996 des Gesamtverbandes der Deutschen Versicherungswirtschaft. Karlsruhe, Verlag Versicherungswirtschaft e. V.

Welche Versicherungen sollte nun z. B. ein mittelständisches Unternehmen abgeschlossen haben? Die folgende Aufstellung dient zu einer ersten Orientierung:

▷ *Geschäftsversicherung für Betriebseinrichtung und Warenvorräte*
  - Brand-, Blitzschlag-, Explosionsversicherung und Versicherung für den Absturz oder Aufprall bemannter Flugkörper
  - Einbruchdiebstahlsversicherung
  - Vandalismusversicherung
  - Leitungswasserversicherung
  - Sturmversicherung
  - Hagelversicherung
  - Betriebsunterbrechungsversicherung der vorbenannten versicherten Gefahren
  - Glasbruchversicherung

▷ *Geschäftsgebäudeversicherung*
  - Feuer-, Blitzschlag-, Explosionsversicherung und Versicherung für den Absturz oder Aufprall bemannter Flugkörper
  - Leitungswasserversicherung
  - Sturmversicherung
  - Hagelversicherung
  - Mietverlustversicherung

▷ *Haftpflichtversicherung*
  - Betriebshaftpflichtversicherung
  - Gewässerschadenhaftpflichtversicherung
  - Bauherrenhaftpflichtversicherung
  - Privathaftpflichtversicherung für Betriebsinhaber und Familie
  - Feuerhaftungsversicherung

▷ *Rechtsschutzversicherung*
  - Firmenrechtsschutzversicherung
  - Verkehrsrechtsschutzversicherung
  - Haus-, Grundstücks- und Betriebsstättenrechtsschutzversicherung
  - Familienrechtsschutzversicherung

▷ *Technische Versicherungen*
  - Maschinenversicherung
  - Elektronikversicherung
  - Maschinen-/Elektronikbetriebsunterbrechungsversicherung
  - Mehrkostenversicherung, z. B. für Leihmaschinen
  - Bauleistungsversicherung
  - Schwachstromversicherung

▷ *Transportversicherung*
  - Kaskoversicherung einschließlich See-, Fluss-, Land- und Luftfahrtkaskoversicherung

   - Warenversicherung
   - Verkehrshaftungsversicherung
   - Nebenzweige einschließlich Reisegepäck-, Reiserücktrittskosten-, Valoren- und Ausstellungsversicherung
- ▷ *Kraftfahrtversicherung*
   - Haftpflichtversicherung
   - Kaskoversicherung
   - Insassenunfallversicherung
- ▷ *Lebensversicherung*
   - für den Betriebsinhaber zur Einkommenssicherung bei Berufs- oder Erwerbsunfähigkeit
   - für die Hinterbliebenen
   - für das Alter
   - als Direktversicherung für Gesellschafter-Geschäftsführer
   - als Versorgungszusage für Gesellschafter-Geschäftsführer
- ▷ *Kapitallebensversicherung*
   - für Mitarbeiter als Direktversicherung
   - für Ehegatten als Hinterbliebenenvorsorge
   - zur Absicherung bei Tod eines Teilhabers zur Liquiditätsvorsorge
   - für die Kinder als Hinterbliebenenvorsorge
- ▷ *Unfallversicherung*
   - betriebliche Gruppenunfallversicherung
   - Familienunfallversicherung
- ▷ *private Krankenversicherung*

Eine Sekretärin könnte die folgenden Versicherungen abgeschlossen haben:

Alters- und Hinterbliebenenversorgung
- Lebensversicherung
- Unfallversicherung

Für den Fall der Berufs- und Erwerbsunfähigkeit:
- Berufsunfähigkeitsversicherung

Für den Fall der Krankheit:
- Krankenzusatzversicherung (unter der gesetzlichen Beitragsbemessungsgrenze)
- Krankenvollversicherung (über der gesetzlichen Beitragsbemessungsgrenze)

Für Gefahren des Alltags:
- Privathaftpflichtversicherung
- Zusatzrisiken (z. B. Hund)
- verbundene Hausratversicherung

Für Haus- und Grundstücksbesitzerinnen:
- verbundene Wohngebäudeversicherung

Für Rechtsstreitigkeiten:
- Familienrechtsschutzversicherung
- Verkehrsrechtsschutzversicherung

Für Urlaub und Reisen:
- Reisegepäckversicherung
- Auslandskrankenversicherung

Für PKW-Besitzerinnen:
- Kraftfahrzeugversicherung
- Kraftfahrzeughaftpflichtversicherung
- Kraftfahrzeugvollversicherung

Der Wandel unserer Zeit fordert den Menschen immer mehr Veränderungsbereitschaft ab. Die Globalisierung der Märkte nimmt stetig Einfluss auf das Käuferverhalten und somit auch auf die Anforderungen an ein Produkt. Auch der Versicherungsmarkt merkt hier spürbare Veränderungen, die in ihrer Komplexität durch Deregulierung und freien Dienstleistungsverkehr am Europäischen Markt zu einer neuen Qualität sowohl im Beratungsanspruch durch den Kunden als auch in der Beratungsintensität durch die Versicherungen führen. Der hier spürbare Umbruch in der Versicherungswirtschaft trägt der Liberalisierung der Versicherungsmärkte Rechnung. Einerseits ist die Versicherungswirtschaft mit einem überaus heftigen Wettbewerb konfrontiert, andererseits sieht sie sich der wachsenden Verantwortung bei der Lösung anstehender Probleme der sozialen Sicherungssysteme gegenüber. Die Zukunft wird also noch stärker durch ein sinnvolles Miteinander der Individualversicherung und der gesetzlichen Sozialversicherung geprägt. Ebenso wird das Versicherungsnehmerverhalten eine wichtige Rolle bei der Produktgestaltung spielen.

RECHNUNGSWESEN

Allgemeines

Der betriebliche Leistungsprozess erfordert den Einsatz von Menschen, Betriebsmitteln und Werkstoffen (vgl. Die Produktionsfaktoren, S. 506 ff.). Eine effiziente Kombination der Produktionsfaktoren zur Realisierung des Betriebszieles bedarf der Planung, Organisation und Kontrolle. Ein unerlässliches Instrument zur Steuerung und Überwachung betrieblicher Abläufe ist das Rechnungswesen. Es hat die Aufgabe, alle betriebswirtschaftlich bedeutsamen Daten zu erfassen, aufzubereiten und zahlenmäßig darzustellen. Auf diese Weise stehen den Mitarbeitern des Betriebes, aber auch Außenstehenden (Gläubigern, Banken, Gesellschaftern, Behörden, Öffentlichkeit) die erforderlichen Informationen zur Verfügung, um betriebliche Prozesse zu interpretieren, zu kontrollieren und zielgerichtet beeinflussen zu können.

Die zahlreichen gesetzlichen Bestimmungen über das Rechnungswesen unterstreichen seine Bedeutung. Die *Rechtsgrundlagen* reichen vom Handels- und Steuerrecht über das Gesellschaftsrecht bis hin zum Strafrecht. *Handelsrechtliche Vorschriften* über die Rechnungslegung finden sich in den §§ 238–340 HGB (z. B. § 238 Buchführungspflicht, § 240 Aufstellung eines Inventars, § 242 Erstellung einer Bilanz, § 275 Gliederung der GuV-Rechnung u. a. m.). Die Abgabenordnung (AO) enthält *steuerrechtliche Vorschriften* (§ 140 Buchführungs- und Aufzeichnungspflichten, § 145 Allgemeine Anforderungen an die Buchführung, § 147 Ordnungsvorschriften für die Aufbewahrung von Unterlagen u. a. m.). Weitere steuerrechtliche Vorschriften enthalten das Einkommensteuergesetz (EStG), das Umsatzsteuergesetz (UStG), das Körperschaftssteuergesetz (KStG) sowie die verschiedenen Durchführungsverordnungen und Richtlinien. *Rechtsformspezifische Vorschriften* enthalten das Aktiengesetz (AktG), das GmbH-Gesetz (GmbHG) und das Genossenschaftsgesetz (GenG). *Strafrechtliche Bestimmungen* finden sich u. a. in § 283 b Strafgesetzbuch (StGB), wonach derjenige mit einer Freiheitsstrafe bis zu 2 Jahren oder mit einer Geldstrafe belegt wird, der es unterlässt Handelsbücher zu führen oder diese so führt oder verändert, dass die Übersicht erschwert wird.

Im Folgenden werden drei Großbereiche des Rechnungswesens behandelt: 1. Finanzbuchhaltung (Geschäftsbuchhaltung), 2. Betriebsbuchhaltung (Kosten- und Leistungsrechnung), 3. Controlling.

Finanzbuchhaltung (Geschäftsbuchhaltung)

Die Finanzbuchhaltung erfasst in zeitlicher Folge alle Geschäftsvorfälle, die eine Wertveränderung im Unternehmen hervorrufen. Sie stellt die Beziehungen der Unternehmung zur Außenwelt (Banken, Lieferanten, Kunden, Gesellschafter usw.) dar. Die Finanzbuchhaltung weist einerseits alle Bestände und Bestandsveränderungen des Kapitals (Eigen- und Fremdkapital) und des Vermögens (Anlage- und Umlaufvermögen) aus. Andererseits zeigt sie den gesamten Werteverzehr auf, d. h. alle Aufwendungen in Form von Gehältern, Rohstoffen, Steuern, Reparaturen, Abschreibungen usw., sowie den gesamten Wertzuwachs, d. h. alle Erträge in Form von Verkaufserlösen, Mieteinnahmen, Zinserträgen usw.

Am Ende der Abrechnungsperiode (Jahr, Quartal, Monat = *Zeitraumrechnung*) werden die Aufwendungen den Erträgen in der *Gewinn- und Verlustrechnung* (Erfolgsrechnung) gegenübergestellt und der Gewinn/Verlust ermittelt. Die Gegenüberstellung der Bestände an Vermögen und Kapital erfolgt in der *Bilanz (Bestandsrechnung)* zu einem bestimmten Stichtag (Zeitpunktrechnung).

Inventur – Bilanz – Gewinn- und Verlustrechnung (GuV)

Die Inventur

Nach § 238 HGB ist jeder Kaufmann verpflichtet, Bücher zu führen und in diesen seine Handelsgeschäfte und die Lage seines Vermögens nach den Grundsätzen ordnungsgemäßer Buchführung darzustellen. Wer nach handelsrechtlichen Vorschriften zur Buchführung verpflichtet ist, ist es auch nach steuerlichen Vorschriften, nämlich nach § 140 AO (Abgabenordnung).
Der § 240 HGB und die §§ 140 und 141 AO verpflichten Kaufleute,

bei der Gründung oder Übernahme eines Unternehmens,
zum Schluss eines jeden Geschäftsjahres und
bei der Auflösung oder Veräußerung ihrer Unternehmen

eine *Bestandsaufnahme* = *Inventur* vorzunehmen und ein *Bestandsverzeichnis* = *Inventar* aufzustellen. In dem Inventar hat der Kaufmann sämtliche Vermögensgegenstände und Schulden nach Art, Menge sowie Einzel- und Gesamtwert zu einem bestimmten Stichtag vollständig aufzuführen. Das Inventar besteht aus drei Teilen: dem Vermögen, den Schulden und dem Eigenkapital.

Das *Vermögen* wird in Anlage- und Umlaufvermögen gegliedert. Zum *Anlagevermögen* gehören die Vermögensteile, welche langfristig zur Durchführung der betrieblichen Aufgaben benötigt werden. Beispiele dafür sind Grundstücke, Gebäude, Maschinen, Betriebs- und Geschäftsausstattung, Fuhrpark u. a. Zum *Umlaufvermögen* gehören die Vermögensteile, welche nur kurzfristig im Unternehmen bleiben, weil sie durch den Betriebsprozess ständig verändert oder umgesetzt werden. Beispiele dafür sind Rohstoffe, Fertigerzeugnisse, Waren, Forderungen, Bankguthaben u. a. Die Positionen des Anlage- und Umlaufvermögens werden nach steigender *Liquidität* (Geldnähe) geordnet.

Als *Schulden* bezeichnet man das im Unternehmen arbeitende Fremdkapital. Sie werden in *langfristige Schulden* (Hypotheken, Grundschulden, Darlehen) und *kurzfristige Schulden* (Verbindlichkeiten aus Lieferungen und Leistungen, Bankschulden, Wechselschulden) gegliedert. Die Schulden werden nach ihrer Fälligkeit (Dringlichkeit der Zahlungsverpflichtung) geordnet.

Das *Eigenkapital,* auch *Reinvermögen* genannt, wird ermittelt, indem vom Gesamtwert des Vermögens sämtliche Schulden abgezogen werden. Der Überschuss des Vermögens über die Schulden stellt den Betrag dar, den der Unternehmer als Eigenmittel (Eigenkapital) eingebracht hat.

Eine der Aufgaben der Buchhaltung ist die Ermittlung des Erfolges (Gewinn/Verlust) einer Abrechnungsperiode (Monat/Quartal/Jahr). Dies kann auf der Grundlage der Zahlen des Inventars (und auch der Bilanz) durch Vergleich des Eigenkapitals am Anfang und am Ende der Abrechnungsperiode geschehen. Das Ergebnis ist eine Eigenkapitalmehrung (Gewinn) oder Eigenkapitalminderung (Verlust). Der Unternehmer kann während des Geschäftsjahres jederzeit Wirtschaftsgüter (Waren, Geld, Gegenstände) für seine privaten Zwekke entnehmen. Solche Privatentnahmen mindern das Vermögen und damit das Eigenkapital, also schließlich auch den Erfolg des Unternehmens. Daher müssen Privatentnahmen zur Kapitalmehrung hinzugerechnet werden, während Privateinlagen abgezogen werden.

Das Inventar ist eine ausführliche Darstellung sämtlicher Vermögenswerte und Schulden in Staffelform (untereinander). Je nach Größe der Unternehmung kann eine solche Aufstellung mehrere Bände füllen, also unübersichtlich sein. Daher verpflichtet § 242 HGB den Kaufmann, neben dem Inventar zu einer kurz gefassten übersichtlichen Darstellung seines Vermögens und seiner Schulden, d. h. zu einer *Bilanz.*

Beispiel 1

INVENTAR		
der Firma ...	zum 31. Dezember 19..	
A. Vermögen	DM	DM
I. Anlagevermögen		
1. Bebaute Grundstücke		
a) Verwaltungsgebäude	1 250 000,00	
b) Lagerhalle	510 000,00	
c) Garage	20 000,00	1 780 000,00
2. Betriebs- und Geschäftsausstattung lt. Verzeichnis		150 000,00
3. Fuhrpark		
a) 5 Lkw	240 000,00	
b) 4 Pkw	95 000,00	
c) 8 Gabelstapler	55 000,00	390 000,00
II. Umlaufvermögen		
1. Rohstoffe/Waren lt. Verzeichnis		1 110 000,00
2. Forderungen lt. Verzeichnis		305 000,00
3. Kassenbestand		15 100,00
4. Bankguthaben		101 000,00
Summe des Vermögens		3 851 100,00
B. Schulden		
I. Langfristige Schulden		
1. Hypotheken	600 000,00	
2. Darlehen	200 000,00	800 000,00
II. Kurzfristige Schulden		
1. Kontokorrent	55 000,00	
2. Verbindlichkeiten lt. Verzeichnis	235 000,00	290 000,00
Summe der Schulden		1 090 000,00
C. Ermittlung des Eigenkapitals		
Summe des Vermögens		3 851 100,00
– Summe der Schulden		1 090 000,00
Eigenkapital (Reinvermögen)		2 761 100,00
Ort, Datum	Unterschrift	

Beispiel 2

	Eigenkapital (Reinvermögen) am Ende der Abrechnungsperiode	1 190 000,00
–	Eigenkapital (Reinvermögen) am Anfang der Abrechnungsperiode	885 000,00
	Kapitalmehrung/-minderung	305 000,00
+	Privatentnahmen	72 000,00
–	Privateinlagen (Grundstück aus Privatbesitz)	150 000,00
	Gewinn/Verlust	227 000,00

Die Bilanz

Die *Bilanz* ist eine Kurzfassung des Inventars in Kontenform (nebeneinander). Sie enthält keine Mengenangaben und fasst gleichartige Vermögens- und Schuldteile zu einzelnen Bilanzpositionen zusammen. Die linke Seite der Bilanz enthält alle Vermögensteile (Aktiva), während auf der rechten Seite (Passiva) das Kapital des Unternehmens – Eigen- und Fremdkapital – aufgeführt ist. Die Positionen der Aktivseite sind nach steigender Flüssigkeit (Liquidität), die Positionen der Passivseite nach ihrer Fälligkeit gegliedert.

Die Bilanz hat einen hohen Aussagewert. Die *Bilanzstruktur* ergibt sich aus § 242 HGB. Danach hat der Kaufmann einen das Verhältnis seines Vermögens und seiner Schulden darstellenden Abschluss aufzustellen. Die Aktivseite zeigt die Formen des Vermögens. Sie beantwortet die Frage, ob das Kapital überwiegend im Anlagevermögen oder mehr im Umlaufvermögen angelegt worden ist. Die Aktivseite demonstriert die Mittelverwendung, d. h. die Investierung. Auf der Passivseite stehen das Eigenkapital und das Fremdkapital, welche erforderlich waren, um die Vermögenswerte der Aktivseite zu beschaffen. Es handelt sich in beiden Fällen um Schulden. Das Eigenkapital stellt die Schuld des Betriebes gegenüber dem Eigentümer dar, der dieses Kapital eingebracht hat. Das Fremdkapital sind Schulden gegenüber außen stehenden Personen oder Institutionen. Die Passivseite gibt Auskunft über die Mittelbeschaffung, d. h. die Finanzierung.

Beispiel

BILANZ

der Firma ... zum 31. Dezember 19..

Aktiva		Passiva	
I. Anlagevermögen		I. Eigenkapital	2761100,00
1. Bebaute Grundstücke	1780000,00	II. Fremdkapital	
2. Betriebs- u. Geschäftsausstattung	150000,00	1. Hypothek	600000,00
3. Fuhrpark	390000,00	2. Darlehen	200000,00
II. Umlaufvermögen		3. Kontokorrent	55000,00
1. Rohstoffe/Waren	1110000,00	4. Verbindlichkeiten	235000,00
2. Forderungen	305000,00		
3. Kasse	15100,00		
4. Bank	101000,00		
	3851100,00		3851100,00
Ort, Datum		Unterschrift	

Die Bilanz in obigem Beispiel zeigt, dass dieses Unternehmen zu 72% mit Eigenkapital und zu 28% mit Fremdkapital finanziert wurde. Die hohe Ausstattung des Unternehmens mit Eigenkapital garantiert weitgehende Unabhängigkeit gegenüber den Gläubigern. Die Zinsbelastung infolge des vergleichsweise niedrigen Fremdkapitals ist in diesem Fall gering.

Bilanz und Inventar sind bei Einzelunternehmen vom Inhaber persönlich zu unterzeichnen; bei Personengesellschaften von sämtlichen persönlich haftenden Gesellschaftern; bei Aktiengesellschaften von allen Vorstandsmitgliedern; bei der GmbH von allen Geschäftsführern. Nach § 257 HGB sind Inventare und Bilanzen sowie der Jahresabschluss 10 Jahre lang aufzubewahren. Die übrigen Unterlagen der Finanzbuchhaltung (Buchungsbelege, Handelsbriefe) müssen 6 Jahre lang aufbewahrt werden.

Die Bilanz bildet den Ausgangspunkt *(Eröffnungsbilanz)* und den Abschluss *(Schlussbilanz)* der Finanzbuchhaltung. Auf der Grundlage des Inventars wird die Eröffnungsbilanz erstellt. Um die Geschäftsvorfälle zu erfassen, d. h. zu buchen, wird die Eröffnungsbilanz in Konten aufgelöst. Für jede Bilanzposition wird ein eigenes Konto eingerichtet. Entsprechend den beiden Seiten der Bilanz eröffnet man Aktiv- und Passivkonten. Der Form nach entspricht das Konto der Bilanz, allerdings heißen die beiden Seiten des Kontos ›Soll‹ und ›Haben‹. Nachdem sämtliche Geschäftsvorfälle der jeweiligen Abrechnungsperiode in den *Bilanzkonten* = *Bestandskonten* gebucht worden sind, werden die Konten abgeschlossen, indem der Schlussbestand durch Saldieren (Unterschiedsbetrag zwischen Soll- und Habenseite) ermittelt wird. Diese Salden werden in die Schlussbilanz als Endbestände übertragen. Die Schlussbilanz des abgelaufenen Geschäftsjahres wird für das neue Geschäftsjahr als Eröffnungsbilanz übernommen.

Nach den Grundsätzen ordnungsmäßiger Buchführung (GoB) und der Abgabenordnung (AO) § 146 darf eine Buchung nur aufgrund von Belegen erfolgen. Ein Beleg ist ein Schriftstück, das einen Geschäftsvorfall dokumentiert.

Belegarten

- **Natürliche Belege** entstehen im Geschäftsablauf
  - Fremdbelege **(Externe Belege)** → Wurden außerhalb des Betriebes erstellt: Eingangsrechnungen, Bankauszüge u. a.
  - Eigenbelege **(Interne Belege)** → Wurden im Unternehmen erstellt: Kopien von Ausgangsrechnungen, Gehaltslisten, Stornobuchungen u. a.
- **Künstliche Belege (Ersatzbelege)** werden aus besonderem Anlass erstellt: Abhandenkommen von Originalbelegen, Trinkgelder, auswärts geführte Telefonate

Wegen ihrer Bedeutung als Beweis- und Kontrollmittel müssen Belege 6 Jahre lang aufbewahrt werden (§§ 238 und 257 HGB).

Jeder Geschäftsvorfall löst Buchungen in mindestens zwei Konten aus *(doppelte Buchführung),* und zwar im Sollkonto und im Habenkonto (Gegenkonto). Die Beträge im Soll und Haben müssen übereinstimmen. Die folgenden Beispiele zeigen, dass die Buchungen der Geschäftsvorfälle in den Bilanzkonten zu vier unterschiedlichen Wertveränderungen der Bilanz führen können.

Geschäftsvorfall Nr. 1:	Barkauf eines Computers Dadurch erhöht sich der Bestand der Geschäftsausstattung, während der Kassenbestand um den gleichen Betrag sinkt.
Bilanzveränderung:	**Aktivtausch** = Änderung von 2 Positionen auf der Aktivseite. Die Bilanzsumme bleibt unverändert.
Geschäftsvorfall Nr. 2:	Eine Verbindlichkeit (kurzfristig) wird in ein Darlehen (langfristig) umgewandelt. Die Verbindlichkeiten nehmen ab, die Darlehensschulden nehmen um den gleichen Betrag zu.

Bilanzveränderung:	**Passivtausch** = Änderung von 2 Positionen der Passivseite. Die Bilanzsumme bleibt unverändert.
Geschäftsvorfall Nr. 3:	Kauf eines Pkw auf Ziel (Kaufpreis wird erst nach vereinbarter Zahlungsfrist fällig.) Der Bestand des Fuhrparks (Aktiv) wird größer, die Verbindlichkeiten (Passiv) ebenfalls.
Bilanzveränderung:	**Aktiv-Passiv-Mehrung** = Eine Bilanzposition der Aktivseite und eine der Passivseite nehmen zu. Die Bilanzsumme wird größer.
Geschäftsvorfall Nr. 4:	Eine Lieferrechnung wird durch Banküberweisung beglichen. Das Bankguthaben wird geringer, ebenso die Verbindlichkeiten.
Bilanzveränderung:	**Aktiv-Passiv-Minderung** = Eine Bilanzposition der Aktivseite und eine der Passivseite werden kleiner. Die Bilanzsumme wird kleiner.

Die Geschäftsvorfälle Nr. 1 bis 4 wirken sich weder auf das Eigenkapital noch auf den Geschäftserfolg aus. Es handelt sich lediglich um Tauschvorgänge auf einer der beiden Bilanzseiten oder um eine Erhöhung bzw. Minderung der Bilanzsumme. In allen Fällen bleibt das *Bilanzgleichgewicht* (Summe der Aktiva = Summe der Passiva) erhalten. Vorfälle, welche nur die Bestandskonten (Bilanzkonten) betreffen, beeinflussen den Erfolg (Gewinn/Verlust) eines Unternehmens nicht. Es sind erfolgsneutrale Vorfälle.

Beispiel

Soll		GEWINN- UND VERLUST-KONTO	Haben
Rohstoffe/Waren	250 000,00	Umsatzerlöse	490 000,00
Personalkosten	35 000,00	Zinserträge	17 000,00
Mieten	20 000,00	Mieterträge	23 000,00
Werbung	150 000,00		
Abschreibungen	45 000,00		
Gewinn (Eigenkapital)	30 000,00		
	530 000,00		530 000,00

Der Prozess der Leistungserstellung (Produktion und Verteilung von Gütern und Diensten) verursacht einen Werteverzehr, den man *Aufwand* nennt. Hierzu zählen z. B. Gehälter, Mieten, Reparaturen, Werbung, Abschreibungen usw. Diese Aufwendungen mindern das Eigenkapital. Auf der anderen Seite hat ein Unternehmen auch Wertzuwächse, d. h. *Erträge,* die das Eigenkapital erhöhen. Hierzu zählen z. B. Umsatzerlöse, Erträge aus Zinsen, Mieten, Provisionen usw. Würde man alle Aufwendungen und Erträge auf das Eigenkapitalkonto buchen, wäre dieses zu unübersichtlich. Aus diesem Grunde wird für jeden

Aufwand/Ertrag ein eigenes Konto (Erfolgskonto) eingerichtet. Aufwendungen werden im Soll (Eigenkapitalminderung) des betreffenden Aufwandskontos, Erträge im Haben (Eigenkapitalmehrung) gebucht. Sämtliche Erfolgskonten werden über das *GuV-Konto* (Gewinn- und Verlust-Konto) abgeschlossen. Der Saldo des GuV-Kontos weist den Gewinn/Verlust der Abrechnungsperiode aus und wird im Eigenkapitalkonto gegengebucht. Aus der Gegenüberstellung der Aufwendungen (Soll) und der Erträge (Haben) im GuV-Konto werden die Quellen des Erfolgs sichtbar.
Der *Jahresabschluss* soll mithilfe von Bilanz und GuV-Rechnung das Betriebsgeschehen des betreffenden Geschäftsjahres in komprimierter Form darstellen. Nach § 242 HGB besteht der Jahresabschluss der Einzelunternehmen und Personengesellschaften aus der Bilanz und der GuV-Rechnung. Zum Jahresabschluss der Kapitalgesellschaften und der Genossenschaften gehören neben der *Bilanz,* § 266 HGB, und *GuV-Rechnung,* § 275 HGB, der *Anhang,* § 284 HGB, und der *Lagebericht,* § 289 HGB.

Damit die Bilanz alle wesentlichen Informationen über die Vermögensstruktur und den Kapitalaufbau vermitteln kann, muss sie nicht nur vollständig und übersichtlich angeordnet, sondern auch nach einheitlichen Kriterien gegliedert sein. Erst dann ist ein Vergleich mit Bilanzen anderer Jahre oder anderer Unternehmungen möglich. Vgl. dazu das Gliederungsbeispiel auf S. 566.

Die Art der Bewertung des Vermögens und der Schulden hat entscheidenden Einfluss auf den Jahresgewinn. So führen beispielsweise unterlassene Rückstellungen (für Garantieverpflichtungen, Pensionsrückstellungen, Instandhaltungen usw.) oder zu hohe Abschreibungen zu einem falschen Ausweis des Vermögens und der Schulden sowie der Ertragslage des Unternehmens. Während die handelsrechtlichen Bewertungsvorschriften in erster Linie dem Gläubigerschutz und der Kapitalerhaltung dienen, ist der Zweck der steuerlichen Bewertungsvorschriften die Ermittlung des tatsächlichen Gewinns, um eine gerechte und einheitliche Besteuerung sicherzustellen.

Grundlage für den zu versteuernden Gewinn ist nach § 5 (1) EStG die Handelsbilanz. Dieser Grundsatz der Maßgeblichkeit der Handelsbilanz für die Steuerbilanz besagt, dass die in der Handelsbilanz ausgewiesenen Werte grundsätzlich für die Steuerbilanz verbindlich sind, sofern steuerrechtlich keine andere Bewertung vorgeschrieben ist. Die allgemeinen Bewertungsgrundsätze, welche in § 252 ff. HGB niedergelegt sind, gelten für alle Kaufleute und sämtliche Unternehmungsformen. Ein zentraler Bewertungsgrundsatz ist das so genannte *Vorsichtsprinzip.* Danach hat der Kaufmann vorsichtig zu bewerten, d. h., er muss alle vorhersehbaren Risiken und Verluste, die bis zum Bilanzstichtag entstanden sind, berücksichtigen, selbst wenn diese erst zwischen dem Abschlussstichtag und dem Tag der Aufstellung des Jahresabschlusses bekannt geworden sind. Der Grundsatz der Vorsicht als ein zentrales Rechnungslegungsprinzip findet seine Ausprägung in den auf S. 567 genannten Prinzipien:

Gliederung der Jahresbilanz der Kapitalgesellschaften gem. § 266 HGB

Aktiva

A. Anlagevermögen
- **I. Immaterielle Vermögensgegenstände**
  1. Konzessionen, gewerbliche Schutzrechte und ähnliche Rechte und Werte sowie Lizenzen an solchen Rechten und Werten
  2. Geschäfts- oder Firmenwert
  3. geleistete Anzahlungen
- **II. Sachanlagen**
  1. Grundstücke, grundstücksgleiche Rechte und Bauten einschließlich der Bauten auf fremden Grundstücken
  2. technische Anlagen und Maschinen
  3. andere Anlagen, Betriebs- und Geschäftsausstattung
  4. geleistete Anzahlungen und Anlagen im Bau
- **III. Finanzanlagen**
  1. Anteile an verbundenen Unternehmen
  2. Ausleihungen an verbundene Unternehmen
  3. Beteiligungen
  4. Ausleihungen an Unternehmen, mit denen ein Beteiligungsverhältnis besteht
  5. Wertpapiere des Anlagevermögens
  6. sonstige Ausleihungen

B. Umlaufvermögen
- **I. Vorräte**
  1. Roh-, Hilfs- und Betriebsstoffe
  2. unfertige Erzeugnisse, unfertige Leistungen
  3. fertige Erzeugnisse und Waren
  4. geleistete Anzahlungen
- **II. Forderungen und sonstige Vermögensgegenstände**
  1. Forderungen aus Lieferungen und Leistungen
  2. Forderungen gegen verbundene Unternehmen
  3. Forderungen gegen Unternehmen, mit denen ein Beteiligungsverhältnis besteht
  4. sonstige Vermögensgegenstände
- **III. Wertpapiere**
  1. Anteile an verbundenen Unternehmen
  2. eigene Anteile
  3. sonstige Wertpapiere:
- **IV. Schecks, Kassenbestand, Bundesbank- und Postgiroguthaben, Guthaben bei Kreditinstituten**

C. Rechnungsabgrenzungsposten

Passiva

A. Eigenkapital
- **I. Gezeichnetes Kapital**
- **II. Kapitalrücklage**
- **III. Gewinnrücklagen**
  1. gesetzliche Rücklage
  2. Rücklage für eigene Anteile
  3. satzungsmäßige Rücklagen
  4. andere Gewinnrücklagen
- **IV. Gewinnvortrag/Verlustvortrag**
- **V. Jahresüberschuss/Jahresfehlbetrag**

B. Rückstellungen
1. Rückstellungen für Pensionen und ähnliche Verpflichtungen
2. Steuerrückstellungen
3. sonstige Rückstellungen

C. Verbindlichkeiten
1. Anleihen, davon konvertibel
2. Verbindlichkeiten gegenüber Kreditinstituten
3. erhaltene Anzahlungen auf Bestellungen
4. Verbindlichkeiten aus Lieferungen und Leistungen
5. Verbindlichkeiten aus der Annahme gezogener Wechsel und der Ausstellung eigener Wechsel
6. Verbindlichkeiten gegenüber verbundenen Unternehmen
7. Verbindlichkeiten gegenüber Unternehmen, mit denen ein Beteiligungsverhältnis besteht
8. sonstige Verbindlichkeiten, davon aus Steuern, davon im Rahmen der sozialen Sicherheit

D. Rechnungsabgrenzungsposten

Quelle: Hahn/Weber, Finanzbuchhaltung und Kostenrechnung. Bad Homburg v. d. H. 1991, S. 456.

Realisationsprinzip: Nur solche Gewinne dürfen ausgewiesen werden, die am Abschlussstichtag bereits realisiert worden sind. Dadurch wird die Ausschüttung noch nicht erzielter Gewinne verhindert. Wirtschaftsgüter müssen so lange zu Anschaffungs- oder Herstellungskosten bewertet werden, bis sie auf dem Absatzmarkt mit Gewinn/Verlust veräußert worden sind. Die Möglichkeit, Wirtschaftsgüter künftig mit Gewinn/Verlust absetzen zu können, rechtfertigt nicht die bilanzmäßige Berücksichtigung solcher Gewinn/Verluste.

Imparitätsprinzip: Imparität (Ungleichheit) besagt, dass unrealisierte Gewinne und unrealisierte Verluste ungleich zu behandeln sind. Danach müssen nicht realisierte Verluste ausgewiesen werden. Das gilt beispielsweise für Verluste aus schwebenden Geschäften. Dazu gehören auch die Wertberichtigungen auf Forderungen und die Bildung von Rückstellungen.

Niederstwertprinzip: Für die Aktivseite der Bilanz (Anlage- und Umlaufvermögen) ist von zwei möglichen Wertansätzen (Anschaffungs- oder Herstellungskosten einerseits und Tageswert – Börsen-/Marktpreis – andererseits) stets der niedrigere zu wählen.

Höchstwertprinzip: Für die Passivseite (Schulden) gilt das Höchstwertprinzip. Stehen am Bilanzstichtag mehrere Werte zur Auswahl, dann ist der jeweils höhere in der Bilanz anzusetzen. Wurden Waren in fremder Währung z. B. am 15. eines Monats für 15 000 $ zum Kurs von 1,55 DM/$ gekauft, und ist der Kurs am 31. desselben Monats auf 1,70 DM/$ gestiegen, dann muss diese Verbindlichkeit mit dem höheren Kurs bewertet werden. Eine Kurssenkung darf nicht berücksichtigt werden. Das wäre ein nicht realisierter Gewinn.

Die Gewinn- und Verlustrechnung (GuV)

Nach § 242 (2) HGB sind alle Kaufleute verpflichtet, für den Schluss des Geschäftsjahres neben der Bilanz auch eine Gegenüberstellung der Aufwendungen und Erträge, eine *Gewinn- und Verlustrechnung (GuV),* aufzustellen. Im Unterschied zur bilanziellen Erfolgsermittlung durch Kapitalvergleich wird aus der GuV-Rechnung das Zustandekommen des Erfolges durch Gegenüberstellen der Aufwendungen und Erträge sichtbar. Die Bilanz ist ein Dokument der Vermögens- und Schuldensituation des Unternehmens. Die GuV-Rechnung weist nicht nur den Gewinn/Verlust aus, sondern ermöglicht auch eine Beurteilung der Ertragslage des Unternehmens, da in ihr die Erfolgskomponenten dargestellt sind. Dadurch wird erkennbar, wie der Gewinn/Verlust entstanden ist. Vorschriften über die Gliederung der GuV-Rechnung für Kapitalgesellschaften finden sich in den §§ 275 ff. HGB und in § 158 AktG. Der formelle Aufbau der GuV-Rechnung kann grundsätzlich in Kontenform oder in Staffelform erfolgen. Mittelgroße und große Kapitalgesellschaften müssen ihre GuV-Rechnung in Staffelform veröffentlichen.

Die GuV-Rechnung darf nach § 275 HGB nach dem Gesamtkostenverfahren oder dem Umsatzkostenverfahren erstellt werden. Beim *Gesamtkostenverfahren* werden sämtliche in der Abrechnungsperiode angefallenen Erträge

Gesamtkostenverfahren gemäß § 275 Abs. 2	
1. Umsatzerlöse 2. Erhöhung oder Verminderung des Bestands an fertigen und unfertigen Erzeugnissen 3. andere aktivierte Eigenleistungen	(Gesamtleistung)
4. sonstige betriebliche Erträge 5. Materialaufwand: a) Aufwendungen für Roh-, Hilfs- und Betriebsstoffe und für bezogene Waren b) Aufwendungen für bezogene Leistungen 6. Personalaufwand: a) Löhne und Gehälter b) soziale Abgaben und Aufwendungen für Altersversorgung und für Unterstützung, davon für Altersversorgung 7. Abschreibungen: a) auf immaterielle Vermögensgegenstände des Anlagevermögens und Sachanlagen sowie auf aktivierte Aufwendungen für die Ingangsetzung und Erweiterung des Geschäftsbetriebs b) auf Vermögensgegenstände des Umlaufvermögens, soweit diese die in der Kapitalgesellschaft üblichen Abschreibungen überschreiten 8. sonstige betriebliche Aufwendungen	(Betriebsergebnis)
9. Erträge aus Beteiligungen, davon aus verbundenen Unternehmen 10. Erträge aus anderen Wertpapieren und Ausleihungen des Finanzanlagevermögens, davon aus verbundenen Unternehmen 11. sonstige Zinsen und ähnliche Erträge, davon aus verbundenen Unternehmen 12. Abschreibungen auf Finanzanlagen und auf Wertpapiere des Umlaufvermögens 13. Zinsen und ähnliche Aufwendungen, davon an verbundene Unternehmen	(Finanzergebnis)
14. Ergebnis der gewöhnlichen Geschäftstätigkeit	
15. außerordentliche Erträge 16. außerordentliche Aufwendungen	Außerordentliches Ergebnis
17. außerordentliches Ergebnis	
18. Steuern vom Einkommen und vom Ertrag 19. sonstige Steuern	(Steueraufwand)
20. Jahresüberschuss/Jahresfehlbetrag	Jahresergebnis

Quelle: Baetge, Bilanzen, 3. Auflage, Düsseldorf 1994, S. 541.

sämtlichen Aufwendungen gegenübergestellt. Da auf der Aufwandsseite die Gesamtaufwendungen erfasst werden, werden beim Gesamtkostenverfahren die Aufwendungen in Materialaufwand, Personalaufwand, Abschreibungen und sonstige Aufwendungen gegliedert. Die rechnerische Angleichung von Aufwand und Ertrag wird dadurch erreicht, dass die Mehrungen des Bestandes an unfertigen und fertigen Erzeugnissen sowie Eigenleistungen mit ihren Herstellkosten den Umsatzerlösen hinzugerechnet werden. Minderungen werden von den Absatzerlösen abgezogen.

Beim *Umsatzkostenverfahren* werden dem tatsächlichen Umsatz nicht die Gesamtaufwendungen der Abrechnungsperiode gegenübergestellt, sondern nur diejenigen Aufwendungen, welche für die verkauften Produkte angefallen sind (Umsatzaufwendungen). Die betrieblichen Aufwendungen werden nicht nach Kostenarten den verkauften Produkten gegenübergestellt, sondern nach den betrieblichen Funktionsbereichen Produktion, Vertrieb, Verwaltung.

Ein wesentliches Merkmal der Kapitalgesellschaften ist die beschränkte Haftung und die personelle Trennung von Eigentum und Geschäftsführung. Daher erweitert das HGB die Rechnungslegungsvorschriften für Kapitalgesellschaften um einen Anhang und einen Lagebericht. Der *Anhang* enthält gemäß § 284 HGB erläuternde Angaben zur Bilanz und GuV-Rechnung sowie sonstige Pflichtangaben gem. § 285 HGB, z. B. Gesamtbetrag der Verbindlichkeiten mit einer Restlaufzeit von 5 Jahren, Gesamtbetrag der bedeutsamen sonstigen Verpflichtungen, die nicht in der Bilanz erscheinen, Gesamtbezüge der Mitglieder der Gesellschaftsorgane u. a. Der *Lagebericht* enthält eine Darstellung des Geschäftsverlaufs und der Lage der Gesellschaft, sodass ein den tatsächlichen Verhältnissen entsprechendes Bild vermittelt wird. Er soll auch auf Vorgänge von besonderer Bedeutung, die nach Abschluss des Geschäftsjahres eingetreten sind, eingehen, etwa die voraussichtliche Geschäftsentwicklung, den Bereich von Forschung und Entwicklung u. a.

Nach § 264 HGB haben die gesetzlichen Vertreter einer Kapitalgesellschaft innerhalb der ersten drei Monate des Geschäftsjahres den Jahresabschluss (Bilanz und GuV), den Anhang und den Lagebericht für das vergangene Jahr zu erstellen. Jahresabschluss und Lagebericht mittelgroßer und großer Kapitalgesellschaften sind durch einen von der Hauptversammlung zu bestellenden *Abschlussprüfer* zu prüfen (§ 316 HGB). Der Abschlussprüfer hat das Ergebnis seiner Prüfung in einem Prüfungsbericht zusammenzufassen. Sind gegen das Ergebnis der Prüfung keine Einwendungen zu erheben, so hat der Abschlussprüfer dies durch einen *Bestätigungsvermerk* zu bekunden. Die *Offenlegung* (§ 325 HGB) erfolgt durch Einreichen folgender Unterlagen beim Handelsregister (HR) und durch Bekanntmachung im Bundesanzeiger: Jahresabschluss, Bestätigungsvermerk des Abschlussprüfers, Lagebericht, Bericht des Aufsichtsrates sowie Vorschlag und Beschluss über die Ergebnisverwendung. Somit haben alle Interessenten die Möglichkeit, sich über die Situation des Unternehmens zu informieren.

In der Praxis wird vor dem endgültigen Abschluss aller Konten ein *Probeabschluss* in tabellarischer Form vorgenommen. Dessen Aufgabe ist:

- Das Prüfen der rechnerischen Richtigkeit der Buchungen
- Die Übersicht über alle Bestands- und Erfolgskonten als Grundlage für betriebliche Entscheidungen
- Das Vorbereiten des Jahresabschlusses (Abschreibungen, Rückstellungen, Bewertung von Forderungen usw.)

Die *Betriebsübersicht* wird wie folgt gegliedert:

Summenbilanz: Sie übernimmt die Summen der Soll- und Habenseite aller Bestands- und Erfolgskonten. Die Summe muss auf beiden Seiten gleich groß sein. Ist das der Fall, dann liegen keine Buchungsfehler vor. Daher wird sie auch *Probebilanz* genannt.

Saldenbilanz I: Aus den Zahlen der Summenbilanz werden für die einzelnen Konten die Salden ermittelt und in die Saldenbilanz eingetragen. Der Saldo wird auf der größeren Seite eingetragen.

Umbuchungen: Diese Spalte nimmt alle vorbereitenden Abschlussbuchungen auf:

- Abschluss der Unterkonten über die entsprechenden Hauptkonten: Privat, Bezugskosten, Nachlässe, Erlösberichtigungen
- Verrechnung der Konten ›Vorsteuer‹ und ›Mehrwertsteuer‹
- Abschreibungen auf Anlage- und Umlaufvermögen
- Bestandsänderungen
- Rückstellungen
- Bewertungskorrekturen

Die Buchungen werden nach den Regeln der doppelten Buchführung durchgeführt. Zweckmäßig ist es, eine Umbuchungsliste als Beleg anzufertigen.

Saldenbilanz II: Aus der Saldenbilanz I und der Umbuchungsspalte werden die Salden für die Saldenbilanz II gebildet. Aus ihr werden die GuV-Rechnung und die Schlussbilanz entwickelt.

Schlussbilanz (Inventurbilanz): Sie übernimmt aus der Saldenbilanz II die Salden aller Bestandskonten. Aktiva und Passiva sind nicht summengleich. Der Saldo ist der Gewinn oder Verlust. Dieser Saldo muss dem Saldo der Spalte ›Gewinn- und Verlustrechnung‹ entsprechen.

Gewinn- und Verlust: Diese Spalte enthält alle Aufwendungen und Erträge und als Saldo den Gewinn/Verlust.

Eine Betriebsübersicht wird in der Praxis nicht nur jährlich, sondern auch für kürzere Zeitabschnitte, zum Beispiel monatlich, erstellt. Sie vermittelt eine Übersicht über die wirtschaftliche Entwicklung der betreffenden Periode und ermöglicht eine Kontrolle der formalen Richtigkeit. Aus dem Informationsmaterial lassen sich Strategien für Gewinn, Abschreibung, Bewertung u. a. entwickeln und bilanzpolitische Entscheidungen treffen.

Betriebsübersicht (Hauptabschlussübersicht) zum ...

Kto.-Nr.	Konto	Summenbilanz		Saldenbilanz I		Umbuchungen		Saldenbilanz II		Schlussbilanz		GuV-Rechnung	
		S	H	S	H	S	H	S	H	Aktiva	Passiva	Aufw.	Erträge
0330	BGA	240000	10000	230000	–	–	46000	184000	–	184000	–	–	–
0610	Eigenkapital	–	520000	–	520000	36000	–	–	484000	–	484000	–	–
1010	Forderungen a. LL	934500	788200	146300	–	–	–	146300	–	146300	–	–	–
1310	Bank	885800	712300	173500	–	–	–	173500	–	173500	–	–	–
1410	Vorsteuer	75400	69600	5800	–	–	5800	–	–	–	–	–	–
1510	Kasse	38600	22400	16200	–	–	–	16200	–	16200	–	–	–
1610	Privatentnahmen	36000	–	36000	–	–	36000	–	–	–	–	–	–
1710	Verbindlichkeiten a. LL	585000	683200	–	98200	–	–	–	98200	–	98200	–	–
1810	Umsatzsteuer	69600	94000	–	24400	5800	–	–	18600	–	18600	–	–
3010	Wareneingang	620000	–	620000	–	–	80000	540000	–	–	–	540000	–
3910	Warenbestände	100000	–	100000	–	80000	–	180000	–	180000	–	–	–
4000	Personalkosten	115400	–	115400	–	–	–	115400	–	–	–	115400	–
4100	Mieten	48000	–	48000	–	–	–	48000	–	–	–	48000	–
4800	Allgemeine Verwaltung	31700	–	31700	–	–	–	31700	–	–	–	31700	–
4910	Abschreibungen auf SA	–	–	–	–	46000	–	46000	–	–	–	46000	–
8010	Warenverkauf	–	880300	–	880300	–	–	–	880300	–	–	–	880300
		3780000	3780000	1522900	1522900	167800	167800	1481100	1481100	700000	600800	781100	880300
								Jahresgewinn		–	**99200**	**99200**	–
										700000	700000	880300	880300

Quelle: Schmolke/Deitermann, Rechnungswesen des Groß- und Außenhandels, 16. Aufl., Darmstadt 1996, S. 80.

Betriebsbuchhaltung – Kosten- und Leistungsrechnung

Die Finanzbuchhaltung dokumentiert den gesamten Werteverzehr (Aufwendungen) und den gesamten Wertezuwachs (Erträge) sowie alle Veränderungen der Vermögens- und Kapitalstruktur eines Unternehmens. Sie liefert das Zahlenmaterial für die Aufstellung der GuV-Rechnung und der Bilanz. Durch Gegenüberstellen sämtlicher Aufwendungen und Erträge wird das *Unternehmensergebnis* (Gesamtergebnis) ermittelt.

Dagegen erfasst die *Betriebsbuchhaltung* lediglich denjenigen Werteverzehr, das sind die *Kosten,* und den Wertezuwachs, das sind die *Leistungen,* die durch die betriebliche Hauptaufgabe, nämlich die Beschaffung, die Produktion und den Absatz bedingt sind. Aufgabe der Betriebsbuchhaltung ist die Ermittlung, Verteilung und Zurechnung aller Kosten/Leistungen, die bei der Erstellung und Verwertung betrieblicher Leistungen entstanden sind. Durch Gegenüberstellen von Kosten und Leistungen wird das *Betriebsergebnis* festgestellt. Darüber hinaus liefert die Betriebsbuchhaltung Unterlagen für die Kalkulation, die Wirtschaftlichkeitskontrolle, die Bewertung von Wirtschaftsgütern sowie für Planung und Entscheidung. Diese Daten werden u. a. benötigt für das Bestimmen der optimalen Beschaffungsmenge, die Annahme oder Ablehnung von Zusatzaufträgen, die Entscheidung für Kauf, Miete oder Leasing, die Alternative zwischen Eigenproduktion oder Fremdbezug, die Ermittlung des ›break-even-point‹ (Gewinnschwelle). Die organisatorische Gestaltung der Betriebsbuchhaltung, ihre Form, ihr Inhalt und ihr Umfang sind in das freie Ermessen des Unternehmers gestellt. Eine Ausnahme gilt für öffentliche Aufträge. Die *›Leitsätze für die Preisermittlung aufgrund von Selbstkosten‹ (LSP)* verpflichten den Auftragnehmer zur Führung eines geordneten Rechnungswesens, damit jederzeit die Ermittlung von Preisen aufgrund der Selbstkosten möglich ist.

In der Finanzbuchhaltung werden sämtliche Geschäftsvorfälle erfasst. *Aufwendungen* sind der gesamte Werteverzehr einer Abrechnungsperiode, der nicht nur der Erfüllung des Betriebszweckes dient. Zu den Aufwendungen gehören nicht nur Gehälter, Rohstoffe, Mieten, sondern auch Spenden, Forderungsverluste, Prozesskosten u. a. Stehen Aufwendungen im Zusammenhang mit der betrieblichen Leistungserstellung, dann bezeichnet man diesen Teil der Aufwendungen als *Kosten,* z. B. Gehälter, Mieten, Rohstoffverbrauch. Aufwendungen, die keine Kosten sind, nennt man *neutrale Aufwendungen,* z. B. Verluste aus Anlageverkäufen, Forderungsverluste. Sie stellen den Teil des Werteverzehrs dar, der nicht der Realisierung des Betriebszweckes dient. Neutrale Aufwendungen haben keinen Bezug zum betrieblichen Leistungsprozess und sind daher nicht Gegenstand der Betriebsbuchhaltung. Zu den neutralen Aufwendungen zählen die betriebsfremden Aufwendungen, die außerordentlichen Aufwendungen und die periodenfremden Aufwendungen. *Betriebsfremde Aufwendungen,* z. B. Spenden, Verluste aus Wertpapierverkäufen u. a., stehen in keinem Zusammenhang mit dem eigentlichen Betriebszweck. Die *außerordentlichen Aufwendungen,* z. B. Verkauf einer Maschine unter Buchwert, werden zwar durch den betrieblichen Leistungsprozess verursacht, fallen aber nur unregelmäßig oder vereinzelt an. *Periodenfremde Aufwendungen,* z. B. Steuernachzahlungen, Kosten für einen im Vorjahr abgeschlossenen Prozess u. a., entstehen zwar im Rahmen des betrieblichen Leistungsprozesses, werden jedoch erst in einer späteren Rechnungsperiode wirksam.

Kosten – Grundkosten – Anderskosten – Zusatzkosten

Kosten entstehen durch den Einsatz von Produktionsfaktoren bei der Verwirklichung betrieblicher Ziele. So ergeben sich beispielsweise in einer Möbelfabrik zur Herstellung und Verwertung betrieblicher Leistungen Kosten durch den Verbrauch an Material (Rohstoffe), durch den Faktor Arbeit (Löhne, Gehälter), durch die Abnutzung der Maschinen (Abschreibung) und durch die Inanspruchnahme von Diensten (Werbeagentur, Spediteur).

Kosten sind lediglich derjenige Werteverzehr von Gütern und Leistungen einer Abrechnungsperiode, der ausschließlich durch die betriebliche Tätigkeit verursacht wurde. Entscheidendes Kriterium ist die betriebliche Leistungsbezogenheit der Produktionsfaktoren. Dem Kostenbegriff steht der des *Aufwandes* gegenüber. Der Aufwand erfasst den gesamten Werteverzehr einer Unternehmung. Da der Aufwandsbegriff die Kosten einschließt, sind in vielen Fällen Aufwand und Kosten identisch.

Grundkosten stellen den Teil des Aufwandes dar, der dem Betriebszweck dient (Zweckaufwand), z. B. Gehälter, Rohstoffe, Werbung. Stimmen Aufwand und Kosten überein, werden die Beträge der Finanzbuchhaltung unverändert in die Betriebsbuchhaltung übernommen.

Die Finanzbuchhaltung ist an handels- und steuerrechtliche Vorschriften gebunden. Aufgabe der Betriebsbuchhaltung ist es indessen, den tatsächlichen Werteverzehr, d. h. die betriebswirtschaftlich ›richtigen‹ Kosten als Grundlage der Kalkulation zu erfassen. Dabei kann es sich um Kosten (Betriebsbuchhaltung) handeln, die sich vom Aufwand (Finanzbuchhaltung) unterscheiden, die so genannten *Anderskosten.* Es können aber auch Kosten sein, denen kein Aufwand gegenübersteht, für die also keine Ausgaben getätigt worden sind, so genannte *Zusatzkosten.* Diese beiden Kostenarten werden auch *kalkulatorische Kosten* genannt.

Anderskosten werden auch aufwandsverschiedene Kosten genannt. Der in der Finanzbuchhaltung erfasste Wert eignet sich entweder in seiner Höhe nicht für die Kalkulation oder weil ihm ein zufälliges Ereignis zugrunde liegt. Zu den Anderskosten zählen beispielsweise die kalkulatorischen Abschreibungen und die kalkulatorischen Wagnisse. In der Finanzbuchhaltung müssen die Abschreibungsbeträge nach den handels- und steuerrechtlichen Vorschriften ermittelt werden. Diese Beträge entsprechen aber in der Regel nicht der tatsächlichen durch die Leistungserstellung eingetretenen Wertminderung. Jedes Unternehmen ist mit Risiken und Wagnissen behaftet. Die mit der Produktion und dem Absatz zusammenhängenden Einzelwagnisse sind in der Regel voraussehbar und aufgrund von Erfahrungen berechenbar. Sie haben Kostencharakter und sind kalkulierbar. Zu den kalkulatorischen Wagnissen gehören z. B. Maschinenschäden, Forderungsausfälle, Verderb, Diebstahl usw. Nicht dazu gehören das allgemeine Unternehmenswagnis und solche Risiken, für die eine Versicherung abgeschlossen worden ist.

Zusatzkosten (aufwandslose Kosten) werden aus Gründen der vollständigen Kostenerfassung verrechnet. Ihnen steht in der Finanzbuchhaltung kein Aufwand gegenüber, d. h., für sie wurden keine Ausgaben getätigt. Da sie aber einen betriebsbedingten Werteverzehr darstellen, müssen sie zusätzlich berücksichtigt werden. Dazu zählen der kalkulatorische Unternehmerlohn oder die kalkulatorischen Eigenkapitalzinsen. Anders als in Kapitalgesellschaften (AG, GmbH), wo Vorstand oder Geschäftsführer für ihre Tätigkeit ein Gehalt beziehen, erhalten die Inhaber von Einzelunternehmen oder die Gesellschafter von Personengesellschaften kein Gehalt. Ihre Mitarbeit stellt aber einen betriebsbedingten Werteverzehr dar, muss also als Kostenfaktor in Form des kalkulatorischen Unternehmerlohns berücksichtigt werden. Für Fremdkapital muss das Unternehmen Zinsen zahlen, die in der Finanzbuchhaltung als Aufwand erfasst werden. Da auch das vom Einzelunternehmer oder von Gesellschaftern eingebrachte Eigenkapital im Unternehmen ›arbeitet‹, muss es verzinst und als Kostenfaktor (kalkulatorische Eigenkapitalzinsen) in die Betriebsbuchhaltung eingehen, obwohl für das Eigenkapital keine Zinsen gezahlt werden.

Die kalkulatorischen Kosten müssen unabhängig von den Gestaltungsmöglichkeiten und den Vorschriften des Handels- und Steuerrechts verrechnet werden, damit die Betriebsbuchhaltung folgende Aufgaben erfüllen kann:

- Das Ermitteln des tatsächlichen Werteverzehrs
- Das Kalkulieren mit konstanten Preisen
- Das Vermeiden von Schwankungen (Zinsniveau, Wagnisse, Abschreibungen)
- Das Durchführen von Kostenvergleichen (perioden- oder betriebsbezogen) und Kostenkontrollen

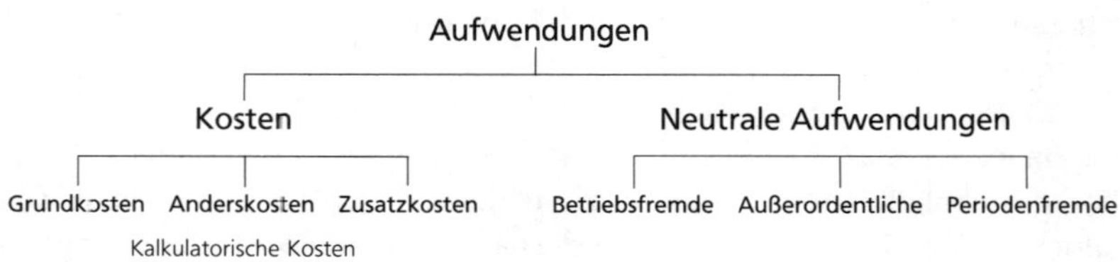

Das Resultat der wirtschaftlichen Tätigkeit eines Unternehmens lässt sich wie folgt darstellen:

Betriebsergebnis
+ neutrales Ergebnis
= Unternehmensergebnis

Die Kosten- und Leistungsrechnung gliedert sich in die Kostenartenrechnung, Kostenstellenrechnung und Kostenträgerrechnung.

Die Kostenartenrechnung beantwortet die Frage, *welche* Kosten entstanden sind. Als erste Stufe und Grundlage für die Kostenstellen- und Kostenträgerrechnung hat sie die Aufgabe, sämtliche Kosten zu erfassen und die Höhe der Kosten, die in einer bestimmten Kostenstelle entstanden sind, zu ermitteln. Kriterien für die Gliederung der Kosten können die eingesetzten Produktionsfaktoren sein, also Personalkosten (Löhne, Gehälter, Sozialkosten, Provisionen usw.), Materialkosten (Rohstoffe, Hilfsstoffe, Betriebsstoffe usw.), Dienstleistungen (Rechts- und Beratungskosten, Versicherung, Strom, Gas, öffentliche Abgaben u. a.). Die Kosten können auch nach betrieblichen Funktionen gegliedert werden, also Kosten der Beschaffung, der Lagerhaltung, der Produktion, der Verwaltung und des Vertriebs.

Die Einteilung der Kosten nach ihrer Verrechnung in Einzel- und Gemeinkosten orientiert sich an der Zurechenbarkeit der Kosten zu einer bestimmten Bezugsgröße. Die Bezugsgröße ist in der Regel das hergestellte Produkt. *Einzelkosten (direkte Kosten)* lassen sich den hergestellten Produkten (Kostenträger) *direkt* zurechnen.

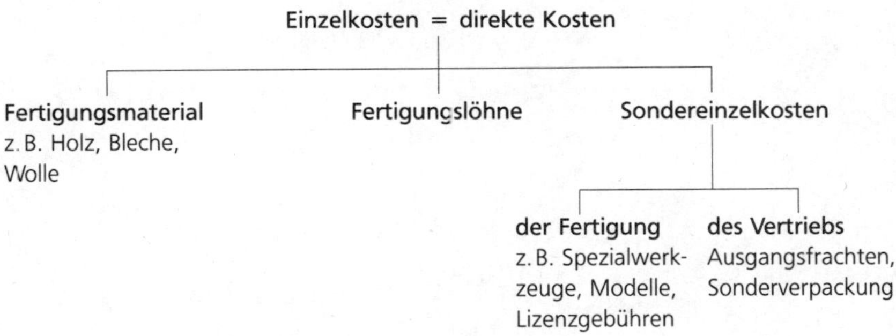

Gemeinkosten (indirekte Kosten) lassen sich dem Produkt nicht direkt zurechnen, da sie für einzelne oder alle Produkte gemeinsam anfallen. Ihre Verrechnung auf die einzelnen Produkte erfolgt indirekt über die Kostenstellen mithilfe von Zuschlagssätzen, das sind z. B. Gehälter, soziale Abgaben, Brennstoffe, Energie. Nach der Abhängigkeit von der Beschäftigung lassen sich die Kosten in fixe und variable Kosten einteilen. *Fixe Kosten* fallen stets in gleicher Höhe an, und zwar unabhängig davon, ob viel, wenig oder überhaupt nicht produziert wird (Kosten der Betriebsbereitschaft). Es sind in der Regel *Gemeinkosten* (Gehälter, Verwaltung, Miete, Fremdkapitalzinsen, Wartung u. a.). *Variable Kosten* sind beschäftigungsabhängige Kosten. Sie ändern sich mit der Produktionsmenge im gleichen Verhältnis (proportionale Kosten), schneller (progressive Kosten) oder langsamer (degressive Kosten). Beispiele hierfür sind die Kosten für Rohstoffe, Löhne, Strom u. a.

Die *Kostenstellenrechnung* gibt Auskunft auf die Frage, *wo* die Kosten entstanden sind. Aufgabe der Kostenstellenrechnung ist die Verteilung der *Gemeinkosten* auf die einzelnen Kostenstellen, und zwar anteilmäßig und verursachungsgemäß. Die Gemeinkosten werden dann in Form von Zuschlagsätzen auf die Einzelkosten den betreffenden Kostenträgern zugerechnet. *Kostenstellen* sind Tätigkeits- und Verantwortungsbereiche, die eine organisatorische Einheit bilden. Eine Möglichkeit der Bildung von Kostenstellen ist die nach den betrieblichen Funktionen, wie sie z. B. im Materialbereich, Fertigungsbereich, Verwaltungsbereich und Vertriebsbereich vorgegeben sind. Die Kostenstellenrechnung kann kontenmäßig oder tabellarisch in Form des *Betriebsabrechnungsbogens* (= BAB) durchgeführt werden.

Der Betriebsabrechnungsbogen (BAB) als Bindeglied zwischen Kostenarten- und Kostenträgerrechnung

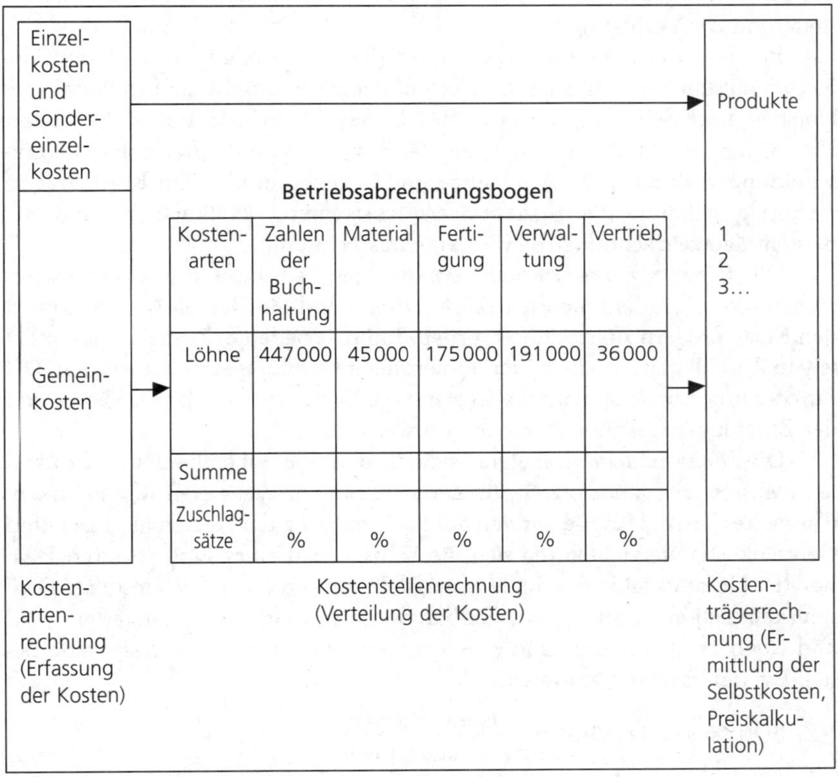

Betriebsabrechnungsbogen

Kostenarten	Zahlen der Buchhaltung	Material	Fertigung	Verwaltung	Vertrieb
Löhne	447 000	45 000	175 000	191 000	36 000
Summe					
Zuschlagsätze	%	%	%	%	%

Voraussetzung für eine verursachungsgemäße Verteilung der Gemeinkosten auf die einzelnen Kostenstellen ist zum einen die Wahl der richtigen Verteilungsgrundlage (Entnahmescheine, Lohnlisten, Anlagekartei u. a.), zum anderen die Wahl des geeigneten Verteilungsschlüssels (Mengen, Werte, Kapital, Mitarbeiter u. a.). Um die auf die Kostenstellen verteilten Gemeinkosten den Kostenträgern anteilmäßig zurechnen zu können, werden Gemeinkostenzuschlagsätze je Kostenstelle ermittelt. Die Summe der Material-, Fertigungs-, Verwaltungs- und Vertriebsgemeinkosten wird zu bestimmten Bezugsgrößen in Beziehung gesetzt. Der Zuschlagsatz für die Kostenstelle Material wird beispielsweise wie folgt ermittelt:

$$\text{Materialgemeinkostenzuschlagsatz} = \frac{\text{Materialgemeinkosten} \times 100}{\text{Fertigungsmaterial}}$$

Die Kostenstellenrechnung liefert wichtige Daten für eine gezielte Kostenkontrolle in den einzelnen Betriebs- bzw. Verantwortungsbereichen. Sie stellt ferner Unterlagen für die Preiskalkulation, für die Kostenplanung und die Kostensteuerung zur Verfügung.

Bei der *Kostenträgerrechnung* lautet die Fragestellung: *Wofür* sind die Kosten entstanden? Aufgabe der Kostenträgerrechnung ist die Ermittlung der Herstell- und Selbstkosten sowie des Erfolgs der Kostenträger. Sie liefert Unterlagen sowohl für die Bewertung der Bestände und für preispolitische Entscheidungen als auch für die Planung und Erfolgskontrolle. Zur Kostenträgerrechnung gehören die Kostenträgerstückrechnung (Kalkulation) und die Kostenträgerzeitrechnung (Betriebsergebnisrechnung).

Die *Kostenträgerstückrechnung* ermittelt die Selbstkosten je Kostenträgereinheit (Stück), indem die Einzelkosten direkt und die Gemeinkosten indirekt den Kostenträgern zugerechnet werden. Indirekt bedeutet Zurechnung mithilfe von Zuschlagsätzen, die in der Kostenstellenrechnung ermittelt wurden. Die Zurechnung der Kosten auf die Kostenträger kann mithilfe der Divisions- und der Zuschlagskalkulation durchgeführt werden.

Die *Divisionskalkulation* eignet sich für Betriebe mit einheitlichen Produkten (Massenproduktion), z. B. für Zementfabriken, Ziegeleien, Glasfabriken, Gaswerke. Diese Betriebe können auf die Einteilung der Kosten in Einzel- und Gemeinkosten verzichten, da sich die Selbstkosten einer Einheit durch Division der Gesamtkosten durch die erzeugte Menge ergeben. Die einstufige Divisionskalkulation ist immer anwendbar, wenn nur eine Sorte hergestellt wird und wenn Produktmenge und Absatzmenge übereinstimmen, also keine Bestandsveränderungen auftreten.

$$\text{Selbstkosten je Stück} = \frac{\text{Gesamtkosten}}{\text{Produktionsmenge}}$$

Oft werden nicht alle in einer Rechnungsperiode hergestellten Erzeugnisse im selben Zeitraum abgesetzt, sodass sich am Ende des Abrechnungszeitraumes ein Teil der Produktion vorübergehend auf Lager befindet. Hier führt die einstufige Divisionskalkulation nicht zu verursachungsgerechten Selbstkosten, da sie auch die noch nicht verkauften Erzeugnisse mit anteiligen Betriebskosten belastet. Bei der zweistufigen Divisionskalkulation teilt man daher die Gesamtkosten in Herstellkosten und in Verwaltungs-/Vertriebskosten auf. Die Herstellkosten werden durch die Produktionsmenge, die Verwaltungs-/Vertriebskosten durch die Absatzmenge geteilt, um die Stückkosten (Selbstkosten) zu erhalten.

$$\text{Selbstkosten je Stück} = \frac{\text{Herstellkosten}}{\text{Produktionsmenge}} + \frac{\text{Verwaltungs-/Vertriebskosten}}{\text{Absatzmenge}}$$

Die *Zuschlagskalkulation:* Die Mehrzahl der Betriebe stellt verschiedenartige Produkte in Einzel- oder Serienfertigung in mehrstufigen Produktionsabläufen her. Bei ihnen ist eine Zurechnung der Kosten im Wege der Divisionskalkulation nicht möglich. Die Zuschlagskalkulation setzt eine Trennung der Kosten in Einzel- und Gemeinkosten voraus. Die Kosten je Erzeugniseinheit ergeben sich wie folgt:

Kalkulationsschema Industrie

Fertigungsmaterial
\+ Materialgemeinkosten % lt. BAB
Materialkosten
Fertigungslöhne
\+ Fertigungsgemeinkosten%lt.BAB
\+ SondereinzelkostenderFertigung
Fertigungskosten
Herstellkosten (Material- + Fertigungskosten)
\+ Verwaltungsgemeinkosten % lt. BAB
\+ Vertriebsgemeinkosten % lt. BAB
\+ Sondereinzelkosten des Vertriebs
Selbstkosten
\+ Gewinnzuschlag
Barverkaufspreis
\+ Kundenskonto
Zielverkaufspreis
\+ Kundenrabatt
Nettoverkaufspreis (Angebotspreis)
\+ Mehrwertsteuer
Bruttoverkaufspreis

Kalkulationsschema Handel

Einkaufspreis
− Liefererrabatt v. H.
Zieleinkaufspreis
− Liefererskonto v. H.
Bareinkaufspreis
\+ Bezugskosten
Bezugspreis = Einstandspreis
\+ Handlungskostenzuschlag v. H.
Selbstkosten
\+ Gewinnzuschlag v. H.
Barverkaufspreis
\+ Kundenskonto i. H.
Zielverkaufspreis
\+ Kundenrabatt i. H.
Nettoverkaufspreis
\+ Mehrwertsteuer
Bruttoverkaufspreis

Gegenüber anderen Kalkulationsverfahren hat die Zuschlagskalkulation den Vorteil, dass sie sich einer verzweigten Produktion anpassen lässt.

Im Mittelpunkt der *Kostenträgerzeitrechnung* steht der periodenbezogene Betriebserfolg. Die Kostenträgerzeitrechnung wird mithilfe des Kostenträgerzeitblattes durchgeführt. Die während der Abrechnungsperiode ermittelten Kosten werden den entsprechenden Erlösen gegenübergestellt und so das kurzfristige (monatliche, vierteljährliche) Betriebsergebnis ermittelt.

Kostenträgerblatt (zugleich Kostenträgerzeit- und Ergebnisrechnung)			Kostenträger insgesamt	Kostenträger	
				Produkt A	Produkt B
			DM	DM	DM
1–13 Kostenträgerzeitrechnung	1.	Fertigungsmaterial	13000000,00	9000000,00	4000000,00
	2.	+ 10 % MGK	1300000,00	900000,00	400000,00
	3.	**Materialkosten (1 + 2)**	14300000,00	9900000,00	4400000,00
	4.	Fertigungslöhne	8000000,00	5500000,00	2500000,00
	5.	+ 52 % FGK	4160000,00	2860000,00	1300000,00
	6.	**Fertigungskosten (4 + 5)**	12160000,00	8360000,00	3800000,00
	7.	**Herstellkosten der Produktion (3 + 6)**	26460000,00	18260000,00	8200000,00
	8.	+ Minderbestand Unf. Erz.	–	–	–
	9.	– Mehrbestand Fertige Erz.	–2000000,00	– 500000,00	–1500000,00
	10.	**Herstellkosten des Umsatzes**	24460000,00	17760000,00	6700000,00
	11.	+ 20 % VwGK	4892000,00	3552000,00	1340000,00
	12.	+ 5 % VtGK	1223000,00	888000,00	335000,00
	13.	**Selbstkosten des Umsatzes**	30575000,00	22200000,00	8375000,00
14–17 Ergebnisrechnung	14.	Nettoumsatzerlöse	31650000,00	23750000,00	7900000,00
	15.	**Umsatzergebnis (14–13)**	**1075000,00**	**1550000,00**	**–475000,00**
	16.	+ Überdeckung lt. BAB	+ **75000,00**		
	17.	Betriebsergebnis (15 + 16)	1150000,00		

Quelle: Schmolke/Deitermann, Industriebuchführung mit Kosten- und Leistungsrechnung, 21. Auflage, Darmstadt 1996, S. 274.

Werden sämtliche Kosten – fixe und variable – auf die Kostenträger verrechnet, so handelt es sich um eine *Vollkostenrechnung*. Bei der Teilkostenrechnung wird nur ein Teil der Kosten – die variablen Kosten – den Kostenträgern zugerechnet, während die übrigen Kosten – die fixen Kosten – als Block erfasst und nicht auf die Kostenträger verteilt werden, sondern ins Betriebsergebnis übernommen werden.

Aufgabe der Vollkostenrechnung ist es, alle Kosten zu erfassen, sie auf die Kostenträger zu verteilen und das Betriebsergebnis zu ermitteln. Der Vollkostenrechnung liegt die Erwartung zugrunde, dass alle kalkulierten Kosten über den Verkaufspreis hereinkommen. Eine Kalkulation auf Vollkostenbasis hat entscheidende Nachteile. Sie verstößt gegen das Kostenverursachungsprinzip, da sie auch die fixen Kosten auf die Kostenträger verteilt. Sie führt zu falschen Entscheidungen, da sie wichtige Daten (am Markt erzielbare Preise, Beschäftigungsschwankungen) nicht berücksichtigt und damit keine Unterlagen für eine marktgerechte Preispolitik liefern kann.

In der *Teilkostenrechnung* werden die Gesamtkosten auf ihre Abhängigkeit vom Beschäftigungsgrad untersucht.

Kosten

Fixe Kosten	**Variable Kosten**
= Kosten der Betriebsbereitschaft (Zeitkosten)	= Kosten der Betriebsausnutzung (Mengenkosten)
Beschäftigungsunabhängige Kosten	**Beschäftigungsabhängige Kosten**

Das unterschiedliche Verhalten der Kosten bei Beschäftigungsschwankungen wird in der Teilkostenrechnung dadurch berücksichtigt, dass von den Umsatzerlösen zunächst nur die variablen Kosten, also die beschäftigungsabhängigen Kosten abgezogen werden. Die dem einzelnen Produkt nicht genau zurechenbaren Gemeinkosten werden gesondert erfasst. In der Teilkostenrechnung ist der Marktpreis die Grundlage der Kalkulation. Bei fallenden Preisen (Konjunkturtief) kann so ermittelt werden, ob noch kostendeckend produziert wird.

Deckungsbeitragsrechnung (Direct Costing)

  Netto-Verkaufserlöse
– Variable Kosten
  Deckungsbeitrag (Brutto-Erfolg)
– Fixe Kosten
  Betriebserfolg (Netto-Erfolg)

Der Deckungsbeitrag zeigt, in welchem Maße ein Produkt zur Deckung der fixen Kosten beigetragen hat. Solange ein Produkt einen positiven Deckungsbeitrag erzielt, ist es wirtschaftlich falsch, es aus der Produktion zu nehmen.

Ein Unternehmen ist daran interessiert, den Beschäftigungsgrad (die Absatzmenge) zu kennen, bei dem die Erlöse sämtliche Kosten (fixe und variable) decken, weil dieser die *Gewinnschwelle,* den *›break-even-point‹,* bestimmt. Jeder über die Gewinnschwelle hinausgehende zusätzliche Auftrag kann auch dann angenommen werden, wenn sein Erlös nur die zusätzlichen variablen Kosten deckt, da alle fixen Kosten bereits durch die Aufträge bis zum ›break-even-point‹ gedeckt sind. Bringt ein zusätzlicher Auftrag nicht nur die variablen Kosten ein, liegt sein Erlös also darüber, so ist die Differenz zwischen seinem Erlös und seinen variablen Kosten zusätzlicher Gewinn.

$$\text{Break-even-point} = \frac{\text{Fixe Kosten (Betriebsbereitschaftskosten)}}{\text{Deckungsbeitrag je Stück}}$$

Betriebliche Kennzahlen

Betriebliche Kennzahlen sind komprimierte Daten über wichtige messbare betriebliche Tatbestände. Sie ermöglichen Feststellungen über die bisherige Entwicklung des Unternehmens, seine aktuelle Situation und künftige Trends. Entscheidend ist die richtige Interpretation der Kennzahlen. Sie sollten nicht isoliert betrachtet werden. Ihr Informationswert ist in einem solchen Falle begrenzt, weil in der Regel nur einzelne Sachverhalte erfasst werden, ohne den Zusammenhang erkennen zu lassen, der zu ihrer Ermittlung geführt hat. Es kann sein, dass eine Kennzahl für sich ein positives Ergebnis repräsentiert, aber ein oder mehrere ihrer Faktoren sich negativ entwickeln. Erst im Kontext mit anderen Kennzahlen, anderen Perioden, anderen Betrieben und zusätzlichen Informationen entfaltet sie ihre volle Aussagekraft.

Produktivität

Die Produktivität ist eine Kennzahl, mit deren Hilfe die *mengenmäßige* Ergiebigkeit wirtschaftlichen Handelns festgestellt werden kann. Das Produktionsergebnis wird zur Menge der eingesetzten Produktionsfaktoren ins Verhältnis gesetzt.

$$\text{Produktivität} = \frac{\text{Erzeugte Gütermenge}}{\text{Menge der Produktionsfaktoren}}$$

Man kann die mengenmäßige Erzeugung zu verschiedenen Faktoren (Material, Arbeitszeit, Betriebsmittel) in Beziehung setzen.

$$\text{Materialproduktivität} = \frac{\text{Erzeugte Menge}}{\text{Materialeinsatz}}$$

$$\text{Arbeitsproduktivität} = \frac{\text{Erzeugte Menge}}{\text{Arbeitsstunden}}$$

$$\text{Betriebsmittelproduktivität} = \frac{\text{Erzeugte Menge}}{\text{Maschinenstunden}}$$

Ein Produktivitätszuwachs kann erreicht werden, indem das gleiche Produktionsergebnis bei verminderten Einsatzmengen erzielt wird oder wenn ein höheres Produktionsergebnis bei konstanten Einsatzmengen realisiert wird.

Wirtschaftlichkeit

Diese Kennzahl gibt an, ob beim Einsatz der Produktionsfaktoren nach dem ökonomischen Prinzip, dem wichtigsten Grundsatz betrieblichen Handelns, vorgegangen worden ist. Die Wirtschaftlichkeit misst die *wertmäßige* Ergiebigkeit des Faktoreinsatzes durch Gegenüberstellen von Erträgen und Aufwendungen.

$$\text{Wirtschaftlichkeit} = \frac{\text{Erträge}}{\text{Aufwendungen}}$$

Die Wirtschaftlichkeit ist umso höher, je größer der Wert des Quotienten ist. Da bei der Wirtschaftlichkeit Wertgrößen verwendet werden, müssen Preisänderungen der eingesetzten Produktionsfaktoren, aber auch solche bei den Absatzpreisen berücksichtigt werden. Die Wirtschaftlichkeit ist ein objektiver Maßstab für die Bewertung der Leistungsfähigkeit eines Unternehmens, unabhängig vom Wirtschaftssystem.

Rentabilität

Eine Investition, d. h. die langfristige Anlage von Kapital in Sachgütern, ist betriebswirtschaftlich nur dann sinnvoll, wenn sie sowohl die Erstattung des eingesetzten Kapitals als auch dessen ausreichende Verzinsung gewährleistet. Ein Unternehmen hat rentabel gearbeitet, wenn der Einsatz der Produktionsfaktoren einen Gewinn erbracht hat. Der erwirtschaftete Gewinn lässt noch keine Aussagen darüber zu, ob das Unternehmen erfolgreich gewirtschaftet hat. Eine solche Aussage ist erst möglich, wenn der Gewinn zu bestimmten Größen in Beziehung gesetzt wird. Rentabilität ist das Verhältnis des Gewinns zum eingesetzten Kapital.

$$\text{Rentabilität} = \frac{\text{Jahresgewinn} \times 100}{\text{Investiertes Kapital}}$$

Die Kennzahl *Eigenkapital-Rentabilität* gibt Aufschluss darüber, wie sich der erwirtschaftete Gewinn im Verhältnis zu dem vom Unternehmer eingesetzten Eigenkapital entwickelt hat, ob also eine ausreichende Verzinsung seines Eigenkapitals erreicht wurde.

$$\begin{array}{l}\text{Eigenkapital-Rentabilität ...}\\ \text{(Unternehmer-Rentabilität)}\end{array} = \text{...}\ \frac{\text{Gewinn} \times 100}{\text{Eigenkapital}}$$

Da mitunter während des Geschäftsjahres die Höhe des zur Verfügung stehenden Kapitals schwankt, muss die durchschnittliche Kapitalbeanspruchung nach der Formel

$$(\text{Anfangsbestand} + \text{Endbestand}) : 2$$

ermittelt werden.

Das gesamte Kapital einer Unternehmung setzt sich aus Eigen- und Fremdkapital zusammen. Für das Fremdkapital wurden im Laufe des Jahres Zinsen bezahlt. Für die Ermittlung der *Rentabilität des Gesamtkapitals* müssen daher zum Gewinn die Fremdkapitalzinsen addiert werden.

$$\begin{array}{l}\text{Rentabilität des Gesamtkapitals}\\ \text{(Unternehmungsrentabilität)}\end{array} = \frac{\text{Gewinn} + \text{Fremdkapitalzinsen} \times 100}{\text{Gesamtkapital}}$$

Diese Kennzahl berücksichtigt den Ertrag des Eigenkapitals in Form des Reingewinns und den Ertrag des Fremdkapitals in Form der gezahlten Fremdkapitalzinsen.

Wird der Jahresgewinn zum Jahresumsatz ins Verhältnis gesetzt, so erhält man die *Umsatzrentabilität.* Die Umsätze werden zu Nettoverkaufspreisen (ohne Mehrwertsteuer) angesetzt.

$$\text{Umsatzrentabilität} = \frac{\text{Gewinn} \times 100}{\text{Umsatz}}$$

Die Umsatzrentabilität gibt den prozentualen Anteil des Jahresgewinns am Jahresumsatz an und ist damit ein wichtiger Indikator für die Marktposition des Unternehmens.

Return on Investment

Der *Return on Investment* (RoI) ist eine Rentabilitätskennzahl, mit deren Hilfe durch Einbeziehen der Umschlagshäufigkeit des investierten Kapitals die Beziehungen zwischen Gewinn, Umsatz und Kapitaleinsatz herausgestellt werden. Der Return on Investment gibt an, wie viel Prozent des investierten Kapitals über den Gewinn in das Unternehmen zurückgeflossen sind, d. h., wie viel Gewinn je hundert DM des Kapitaleinsatzes erwirtschaftet worden ist.

$$\text{RoI} = \frac{\text{Gewinn} \times 100}{\text{Umsatz}} \times \frac{\text{Umsatz}}{\text{Investiertes Kapital}}$$

$$\text{RoI} = \text{Umsatzrentabilität} \times \begin{array}{l}\text{Umschlagshäufigkeit des}\\ \text{investierten Kapitals}\end{array}$$

Das Produkt aus Umsatzerfolg und Kapitalumschlag ergibt die jährliche Rentabilität des investierten Kapitals. Der RoI gibt Aufschluss darüber, ob eine Veränderung der Gesamtrentabilität auf eine Veränderung der Umsatzrentabilität oder des Kapitalumschlages zurückzuführen ist.

Cashflow (Zahlungszufluss)

Aus dem betrieblichen Umsatzprozess fließen dem Betrieb immer wieder liquide Mittel zu, mit denen die sofort fälligen ausgabewirksamen Aufwendungen bestritten werden. Nicht alle Aufwendungen sind aber ausgabewirksam, d. h. führen zu Geldabflüssen (z. B. Abschreibungen oder Pensionsrückstellungen). Der Cashflow ist eine Kennziffer, welche den Finanzmittelüberschuss aus der geschäftlichen Tätigkeit angibt, der über die reine Aufwandsdeckung hinausgeht und fürs Erste im Unternehmen bleibt.

Grundlage für die Berechnung des Cashflows ist der Jahresüberschuss oder der Bilanzzugewinn. Der Jahresüberschuss wird um alle Aufwendungen, welche nicht ausgabewirksam sind, erhöht. Dazu gehören Abschreibungen auf Umlauf- und Anlagevermögen, Wertberichtigungen auf Forderungen, Einstellungen in Rücklagen und langfristige Rückstellungen, außergewöhnliche Aufwendungen wie z. B. Verluste aus Anlageabgängen. Andererseits wird der Jahresüberschuss um alle nicht einnahmewirksamen Erträge gekürzt, das sind z. B. Auflösungen von Rückstellungen, außerordentliche Erträge, Erträge aus der Herabsetzung von Pauschalwertberichtigungen, Bestandsmehrungen oder Kursgewinne.

Der Cashflow wird unter Berücksichtigung der finanzwirksamen Vorgänge nach folgendem Schema ermittelt:

	Jahresüberschuss
+	nicht ausgabewirksame Aufwendungen
−	nicht einnahmewirksame Erträge
	Cashflow

Der Cashflow ist ein wichtiger Indikator für die Finanzkraft des Unternehmens. Er dokumentiert die Ertragslage und Zahlungsfähigkeit der Unternehmung und zeigt deren Selbstfinanzierungsspielraum auf, der zur Schuldentilgung, zur Gewinnausschüttung ohne Beeinträchtigung der Substanz oder für Investitionen genutzt werden kann.

Liquidität (Zahlungsbereitschaft)

Unter Liquidität versteht man die Fähigkeit eines Unternehmens, seinen Zahlungsverpflichtungen fristgerecht nachzukommen. Das im Anlagevermögen investierte Kapital sollte stets langfristig sein (Eigenkapital oder langfristiges Fremdkapital). Damit steht zur Finanzierung von Schulden nur das Umlaufvermögen zur Verfügung. Die optimale Liquidität ist erreicht, wenn Einnahmen und Ausgaben bei minimalen Kapitalkosten übereinstimmen. Sind die finanziellen Bestände zu hoch, liegt Überliquidität mit ihren wirtschaftlichen Nachteilen wie Zinsverlusten, Gewinnminderung oder sinkende Rentabilität vor. Sind die finanziellen Mittel zu niedrig, liegt Unterliquidität mit ihren Konsequenzen von Zahlungsschwierigkeiten bis zur möglichen Auflösung des Betriebes vor. Zur Beurteilung der Liquidität werden die liquiden Mittel den Verbindlichkeiten gegenübergestellt. Zu den kurzfristigen Verbindlichkeiten gehören Verbindlichkeiten aus Warenlieferungen und Leistungen, Schuldwechsel, Steuerschulden, erhaltene Anzahlungen, noch abzuführende Abgaben, Bankschulden, Dividenden, sofern diese Positionen innerhalb von 3 Monaten fällig werden.

Durch eine Liquiditätsanalyse werden die Vermögensteile des Umlaufvermögens folgendermaßen gruppiert:

Flüssige Mittel 1. Ordnung:
Sie können unmittelbar zur Zahlung verwendet werden: Kasse, Bank, Schecks, diskontierbare Wechsel, lombardfähige Wertpapiere

Flüssige Mittel 2. Ordnung:
Sie gewähren einen kurzfristigen Anspruch auf Geld: Forderungen aus Warenlieferungen, geleistete Anzahlungen, nicht diskontierbare Wechsel, Rechnungsabgrenzungsposten

Flüssige Mittel 3. Ordnung:
Es handelt sich hierbei um Vermögensteile, welche erst umgesetzt werden müssen: Waren, Rohstoffe, Fertigerzeugnisse

Liquidität 1. Grades = Barliquidität $= \dfrac{\text{Liquide Mittel 1. Ordnung} \times 100}{\text{Kurzfristige Verbindlichkeiten}}$

Liquidität 2. Grades = Einzugsbedingte L. $= \dfrac{\text{Liquide Mittel 1.} + \text{2. Ordnung} \times 100}{\text{Kurzfristige Verbindlichkeiten}}$

Liquidität 3. Grades = Umsatzbedingte L. $= \dfrac{\text{Liquide Mittel 1., 2. und 3. Ordnung} \times 100}{\text{Kurzfristige Verbindlichkeiten}}$

Bei der Beurteilung der Liquiditätskennzahlen muss beachtet werden, dass diese Daten der Bilanz entnommen sind und damit nur für den Bilanzstichtag gelten. Der Liquiditätsstatus wird aber durch seine Einkaufs-, Produktions- und Umsatzdispositionen ständig modifiziert. Ein Unternehmen hat nicht nur seine Liquidität zu sichern, sondern auch für eine zufrieden stellende Rentabilität zu sorgen. Um den Bestand eines Unternehmens auf Dauer zu gewährleisten, muss der Liquidität gegenüber der Rentabilität Priorität eingeräumt werden. Der Unternehmer hat ein vitales Interesse an zuverlässigen Orientierungsdaten für seine unternehmenspolitischen Entscheidungen. Kennzahlen beleuchten die Situation des Unternehmens. Sie vermitteln Erkenntnisse über seine Stärken und Schwächen. Zu einem zuverlässigen Instrument unternehmenspolitischer Entscheidungen werden Kennzahlen, wenn sie in ein System korrespondierender Kennzahlen unter Berücksichtigung betriebsinterner Verflechtungen eingebracht werden.

Controlling

Controlling geht weit über die Überwachungsfunktion hinaus. Die Controllingaktivitäten reichen von der Informationsbeschaffung bis hin zu Empfehlungen für die Umsetzung der gewonnenen Erkenntnisse in unternehmenspolitische Zielsetzungen. Aufgabe des Controlling ist die Planung, Steuerung und Kontrolle des Unternehmens, um dem Management das erforderliche Datenmaterial für seine Entscheidungsaufgaben zur Verfügung zu stellen. Mithilfe des Controllings können auftretende Probleme rechtzeitig erkannt und korrigierende Maßnahmen unverzüglich in die Wege geleitet werden.

Voraussetzung für ein effektives Controlling sind gesicherte Daten aus sämtlichen Betriebsbereichen als Grundlage für die Zielbestimmung und Planung. Neben den herkömmlichen Kontrollmechanismen des Rechnungswesens ist die kurzfristige Erfolgsrechnung (Kostenträgerzeitrechnung), insbesondere wenn sie durch die Deckungsbeitragsrechnung ergänzt wird, ein wichtiges Controllinginstrument. Weitere wesentliche Hilfsmittel des Controllings sind die Kennzahlen, etwa Cashflow und Break-even-point-Analyse. Nach Strukturierung, Analyse und Interpretation der Informationen und internen und externen Einflussfaktoren entwickelt das Controlling ein Konzept zur Realisierung der operativen und strategischen gewinnorientierten Unternehmensziele.

RECHTSKUNDE

Die verfassungsmäßige Ordnung der Bundesrepublik Deutschland

Die Rechtsquellen

Der Mensch vereinigt in sich Merkmale der Individualität und der Sozialität. Als Individuum ist der Mensch selbstständiges Einzelwesen mit einmaliger Ausprägung. Doch kann er die in ihm angelegten spezifischen Eigenschaften und Möglichkeiten nur als Gesellschaftswesen, d. h. als Angehöriger einer Gruppe mit ihren Normen und Institutionen, voll entfalten. Nachdem sich im Laufe der Menschheitsgeschichte beständige Gemeinschaften herausgebildet hatten, bedurfte es eines Systems von verbindlichen Regelungen, um das dem Menschen eigene Streben nach individuellem Handeln mit den ihn als Mitglied eines sozialen Verbandes verpflichtenden Verhaltenserwartungen in Einklang zu bringen.

Die Polarität zwischen den Vorstellungen des Einzelnen und den Ansprüchen der Gesellschaft musste durch ein von allen Mitgliedern der betreffenden Gemeinschaft anerkanntes, allgemein verbindliches Normensystem überbrückt werden. Diese Ausgleichsfunktion erfüllt das Recht. Unser heutiges Recht fußt auf religiösen Vorschriften, sittlichen Geboten, moralischen Anweisungen und Regeln der Gewohnheit. Werden solche Normen auf Dauer anerkannt und praktiziert, gelten sie als Maßstab des allgemeinen Verhaltens. In ihnen hat das *Gewohnheitsrecht* seinen Ursprung. Es umfasst Rechtsnormen, die zwar nirgends schriftlich niedergelegt sind, aber infolge langjähriger Anwendung und allgemeiner Anerkennung Gesetzescharakter erlangt haben. Da der Staat in immer weitere Lebensbereiche durch gesetztes, also schriftliches Recht regulierend eingreift, verliert das Gewohnheitsrecht immer mehr an Bedeutung. Auch das *gesetzte (kodifizierte) Recht* regelt das Zusammenleben der Menschen, und zwar in Form von Gesetzen. Das Recht fragt nicht nach den Beweggründen des Handelnden. Es fordert die Befolgung der gesetzten Normen unabhängig davon, ob dies aus innerer Überzeugung, aus Furcht vor Strafe oder anderen Motiven geschieht. Wichtig ist, dass es zu einer Norm auch einen Sanktionsmechanismus gibt, der einsetzt, wenn die Norm übertreten wird. Solche Sanktionen können von der Missbilligung durch die Mitglieder einer Gemeinschaft bis zu staatlichen Zwangsmaßnahmen reichen.

Neben dem Recht enthalten auch Religion, Sitte und Moral Handlungsanweisungen für das Verhalten der Menschen. Die *Religion* basiert auf dem Glauben an die Existenz eines höheren Wesens, einer Gottheit. Sie verlangt von ihren Anhängern die Anerkennung bestimmter Glaubenssätze und eine Lebensführung in Übereinstimmung mit den göttlichen Geboten. Die Übertretung religiöser Vorschriften wird in unserer Rechtsordnung nur dann durch staatliche Zwangsmaßnahmen geahndet, wenn die religiösen Vorschriften Eingang ins Recht gefunden haben (›Du sollst nicht töten‹). In allen anderen Fällen bleibt die Missachtung göttlicher Gebote eine Frage des Gewissens oder eine Angelegenheit der betreffenden Religionsgemeinschaft.

In jeder Gesellschaft bilden sich im Laufe der Zeit spezifische Verhaltensweisen heraus. Diese beruhen zum Teil auf Erfahrungen, zum Teil auf bewährten Traditionen. Man verhält sich auf eine bestimmte Art, weil es so üblich (Brauch, Gewohnheit, Statussymbol) oder zweckmäßig ist. So schreibt die *Sitte* (Konvention) unter anderem vor, wer wen zu grüßen hat, welche Kleidung zu bestimmten Anlässen (Hochzeit, Trauerfall usw.) getragen wird oder dass man Bedürftigen helfen soll usw. Vorschriften über die Formen des Umgangs bestanden schon lange, bevor es schriftliche Aufzeichnungen von Normen gab. Wie das Recht regelt auch die Sitte das äußere Verhalten des Menschen. Im Unterschied zum Recht kann jedoch die Einhaltung von Verhaltensregeln, welche die Sitte verlangt, nicht erzwungen werden. Wer gegen solche Gebote verstößt, muss allerdings mit gesellschaftlicher Missbilligung rechnen: Man meidet den Umgang mit ihm, er wird getadelt usw.

Die *Moral* (Sittlichkeit, Ethik) verlangt die Orientierung des menschlichen Verhaltens an Gut und Böse. Moralisches Handeln bezieht seine Impulse aus der inneren Einstellung aufgrund von Gewissensentscheidungen und kann im Gegensatz zu Gesetzesnormen nicht erzwungen werden. Wenn jemand beispielsweise nur aus Furcht vor Strafe nicht stiehlt, so handelt er zwar rechtskonform, nicht aber moralisch. Die Moral stellt an den Menschen höhere Anforderungen als das Recht, da sie über die Beachtung der Rechtsordnung hinaus die Orientierung an sittlichen Grundsätzen verlangt. Es kommt nicht auf das äußere Verhalten an, sondern auf die Gesinnung. Die Moral lenkt menschliches Handeln von innen her, das Recht steuert menschliches Verhalten von außen. Deshalb ist es nicht ausgeschlossen, dass rechtliche und moralische Ansprüche den Einzelnen in Konfliktsituationen bringen können, und zwar dann, wenn Rechtsnormen und moralische Prinzipien nicht übereinstimmen. In einem solchen Fall kann der Widerstand gegen Rechtsnormen, die zur Moral im Widerspruch stehen, zur sittlichen Pflicht werden.

Seine Aufgabe kann das Recht nur erfüllen, wenn die Autorität des Staates es stützt und die Akzeptanz der Bürger es trägt. Das Recht hat der Gerechtigkeit zu dienen. Gerechtigkeit ist ein Wert, eine Idee, deren hoher Anspruch jedoch nur näherungsweise verwirklicht werden kann. Aus diesem Grunde wird die absolute Realisierung der Gerechtigkeit stets ein Ziel bleiben, dem das Recht verpflichtet ist. Die Rechtsordnung, d. h. die Gesamtheit aller Rechtsvorschriften, tritt uns in verschiedenen Erscheinungsformen entgegen. Die einzelne Vorschrift bezeichnet man als *Rechtsnorm*.

Die *Verfassung* (Konstitution) stellt die in der Regel in einer Verfassungsurkunde niedergelegte Grundordnung eines Staates dar. Sie enthält grundlegende Bestimmungen über die Staatsform, die obersten Staatsorgane, die Rechtsstellung des Bürgers zum Staat, den Umfang und die Grenzen der Staatsgewalt sowie über die politischen und gesellschaftlichen Ordnungselemente. Die Verfassung ist das oberste Gesetz eines Staates und hat Vorrang vor allen anderen Rechtsnormen.

Gesetze sind Rechtsnormen, die bestimmte Lebensverhältnisse regeln. Sie erlangen nur dann allgemein verbindliche Rechtskraft, wenn sie verfassungsgemäß zustande gekommen sind. Das Rechtssystem insgesamt besteht aus einer großen Anzahl von miteinander verknüpften Rechtsvorschriften. *Gesetze im materiellen Sinne* (materielles Recht) nennt man dabei all jene Rechtsvorschriften, die eine unbestimmte Anzahl von Fällen für eine Vielzahl von Personen regeln. Dazu gehören z. B. die Bestimmungen des Bürgerlichen Gesetzbuches (BGB) über den Zahlungsanspruch des Vermieters. *Gesetze im formellen Sinne* (formelles Recht) dagegen enthalten Vorschriften über die Verfahren der Rechtsanwendung. Sie legen die jeweiligen Formalien fest, die bei der Rechtsfindung beachtet werden müssen. Hierher gehört vor allem das Verfahrensrecht, z. B. die Zivilprozessordnung (ZPO). Will ein Vermieter seinen Zahlungsanspruch durchsetzen, so kann er das u. a. auf dem Wege einer Klage nach den Vorschriften der ZPO tun. Die meisten formellen Gesetze sind jedoch zugleich Gesetze im materiellen Sinn. Ein rein formelles Gesetz ist das Haushaltsgesetz, das alle in einem Haushaltsjahr zu erwartenden Einnahmen und zu leistenden Ausgaben festlegt.

Gesetze im weiteren Sinne sind auch Rechtsverordnungen und Satzungen. *Rechtsverordnungen* gehören zu den Gesetzen im materiellen Sinne. In einer modernen Industriegesellschaft steht der Staat vor zunehmend komplexen Aufgaben. Daher ist es nicht möglich, alles, was einer Regelung durch die Rechtsordnung bedarf, durch den Gesetzgeber selbst, also in Deutschland durch den Bundestag/Bundesrat, zu regeln. Der Gesetzgeber (die Legislative) überträgt aus diesem Grunde seine Rechtssetzungsbefugnis auf die Träger der vollziehenden Gewalt (die Exekutive), nämlich die Regierung und die ihr unterstellte Verwaltung. Die Befugnis, Rechtsverordnungen zu erlassen, muss durch ein Gesetz ausdrücklich erteilt werden. Während das betreffende Gesetz nur bestimmte Sachverhalte in Grundzügen regelt, bleiben Einzelheiten, insbesondere technisch-organisatorische Fragen der Durchführung des Gesetzes, der Rechtsverordnung vorbehalten. Im Gesetz müssen Inhalt und Umfang der erteilten Befugnis angegeben sein. In ihrer Auswirkung stehen Rechtsverordnungen deshalb den Gesetzen gleich, in ihrem Rang sind sie diesen nachgeordnet.

Der Staat kann seine Rechtssetzungsbefugnis nicht nur auf die Regierung, sondern auch auf innerstaatliche Verbände wie Gemeinden, Kreise, Innungen, Universitäten usw. übertragen. Diese Institutionen können auf dem Wege der *Selbstgesetzgebung* allgemein verbindliche Rechtsvorschriften erlassen, so genannte *autonome Satzungen* (Statuten). Diese Satzungen können gegen jedermann mit den allgemeinen Verwaltungsmitteln durchgesetzt werden. Beispiele dafür aus dem kommunalen Bereich sind Satzungen über die Straßenreinigung, über die Friedhofsbenutzung, die Schulordnung, die Hundesteuer usw. Neben den oben genannten Körperschaften besitzen u. a. auch die Industrie- und Handelskammern, die Handwerkskammern, die Rechtsanwaltskammern, die Fachhochschulen und Krankenhäuser eigene Satzungen.

Diese Rechtsquellen stehen in einem hierarchischen Verhältnis zueinander. An oberster Stelle steht die Verfassung, deren Normen absolute Priorität genießen. Aus der Verfassung schöpfen die Gesetze ihre Rechtskraft. Rechtsverordnungen erhalten ihre Legitimation durch ein Gesetz, wie auch innerstaatliche Verbände ihre Satzungsautonomie durch Gesetz erlangen. Alle diese Formen schriftlich fixierten Rechts nennt man *Satzungsrecht.*

Die Rechtsbegriffe

Das Wort ›Recht‹ als juristischer Begriff begegnet uns in zwei unterschiedlichen Bedeutungen. Die folgenden beiden Formulierungen machen dies deutlich: ›Das Recht verlangt, dass Verträge eingehalten werden.‹ Und: ›Der Vermieter hat das Recht, die Zahlung des Mietzinses zu fordern.‹ Im ersten Fall bezeichnet ›Recht‹ die Rechtsordnung als Ganzes. Im zweiten Fall meint ›Recht‹ den individuellen Anspruch, den jemand geltend machen kann. Im ersten Fall spricht man vom objektiven, im zweiten vom subjektiven Recht. Das *objektive Recht* besteht aus der Gesamtheit aller Rechtsnormen, die in einem bestimmten Bereich gelten und von der staatlichen Autorität erzwungen werden können. Diese *Rechtsordnung* regelt das Verhältnis der Menschen zueinander, aber auch ihre Beziehungen zu den staatlichen Institutionen sowie die Beziehungen der staatlichen Institutionen untereinander. *Subjektives Recht* ist eine Berechtigung, die eine bestimmte Person oder Körperschaft besitzt und aufgrund deren sie von einem anderen ein Tun oder Unterlassen verlangen kann. Dieser Anspruch leitet sich aus dem die Interessen des Einzelnen schützenden objektiven Recht her. Beispiele sind das Kündigungsrecht, das Wahlrecht usw.

Die Unterscheidung von subjektivem und objektivem Recht darf man nicht mit der Unterscheidung von privatem und öffentlichem Recht verwechseln. Das *Privatrecht* regelt die Rechtsbeziehungen der Privatpersonen untereinander. Es dient dem Schutz der Interessen des einzelnen Bürgers. Die Betei-

Sachgebiete des Rechts

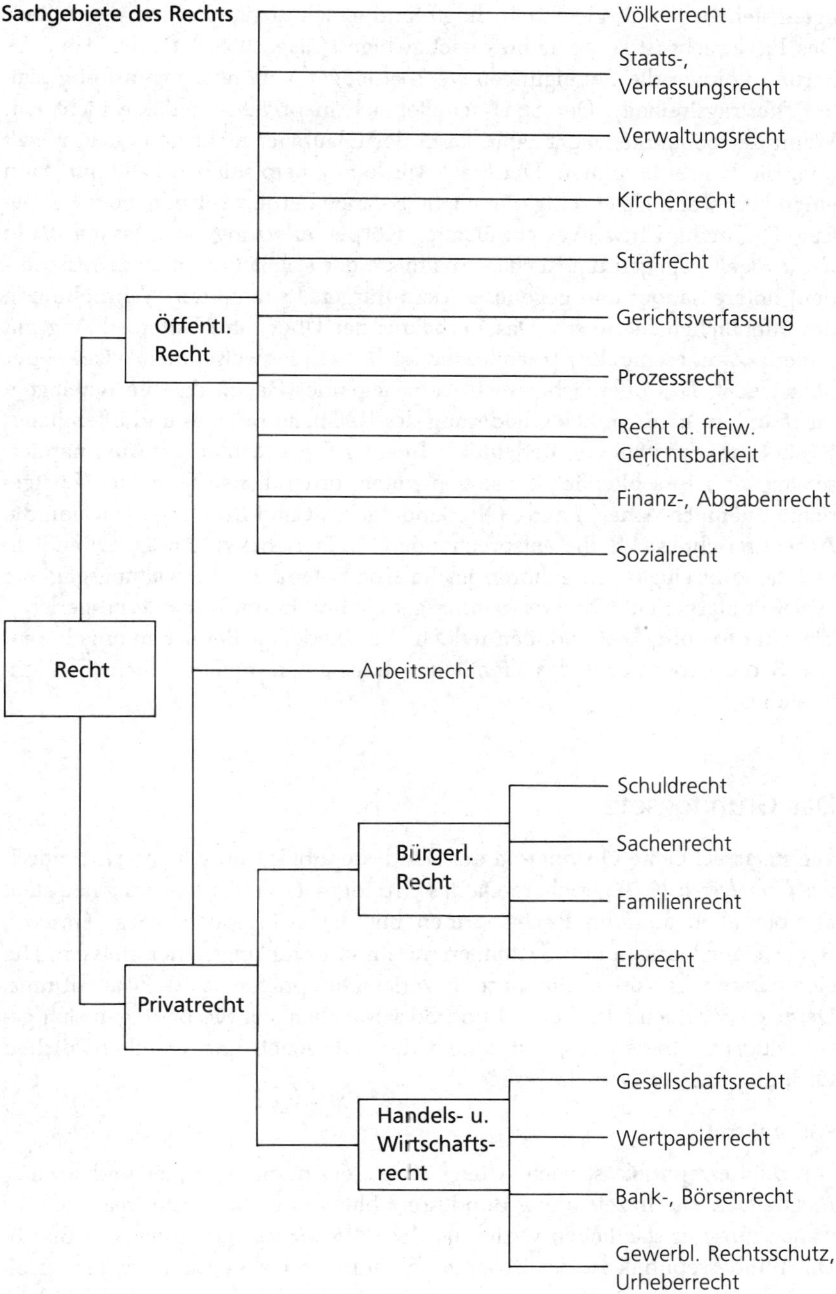

Quelle: Creifelds, Rechtswörterbuch, 12. Auflage, München 1993, Seite 1448.

ligten stehen sich als gleichberechtigte und gleichrangige Partner gegenüber. Das Privatrecht ist so genanntes nachgiebiges (dispositives) Recht, d. h., die Partner können die Bedingungen wechselseitiger Vereinbarungen frei gestalten (Vertragsfreiheit). Der Staat schaltet sich in private Konflikte nicht ein. Wenn der Schuldner nicht zahlt, kann der Gläubiger nicht den Staatsanwalt oder die Polizei bemühen. Der Staat würde in einem solchen Falle nur dann eingreifen, wenn gleichzeitig öffentliche Belange berührt würden, etwa bei Betrug, Diebstahl, Umweltverschmutzung, Körperverletzung usw. Das *öffentliche Recht* regelt dagegen die Rechtsverhältnisse der staatlichen Instanzen (Behörden) untereinander und gegenüber dem Bürger. Es dient der Wahrnehmung des öffentlichen Interesses. Das Verhältnis der Über- und Unterordnung mit seinem Zwangscharakter manifestiert sich beispielsweise im Polizei- oder Steuerrecht. Das öffentliche Recht ist zwingendes Recht, das die Beteiligten nicht ändern können. Die Gliederung des Rechts in privates und öffentliches Recht ist im Streitfall von Bedeutung. In einer privatrechtlichen Auseinandersetzung sind ausschließlich die so genannten ›ordentlichen Gerichte‹ (Zivilgerichte), nämlich Amts-, Land-, Oberlandesgericht und Bundesgerichtshof, die Arbeitsgerichte sowie die entsprechenden Strafgerichte zuständig. Öffentlich-rechtliche Streitigkeiten gehören in die Kompetenz der Verwaltungsgerichte (Verwaltungsgericht, Oberverwaltungsgericht und Bundesverwaltungsgericht). Einzelne Rechtsgebiete können jedoch verschiedenen Bereichen angehören, so z. B. das Arbeitsrecht, das öffentlich-rechtliche und privatrechtliche Elemente enthält.

Das Grundgesetz

Die staatsrechtliche Ordnung in der Bundesrepublik Deutschland wird durch das *Grundgesetz* (GG) gesichert. Da das Grundgesetz Verfassungsrang hat, steht es über allen anderen Rechtsnormen mit der Konsequenz, dass Gesetze, Rechtsverordnungen und Satzungen mit ihm in Einklang stehen müssen. Die elementaren Faktoren, die unsere Verfassung prägen, sind Föderalismus, Demokratie, Rechtsstaatlichkeit und Sozialstaatlichkeit. Sie bedingen sich gegenseitig und bilden das Fundament der politischen und gesellschaftlichen Ordnung unseres Gemeinwesens.

Föderalismus

Die Bundesrepublik ist nach Artikel 20 GG ein demokratischer und sozialer *Bundesstaat*. Die Bezeichnung Bundesrepublik verdeutlich das Organisationsprinzip unserer staatlichen Ordnung, den *Föderalismus* (lat. foedus = Bund). Die Bundesrepublik ist der Zusammenschluss mehrerer Einzelstaaten zu einem Gesamtstaat. Sie besteht aus dem Bund (Zentralstaat) und den Ländern (Gliedstaaten). Sowohl der Bund als auch die Länder besitzen im Rahmen der im Grundgesetz festgeschriebenen föderativen Prinzipien Eigenstaatlichkeit, was besagt, dass die Staatsgewalt zwischen dem Bund und den Ländern geteilt ist.

Infolgedessen verfügt jedes Land wie der Bund über eine eigene Verfassung, ein eigenes Parlament, eine eigene Regierung, Verwaltung und Gerichtsbarkeit. Artikel 30 GG geht noch weiter. Dort heißt es: ›Die Ausübung der staatlichen Befugnisse und die Erfüllung der staatlichen Aufgaben ist Sache der Länder, soweit dieses Grundgesetz keine andere Regelung trifft oder zulässt.‹ Diese Zuständigkeitsvermutung zugunsten der Länder besagt, dass der Bund öffentliche Aufgaben nur wahrnehmen darf, soweit sie im Grundgesetz ausdrücklich genannt sind.

Die Aufteilung staatlicher Aufgaben zwischen Bund und Ländern verlangt ständige Kooperation bei der Erledigung öffentlicher Angelegenheiten. Bund und Länder sind zu gegenseitiger Rücksichtnahme und Zusammenarbeit verpflichtet. Beide haben dabei die Belange der einzelnen Länder zu beachten und um das Wohl des Bundes besorgt zu sein. Gegebenenfalls gibt der Artikel 37 GG (Bundeszwang) dem Bund das Recht, einem Bundesland gegenüber die notwendigen Maßnahmen zu ergreifen, um es zur Erfüllung seiner Pflichten zu zwingen.

Durch den Föderalismus erhält die Demokratie belebende Impulse, da die Bürger politisches Geschehen nicht als Willensäußerung einer beherrschenden Zentrale erleben, sondern aktiv am politischen Geschehen ›vor Ort‹ teilnehmen können. Die Bürger haben die Möglichkeit, in politischen Institutionen und Gremien auf allen Ebenen – in Bund, Ländern, Kreisen, Gemeinden – mitzuwirken und damit auch eine Kontrolle der staatlichen Macht auszuüben. Die durch die Verfassung vorgeschriebene Aufgabenteilung einerseits und die geforderte Zusammenarbeit andererseits fördern die kulturelle Vielfalt und ergänzen das Prinzip der Gewaltenteilung.

Für die *Gesetzgebungskompetenz* gilt ein ähnlicher Grundsatz wie für die Wahrnehmung öffentlicher Aufgaben: Nach Artikel 70 GG haben die Länder das Recht der Gesetzgebung, soweit das Grundgesetz die Gesetzgebungsbefugnisse nicht dem Bund übertragen hat. Hierbei unterscheidet das GG vier Kategorien:

1. Die ausschließliche Gesetzgebung des Bundes (Art. 71 und 73 GG): In diesem Bereich steht den Ländern das Recht der Gesetzgebung nur zu, wenn und soweit sie durch ein Bundesgesetz dazu ausdrücklich ermächtigt werden. Durch diese Regelung soll sichergestellt werden, dass auf den folgenden Rechtsgebieten eine bundeseinheitliche Regelung erfolgt: auswärtige Angelegenheiten, Verteidigung, Zivilschutz, Staatsangehörigkeit, Passwesen, Währungs- und Geldwesen u. a.

2. Die Rahmengesetzgebung des Bundes (Art. 75 GG): Es handelt sich um Bundesgesetze, die bestimmte Sachgebiete nicht substanziell regeln, sondern für die der Bund lediglich Rahmenvorschriften erlässt. Die Länder füllen diesen Rahmen durch eigene Gesetze aus. Die Rahmengesetzgebung darf sich u. a. auf folgende Bereiche erstrecken: die Rechtsverhältnisse der im öffentlichen Dienst stehenden Personen, allgemeine Grundsätze des Hochschulwesens, allgemeine Rechtsverhältnisse der Presse und des Films, das Melde- und Ausweiswesen.

Voraussetzung für ein Aktivwerden des Bundes ist das Bedürfnis nach bundesgesetzlicher Regelung. Das ist der Fall, wenn eine Angelegenheit durch die Gesetzgebung einzelner Länder nicht wirksam geregelt werden kann oder ein Landesgesetz die Interessen anderer Länder oder der Gesamtheit beeinträchtigen könnte oder wenn die Wahrung der Rechts- und Wirtschaftseinheit (Einheitlichkeit der Lebensverhältnisse) es erfordert.

3. Die konkurrierende Gesetzgebung (Art. 72 und 74 GG): Für bestimmte Felder der Gesetzgebung sind sowohl der Bund als auch die Länder zuständig. Das gilt mit der Einschränkung, dass die Länder nur so lange die Gesetzgebungskompetenz besitzen, wie der Bund von seinem Recht der Gesetzgebung keinen Gebrauch macht. In den Artikeln 74, 74a und 105 (2) GG sind die in Betracht kommenden Gebiete aufgeführt. Dazu zählen unter anderem: bürgerliches Recht, Strafrecht, Strafvollzug, Gerichtsverfassung, Vereins- und Versammlungsrecht, Aufenthalts- und Niederlassungsrecht für Ausländer, Waffen- und Sprengstoffrecht, öffentliche Fürsorge, Erzeugung und Nutzung der Kernenergie. Auch im Bereich der konkurrierenden Gesetzgebung – wie schon bei der Rahmengesetzgebung – steht dem Bund die Gesetzgebungskompetenz nur insoweit zu, als ein Bedürfnis nach einer bundesgesetzlichen Regelung besteht (siehe Artikel 72 [2] GG).

4. Die ausschließliche Gesetzgebungskompetenz der Länder: Die ausschließliche Gesetzgebungskompetenz besitzen die Länder auf den Gebieten Kultur, Polizeiwesen, Bildungswesen, Gesundheitswesen.

Für das Verhältnis von Bundesrecht zum Landesrecht gilt der Grundsatz: *Bundesrecht bricht Landesrecht* (Art. 31 GG). Zum Bundesrecht gehören das Grundgesetz, alle Bundesgesetze und alle vom Bund erlassenen Verordnungen. Es ist der Fall denkbar, dass eine landesrechtliche Regelung mit dem Bundesrecht nicht vereinbar ist. Unter der Voraussetzung, dass der Bund auf diesem Gebiet die Gesetzgebungskompetenz hat, hätte nach Artikel 31 GG beispielsweise eine Bundesverordnung Vorrang vor einer Bestimmung einer Landesverfassung. Ferner würde durch den Beschluss eines Bundesgesetzes, sofern dies im Rahmen der Zuständigkeitsregelung des Grundgesetzes geschehen ist, ein bereits bestehendes Landesgesetz bei Unvereinbarkeit der Inhalte nichtig.

Demokratie

Der Begriff *Demokratie* (Herrschaft des Volkes) wird heute von fast allen politischen Gruppierungen in Anspruch genommen und demzufolge unterschiedlich interpretiert. In bewusster Abgrenzung von einem totalitären Demokratieverständnis spricht das Grundgesetz zur Charakterisierung unserer staatlichen Ordnung von ›freiheitlicher Demokratie‹ (Art. 10 [2] GG). Was unter einer freiheitlichen demokratischen Grundordnung zu verstehen ist, hat das Bundesverfassungsgericht wie folgt definiert: ›... die freiheitliche demokratische Grundordnung ... lässt sich als eine Ordnung bestimmen, die unter Ausschluss jeglicher Gewalt- und Willkürherrschaft eine rechtsstaatliche Herrschaftsordnung auf der Grundlage der Selbstbestimmung des Volkes nach dem Willen der jeweiligen Mehrheit und der Freiheit und Gleichheit darstellt.‹

Zu den grundlegenden Merkmalen einer freiheitlichen Demokratie gehören demnach:

1. Volkssouveränität: Das Volk ist Ausgangspunkt und Träger der Staatsgewalt. Die Willensbildung erfolgt von unten nach oben. Die Regierung wie alle staatlichen Organe erhalten ihre Legitimation durch das Volk.

2. Wahlen und Mehrheitsprinzip: Grundlage jeder freiheitlichen Demokratie ist das allgemeine, gleiche, freie und direkte Wahlrecht. Es bildet die Voraussetzung dafür, dass die demokratische Willensbildung auch wirklich auf einer Mehrheitsentscheidung beruht. Doch nicht jede Mehrheitsentscheidung muss demokratisch sein, sonst könnte beispielsweise eine Mehrheit jederzeit die Rechte von Minderheiten beseitigen oder das Wahlrecht selbst einschränken. Mehrheitsentscheidungen dürfen sich deshalb nicht über die Prinzipien unserer verfassungsmäßigen freiheitlichen Ordnung hinwegsetzen, dürfen also der Freiheit und Gleichheit der Bürger nicht entgegenstehen.

3. Gewaltenteilung: Jede Macht trägt die Tendenz der Ausweitung, der Konzentration und des Missbrauchs in sich. Der Gefahr, dass staatliche Macht in Willkürherrschaft ausartet, kann durch Machtteilung und -kontrolle begegnet werden. So überträgt Artikel 20 (2) GG die staatliche Gewalt auf drei in ihrem Bereich selbstständige und aufeinander einwirkende Organe. Die Gewaltenteilung nach den drei Hauptaufgaben des Staates – *Legislative* (Gesetzgebung), *Judikative* (Rechtsprechung) und *Exekutive* (Regierung/Verwaltung) – stellt nicht nur eine organisatorische Maßnahme dar. Die Funktionsfähigkeit der Gewaltenteilung wird dadurch erreicht, dass den drei Organen einerseits bestimmte Zuständigkeiten und Kompetenzen zugewiesen werden und dass andererseits das Grundgesetz die Zusammenarbeit dieser Organe verlangt, etwa bei der Gesetzgebung, an der Bundestag, Bundesrat, Bundesregierung und Bundespräsident beteiligt sind. Durch die Konstruktion der Gewaltenteilung werden wesentliche rechtsstaatliche Prinzipien verwirklicht:

– die *Kontrolle staatlicher Macht,* indem das Parlament die Regierung kontrolliert, die Gerichte die Tätigkeit von Regierung und Verwaltung auf

ihre Rechtmäßigkeit überprüfen und die Verfassungsgerichte untersuchen, ob die von der Gesetzgebung (Bundestag, Bundesrat) beschlossenen Gesetze mit der Verfassung übereinstimmen
- die *Machtbalance,* die durch die Kompetenzverteilung auf rechtlich selbstständige Organe (z. B. Bundesbank und Bundesrechnungshof) und die Zuweisung von gemeinsam zu erledigenden Aufgaben an mehrere Organe, wie dies bei der Gesetzgebung der Fall ist (zustimmungsbedürftige Gesetze), erreicht wird und verhindert, dass eine staatliche Gewalt legal über die gesamte Staatsmacht verfügen kann
- der *Schutz vor staatlicher Willkür,* der dadurch erreicht wird, dass alle Institutionen an Recht und Gesetz gebunden sind und alle Akte der staatlichen Organe gerichtlich überprüft werden können

Die Realisierung des Prinzips der Gewaltenteilung verlangt, dass ein Amtsträger der einen staatlichen Gewalt nicht gleichzeitig Amtsträger einer anderen staatlichen Gewalt sein darf. Dieser Grundsatz, die so genannte *Inkompatibilität* (Unvereinbarkeit der gleichzeitigen Wahrnehmung öffentlicher Ämter, welche verschiedenen staatlichen Gewalten zugeordnet sind) besagt, dass ein Richter (Judikative) nicht zugleich Abgeordneter (Legislative) und Minister (Exekutive) sein darf.

4. Opposition: Ein wesentliches Kennzeichen der Demokratie ist der Pluralismus, sind Meinungsvielfalt, friedlicher Interessenausgleich und freier Wettbewerb der politischen Kräfte. Eine der wichtigsten politischen Kräfte ist die Opposition. Ohne eine legale Opposition kann es eine freiheitliche Demokratie nicht geben.

Als Opposition bezeichnet man jede politische oder gesellschaftliche Kraft, die die bestehenden Verhältnisse mit dem Ziel bekämpft, sie zu verändern. Im engeren politischen Sinn meint man mit Opposition die in einem Parlament vertretenen Parteien, die nicht an der Regierung beteiligt sind. Eine Verfassung, die Wertprinzipien wie die Würde des Menschen, die Freiheit der Person, die Meinungsfreiheit u. a. zu ihren höchsten Normen erhoben hat, garantiert diese Grundrechte allen Bürgern, auch wenn diese sich kontrovers in den politischen Meinungsbildungsprozess einschalten.

Eine Opposition, die ihrer demokratischen Rolle gerecht werden will, muss die Regierungstätigkeit kritisch beobachten, alternative Lösungen anbieten, die Regierung kontrollieren und Probleme, die nicht im Mittelpunkt des allgemeinen Interesses stehen (Minderheiten, Randgruppen usw.), in die öffentliche Diskussion einbringen.

Opposition ist also eine wichtige Komponente des demokratischen Geschehens. Damit sie ihren Part bis hin zu einer eventuell erforderlichen Konfrontation mit dem System spielen kann, müssen ihr die methodischen Mittel dafür zur Verfügung stehen. Darüber hinaus muss aber auch ein rechtlicher Rahmen vorhanden sein, der sie vor Diskriminierung und Verfolgung schützt.

Dementsprechend stehen der Opposition eine Reihe parlamentarischer Instrumente zur Verfügung. Neben der ›Großen‹ und ›Kleinen Anfrage‹, auf die hin Mitglieder der Bundesregierung zu bestimmten Themen schriftlich Auskunft erteilen müssen, und der Fragestunde, in der die schriftlich gestellten Fragen der Abgeordneten vom zuständigen parlamentarischen Staatssekretär oder Minister mündlich beantwortet werden, sind es die Untersuchungsausschüsse, die das Verhalten der Regierung wie der Verwaltung, aber auch der Parlamentarier selbst zu kontrollieren erlauben.

Ein solcher Ausschuss muss auf Antrag eines Viertels der Mitglieder z. B. des Bundestages eingesetzt werden. Untersuchungsausschüsse sind mit weitgehenden Befugnissen ausgestattet. Für ihre Arbeit gilt sinngemäß die Strafprozessordnung. So können Zeugen vernommen, Ordnungsgelder festgesetzt und Haftstrafen beim zuständigen Gericht beantragt werden.

Wenn Demokratie auch Herrschaft auf Zeit bedeutet, dann muss die Verfassung Verfahren vorsehen, die die Ablösung der Regierung – ggf. innerhalb einer Wahlperiode – möglich machen. Die stärkste Waffe der Opposition gegenüber der Exekutive ist daher das Misstrauensvotum, durch das der Regierung das Vertrauen entzogen werden kann.

Um jedoch stabile politische Verhältnisse zu gewährleisten, bestimmt das Grundgesetz, dass nur aufgrund eines konstruktiven Misstrauensvotums eine Abberufung der Regierung erfolgen kann. Nach Artikel 67 GG kann der Bundestag dem Bundeskanzler das Misstrauen nur auf die Weise aussprechen, dass er mit der Mehrheit seiner Mitglieder einen Nachfolger wählt. Nur wenn sich das Parlament mehrheitlich auf einen neuen Kanzler einigt, kann ein Regierungswechsel stattfinden. Eine wirksame Opposition verhindert politisches Fehlverhalten von der Vetternwirtschaft bis hin zum Machtmissbrauch. Ihr Anliegen, selbst die Macht im Staate zu übernehmen, ist legitim, solange sie dies mit Mitteln versucht, die im Rahmen der verfassungsmäßigen Ordnung liegen.

Rechtsstaatlichkeit

Zu den Strukturprinzipien unserer Verfassung gehört die Rechtsstaatlichkeit als vorrangiger Ordnungsfaktor. Rechtsstaatlichkeit definiert einen Staat, in dem die Freiheit des Einzelnen und seine freiwillige Mitwirkung am politischen Geschehen gewährleistet sind. Wesensbestimmung des Menschen ist die Entfaltung seiner Persönlichkeit entsprechend seiner kulturellen, wissenschaftlichen oder politischen Disposition. Damit jeder ohne Behinderung, Kontrolle oder gar Zwang von ›oben‹ seine Ansichten frei äußern und seine Rechte voll wahrnehmen kann, müssen die Staatsorgane an Verfassung und Gesetz gebunden sein. Wo dies der Fall ist, kann der Bürger bei rechtswidrigem Verhalten der staatlichen Repräsentanten seine Rechte jederzeit, auch gegenüber der staatlichen Autorität, durchsetzen.

Neben der Gewaltenteilung charakterisieren folgende Kriterien den Rechtsstaat:

1. Freiheitssicherung: Das Grundgesetz räumt der Freiheit und Eigenständigkeit des Individuums Priorität vor allen anderen Wertprinzipien ein. Es stellt die Persönlichkeit über alle staatlichen Kompetenzen und verbietet jeden von der Verfassung nicht gebilligten Eingriff in den privaten Lebensraum. Eine Reihe von Schutzrechten, wie sie im Grundrechtskatalog Art. 1–19 GG zusammengefasst sind, dient der Freiheitssicherung von Einzelpersonen, aber auch von Personenvereinigungen (Gewerkschaften, Arbeitgeberverbände, religiöse Gemeinschaften usw.) gegenüber dem Staat. Grundrechte sind verfassungsrechtlich gesicherte subjektive Rechte. Sie sollen es dem Bürger ermöglichen, sein privates, gesellschaftliches und politisches Leben autonom und eigenverantwortlich zu gestalten. Die Freiheitsrechte schützen den Staatsbürger in seinen mannigfachen Lebensäußerungen:

als Individuum
- Bekenntnis zur Menschenwürde (Art. 1 GG)
- Entfaltung der Persönlichkeit (Art. 2 [1] GG)
- körperliche Unversehrtheit (Art. 2 [2] GG)
- Freiheit der Person (Art. 2 [2] GG)
- u. a.

als ökonomische Person
- Koalitionsfreiheit (Art. 9 [3] GG)
- Berufsfreiheit (Art. 12 [1] GG)
- Eigentumsgarantie (Art. 14 [1] GG)

als politisch-gesellschaftliches Wesen
- Freiheit der Meinungsäußerung (Art. 5 [1] GG)
- Versammlungsfreiheit (Art. 8 [1] GG)
- Vereinigungsfreiheit (Art. 9 [1] GG)
- u. a.

Diese individuellen Rechte stellen einen der staatlichen Einwirkung nicht zugänglichen Bereich der privaten Lebensgestaltung dar. Sie sollen die Privatsphäre des Bürgers umfassend schützen, wozu nicht nur die Intimsphäre gehört, sondern auch das Recht auf die persönliche Ehre, das Recht auf den eigenen Namen, das eigene Bild und die eigene geistige Leistung.

Die Sozialpflichtigkeit des Eigentums gemäß Artikel 14 (2) GG postuliert ein sozial-ethisches Verhalten des Eigentümers. Mit Eigentum sind demgemäß nicht nur Rechte, sondern auch Pflichten verbunden. Die Verwendung des Eigentums soll nicht dem ausschließlichen Nutzen des Eigentümers dienen. Der Gebrauch des Eigentums muss sich auch am Wohl der Allgemeinheit orientieren, d. h. die Belange anderer Betroffener berücksichtigen. Höherrangige Interessen der Allgemeinheit haben Vorrang vor dem Recht des Eigentümers auf uneingeschränkte Nutzung seines Eigentums. Ein Beispiel dafür bildet die so genannte Sozialklausel des § 556 a BGB. Danach kann ein Mieter einer Kündigung widersprechen, wenn die Beendigung des Mietverhältnisses für ihn eine

Härte bedeuten würde, welche auch unter Würdigung der berechtigten Interessen des Vermieters nicht zu rechtfertigen wäre.

Politische Freiheit heißt sowohl persönliche als auch ökonomische und gesellschaftliche Freiheit. Alle diese Aspekte verbürgen die Entfaltungsfreiheit jedes einzelnen Bürgers ohne Beeinträchtigung durch die Staatsgewalt. Das Freiheitsrecht ist ein Persönlichkeitsrecht, das nicht nur gegenüber dem Staat wirkt, sondern auch gegenüber allen privaten Personen und Institutionen. Rechtliche Freiheiten implizieren moralische Verantwortung. Denn ohne Freiheit kann es keine Menschenwürde geben.

2. Rechtssicherheit: Grundlage für die Beziehungen zwischen dem Bürger und der öffentlichen Gewalt in einer Demokratie ist die Bindung an das Recht. Das Grundgesetz dekretiert deswegen in Artikel 20 (3) die absolute Bindung sämtlicher staatlicher Organe an Verfassung, Gesetz und Recht. Das Prinzip der Rechtssicherheit garantiert, dass staatliches Vorgehen messbar und berechenbar ist.

In einem dem Recht verpflichteten Staat darf die Verwaltung nur im Rahmen der Gesetze handeln, darf jedermann gegen die Akte der Verwaltung Widerspruch erheben, darf niemand ohne gesetzliche Grundlage bestraft werden, und es darf keine rückwirkenden Gesetze geben.

Aus dem Rechtsstaatsprinzip leitet sich auch der Grundsatz der Verhältnismäßigkeit ab, der besagt, dass die Einschränkung bürgerlicher Freiheiten nicht unverhältnismäßig sein darf. Die Verwaltung darf demnach nur diejenigen Mittel einsetzen, die unbedingt erforderlich sind, um den erstrebten Erfolg zu erreichen. Sie muss aber auch auf an sich erforderliche Mittel verzichten, wenn diese zum angestrebten Erfolg nicht in einem angemessenen Verhältnis stehen. Bieten sich dem Verwaltungshandeln mehrere Möglichkeiten an, dann muss diejenige Maßnahme ergriffen werden, die die geringsten Nachteile mit sich bringt oder bei der die Vorteile gegenüber den Nachteilen überwiegen.

Die Forderung, dass die Verwaltung ihr Handeln nach den vorgenannten Normen auszurichten hat, reicht allein jedoch nicht aus, um die Rechtssicherheit zu garantieren. Die Kontrolle und Entscheidung, ob Kompetenzüberschreitungen oder Missachtung rechtsstaatlicher Verfahrensweisen vorliegen, ist Aufgabe der Rechtsprechung.

3. Rechtsschutz: Nach Artikel 92 GG ist die Recht sprechende Gewalt (Judikative) ausschließlich den Gerichten anvertraut. Die Unabhängigkeit der Judikative gegenüber den anderen staatlichen Gewalten – Legislative und Exekutive – ist in Artikel 97 (1) GG niedergelegt. Richter stehen in einem besonderen öffentlich-rechtlichen Dienst- und Treueverhältnis zum Staat. Sie sind sachlich und persönlich unabhängig. Sachliche Unabhängigkeit besagt, dass der Richter an Weisungen nicht gebunden und nur dem Gesetz unterworfen ist. Persönliche Unabhängigkeit bedeutet, dass Richter in der Regel auf Lebenszeit berufen und unabsetzbar sind. Sie können auch nicht gegen ihren Willen versetzt werden. Das Dienstverhältnis eines Richters kann nur durch eine gerichtliche Entscheidung beendet werden. Schließlich dürfen Richter nicht gleichzeitig einer anderen Gewalt (Legislative oder Exekutive) angehören, da dies dem Prinzip der Gewaltenteilung widersprechen würde.

Die Gerichte entscheiden bei Rechtsstreitigkeiten zwischen den Bürgern untereinander (Privatrecht), zwischen Bürger und Staat sowie den Trägern der öffentlichen Gewalt untereinander (öffentliches Recht) und in strafrechtlichen Angelegenheiten (Strafrecht). Alle privatrechtlichen und strafrechtlichen Fälle gehören in die Zuständigkeit der ordentlichen Gerichtsbarkeit. Alle öffentlichrechtlichen Streitigkeiten, soweit sie nicht die Verfassung betreffen, unterliegen der Verwaltungsgerichtsbarkeit. Die Gerichtsbarkeit ist ausschließlich Angelegenheit des Staates (Rechtsprechungsmonopol). Sie ist in der Bundesrepublik Deutschland in fünf selbstständige Gerichtszweige gegliedert (vgl. Art. 95 [1] GG), wobei die Gerichtshoheit zwischen Bund und Ländern insofern aufgeteilt ist, als die Rechtsprechung generell Sache der Länder ist, die obersten Gerichtshöfe eines jeden Gerichtszweiges aber Bundesgerichte sind.

Die Zweige der Gerichtsbarkeit [1)]

Ordentliche Gerichtsbarkeit	Arbeitsgerichtsbarkeit	Allgem. Verwaltungsgerichtsbarkeit	Sozialgerichtsbarkeit	Finanzgerichtsbarkeit
Amtsgericht Landgericht	Arbeitsgericht	Verwaltungsgericht	Sozialgericht	
Oberlandesgericht	Landesarbeitsgericht	Oberverwaltungsgericht (Verwaltungsgerichtshof)	Landessozialgericht	Finanzgericht
Bundesgerichtshof	Bundesarbeitsgericht	Bundesverwaltungsgericht	Bundessozialgericht	Bundesfinanzhof

1) **Quelle:** Model/C. L., Staatsbürgertaschenbuch, 27. Aufl., München. 1993, S. 413.

Zur Wahrung der Unparteilichkeit der Gerichte und zur Stärkung des individuellen Rechtsschutzes enthält das Grundgesetz besondere Vorschriften, welche die Stellung des Bürgers vor Gericht regeln:

- *Verbot von Ausnahmegerichten* (Art. 101 [1] GG): Ein Ausnahmegericht wäre ein Gericht, das für einen speziellen Einzelfall unter Umgehung des gesetzlich vorgeschriebenen Rechtsweges eingerichtet würde. Gerichte, die für besondere Sachgebiete aufgrund eines Gesetzes eingerichtet werden, sind dagegen keine Ausnahmegerichte (z. B. Jugendgerichte, Schifffahrtsgerichte usw.)

- *Recht auf den gesetzlichen Richter* (Art. 101 [1] GG): Gesetzlicher Richter ist derjenige Richter, der aufgrund gesetzlicher Vorschrift sachlich und räumlich zuständig ist, unabhängig von einem anstehenden konkreten Fall oder einer bestimmten betroffenen Person. Damit soll sichergestellt werden, dass Einflüsse oder Eingriffe Außenstehender in die Rechtspflege verhindert werden
- *Anspruch auf rechtliches Gehör* (Art. 103 [1] GG): Jeder Bürger muss die Möglichkeit erhalten, sich vor Gericht zu seinem Fall äußern zu können. Das Gericht darf nur solche Tatsachen würdigen, zu denen sich alle am Prozess Beteiligten äußern konnten
- *Verbot rückwirkender Strafgesetze* (Art. 103 [1] GG): Der Straftatbestand muss zur Tatzeit bereits gesetzlich erfasst und genau beschrieben sein; die Straffolgen (Art und Höhe der Strafe) müssen im Voraus bestimmt sein. Für eine Tat, die zum Zeitpunkt der Ausführung nicht strafbar war, darf niemand vor Gericht gestellt werden
- *Verbot mehrmaliger Bestrafung* (Art. 103 [3] GG): Wegen derselben Tat darf niemand ein zweites Mal bestraft werden. Dieser Grundgesetzartikel schließt nur jede weitere *strafrechtliche* Verfolgung und Bestrafung aus, nicht aber andere (z. B. dienst- oder ehrengerichtliche) Entscheidungen in derselben Sache
- *Rechtsgarantie bei Freiheitsentziehung* (Art. 104 GG): Beschränkungen der individuellen Freiheit sind nur aufgrund von Gesetzen möglich. Die Entscheidung darüber darf nur von einem Richter getroffen werden. Die Polizei darf niemanden länger als bis zum Ende des auf die Ergreifung folgenden Tages in Gewahrsam nehmen

In einem demokratischen Staat darf es keinen rechtsfreien Raum geben. Nach demokratischer Rechtsauffassung sind ausschließlich rechtliche Normen die Richtschnur, an der staatliches Handeln und privates Verhalten gemessen werden müssen. Ein Gradmesser der Rechtsstaatlichkeit ist der Umfang des Anspruchs auf Rechtsschutz, den der Bürger geltend machen kann. Die Rechtsschutzgarantie des Grundgesetzes ist umfassend. Sie gestattet jedermann, der sich in seinen Rechten durch Maßnahmen öffentlicher Instanzen beeinträchtigt glaubt, die Gerichte anzurufen, um diese Maßnahmen auf ihre Rechtmäßigkeit hin überprüfen zu lassen. Ausgangspunkt des Rechtsschutzes ist Artikel 19 (4) GG: ›Wird jemand durch die öffentliche Gewalt in seinen Rechten verletzt, so steht ihm der Rechtsweg offen‹ (Rechtsweggarantie). Das Bundesverfassungsgericht sieht die Bedeutung des Artikels 19 (4) GG darin, dass die ›Selbstherrlichkeit‹ der vollziehenden Gewalt im Verhältnis zum Staatsbürger beseitigt wird, da kein Akt der Exekutive, der in die Rechte des Bürgers eingreift, der richterlichen Nachprüfung entzogen werden darf.

Dass die Grundrechte nicht lediglich programmatische Zielsetzungen darstellen, sondern unmittelbar geltendes Recht sind, ergibt sich aus den folgenden Artikeln des Grundgesetzes, welche die Bindungswirkung der Grundrechte präzisieren:

> Artikel 1 (3) GG
> ›Die nachfolgenden Grundrechte binden Gesetzgebung, vollziehende Gewalt und Rechtsprechung als unmittelbar geltendes Recht.‹
> Artikel 20 (3) GG
> ›Die Gesetzgebung ist an die verfassungsmäßige Ordnung, die vollziehende Gewalt und die Rechtsprechung sind an Gesetz und Recht gebunden.‹

Der Gesetzgeber muss also beim Konzipieren neuer Gesetze auf ihre Vereinbarkeit mit den Grundrechten achten. Ist ein neues Gesetz nicht mit den Grundrechten vereinbar, dann ist es verfassungswidrig und damit nichtig, da die Verfassung stets Vorrang vor jeder anderen Rechtsnorm hat. In gleicher Weise hat sich die Rechtsprechung an den Grundrechten zu orientieren.

Eine Verfassung, die die Rechtsstaatlichkeit verbürgt, muss die Einhaltung der Verfassungsvorschriften auch überwachen. Diese Aufgabe obliegt in Deutschland dem Bundesverfassungsgericht als dem ›obersten Hüter der Verfassung‹. Wenn einem Bürger Grundrechte rechtswidrig entzogen oder eingeschränkt werden, so hat er die Möglichkeit, diese durch eine Verfassungsbeschwerde beim Bundesverfassungsgericht nach Artikel 93 (1) 4a GG einzuklagen. Aufgabe des Bundesverfassungsgerichtes ist es, staatliches Handeln an den Normen des Grundgesetzes zu messen. Eine Verfassungsbeschwerde kann gegen Gesetze, Verwaltungsakte und Gerichtsurteile erhoben werden, sofern der übrige Rechtsweg erschöpft ist. Rechtsstaatlichkeit bedeutet Primat des Rechts vor den Interessen des Staates. Der Staat steht weder über noch neben, sondern unter dem Gesetz.

4. Sicherung, Einschränkung und Verwirkung von Grundrechten: Die höchsten Wertprinzipien und das vortrefflichste Rechtssystem verlieren Sinn und Geltung, wenn der Staat nicht gewillt oder imstande ist, dem exzessiven Gebrauch von Freiheitsrechten einen Riegel vorzuschieben und die Gegner der freiheitlichen demokratischen Grundordnung in Schranken zu halten. Deshalb ist der Bestand der Grundrechte durch verschiedene Verfassungsnormen gesichert. Bestimmte Grundrechte dürfen überhaupt nicht, andere nur durch Gesetze geändert werden. Die Substanzgarantie des Grundgesetzes bewirkt außerdem, dass Inhalt und Wirkung der Grundrechte in jedem Fall erhalten bleiben: ›In keinem Falle darf ein Grundrecht in seinem Wesensgehalt angetastet werden‹ (Art. 19 [2] GG).

Die ungehinderte Ausübung der Grundrechte wird durch die generelle Verpflichtung sämtlicher staatlicher Institutionen zu gesetzlich legitimiertem Handeln und durch besondere Rechtsschutzgarantien gegenüber der öffentlichen Gewalt gewährleistet. Diese Schutzgarantien reichen von den einschlägigen Artikeln des Grundgesetzes (z. B. Art. 19 [4] 1 GG Rechtsweggarantie,

Art. 34 GG Staatshaftung bei Amtspflichtverletzungen) bis hin zur ›Konvention zum Schutz der Menschenrechte und Grundfreiheiten‹ des Europarates (z. B. Art. 8 Anspruch auf Achtung der Privatsphäre). Ein Optimum an verfassungsrechtlicher Grundrechtssicherung wird schließlich durch das Instrument der Verfassungsbeschwerde (Art. 93 [1] 4a GG) erreicht. Von den Grundrechten darf allerdings nur insoweit Gebrauch gemacht werden, als durch ihre Inanspruchnahme keine Gefährdung des Staates oder eine Verletzung der Prinzipien der Rechts- bzw. Sozialstaatlichkeit eintritt. Denn Freiheit bedeutet sowohl individuelle Freiheit als auch die Freiheit aller anderen. Daher führt jeder Missbrauch von Freiheitsrechten durch den Einzelnen zu einer Einengung der Freiheit aller und zu einer Minderung der freiheitssichernden Kraft der Grundrechte schlechthin.

Unsere Verfassung sieht jedoch auch die Möglichkeit vor, Grundrechte unter bestimmten Bedingungen aufgrund eines Gesetzes oder durch ein Gesetz (Gesetzesvorbehalt) einzuschränken. Diese besonderen Einschränkungsmöglichkeiten müssen sich aber aus dem Wortlaut des betreffenden Grundgesetzartikels ergeben. Dabei legt Artikel 19 (1) und (2) GG die Voraussetzungen fest, unter denen ein Grundrecht eingeschränkt werden darf, nämlich erstens nur auf der Grundlage eines Gesetzes. Dieses Gesetz muss zweitens allgemein sein und darf nicht für einen Einzelfall gelten, und drittens muss es das einzuschränkende Grundrecht unter Angabe des Artikels nennen. Beispiele dafür sind:

> Artikel 2 (2) GG
> Freie Entfaltung der Persönlichkeit, Recht auf Leben
> und körperliche Unversehrtheit, Freiheit der Person:
> ›In diese Rechte darf nur aufgrund eines Gesetzes eingegriffen werden.‹
> Artikel 5 (2) GG
> Meinungs-, Informations- und Pressefreiheit, Freiheit der Kunst
> und Wissenschaft:
> ›Diese Rechte finden ihre Schranken in den Vorschriften der allgemeinen Gesetze, den gesetzlichen Bestimmungen zum Schutz der Jugend und in dem Recht der persönlichen Ehre.‹
> Artikel 6 (3) GG
> Ehe, Familie, Kinder:
> ›Gegen den Willen der Erziehungsberechtigten dürfen Kinder nur aufgrund eines Gesetzes von der Familie getrennt werden, wenn die Erziehungsberechtigten versagen oder wenn die Kinder aus anderen Gründen zu verwahrlosen drohen.‹

Weitere Beispiele sind Artikel 8 (2) GG, Artikel 10 (2) GG, Artikel 14 (3) GG und Artikel 17 a GG.

Grundrechte können aber auch ohne Gesetzesvorbehalt, d. h., ohne dass das Grundgesetz den Gesetzgeber eigens zum Erlass von entsprechenden Gesetzen ermächtigt, eingeschränkt werden. Diese allgemeinen Einschränkungsmöglichkeiten enthält Artikel 2 (1) GG, der die Grenzen der Inanspruchnahme der Grundrechte festlegt. Danach darf ihr Gebrauch weder die Rechte anderer verletzen, noch gegen das Sittengesetz verstoßen, noch die verfassungsmäßige Ordnung infrage stellen. Jeglicher Modifikation entzogen sind jedoch nach Artikel 79 (3) GG die Artikel 1 (Menschenwürde) und Artikel 20 (Grundlagen der staatlichen Ordnung).

Eine freiheitliche demokratische Verfassung muss auch Mechanismen einschließen, die ihre Funktionsfähigkeit und ihren Bestand sichern. Voraussetzung für die Realisierung dieser verfassungspolitischen Zielsetzungen schafft (neben den Artikeln 5, 9 und 21 GG) der Artikel 18 des Grundgesetzes, der die Verwirkung von Grundrechten durch deren Missbrauch zum Gegenstand hat.

Der Begriff ›Verwirkung‹ ist in diesem Zusammenhang terminologisch missverständlich. Unter Verwirkung versteht man den Verlust eines Rechts durch eigene Schuld. Nach Artikel 18 GG verliert aber derjenige, der bestimmte Grundrechte missbraucht, nicht die betreffenden Grundrechte selbst, sondern lediglich die Befugnis, von diesen Rechten Gebrauch zu machen. Wer ein solches Grundrecht missbraucht, verliert den Schutz dieses Grundrechts und kann sich den staatlichen Organen gegenüber nicht darauf berufen. Ein Entzug von Grundrechten ist nur im Rahmen der in Artikel 18 GG genannten Bedingungen statthaft. Verwirkt werden können lediglich die Grundrechte nach

Art. 5 (1) GG	Freiheit der Meinungsäußerung, insbesondere der Pressefreiheit
Art. 5 (3) GG	Freiheit der Lehre
Art. 8 GG	Versammlungsfreiheit
Art. 9 GG	Vereinigungsfreiheit
Art. 10 GG	Postgeheimnis
Art. 14 GG	Eigentum
Art. 16a GG	Asylrecht

Die Verwirkung darf nur ausgesprochen werden, wenn diese Grundrechte zum Kampf gegen die freiheitliche demokratische Grundordnung missbraucht werden. Das Bundesverfassungsgericht legt fest, welche Rechte verwirkt sind und für welche Zeit die Verwirkung gilt. Darüber hinaus kann das Bundesverfassungsgericht weitere Beschränkungen (Aberkennung des aktiven und passiven Wahlrechts, Verlust der Befähigung zur Bekleidung öffentlicher Ämter) auferlegen.

Während der Artikel 18 GG die individuellen Aktivitäten, die sich gegen die verfassungsmäßige Ordnung richten, verhindern will, verbieten die Artikel 9 (2) und 21 (2) GG verfassungsfeindliche Betätigungen von Personenvereinigungen. Nach Artikel 9 (2) GG sind ›Vereinigungen, deren Zwecke oder deren Tätigkeit den Strafgesetzen zuwiderlaufen oder die sich gegen die verfassungsmäßige Ordnung oder gegen den Gedanken der Völkerverständigung richten, ... verboten.‹ Der Artikel 21 (2) GG erklärt solche ›Parteien, die nach ihren Zielen oder nach dem Verhalten ihrer Anhänger darauf ausgehen, die freiheitliche demokratische Grundordnung zu beeinträchtigen oder zu beseitigen oder den Bestand der Bundesrepublik Deutschland zu gefährden ...‹ für verfassungswidrig. Doch um sie verbieten zu können, muss aus Gründen des Rechtsschutzes das Bundesverfassungsgericht feststellen, dass die betreffende Partei auch tatsächlich verfassungswidrig ist.

Sozialstaatlichkeit

Das Grundgesetz gewährt dem Bürger Freiheitsrechte, die vielfältige Entfaltungsmöglichkeiten eröffnen. Um den geschaffenen Freiheitsraum auch aktiv und effektiv gestalten zu können, bedarf es einer gesicherten sozialen Grundlage, andernfalls wären diejenigen benachteiligt, die nur über geringe oder gar keine Mittel verfügen. Komplexität und Dynamik der modernen Industriegesellschaft haben Organisation und Aufgabenstruktur des Staates verändert. Der Staat darf sich heute nicht mehr nur – wie in früheren Zeiten – als Bewahrer von Recht und Ordnung verstehen und der privaten Initiative die Gestaltung der gesellschaftlichen Verhältnisse überlassen. Der Auftrag des Staates kann sich nicht darin erschöpfen, formale Freiheit und rechtliche Gleichheit zu garantieren. Artikel 20 (1) GG und Artikel 28 (1) Satz 1 GG deklarieren die Bundesrepublik als *sozialen Rechtsstaat*. Das *Sozialstaatsprinzip* des Grundgesetzes besagt, dass der Staat verpflichtet ist, sowohl den Auftrag des Rechtsstaates zu erfüllen als auch den Anforderungen des Sozialstaates gerecht zu werden. Dies bringt Probleme mit sich, auf die weiter unten noch näher eingegangen wird.

Die Sozialstaatlichkeit ist kein Postulat, das von außen an den Gesetzgeber herangetragen werden muss. Sie ist Konsequenz der verfassungsrechtlichen Prinzipien des Grundgesetzes. Das Grundgesetz verankert jedoch spezifische soziale Grundrechte, also etwa ein Recht auf Arbeit, auf Wohnung oder soziale Fürsorge, nicht direkt. Die Verpflichtung des Staates, soziale Gerechtigkeit in die Tat umzusetzen, leitet sich aus dem Geist unserer Verfassung und dem Inhalt einzelner Artikel ab.

Das Sozialstaatsprinzip stellt nicht nur ein Bekenntnis zur Idee der sozialen Gerechtigkeit dar, sondern ist ein unabdingbares Gebot für den Staat, eine ausgewogene Lösung der sozialen Probleme herbeizuführen. Das Bundesverfassungsgericht hat den Gesetzgeber aufgefordert, für einen Ausgleich der sozialen Gegensätze und damit für eine gerechte Sozialordnung zu sorgen. Danach haben zwei grundlegende Zielsetzungen die Richtung und die Inhalte staatlichen Handelns zu bestimmen: Erstens gilt es, die wirtschaftliche Situation sozial schwacher Personen zu stärken, um zu verhindern, dass sie infolge zusätzlicher materieller Belastungen (Tod des Ehepartners, Krankheit, Arbeitslosigkeit usw.) ins Elend abgleiten. Zweitens gilt es, die sozialen Verhältnisse in der Weise zu verbessern, dass der Gleichheitsgrundsatz konkret wird und

Gleichbehandlung wie Chancengleichheit in Ausbildung und Beruf, bei Prüfungen und Bewerbungen sowie in anderen Lebensbereichen garantiert sind.

Bestimmte Grundrechte geben dem Staat konkrete Handlungsanweisungen, wie die Voraussetzungen für soziale Ausgewogenheit und Sicherheit zu schaffen seien. Wenn das Grundgesetz in Artikel 1 die Menschenwürde zum Leitprinzip staatlichen Handelns erhebt, dann muss der Staat dem Einzelnen auch eine Lebensführung ermöglichen, die seine Würde nicht durch unverschuldete Armut und Abhängigkeit verletzt. Artikel 2 (2) 1 GG gewährt jedem das Recht auf Leben und körperliche Unversehrtheit. Dieses Recht umfasst neben dem Recht auf ein menschenwürdiges Dasein auch das Recht auf ein Leben in sozialer Sicherheit, und zwar durch Garantie eines materiellen Existenzminimums und durch ein soziales Netz der Daseinsfürsorge.

In diesem Zusammenhang steht auch Artikel 2 (1) 1 GG. Die dort zugesicherte freie Entfaltung der Persönlichkeit ist nur möglich, wenn die sozialen Voraussetzungen das zulassen. Das Sozialstaatsprinzip reicht daher über die Verpflichtung des Staates, die Minimalvoraussetzungen für ein menschenwürdiges Dasein zu schaffen und für einen sozialen Ausgleich innerhalb der Gesellschaft zu sorgen, weit hinaus. Es beeinflusst nicht nur die soziale Situation des Einzelnen, sondern auch seine rechtliche Stellung.

Der Gleichheitsgrundsatz des Artikels 3 GG verbietet nicht nur eine Diskriminierung wegen des Geschlechts, der Abstammung, der Rasse, des Glaubens usw. Er verlangt auch vom Staat, dass er durch die Ausgestaltung des Rechts in jedem Lebensbereich Benachteiligungen ausschließt. So verpflichtet der Gleichheitsgrundsatz beispielsweise, Männer und Frauen bei gleicher Arbeit gleich zu entlohnen und dem sozial schwachen Bürger durch die Bewilligung von Prozesskostenhilfe vollen Rechtsschutz zu ermöglichen.

Sozialstaatliche Normen enthält auch der Artikel 6 GG, der Ehe, Familie und Kinder unter den besonderen Schutz des Staates stellt, ferner der Artikel 9 GG, der die Bildung und Unabhängigkeit von Vereinigungen zur ›Wahrung und Förderung der Arbeits- und Wirtschaftsbedingungen‹ (so etwa Gewerkschaften) gewährleistet, sowie der Artikel 14 GG, welcher sowohl das Eigentum garantiert als auch die Sozialpflichtigkeit des Eigentums betont.

Die Grundsätze der Rechtsstaatlichkeit und der Sozialstaatlichkeit sind Verfassungsnormen, die nicht isoliert nebeneinander bestehen, sondern einander bedingen, ergänzen und nur im Zusammenwirken ihren Zweck erfüllen. Während die liberalen Grundrechte Abwehrrechte gegen eine Schmälerung der Freiheitsräume durch den Staat darstellen, verlangt die Erfüllung sozialstaatlicher Aufgaben Eingriffe in diese Freiheitsräume. Der Zielkonflikt zwischen Bewahrung der individuellen Freiheiten und Ausbau der sozialen Ordnung erfordert jedoch eine Lösung, bei der kein Prinzip Vorrang vor dem anderen haben sollte. Das Adjektiv ›sozial‹ im Begriff Sozialstaat ist denn auch nicht im Sinne von sozialistisch zu interpretieren. Die Sozialstaatsklausel des Grundgesetzes bezweckt weder eine staatlich gelenkte Wirtschaftsordnung mit zentral geplanter Güterproduktion und -verteilung noch den totalen Wohlfahrtsstaat, der alle sozialpolitischen Aufgaben übernimmt und den einzelnen Bürger der Verpflichtung enthebt, aus eigener Initiative Daseinsvorsorge für Alter, Krankheit und Lebensrisiken zu treffen.

Es besteht allerdings ein Interessenkonflikt zwischen dem verfassungsrechtlichen Anspruch auf individuelle Freiheit und dem sozialpolitischen Auftrag zur Förderung der Lebenschancen aller sowie zur gerechten Verteilung der Pflichten und Lasten. Freiheit und soziale Sicherheit sind jedoch primäre Ziele staatlicher Politik. Dass zu ihrer Realisierung erhebliche staatliche Leistungen erbracht werden müssen, steht außer Zweifel. Denn soziale Unterstützung wird nach dem Willen des Grundgesetzes nicht als eine Art Gnadenakt der öffentlichen Hand gewährt, wie es noch zu Beginn dieses Jahrhunderts war; vielmehr hat der Bedürftige einen einklagbaren Rechtsanspruch auf Unterstützung durch den Staat (z. B. in Form von Sozialhilfe). Die Problematik beginnt also konkret bei der Frage, in welchem Ausmaß der Staat derartige Leistungen zur Verfügung stellen soll. Da auch der Staat den ökonomischen Gesetzmäßigkeiten unterliegt, bedeuten wachsende Ansprüche an ihn erhöhte Staatsausgaben, die nur durch weitere Ansprüche an die Allgemeinheit (z. B. in Form von höheren Steuern) finanziert werden können. Das wiederum engt den finanziellen Spielraum des Einzelnen und damit seine Entfaltungsmöglichkeiten ein.

Eine freiheitliche Gesellschaftsordnung schöpft ihre Kraft aus dem Engagement freiheitsbewusster und sozial verantwortlicher Bürger. Der Bürger sollte die Demokratie nicht als eine abstrakte Staatsform betrachten, sondern als eine durch ihn mitzugestaltende Lebensform. Der Staat als Vollstrecker des Volkswillens erfüllt dann seine Aufgabe, wenn seine Bürger sich mit ihm identifizieren können, wenn ihm also die politische, rechtliche und soziale Integration möglichst vieler Bürger gelingt. Unter den politischen, sozialen und ökonomischen Bedingungen der modernen Massengesellschaft hängt die Sicherung der persönlichen Freiheiten und der Rechte der Bürger, aber auch die Existenz eines demokratischen Staatswesens davon ab, ob der Staat die Prinzipien der Rechtsstaatlichkeit und der Sozialstaatlichkeit ausgewogen verbinden kann.

Schutz der Verfassung

Die politische Struktur der Bundesrepublik beruht auf Föderalismus, Demokratie, Rechtsstaatlichkeit und Sozialstaatlichkeit. Diese wertorientierte Staatsordnung ist – wie alle Leitbilder mit sittlichem Anspruch – durch Opportunismus und eigennützige Ambitionen bedroht. Das staatlich-gesellschaftliche Geschehen wird durch die Interessen der Bürger, durch die faktische Macht der öffentlichen Institutionen sowie durch die Ziele privater Organisationen beeinflusst. Darüber hinaus bergen die Dynamik der wirtschaftlichen Entwicklung (Machtkonzentration, Einschränkung des Wettbewerbs usw.) und die Wandlungen im gesellschaftlichen Gefüge (Generationskonflikt, Extremismus, Arbeitslosigkeit usw.) Konfliktpotenzial und können zu einer Gefährdung der bestehenden verfassungsmäßigen Ordnung führen.

Das Grundgesetz enthält verfassungsrechtliche Normen, die für den Bestand unserer freiheitlichen Demokratie von so grundlegender Bedeutung sind, dass sie einen besonderen Schutz genießen. An die Änderung der Verfassung werden deshalb besondere, erschwerende Bedingungen geknüpft, und die Abschaffung bestimmter verfassungsrechtlicher Prinzipien ist grundsätzlich ausgeschlossen. So ist in Artikel 79 GG festgelegt, dass das Grundgesetz nur durch ein Gesetz geändert werden kann, das den Wortlaut des Grundgesetzes ausdrücklich ändert oder ergänzt. Ein solches Gesetz bedarf der Zustimmung einer Zweidrittelmehrheit des Bundestages und des Bundesrates.

Damit durch Verfassungsänderung die Substanz des Grundgesetzes nicht deformiert werden kann, wurden in das Grundgesetz Bestimmungen aufgenommen, die seine Kernaussagen jeder Änderung entziehen. So darf das föderative Prinzip unserer Verfassung nicht aufgehoben werden. Nach Artikel 79 (3) GG ist eine Änderung des Grundgesetzes, durch die die Gliederung des Bundes in Länder oder die grundsätzliche Mitwirkung der Länder bei der Gesetzgebung aufgehoben wird, unzulässig. Weitere Normen des Grundgesetzes, die in keinem Falle angetastet werden dürfen, werden in Artikel 20 GG genannt. Dieser Artikel stellt gewissermaßen die Kurzform der Verfassung dar. Er enthält nämlich die fundamentalen Prinzipien unserer staatlichen Ordnung: Demokratie, Rechtsstaatlichkeit, Eigenstaatlichkeit der Länder und Sozialstaatlichkeit. Die Würde des Menschen (Artikel 1 GG) stellt für das Grundgesetz den höchsten Wert dar. Demzufolge gehört Artikel 1 GG ebenfalls zu den Rechtsnormen, die weder geändert noch abgeschafft werden dürfen. Über die Bestandsgarantien des Grundgesetzes hinaus räumt Artikel 20 (4) GG jedem Bürger das Recht zum aktiven Widerstand ein: ›Gegen jeden, der es unternimmt, diese Ordnung zu beseitigen, haben alle Deutschen das Recht zum Widerstand, wenn andere Abhilfe nicht möglich ist.‹

Besondere Themen des bürgerlichen Rechts

Das bürgerliche Recht als Teil des Privatrechts ist im Bürgerlichen Gesetzbuch (BGB) niedergelegt. Es regelt die privatrechtlichen Beziehungen des Einzelnen in seinem ›bürgerlichen‹ Lebensbereich.

Rechtssubjekte

Träger von Rechten und Pflichten kann nur eine rechtsfähige Person, ein *Rechtssubjekt,* sein. Rechtsfähig ist jedermann unabhängig von Alter, Geschlecht, Staatsangehörigkeit oder anderen Merkmalen. Die Rechtsfähigkeit beginnt mit der Vollendung der Geburt. Auch ein Kleinkind kann Träger von Rechten und Pflichten sein, d. h. Vermögen besitzen oder Ansprüche geltend machen. Die Rechtsfähigkeit endet mit dem Tod. Mit ihm gehen die Rechte unter oder werden zusammen mit dem Vermögen auf eventuelle Erben übertragen. Seine Rechtsfähigkeit kann dem Menschen nicht entzogen werden. Rechtsfähig sind jedoch nicht nur alle natürlichen Personen, sondern auch juristische Personen; sie werden im Rechtsverkehr wie natürliche Personen behandelt.

Juristische Personen sind Organisationen, denen die Rechtsfähigkeit zuerkannt ist. Zu den juristischen Personen gehören Personenvereinigungen (Körperschaften) und Vermögensmassen. Körperschaften des öffentlichen Rechts (z. B. die Gemeinden) erfüllen öffentliche Aufgaben; Körperschaften des privaten Rechts (z. B. Aktiengesellschaften) verfolgen private Ziele. Die Rechtsfähigkeit erlangen Personenvereinigungen entweder durch hoheitlichen Akt (Körperschaften des öffentlichen Rechts) oder durch Eintragung in ein öffent-

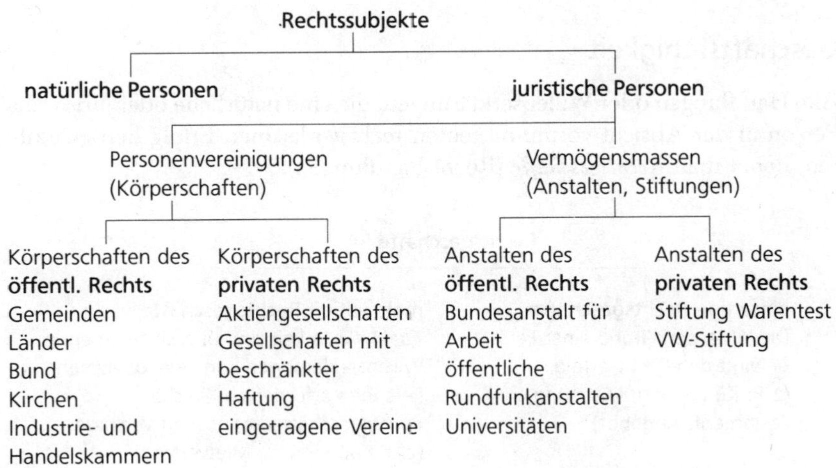

liches Register (Körperschaften des privaten Rechts). Dadurch werden sie Inhaber von Rechten und Pflichten; sie können Vermögen besitzen, erben (aber nicht beerbt werden), Prozesse führen usw. Die juristische Person ist also – wie der Mensch – Rechtssubjekt mit eigener Rechtspersönlichkeit. Die Rechtsfähigkeit einer juristischen Person ist allerdings nicht so umfassend wie die einer natürlichen Person. So sind die Rechtsnormen des Staatsangehörigkeitsrechts oder des Familienrechts auf juristische Personen nicht anwendbar (juristische Personen können z. B. nicht heiraten).

Auch Vermögensmassen können (in der Form von Anstalten oder Stiftungen) juristische Personen sein. Sie unterscheiden sich von den Personenvereinigungen aber dadurch, dass sie keine Mitglieder haben, sondern Benutzer. Anstalten führen als selbstständige Verwaltungseinheiten öffentliche Aufgaben aus (Schulen, Rundfunkanstalten, Bundesbank). Stiftungen verwalten aufgrund staatlicher Genehmigung oder privattestamentarischer Verfügung ein ihnen gewidmetes Vermögen, dessen Erträge einem bestimmten Zweck zufließen (z. B. Stiftung Deutsche Sporthilfe). Beide erlangen ihre Rechtsfähigkeit durch staatliche Verleihung bzw. Genehmigung.

Merkmale der juristischen Person:
- Sie besitzt eine eigene Rechtspersönlichkeit (eigenes Namensrecht usw.)
- Sie kann wie eine natürliche Person tätig werden (Verträge schließen usw.)
- Sie handelt durch ihre Organe (Bürgermeister, Vorstand usw.)
- Sie ist unabhängig von der Zahl ihrer Mitglieder

Wer rechtsfähig ist, ist zugleich parteifähig. Die *Parteifähigkeit,* also die Fähigkeit, in einem Rechtsstreit Partei (Kläger oder Beklagter) zu sein, besitzen alle natürlichen und juristischen Personen.

Geschäftsfähigkeit

Alle Handlungen oder Willenserklärungen, die eine natürliche oder juristische Person in der Absicht vornimmt, einen rechtswirksamen Erfolg herbeizuführen, nennt man *Rechtsgeschäfte* (Rechtshandlungen).

Rechtsgeschäfte

einseitige Rechtsgeschäfte	mehrseitige Rechtsgeschäfte
Die Willenserklärung einer Person bewirkt den Rechtserfolg (z. B. Kündigung, Mahnung, Testament, Angebot)	Zur Wirksamkeit sind übereinstimmende Willenserklärungen von zwei oder mehr Personen erforderlich. Solche Rechtsgeschäfte nennt man Verträge (z. B. Kaufvertrag, Mietvertrag)

Selbstständig rechtswirksam handeln kann nur, wer geschäftsfähig (handlungsfähig) ist. *Geschäftsfähigkeit* ist die Fähigkeit, Rechtsgeschäfte wirksam vorzunehmen. Da Rechtsgeschäfte Verpflichtungen von mitunter nicht voraussehbarer Tragweite begründen können, hängt die Geschäftsfähigkeit vom Alter sowie von der geistigen und körperlichen Verfassung desjenigen ab, der ein Rechtsgeschäft tätigen will.

Stufen der Geschäftsfähigkeit

Stufen	Personenkreis	Rechtsfolgen
Geschäftsunfähigkeit (§ 104 BGB)	wer das 7. Lebensjahr nicht vollendet hat wer sich dauernd in einem die freie Willensbildung ausschließenden Zustand krankhafter Störung der Geistestätigkeit befindet	Die Willenserklärungen sind nichtig, d. h., das Rechtsgeschäft ist von Anfang an unwirksam.
beschränkte Geschäftsfähigkeit (§ 106 BGB)	Minderjährige, die das 7., aber noch nicht das 18. Lebensjahr vollendet haben	Grundsätzlich bedürfen alle Rechtsgeschäfte der Zustimmung des gesetzlichen Vertreters. Bis dahin sind sie schwebend unwirksam.
volle Geschäftsfähigkeit (§ 2 BGB)	wer das 18. Lebensjahr vollendet hat (Volljährigkeit)	Sämtliche Rechtshandlungen sind voll wirksam.

Rechtsgeschäfte geschäftsunfähiger Personen sind stets nichtig. Für sie handelt der gesetzliche Vertreter, das sind die Eltern oder ein Vormund. Nichtig sind auch alle Willenserklärungen, die im Zustand der Bewusstlosigkeit oder der vorübergehenden Störung der Geistestätigkeit (z. B. aufgrund von Alkoholgenuss, Drogen, Fieber) abgegeben werden (§ 105 BGB). Rechtsgeschäfte, die von beschränkt Geschäftsfähigen vorgenommen werden, sind schwebend unwirksam, d. h., durch die nachträgliche Zustimmung des gesetzlichen Vertreters wird ein solches Rechtsgeschäft von Anfang an wirksam. Die Zustimmung des gesetzlichen Vertreters kann vor Abschluss des Rechtsgeschäfts oder nachher erteilt werden. Die vorherige Zustimmung heißt Einwilligung, die nachträgliche Genehmigung.

Auch ohne Zustimmung des gesetzlichen Vertreters können Rechtsgeschäfte Minderjähriger wirksam sein,

– wenn sie dem Minderjährigen lediglich einen rechtlichen Vorteil (§ 107 BGB) bringen, z. B. Schenkung ohne Auflagen; denn durch das Rechtsgeschäft dürfen dem Minderjährigen keine Verpflichtungen entstehen

- wenn die Leistung zur Erfüllung des Vertrages mit Mitteln bewirkt wird, die dem Minderjährigen zur freien Verfügung stehen oder zu diesem Zweck vom gesetzlichen Vertreter oder mit dessen Zustimmung von einem Dritten überlassen worden sind (§ 110 BGB: ›Taschengeldparagraph‹); d. h., ausgeschlossen sind Kredit- und Ratenzahlungsgeschäfte
- wenn der gesetzliche Vertreter mit Genehmigung des Vormundschaftsgerichts den Minderjährigen zum selbstständigen Betrieb eines Erwerbsgeschäftes ermächtigt hat, sodass der Minderjährige für alle Rechts- und Geschäftshandlungen unbeschränkt geschäftsfähig ist, die dieser Geschäftsbetrieb mit sich bringt (§ 112 BGB)
- wenn der Minderjährige von seinem gesetzlichen Vertreter ermächtigt wird, ein Dienst- oder Arbeitsverhältnis einzugehen, sodass er für solche Rechtsgeschäfte unbeschränkt geschäftsfähig wird, die sich aus der Eingehung, Erfüllung oder Aufhebung dieses Verhältnisses ergeben, z. B. Lohn, Kündigung, Urlaub (§ 113 BGB)

Wer rechtsfähig ist, ist damit nicht unbedingt auch geschäftsfähig, wie das folgende Beispiel zeigt: Ein dreijähriges Kind verliert seine Eltern, die ein Haus und ein Bankkonto besaßen. Da es rechtsfähig ist, erbt es das Haus und das Bankkonto. Da es nicht geschäftsfähig ist, kann es die sich aus der Erbschaft ergebenden Rechte und Pflichten (Vermieten, Steuern zahlen usw.) nicht wahrnehmen. Hierzu bedarf es eines Vormunds. Auch prozessfähig ist es nicht. Nur wer voll geschäftsfähig ist, ist auch prozessfähig, d. h., er besitzt die Fähigkeit, Prozesshandlungen selbst oder durch einen Prozessbevollmächtigten rechtswirksam vorzunehmen.

Rechtsgeschäfte

Der Grundsatz der Gestaltungsfreiheit im bürgerlichen Recht und im Handelsrecht ist Ausdruck des Grundrechts auf freie Entfaltung der Persönlichkeit nach Artikel 2 (1) GG. Gestaltungsfreiheit beinhaltet die Formfreiheit, die Inhaltsfreiheit und die Abschlussfreiheit. Die Vertragspartner können die Rechtsverhältnisse nach ihren Vorstellungen gestalten. Für bestimmte Rechtsgeschäfte besteht aber aus Gründen der Beweisbarkeit, Rechtssicherheit und aufgrund gesetzlicher Vorschriften oder vertraglicher Vereinbarungen *Formzwang.*

Auch wenn formfrei vorgenommene Rechtsgeschäfte vollgültig sind, sollten Vereinbarungen im Geschäftsverkehr doch immer schriftlich festgehalten werden, um im Falle von Auseinandersetzungen nicht in Beweisnot zu geraten. Schweigen im Rechtsverkehr bedeutet grundsätzlich Ablehnung. In bestimmten Situationen kann Schweigen aber auch Zustimmung bedeuten: Wenn ein Kaufmann auf ein Bestätigungsschreiben nicht antwortet, so gilt sein Schweigen als Einverständnis, und zwar auch dann, wenn der Inhalt des Bestätigungsschreibens von der vorausgegangenen Vereinbarung abweicht.

Schriftform bedeutet, dass beide Parteien den schriftlich niedergelegten Vertrag o. Ä. handschriftlich zu unterschreiben haben. Die Schriftform ist gesetzlich vorgeschrieben bei Mietverträgen von mehr als einem Jahr Laufzeit, bei Bürgschaftserklärungen von Nichtkaufleuten, bei Testamenten, Schuldversprechen und Schuldanerkenntnissen. Bei der öffentlichen Beglaubigung ist die Erklärung schriftlich abzufassen und die Unterschrift darüber hinaus von einem Notar zu beglaubigen. Die Beglaubigung bezieht sich nur auf die Unterschrift, nicht aber auf den Inhalt des Schriftstückes. Beispiele für zu beglaubigende Schriftstücke sind Anmeldungen zum Vereins- oder Handelsregister und Erklärungen für die Eintragung im Grundbuch. Ist für ein Rechtsgeschäft die notarielle Beurkundung vorgeschrieben, so wird vom Notar sowohl die Richtigkeit des Inhalts des Schriftstücks als auch die Echtheit der Unterschrift bestätigt. Notarielle Beurkundung ist vorgeschrieben bei Veräußerungen oder Belastungen von Grundstücken, Schenkungsversprechen, Eheverträgen, Gründung von Aktiengesellschaften usw. Rechtsgeschäfte, bei denen die vereinbarte oder gesetzlich vorgeschriebene Form nicht beachtet wurde, sind nichtig.

Form der Rechtsgeschäfte

Formfreiheit
Die Willenserklärungen können mündlich, schriftlich, telefonisch, per Telefax oder durch schlüssiges Handeln (Stillschweigen) abgegeben werden.

Formzwang
Vorgeschrieben können sein:
1. Schriftform oder
2. öffentliche Beglaubigung oder
3. öffentliche Beurkundung.

Nichtigkeit eines Rechtsgeschäftes bedeutet, dass das Rechtsgeschäft ungültig ist. Ein solches Rechtsgeschäft ist von Anfang an unwirksam, auch wenn keiner der Partner sich auf die Nichtigkeit beruft. Ein Rechtsgeschäft ist ebenfalls nichtig, wenn es einen so schweren Mangel aufweist, dass das Gesetz ihm keine Rechtswirkung mehr zuerkennt. Nichtigkeit liegt stets vor, wenn einer der folgenden Fälle gegeben ist:

Fehlende Geschäftsfähigkeit
Fehlende Geschäftsfähigkeit liegt zum Beispiel vor, wenn ein 6-jähriges Mädchen sein Fahrrad einer Freundin schenkt.
Scheingeschäft
Die Partner wollten den von ihnen erklärten Rechtserfolg in Wirklichkeit nicht. Sie haben ihre Willenserklärungen nur zum Schein abgegeben, etwa, um einen Dritten zu täuschen.

Beispiel:
Ein Kaufmann verkauft einem Freund sein Auto, um es der Konkursmasse zu entziehen. Nach Abschluss des Konkurses soll er sein Auto zurückerhalten.
Scherzgeschäft
Dieses Rechtsgeschäft wurde in der Erwartung abgeschlossen, der Mangel an Ernsthaftigkeit, also der Scherz, werde nicht verkannt. Es fehlt die Ernsthaftigkeit der Willenserklärung.
Beispiel:
Jemand macht seinem Bekannten das Angebot, ihm seinen (intakten) Mercedes für 100 DM zu verkaufen, weil gerade der 1. April ist.
Verstoß gegen Formvorschriften
Beim Abschluss eines Rechtsgeschäftes wurde die vorgeschriebene Form nicht gewahrt.
Beispiel:
Verkauf eines Grundstückes aufgrund mündlicher Vereinbarung, ohne die vorgeschriebene notarielle Beurkundung zu beachten.
Verstoß gegen ein gesetzliches Verbot
In diesem Fall verstößt ein Rechtsgeschäft gegen geltendes Gesetz.
Beispiel:
Handel mit Waffen, Rauschgift usw.
Verstoß gegen die guten Sitten
Ein Rechtsgeschäft ist zwar formal korrekt abgewickelt und entspricht geltendem Gesetz, ist inhaltlich aber sittenwidrig.
Beispiel:
Jemand gewährt einem Bekannten ein Darlehen, verlangt aber 35% Zinsen dafür.

Wenn durch zwei übereinstimmende Willenserklärungen ein Vertrag zustande gekommen ist, dann sind beide Parteien grundsätzlich an den Vertrag gebunden. Die Willenserklärungen können dann einseitig nicht zurückgenommen werden. Unter bestimmten Voraussetzungen ist aber die Auflösung eines bis dahin gültigen Vertrages durch *Anfechtung* möglich. Die Anfechtung kann durch eine formlose Erklärung ausgesprochen werden. Anfechtungsgründe können Irrtum, arglistige Täuschung und widerrechtliche Drohung sein.

Irrtum bedeutet das unbewusste Auseinanderfallen von Wille und Erklärung. Bei Kenntnis der Sachlage und bei verständiger Würdigung des Falles hätte der Irrende die betreffende Erklärung nicht abgegeben. Beim *Irrtum in der Erklärungshandlung* wollte der Betreffende eine Erklärung dieses Inhalts nicht abgeben; er hat sich versprochen, verschrieben oder vergriffen.

Beispiel:
Ein Kaufmann will den Artikel Nr. 103 bestellen. Seine Sekretärin trägt in die Bestellung die Zahl 301 ein.

Beim *Irrtum über den Erklärungsinhalt* wollte der Betreffende etwas anderes zum Ausdruck bringen, als er tatsächlich erklärt hat.

Beispiel:
Frau F. möchte ihre Haushaltskasse aufbessern und überlässt ihr Fahrrad einer Klubkameradin für die Ferienzeit. In der Unterhaltung darüber spricht sie von ›*leihen*‹, meint aber ›*vermieten*‹.

Beim *Irrtum über wesentliche Eigenschaften* einer Sache, einer Person oder eines Rechts stimmen Erklärungswille und Erklärungsinhalt zwar überein, aber der Erklärende hat sich über ein wesentliches Merkmal geirrt.

Beispiel:
Herr K. wird als Kraftfahrer eingestellt. Nachträglich erfährt sein Chef, dass Herr K. wegen Alkoholdelikten vorbestraft ist.

Nicht anfechtbar sind der *Kalkulationsirrtum* und der *Motivirrtum.*

Beispiel:
Die Firma ermittelt einen zu niedrigen Verkaufspreis, weil der Buchhaltung ein Fehler unterlaufen ist.
Herr X. kauft Aktien in der Hoffnung, dass ihr Kurs steigen würde. Tatsächlich aber fallen die Kurse.

Arglistige Täuschung liegt vor, wenn jemand durch das Verschweigen von Eigenschaften oder die Vorspiegelung falscher Tatsachen einen Vertragspartner bewusst täuscht.

Beispiel:
Der Autohändler schraubt den Kilometerzähler zurück, um einen Interessenten zum Kauf des Gebrauchtwagens zu bewegen.

Eine *widerrechtliche Drohung* ist gegeben, wenn jemand einen anderen unter Androhung von physischer Gewalt oder von Nachteilen zu einer Handlung veranlasst, die dieser sonst nicht vornehmen würde.

Beispiel:
Ein Angestellter droht seinem Chef mit einer Anzeige beim Finanzamt, wenn er sein Gehalt nicht erhöht.

Anfechtbare Rechtsgeschäfte sind gültig, solange sie nicht angefochten werden. Mit der fristgerechten Anfechtung wird das Rechtsgeschäft rückwirkend ungültig. Ein Irrtum muss unverzüglich, d. h. ohne schuldhaftes Zögern, nach seiner Entdeckung angefochten werden. Wenn seit Abgabe der Willenserklärung 30 Jahre vergangen sind, ist eine Anfechtung nicht mehr möglich. Bei arglistiger Täuschung und widerrechtlicher Drohung beträgt die Anfechtungsfrist ein Jahr nach der Entdeckung, längstens 30 Jahre nach Abgabe der Willenserklärung.

Verträge

Die grundlegenden Vorschriften über den Vertrag finden sich im Bürgerlichen Gesetzbuch. Sie gelten für die verschiedenen Vertragsarten, wie Kaufvertrag, Mietvertrag usw. Ein *Vertrag* kommt generell durch übereinstimmende Willenserklärungen von mindestens zwei Personen zustande. Die erste Willenserklärung heißt *Antrag (= Angebot),* die zweite Willenserklärung *Annahme.* Durch die fristgemäße und bedingungslose Annahme des Antrages ist ein Vertrag (z. B. Kaufvertrag) zustande gekommen. Da ein Antrag eine an eine bestimmte Person gerichtete empfangsbedürftige Willenserklärung ist, gelten Schaufensterauslagen, Zeitungsanzeigen, Kataloge und sonstige Reklame nicht als Antrag. Sie sind lediglich als Aufforderungen zur Abgabe eines Antrages anzusehen.

Eine bestimmte Form ist für die Abgabe des Antrages nicht vorgeschrieben. Sie ist also mündlich, schriftlich, fernmündlich, per Telefax oder durch schlüssiges Handeln (Handelsvertreter, Geschäftsinhaber, Verkäufer usw.) möglich. An den Antrag ist der Erklärende gebunden. Die Bindungsfrist kann gesetzlich bestimmt sein oder vertraglich vereinbart werden.

Das Gesetz unterscheidet zwischen dem Antrag unter Anwesenden, wozu auch das Telefongespräch zählt, und dem Antrag unter Abwesenden. Ein Antrag unter Anwesenden muss sofort angenommen werden, d. h., solange das Gespräch dauert. Die Annahme eines Antrages unter Abwesenden muss bis zu dem Zeitpunkt erfolgen, zu dem unter verkehrsüblichen Umständen eine Antwort erwartet werden darf. Da bei einem schriftlichen Antrag (z. B. Brief) die Bearbeitungszeit, eine Überlegungsfrist und die Beförderungsdauer der Nachricht berücksichtigt werden müssen, beträgt die Bindungsfrist etwa eine Woche; bei einem fernschriftlichen (per Fernschreiber, Telefax erteilten) Antrag einen Tag. Für die Erklärungsannahme ist ein Nachrichtenmittel von gleicher Geschwindigkeit zu benutzen.

Der Anbietende (Antrag) kann grundsätzlich die Frist für die Annahme des Angebots frei bestimmen. Er tut dies z. B. durch einen Hinweis wie ›Angebot gültig bis 19. 03. 19...‹. Die Annahmeerklärung muss innerhalb der vereinbarten oder gesetzlichen Frist zugegangen sein. Die Bindung an das Angebot erlischt, wenn der Empfänger es nicht rechtzeitig angenommen, geändert oder abgelehnt hat. Eine verspätete Annahme des Angebots oder eine Änderung seines Inhalts gilt als neues Angebot, das von der anderen Seite erst angenommen werden muss, damit ein Vertrag zustande kommt. Durch *Freizeichnungsklauseln* (›freibleibend‹, ›Preise unverbindlich‹, ›Liefermöglichkeit vorbehalten‹ usw.) kann die Bindung des Angebots eingeschränkt oder ausgeschlossen werden. Das Angebot wird erst wirksam, wenn es beim Empfänger eingegangen ist. Bis dahin kann es jederzeit widerrufen werden. Damit ein solcher Widerruf spätestens mit dem Angebot eintrifft, empfiehlt es sich, für den Widerruf das schnellere Nachrichtenmittel zu wählen.

Wichtige Vertragsarten

Vertragsart	Vertragsinhalt	Vertragspartner	Beispiel	BGB §
Auftrag	Unentgeltliche Übernahme einer Geschäftsbesorgung	Auftraggeber und Beauftragter	Blumen gießen während der Abwesenheit der Nachbarin	662 ff.
Geschäftsbesorgungsvertrag	Entgeltliche wirtschaftliche selbstständige Tätigkeit im Interesse des Auftraggebers	Auftraggeber und Beauftragter	Rechts-, Steuerberatung, Auskunftei, Kontoführung	675
Kaufvertrag	Veräußerung von Sachen oder Rechten gegen Entgelt	Verkäufer und Käufer	Verkauf von Waren, Patenten, Grundstücken	433 bis 514
Tauschvertrag	Gegenseitige Übereignung von Sachen oder Rechten	Tauschpartner	Briefmarken, Münzen	515
Leihvertrag	Unentgeltliche Überlassung von beweglichen Sachen oder Grundstücken zum Gebrauch und bei späterer Rückgabe desselben Gegenstandes	Verleiher und Leiher	Leihverpackung, Bücher, Fahrräder	598 bis 605
Mietvertrag	Entgeltliche Überlassung von Sachen zum Gebrauch auf Zeit	Vermieter und Mieter	Wohnung, Auto, Geschäftsräume	535 bis 580
Pachtvertrag	Entgeltliche Überlassung von Sachen oder Rechten zum Gebrauch und Fruchtgenuss (Nutzung der Erträge)	Verpächter und Pächter	Pächter darf sich im Garten aufhalten und Früchte ernten	581 bis 597
Darlehensvertrag	Entgeltliche oder unentgeltliche Überlassung von (vertretbaren) Sachen zum Verbrauch und bei späterer Rückgabe gleichartiger Dinge	Darlehensgeber und Darlehensnehmer	Geld, Kaffee an Nachbarin, Baudarlehen	607 bis 610

Vertragsart	Vertragsinhalt	Vertragspartner	Beispiel	BGB §
Arbeitsvertrag/ Dienstvertrag	Leistung von Diensten gegen Entgelt	Arbeitgeber und Arbeitnehmer	Sekretärin, Verkäuferin, Monteur	611 bis 630
Werkvertrag	Verrichtung einer bestimmten Arbeit/ eines bestimmten Werkes gegen Entgelt	Unternehmer und Besteller	Autoreparatur, Malerarbeiten, Anfertigung eines Kostüms	631 bis 650
Werklieferungsvertrag	Verrichtung einer bestimmten Arbeit/ eines bestimmten Werkes aus Materialien, welche der Unternehmer liefert, gegen Entgelt	Unternehmer und Besteller	Malerarbeiten, für die der Unternehmer (Malermeister) Tapeten, Farben usw. liefert	651
Schenkungsvertrag	Unentgeltliche Zuwendung von Sachen oder Rechten, durch die der Beschenkte bereichert wird	Schenker und Beschenkter	Hochzeitsgeschenk, Oma schenkt Enkel eine Uhr	516 bis 534
Bürgschaftsvertrag	Verpflichtung zum Einstehen für die Schulden eines Dritten	Bürge und Gläubiger	B bürgt gegenüber einer Bank für die Schulden von S	765 ff.
Gesellschaftsvertrag	Gegenseitige Verpflichtung von Gesellschaftern zur Förderung des gemeinsamen Ziels	Gesellschafter	Kollegen bilden eine Totogemeinschaft, mehrere Personen gründen eine Aktiengesellschaft	705 bis 740 und Akt.-Ges. § 16
Abtretungsvertrag	Abtretung einer Forderung an einen anderen	Zwei Gläubiger	Abtretung einer Forderung aus Warenverkauf an die Bank zur Sicherung eines Darlehens	398 ff.

Sachen im Sinne des BGB sind körperliche Gegenstände (auch flüssige oder gasförmige). *Vertretbare Sachen* sind bewegliche Sachen, die nach Zahl, Maß oder Gewicht bestimmt zu werden pflegen. Es handelt sich hierbei um Gegenstände, die in mehreren Exemplaren vorhanden sind und in der Regel serienmäßig hergestellt werden (z. B. Wertpapiere, Geld, Hemden, Benzin usw.). Den Kauf von vertretbaren beweglichen Sachen nennt man *Gattungskauf*. *Nicht vertretbare Sachen* sind Einzelstücke. Darunter fallen alle Gegenstände einmaliger Art (z. B. Originalgemälde, Modellkleider, Rennpferde oder Grundstücke). Den Kauf von nicht vertretbaren Sachen nennt man *Spezieskauf* oder *Stückkauf*.

Besitz und Eigentum

Besitz ist die tatsächliche Herrschaft über eine bewegliche oder unbewegliche Sache. Besitzer ist grundsätzlich jeder, der Gewalt über eine Sache hat, sodass er jederzeit auf die Sache einwirken kann, unabhängig davon, ob er die Sache rechtmäßig oder rechtswidrig erlangt hat. Besitzer ist also beispielsweise der Mieter einer Wohnung, der Finder eines Gegenstandes, der Pächter eines Gartens, sogar der Dieb. Besitz kann unter Mitwirkung und mit Zustimmung des bisherigen Besitzers erlangt werden (durch Miete, Leihe, Pacht usw.). Besitz kann aber auch ohne Mitwirkung und Zustimmung des bisherigen Besitzers erlangt werden, z. B. durch einfaches An-sich-Bringen einer Sache (Finder, Dieb). Der Besitz endet, wenn der Besitzer nicht mehr die tatsächliche Herrschaft über die Sache ausübt.

Der Besitzer kann gegenüber demjenigen, der ihm seinen Besitz streitig macht, folgende Rechte geltend machen:

- Er kann gegen jede Störung oder Verletzung seines Besitzes Klage auf Unterlassung bzw. Beseitigung erheben (Beispiel: Um seinen Weg abzukürzen, überquert jemand ohne Erlaubnis ein fremdes Grundstück)
- Er kann von seinem Selbsthilferecht Gebrauch machen, wenn andere ihm den Besitz entziehen oder zerstören wollen

Selbsthilfe bedeutet das Recht, in besonderen Notfällen seine Ansprüche eigenmächtig, auch mit Gewalt, durchzusetzen. Selbsthilfe ist nur gestattet, wenn behördliche oder gerichtliche Hilfe nicht erlangt werden kann oder wenn ohne eigenes sofortiges Eingreifen die Gefahr besteht, dass die Durchsetzung des Anspruchs unmöglich wird. Selbsthilfemaßnahmen können das gewaltsame An-sich-Nehmen einer gestohlenen Sache oder die Festnahme eines Flüchtenden (auch mit körperlicher Gewalt) sein. In diesem Fall muss der Grundsatz der Verhältnismäßigkeit beachtet werden. Als Selbsthilfe dürfen keine weiter gehenden Mittel eingesetzt werden, als zur Durchsetzung des Anspruchs erforderlich sind.

Beispiel:
Ein Hotelier bemerkt einen Gast, der, ohne seine Rechnung zu bezahlen, abreisen will. Da der Gast nicht zahlen will, sperrt ihn der Hotelier in ein Zimmer ein, um in der Zwischenzeit polizeiliche Hilfe zu holen. Aus Ärger über das Verhalten des Gastes lässt er ihm durch seinen Portier eine Tracht Prügel verabreichen. Während das Einsperren durchaus als erlaubte Selbsthilfe anzusehen ist, gilt das Prügeln dagegen als rechtswidrig und unverhältnismäßig, da mehr Gewalt eingesetzt wurde, als unbedingt erforderlich war.

Eigentum ist die rechtliche Herrschaft über eine Sache. Dem Eigentümer gehört die Sache. Er kann mit der Sache nach Belieben verfahren und andere von jeder Einwirkung ausschließen, sofern er Gesetze oder Rechte Dritter nicht verletzt (§ 903 BGB). Das Eigentumsrecht besteht unabhängig von der tatsächlichen Herrschaft über eine Sache. Der Vermieter einer Wohnung bleibt Eigentümer der Wohnung. Das Eigentum an einer Sache kann nur der Eigentümer, nicht der Besitzer, übertragen.

Unter bestimmten Voraussetzungen ist es möglich, Eigentum auch vom Nichteigentümer zu erwerben. Diese Voraussetzungen sind:

- Der Veräußerer muss Besitzer der Sache sein
- Der Erwerber muss gutgläubig sein
- Die Sache darf nicht abhanden gekommen sein

Gutgläubig ist der Erwerber einer Sache nicht, wenn ihm bekannt oder nur infolge grober Fahrlässigkeit unbekannt ist, dass die Sache nicht dem Veräußerer gehört. Eine Sache ist abhanden gekommen, wenn der Besitzer ohne seine Mitwirkung und ohne seinen Willen den Besitz an einer Sache, beispielsweise durch Unachtsamkeit oder Diebstahl, verloren hat.

Beispiel:
1. A leiht B ein Buch. B verkauft das Buch, nachdem er es gelesen hat, an C, der B für den Eigentümer hält. Damit ist C zum Eigentümer des Buches geworden.
2. B stiehlt A ein Buch und verkauft es an C, der B für den Eigentümer hält. Da man an abhanden gekommenen Sachen kein Eigentum erwerben kann, ist C nicht Eigentümer des Buches geworden.
(In beiden Beispielen haftet B gegenüber A für den schuldhaft verursachten Schaden.)

Von der gesetzlichen Regelung, dass man an abhanden gekommenen Sachen kein Eigentum erwerben kann, gibt es drei Ausnahmen. An derartigen Sachen kann man Eigentum erwerben, wenn es sich um Geld oder Inhaberpapiere handelt oder wenn man die abhanden gekommenen Gegenstände auf einer öffentlichen Versteigerung erwirbt.

Beispiel:
X erwirbt auf einer Versteigerung eine Vase. Auch wenn sich später herausstellt, dass die Vase aus Diebesgut stammt, ist X ihr Eigentümer.

Eigentum kann auch durch *Ersitzung* und durch *Verbindung* und *Vermischung* erworben werden. Durch Ersitzung erwirbt derjenige Eigentum, der eine bewegliche Sache zehn Jahre in gutem Glauben besessen hat.

Beispiel:
Im obigen Beispiel 2 wäre C Eigentümer des Buches geworden, wenn der Diebstahl erst nach zehn Jahren bekannt geworden wäre und wenn C während dieser Zeit der Ansicht gewesen ist, dass B der rechtmäßige Eigentümer des Buches war.

Wird eine fremde bewegliche Sache mit einer unbeweglichen Sache, z. B. mit einem Grundstück, so fest verbunden, dass sie wesentlicher Bestandteil wird, dann wird der Eigentümer der unbeweglichen Sache auch zum Eigentümer der beweglichen Sache. Dasselbe gilt, wenn eine fremde bewegliche Sache mit einer anderen so vermischt oder verbunden wird, dass sie nicht mehr voneinander getrennt werden können.

Beispiel:
1. Ein Bauunternehmer baut in ein Haus Fenster ein. Selbst wenn die Fenster noch nicht bezahlt worden sind, wird der Eigentümer des Hauses Eigentümer der Fenster.
2. Ein Kunstmaler stiehlt in einem Fachgeschäft die Leinwand und die Farben für ein Bild. Wenn das Bild gemalt worden ist, ist der Künstler Eigentümer der Leinwand und der Farben.

Schließlich kann Eigentumserwerb auch noch durch *Aneignung* erfolgen. ›Wer eine herrenlose bewegliche Sache in Eigenbesitz nimmt, erwirbt Eigentum an der Sache‹ (§ 958 BGB). Herrenlose Sachen sind Sachen, die noch niemals einem anderen gehört haben (z. B. Waldfrüchte usw.), oder Sachen, an denen das Eigentum aufgegeben worden ist. Verloren gegangene Sachen sind nicht herrenlos, sondern besitzerlos.

Stellvertretung

Es ist nicht immer möglich, alle Rechtsgeschäfte persönlich zu tätigen. Daher kann man einem anderen eine Vollmacht erteilen, um sich von ihm vertreten zu lassen. *Vollmacht* ist die einem anderen erteilte Vertretungsmacht. Der *Vollmachtgeber* kann Art und Umfang der Vollmacht selbst bestimmen. Die Erteilung der Vollmacht erfolgt gegenüber dem zu Bevollmächtigenden (Vertreter) oder gegenüber dem Dritten, dem gegenüber die Vertretung stattfinden soll.

Stellvertreter ist derjenige, der anstelle und im Namen eines anderen rechtsgeschäftlich handeln darf. *Stellvertretung* ist grundsätzlich für alle Rechtsgeschäfte zugelassen. Das Gesetz schließt nur die so genannten höchstpersönlichen Angelegenheiten wie Eheschließung oder Testament von der Stellvertretung aus. Die Vertretungsmacht kann sich aus dem Gesetz ergeben (Eltern, Vormund); sie kann aber auch rechtsgeschäftlich (durch Willenserklärung), d. h. durch eine Vollmacht, begründet werden.

Vollmachten

gem. BGG
§ 164 ff.
Generalvollmacht

gemäß HGB
§ 48 ff.
Handlungsvollmacht
Prokura

Ist eine Vollmacht nicht auf ein bestimmtes Rechtsgeschäft beschränkt, so gilt sie generell. Eine nach § 164 ff. BGB erteilte *Generalvollmacht* berechtigt zur Vornahme aller Rechts- und Geschäftshandlungen, für die eine Stellvertretung überhaupt zulässig ist. Sie ist die weitestgehende Vollmacht.

Eine Vollmacht kann formlos erteilt werden (§ 167 BGB). Aus Gründen der Beweisführung sollte für eine Vollmacht die Schriftform gewählt werden. Auch stillschweigend (durch schlüssiges Handeln) kann eine Vollmacht erteilt werden. Das ist der Fall, wenn jemand duldet, dass ein anderer für ihn tätig wird, ohne etwas dagegen zu unternehmen.

Beispiel:
Die Ehefrau eines selbstständigen Handwerksmeisters verhandelt mit den Lieferanten, gibt Bestellungen auf usw. Der Handwerksmeister hat seiner Frau zwar keine Vollmacht erteilt, duldet aber ihr Verhalten.

Die vom Stellvertreter innerhalb der ihm zustehenden Vertretungsmacht abgegebenen Willenserklärungen wirken unmittelbar für und gegen den Vertretenen. Der Vertreter handelt im Namen des Vertretenen nach eigenem Willensentschluss.

Beispiel:
A erteilt B Vollmacht, für ihn ein Fahrrad zu kaufen. Der Fahrradhändler F führt B das neueste Modell vor. B entschließt sich, dieses Modell zu kaufen. Der Kaufvertrag ist zwischen A und F rechtsgültig zustande gekommen. A hat damit das Fahrrad erworben und muss es bezahlen, auch wenn ihm die Farbe oder ein anderes Merkmal des Rades nicht gefallen sollte.

Eine ausdrückliche Erklärung, im Namen eines anderen zu handeln, ist nicht erforderlich. Das Recht zur Stellvertretung kann sich auch aus den äußeren

Umständen ergeben. Die Bedienung in einem Restaurant handelt z. B. im Namen des Inhabers. Auch die Mitarbeiter des Kaufmanns gelten als bevollmächtigt für alle sich aus ihrer Funktion ergebenden Rechtsgeschäfte.

> Beispiel:
> Die Verkäuferin V verkauft der Kundin K eine Bluse. Sollte die Bluse Mängel aufweisen, so hat die Kundin Ersatzansprüche gegenüber dem Geschäftsinhaber, nicht aber gegenüber der Verkäuferin.

Handelt jemand ohne Vollmacht im Namen eines anderen oder überschreitet der Vertreter seine Vollmacht, dann hängt die Wirksamkeit des Rechtsgeschäftes von der Genehmigung des Vertretenen ab. Verweigert der Vertretene die Genehmigung, dann muss der vollmachtlose Vertreter den Vertrag erfüllen oder Schadenersatz leisten.

Die Vollmacht erlischt

- durch Widerruf dem Vertreter oder dem Dritten gegenüber
- mit Beendigung des ihr zugrunde liegenden Rechtsverhältnisses zwischen Vertretenem und Vertreter
- mit dem Tod des Vertreters

Für den Widerruf der Vollmacht gelten dieselben Bestimmungen wie für ihre Erteilung. Die Vollmacht erlischt nicht mit dem Tod des Vollmachtgebers (§ 672 BGB). Nach dem Erlöschen der Vollmacht hat der Bevollmächtigte die Vollmachtsurkunde dem Vollmachtgeber zurückzugeben.

Während der Stellvertreter im Namen eines anderen eine eigene Willenserklärung abgibt, ist der *Bote* lediglich Überbringer eines fremden Willens. Der Bote formuliert keine eigene Erklärung, sondern übermittelt die fertige Erklärung seines Auftraggebers. Der Unterschied zeigt sich auch in den Voraussetzungen, unter denen der Stellvertreter und der Bote tätig werden können. Während der Stellvertreter nach § 165 BGB mindestens beschränkt geschäftsfähig sein muss, kann auch eine geschäftsunfähige Person, beispielsweise ein Kind, Bote sein. Übermittlungsfehler, die dem Boten unterlaufen, berechtigen den Vertretenen zur Anfechtung.

> Beispiel:
> Die Mutter schickt ihre 5-jährige Tochter mit einem Einkaufszettel in die ›Nähstube‹, um Garn, Wolle und Nadeln zu kaufen. Der Kaufvertrag ist zwischen der ›Nähstube‹ und der Mutter zustande gekommen, da die Tochter lediglich Botin sein kann.

Zur Stellvertretung des Kaufmanns/der Kauffrau siehe Seite 634 ff.

Besondere Themen des Handelsrechts

Das BGB regelt die Rechtsverhältnisse aller Personen, sowohl der natürlichen als auch der juristischen. Seine Bestimmungen gelten für Privatpersonen und Gesellschaften, für Nichtkaufleute und Kaufleute. Daneben gibt es für Kaufleute ein spezielles Recht, das Handelsrecht, das im Handelsgesetzbuch (HGB) niedergelegt ist. Die besonderen Regelungen des Handelsrechts dienen der Rechtssicherheit im Wirtschaftsleben. Sie sollen einen flexiblen, rationellen und risikobegrenzten Ablauf wirtschaftlicher Vorgänge ermöglichen. Andererseits will das Handelsrecht den Kaufmann von bestimmten Formvorschriften, Auflagen und Schutzbestimmungen des BGB entlasten, da es bei ihm Fachkompetenz und unternehmerische Urteilsfähigkeit voraussetzen kann. Ob bei einem Rechtsgeschäft die Bestimmungen des BGB oder des HGB anzuwenden sind, hängt davon ab, ob die Partner Privatpersonen oder Kaufleute sind. Sind beide Partner Privatleute, spricht man von einem bürgerlichen Kauf. Beim einseitigen Handelskauf dagegen ist ein Partner Kaufmann, der andere Nichtkaufmann; beim zweiseitigen Handelskauf sind beide Partner Kaufleute. Beim einseitigen Handelskauf gelten auch für den Nichtkaufmann die handelsrechtlichen Bestimmungen. Darüber hinaus müssen bei zweiseitigen Handelskäufen wegen der damit verbundenen Risiken und Haftungsverpflichtungen mitunter besondere Vorschriften des HGB beachtet werden (z. B. die unverzügliche Rügepflicht des Käufers bei offenen Mängeln oder das Recht des Verkäufers, im Falle des Annahmeverzugs die Ware öffentlich zu versteigern). Für den Kaufmann gilt also in erster Linie das HGB; daneben sind aber stets die Bestimmungen des BGB ergänzend zu berücksichtigen. Mit dem Begriff ›Handel‹ meint das HGB im Übrigen nicht nur den Handel selbst mit seinen typischen Funktionen des Güterumsatzes. Zum Handel im rechtlichen Sinne gehören auch die Unternehmen des Handwerks, der Industrie, des Transportgewerbes, des Bank- und Versicherungswesens u. a.

Der Kaufmann/Die Kauffrau

Nach § 1 (1) HGB ist Kaufmann/Kauffrau, wer ein Handelsgewerbe betreibt. Unter einem Gewerbe versteht man eine selbstständige, gesetzeskonforme, dauerhafte und planmäßige Tätigkeit, die in der Absicht, Gewinn zu erzielen, ausgeübt wird. Ein Kokaindealer z. B. betreibt kein erlaubtes Handelsgewerbe, ist also kein Kaufmann. Kein Gewerbe betreiben ferner diejenigen, die eine Tätigkeit einmalig oder nur vorübergehend ausüben. Die so genannten Freiberufler, also Ärzte, Rechtsanwälte, freischaffende Künstler, Architekten, Privatlehrer usw., betreiben ebenfalls kein Gewerbe, da unterstellt wird, dass bei ihnen nicht die unternehmerischen Fähigkeiten, sondern individuelle Qualifikationen ausschlaggebend sind.

Was ein Handelsgewerbe ist, wird in § 1 Abs. 2 HGB bestimmt. Ein Handelsgewerbe ist jeder Gewerbebetrieb, es sei denn, dass das Unternehmen nach Art und Umfang einen in kaufmännischer Weise eingerichteten Geschäftsbetrieb nicht erfordert. Kaufmann/Kauffrau ist demnach jede(r) Gewerbetreibende ohne Rücksicht auf die Branche. Ausgenommen sind Gewerbetreibende, deren Unternehmen einen entsprechend eingerichteten Geschäftsbetrieb nicht erfordert. Kriterium für die Abgrenzung zwischen Kaufleuten und Nichtkaufleuten für alle Arten von Gewerbe sind Inhalt und Umfang des in kaufmännischer Weise eingerichteten Geschäftsbetriebes. Für Kleingewerbetreibende besteht eine Eintragungsoption. Sie sind berechtigt, aber nicht verpflichtet, die Eintragung in das Handelsregister herbeizuführen, und zwar sowohl als Einzelkaufleute als auch als Personenhandelsgesellschaften (OHG, KG). Mit der Eintragung unterliegen sie den Vorschriften des Handelsrechts, während für Kleingewerbetreibende das bürgerliche Recht bestimmend ist. Ist die Eintragung in das Handelsregister erfolgt, so ist es einem Gewerbetreibenden nach § 5 HGB nicht mehr möglich, sich darauf zu berufen, dass sein Unternehmen kein Handelsgewerbe ist. Für die AG, KGaA, GmbH und eG gilt aufgrund ihrer Rechtsform das Handelsrecht stets in vollem Umfang.
Da jeder Gewerbetreibende nach den Voraussetzungen des § 1 Abs. 2 HGB Kaufmann ist, ist er auch zur Eintragung seiner Firma in das Handelsregister verpflichtet. Diese Eintragung hat deklaratorischen Charakter, da die Kaufmannseigenschaft bereits durch die Aufnahme des Gewerbebetriebes erworben wurde. Die fakultative Eintragung von Kleingewerbetreibenden, die nach § 1 Abs. 2 HGB kein Handelsgewerbe betreiben, hat konstitutive Wirkung, da ihre Kaufmannseigenschaft erst durch die Eintragung begründet wird. Der Nachweis der Handelsregistereintragung und damit der Kaufmannseigenschaft kann für ein Kleinunternehmen im internationalen Geschäftsverkehr oder gegenüber Banken u. U. von wesentlicher Bedeutung sein. Auch Unternehmen der Land- und Forstwirtschaft, deren Gewerbebetrieb einen nach Art und Umfang in kaufmännischer Weise eingerichteten Geschäftsbetrieb erfordert, gelten als Handelsgewerbe, wenn die Firma dieser Unternehmen in das Handelsregister eingetragen ist.

Ein Kaufmann, der ein Gewerbe betreibt, muss diese Tätigkeit nicht persönlich ausüben. Er kann sie auch durch andere (Mitarbeiter, Bevollmächtigte usw.) ausführen lassen. Auch ein Minderjähriger kann ein Gewerbe mit Genehmigung des gesetzlichen Vertreters und des Vormundschaftsgerichts betreiben. Kaufmann im Sinne des HGB kann auch eine juristische Person sein. Da Kaufmann im handelsrechtlichen Sinne nur derjenige ist, der ein Handelsgewerbe betreibt, besitzt allein der Inhaber des betreffenden Handelsgewerbes die Kaufmannseigenschaft. Kaufmann ist also eine Person, die selbstständig eine unternehmerische Tätigkeit ausübt, nicht deren Mitarbeiter, und das unabhängig davon, ob sie mit ausführenden Tätigkeiten (Sachbearbeiter, Buchhalter usw.) betraut sind oder dispositive Funktionen (Manager, Direktoren) wahrnehmen. Auch diejenigen Personen, die im allgemeinen Sprachgebrauch als Kaufleute bezeichnet werden – Bankkaufleute, Bürokaufleute, Diplomkaufleute –, sind keine Kaufleute gemäß HGB. Sie tragen lediglich Berufsbezeichnungen bzw. akademische Grade.

Das Handelsregister

Das Handelsregister ist ein öffentliches, amtliches, vom Amtsgericht geführtes Verzeichnis aller Kaufleute. Es informiert über die Rechtsverhältnisse der in seinem Bezirk existierenden Firmen (Inhaber, Gesellschafter, Haftung, Vertretung, Prokura usw.). Jedermann darf das Handelsregister und die eingereichten Schriftstücke einsehen. Darüber hinaus steht jedem das Recht zu, von den eingetragenen Tatsachen beglaubigte Abschriften zu verlangen und sich Bescheinigungen darüber ausstellen zu lassen, dass bestimmte Eintragungen nicht existieren. Für eingetragene Genossenschaften wird ein Genossenschaftsregister geführt, für eingetragene Vereine ein Vereinsregister.

Das Handelsregister besteht aus der Abteilung A für Einzelunternehmungen (Einzelkaufleute) und Personengesellschaften sowie der Abteilung B für Kapitalgesellschaften. Für eingetragene Genossenschaften wird ein Genossenschaftsregister geführt.

Handelsregister (HR)

Abteilung A
Einzelunternehmungen
Personengesellschaften
(OHG, KG)

Abteilung B
Kapitalgesellschaften
(AG, GmbH, KGaA)

HRA 352 – 11. 9. 1992: REWE-Markt Reinhöfer OHG, 07548 Gera (Wiesestr.). Geschäftszweig: Vertrieb von Lebensmitteln und Waren aller Art im Einzelhandel. Persönlich haftende Gesellschafter: Waren-Handels- und Beteiligungs-GmbH Hungen, Einzelhandelskauffrau Andrea Reinhöfer, Gera. Rechtsverhältnisse: Offene Handelsgesellschaft. Beginn 16. November 1991. Die Gesellschafter vertreten gemeinsam.

HRB 825 – 21. 9. 1992: Greizer Schädlingsbekämpfungs GmbH, 07973 Greiz (Raasdorfer Straße 5). Geschäftsführer: Meister des Schädlingsbekämpfungshandwerks Ulrich Breuer, Greiz. Rechtsverhältnisse: Hans-Joachim Müller ist als Geschäftsführer abberufen. Ulrich Breuer ist zum Geschäftsführer bestellt. Er hat Alleinvertretungsrecht.

Veröffentlichungen von Handelsregistereintragungen

Die Eintragungen in das Handelsregister (vgl. obige Abbildung) werden im Bundesanzeiger und in einem weiteren Publikationsorgan, in der Regel in einer führenden Tageszeitung, veröffentlicht. Das Handelsregister gibt nur über

Auszug aus dem Handelsregister – Abt. B – des Amtsgerichts Crailsheim[1]

Nummer der Eintragung	a) Firma b) Sitz c) Gegenstand des Unternehmens	Grundkapital oder Stammkapital DM	Geschäftsinhaber Persönlich haftende Gesellschafter Geschäftsführer Abwickler	Prokura	Rechtsverhältnisse	a) Tag der Eintragung und Unterschrift b) Bemerkungen
1	2	3	4	5	6	7
1	a) Baden-Württembergische Bank Aktiengesellschaft Filiale Bad Mergentheim b) Bad Mergentheim Zweigniederlassung der ...	60 Millionen	Dr. Hanns Goeser, Bankdirektor, Stuttgart, Dr. Manfred Prechtl, Bankdirektor, Stuttgart, Erwin Funk, Bankdirektor, Kornwestheim	Prokuristen, je vertretungsberechtigt mit einem Vorstandsmitglied	Aktiengesellschaft. Satzung vom 20. Oktober 1871, mehrfach geändert, zuletzt geändert und neu gefasst am 18. November 1977. Die Gesellschaft wird durch zwei Vorstandsmitglieder oder durch ein Vorstandsmitglied und einen Prokuristen vertreten.	a) Den 25. Jan. 1978 b) Satzung Bl. Sd. Bd. AG Stuttgart HRB 102

[1] **Quelle:** Gönner, Lind, Weis, Allgemeine Wirtschaftslehre und Spezielle Betriebswirtschaftslehre – Industriekaufmann, 5., überarbeitete Auflage, S. 64, Verlag Dr. Max Gehlen, Bad Homburg v. d. H. (Gehlenbuch 07005).

die rechtlich-organisatorischen Angelegenheiten eines Unternehmens Auskunft, nicht über seine wirtschaftlichen Verhältnisse. So ist beispielsweise das Geschäftskapital des Einzelkaufmanns oder eines persönlich haftenden Gesellschafters keine eintragungspflichtige Tatsache.

Die Anmeldung zum Handelsregister kann mündlich zu Protokoll beim Amtsgericht oder schriftlich in beglaubigter Form erfolgen. Bestimmte Tatsachen muss ein Kaufmann von Gesetzes wegen anmelden. Solche eintragungspflichtigen Tatsachen sind u. a.

- die Firma und der Ort der Niederlassung — § 29 HGB
- die Änderung der Firma oder ihrer Inhaber sowie die Verlegung der Niederlassung — § 31 HGB
- das Erlöschen der Firma — § 31 HGB
- die Erteilung und das Erlöschen der Prokura — § 53 HGB
- die Gründung einer OHG — § 106 HGB
- die Gründung einer KG — § 162 HGB
- das Eintreten und Ausscheiden des Gesellschafters einer OHG — § 107 HGB
- das Eintreten und Ausscheiden des Gesellschafters einer KG — § 143 HGB
- der Ausschluss eines persönlich haftenden Gesellschafters von der Vertretung und die Anordnung einer Gesamtvertretung — § 125 HGB

Eintragungsfähige Tatsachen sind solche, für die keine gesetzliche Verpflichtung zur Anmeldung besteht, die ein Kaufmann jedoch eintragen lassen *kann.* Solche eintragungsfähigen Tatsachen sind u. a.

- Nebenbetriebe der Land- und Forstwirtschaft — § 3 HGB
- der Haftungsausschluss des Erwerbers bei Firmenfortführung — § 25 HGB
- der Haftungsausschluss bei Eintritt in das Geschäft eines Einzelkaufmanns — § 28 HGB

Darüber hinaus gibt es Tatsachen, die von Amts wegen eingetragen werden, wie z. B. die Konkurseröffnung (§ 32 HGB).

Wer eintragungspflichtige Tatsachen nicht zum Handelsregister anmeldet, kann durch Ordnungsstrafen (Zwangsgeld) dazu gezwungen werden. Nicht mehr zutreffende Tatsachen werden rot unterstrichen, sie sind damit gelöscht. Das ist wichtig, denn die Eintragungen in das Handelsregister haben eine zweifache Bestimmung: Zum einen begründen sie bestimmte Rechtsverhältnisse, d. h., erst durch die Eintragung wird eine Tatsache rechtswirksam (rechtserzeugende = *konstitutive Wirkung*). Zum anderen wird durch die Handelsregistereintragung eine bereits rechtswirksam bestehende Tatsache bestätigt und veröffentlicht (rechtsbekundende = *deklaratorische Wirkung*).

Rechtliche Wirkung der Eintragung in das Handelsregister

deklaratorisch **rechtsbekundend**	konstitutiv **rechtserzeugend**
Ein Kaufmann erteilt einem Angestellten am 1. Mai Prokura. Die Anmeldung dieser Tatsache erfolgt am 15. Mai. Die Rechtsfolgen der Prokuraerteilung treten bereits am 1. Mai ein. Die Rechtswirkung dieser Tatsache besteht auch ohne die Eintragung.	Eine Aktiengesellschaft wird am 1. August gegründet. Die Anmeldung zum Handelsregister erfolgt am 20. August. Die Aktiengesellschaft erlangt ihre Rechtsfähigkeit (Vollkaufmannseigenschaft) erst am 20. August. Erst durch die Eintragung tritt die Rechtswirkung ein. Bis zum 20. August ist die AG eine Gesellschaft des bürgerlichen Rechts mit entsprechender persönlicher und gesamtschuldnerischer Haftung.

Die Veröffentlichungen des Handelsregisters stellen für den Kaufmann eine bedeutende Informationsquelle über handels- und gesellschaftsrechtliche Vorgänge dar. Demgemäß konzentriert sich sein Interesse auf folgende Fragen:

- Kann man sich auf die Publikationen des Handelsregisters verlassen?
- Welche rechtliche Wirkung haben unterlassene und nicht veröffentlichte Eintragungen?

– Welche Konsequenzen ergeben sich aus falsch eingetragenen und veröffentlichten Tatsachen?

Eine eingetragene und veröffentlichte Tatsache muss jedermann gegen sich gelten lassen (positive Publizität). Hat ein Kaufmann eine eintragungspflichtige Tatsache (z. B. Erlöschen der Prokura) nicht eintragen lassen, so kann er diese Tatsache einem Dritten gegenüber nicht geltend machen, es sei denn, der Dritte kannte diese Tatsache (negative Publizität). Jedermann kann sich darauf verlassen, dass Tatsachen, die in das Handelsregister einzutragen sind, aber nicht eingetragen wurden, als nicht bestehend gelten.

Die Firma

Nach § 17 HGB ist die Firma eines Kaufmanns der Name, unter dem er seine Geschäfte betreibt, seine Unterschrift abgibt, klagen und verklagt werden kann. Mit der Wahl einer Firmenbezeichnung trifft der Kaufmann eine Entscheidung, die für sein Unternehmen von nicht zu unterschätzender Bedeutung ist. Unter seiner Firma tritt der Kaufmann im Geschäftsleben auf und erweckt bei seinen Kunden und Lieferanten bestimmte Wertvorstellungen. Die Firma soll ein Erscheinungsbild des Unternehmens vermitteln, das Leistungsfähigkeit und Seriosität ausstrahlt sowie ein dauerhaftes Vertrauenspotenzial begründet. Dem Interesse des Unternehmers an einer werbewirksamen Firmenbezeichnung steht die Forderung der Öffentlichkeit nach korrekter Information gegenüber, die sich an den Grundsätzen von Wahrheit, Unterscheidbarkeit und Vermeidung von Irreführung oder gar Täuschung orientiert. Dem trägt § 18 HGB Rechnung: Die Firma muss zur Kennzeichnung des Kaufmanns geeignet sein und Unterscheidungskraft besitzen. Sie darf keine Angaben enthalten, die geeignet sind, über geschäftliche Verhältnisse, die für die angesprochenen Verkehrskreise wesentlich sind, irrezuführen.

Danach sind für die Firmenbildung folgende drei Kriterien bestimmend:

1. Unterscheidungskraft und Kennzeichnungswirkung
2. Ersichtlichkeit des Gesellschaftsverhältnisses
3. Offenlegung der Haftungsverhältnisse

Jede Firma, die diese drei Kriterien erfüllt, ist grundsätzlich eintragungsfähig. Der Unternehmer hat die Wahl zwischen einer Personen- oder einer Sachfirma. Selbst für eine ›Fantasiefirma‹ kann er sich entscheiden, denn eine solche Firmenbezeichnung kann durchaus Unterscheidungskraft besitzen.

Damit aber im Rechts- und Geschäftsverkehr die Unternehmens-, Gesellschafts- und Haftungsverhältnisse weitgehend transparent werden, müssen Einzelkaufleute, Handelsgesellschaften und eingetragene Genossenschaften bestimmte Rechtsformzusätze nach § 19 HGB in ihre Firma aufnehmen.

Bei *Einzelkaufleuten:* die Bezeichnung ›eingetragener Kaufmann‹, ›eingetragene Kauffrau‹ oder eine allgemein verständliche Abkürzung dieser Bezeichnung, insbesondere ›e. K.‹, ›e. Kfm.‹ oder ›e. Kfr.‹

Bei *offenen Handelsgesellschaften:* die Bezeichnung ›offene Handelsgesellschaft‹ oder eine allgemein verständliche Abkürzung dieser Bezeichnung

Bei *Kommanditgesellschaften:* die Bezeichnung ›Kommanditgesellschaft‹ oder eine allgemein verständliche Abkürzung dieser Bezeichnung

Wenn in einer OHG oder KG keine natürliche Person haftet, muss die Firma eine Bezeichnung enthalten, welche die Haftungsbeschränkung kennzeichnet. Bei Kapitalgesellschaften ist die Angabe der Rechtsform ebenfalls zwingend vorgeschrieben. Durch diese Zusätze wird eine klare Abgrenzung von allen nichtkaufmännischen Gewerbebetrieben erreicht. Der Rechtssicherheit und dem Informationsanspruch der Öffentlichkeit dienen auch die Pflichtangaben in den Geschäftsbriefen. Unabhängig von der Unternehmungsform, also auch für Einzelkaufleute, sind nach § 37 a HGB auf Geschäftsbriefen folgende Angaben vorgeschrieben: die Firma, die Rechtsformzusätze gem. § 19 HGB, der Ort der Handelsniederlassung, das Registergericht und die Nummer, unter der die Firma in das Handelsregister eingetragen ist. Im Rahmen einer bestehenden Geschäftsverbindung sind diese Angaben auf Mitteilungen oder Berichten, für die Vordrucke verwendet werden, nicht erforderlich. Wer dieser Verpflichtung nicht nachkommt, ist vom Registergericht durch Festsetzung eines Zwangsgeldes dazu anzuhalten.

Die Stellvertretung des Kaufmanns/der Kauffrau

Eine nach § 54 HGB erteilte *Handlungsvollmacht* ist die Befugnis, im Rahmen eines Handelsgewerbes alle Rechts- und Geschäftshandlungen vorzunehmen, die der Betrieb eines derartigen Handelsgewerbes gewöhnlich mit sich bringt.

Ein Unternehmer kann die Vielfalt der in einer arbeitsteiligen Wirtschaft zu erledigenden Aufgaben nicht allein bewältigen. Er kann nicht alle Rechtsgeschäfte, die seine umfangreichen Geschäftsbeziehungen mit sich bringen, selbst vornehmen, sondern benötigt Mitarbeiter, an die er Pflichten und Kompetenzen delegiert. Das HGB nennt diese kaufmännischen Angestellten *Handlungsgehilfen.* Nach § 59 HGB ist Handlungsgehilfe, wer in einem Handelsgewerbe aufgrund eines Dienstvertrages zur Leistung kaufmännischer Dienste gegen Entgelt angestellt ist (z. B. Buchhalter, Verkäufer, Sekretärinnen, Filialleiter und Direktoren). Da nur der Inhaber selbst rechtsverbindlich handeln kann, muss er bestimmte Befugnisse auf seine Mitarbeiter übertragen, damit diese ihn bei seinen Arbeiten unterstützen und vertreten können. Die Mitarbeiter handeln als *Erfüllungsgehilfen* mit der Konsequenz, dass der Inhaber für schuldhaftes Verhalten (Schaden) seiner Mitarbeiter in gleicher Weise einzustehen hat wie für eigenes Verschulden. Den Funktionen und Verantwortlichkeiten, die ein Inhaber seinen Mitarbeitern überträgt, entsprechen unterschiedlich umfangreiche Vollmachten, da die in einem Betrieb abzuwickelnden Vorgänge in ihrer Komplexität und rechtlichen Wirkung ebenfalls sehr unterschiedlich sind. Durch die Vollmacht wird der Handlungsgehilfe ermächtigt, stellvertretend für den Geschäftsinhaber Rechts- und Geschäftshandlungen vorzunehmen (Waren einkaufen, Mitarbeiter einstellen, Gebäude mieten u. a. m.). Die im Rahmen der Vertretungsmacht durch einen Mitarbeiter getätigten Rechtsgeschäfte haben dieselbe rechtliche Wirkung wie Rechtsgeschäfte, die der Inhaber selbst vornimmt.

Deshalb gilt eine Vollmacht auch nicht generell, sondern ist auf ein *derartiges* (d. h. das betreffende) Handelsgewerbe und *gewöhnliche* (d. h. die üblichen) Rechts- und Geschäftshandlungen beschränkt. Der Handlungsbevollmächtigte darf also keine betriebsfremden oder ungewöhnlichen Geschäftshandlungen vornehmen.

> Beispiel:
> Der Handlungsbevollmächtigte eines Lebensmittelgeschäfts kauft Textilien ein, um den Absatz des Unternehmens zu steigern. Hier handelt es sich um ein Rechtsgeschäft, das nicht zu einem ›derartigen‹ Handelsgewerbe gehört.

Einer besonderen Ermächtigung durch den Geschäftsinhaber bedürfen in jedem Falle die Belastung und Veräußerung von Grundstücken, das Eingehen von Wechselverbindlichkeiten, die Aufnahme von Darlehen, das Führen von Prozessen sowie die Übertragung der Handlungsvollmacht.

Inhalt und Umfang der Handlungsvollmacht werden vom Vollmachtgeber bestimmt. Der Kaufmann kann einer oder mehreren Personen Vollmacht erteilen. Die Vollmacht kann nur für eine einzelne Geschäftshandlung gelten; sie kann den Handlungsspielraum des Berechtigten aber auch beispielsweise auf einen bestimmten Betrag begrenzen. Schließlich kann der Kaufmann aus verschiedenen Erwägungen (Vorsicht, Sicherheit) verfügen, dass zwei Bevollmächtigte gemeinsam handeln müssen.

Die *Spezialvollmacht (Einzelvollmacht)* ermächtigt lediglich zur Vornahme eines einzelnen (einmaligen) Rechtsgeschäftes, z. B. die Anmietung einer Garage, das Einziehen einer bestimmten Forderung o. Ä. Die *Artvollmacht* berechtigt dazu, eine genau bezeichnete Art von Rechtsgeschäften auf Dauer auszuführen. Die Artvollmacht ist eine Teilvollmacht und erstreckt sich auf Teilaufgaben des betreffenden Betriebes, z. B. das Einkaufen, Kassieren, Verkaufen.

Die *Generalhandlungsvollmacht* (allgemeine Handlungsvollmacht) verleiht demgegenüber die Befugnis, alle Rechts- und Geschäftshandlungen zu tätigen, die sich aus dem Betrieb eines entsprechenden Handelsgewerbes ergeben. Sie umfasst alle Bereiche und Funktionen. Generalvollmacht besitzen Filialleiter, Geschäftsführer usw. Je nach Ausstattung gewährt diese Vollmacht eine umfassendere Vertretungsmacht als die Prokura.

Eine *Gesamtvollmacht* erfordert das Zusammenwirken mit anderen vertretungsberechtigten Personen. Wer *Einzelvollmacht* besitzt, ist allein vertretungsbefugt. Beschränkungen der Vollmacht sind Dritten gegenüber nur rechtswirksam, wenn diese die Beschränkungen kannten oder kennen mussten.

Die Erteilung der Handlungsvollmacht erfolgt nach den Bestimmungen des BGB (§ 167). Danach kann die Vollmacht ausdrücklich (mündlich, schriftlich), durch schlüssiges Handeln oder durch (stillschweigende) Duldung erteilt werden. Wer weiß und billigt, dass ein anderer für ihn als Vertreter tätig ist, muss die Rechtsgeschäfte gegen sich gelten lassen.

> Beispiel:
> Ein Angestellter erledigt alle mit dem Einkauf von Waren verbundenen Tätigkeiten (Bestellung, Prüfung der Ware, Mängelrüge usw.) einschließlich der Korrespondenz. Der Inhaber oder sein Prokurist sind darüber informiert und dulden dieses Verhalten *(Duldungsvollmacht).*

Die Handlungsvollmacht kann vom Geschäftsinhaber oder einem Prokuristen erteilt werden. Eine Übertragung der Vollmacht, man spricht dann von *Untervollmacht,* ist grundsätzlich nur mit besonderer Ermächtigung des Vollmachtgebers zulässig.

Da der Handlungsgehilfe nicht im eigenen, sondern im Namen des Geschäftsinhabers handelt, ist es im Geschäftsleben wichtig, dass alle Beteiligten die Kompetenzen ihres Partners kennen. Der Mangel oder das Fehlen der Vertretungsbefugnis kann ein Rechtsgeschäft infrage stellen, sofern der Geschäftsherr es nicht nachträglich genehmigt. Im Schriftverkehr sind die den Unterschriften angefügten Zusätze ein Indiz für den Umfang der Vertretungsmacht. § 57 HGB verlangt, dass der Handlungsbevollmächtigte mit einem das Vollmachtsverhältnis ausdrückenden Zusatz zu zeichnen hat. Zusätze, die das Vollmachtsverhältnis kennzeichnen, können sein: *›i. V.‹* (in Vollmacht) oder *›i. A.‹* (im Auftrag). Der Bevollmächtigte zeichnet demnach, indem er zum Namen des Vertretenen/Auftraggebers seine Unterschrift hinzufügt mit einem Zusatz, der die Art der Vollmacht kenntlich macht.

> Beispiel:
> Frau Sonne hätte als Generalhandlungsbevollmächtigte eines Unternehmens wie folgt zu zeichnen: Elektroinstallation GmbH, i. V. Sonne

Wie für die Erteilung der Handlungsvollmacht gelten auch für ihr Erlöschen die Vorschriften des BGB. Gründe für das Erlöschen können sein:

Widerruf der Vollmacht, Beendigung des Dienstverhältnisses durch Kündigung oder Zeitablauf, Tod des Bevollmächtigten und Konkurs des Unternehmens. Die Spezialvollmacht dagegen erlischt mit der Erledigung des Auftrages, für den sie erteilt wurde. Beim Wechsel des Geschäftsinhabers erlischt die Handlungsvollmacht nur dann, wenn der neue Geschäftsinhaber sie widerruft. Mit dem Tod des Inhabers erlischt die Handlungsvollmacht jedoch nicht.

Die *Prokura* ermächtigt zu *allen Arten* von gerichtlichen und außergerichtlichen Geschäften und Rechtshandlungen, die der Betrieb eines Handelsgewerbes mit sich bringt. Sie ist die weitestgehende Form der *handelsrechtlichen* Stellvertretung. Der Prokurist darf nach § 49 HGB nicht nur alle Rechts- und Geschäftshandlungen vornehmen, die zum Betrieb des Handelsgewerbes seines Geschäftsherren gehören, sondern auch solche, die sich aus dem Betrieb *irgendeines* Handelsgewerbes ergeben. Da der Prokurist auch außergewöhnliche, über den eigenen Geschäftsbetrieb hinausgehende Rechtsgeschäfte tätigen darf, liegen folgende Handlungen im Rahmen seiner Vollmacht: Ändern des Geschäftszweiges, Verlegen des Geschäftssitzes, Führen von Prozessen, Erteilen von Prozessvollmachten, Eröffnen oder Schließen von Niederlassungen, Ernennen von Handlungsbevollmächtigten, Kauf von Grundstücken und Erwerb von Beteiligungen. Im Rahmen seiner Vollmacht liegen auch Nichthandelsgeschäfte, z. B. Spenden. Trotz dieser sehr weit reichenden Befugnis ist auch der Prokurist Handlungsgehilfe, d. h. weisungsgebundener Angestellter.

Die handelsrechtlichen Bestimmungen sollen einen zuverlässigen und zügigen Geschäftsablauf unterstützen. Diesem Zweck dienen auch die Bestimmungen über die Beschränkung der Prokura. Die Beteiligten an einem Handelsgeschäft müssen sich darauf verlassen können, dass ihr Partner als Vertreter eines Vollkaufmanns im Rahmen der gesetzlichen Vorschriften unbeschränkt handlungsfähig ist. Das Gesetz sieht daher nur in wenigen Fällen eine Einschränkung der Prokura vor. Dem Prokuristen sind vom Gesetzgeber ausdrücklich verboten: das Erteilen der Prokura an andere, das Verkaufen oder Einstellen des Handelsbetriebes, die Änderung der Firma, die Vornahme der Anmeldung zur Eintragung und Löschung ins Handelsregister, die Aufnahme von Gesellschaftern, das Beantragen des Konkurses, das Unterschreiben von Bilanzen, Inventaren, Steuererklärungen sowie das Leisten eines Eides für den Geschäftsherren. Eine weitere Beschränkung der Prokura als die gesetzliche ist Dritten gegenüber nicht möglich. Zur Veräußerung und Belastung von Grundstücken benötigt der Prokurist eine besondere Vollmacht.

Mit Wirkung auf innerbetriebliche Vorgänge indes kann der Geschäftsinhaber den Umfang der Prokura nach seinem Ermessen vertraglich regeln. Der Prokurist hat die vorgenommenen Einschränkungen zu beachten. Diese vertraglichen Vereinbarungen über die Beschränkung der Prokura gelten nur im Innenverhältnis und haben Dritten gegenüber keine rechtliche Bedeutung.

Der Geschäftsinhaber entscheidet, ob eine Person allein oder gemeinsam mit anderen diese Vollmacht ausüben und ob sie für alle oder nur einzelne Geschäftsbereiche seines Unternehmens gelten soll. Die *Einzelprokura* ermächtigt eine Person, die Vertretungsmacht allein in vollem Umfang wahrzunehmen. Sie ist die umfassendste Form der Prokura. Wurde *Gesamtprokura* erteilt, dann sind mehrere Personen nur gemeinschaftlich vertretungsbefugt. Bei der *Filialprokura* ist die Vollmacht auf den Geschäftsbereich einer Zweigniederlassung beschränkt. Im Falle der *gemischten Prokura* muss ein Prokurist mit einem geschäftsführenden Gesellschafter einer Personengesellschaft (OHG, KG) oder einem Geschäftsführer einer GmbH oder einem Vorstandsmitglied einer AG gemeinsam handeln.

Die Prokura kann nur von einem Vollkaufmann selbst oder seinem gesetzlichen Vertreter erteilt werden. Zum Prokuristen kann nur eine natürliche, nicht eine juristische Person bestellt werden. Auch betriebsfremden Personen (z. B. der Ehefrau), stillen Gesellschaftern oder Kommanditisten kann diese Vollmacht übertragen werden. Sie muss ausdrücklich (mündlich oder schriftlich) erklärt werden. Die Prokura tritt zum Zeitpunkt der Erteilung in Kraft und endet im Augenblick des Widerrufs. Dritten gegenüber wird die Prokura erst mit der Eintragung ins Handelsregister wirksam, es sei denn, sie hätten von ihrer Erteilung Kenntnis gehabt oder haben müssen. Die Prokura ist Dritten gegenüber so lange gültig, bis sie im Handelsregister gelöscht ist.

Die Erteilung der Prokura ist zur Eintragung ins Handelsregister anzumelden. Einzutragen sind außerdem folgende Tatsachen: Erteilung der Gesamtprokura, Bevollmächtigung des Prokuristen zur Belastung und Veräußerung von Grundstücken sowie die Beschränkung auf eine oder mehrere Niederlassungen (Filialprokura). Auch das Erlöschen der Prokura ist eintragungspflichtig.

Der Prokurist hat als Stellvertreter des Geschäftsinhabers nach § 53 HGB seine Namensunterschrift unter Angabe der Firma und eines die Prokura andeutenden Zusatzes zur Aufbewahrung bei Gericht zu zeichnen. Zusätze können sein: ›pp.‹, ›ppa.‹ oder ›per prokura‹ (z. B. ›Import GmbH pp. Winter‹).

Gründe für die Beendigung der Prokura können sein: der Widerruf durch den Geschäftsinhaber (der Widerruf ist ohne Angabe von Gründen jederzeit möglich), die Beendigung des Rechtsverhältnisses (Dienstvertrag), aufgrund dessen die Prokura erteilt wurde, der Tod des Prokuristen, der Verkauf des Unternehmens, der Konkurs oder die freiwillige Auflösung des Unternehmens oder der Rückgang des Geschäftsbetriebes bis auf den Umfang eines Kleingewerbes. Im Interesse einer kontinuierlichen Entwicklung des Unternehmens erlischt die Prokura nicht mit dem Tod des Geschäftsinhabers. Wie die Erteilung muss auch der Widerruf ausdrücklich erfolgen. Ist Gesamtprokura erteilt worden und erlischt die Vollmacht eines Prokuristen, dann endet mit ihr auch die Prokura der anderen Bevollmächtigten, wenn für ein Rechtsgeschäft das Zusammenwirken aller erforderlich ist.

Die Unternehmungsformen

Die *Unternehmung* (das Unternehmen) repräsentiert die rechtlich-finanzielle Organisation, in der ein oder mehrere Betriebe in der Regel wirtschaftliche Ziele nach vorgegebenen Prinzipien (Gewinnmaximierung, Kostendeckung usw.) verfolgen. Der *Betrieb* ist der Bereich einer Unternehmung, in dem durch die Kombination der Produktionsfaktoren (Arbeit, Betriebsmittel und Werkstoffe) Sachgüter produziert oder Dienstleistungen erbracht werden. Die Unternehmung nimmt als autonome ökonomische Einheit am Wirtschaftsleben teil. Durch die Unternehmensverfassung erhält die Unternehmung ihre rechtliche Struktur, die ihre Zielsetzung unter den vorhandenen Rahmenbedingungen unterstützt. Die jeweilige Rechtsform bestimmt die internen Befugnisse und die externen Rechtsbeziehungen.

Die Vielzahl der existierenden Unternehmen lässt sich nach unterschiedlichen Merkmalen einteilen (vgl. auch Die Einteilung von Unternehmen, S. 509 ff.). Wählt man die Eigentumsverhältnisse als Ordnungsmerkmal, dann ergibt sich folgende Einteilung:

– private Unternehmen (Eigentümer sind Privatpersonen oder privatrechtliche Gesellschaften)
– öffentliche Unternehmen (Eigentümer sind der Bund, Länder oder Kommunen)
– gemischte Unternehmen (mit privater und öffentlicher Beteiligung)

In die folgenden Ausführungen werden nur Unternehmungsformen des privaten Rechts einbezogen. Nach der rechtlichen Verfassung unterscheidet man Einzelunternehmen, Gesellschaftsunternehmen und Gesellschaften besonderer Art.

Unternehmungsformen

- Einzelunternehmung
- Gesellschaftsunternehmen
  - Personengesellschaften
    - Personenhandelsgesellschaften
      - Offene Handelsgesellschaft (OHG)
      - Kommanditgesellschaft (KG)
      - GmbH & Co. KG
    - weitere Personengesellschaften
      - Gesellschaft des bürgerlichen Rechts (BGB-Gesellschaft)
      - Partnerschaftsgesellschaft (PartG)
      - Stille Gesellschaft
  - Kapitalgesellschaften
    - Aktiengesellschaft (AG)
    - Kommanditgesellschaft auf Aktien (KGaA)
    - Gesellschaft mit beschränkter Haftung (GmbH)
  - Genossenschaften

Die *Einzelunternehmung* ist ein Gewerbebetrieb, dessen Inhaber alle mit der Geschäftstätigkeit zusammenhängenden Rechte und Pflichten in seiner Person vereinigt. Als allein verantwortlicher Geschäftsführer hat er das benötigte Kapital aufzubringen und die volle Haftung gegenüber den Gläubigern zu tragen. Ein erwirtschafteter Gewinn steht allein ihm zu. Für die *Gründung* ist weder eine besondere Form noch eine Unternehmensverfassung vorgeschrieben. Die Einzelunternehmung entsteht mit der Aufnahme der Geschäftstätigkeit, sofern dieses Unternehmen einen nach Art und Umfang eingerichteten Geschäftsbetrieb erfordert. Die Eintragung ins Handelsregister hat hier nur deklaratorische Bedeutung. Gründet ein Kleingewerbetreibender eine Einzelunternehmung, deren Betrieb einen nach Art und Umfang eingerichteten Geschäftsbetrieb nicht erfordert, so entsteht diese Unternehmung mit der freiwilligen Eintragung der Firma in das Handelsregister. Diese Eintragung hat konstitutiven Charakter.

Bei der Wahl seiner Firma kann sich der Unternehmer für eine Personenfirma, eine Sachfirma oder eine Fantasiefirma, die nicht dem Unternehmensgegenstand entnommen ist, entscheiden. Das Gesetz fordert lediglich, dass die Firma zur Kennzeichnung des Kaufmanns geeignet ist, Unterscheidungskraft besitzt und keine irreführenden Angaben über die geschäftlichen Verhältnisse enthält. Darüber hinaus fordert § 19 HGB, dass die Firma des Einzelkaufmanns die Bezeichnungen ›eingetragener Kaufmann‹, ›eingetragene Kauffrau‹ oder eine allgemein verständliche Abkürzung dieser Bezeichnung wie ›e. K.‹, ›e. Kfm.‹ oder ›e. Kfr.‹ zu enthalten hat. Außerdem verlangt § 37 a HGB, dass auf allen Geschäftsbriefen des Kaufmanns seine Firma, der Ort seiner Handelsniederlassung, das Registergericht und die Nummer, unter der seine Firma in das Handelsregister eingetragen ist, angegeben werden.

Die Vorteile dieser Unternehmungsform liegen in erster Linie in der alleinigen, freien und schnellen Entscheidung und dem alleinigen Verfügungsrecht über den Gewinn. Nachteile sind die begrenzte Kapitalkraft, die schmale Kreditbasis sowie die unbegrenzte Haftung mit Geschäfts- und Privatvermögen.

Eine *Gesellschaft* ist ein auf Vertrag beruhender Zusammenschluss von Personen (Gesellschaftern) in der Absicht, ein wirtschaftliches oder ideelles Ziel gemeinsam zu verfolgen. Eine solche Personenvereinigung begründet ein gegenseitiges Treueverhältnis im Hinblick auf die Rechte und Pflichten gegenüber der Gesellschaft. Sie eröffnet dem einzelnen Gesellschafter Chancen, durch Mitarbeit und/oder Kapitaleinsatz die Entwicklung des Unternehmens mitzubestimmen.

Die Aktivitäten eines Unternehmens spielen sich nicht nur innerhalb der Organisation ab, sondern wirken auch nach außen. Handelt es sich um das Verhältnis der Gesellschafter untereinander, spricht man vom Innenverhältnis, bei den Beziehungen zu Dritten vom Außenverhältnis. Zu unterscheiden ist zwischen rechtsfähigen Gesellschaften und nichtrechtsfähigen Gesellschaften. Diese Unterscheidung hat in erster Linie Bedeutung für die Rechtsbeziehungen zu Dritten, also im Außenverhältnis. Bei den nichtrechtsfähigen Gesellschaften sind die Mitglieder selbst, also die natürlichen Personen, Träger von Rechten und Pflichten. Sie können Verträge abschließen, sie müssen persönlich haften usw. Zu den nichtrechtsfähigen Gesellschaften gehören die BGB-Gesellschaft, die OHG und die KG. Bei den rechtsfähigen Gesellschaften, den juristischen Personen, sind nicht die Mitglieder, sondern die Gesellschaft selbst Träger von Rechten und Pflichten. Die Gesellschaft besitzt unabhängig von den Mitgliedern eine eigene Rechtspersönlichkeit. Für die rechtsfähige Gesellschaft handeln nicht die Mitglieder, sondern ihre Organe (z. B. der Vorstand). Benötigt beispielsweise ein eingetragener Fußballverein neue Fußbälle, dann kommt der Kaufvertrag darüber zwischen dem Verein und dem Einzelhandelsgeschäft zustande, auch wenn eine natürliche Person gehandelt hat.

Bei den *Personengesellschaften* steht die gestaltende Persönlichkeit des Gesellschafters im Vordergrund, nicht der durch eine kapitalmäßige Beteiligung erworbene Einfluss. Neben den Mitwirkungs- und Mitentscheidungsrechten ist die persönliche Haftung das charakteristische Merkmal dieser Unternehmungsformen.

Die Rechtsform der *Personenhandelsgesellschaften* (OHG, KG) können alle Kaufleute wählen. Darüber hinaus können auch Kleingewerbetreibende, also Unternehmen, deren Gewerbebetrieb einen nach Art und Umfang in kaufmännischer Weise eingerichteten Geschäftsbetrieb nicht erfordert, sich in dieser Gesellschaftsform organisieren, wenn sie die Firma ihres Unternehmens in das Handelsregister eintragen lassen. Diese Eintragung hat konstitutive Wirkung. Auch Vermögensverwaltungsgesellschaften (Immobilienfonds, Objektgesellschaften, Besitzgesellschaften, Holdings) können in der Rechtsform der Personenhandelsgesellschaft betrieben werden, soweit die Verwaltung einem Gewerbebetrieb vergleichbar betrieben wird. Für alle Personenhandelsgesellschaften gilt der Grundsatz, dass beim Ausscheiden eines Gesellschafters die Gesellschaft weiter besteht.

Die Offene Handelsgesellschaft (OHG) ist ein Zusammenschluss von zwei oder mehreren Personen zum Betrieb eines Handelsgewerbes unter gemeinschaftlicher Firma bei unbeschränkter Haftung aller Gesellschafter. Der *Gesellschaftsvertrag* kommt durch formlose vertragliche Vereinbarung, also auch stillschweigend zustande. Werden Grundstücke eingebracht, so ist eine notarielle Beurkundung des Gesellschaftsvertrages erforderlich. Eine Änderung des Gesellschaftsvertrages ist nur mit Zustimmung aller Gesellschafter möglich. Den Beginn im Innenverhältnis bestimmt der Gesellschaftsvertrag. Die Wirksamkeit der OHG tritt im Verhältnis zu Dritten (Außenverhältnis) mit dem Zeitpunkt der Eintragung in das Handelsregister ein. Nimmt die OHG ihre Geschäfte schon vor der Eintragung auf, dann tritt die Wirksamkeit mit dem Geschäftsbeginn ein.

Für die Firma der OHG gelten die allgemeinen Grundsätze der §§ 18 und 19 HGB, wonach der Firmenname sich zur Kennzeichnung und Unterscheidung eignen muss und keine irreführenden Angaben über die geschäftlichen Verhältnisse enthalten darf. Als Firmenname stehen ein Personen-, ein Sach- oder Fantasiename zur Auswahl mit dem Zusatz ›Offene Handelsgesellschaft‹ oder einer allgemein verständlichen Abkürzung dieser Bezeichnung. Nach § 125a HGB müssen auf allen Geschäftsbriefen der Gesellschaft, die an einen bestimmten Empfänger gerichtet sind, die Rechtsform und der Sitz der Gesellschaft, das Registergericht und die Nummer, unter der die Gesellschaft in das Handelsregister eingetragen ist, angegeben werden. Die Anmeldung zum Handelsregister muss von allen Gesellschaftern der OHG vorgenommen werden, auch von denen, die keine Geschäftsführungsbefugnis haben. Die Gesellschafter, die die Gesellschaft vertreten sollen, haben ihre Namensunterschrift unter Angabe der Firma zur Aufbewahrung bei dem Gericht zu zeichnen.

Die *Rechte und Pflichten* der Gesellschafter ergeben sich, vom Inhalt des Gesellschaftsvertrages abgesehen, aus der Natur einer Personengesellschaft, deren Mitglieder an der Erreichung des gemeinsamen Zieles mitzuwirken haben. Pflichten sind die Leistung der Kapitaleinlage, Geschäftsführung, Beteiligung am Verlust und das Wettbewerbsverbot; Rechte erstrecken sich auf die Geschäftsführung, den Gewinnanteil, die Kontrolle und Information, den Ersatz der Aufwendungen sowie die Kapitalentnahme.

Das *Wettbewerbsverbot* untersagt einem Gesellschafter, sich ohne Einwilligung der anderen Gesellschafter an einem gleichartigen Unternehmen als persönlich haftender Gesellschafter zu beteiligen oder im Handelsgewerbe der eigenen Gesellschaft Geschäfte auf eigene Rechnung zu tätigen. Zur *Geschäftsführung* ist jeder Gesellschafter allein berechtigt (Einzelgeschäftsführungsbefugnis). Die anderen Gesellschafter haben jedoch ein Widerspruchsrecht. Vertraglich kann aber auch festgelegt werden, dass alle Gesellschafter gemeinschaftlich handeln müssen (Gesamtvertretung) oder dass einzelne Gesellschafter von der Geschäftsführung ausgeschlossen sind. Solche Vereinbarungen müssen ins Handelsregister eingetragen werden, damit sie im Außenverhältnis wirksam sind.

Jeder Gesellschafter hat Anspruch auf einen Anteil am *Gewinn.* Wird die gesetzliche Regelung zugrunde gelegt, so sind das 4% seines Kapitalanteils; der Rest wird nach Köpfen verteilt. Vertraglich kann eine andere Vereinbarung getroffen werden. Alle im Interesse des Unternehmens gemachten Aufwendungen (Geschäftsreisen usw.) müssen dem Gesellschafter ersetzt werden. Der Gesellschafter hat das Recht, im Laufe des Jahres bis zu 4% seines für das letzte Geschäftsjahr festgestellten Kapitalanteils zu entnehmen (Privatentnahmen), und zwar unabhängig davon, ob die Gesellschaft mit Gewinn oder Verlust gearbeitet hat. Die Kündigung des Gesellschaftsverhältnisses ist zum Ende des Geschäftsjahres möglich. Die Kündigungsfrist beträgt sechs Monate.

Die Art der *Haftung* macht die weit reichende persönliche Beziehung zwischen Gesellschafter und Unternehmen deutlich. Jeder Gesellschafter haftet unmittelbar, unbeschränkt und solidarisch. Unmittelbare Haftung bedeutet, dass ein Gläubiger jeden beliebigen Gesellschafter in Anspruch nehmen kann, ohne vorher eine Befriedigung seiner Ansprüche aus dem Gesellschaftsvermögen anstreben zu müssen. Jeder Gesellschafter haftet mit seinem privaten und geschäftlichen Vermögen (unbeschränkt). Solidarische Haftung (gesamtschuldnerische Haftung) hat zur Folge, dass alle Gesellschafter für die gesamten Schulden der OHG haften. Eine entgegenstehende Vereinbarung ist Dritten gegenüber unwirksam (§ 128 HGB). Tritt ein Gesellschafter in eine OHG ein, so haftet er auch für bereits bestehende Schulden. Ein Verlust wird auf die einzelnen Gesellschafter (laut HGB *nach Köpfen*) gleichmäßig verteilt und von ihrem Kapitalanteil abgezogen. Die *Auflösung* der OHG erfolgt nach § 131 HGB aus folgenden Gründen:

- Zeitablauf
- Beschluss der Gesellschafter
- Konkurseröffnung über das Vermögen der Gesellschaft
- gerichtliche Entscheidung

Das Ausscheiden eines Gesellschafters führt nicht zur Auflösung der Gesellschaft. Wurden keine vertraglichen Vereinbarungen getroffen, so führen folgende Gründe zum *Ausscheiden* eines Gesellschafters:

- Tod des Gesellschafters
- Konkurseröffnung über das Vermögen des Gesellschafters
- Kündigung des Gesellschafters
- Kündigung durch den Privatgläubiger des Gesellschafters
- Eintritt von weiteren, im Gesellschaftsvertrag vorgesehenen Fällen
- Beschluss der Gesellschafter

Der Gesellschafter scheidet mit dem Eintritt des ihn betreffenden Ereignisses aus, im Falle der Kündigung aber nicht vor Ablauf der Kündigungsfrist.

Die Rechtsform der *Kommanditgesellschaft (KG)* bietet ihren Gesellschaftern die Alternative, sich persönlich voll und finanziell unbeschränkt zu engagieren oder auf eine persönliche Mitarbeit zu verzichten und eine begrenzte finanzielle Verpflichtung einzugehen. Die Kommanditgesellschaft ist der Zusammenschluss von zwei oder mehreren Personen zum Betrieb eines Handelsgewerbes unter gemeinschaftlicher Firma, wobei mindestens ein Gesellschafter unbeschränkt und mindestens ein weiterer beschränkt haftet. Die unbeschränkt haftenden Gesellschafter heißen *Vollhafter* oder *Komplementäre,* die nicht mit ihrem Privatvermögen haftenden Gesellschafter heißen *Teilhafter* oder *Kommanditisten.* Für die Gründung gelten dieselben Vorschriften wie für die OHG. Als Kommanditisten können sich auch Personen- oder Kapitalgesellschaften an einer KG beteiligen.

Für die Firma gelten wie bei der OHG die allgemeinen Grundsätze der §§ 18 und 19 HGB. Darüber hinaus muss die Firma der KG die Bezeichnung ›Kommanditgesellschaft‹ oder eine allgemein verständliche Abkürzung dieser Bezeichnung enthalten. Die in § 37a HGB verlangten Angaben muss auch die KG in ihre Geschäftsbriefe aufnehmen. Die Anmeldung der Gesellschaft zur Eintragung in das Handelsregister hat folgende Angaben zu enthalten:

- die Namen, Vornamen, Geburtsdaten und den Wohnort jedes Gesellschafters
- die Firma der Gesellschaft und den Ort, wo sie ihren Sitz hat
- den Zeitpunkt, zu dem die Gesellschaft begonnen hat
- die Bezeichnung der Kommanditisten und den Betrag der Einlage eines jeden von ihnen

Bei der Bekanntmachung der Eintragung ist nur die Zahl der Kommanditisten anzugeben. Sie sind nach § 164 HGB von der Geschäftsführung ausgeschlossen. Sie können einer Rechts- und Geschäftshandlung der persönlich haftenden Gesellschafter (Komplementäre) nur widersprechen, wenn eine solche Handlung über den gewöhnlichen Betrieb des Handelsgewerbes der Gesellschaft hinausgeht, z. B. Aufnahme besonders hoher Kredite, An- und Verkauf von Grundstücken usw. Für die Komplementäre gelten dieselben Bestimmungen wie für die Gesellschafter einer OHG.

Es besteht die Möglichkeit, durch gesellschaftsvertragliche Vereinbarungen Kommanditisten zu Geschäftsführern zu bestellen. Zur Vertretung der Gesellschaft ist ein Kommanditist nicht berechtigt (§ 170 HGB). Die Pflichten des Kommanditisten umfassen: Leistung der Einlage, Verlustbeteiligung und Haftpflicht. Er haftet den Gläubigern der Gesellschaft gegenüber bis zur Höhe seiner im Handelsregister eingetragenen Einlage (Haftsumme). Die Haftung entfällt, soweit die Einlage geleistet ist. Tritt ein Kommanditist in eine bestehende Gesellschaft ein, haftet er in Höhe seiner Einlage für alle vor seinem Eintritt bestehenden Verbindlichkeiten. Bis er als Teilhaber im Handelsregister eingetragen ist, haftet er wie ein Vollhafter. Für Verluste haftet der Kommanditist im angemessenen Verhältnis bis zur Höhe seiner Einlage, sofern im Gesellschaftsvertrag nichts anderes vereinbart worden ist. Die Komplementäre haften wie die Gesellschafter der OHG.

Dem Kommanditisten stehen folgende Rechte zu: auf Gewinn, auf Kontrolle und Information, auf Widerspruch und Kündigung. Er hat das Recht, eine Abschrift des Jahresabschlusses und zu dessen Prüfung Einsichtnahme in die Geschäftsbücher zu verlangen. Der Kommanditist hat nicht – wie der Vollhafter – das Recht auf Entnahmen während des Geschäftsjahres. Das Recht des Kommanditisten auf Auszahlung seines Gewinnanteils entsteht erst am Ende des Jahres. Eine Kündigung des Gesellschaftsverhältnisses ist nur zum Schluss eines Geschäftsjahres mit einer Frist von 6 Monaten möglich.

Wenn im Gesellschaftsvertrag nichts anderes vereinbart wurde, erhält jeder Gesellschafter der KG einen Anteil am Gewinn in Höhe von 4 % seiner Kapitaleinlage. Der Rest ist im angemessenen Verhältnis zu verteilen. Auf diese Weise wird der unterschiedlichen Stellung der Gesellschafter der KG Rechnung getragen. Diese kommt insbesondere auch in der ungleichen Haftung und dem grundsätzlichen Ausschluss der Kommanditisten von Geschäftsführung und Vertretung zum Ausdruck. Für die Auflösung und Kündigung der KG gelten die gleichen gesetzlichen Vorschriften wie für die OHG.

Die GmbH & Co. KG ist eine Kommanditgesellschaft, deren persönlich haftender Gesellschafter (Komplementär) eine GmbH ist. Kommanditisten können natürliche oder juristische Personen sein. Häufig sind die Gesellschafter der GmbH gleichzeitig Kommanditisten der GmbH & Co. KG. Eine gesetzliche Regelung gibt es für diese Unternehmungsform nicht. Sie stützt sich aber auf die Billigung durch die Rechtsprechung. Da es sich bei der GmbH & Co. KG um eine Kommanditgesellschaft handelt, gelten für sie die Rechtsvorschriften des HGB über die KG analog. Für die Firmierung gelten die allgemeinen Grundsätze der §§ 18 und 19 HGB.

Wenn in einer Kommanditgesellschaft keine natürliche Person persönlich haftet, muss die Firma, auch wenn sie fortgeführt wird, eine Bezeichnung enthalten, welche die Haftungsbeschränkung kennzeichnet. Die GmbH (juristische Person) ist als Komplementär geschäftsführungs- und vertretungsberechtigt. Die Geschäftsführung wird durch Geschäftsführer, die auch außen stehende Personen sein können, ausgeübt. Zweck dieser Gesellschaftsform ist es, die Vergünstigungen der Personengesellschaft (keine Körperschaftssteuer) mit den Vorteilen der Kapitalgesellschaft (beschränkte Haftung, Möglichkeit der Beschaffung von Eigenkapital durch Aufnahme weiterer Kommanditisten) zu verbinden.

Die Gesellschaft des bürgerlichen Rechts (BGB-Gesellschaft): Schließen sich zwei oder mehrere Personen zusammen, um ein gemeinsames Ziel in der durch den Vertrag bestimmten Weise zu erreichen, so ist eine Gesellschaft des bürgerlichen Rechts entstanden. Das gemeinsame Ziel kann wirtschaftlicher, wissenschaftlicher, politischer, sportlicher, religiöser oder anderer Art sein. Beispiel: Studierende finden sich zu einer Wohngemeinschaft zusammen (Zusammenschluss von Nichtkaufleuten); Bauunternehmen führen gemeinsam einen Großauftrag aus (Zusammenschluss von Kaufleuten).

In den genannten Fällen ist ein *Gesellschaftsvertrag* abgeschlossen worden, unabhängig davon, ob dies mündlich, schriftlich oder durch schlüssiges Handeln geschah. Ein solcher Zusammenschluss ist zu jedem beliebigen Zweck und für jede Dauer möglich. Es entsteht eine nichtrechtsfähige Gesellschaft. Solange diese Gesellschaft nicht in ein Register (Handelsregister, Vereinsregister usw.) eingetragen ist, ist sie keine juristische Person und besitzt keinen geschützten Namen. Einen ›privaten‹ Namen darf sie führen. Die Gesellschafter verpflichten sich, das gemeinsame Ziel zu fördern und die vereinbarten Beiträge zu leisten. Die Beiträge können in Form von Geld, Sach- oder Dienstleistungen (z. B. Büroarbeiten, Kundenbetreuung) erbracht werden. Die *Geschäftsführung* steht allen Gesellschaftern gemeinschaftlich zu. Für jedes Geschäft ist demnach die Zustimmung aller Gesellschafter erforderlich. Das bedeutet, dass ein Rechtsgeschäft beim Widerspruch eines Gesellschafters nicht durchgeführt werden kann. Vertraglich kann die Geschäftsführung auf einen einzigen Gesellschafter übertragen oder es können einzelne Gesellschafter von der Geschäftsführung ausgeschlossen werden. Gesellschafter können Einzelpersonen oder Gesellschaften sein.

Für die Verpflichtungen der Gesellschaft haften alle Gesellschafter als Gesamtschuldner auch mit ihrem Privatvermögen. Der *Gewinn* oder *Verlust* wird auf alle Gesellschafter gleichmäßig verteilt, ohne Rücksicht auf die Art oder Höhe des geleisteten Beitrags. Die Gesellschaft des bürgerlichen Rechts ist für Außenstehende meist nicht erkennbar. Da die BGB-Gesellschaft keine juristische Person ist, kann sie nicht in Konkurs gehen, nicht verklagt oder gepfändet werden; diese Maßnahmen richten sich ggf. stets gegen die einzelnen Gesellschafter.

Die Gesellschaft endet mit Erreichen des gemeinsamen Zieles, mit Ablauf der vereinbarten Zeit, durch den Tod oder Konkurs eines Gesellschafters, durch Kündigung oder Beschluss aller Gesellschafter.

Die *Partnerschaftsgesellschaft* (*PartGG* v. 27.07.94) ist eine Sonderform der BGB-Gesellschaft. In dieser Personengesellschaft können sich Freiberufler (Ärzte, Rechtsanwälte, Heilpraktiker, Journalisten, Schriftsteller, Lehrer u. a.) zur gemeinsamen Berufsausübung zusammenschließen. Der Name der Partnerschaftsgesellschaft muss mindestens den Namen eines Partners, den Zusatz ›und Partner‹ oder Partnerschaft sowie die Berufsbezeichnungen aller in der Partnerschaft vertretenen Berufe enthalten. Angehörige einer Partnerschaft können nur natürliche Personen sein. Im Gegensatz zu den Personengesellschaften des BGB und des HGB bedarf der Partnerschaftsvertrag der Schriftform. Die notarielle Schriftform ist erforderlich, wenn Grundstücke eingebracht werden. In den Partnerschaftsvertrag müssen mindestens folgende Angaben aufgenommen werden: der Name und der Sitz der Partnerschaft, die Namen und Vornamen der Partner, die in der Partnerschaft ausgeübten Berufe, der Wohnort jedes Partners und der Gegenstand der Partnerschaft.

Die Partnerschaft entsteht mit der Eintragung in das beim Amtsgericht geführte Partnerschaftsregister. Die Angaben der Eintragung entsprechen dem Mindestinhalt des Partnerschaftsvertrages. Mit der Eintragung wird die Partnerschaft Dritten gegenüber wirksam. Die Partnerschaft wird nach außen durch jeden Partner allein in allen Angelegenheiten vertreten. Jeder Partner ist zur Geschäftsführung nicht nur berechtigt, sondern auch verpflichtet, da jeder Partner seinen Beruf selbstständig und in voller Eigenverantwortung ausübt. Der hauptsächliche Gesellschafterbeitrag ist die berufliche Leistung der einzelnen Partner. Gegenstand der Einlage können auch immaterielle Wirtschaftsgüter sein (Mandantenstamm). Die Gewinnverteilung erfolgt in der Regel beitragsbezogen, d. h., der Maßstab für die Höhe des Gewinnanteils ist die bewirkte Leistung. Für die Verbindlichkeiten der Partnerschaft haften neben dem Vermögen der Partnerschaft alle Partner als Gesamtschuldner.

Für das Ausscheiden eines Partners und die Auflösung der Partnerschaftsgesellschaft gelten grundsätzlich die Bestimmungen der §§ 131 bis 144 HGB. Im Unterschied zu den Vorschriften des HGB führen der Tod eines Partners, die Eröffnung des Konkursverfahrens über das Vermögen eines Partners, die Kündigung eines Partners und die Kündigung durch einen Privatgläubiger eines Partners nicht zur Auflösung der Gesellschaft, sondern lediglich zum Ausscheiden dieses Partners aus der Partnerschaft. Ein Partner scheidet automatisch aus der Partnerschaft aus, wenn er die Zulassung zu dem freien Beruf verliert. In diesem Fall scheidet er ohne Kündigung sofort aus und nicht erst zum Ende des Kalenderjahres.

Die stille Gesellschaft entsteht dadurch, dass sich eine natürliche oder juristische Person an dem Handelsgewerbe eines anderen mit einer Kapitaleinlage beteiligt, ohne nach außen hin in Erscheinung zu treten. Die Kapitaleinlage geht in das Vermögen des Inhabers des Handelsgewerbes über. Durch seine Einlage wird der stille Gesellschafter kein Kaufmann. Die Tatsache der Beteiligung erscheint weder im Firmennamen noch wird sie ins Handelsregister eingetragen.

Die Höhe der Beteiligung am Gewinn/Verlust richtet sich nach dem Gesellschaftsvertrag. Ist nichts vereinbart, so steht dem stillen Gesellschafter ein angemessener Gewinn zu. Am Verlust kann er beteiligt werden, jedoch nur bis zum Betrag seiner Einlage. Der stille Gesellschafter hat kein Recht auf Geschäftsführung, wohl aber ein beschränktes Kontrollrecht. Die stille Gesellschaft wird *aufgelöst* durch den Tod des Geschäftsinhabers, Konkurs des Geschäftsinhabers, Konkurs des stillen Gesellschafters sowie Kündigung durch die Vertragspartner. Durch den Tod oder Konkurs des stillen Gesellschafters wird die Gesellschaft nicht aufgelöst.

Die stille Gesellschaft verschafft dem Kapitalgeber die Möglichkeit, sich an dem Handelsgewerbe eines anderen zu beteiligen, ohne mitarbeiten oder andere Verpflichtungen übernehmen zu müssen und ohne dass das Gesellschaftsverhältnis nach außen hin sichtbar wird. Für den Kapitalnehmer hat die Gesellschaftsform den Vorteil, sich Kapital beschaffen zu können, ohne in den Verfügungsrechten eingeschränkt zu werden. In dieser Form können auch Betriebsangehörige am Unternehmen beteiligt werden.

In einer Personengesellschaft ist die Persönlichkeit des einzelnen Gesellschafters der bestimmende unternehmerische Einflussfaktor. Die Kapitalausstattung dieser Unternehmen hängt von den finanziellen Möglichkeiten ihrer Gesellschafter ab. Die Leistungsfähigkeit eines Unternehmens kann auf Dauer nur erhalten werden, wenn es imstande bleibt, den technischen Fortschritt zu nutzen. Die Realisierung der Produktionsvorteile durch den Einsatz moderner technologischer Verfahren – von der Forschung bis zum Bau der Produktionsanlagen – erfordert aber sehr hohe Investitionen. Die Unternehmen sind daher auf die Erschließung ergiebiger Kapitalquellen angewiesen. Zu diesem Zweck kann eine *Kapitalgesellschaft* gegründet werden; sie bietet jedermann Gelegenheit, sich an ihr finanziell zu beteiligen, ohne weitere persönliche Verpflichtungen, wie dies bei den Personengesellschaften notwendig ist, übernehmen zu müssen.

Die Aktiengesellschaft (AG) ist eine Gesellschaft mit eigener Rechtspersönlichkeit (juristische Person), deren Gesellschafter, die Aktionäre, mit Einlagen auf das in Aktien zerlegte Grundkapital beteiligt sind, ohne persönlich für die Verbindlichkeiten der Gesellschaft zu haften. Aktionäre sind Miteigentümer des Unternehmens. Die Aktie ist eine Urkunde über die Beteiligung an einer Aktiengesellschaft. Der Mindestnennbetrag der Aktien ist 5 DM. Aktien über einen niedrigeren Nennbetrag sind nichtig. Höhere Aktiennennbeträge müssen auf volle 5 DM lauten (§ 8 AktG).

Zum Schutz der Käufer von Aktien sind an die *Gründung* einer AG strenge gesetzliche Vorschriften geknüpft. Zur Gründung einer AG sind eine oder mehrere Personen erforderlich. Sie stellen eine Satzung (Gesellschaftsvertrag) auf, die notariell beurkundet werden muss. Das *Grundkapital* beträgt mindestens 100 000 DM. In der Satzung kann festgelegt werden, ob die Einlagen durch Bareinzahlung (Bargründung) oder in Form von Sachen bzw. Rechten (Maschinen, Patente usw.) als Sachgründung erfolgen soll. Die Gründer bestellen den ersten Aufsichtsrat, dieser den Vorstand. Mit der Übernahme aller Aktien ist die Gesellschaft errichtet. Erst durch die Eintragung ins Handelsregister entsteht die AG. Bis dahin ist sie eine Gesellschaft des bürgerlichen Rechts.

Die Aktiengesellschaft kann wie alle Unternehmungsformen für ihre *Firma* eine Personen-, Sach- oder Fantasiebezeichnung wählen. Die Firma muss die Bezeichnung ›Aktiengesellschaft‹ oder eine allgemein verständliche Abkürzung dieser Bezeichnung enthalten.

Da eine AG eine juristische Person ist, benötigt sie *Organe,* d. h. Personen, die kraft Gesetzes oder Satzung für sie handeln. Das sind *Vorstand, Aufsichtsrat* und *Hauptversammlung.* Der *Vorstand* besteht aus einer oder mehreren natürlichen unbeschränkt geschäftsfähigen Personen. Die Vorstandsmitglieder werden vom Aufsichtsrat für fünf Jahre bestellt. Sie dürfen nicht zugleich Mitglieder des Aufsichtsrates sein. Dem Vorstand obliegt die eigenverantwortliche Geschäftsführung und Vertretung der Gesellschaft. Weitere Aufgaben des Vorstandes sind die vierteljährliche Berichterstattung an den Aufsichtsrat, das Erstellen des Jahresabschlusses (Bilanz, Gewinn- und Verlust-Rechnung, Lagebericht), die Einberufung der Hauptversammlung sowie das Beantragen des Konkurses bei Zahlungsunfähigkeit oder Überschuldung.

Der *Aufsichtsrat* wird von der Hauptversammlung für vier Jahre gewählt. Er muss aus mindestens drei Mitgliedern bestehen. Mitglied des Aufsichtsrates können nur natürliche unbeschränkt geschäftsfähige Personen sein. Die Aufgaben des Aufsichtsrates bestehen darin, die Tätigkeit des Vorstandes zu überwachen, ihn abzuberufen sowie den jeweiligen Jahresabschluss zu prüfen. Bei Gesellschaften von 500 bis 2000 Arbeitnehmern wird $\frac{1}{3}$ der Aufsichtsratsmitglieder von der Belegschaft gewählt, bei Unternehmen mit mehr als 2000 Beschäftigten ist der Aufsichtsrat paritätisch, d. h. je zur Hälfte mit Aktionären und Arbeitnehmern, zu besetzen.

Die *Hauptversammlung* ist die Versammlung der Aktionäre. Sie ist das beschließende Organ und muss mindestens einmal jährlich einberufen werden. Zu ihren Aufgaben gehört die Beschlussfassung in folgenden Angelegenheiten:

- Wahl der Mitglieder des Aufsichtsrates (soweit sie nicht von der Arbeitnehmerschaft zu wählen sind)
- Entlastung der Vorstands- und Aufsichtsratsmitglieder
- Bestellung des Abschlussprüfers
- Änderung der Satzung
- Kapitalerhöhung
- Auflösung der Gesellschaft

Da es sich um eine Kapitalgesellschaft handelt, wird nach Kapitalanteilen abgestimmt, und zwar je Aktie (Nennbetrag) mit einer Stimme. Beschlüsse werden in der Regel mit einfacher Mehrheit gefasst. Bei wichtigen Entscheidungen (Satzungsänderung usw.) ist eine Mehrheit von mindestens drei Vierteln des bei der Beschlussfassung vertretenen Grundkapitals erforderlich.

Bei einer Kapitalgesellschaft steht die Kapitalbeteiligung ohne persönliche Mitarbeit bei einer Begrenzung der Haftung auf die Einlage im Vordergrund. Daher verfügen die Aktionäre im Vergleich zu den Gesellschaftern einer Personengesellschaft über entsprechend geringere Pflichten und Rechte. Ihre Pflichten bestehen in der Einzahlung der übernommenen Einlage bzw. im Einbringen der Sacheinlage. Die Aktionäre haben das Recht auf Teilnahme an der Hauptversammlung einschließlich Auskunfts- und Stimmrecht (nach Aktiennennbeträgen), auf einen Gewinnanteil (Dividende), den Bezug neuer Aktien sowie Anteil am Liquidationserlös. Eine Aktiengesellschaft wird durch Beschluss der Hauptversammlung (Dreiviertelmehrheit), bei Eröffnung des Konkurses oder nach Ablauf der in der Satzung festgelegten Zeit aufgelöst.

Die Aktiengesellschaft ist die bevorzugte Rechtsform von Großunternehmen (Banken, Versicherungen, Industrie-, Handels- und Verkehrsunternehmen) mit hohem Kapitalbedarf, da es diese Unternehmensform gestattet, durch die Ausgabe von Aktien finanzielle Mittel in großer Höhe zu beschaffen. Da der Nennbetrag einer Aktie niedrig ist, können sich auch Personen mit geringem Vermögen an einer AG beteiligen.

Die kleine AG: Ein beträchtliches Finanzvolumen ist Voraussetzung für eine dauerhafte internationale Wettbewerbsfähigkeit. Für Investitionen, insbesondere in den Bereichen Elektronik, Biotechnologie, Kernkraft, Luft- und Raumfahrt u. a. müssen immense Beträge aufgebracht werden. Die Rechtsform der AG bietet die Möglichkeit, die für die Forschung und Entwicklung neuer Produkte bis hin zum Marketing erforderlichen riesigen Finanzmittel durch Beteiligung einer Vielzahl von Geldgebern, die weder zur Mitarbeit verpflichtet sind noch persönlich haften müssen, zu beschaffen. Den Eigenkapitalbedarf über die Börse zu decken, war bisher der AG vorbehalten. Die Gründung einer AG ist indessen mit einer Anzahl von aufwendigen Formalitäten verbunden, die bisher kleinen und mittelständischen Unternehmen den Zugang zur Börse versperrten.

Seit 1994 sieht das Aktienrecht für die *nicht börsennotierte Aktiengesellschaft – die kleine AG* – unter anderem folgende Erleichterungen vor:

- Die Gründung einer AG kann von nur einer Person vorgenommen werden (§ 2 AktG). Die Satzung muss durch notarielle Beurkundung festgestellt werden. Mit der Übernahme aller Aktien durch den/die Gründer ist die Gesellschaft errichtet. Als Rechtspersönlichkeit entsteht die AG mit der Eintragung in das Handelsregister.
- Der Gründungsprüfungsbericht ist dem Registergericht und dem Vorstand zuzuleiten.
- Ein Aufsichtsrat ist erst ab 501 Mitarbeitern vorgeschrieben. Aktiengesellschaften mit weniger Mitarbeitern unterliegen nicht mehr der Mitbestimmung.
- Die Einladung zur Hauptversammlung kann durch eingeschriebenen Brief erfolgen, sofern die Aktionäre bekannt sind.
- Die Aktionäre haben mehr Einfluss auf die Gewinnverwendung. So kann der gesamte Gewinn ohne Bildung einer Gewinnrücklage ausgeschüttet werden, falls die Satzung eine entsprechende Ermächtigung des Vorstandes und des Aufsichtsrates enthält.

Diese Bestimmung des Aktienrechts bieten kleineren und mittelständischen Unternehmen die Gelegenheit, die Rechtsform der Aktiengesellschaft zu wählen und durch die Ausgabe von Aktien ihre Eigenkapitalausstattung zu verbessern. Eine hohe Eigenkapitalquote ist eine sichere Basis für Investitionen, erspart die Aufnahme teurer Kredite und verringert die Krisenanfälligkeit.

Die Kommanditgesellschaft auf Aktien (KGaA) ist eine Gesellschaft mit eigener Rechtspersönlichkeit, bei der mindestens ein Gesellschafter unbeschränkt haftet (Komplementär = persönlich haftender Gesellschafter), während die übrigen Gesellschafter mit Einlagen auf das in Aktien zerlegte Grundkapital beteiligt sind, ohne persönlich für die Verbindlichkeiten der Gesellschaft zu haften (Kommanditaktionäre). Der persönlich haftende Gesellschafter (Komplementär) muss eine natürliche Person sein. Er kann auch am Aktienkapital der Gesellschaft beteiligt, also gleichzeitig Kommanditaktionär sein. Die KGaA ist eine Kombination von Personengesellschaft und Kapitalgesellschaft.

Wie bei einer KG haftet mindestens ein Gesellschafter persönlich unbeschränkt, während die übrigen Gesellschafter ohne persönliche Haftung mit einer Einlage an der Gesellschaft beteiligt sind wie bei einer AG. Aus diesem Grund gelten für die KGaA die Vorschriften über die AG und, soweit die Rechtsstellung der persönlich haftenden Gesellschafter betroffen ist, diejenigen über die KG.

Nach § 280 AktG muss die Satzung der KGaA von mindestens 5 Personen durch notarielle Beurkundung festgestellt werden. Alle persönlich haftenden Gesellschafter müssen sich an der Feststellung der Satzung beteiligen. Die Gesellschafter, die die Satzung festgestellt haben, sind die Gründer der Gesellschaft. Die Firma der KGaA kann aus einem Personen-, Sach- oder Fantasienamen bestehen und muss die Bezeichnung ›Kommanditgesellschaft auf Aktien‹ oder eine allgemein verständliche Abkürzung dieser Bezeichnung enthalten.

Der Aufbau einer KGaA entspricht dem einer AG. Zum *Vorstand* gehören kraft Gesetzes immer die persönlich haftenden Gesellschafter. Er hat dieselben Aufgaben wie der Vorstand der AG. Anders als bei der AG wird bei der KGaA der Vorstand nicht vom Aufsichtsrat bestellt. Die persönlich haftenden Gesellschafter können als Vorstandsmitglieder nicht abberufen werden und müssen im Handelsregister eingetragen sein. Der *Aufsichtsrat* wird wie bei der AG von den (Kommandit)aktionären und den Arbeitnehmern gewählt. Persönlich haftende Gesellschafter können dem Aufsichtsrat nicht angehören. Die *Hauptversammlung* ist die Versammlung der Kommanditaktionäre. Der Umfang ihrer Beschlusskompetenz geht über den der Hauptversammlung einer AG hinaus, da die Kommanditaktionäre auch über die Feststellung des Jahresabschlusses entscheiden.

Die Marktchancen der KGaA werden durch ihre besondere Unternehmenskonstruktion bestimmt. Sie hat einerseits die Möglichkeit, wie eine Aktiengesellschaft große Kapitalbeträge durch die Ausgabe von Aktien zu erhalten. Andererseits besitzt sie die Vorteile einer Personengesellschaft, da der persönlich haftende Gesellschafter das Recht der alleinigen Geschäftsführung hat. Die Entwicklung des Unternehmens hängt also in hohem Maße von den unternehmerischen Qualitäten des persönlich haftenden Gesellschafters ab.

Die Gesellschaft mit beschränkter Haftung (GmbH) ist eine Gesellschaft mit eigener Rechtspersönlichkeit, deren Gesellschafter mit Einlagen auf das in Geschäftsanteile zerlegte Stammkapital beteiligt sind, ohne persönlich für die Schulden der Gesellschaft zu haften. Die GmbH trägt sowohl Züge einer AG als auch einer Personengesellschaft. Mit der AG gemein hat die GmbH den Status einer juristischen Person, den organisatorischen Aufbau, das mit dem Grundkapital vergleichbare Stammkapital und die beschränkte Haftung der Gesellschafter. Während die Anteile an einer AG (Aktien) in der Regel jederzeit durch Verkauf an beliebige Personen übertragen werden können, ist die Veräußerung der Anteile an einer GmbH (Geschäftsanteile) an formelle Voraussetzungen geknüpft. Sie bedarf der notariellen Beurkundung und kann im Gesellschaftsvertrag von der Zustimmung der Gesellschafter abhängig gemacht werden. Die weitgehenden Mitwirkungsrechte der Gesellschafter einer GmbH an der Geschäftsführung rücken die GmbH in die Nähe der Personengesellschaft. Die GmbH unterscheidet sich von einer Personengesellschaft jedoch dadurch, dass sie eine juristische Person ist und ihre Gesellschafter für die Schulden nicht persönlich haften.

Eine GmbH kann zu jedem gesetzlich zulässigen Zweck gegründet werden (§ 1 GmbHG), beispielsweise auch zu gemeinnützigen, sportlichen oder kulturellen Zwecken. Versicherungsunternehmen und Hypothekenbanken indes dürfen die Rechtsform der GmbH nicht wählen. *Gründer* können eine oder mehrere natürliche oder juristische Personen, aber auch Personengesellschaften sein. Mit dem Aufstellen der Satzung durch die Gründer ist die GmbH errichtet. Die Satzung bedarf der notariellen Beurkundung. Das *Stammkapital* der Gesellschaft muss mindestens 50 000 DM betragen. Es ist in *Stammeinlagen,* die die Gründer übernehmen müssen, aufgeteilt. Eine Stammeinlage muss mindestens 500 DM betragen. Sie kann als Geld oder Sacheinlage geleistet werden. Die Summe der Stammeinlagen muss dem erforderlichen Stammkapital entsprechen. Bei der Errichtung der Gesellschaft kann ein Gesellschafter nur eine Stammeinlage übernehmen. Als Geschäftsanteil bezeichnet man den von einem Gesellschafter übernommenen Anteil am Stammkapital. Mit der Eintragung ins Handelsregister ist die GmbH als juristische Person entstanden, bis dahin aber haften die Gesellschafter persönlich.

Neben einer Personen- oder Sachfirma ist auch eine beliebige Fantasiefirma zulässig. Die Bezeichnung ›Gesellschaft mit beschränkter Haftung‹ oder eine allgemein verständliche Abkürzung dieser Bezeichnung muss in der Firma enthalten sein. Nach § 35 a GmbHG muss auf allen Geschäftsbriefen die Rechtsform und der Sitz der Gesellschaft, das Registergericht des Sitzes der Gesellschaft und die Nummer, unter der die Gesellschaft in das Handelsregister eingetragen ist, angegeben werden.

Wie die Aktiengesellschaft ist die GmbH eine juristische Person. Sie bedarf daher bestimmter Organe, die für sie handeln. Bei der GmbH sind dies die *Geschäftsführer* und die *Gesellschafterversammlung.* Ein *Aufsichtsrat* ist nur bei Gesellschaften mit mehr als 500 Beschäftigten, und zwar aufgrund des Betriebsverfassungsgesetzes, vorgeschrieben. Im Geltungsbereich des Montanmitbestimmungsgesetzes müssen es mehr als 2000 Beschäftigte sein. Geschäftsführung und Vertretung der GmbH werden von mindestens einem Geschäftsführer wahrgenommen. Das können Gesellschafter der GmbH oder Außenstehende sein. Geschäftsführer kann nur eine natürliche unbeschränkt geschäftsfähige Person sein. Rechte und Pflichten der Geschäftsführer der GmbH entsprechen denen des Vorstandes einer AG.

Die *Gesellschafterversammlung* ist das beschließende Organ der GmbH. Ihr gehören sämtliche Gesellschafter an. Die Geschäftsführer berufen die Gesellschafterversammlung ein. Beschlüsse werden, sofern keine abweichende Regelung im Gesellschaftsvertrag vorgesehen ist, mit Stimmenmehrheit (Kapitalmehrheit) gefasst. Je 100 DM eines Geschäftsanteils gewähren eine Stimme. Die Gesellschafterversammlung beschließt u. a. über die Verwendung des Gewinns, die Bestellung und Entlastung der Geschäftsführer sowie die Bestellung von Prokuristen. Der *Aufsichtsrat* ist wie bei der AG das überwachende Organ. Der Gesellschaftsvertrag kann die Wahl eines Aufsichtsrates durch die Gesellschafterversammlung bestimmen.

Wie bei anderen Kapitalgesellschaften sollen die Vorschriften über die Rechte und Pflichten der Gesellschafter eine ordnungsgemäße Geschäftsführung und den Erhalt des Haftungskapitals sicherstellen. Die Pflichten der Gesellschafter umfassen die Leistung der Einlage sowie eine Nachschusspflicht (das ist die Pflicht, über die Stammeinlage hinaus gemäß dem Gesellschaftsvertrag weitere Einzahlungen zu leisten). Ihre Rechte bestehen im Anspruch auf Gewinn im Verhältnis der Geschäftsanteile, in der Mitverwaltung und Mitbestimmung.

Auflösungsgründe können im Gesellschaftsvertrag vorgesehen werden. Gesetzlich vorgeschrieben ist die Auflösung in folgenden Fällen: Ablauf der im Gesellschaftsvertrag vereinbarten Zeit, Beschluss der Gesellschafter (Dreiviertelmehrheit), gerichtliches Urteil und Konkurseröffnung.

Folgende Tatsachen begünstigen die GmbH gegenüber anderen Gesellschaften: Als juristische Person sichert sie den Fortbestand des Unternehmens, ihr Gründungskapital und ihre Gründungskosten sind niedrig, die Gesellschafter haben sehr weit reichende Mitwirkungsrechte. Gemeinden wählen die GmbH nicht selten als Unternehmungsform ihrer eigenen Betriebe. Die GmbH eignet sich auch für Unternehmenszusammenschlüsse, um gemeinsame Vorhaben (Forschung, Entwicklung, Vertrieb) durchzuführen. Probleme können für die GmbH im Bereich der Finanzierung wegen ihrer schmalen Kapital- und Kreditbasis auftreten.

Die *Genossenschaft* ist eine Gesellschaft von nicht geschlossener Mitgliederzahl, deren Ziel die Förderung des Erwerbs oder der Wirtschaft ihrer Mitglieder (Genossen) durch gemeinschaftlichen Geschäftsbetrieb ist. Die Mitglieder haften nicht persönlich. Die Genossenschaft ist eine juristische Person und nach dem HGB Kaufmann kraft Rechtsform. Neben den Vorschriften des Genossenschaftsgesetzes (GenG) gelten ergänzend die Bestimmungen des HGB.

Die Mitgliedschaft wird durch Beitrittserklärung und Eintragung in das Genossenschaftsregister erworben. Die Mitgliederzahl ist nach oben nicht begrenzt. Mitglieder können natürliche und juristische Personen sein. Durch den Zusammenschluss soll den wirtschaftlich Schwachen auf der Basis gegenseitiger Solidarität dabei geholfen werden, sich durch gemeinschaftliche Einrichtungen und gemeinsames Vorgehen im Wettbewerb zu behaupten. Die Genossenschaft sieht ihre Hauptaufgabe nicht in der Maximierung des Gewinns, sondern sie versteht sich als Selbsthilfeeinrichtung, die ihren Mitgliedern die Vorteile des Großeinkaufs und der rationellen Produktion bietet oder ihnen ein absatzpolitisches Instrumentarium und eine moderne Verwaltungsorganisation zur Verfügung stellt. Genossenschaften können in vielen Wirtschaftsbereichen tätig werden. Nach ihren Funktionen unterscheidet man Einkaufs-, Produktions-, Absatz-, Bau-, Kredit- und Konsumgenossenschaften.

Zur *Gründung* einer Genossenschaft sind mindestens sieben Personen (Genossen, Gründer) erforderlich. Die Gründer stellen eine Satzung (Genossenschaftsvertrag = Statuten) auf und wählen den Vorstand und Aufsichtsrat, deren Mitglieder ebenfalls Genossen sein müssen. Der Vorstand hat die Prüfung durch den Prüfungsverband zu veranlassen und die Eintragung der Genossenschaft in das Genossenschaftsregister zu beantragen. Durch die Eintragung erlangt die Genossenschaft die Rechtsstellung einer juristischen Person. Gesetzlich ist weder für die Genossenschaft noch für das einzelne Mitglied ein Mindestkapital bzw. ein Mindestanteil vorgeschrieben. Da der Mitgliederbestand ständig wechseln kann, unterliegt auch das Kapital der Genossenschaft Schwankungen. Das Kapital der Genossenschaft wird dadurch aufgebracht, dass jedes Mitglied bei seinem Eintritt einen oder mehrere der in der Satzung festgelegten Geschäftsanteile zeichnet und einzahlt oder darauf Zahlungen leistet. Die Höhe des Geschäftsanteils muss für alle Mitglieder gleich sein. Der *Geschäftsanteil* gibt an, bis zu welchem Betrag ein Genosse an der Genossenschaft beteiligt ist. Das *Geschäftsguthaben* ist der Teil des Geschäftsanteils, den ein Genosse tatsächlich eingezahlt hat, vermehrt bzw. vermindert um seinen Gewinn- bzw. Verlustanteil. Den Gläubigern gegenüber haftet nur das Vermögen der Genossenschaft. In der Satzung der Genossenschaft muss festgelegt sein, ob und in welcher Höhe im Konkursfall Nachschüsse von den einzelnen Genossen geleistet werden müssen (Haftsumme).

Analog zu den Firmierungsvorschriften für andere Unternehmungsformen kann die *Firma* der Genossenschaft eine Sach- oder Personenfirma sein. Es können aber auch die Namen von Genossen oder anderen Personen in die Firma aufgenommen werden, sofern Irreführung und Täuschung ausgeschlossen sind. Die Rechtsformangabe ist auch hier zwingend vorgeschrieben. Die Firma der Genossenschaft muss die Bezeichnung ›eingetragene Genossenschaft‹ oder die Abkürzung ›eG‹ enthalten. Der Firma darf kein Zusatz beigefügt werden, der darauf hindeutet, ob und in welchem Umfang die Genossen zur Leistung von Nachschüssen verpflichtet sind. Wie bei den anderen Unternehmungsformen müssen auch auf den Geschäftsbriefen der Genossenschaft die Rechtsform und der Sitz der Genossenschaft, das Registergericht des Sitzes der Genossenschaft und die Nummer, unter der die Genossenschaft in das Genossenschaftsregister eingetragen ist, angegeben werden.

Aus der Tatsache, dass Genossenschaften Personenvereinigungen sind, und aus den Prinzipien einer Solidargemeinschaft leiten sich die sehr weit gehenden Einflussmöglichkeiten des einzelnen Genossen auf die Organe der Genossenschaft ab. In Vorstand, Aufsichtsrat und Generalversammlung dürfen nur Genossen vertreten sein. Geschäftsführung und -vertretung werden durch den *Vorstand* wahrgenommen. Er besteht aus mindestens zwei Personen (Gesamtvertretungsbefugnis), die Mitglieder der Genossenschaft sein müssen. Der Vorstand wird von der Generalversammlung gewählt und abberufen. Da die Genossenschaft die Kaufmannseigenschaft besitzt, kann sie Prokuristen und Handlungsbevollmächtigte ernennen. Die Rechte und Pflichten des Vorstands der Genossenschaft entsprechen denen des Vorstands der AG. Der *Aufsichtsrat* besteht aus mindestens drei Genossen, die von der Generalversammlung gewählt werden. Die Aufgaben des Aufsichtsrates entsprechen denen des Aufsichtsrates einer AG. Weitere Aufgaben können dem Aufsichtsrat durch die Satzung zugewiesen werden.

Die *Generalversammlung* ist die Institution, in der die Genossen ihre Rechte in den Angelegenheiten der Genossenschaft wahrnehmen. Sie besitzen weiter gehende Rechte als die Aktionäre in der Hauptversammlung der AG. Jeder Genosse hat eine Stimme ohne Rücksicht auf die Höhe seiner Einlage. Zu den Aufgaben der Generalversammlung gehören die Wahl und Abberufung des Vorstands und Aufsichtsrats, der Beschluss über Jahresabschlüsse und Gewinnverteilung sowie die Entlastung des Vorstands.

Die *Auflösung* der Genossenschaft wird im Genossenschaftsregister eingetragen. Gründe für die Auflösung können ein Beschluss der Generalversammlung mit Dreiviertelmehrheit, ein Beschluss des Registergerichts, wenn die Zahl der Genossen unter 7 fällt, die Konkurseröffnung oder eine behördliche Anordnung sein, wenn gegen das genossenschaftliche Förderungsprinzip verstoßen worden ist.

Ein entscheidendes Ziel jeder Unternehmung ist es, ihre Wettbewerbsfähigkeit zu sichern und möglichst zu erhöhen. Die Idee der solidarischen Genossenschaft eröffnet auch kleinen Unternehmen mit geringer Kapitalkraft durch gemeinschaftlichen Geschäftsbetrieb die Chance, im Wettbewerb zu bestehen. Denn nicht die Genossenschaft selbst, sondern das einzelne Mitglied gelangt in den Genuss des gemeinsam erwirtschafteten Erfolgs. Auf diese Weise ist es Genossenschaften gelungen, sich in vielen Wirtschaftszweigen zu etablieren und von der Landwirtschaft über den Wohnungsbau bis zum Bankensektor erfolgreich tätig zu werden.

Betriebsverfassungsgesetz und Personalvertretungsrecht

Die Formen der Mitbestimmung, die durch das Betriebsverfassungsgesetz geregelt werden und die dem Betriebsrat eine große Verantwortung auferlegen, haben ihre Grundlage in den Prinzipien unseres Grundgesetzes: Demokratie ist nämlich nicht nur ein abstrakter Begriff oder eine Frage der politischen Verfassung, sondern erstreckt sich auf alle Bereiche gesellschaftlichen Zusammenlebens – und eben auch Zusammenarbeitens – und darf deshalb auch nicht vor den Werkstoren Halt machen. Demokratie in diesem Sinne kann jedoch nur praktische Form annehmen, wenn sich Menschen finden, die bereit sind, sich für eine eigenverantwortliche Mitgestaltung ihrer Lebensräume zu engagieren. Zu diesem Zweck gibt es den Betriebsrat als wichtigstes Organ der innerbetrieblichen Interessenvertretung der Arbeitnehmerinnen und Arbeitnehmer.

Das Betriebsverfassungsgesetz hat eine lange Entstehungsgeschichte. Erste Vorschläge zur Regelung einer selbstständigen betrieblichen Interessenvertretung wurden schon in der Frankfurter Nationalversammlung von 1848 gemacht. Allerdings scheiterte der Entwurf an der erforderlichen Mehrheit im Parlament. Nach dem Ende der Revolution von 1848/49 wurden jedoch in einigen Betrieben Arbeiterausschüsse auf freiwilliger Basis geschaffen, denen indes eine spürbare Mitbestimmung versagt blieb. Erst 1905 beschloss das Preußische Abgeordnetenhaus nach mehrwöchigen Bergarbeiterstreiks, dass in allen Bergwerken mit mehr als 100 Arbeitnehmern Arbeiterausschüsse einzurichten seien. Auf diesem Stand blieb die Interessenvertretung der Beschäftigten bis zum 23. Dezember 1918, bis nämlich die ›Verordnung über Tarifverträge, Arbeiter- und Angestelltenausschüsse und Schlichtung von Arbeitsstreitigkeiten‹ erlassen wurde. Der Reichstag erweiterte diese Verordnung im Februar 1920 durch das ›Betriebsrätegesetz‹, das nun den Beschäftigten eine Mitsprache in wirtschaftlichen Angelegenheiten der Betriebe sowie eine Vertretung in den Aufsichtsräten einräumte. 1934 allerdings wurde das Rad der Geschichte von den Nationalsozialisten zurückgedreht: Bis 1945 galt auch in der Wirtschaft das Führerprinzip. Erst 1952 wurde dann das Betriebsverfassungsgesetz vom Deutschen Bundestag verabschiedet, 1972 noch einmal gänzlich neu gefasst und seitdem mehrfach überarbeitet bzw. ergänzt.

Die Wahlen zum Betriebsrat

§ 1 des Betriebsverfassungsgesetzes (BetrVerfG) bestimmt, dass in Betrieben mit mindestens fünf ständig wahlberechtigten Arbeitnehmern Betriebsräte gewählt werden können. Wahlberechtigt sind alle Arbeitnehmerinnen und Arbeitnehmer, die in dem betreffenden Betrieb beschäftigt sind. Dazu gehören auch Teilzeitbeschäftigte und Putzhilfen, sofern sie nicht zu einer Fremdfirma gehören. Arbeiter und Angestellte wählen ihre Vertreterinnen und Vertreter jeweils gesondert. Das persönliche Stimmrecht darf also nur in der eigenen Berufsgruppe ausgeübt werden. Ausgeschlossen sind gemäß § 5 BetrVerfG neben einer Reihe weiterer Arbeitnehmergruppen vor allem die Angestellten der oberen Führungsebene. Für die so genannten leitenden Angestellten wurden 1990 einige Besonderheiten in das Gesetz eingeführt, auf die hier aber nicht eingegangen werden soll.

Problematisch kann der Begriff *Betrieb* werden: Darf ein Nebenbetrieb mitwählen oder kann bzw. muss er einen eigenen Betriebsrat aufstellen? Die Regelungen des § 4 BetrVerfG sind diesbezüglich nicht abschließend formuliert, sodass man immer die tatsächlichen Lebensverhältnisse im Auge haben sollte. Mithilfe der modernen Kommunikationstechnik beispielsweise lassen sich auch größere Distanzen so überbrücken, dass sie die Arbeit des Betriebsrats nicht über Gebühr behindern, wenn es darum geht, einen Nebenbetrieb vom Hauptbetrieb aus zu betreuen. Das Bundesarbeitsgericht hat in diesem Sinne geurteilt (Urteil vom 24. 9. 1968), dass eine Entfernung von 70 Kilometern zwischen Haupt- und Nebenbetrieb hingenommen werden kann, wenn eine optimale Betreuung des Nebenbetriebs durch den Betriebsrat des Hauptbetriebs gewährleistet ist.

Wer darf nun in den Betriebsrat gewählt werden (passives Wahlrecht)? § 8 BetrVerfG bestimmt, dass jeder Beschäftigte, der am Wahltag mindestens sechs Monate dem Betrieb angehört und über 18 Jahre alt ist, gewählt werden kann. (Wenn der Betrieb erst weniger als sechs Monate besteht, ist derjenige wählbar, der dem Betrieb zu dem Zeitpunkt angehört hat, an dem die Wahl eingeleitet wurde.) Das gilt ebenso für in Heimarbeit Beschäftigte, ausländische Arbeitnehmerinnen und Arbeitnehmer, Teilzeitbeschäftigte, Auszubildende und selbst für diejenigen Beschäftigten, die bereits gekündigt sind, allerdings nur für die Zeit, in der sie noch dem Betrieb angehören. Ein passives Wahlrecht haben ebenfalls die ehemaligen Mitglieder des Betriebsrats sowie der Wahlvorstand, der die Wahl organisiert und durchführt.

Wie viele Betriebsräte gewählt werden können, ergibt sich aus einem bestimmten Schlüssel, der in § 9 BetrVerfG niedergelegt ist. Für die Zahl der Mandate ist dabei nicht nur die Zahl der Beschäftigten, sondern auch das Verhältnis von Arbeitern zu Angestellten maßgeblich. Dass Männer und Frauen gleichermaßen und möglichst entsprechend dem Zahlenverhältnis unter den Beschäftigten im Betriebsrat vertreten sein sollten, versteht sich heutzutage von selbst und sollte bei der Wahl der Kandidaten berücksichtigt werden, obwohl das Gesetz dies nicht vorschreibt.

Die Wahlen zum Betriebsrat müssen alle vier Jahre in den Monaten März bis Mai durchgeführt werden. Sofern bereits ein Betriebsrat existiert, bestellt dieser aus den Reihen der Beschäftigten einen Wahlvorstand, der dann für alles, was die Wahl betrifft, verantwortlich ist. Dieser Wahlvorstand muss aus mindestens drei Beschäftigten bestehen. Gibt es in einem Betrieb noch keinen Betriebsrat, wird eine Betriebsversammlung aller Beschäftigten einberufen, die dann einen Wahlvorstand einsetzt. Einberufen werden kann eine solche Betriebsversammlung von drei wahlberechtigten Beschäftigten oder einer im Betrieb vertretenen Gewerkschaft. Hier ist schon ein einzelnes Mitglied einer Gewerkschaft ausreichend. Die Anonymität der Mitglieder von Gewerkschaften gegenüber dem Arbeitgeber muss auf jeden Fall gewährleistet werden.

Die Wahl muss selbstverständlich den gesetzlichen Bestimmungen entsprechend durchgeführt werden. Deshalb bieten die zuständigen Gewerkschaften den jeweiligen Wahlvorständen ihre Hilfe an und schulen sie für ihre verantwortungsvolle Aufgabe. Für solche Schulungen müssen die betreffenden Arbeitnehmerinnen und Arbeitnehmer von der Arbeit bei Fortzahlung ihres Gehalts freigestellt werden. Die Kosten der Wahl – also auch diejenigen für die Schulung des Wahlvorstands – trägt der Arbeitgeber.

Zudem stehen alle, die sich in diesem Zusammenhang engagieren, unter einem besonderen Kündigungsschutz. Dies gilt nicht nur für den Wahlvorstand, sondern auch für die Kandidatinnen und Kandidaten, die sich zur Wahl stellen, und schließlich für den gewählten Betriebsrat. Betriebsratsmitgliedern kann nicht nur innerhalb ihrer Amtszeit, sondern auch ein Jahr darüber hinaus nur dann gekündigt werden, wenn der eigene Betriebsrat dieser Kündigung zustimmt.

Die Formen der Mitbestimmung

Es gibt drei verschiedene Ebenen der Mitbestimmung, die im Gesetz verankert sind:

- das Informationsrecht
- die Anhörung des Betriebsrats durch den Arbeitgeber
- die Mitbestimmung

Das Informationsrecht beinhaltet, dass ein Arbeitgeber den Betriebsrat von einer Maßnahme unterrichten muss, bevor er die Maßnahme durchführen darf. Dies gilt beispielsweise bei der Einrichtung oder Erweiterung von geplanten Betriebsstätten. In anderen Fällen ist die Anhörung des Betriebsrats durch den Arbeitgeber erforderlich. Hierbei hat der Arbeitgeber nicht nur seiner Informationspflicht nachzukommen, sondern muss eine Stellungnahme des Betriebsrats dazu abwarten, bevor er die angekündigte Maßnahme durchführen darf. Diese Stellungnahme muss innerhalb einer gesetzlich bestimmten Frist vorliegen, hat aber keinen verbindlichen Einfluss auf die Maßnahme des Arbeitgebers.

Das ist bei der eigentlichen Mitbestimmung anders. Hier hat der Betriebsrat das Recht, seine Positionen zu einzelnen Sachfragen in eine anstehende Entscheidung einzubringen. In diesen Fällen, die größtenteils im § 87 BetrVerfG aufgeführt sind, haben die Stellungnahmen des Betriebsrats das gleiche Gewicht wie diejenigen der Geschäftsführung. Diese Form der Zusammenarbeit zwischen Arbeitgeber und Betriebsrat erfordert gegenseitiges Vertrauen in höchstem Maße. Wo es vorhanden ist, gelangt man gemeinsam zu tragfähigen Ergebnissen. So zeigt die Erfahrung, dass Betriebsräte, die von ihren Arbeitgebern ernst genommen werden, ein Verständnis für die wirtschaftlichen Notwendigkeiten entwickeln und aus Mitverantwortung für das Unternehmen handeln. Allerdings soll nicht verhehlt werden, dass die Mitbestimmung in der Praxis nicht selten große Probleme aufwirft, weil einige Arbeitgeber nicht bereit sind, die Vorschriften des Gesetzes zu akzeptieren. Oft entstehen Konflikte, die nicht selten vor einer Einigungsstelle oder den Arbeitsgerichten beigelegt werden müssen.

In Betrieben mit über 100 ständig Beschäftigten ist außerdem ein Wirtschaftsausschuss einzurichten (§§ 106–110 BetrVerfG). Ein solcher besteht aus drei bis sieben vom Betriebsrat berufenen Beschäftigten, worunter sich mindestens ein Mitglied des Betriebsrats befindet. Einem Wirtschaftsausschuss gegenüber hat der Arbeitgeber die Verpflichtung, über wirtschaftliche Angelegenheiten des Unternehmens rechtzeitig und umfassend zu informieren.

Darüber hinaus hat der Gesetzgeber den Jugendlichen und Auszubildenden die Möglichkeit eröffnet, ihre Interessen selbst in die Hand zu nehmen. Dementsprechende Jugend- und Auszubildendenvertretungen (JAV) können in allen Fragen mitbestimmen, die nur diese Gruppe betreffen. Der oder die Vorsitzende der JAV darf darüber hinaus auch an den Sitzungen des Betriebsrats teilnehmen. Auf diese Weise können Jugendliche und Auszubildende frühzeitig lernen, Verantwortung zu übernehmen und mit Engagement in demokratischen Gremien ihr Umfeld mitzugestalten.

Die Mitbestimmungsrechte und Aufgaben der Betriebsräte

Wann ist nun der Betriebsrat gefordert? Zunächst einmal ist jeder Beschäftigte berechtigt, sich während der Arbeitszeit in allen Fragen, die seinen Arbeitsplatz betreffen, an den Betriebsrat zu wenden und bei diesem Rat zu suchen. Wenn weit reichende Entscheidungen über das betriebliche Schicksal eines Beschäftigten getroffen werden sollen, muss der Arbeitgeber an den Betriebsrat herantreten und ihn dazu hören.

Der Betriebsrat muss dann feststellen, ob Gründe vorliegen, die der Zustimmung zu der personellen Maßnahme entgegenstehen. Dies wäre der Fall, wenn die Maßnahme gegen ein Gesetz, den Tarifvertrag oder eine Betriebsvereinbarung verstößt, wenn die Arbeitsplätze anderer Beschäftigter dadurch gefährdet werden oder der Betriebsfriede gestört werden könnte. Sollte der Betriebsrat seine Zustimmung verweigern, muss er dies dem Arbeitgeber binnen einer Woche unter Angabe von Gründen mitteilen – ein Überschreiten der Frist gilt als Zustimmung. Dem Arbeitgeber bleibt allerdings noch die Möglichkeit, die fehlende Zustimmung des Betriebsrats durch ein Arbeitsgericht einzuholen, indem er beweist, dass die Argumentation des Betriebsrats nicht stichhaltig ist.

Konkret bedeutet dies beispielsweise, dass der Betriebsrat die Möglichkeit hat, binnen sieben Tagen zu einer beabsichtigten ordentlichen Kündigung Stellung zu nehmen, die rechtlichen, arbeitsrechtlichen und sozialen Gesichtspunkte der Kündigung zu prüfen oder zu überlegen, ob nicht durch eine Versetzung, durch Weiterbildungsmaßnahmen oder geänderte Arbeitsvertragsbedingungen die Kündigung überflüssig gemacht werden könnte. Widerspricht der Betriebsrat der Kündigung, ist der Arbeitgeber gehalten, den Gekündigten weiter zu beschäftigen, bis z. B. in einem Kündigungsschutzprozess ein Urteil ergangen und rechtskräftig geworden ist (§ 102 BetrVerfG). Letzteres gilt jedoch nicht bei einer außerordentlichen Kündigung.

Freilich hat derjenige, dem gekündigt wird, in jedem Falle (also auch dann, wenn der Betriebsrat der Kündigung nicht widersprochen hat) die Möglichkeit, gegen die Kündigung vor dem Arbeitsgericht nach dem Kündigungsschutzgesetz zu klagen. Die Klage muss innerhalb einer Frist von 21 Tagen eingereicht sein. Hilfestellung dabei bieten die zuständigen Gewerkschaften oder auch das Arbeitsgericht selbst.

Auch bei Einstellungen hat der Betriebsrat ein Mitbestimmungsrecht (§ 99 BetrVerfG). Widerspricht der Betriebsrat einer Einstellung, kann der Arbeitgeber die Einstellung zwar trotzdem vornehmen, muss aber hinnehmen, dass sie arbeitsgerichtlich auf ihre Richtigkeit überprüft wird. Ein Widerspruch gegen eine Einstellung erfolgt in der Regel nur, wenn die fragliche Position auch innerbetrieblich hätte neu besetzt werden können.

Nicht nur die Einstellungen und Kündigungen, sondern auch Versetzungen und Umgruppierungen bedürfen der Zustimmung des Betriebsrats, wie auch Personalfragebogen und Beurteilungsgrundsätze. Bei der Personalplanung hat der Arbeitgeber zwar lediglich eine Informationspflicht gegenüber dem Betriebsrat. Wird jedoch eine Stelle ausgeschrieben, kann der Betriebsrat verlangen, dass dies zunächst innerbetrieblich geschieht. Konsequenterweise haben Arbeitgeber und Betriebsrat die berufliche Bildung der Beschäftigten zu fördern und ggf. inner- oder außerbetriebliche Weiterbildung zu ermöglichen. Dabei kann der Betriebsrat nicht nur über die Weiterbildungsmaßnahmen an sich, sondern auch über die Auswahl der Teilnehmenden mitentscheiden.

Darüber hinaus kann der Betriebsrat immer dann mitbestimmen, wenn es um die Arbeitsbedingungen aller Beschäftigten geht (§§ 87–98 BetrVerfG).

Das betrifft vor allem
- die Betriebsordnung
- alle Arbeitszeitfragen
- die Auszahlung der Arbeitsentgelte
- die Urlaubsgrundsätze und Urlaubspläne
- die Einführung und Anwendung technischer Einrichtungen
- die Arbeitssicherheit
- alle Angelegenheiten der betrieblichen Sozialeinrichtungen (Kantine, Werkswohnungen, Pensionskassen usw.)
- die Lohngestaltung bei Akkordlöhnen und Prämiensätzen
- das betriebliche Vorschlagswesen

Ferner hat der Gesetzgeber im BetrVerfG
- die Möglichkeit geschaffen, dass der Betriebsrat mit dem Arbeitgeber oder dessen Bevollmächtigten zusätzliche Betriebsvereinbarungen trifft
- dem Arbeitsschutz einen besonderen Stellenwert zugemessen
- auch bei Veränderungen der Arbeitsplätze oder des Arbeitsablaufs dem Betriebsrat ein Recht auf Mitbestimmung eingeräumt

Alle diese Mitbestimmungsrechte gelten jedoch nicht oder nur eingeschränkt für so genannte Tendenzbetriebe. Darunter versteht man Betriebe, die unmittelbar und überwiegend politischen, konfessionellen, karitativen, erzieherischen, wissenschaftlichen oder künstlerischen Zielsetzungen oder Anliegen dienen. Allerdings wäre auch in solchen Betrieben eine Form demokratischer Mitbestimmung durchaus wünschenswert, zumal einige Unternehmen mit großem Geschick versuchen, in den Genuss dieser Ausnahmeregelung zu kommen, obwohl der betriebliche Alltag dies nicht im strengen Sinne rechtfertigt.

Eine weitere Einschränkung betrifft die Mitbestimmung des Betriebsrats bei personellen Einzelmaßnahmen. Denn nur in Betrieben mit in der Regel mehr als 20 wahlberechtigten Beschäftigten kann der Betriebsrat die genannten Rechte ausüben. In kleineren Betrieben bleibt ihm in diesen Fragen eine Mitbestimmung versagt.

Interessenausgleich und Sozialplan

Gerade in wirtschaftlich schwierigeren Zeiten gibt es eine Vielzahl von so genannten Betriebsänderungen. Darunter versteht man Einschränkungen oder Stilllegungen, Verlegungen oder Zusammenschlüsse von Betrieben oder Betriebsteilen oder grundlegende Veränderungen der betrieblichen Struktur. Um nun die Nachteile, die den Beschäftigten daraus entstehen, zu lindern und die Lasten gerechter zu verteilen, hat der Betriebsrat das Recht, einen so genannten Interessensausgleich auszuhandeln. Allerdings lässt sich ein Interessenausgleich nur dann erreichen, wenn sich der Arbeitgeber auf dieses Verfahren einlässt und einer Betriebsvereinbarung mit dem Betriebsrat in schriftlicher Form zustimmt.

Sollte der Arbeitgeber dazu nicht bereit sein, besteht die Möglichkeit, mit einem Sozialplan einen Ausgleich für die Beschäftigten zu erreichen. Ein Sozialplan wird von einer eigens dafür gebildeten Einigungsstelle erarbeitet, die sich aus einem neutralen Außenstehenden und einer jeweils gleich großen Zahl von Arbeitnehmer- und Arbeitgebervertretern zusammensetzt und mit Mehrheitsspruch entscheidet.

Personalvertretungen

Das Betriebsverfassungsgesetz findet keine Anwendung auf Verwaltungen und Betriebe des Bundes, der Länder und der Kommunen sowie auf die Körperschaften, Anstalten und Stiftungen des öffentlichen Rechts. Deshalb haben Bund und Länder jeweils für ihren Zuständigkeitsbereich eigene Personalvertretungsgesetze geschaffen. So sind die Personalvertretungen gewissermaßen die Betriebsräte der Arbeiter, Angestellten und Beamten des öffentlichen Dienstes. Allerdings reichen die Mitbestimmungsrechte der Personalvertretungen längst nicht so weit wie diejenigen der Betriebsräte. Die politisch Verantwortlichen sind offenbar nicht leicht dazu bereit, für ihren Bereich moderne Mitbestimmungsgesetze zu erlassen. Eine Ausnahme bildet das Mitbestimmungsgesetz in Schleswig-Holstein, das den Personalräten eine Mitbestimmung garantiert, die alle internen Maßnahmen der betreffenden Behörde betrifft. Dieses moderne Gesetz ist jedoch in die verfassungsrechtliche Auseinandersetzung geraten. Nach der Entscheidung des Bundesverfassungsgerichtes vom 24. Mai 1995 wird es schwieriger werden, moderne Mitbestimmungsgesetze in den Parlamenten zu verabschieden.

VERBÄNDE UND INSTITUTIONEN

Bundesverband Sekretariat und Büromanagement e.V. (bSb)

Der *Bundesverband Sekretariat und Büromanagement e. V. (bSb)* ist aus der Fusion der beiden Sekretärinnen-Verbände *Bund Deutscher Sekretärinnen e. V. (BDS)* und *Deutscher Sekretärinnen-Verband e. V. (DSV)* hervorgegangen.

BDS und DSV haben in vier Jahrzehnten in entscheidendem Maße das Berufsbild für Sekretärinnen und Assistentinnen gestaltet, durch vielfältige Weiterbildungsmaßnahmen ihre Qualifikation gefördert und durch aktive Öffentlichkeitsarbeit das Ansehen des Berufsstandes gefestigt. Das heutige Niveau der Aus- und Weiterbildung und als deren Folge die großen Chancen für Sekretärinnen und Assistentinnen in allen Bereichen des Büromanagements sind zu einem wesentlichen Teil der Arbeit dieser beiden Berufsverbände zu verdanken.

Nachdem BDS und DSV bereits viele Jahre auf zahlreichen Ebenen miteinander kooperiert hatten um die gemeinsamen Ziele zu verwirklichen, setzte sich die Erkenntnis durch, dass die Bündelung der Leistungen und Aktivitäten in *einem* Verband zeitgemäß, effektiv und wirtschaftlich sei. Der Nutzen für den Berufsstand war offensichtlich.

Am 16. November 1996 beschlossen daher BDS und DSV in außerordentlichen Mitgliederversammlungen in Magdeburg den Zusammenschluss zum *Bundesverband Sekretariat und Büromanagement e. V.* mit Wirkung vom 1. Januar 1997.

Durch die Gründung des neuen, nunmehr doppelt so starken Verbandes unter neuem Namen ergab sich aber nicht nur eine vereinheitlichte Organisation, sondern sie war gleichzeitig der Anlass für eine inhaltliche und strukturelle Neuorientierung. Das lässt schon der Name erkennen. Der *Bundesverband Sekretariat und Büromanagement* übernimmt zwar das Wissen, die Erfahrungen und die Werte der beiden Vorläuferverbände, aber er öffnet sich bewusst und bereitwillig den Veränderungen im beruflichen Umfeld der Sekretärinnen und Assistentinnen und in unserer Gesellschaft.

Dies drückt sich insbesondere darin aus, dass der Verband Mitglieder nicht nur aus dem Sekretariat, sondern auch aus anderen Tätigkeitsbereichen des Büromanagements aufnimmt und dass das Leistungsangebot erweitert wird. Durch die Fusion von BDS und DSV ist ein Verband entstanden, der durch die hohe Zahl seiner Mitglieder, das wichtige Potenzial an Erfahrung, die enge Bindung an leistungsfähige Weiterbildungseinrichtungen und das große Engagement seiner Führungskräfte zu den stärksten Berufsverbänden in Europa gerechnet werden kann.

Die Ziele des bSb: Die Ziele des bSb sind in seiner Satzung verankert. Er hat sich die Aufgabe gestellt, als neutraler und unabhängiger Berufsverband die wirtschaftliche, soziale und rechtliche Stellung der Beschäftigten in Berufen zu schützen, die im Sekretariat und/oder Büromanagement angesiedelt sind, ihre berufliche Arbeit durch Weiterbildung und Erfahrungsaustausch zu unterstützen und ihre Interessen zu vertreten.

Um diese Aufgabenstellung zu erfüllen, bietet der bSb umfangreiche Dienstleistungen und Qualifizierungsmaßnahmen an, aber er setzt auch wichtige gesellschaftspolitische Ziele. Hierzu gehören

- die Umsetzung neuer, partnerschaftlicher Strukturen im beruflichen Umfeld anstelle überholter hierarchischer Modelle
- die Schaffung besserer Karrieremöglichkeiten für qualifizierte Fachkräfte
- die Weiterentwicklung der Berufsbilder und Ausbildungsangebote in den Bereichen Sekretariat und Büromanagement
- die Intensivierung der internationalen Kontakte

Durch gezielte Öffentlichkeitsarbeit, durch Mitarbeit in Gremien und Ausschüssen von Wirtschaft und Politik, durch Mitgliedschaft in anderen Netzwerken – zum Beispiel im Deutschen Frauenrat und im Europäischen Sekretärinnen-Verband – durch Tagungen und Präsenz auf Messen und Veranstaltungen will der bSb diese Ziele erreichen.

Die berufliche Entwicklung der Mitglieder – das zentrale Anliegen des Verbands – fördert der bSb durch

- die Beratung zu beruflichen Fragen wie Karriereplanung, Stellenbeschreibung, Gehaltsstrukturen, Arbeitsorganisation, Arbeitsrecht u. a.
- Informationen in den Mitgliederrundschreiben und den Fachzeitschriften ASSISTENZ und SEKRETARIAT
- die Durchführung von Fachtagungen und Seminaren
- Stellenvermittlung

Die Organisation des bSb: Der bSb hat rund 4000 Mitglieder (ordentliche, außerordentliche, fördernde und Ehrenmitglieder).

Ordentliches Mitglied kann auf schriftlichen Antrag werden, wer eine mindestens 5-jährige Berufspraxis im Sekretariat oder Büromanagement nachweisen kann oder eine Prüfung nach einer Prüfungsordnung des bSb bestanden hat oder vor In-Kraft-Treten der bSb-Satzung eine vom BDS oder DSV anerkannte Prüfung bestanden hat oder wer eine Fortbildungsprüfung im Bereich Sekretariat oder Büromanagement der IHK oder eine bSb-vergleichbare Prüfung an einer anderen anerkannten Institution bestanden hat.

Außerordentliches Mitglied kann auf schriftlichen Antrag werden, wer die Voraussetzung einer 5-jährigen Berufspraxis nicht erfüllt, sich an einer vom bSb anerkannten Bildungseinrichtung in Aus- bzw. Fortbildung befindet und die Voraussetzungen für die ordentliche Mitgliedschaft nicht erfüllt oder auf Dauer eine aktive Tätigkeit im Bereich Sekretariat oder Büromanagement nicht mehr ausübt.

Fördernde Mitglieder können natürliche und juristische Personen werden, die die Aufgaben und Zielsetzungen des bSb unterstützen.

Zu *Ehrenmitgliedern* können durch Beschluss des Vorstands Persönlichkeiten ernannt werden, die sich besonders um die Verwirklichung der Ziele des bSb verdient gemacht haben.

Der *Vorstand* setzt sich aus erfahrenen Sekretärinnen, Fachpädagogen und Führungskräften zusammen und arbeitet ehrenamtlich. In der Geschäftsstelle des bSb in Mannheim sind hauptamtliche Mitarbeiterinnen für die Verwaltung zuständig.

In bundesweit rund 50 Städten gibt es regionale Vertretungen des bSb, die ein eigenes Veranstaltungsprogramm anbieten. Mitglieder und Interessentinnen treffen sich monatlich zu berufsbezogenen Vorträgen, Seminaren, Informationsabenden und Betriebsbesichtigungen. Die Möglichkeit, mit Kolleginnen Erfahrungen auszutauschen oder berufliche Fragen zu diskutieren, ist ein besonderer Nutzen dieser Zusammenkünfte.

Die Bildungseinrichtungen: Der bSb arbeitet mit rund 90 selbstständigen Bildungseinrichtungen zusammen, die ihm als fördernde Mitglieder angehören. Sie führen alle Stufen der zukunftsorientierten Aus- und Weiterbildungsprogramme durch, die im bSb entwickelt wurden. Die Lehrgänge, die mit einer Prüfung abschließen und mit einem Diplom des Verbandes zertifiziert werden, sind auf folgende Gebiete ausgerichtet:

- Qualifikation im Sekretariat
- Betriebswirtschaft
- Fremdsprachen

Auf das Diplom als *Europa-Sekretärin ESA* bereitet der bSb in Zusammenarbeit mit der internationalen Organisation *European Schools for Administration and Management ESA* in Wien vor. Seminare, die anerkannte Veranstalter für und mit dem bSb durchführen, runden das Bildungsprogramm ab.

Der bSb ist der Berufsverband für alle, die anspruchsvolle Aufgaben in Sekretariat und Büromanagement wahrnehmen.

Seine Anschrift ist:

Bundesverband Sekretariat und Büromanagement e. V.
Friedrichstraße 47, 68199 Mannheim
Telefon: (06 21) 841 48 20
Fax: (06 21) 841 48 21

Deutscher Sekretärinnen-Tag

Der *Deutsche Sekretärinnen-Tag* ist mit mittlerweile rund 800 Teilnehmerinnen nicht nur der größte deutsche Fachkongress seiner Art, sondern er hat auch aufgrund des Teilnehmerkreises europäische Ausmaße angenommen. Der *Deutsche Sekretärinnen-Tag* wird alljährlich im Frühsommer vom GWI-Institut in München veranstaltet. Er wurde 1980 ins Leben gerufen, nachdem der Erfolg des ebenfalls vom GWI-Institut herausgegebenen *Sekretärinnen-Service* verdeutlicht hatte, wie groß das Bedürfnis nach Fortbildung und fachlichem Gedankenaustausch war und ist.

Bildete anfangs die Chefentlastung den thematischen Schwerpunkt des Kongresses, so hat sich das Angebot an Themen seitdem erheblich erweitert. Behandelt werden Fragen der Arbeitseffizienz in allen Sekretariatsfunktionen, der modernen Bürotechnik, der Kommunikation und Konfliktbewältigung, der Rhetorik sowie Möglichkeiten kreativer Arbeitstechniken und kreativer Methoden der Problemlösung. Behandelt werden aber auch Themen, die die Persönlichkeit und das Erscheinungsbild der Sekretärin betreffen, also z. B. geistige und körperliche Fitness oder Umgangsformen.

Der *Deutsche Sekretärinnen-Tag* dauert jeweils zwei Tage. An den Vormittagen werden insgesamt acht Vorträge angeboten, deren Themen an den Nachmittagen in Workshops vertieft werden. Daneben gibt es eine größere Zahl von Arbeitskreisen und Halbtagsseminaren, deren thematische Ausrichtung unabhängig ist von den Referaten des Hauptprogramms. Diskussionen des Plenums mit den Referenten erlauben, die wesentlichen Gesichtspunkte der Vorträge noch einmal von verschiedenen Seiten zu beleuchten, und die Zusammenfassung der Ergebnisse und Eindrücke aus den Arbeitskreisen am Schluss der Tagung vermittelt den Kongressteilnehmerinnen weitere Anregungen. Ferner bieten die ausführlichen Skripten aller Referenten, die Vorträge halten und Workshops leiten, jeder Sekretärin die Möglichkeit, diejenigen Themen nachzubereiten, die ihr für ihre Arbeit besonders wichtig und nützlich erscheinen.

Anschriften von Verbänden, Bildungsinstituten und Zeitschriften

Die Zahl der Bildungsinstitute und Seminaranbieter ist sehr groß und der Markt kaum noch zu überschauen. Deshalb beschränkt sich das folgende Verzeichnis auf diejenigen Verbände und Institutionen, bei denen man Rat und Hilfe für die Auswahl von Aus- und Weiterbildungseinrichtungen, Schulen und Akademien erhalten und bei denen man weitere Anschriftenlisten anfordern kann:

Bundesverband Sekretariat
und Büromanagement e. V. (bSb)
Friedrichstraße 47, 68199 Mannheim
Telefon (06 21) 841 48 20

Europa-Sekretärinnen-Akademie (ESA)
in Deutschland e. V. – Geschäftsstelle
S 1, 8, 68161 Mannheim
Telefon (06 21) 15 31 32

European Association of Professional
Secretaries (EAPS)
Dorothea Eisenhuth
Hiltenspergerstraße 11/IV, 80798 München
Telefon (089) 272 21 18

Deutscher Stenografenbund e. V.
Aliceplatz 1, 61231 Bad Nauheim
Telefon (060 32) 16 51
(Örtliche Stellen s. Telefonbuch)

Hessische Akademie für Bürowirtschaft e. V.
Kastanienstraße 4, 61352 Bad Homburg
Telefon (061 72) 459 225

Sekretariat Seminare
Abraham-Lincoln-Straße 46, 65189 Wiesbaden
Telefon (06 11) 78 78-291

Industrie- und Handelskammern
(örtliche Anschriften: s. Telefonbuch)

Dachorganisation:
Deutscher Industrie- und Handelstag
Adenauerallee 148, 53113 Bonn
Telefon (02 28) 1 04-0

Aktion Bildungsinformation e.V. (ABI)
Alte Poststraße 5, 70173 Stuttgart
Telefon (07 11) 29 93 35

Staatliche Zentralstelle für Fernunterricht
Peter-Welter-Platz 2, 50676 Köln
Telefon (02 21) 921 20 70

Fernuniversität – Gesamthochschule Hagen
Konkordiastraße 5, 58095 Hagen
Telefon (0 23 31) 987 01

Bundesinstitut für Berufsbildung
Fehrbelliner Platz 3, 10707 Berlin
Telefon (0 30) 8 64 30

Fachzeitschriften

ASSISTENZ

SEKRETARIAT

beide im Verlag Dr. Th. Gabler GmbH
Abraham-Lincoln-Straße 46, 65183 Wiesbaden
Telefon (06 11) 78 78-0

Die beiden Zeitschriften veröffentlichen in jeder Ausgabe zahlreiche aktuelle Hinweise auf Seminare und andere Weiterbildungsangebote.

Ferner sei darauf hingewiesen, dass eine Reihe von Autorinnen und Autoren, die an diesem Band mitgearbeitet haben, Seminare und Schulungen zur Sekretärinnenaus- und -weiterbildung veranstalten.

VERZEICHNIS DER AUTORINNEN UND AUTOREN

Michael Alger M.A.
Linguist, Übersetzer und Dolmetscher
Schwerpunkt der Mitarbeit:
Korrespondenz mit ausländischen Geschäftspartnern

Prof. Dr. Christian Behrends
Diplom-Kaufmann; Professor für Betriebswirtschaftslehre an der Fachhochschule Fulda
Schwerpunkt der Mitarbeit:
Marketing

Gerda Berger
Fachjournalistin in den Bereichen Arbeitswelt und Arbeitspsychologie; Karriere- und Bewerbungsberaterin für Sekretärinnen
Schwerpunkte der Mitarbeit:
Bewerbung und Karriere

Willy Bonsels
Inhaber und Geschäftsführer des Hauses für Bürowirtschaft, Bonsels Bürotechnik, in Dillenburg
Schwerpunkt der Mitarbeit:
Büroausstattung

Carola R. Brockmann
Marketingkoordinatorin der Vermarktungsgesellschaft IPA-plus GmbH Frankfurt für RTL 2
Schwerpunkt der Mitarbeit:
Werbeagenturen

Peter Bruhn, M. S.
cand. Wirtsch.-Inform.
Schwerpunkt der Mitarbeit:
Telekommunikation und Datennetze

Christa Bruhn-Jade
Autorin und Herausgeberin mehrerer namhafter Fachbücher und Loseblattwerke für das Sekretariat, Leiterin des Sekretärinnen-Kollegs, Trainerin im Bereich Sekretariat
Schwerpunkte der Mitarbeit:
Reiseplanung und Reisekostenabrechnung

Volker Brümmer
Inhaber der Firma Volker Brümmer + Partner Public Relations
Schwerpunkt der Mitarbeit:
Sekretariatssoftware

Hans Dieter Burkhard
Quality Manager bei Koob & Partner, Agentur für Public Relations GmbH
Schwerpunkt der Mitarbeit:
Public Relations im Unternehmen

Peter Dräger
Diplom-Betriebswirt; Autor vieler Fachartikel
Schwerpunkt der Mitarbeit:
Charts

Susanne Etzold
Sozialwissenschaftlerin
Schwerpunkt der Mitarbeit:
Zeitplansysteme

Danièle Fietzke
Licentiat ès Lettres, Universität von Bordeaux
Schwerpunkt der Mitarbeit:
Korrespondenz mit ausländischen Geschäftspartnern

Peter L. Freiss
Lehrbeauftragter für angewandte Kommunikationspolitik an der Fachhochschule Köln; bis zum Ruhestand Leiter Verkaufsförderung der Deutschen Lufthansa AG
Schwerpunkt der Mitarbeit:
Luftverkehr

Dorothea Gängel
Diplom-Betriebswirtin
Schwerpunkt der Mitarbeit:
Arbeitsfeld ›Telefon‹

Margit Gätjens-Reuter
Diplom-Kauffrau; geschäftsführende Gesellschafterin der Planolog Organisationsberatungs GmbH Möhrendorf, Managementberaterin und Trainerin
Schwerpunkt der Mitarbeit:
Arbeitsfeld Informationsverwaltung

Walter H. Goretzki
Diplom-Handelslehrer; Studiendirektor; Dozent an Institutionen der Erwachsenenbildung unter anderem im Rahmen der Sekretärinnenausbildung
Schwerpunkte der Mitarbeit:
Rechnungswesen, Wirtschafts- und Rechtskunde

Dr. Frank Hatje
Verfasser mehrerer Arbeiten zur Sozial- und Kulturgeschichte; Mitautor von DUDEN – Reden gut und richtig halten sowie Bearbeiter dieses Werkes
Schwerpunkte der Mitarbeit:
Berufsbild, Betreuen von Gästen, Datenschutz

Regula Heinzelmann
Lizentiat der Rechtswissenschaften; freie Journalistin und Umweltschutzberaterin
Schwerpunkt der Mitarbeit:
Ökologie im Unternehmen und am Büroarbeitsplatz

Dr. Horst Hennemann
Schwerpunkt der Mitarbeit:
Dienstleistungen der Kreditinstitute

Jürgen Huth
Diplom-Betriebswirt; Studienrat an der Kolleg-Schule in Marl
Schwerpunkt der Mitarbeit:
kaufmännische Ausbildung für das Sekretariat

Siegfried A. Huth (BDVT)
Chef einer Unternehmensberatung; Trainer in den Bereichen Rhetorik, Verkauf, Management, Sekretariatspraxis etc., Herausgeber und Autor vieler Fachbücher sowie dieses Werkes
Schwerpunkte der Mitarbeit:
schriftliche und mündliche Kommunikation, Konflikt- und Stressbewältigung, Seminare und Konferenzen, Unternehmenskultur und Messebeteiligung

Dr. rer. pol. Fritz-Jürgen Kador
Universitätsassistent; Personalleiter; Geschäftsführer der Bundesvereinigung der Deutschen Arbeitgeberverbände; Leiter der Abteilung Betriebliche Personalpolitik
Schwerpunkt der Mitarbeit:
Arbeiten mit System

Jürgen Karnstädt
Leiter des Personal- und Sozialwesens; Fach- und Karriereberater für Sekretärinnen
Schwerpunkt der Mitarbeit: berufliche Perspektiven für Frauen

Hans-Joachim Kempe
Diplom-Sozialwirt; von 1970 bis 1997 Abteilungsdirektor Personal bei der Kreissparkasse Ludwigsburg; Autor mehrerer Fachbücher und Dozent bei verschiedenen Fortbildungsträgern
Schwerpunkte der Mitarbeit: Arbeiten mit System, Zeugnisse, Urlaub und Krankheit

Hans-Peter Krämer
Geschäftsführer der Unternehmensberatung Informax GmbH, Reichenbach/Fils
Schwerpunkt der Mitarbeit: Versicherungswesen

Rudolf Linkenheil
Diplom-Kaufmann; geschäftsführender Gesellschafter der Frey & Linkenheil-Gruppe
Schwerpunkt der Mitarbeit: Arbeitsfeld Telefon

Gabi Neumayer
Chefredakteurin der Zeitschrift ›texten & schreiben‹ und Autorin von Zeitschriftenbeiträgen und Büchern zu sprachlichen Themen verschiedenster Art
Schwerpunkt der Mitarbeit: schriftliche Kommunikation

Klaus Patzel
Oberbürgermeister in Überlingen
Schwerpunkt der Mitarbeit: Hochschulstudium

Gerd Pischetsrieder (BDVT)
Diplom-Betriebswirt; Geschäftsführer der PCG-Pischetsrieder Consulting GmbH, Hamburg, und Koordinator einer international arbeitenden Consultantgruppe für Organisations- und Personalentwicklungsprojekte; Autor vieler Fachveröffentlichungen
Schwerpunkt der Mitarbeit: Psychologische Verhaltensmuster

Joachim-Bernhard v. Prittwitz und Gaffron (BDVT)
Diplom-Betriebswirt; selbstständiger Unternehmensberater und Kommunikationstrainer, u. a. im NLP; freier Motorjournalist VdM
Schwerpunkt der Mitarbeit: Umgangsformen

Ernst A. Rotter
Geschäftsführender Gesellschafter der MOTI-Planer GmbH
Schwerpunkt der Mitarbeit: Zeitplansysteme

Javier Sacassa M. A.
Wirtschaftsübersetzer und -dolmetscher
Schwerpunkt der Mitarbeit: Korrespondenz mit ausländischen Geschäftspartnern

Norbert Schäfer
Diplom-Verwaltungswirt; Pressesprecher bei der Generaldirektion des Unternehmens Postdienst der Deutschen Bundespost in Bonn
Schwerpunkt der Mitarbeit:
Postversand

Gerhard Scheuber
Sprecher Fahrweg und Technik im Zentralbereich Konzernkommunikation der Deutschen Bahn AG in Frankfurt am Main
Schwerpunkt der Mitarbeit:
Reisen mit der Bahn

Annelore Schlitz
Selbstständige Trainerin für schriftliche und mündliche Kommunikation; Fachbuchautorin
Schwerpunkte der Mitarbeit:
berufliche Perspektiven für Frauen, Checklisten, Protokoll, Zusammenarbeit von Sekretärin und Chef

Elke Schmidt
Betriebspädagogin; selbstständige Trainerin für Bürokommunikation, Arbeitstechniken, Zeitmanagement, gehirngerechtes Lernen, Moderation und ›train the trainer‹
Schwerpunkt der Mitarbeit:
Einführung neuer Technologien

Dr. Werner Siegert
Unternehmensberater, Management- und Kommunikationstrainer; Autor vieler Fachbücher und -beiträge in Presse und Rundfunk
Schwerpunkte der Mitarbeit:
Konferenzmanagement, persönliches Energiemanagement

Dirk Sulimma (BDVT)
Inhaber von Konzept Management-Service in Neitersen (Westerwald); selbstständiger Trainer und Berater sowie Autor zahlreicher Veröffentlichungen zu den Themen CI-Design, DTP, EDV, CBT (computergestütztes Lernen und Lehren)
Schwerpunkte der Mitarbeit:
Foliengestaltung, Personalanzeigen, Betriebsfeste

Karin Szyszka
Sekretärin und Assistentin
Schwerpunkt der Mitarbeit:
Arbeitsalltag der Sekretärin bei einem kooperativen Führungsstil

Walter Tacke
Diplom-Kaufmann; Unternehmens- und Politikberater; Bundesvorsitzender des ›Bundesverbandes der deutschen Markt- und Sozialforscher e. V.‹ (BVM); Hochschul- und IHK-Dozent; ehemaliger Geschäftsführer des EMNID-Instituts in Bielefeld
Schwerpunkte der Mitarbeit:
Markt- und Meinungsforschung

Christa Vogel
Vorsitzende des Bundes Deutscher Sekretärinnen
Schwerpunkt der Mitarbeit:
Verbände und Institutionen

Martin Vollmer
Leitender Redakteur des 1 & 1-Presse-Service in Montabaur
Schwerpunkte der Mitarbeit:
Telekommunikation und Datennetze

Werner Vorderwülbecke
Diplom-Politologe; stellvertretender Geschäftsführer der ÖTV Stuttgart
Schwerpunkt der Mitarbeit:
Betriebsverfassungsrecht

Reinhard van Vugt
Diplom-Ökonom; Produktmanagement für audiovisuelle Kommunikationsräume in der Büromöbelindustrie
Schwerpunkt der Mitarbeit:
Multimediale Kommunikation

Dörte Wehmeyer, M. S.
Unternehmensberaterin (BDU) mit den Schwerpunkten Kommunikation, Personalführung, Teamentwicklung und Qualitätsmanagement
Schwerpunkt der Mitarbeit:
Sicheres Auftreten auf internationalem Parkett

Annemarie Weighardt
Bis 1993 ehrenamtliche Vorsitzende des Deutschen Sekretärinnen-Verbandes e. V. (jetzt Bundesverband Sekretariat und Büromanagement), seitdem Ehrenvorsitzende;
Schwerpunkte der Mitarbeit:
Von der Sekretärin zur Assistentin, Schriftliche Kommunikation im Sekretariat, Verbände und Institutionen

Dieter A. Wortmann
beim Deutschen Industrie- und Handelstag (DIHT) für die Aufstiegsbildung zuständig
Schwerpunkt der Mitarbeit:
Sekretärinnenprüfung an der IHK

SACHWORTVERZEICHNIS

Das Sachwortverzeichnis ist alphabetisch angeordnet. Als Stichwörter fungieren in der Regel Substantive, ggfs. auch Abkürzungen (z. B. BGB, PIN o. Ä.). Nähere Bestimmungen zu den Stichwörtern sind in Klammern nachgestellt. Wer sich also in diesem Buch zum Beispiel gezielt über mobile Telekommunikation informieren will, suche unter ›Telekommunikation (mobile)‹. Wer eine Checkliste zur Mitarbeiterbeurteilung sucht, schlage unter ›Mitarbeiterbeurteilung (Checkliste)‹ nach.

A

B

C

D

G

H

I

J

K

L

M

N

O

P

Q

R

S

T

U

V

W

Z